Linguagem Jurídica

Semiótica, Discurso e Direito

Eduardo C. B. Bittar

Linguagem Jurídica

Semiótica, Discurso e Direito

8ª Edição
2022

saraiva jur

saraiva EDUCAÇÃO | saraiva jur

Av. Paulista, 901, Edifício CYK, 3º andar
Bela Vista – São Paulo – SP – CEP 01310-100

SAC | sac.sets@saraivaeducacao.com.br

DADOS INTERNACIONAIS DE CATALOGAÇÃO NA PUBLICAÇÃO (CIP)
VAGNER RODOLFO DA SILVA – CRB-8/9410

B624l Bittar, Eduardo C. B.

Linguagem Jurídica: semiótica, discurso e direito / Eduardo C. B. Bittar. – 8. ed. – São Paulo : SaraivaJur, 2022.

496 p.

ISBN 978-65-5362-144-2 (Impresso)

1. Direito. 2. Linguagem Jurídica. 3. Discurso jurídico. 4. Semiótica jurídica. I. Título

2022-287 CDD 340.14
CDU 340.12

Índices para catálogo sistemático:

1. Direito : Linguagem Jurídica 340.14
2. Direito : Linguagem Jurídica 340.12

Diretoria executiva	Flávia Alves Bravin
Diretoria editorial	Ana Paula Santos Matos
Gerência editorial e de projetos	Fernando Penteado
Novos projetos	Aline Darcy Flôr de Souza Dalila Costa de Oliveira
Gerência editorial	Isabella Sánchez de Souza
Edição	Daniel Pavani Naveira
Produção editorial	Daniele Debora de Souza (coord.) Cintia Aparecida dos Santos Estela Janiski Zumbano
Arte e digital	Mônica Landi (coord.) Camilla Felix Cianelli Chaves Claudirene de Moura Santos Silva Deborah Mattos Guilherme H. M. Salvador Tiago Dela Rosa
Projetos e serviços editoriais	Daniela Maria Chaves Carvalho Emily Larissa Ferreira da Silva Kelli Priscila Pinto Klariene Andrielly Giraldi
Diagramação	Fabio Kato
Revisão	Carolina Mihoko Massanhi
Capa	Tiago Dela Rosa
Produção gráfica	Marli Rampim Sergio Luiz Pereira Lopes
Impressão e acabamento	

Data de fechamento da edição: 14-2-2022

Dúvidas? Acesse www.editorasaraiva.com.br/direito

CL 607401 CAE 791974

"Milorde, todos nós sabemos quanto Vossa Graça é direito e justiceiro, e que só cede a sua Majestade na realeza do berço. E antes de vermos um príncipe tão grande, um pai bondoso da república assim tão maltratado por essa gente que usa *pena e tinta*, lutaremos, ao lado das esposas e dos filhos, até que os adversários nos reduzam os corpos a pedaços" (Shakespeare, *Henrique VI*, ato III, cena I).

"(...) para que sintamos a divergência entre as conclusões do delegado do Procurador da República e as verdadeiras circunstâncias do crime, para que conservemos, ao fecharmos o livro, a impressão de uma justiça absurda que não poderá nunca compreender, sequer atingir os fatos que se propõe punir (...)", uma vez que não se pode dispor de outra coisa senão "(...) de palavras e de conceitos; é-lhe preciso descrever com palavras, reunindo pensamentos, o mundo anterior às palavras" (Jean-Paul Sartre, Introdução a *O estrangeiro*, de Albert Camus, p. 24-5).

Sumário

Prefácios

"Nesta obra, o Autor, com base na semiótica, analisa o discurso jurídico em suas diferentes modalidades (normativa, burocrática, decisória, científica), para mostrar como elas circulam nas operações e atividades dos(as) juristas. É um competente trabalho interdisciplinar, que dá uma efetiva colaboração para consolidar a semiótica jurídica no Brasil"

José Luiz Fiorin

Professor Associado de Linguística da Faculdade de Filosofia, Letras e Ciências Humanas da USP.

"Ce livre définit justement le *sens juridique* comme un problème textuel. Il permet ainsi d'approfondir le rapprochement interdisciplinaire entre études sémiotiques et études juridiques. Comme l'auteur a aussi été formé en France, son ouvrage témoigne également d'un nouveau rapprochement entre les traditions intellectuelles"

"Este livro define exatamente o *sentido jurídico* como um problema textual. Assim, ele permite aprofundar a aproximação interdisciplinar entre estudos semióticos e estudos jurídicos. Como o Autor se formou também na França, a sua obra também testemunha uma aproximação nova entre tradições intelectuais" (trad.)

François Rastier

Centre National de la Recherche Scientifique – CNRS (França).

Apresentação

Este trabalho está amadurecendo há 22 anos, e é nesta medida que a história de sua germinação se inicia em 1995, quando recebeu sua primeira versão, na forma de projeto de IC, quando seu título era *Semiótica do discurso normativo*. A IC foi a base para o aprofundamento das investigações, que ampliaram o escopo da pesquisa, para nela encontrar uma *Semiótica do discurso jurídico*, este que passou a ser o título do trabalho de Doutorado, defendido em 1999. Assim, o trabalho teórico-reflexivo que o leitor tem em mãos corresponde ao texto integral da Tese de Doutorado apresentada ao Departamento de Filosofia e Teoria Geral do Direito da Faculdade de Direito da Universidade de São Paulo. Exatamente por isso, é fruto de largo percurso de construção de sua proposta, a partir do impulso de discussões acadêmicas sobre temas da filosofia da linguagem.

A partir da definição do eixo central do trabalho, considerando os desafios linguísticos e teóricos nele contidos, navegando entre Filosofia da Linguagem, Semiologia e Semiótica, tornou-se imperioso que a pesquisa se construísse no interlúdio entre a *Faculdade de Filosofia, Letras e Ciências Humanas* (FFLCH-USP) e a *Faculdade de Direito* (FDUSP), ambas da Universidade de São Paulo. Um passo adiante, tendo as pesquisas norteadas pelas reflexões semióticas da *École de Paris*, tornou-se igualmente imperioso que a pesquisa fosse abastecida pelos textos dos principais integrantes da Escola, especialmente considerados textos desconhecidos no Brasil, que acabaram sendo introduzidos e incorporados no conjunto de toda a construção do trabalho, cujas notas de rodapé e referências bibliográficas deixam pistas e registram uma parte deste trabalho.

Assim, o mergulho investigativo na França se abriu pelo apoio conferido pelo Professor Titular Cidmar Teodoro Pais, do Departamento de Linguística da Faculdade de Filosofia, Letras e Ciências Humanas da Universidade de São Paulo, que muito gentilmente acolheu um desgarrado estudante de Doutorado em Direito em sua área de especialização, logo colocando-me em contato com Jean-Baptiste Martin, *Directeur du Département d'Antrhopologie de l'Université Lumière Lyon II,* e com

Bernard Pottier, *Professeur Émérite à l'Université de Paris-Sorbonne--Paris-IV*.

A partir de então, as descobertas empreendidas ao longo dos diversos cursos interdisciplinares permitiram o desenvolvimento de uma visão multifacetada sobre o objeto de pesquisa, que apenas se perfeccionou ao longo do percurso de estadia e reescrita da pesquisa. Os intensos estudos nos cursos *Sémiologie de l'image*, de Odile le Guerne (*Faculté des Lettres Sciences du Langage et Arts, Université de Lyon*), *Sémiologie textuelle*, de Louis Panier (*Faculté des Lettres Sciences du Langage et Arts, Université de Lyon*), *Sémiologie du texte et de l'image*, de *l'École Doctorale de Langues*, de Jacques Poulet (*Faculté des Langues – Département des Langues Romanes, Université de Lyon*), *Philosophie du Droit*, de Jean Paul Joubert (*Faculté du Droit, Jean Moulin, Université de Lyon*), *Les ruses de l'aute. Interprétation et altérité*, de Alexis Nuselovici (*Faculté des Langues, Centre de Recherche en Terminologie et Traduction, Université de Lyon*), *Conditions théoriques d'une histoire du sujet. Langue et langage chez Habermas*, Pascal Michon (*Collège Internationale de Philosophie, Université de Paris*), *Sémantique Générale*, de Benard Pottier (*Post-Doctorat de l'Université de Paris-Sorbonne-IV*), *Philosophie du Droit et de l'État*, de Paul Amselek (*Université Panthéon-Assas, Université de Paris II*), colaboraram para mudar o rumo das pesquisas, qualificar as definições e os termos da investigação, bem como lapidar o trabalho, no enfoque adotado em torno da Semiótica da *École de Paris*.

***

Enquanto proposta sem muitos precedentes no Brasil, especialmente em função da matriz greimasiana, rara no campo das letras jurídicas, e como fruto qualificado de dedicação em pesquisa científica, devem-se registrar todos os agradecimentos à FAPESP, em função do fomento que tornou possível, seja pela concessão de IC (95/1725-9), seja pela concessão de DR-I (98/05309-8), seja pelo apoio à execução de parte das pesquisas no exterior, entre Paris (Sorbonne-II; IV) e Lyon (II; III), a proposta científica contida na investigação e nas reflexões desta obra.

Mais do que isso, atualmente, percebe-se uma prolífica atividade de mutação de perspectivas, no interior do *projeto semiótico* lançado nos anos 1950/1960 – especialmente, se considerada a vertente da *Semiótica* de Algirdas Julien Greimas –, que se diversifica nas perspectivas que advêm da *Semântica Estrutural*, em direção progressiva à *Semiótica das Modalidades*, e, desta à *Semiótica das Paixões*, sendo seguida pela *Semiótica Tensiva*, e, desta à *Semiótica dos Regimes de Existência*, à *Semiótica da Marca*, à *Semiótica dos Objetos*. Seguindo-se o que a este respeito afirma Eric Landowski, nem mesmo Algirdas Julien Greimas considerava o *projeto semiótico* uma ciência acabada[1]. As perspectivas atuais do *projeto semiótico* são plurais, e muito interessantes. As contribuições nesses campos são tão inovadoras e transformadoras do *método semiótico de análise do sentido*[2] quanto notáveis em seus desenvolvimentos e conclusões, especialmente se consideradas as pesquisas mais recentes de Eric Landowski, Jacques Fontanille e Claude Zilberberg.

De toda forma, do ponto de vista histórico, esta obra foi mais profundamente impactada pela *Semiótica* que advinha dos anos 1950/1960, que começava a brotar no Brasil dos anos 1980/1990, na medida em que as pesquisas deste trabalho se desenvolveram ao longo da década de 1990, no Brasil e na França. Isso significa que a estrutura do trabalho está vincada por uma *opção teórica*, que faz ancorar o debate semiótico-jurídico numa perspectiva estrutural voltada, sobretudo, para a compreensão dos *textos jurídicos* e das *práticas de sentido jurídico*, considerando-se os contributos da *Semiótica Estrutural* – nas dimensões fundamental, narrativa e discursiva. Assim, é com um enfoque de *Semiótica do Texto* e de *Semiótica das Modalidades* que a obra ganha os seus contornos e se desenvolve como um projeto de análise do discurso jurídico, de grande valia para a *Teoria do Direito* e para a *Ciência do Direito*, de modo mais amplo.

***

Além das transformações do *método semiótico*, é importante destacar que o projeto de transitar entre a *Semiótica* e o *Direito* vem implicando, por parte do próprio Autor, descobertas e investigações que culminaram no amadurecimento de uma visão mais ampla, capaz de abastecer uma visão muito específica na *Semiótica do Direito*, com franca colaboração com as tarefas da *Teoria do Direito*. E isso se deu 19 anos após a defesa

1 "Ora, nem Greimas nem a maioria de seus próximos considerava a semiótica uma ciência concluída" (Landowski, *Com Greimas*: interações semióticas, 2017, p. 65).

2 "El objeto de la semiótica, dijimos, es la *significación*" (Landowski, *La sociedad figurada*: ensayos de sociosemiótica, 1993, p. 76-77).

da Tese de Doutorado, que é a base desta obra, culminando na publicação do livro *Introdução ao Estudo do Direito*: humanismo, democracia e justiça (São Paulo, Saraiva, 2018). No interior da obra citada, irá aflorar uma visão específica a respeito da noção de "sistema jurídico" (capítulo XVI, item 6.4.), baseada na visão semiótica de Algirdas Julien Greimas. Não por outro motivo, a *Semiótica* deixa de ser um estudo isolado, no interior do trabalho de reflexão do Autor, para compor-se a um quadro maior de preocupações, no campo mais amplo de contribuição à formulação de uma *Teoria do Direito*, em que a questão da linguagem ganha espaço central. Por isso, a partir desta nova edição, a obra passa a incluir também um capítulo de conexão com o tema mais amplo do "sistema jurídico".

Em paralelo, e, podendo-se considerar como um estudo complementar ao empreendimento desenvolvido no interior desta obra, o(a) leitor(a) deve consultar, ainda, outra obra do mesmo Autor (Bittar, *Semiótica, Direito & Arte*: entre Teoria da Justiça e Teoria do Direito, São Paulo, Almedina, 2020), na qual a ênfase da leitura semiótica está aplicada à compreensão *simbólica do Direito*, com acentuado destaque para a análise da inter-relação entre *Direito & Arte* (*Law and Art*), algo também fartamente oportunizado pela *Semiótica das Artes* e pela *Visual Jurisprudence*. Nessa perspectiva, a *Semiótica* é mobilizada para a compreensão do valor central do Direito, a saber, a Justiça, retomada como símbolo e como categoria que organiza as formas pelas quais a *presença simbólica* do Direito permite realizá-la.

Assim, fica claro que, desde a sua concepção, a obra vem recebendo o devido tratamento para ecoar as mais modernas e aprofundadas reflexões sobre a inter-relação entre *Direito e Linguagem* (*Law and Language*). Em termos editoriais, a 1ª edição da obra deu-se em 2001, pela Saraiva Educação, sob o título *Linguagem Jurídica*, e ora, em 2022, alcança sua 8ª edição, após um percurso de aprofundamento de leituras, que implicou uma ampla revisão de seu conteúdo e revisitação das grandes linhas de força que compõem a proposta, que não somente continuam atuais – acompanhando a atualidade do próprio *projeto semiótico* –, mas também alimentam um olhar mais amplo, mais interdisciplinar, mais polivalente, mais reflexivo, mais crítico e mais humanizado do Direito em seus(uas) leitores(as).

Introdução

A importância do estudo da linguagem jurídica pelo operador do direito não precisa ser justificada. Do trato diário com os problemas de linguagem, com as questões hermenêuticas, com a vivência em torno de ambiguidades de sentido, na conjugação de informações advindas de canais de comunicação os mais diversos, na produção de textos jurídicos é que advém a plena consciência da dimensão e da importância do estudo e do conhecimento do fenômeno da linguagem como realidade ligada à jurídica.

A discussão a respeito da importância dos estudos de linguagem para o direito justifica todo o percurso de investigação que orienta essa reflexão a respeito da semiótica no campo do direito. A linguagem tem uma função de servir como ponte de ligação, uma forma de conexão com extratos da "realidade", que estabelece ligações e conexões, permitindo a circulação das formas de entendimento e interpretação, interação e transformação do mundo. O homem, como ser de linguagem, tem a capacidade de definir as coisas, e, a partir desse exercício, de definir-se a si mesmo. O universo das linguagens é propriamente aquele no qual se encerra o homem como ser simbólico[1]. A linguagem funciona como canal de conexão a paixões, sentimentos, ideias, padrões, arquétipos, circunscrevendo a forma pela qual se determina, pelo simbólico, o mundo, na mesma medida em que somos pela realidade determinados. As linguagens determinam e constituem a condição humana, e esta questão não pode ser pensada sem que se possa evocar a ideia de que o homem é ser de ação e de fala[2].

---

1 "Em um sentido filosófico muito abrangente, o termo 'simbólico' é utilizado para indicar todos os mecanismos de intermediação entre sujeito e realidade" (Neves, *A constitucionalização simbólica*, 2007, p. 6).

2 Nessa linha, as investigações de Jürgen Habermas, *Teoria de la acción comunicativa*: racionalidad de la acción y racionalización social, t. I. Tradução de Manuel Jiménez Redondo. Madrid: Taurus, 1988; *Consciência moral e agir comunicativo*. Tradução de Guido A. de Almeida. Rio de Janeiro: Tempo Brasileiro, 1989; Ações, atos de fala, interações linguisticamente mediadas e o mundo vivo. In *Racionalidade e comunicação*. Trad. Paulo Rodrigues. Lisboa: Edições 70, 2002, p. 103-148.

Estudar a linguagem jurídica sob a vertente semiótica é, na verdade, estudar um viés que, não obstante sua já secular existência, tem-se afigurado dia a dia mais uma matriz teórica de referência para os estudos de linguagem. E, desde já, quer-se assumir que a linguagem jurídica nada mais é do que uma linguagem técnica, especializada, funcionalmente diferenciada, terminologizada e praticada por um *groupe sémiotique*, qual seja a *comunidade dos juristas*[3]. As características próprias do universo da linguagem jurídica tornam-na, de certa forma, uma linguagem artificial e que cria dificuldades para a construção de decisões judiciais, a difusão de conhecimentos jurídicos de interesse geral e a apropriação dos direitos pelos(as) cidadãos(ãs). A linguagem jurídica não se confunde com o que recorrentemente se chama de "linguagem forense", sabendo-se que a linguagem jurídica engloba a "linguagem forense", estando esta dotada de características retóricas e estilísticas próprias da praxe jurídica forense.

A semiótica ocupa, portanto, um espaço teórico anteriormente dominado por ramos científicos estanques do conhecimento humano, tendo-se reforçado em sua amplitude objetiva na medida das transformações internas deste que pode ser chamado de *projeto semiótico*[4]. Nisso, o amadurecimento e o desenvolvimento do *projeto semiótico* está demarcado por fases e etapas, sendo que estas estão condicionadas pelo evolver do labor científico[5].

É certo que o evolver histórico dessa ciência apresenta percalços e entraves, e nem sequer se pode dizer pacífica a discussão acerca das origens desse estudo ou muito menos pacífica a metodologia de que se utiliza. Porém, o que é certo é considerar que o *fazer semiótico* – a tarefa do semioticista – atravessa e interessa os saberes de outras áreas do conhecimento, para o que serve de base comum de análise dos discursos[6].

---

[3] Cf. Jackson, *Semiotics and legal theory*, 1985, p. 284.

[4] "Filiado à forte perspectiva estrutural que reinava na França na passagem da década de 1950 para a de 1960 e, nessa linha, acreditando na viabilidade de se fazer ciência ou ao menos um 'projeto de ciência' na área das Humanidades, Greimas gostava de frisar a 'vocação metodológica' de sua teoria juntamente com a necessidade de dissociá-la das interpretações subjetivas que então prevaleciam nos estudos sobre o sentido" (Tatit, *Passos da semiótica tensiva*, 2019, p. 14).

[5] "O fazer teórico da Semiótica Francesa, como aliás de qualquer domínio do conhecimento é aspectualizado imperfectivamente, o que significa que não constitui ela uma teoria pronta e acabada, mas um projeto, um percurso" (Fiorin, Esboço da história do desenvolvimento da semiótica francesa, *in Cadernos de Estudos Linguísticos,* 2020, (42), p. 131).

[6] "Dito de outro modo, o trabalho do sociólogo, do jurista, do historiador, etc., passa pela problematização, a análise e a manipulação do que, por outra parte, constitui enquanto tal,

Deve-se notar, no entanto, que é claro o objeto de trabalho da *Semiótica*, qual seja o *sentido*. Nem mesmo sua nomenclatura científica se encontra fora de debate, visto se encontrar esse aspecto do problema na exata dimensão da definição do que seja a própria semiótica. Isso torna ainda mais relevante a pesquisa e o detalhamento desta para o âmbito do Direito.

Sob o título de *Linguagem jurídica*, propõe-se propriamente uma *reavaliação* do Direito, numa perspectiva teórico-semiótica, procedendo-se a um perscrutamento da *juridicidade*, o conjunto das práticas jurídicas de discurso. Trata-se de aplicar sobre o *mundus iuris* a metodologia de pensamento própria da ciência do sentido, a semiótica. Neste processo de investigação, dados históricos serão de extrema importância, noções teóricas serão de grande valia, tudo até que se possa apresentar com solidez o objeto destas perquirições no campo jurídico: o conceito de *juridicidade*. Assim, qual seja o papel e o campo de desenvolvimento de uma Semiótica Jurídica, é o que se está a procurar e a definir.

Destarte, é mister que a pesquisa não somente se detenha nas entranhas do movimento semiótico, mas se distenda também por sobre as saliências do Direito. O Direito, dimensão heterodoxa de conhecimentos e práticas humanas, com seus multifários espectros e formas de apresentação, naturalmente, e à primeira vista, manifesta-se como uma conformação homogênea, sólida, compacta, de todo clara aos olhos de seu intérprete. Porém, sua primeira apresentação assim feita, logo surgem indícios suficientes de sua heterogeneidade, devida fundamentalmente ao fato de que o discurso jurídico, deve-se dizê-lo desde já, é um *discurso da culturalidade* humana; a aparência de homogeneidade secreta uma constelação de problemas socioaxiológicos. O Direito é praticado por meio da comunicação, pois pressupõe a interação de agentes, a vida em sociedade e a necessidade de regulamentação de condutas num espaço determinado. Assim, passa a se justificar esta abordagem zetética da temática, e isto dentro de um contexto semiótico bem situado, procedendo-se ao tratamento mais aprofundado de uma miríade de conceitos aqui apreendidos na perspectiva da linguagem, ou do Direito como universo de prática e manifestação da significação. O Direito como prática de linguagem, ou de linguagens, na forja social, nada mais é que instrumento de intervenção do homem sobre o homem, e assim se apresenta, assim se manifesta, assim se faz, carregando consigo um cau-

---

num plano geral, o objeto teórico próprio do semioticista" (Landowski, *Com Greimas*: interações semióticas, 2017, p. 37).

dal de consequências que devem ser avaliadas e *reavaliadas* constantemente com apurada prudência.

O direcionamento das pesquisas encontra, portanto, um eixo central sobre o qual se baseiam as suas premissas de trabalho: investigar a ordem de produção da chamada *juridicidade,* conjunto de práticas textuais de linguagem do Direito. Isso importa em buscar as origens do fenômeno, seu crescimento e manifestação, os efeitos que produziu, bem como seu desaparecimento. Dinâmica e estática aqui estão em questão. Para que este estudo, projetado com tais dimensões, seja suficientemente bem orientado, é mister que esteja bem engajado em seu contexto, ou seja, o contexto dos acontecimentos jurídicos. Deverá, portanto, possuir perspectivas concretas, situando a *juridicidade* em meio aos demais fenômenos sócio-histórico-culturais, procurando, sobretudo, detectar os meios pelos quais se torna possível investigar o surgimento do discurso jurídico em seu contexto fenomênico e situacional.

Nesse sentido, a *juridicidade* é vista como um sistema entre sistemas, como um produto social entre produtos sociais, ou, mais ainda, como uma palavra entre outras, e o que a pode definir como estrutura complexa é exatamente o fato de que é uma dentre as várias possíveis e existentes formas de ser da realidade social. Assim, a ênfase recairá na proposta de se enveredar na viva e dinâmica comunicação existente entre a *juridicidade* e os outros sistemas sociais. Neste ponto é que se procurará reforçar a ideia de que o sistema jurídico compartilha com o espaço dos signos, e de outros diversos componentes da culturalidade valorativa, um *tópos* comum, qual seja, o da linguagem, ou, em outras palavras, o Direito, enquanto *retículo sociocultural* e produto da comunhão de diversos valores sociais (organização, política, convívio, obediência, sobrevivência, trabalho...), tem como uma de suas perspectivas a linguagem. É a linguagem, assim, uma de suas características.

Justificar o estudo da problemática semiótica no contexto da *juridicidade* é muito mais remontar ao próprio caráter dialético pelo qual se manifesta o discurso jurídico, enquanto manipulado por sujeitos semióticos determinados, ou determináveis, que atuam dinamizando o sistema normativo e atualizando a vivência implicacional que se destaca da necessidade de regência da vida e da conduta sociais, e muito menos submetê-lo a um juízo minimizante de sua complexidade. Retome-se essa ideia, neste contexto fundamental: estudar o Direito em seu movimento de sentido, como linguagem, não significa reduzi-lo a mera realidade de signos. Não é o objeto de pesquisa que deve ajustar-se ao método, mas sim o método que deve adequar-se ao objeto.

O projeto de reconhecimento de uma significância semiótica no seio da *juridicidade* só vem a acentuar a falência de um modelo científico de tendências estáticas, primando, pelo contrário, pela acentuação dos diversos aspectos com os quais se pode visualizar uma realidade ou uma faticidade. Se a *complexidade* e a *heterogeneidade* fenomênicas reclamam o alargamento dos horizontes epistemológico-científicos, com isso, também, se alargam as perspectivas e os espectros de abordagem sob os quais se pode analisar essa mesma realidade.

Assim é que *reescrever* semioticamente o Direito é mais que propor uma discursividade acerca da *literalidade* de *palavras* e *signos* em que se expressa a textualidade jurídica, seja normativa, seja burocrática, seja decisória, seja doutrinária. Textos entre textos, os códigos, as compilações, as recolhas normativas, os trabalhos de exegese legislativa, as decisões jurisprudenciais representam unidades dotadas de vida própria, a vida dos textos. Estes formam um repertório de elementos jurídicos sujeitos a uma *reapreciação* crítica, tudo nos exatos termos de uma proposta semiótica; detecta-se, pois, o fenômeno *textualidade* como nuclear para a manifestação e existência da *juridicidade*.

A essa *juridicidade*, entendida como manifestação fenomênica do Direito em todos os espectros, abrangidas sua *axiologia*, sua *teleologia*, sua *deonticidade*, bem como sua *diacronicidade* e sua *sincronicidade sistêmica*, não se pode referir sem que antes se tratem alguns importantes aspectos do problema metodológico. Uma proposta semiótica, principalmente de uma semiótica textual, faz transparecer a necessidade de definir a *juridicidade* como o complexo cultural apreendido sob a ordem de ideias que se vinculam ao poder de expressão do *animal simbolicus*[7]. Assim é que a manifestação articulada da linguagem revela a participação dos problemas sintáticos, semânticos e pragmáticos àqueles que manipulam a *juridicidade* recorrendo aos elementos estruturais de universos de discurso precisos e determinados, em uso na sociedade, para a composição de discursos particulares acerca da *textualidade* preexistente nas manifestações jurídicas de sentido.

[7] A expressão é de inspiração cassireriana e funda-se na ideia da existência de um relacionamento condicional entre pensamento e símbolo (<<signo>>); o essencialismo da signicidade como determinante do próprio pensamento funda a especulação antropológica cassireriana, estando essa expressão "animal simbólico" em estreita relação semântica com as premissas filosóficas que envolvem o pensamento ao símbolo, ou este àquele. A respeito, consulte-se Cassirer, *Esencia y efecto del concepto de símbolo*, México, 1989.

Percebe-se que, onde há textos e sujeitos envolvidos, dessa interação só pode resultar uma complexa atividade de constante construção do sentido jurídico. Os sujeitos textuais que interagem juridicamente são responsáveis pela formação da *juridicidade*; esta inexiste abstraída a intersubjetividade, o que garante uma dinâmica ímpar nos movimentos textuais, de modo que verificar que há dinâmica nas instâncias e instituições jurídicas é, antes de tudo, verificar que, ao mesmo tempo em que algo permanece, algo muda. Mas nada surge ou desaparece *ex nihilo*, e sim dentro de condutas semióticas determináveis, o que garante resultados de análise surpreendentes. No contexto de mutações que *reabsorvem* as experiências sociais anteriores e as reelaboram num perene *continuum*, percebe-se um sistema que se move e que *interage* física e ideologicamente com outros possíveis sistemas sociais.

É assim que, tomada a *juridicidade* como algo imerso numa teia social e cultural mais ampla, pretende-se apresentar uma proposta de análise teórico-jurídica, proposta esta que não peque por estabelecer dimensões estritamente apartadas da fenomênica em que se manifesta o Direito, mas que postule a apresentação dos principais aspectos que permitam entender o Direito como *retículo sociocultural*. Da noção de retículo cultural é que se pode partir para a afirmação de que o próprio termo "Direito" pode ser objeto de confirmação no seio de uma teoria semiótica, tendo-se em vista que pode ser entendido como um signo; fala-se do que seja o Direito, explica-se o que seja o Direito, propõem-se respostas para a questão básica de qual seja a natureza do Direito.

De fato, muito já se disse a esse respeito, o que só vem a denunciar que o termo "Direito" possui uma dimensão de signo. E isso na medida em que seu campo semântico se ordena de acordo com a multiplicidade de denotações que encontra no campo social (existe um conceito coloquial do que seja o Direito, outro judicial, outro acadêmico, outro econômico...) no qual está imerso, o que indica que a própria operosidade do Direito encontra-se comprometida com sua faceta sígnica; em outras palavras, o próprio rendimento do sistema jurídico é avaliado a partir do conceito de "Direito" que se retém (sistema de opressão, sistema de controle, sistema ideológico de classes, sistema puramente formal...). O ser signo para o termo "Direito" é um estar para um outro algo que não a sua própria natureza terminológica (o Direito não existe concretamente como objeto do mundo disponível aos sentidos), o que consente que se diga, portanto, que onde se lê "Direito", ou quando se diz "Direito", reclamam-se também os termos *ordem*, *poder*, *violência simbólica*, *poder persuasivo*, *valor*, *normatividade*, *regras de conduta*, *coercitividade*, *eficácia*, *decidibilidade*, *sistematicidade*... É assim que se pode, *prima facie,* apresentar o "Direito" como esse amálgama de denotações semânticas que incorporam valores sociais diversos.

É com esse complexo de elementos que se pretende lidar deste momento em diante, por meio desta pesquisa, pois a escolha do método e a opção teórica se fazem no exato sentido da consecução de um objetivo, aqui já claramente delineado. Parte-se, pois, para o alcance deste, de modo a pesquisar propriamente aquilo que se pode nomear *juridicidade*, ou seja, o Direito tomado como sistema de significação, a significação jurídica, e expresso por meio de aparições de sentido, práticas judiciárias, condutas de agentes, decisões sociais etc., que se verificam por seus textos. É nesse sentido e com esse intento que se inscrevem nesta pesquisa as palavras que seguem.

Parte I

LINGUAGEM E SEMIÓTICA

1 Semiótica e Direito: uma inter-relação possível

O universo do discurso e as práticas de linguagem são de decisiva importância para o jurista. Não por outro motivo, a questão da *linguagem,* de forma geral, é aqui tomada como questão central para a leitura e a compreensão do Direito. Em especial, quando se considera o *contexto social* em que se está imerso atualmente, é que se deverá destacar a importância da redobrada atenção por parte do jurista. E isso porque, de fato, nos vemos atualmente envolvidos por uma forte trama *simbólico-conjuntural*, dentro da mais ampla onda de ascensão *tecno-informacional,* em que predomina o processo de ascensão da *pós-verdade*[1]. Se essa questão tem impactos nos campos da Ética, das *Ciências,* da *Comunicação* e da *Política* – aliás, como constatam os estudos do semioticista francês François Rastier[2] – também haverá de ter no campo da *Linguagem* e do *Direito.* Ainda que pairem discussões e indeterminações no campo do debate sobre os significados do que se chama de "*pós-verdade*"[3], é certo a questão ecoa e já se faz sentir, mesmo

---

1 "Assim como a pós-modernidade trouxe o debate relevante sobre, afinal, como deveríamos entender a modernidade e principalmente o *sujeito moderno,* penso que a pós-verdade inaugura uma reflexão prática e política sobre o que devemos entender por verdade e sobre a autoridade que lhe é suposta" (Dunker, Subjetividade em tempos de pós-verdade, in *Ética e pós-verdade* (Christian Dunker et al.), 2017, p. 13).

2 "La vérité scientifique est menacée, tant par les politiques de la «post-vérité» que par la corruption financière et les pressions managériales" (Rastier, La vérité sans guillements, *Revue Texto!*, v. XXV, n. 1-2, 2020, p. 1).

3 "Menos para contribuir com o grande mural epistemológico do significante 'pós' com que comecei a minha meditação do que para provocar uma reflexão muito livre sobre hábitos mentais, vou sugerir que chamemos esse tempo-espaço em que compramos e vendemos ideias e conceitos de mercado da pós-epistéme. Nesse mercado já não importa a verdade ou qualquer coisa que tenha a ver com a ideia de uma busca pelo impossível, pelo intangível e pelo mais além. Importam ideias e conceitos a funcionar como próteses cognitivas. Ideias úteis, boas, bonitas e baratas como qualquer mercadoria. Cada vez mais afundados na literalidade, as pessoas assumem imaginários impessoais produzidos industrialmente" (Tiburi,

em campos de ação mais técnicos e objetivos, como sói ocorrer com o Direito e suas práticas discursivas.

Nesse ponto, em específico, fica claro que os nossos tempos são de *hiperabundância* de *falas e textos*[4], que, paradoxalmente, irão afetar a *cognição*, a *compreensão* e o *compromisso* com a dimensão da *palavra* (*word; parole; palavra; parola*). O excesso de informação talvez traga consigo a *derrisão do sentido*. Ainda não sabemos. Mas já temos claro que, uma vez que a palavra seja afetada, muito daquilo que conhecemos como *práticas discursivas do Direito* serão diretamente afetadas. E, de fato, algo nesse sentido já se pode começar a sentir quando se está diante de fenômenos como o cinismo discursivo, a distorção das palavras, a má técnica judiciária, a discrepância entre argumentos e decisões, a diluição de categorias jurídicas sólidas em categorias líquidas, a fungibilidade dos compromissos que as palavras expressam e o questionamento sobre a autoridade das palavras do Direito.

O atual contexto é, também, o da digitalização e da virtualização das interações nos procedimentos administrativos e judiciais. Agora, a *inter-ação* dialogada, discutida e debatida vem sendo, cada vez mais, substituída pela *mediação tecnológica* da palavra e da interação. Mas isso não implica apenas a passagem de meios, ou seja, da migração dos meios presenciais aos meios digitais, mas implica também a *intersecção digital* das formas pelas quais o Direito se expressa, se realiza e se constitui.

Esses aqui são tomados apenas como alguns sintomas, dentro de um processo social maior e mais amplo, em que a questão da relação entre *palavras, discursos, práticas textuais* e *relações de sentido* estão sendo redefinidas. Atualmente, diante do *desmanche generalizado* das categorias discursivas, deve-se colocar a análise atenta às novas dinâmicas das trocas sociais e simbólicas[5]. Por isso, é nesse contexto que se torna importante falar e

---

Pós-verdade, pós-ética: uma reflexão sobre delírios, atos digitais e inveja, in *Ética e pós-verdade* (Christian Dunker et al.), 2017, p. 100-101).

4 "Um dos traços da cultura atual é a proliferação de textos. Nunca se escreveu e se leu tanto, ainda que o analfabetismo funcional e político continue crescendo e aparecendo. Ideias e opiniões configuram-se como narrativas em um universo de textualidades diversas. A pós-verdade transita entre textos verbais e imagéticos como uma produção publicitária, a verdade para ver, sem necessariamente ser verdade" (Tiburi, Pós-verdade, pós-ética: uma reflexão sobre delírios, atos digitais e inveja, in *Ética e pós-verdade* (Christian Dunker et al.), 2017, p. 114).

5 "A possibilidade de uma verdade em caixa alta, capaz de nos explicar o desconhecido, não vem mais ao caso. Contentamo-nos com o pouco. E esse pouco é a pós-verdade. A verdade que podemos aceitar. A verdade que cola, a que vemos circular, a que podemos

pensar a partir da *Semiótica*. É, ainda, dessa forma que se reforça a importância da *Semiótica Jurídica*, como projeto de preocupação reflexiva voltada para a compreensão das *mutações do sentido jurídico*, em face das conjunturas dentro das quais se expressam as *práticas discursivas do Direito*.

Aliás, o desfiladeiro das reflexões semiótico-jurídicas começa quando, no uso linguístico do Direito, constatam-se expressões que expõem sua pretensa rígida estrutura de *dever-ser*[6] a riscos de natureza não jurídica, mas que possuem sérios efeitos dentro da dinâmica jurídica, pois abeiram os limites da arbitrariedade do sentido e dos processos de produção de significação[7]. As normas jurídicas utilizam termos técnicos, termos de sentido estrito, mas também utilizam conceitos indeterminados, palavras dotadas de polissemia, termos abertos, abrindo um enorme campo de discussão sobre o papel da linguagem no universo do Direito[8]. A definição do que sejam os "bons costumes" do texto do Código Civil (art. 395 do CC/1916; art. 1.638 do CC/2002), a função social da propriedade (§ 1º do art. 1.228 do CC/2002), a identificação da amplitude da expressão "dignidade da pessoa humana" utilizada pela Constituição Federal de 1988 (art. 1º, III) são apenas exemplos desses desafios com os quais se deve lidar visando a aplicação do Direito.

---

produzir publicitariamente, a que alimenta a mídia. A verdade que conseguimos alcançar quando, em um regime antigo, a verdade era aquilo que esperávamos conseguir" (Tiburi, Pós-verdade, pós-ética: uma reflexão sobre delírios, atos digitais e inveja, in *Ética e pós-verdade* (Christian Dunker et al.), 2017, p. 107).

6 Com a intenção de estudar a teoria jurídica kelseniana, demonstrando suas bases kantianas, afirma Dubouchet: "Or le phénomène normatif ou déontique – le devoir-être – qui est la condition et le garant de l'autonomie de la théorie juridique et de la découverte de son essence, se définit par opposition au phénomène ontique – à l'être" (*Recherches pour une sémiotique juridique: propédeutique à une philosophie des systèmes symboliques du Droit*, thèse pour le Doctorat d'État en Droit soutenu publiquement, Lyon, Université Jean Moulin, Faculté de Droit, 1982, p. 881-882 (t. 3). É exatamente nesse sentido que se utiliza neste trabalho a expressão *dever-ser*, na sequência da já solidificada herança teórica do pensamento filosófico-jurídico do século XX.

7 Sobre a presença de conceitos fluidos nos textos legislativos, consulte-se Lajoie, Robin, Chitrit, L'apport de la rhétorique et de la linguistique à l'interprétation des concepts flous, in *Lire le droit:* langue, texte, cognition, 1992, p. 155-163.

8 "A Constituição frequentemente veicula normas de textura aberta, isto é, com linguagem vaga e conteúdo dotado de plasticidade. É o caso dos princípios – e.g., dignidade da pessoa humana, moralidade, capacidade contributiva, dos conceitos jurídicos indeterminados – e.g., interesse local, repercussão geral, comoção grave – e dos termos polissêmicos – e.g., tributos, servidores, meio ambiente" (Barroso, *Curso de direito constitucional contemporâneo*, 4. ed., 2013, p. 325).

Então, percebe-se que a presença corpórea do Direito não é tão unitária, nem tão homogênea; percebe-se mesmo que ao Direito falta algo quando dele se extraem seus aspectos sociocultural, expressivo, discursivo, político-potestativo... Se assim é, então se está diante de um fenômeno que convive com outros fenômenos, de alguns dependendo intrinsecamente, de outros extraindo sua articulação, sobre outros se estruturando, com outros convivendo dialeticamente etc. Nesse sentido, e nesse exato momento, abre-se uma nova visão para o que seja a realidade do Direito, um sentido que não apela para aquela realidade artificial, estreita e secularmente conhecida pelos seus usuários: a do Direito como norma, como puro *dever-ser* da conduta humana, que corresponde a uma redução do fenômeno jurídico ao estritamente normativo[9]. A necessidade de um estudo que se debruce sobre a problemática do Direito como manifestação de sentido parece, portanto, imperativa, assim como esclarecedora.

No interior da perspectiva teórica assumida nesta obra, o Direito é visto como um *conjunto de textos*, produtores do *sentido jurídico*. E isso, seguindo-se de perto o que afirma o linguista francês François Rastier, implica que a cada *prática social* corresponde um tipo de discurso, sendo o discurso jurídico um dos vários tipos de discursos sociais.[10] Esta visão segue a ideia central organizadora da tradição da *semiótica francesa*, que, no fundo, é responsável pela formulação de uma *teoria geral do texto*, conforme aponta o semioticista José Luiz Fiorin[11]. É assim que, tanto para a *Semiótica Geral* – tendo-se aqui presentes as observações feitas pelo semioticista italiano Ugo Volli[12] e pelo semioticista francês François

---

9 Esse, sem dúvida alguma, é o viés que maior número de representantes angariou, assim como influenciou gerações inteiras de pensadores, juristas e operadores do direito. A respeito do normativismo como movimento científico, sobretudo ligado a uma inspiração kelseniana, consulte-se Grzegorczyk/Michaut/Troper, *Le positivisme juridique*, 1992, p. 56-59.

10 "À chaque type de pratique sociale est associe um type d´usage linguistique que l´on peut appeler *discours*: ainsi des discours juridique, politique, médical, etc." (Rastier, *Sens et textualité*, 1989, p. 19).

11 "É, por conseguinte, uma teoria geral dos textos, quer se manifestem verbalmente, visualmente, por uma combinação de planos de expressão visual e verbal, etc." (Fiorin, Esboço da história do desenvolvimento da semiótica francesa, *Cadernos de Estudos Linguísticos,* 2020, (42), p. 132).

12 "Essa noção ampliada do objeto da semiótica é o *texto,* que pode ser considerado *o objeto concreto de uma comunicação*, uma mensagem que efetivamente é produzida ou reconhecida como tal, e que em termos estruturais equivale a *um segmento do eixo do processo autônomo e bem definido"* (Volli, *Manual de Semiótica*, 3. ed., 2015, p. 78).

Rastier[13] – quanto para a *Semiótica do Direito*, o *texto* é o objeto de pesquisa e o foco de unificação das pesquisas teóricas. A visão aqui exposta – centrada na concepção do direito-texto – é, igualmente, sustentada pelo jurista suíço Pierre Moor[14]. O direito-texto permite uma abordagem que faz enxergar na norma um texto, na lei um texto, no código um texto, numa audiência um texto, numa seção do júri um texto, na arquitetura de justiça um texto[15], na totalidade do sistema jurídico um conjunto de textos em funcionamento intertextual. O direito visto como "texto" não impede que, antes de tudo, seja visto como um texto que tem origem social e que resume uma série de anteriores operações sociais[16]. A ampla mobilização de recursos humanos e sociais para a consolidação do direito em seu quadro de "texto" exige que o "direito-texto" cumpra uma função social. Por isso, o direito como código comum de comportamento, que se realiza e se efetiva como prática de linguagem, deve ser visto como uma forma de produção de significação em escala social. Isso faz do direito esta estrutura que opera o compromisso racional de realizar tarefas sociais de convívio, não que isto não se faça dentro de um quadro de profundas incertezas e ambiguidades, às quais são entregues todos os dias os que diretamente lidam com a prática do direito. A insegurança está contida dentro do código-língua do direito, e quem o pratica é consciente disto. Por isso, há grande opacidade do que seja o direito, do ponto de vista reflexivo, para os próprios atores sociais que o operam em sua prática. Nada distante desta condição, é o problema de se considerar que a questão da linguagem, para pensar o direito, somente polemiza ainda mais a sua condição de mediador social dos comportamentos. Mas, será que a inconsciência do quanto o direito é devedor das estruturas de linguagem coopera com a formação de atores mais capacitados a compreendê-lo? Esta investigação demonstra que é impossí-

---

[13] "Le texte, ou la performance sémiotique, est l´unité fondamentale pour la problématique rhétorico-herméneutique" (Rastier, Sémiotique et Sciences de la Culture, *Revista Texto!*, 2001, p. 4).

[14] "Le droit est composé de textes, il est composé avec des textes. Bien plus: il travaille avec la production de textes" (Moor, *Dynamique du Système Juridique*, 2010, p. 61).

[15] A este respeito, consulte-se Bittar, *Semiótica, Direito & Arte*: entre Teoria da Justiça e Teoria do Direito, 2020.

[16] "A linguagem inclui-se entre as instituições humanas resultantes da vida em sociedade. O direito é apenas uma das formas sociais institucionais que se manifesta através da linguagem, a qual possibilita e proporciona sua existência" (Araújo, *Semiótica do direito*, 2005, p. 19).

vel desatrelar esta dupla característica do direito, de um lado, um fato de decisão para a vida social, mas de outro lado, um fator de questionamento das práticas sociais. É desta ambiguidade que se vale o direito-texto para realizar-se cotidianamente.

Ademais, uma abordagem do direito pela via da semiótica segue a linha da assunção da premissa de que na vida social existem diversas linguagens. Toda sociedade é composta por diversos códigos sociais, entre os quais se encontra o código do direito. O direito forma, por isso, no conjunto da vida social, por especialização e desdiferenciação, uma linguagem entre linguagens, e, por isso, também se serve de diversas linguagens sociais, além de interagir com as demais linguagens sociais[17]. Essa ideia não implica a do encerramento da linguagem do direito sobre si mesma, mas implica a ideia de que o direito serve, muitas vezes, como elemento de consolidação da possibilidade de preservação das linguagens e da racionalidade no convívio social. Sem diálogo social não há direito. Por isso, o direito representa um lugar de expressão da possibilidade de preservação das formas humanas de interação não violentas e capaz de encaminhar racionalmente conflitos sociais. Desta forma, tudo que aparece como *forma do Direito*, em verdade, se coloca no plano da procedimentalização da vida social, substituindo o código da violência pelo código do direito, como forma de evitar a violência e a simbolização dos conflitos[18].

Se assim é, uma perspectiva que possibilite a abordagem da linguagem jurídica a partir de uma vertente semiótica torna-se um instrumento importante para a discussão dos meandros jurídicos. Se a Semiótica oferece instrumental suficiente para o tratamento desse objeto, também outras disciplinas e ciências se candidatam a tanto. Mais além ainda, essa perspectiva não se pode construir alheia à maioria das querelas teóricas existentes no campo de investigação pretendido. Assim, qualquer passo sem base sólida pode representar a queda de toda uma estrutura teórica mitificada como realizável, o que torna imperiosa a necessidade de demonstrar não só como a Semiótica se alista em meio a outras ciências da

[17] Se a linguagem é um fenômeno social e cultural, ela retrata os limites do conhecimento, os padrões de valores sociais, os hábitos e costumes. Por isso, não é raro que a linguagem jurídica acompanhe, por exemplo, preconceitos sociais: "filhos ilegítimos", "silvícolas", "ergástulo público", "cônjuge varoa".

[18] "Assim, o *teatro da justiça* não é apenas a encenação, o jogo, a representação. É, sobretudo, a forma de se substituir a *violência*, simbolizando os conflitos" (Bittar, *Semiótica, Direito & Arte*: entre Teoria da Justiça e Teoria do Direito, 2020, p. 286).

linguagem, mas também a dependência da Semiótica Jurídica em relação a sua matriz, a Semiótica, com seus dilemas e dificuldades, uma vez que aquela desta deriva.

O que se pretende é afirmar que o lugar da Semiótica, atualmente, não poderia jamais ser substituído por outra disciplina nesse seu mister investigativo. Isso porque um estudo que apreendesse a linguagem jurídica no sentido de sua gramaticalidade muito pouco teria a contribuir para a análise pretendida, pois exaurir-se-ia em seu minúsculo propósito de averiguar a certeza verbal (prescritiva ou normativa) da expressão do Direito em suas formações frásticas. Muito menos assim, descobrir como se distribuem as composições sonoras seria útil ao jurista, por meio da fonologia das expressões jurídicas. Estudos lexicológicos talvez aventassem hipóteses interessantes acerca da formação de palavras e expressões jurídicas, demonstrando a circulação dos fatores culturais e expressivos entre os grupos de comunicação, mas não se atingiria, por essa via, o objetivo de acercar-se do sistema de *dever-ser* que é o Direito; esses estudos exaurir-se-iam na descrição dos processos lexicológicos comuns da língua em que se expressa o Direito. Muito menos ainda, não obstante ser instrumento de grande utilidade para o jurista, a Etimologia satisfaria o intento crítico de que se investe a Semiótica. A Oratória capacita o usuário do sistema linguístico, enquanto ator de fala, à melhor apresentação de discurso possível, detendo-se, ineludivelmente, no aspecto expressividade/forma do discurso jurídico. A Retórica[19], por sua vez, poderia explicitar o quanto as estruturas jurídicas (processuais, principalmente) devem à argumentação, aos processos de persuasão, ao convencimento, à batalha pela vitória e o sucesso discursivos, mas se arriscaria a fazer da realidade jurídica um simples jogo de palavras ou de oportunidades instrumentalizadas de discurso se se reduzissem todas as tramas jurídicas aos procedimentos argumentativos. A Filosofia da linguagem[20], como especulação sobre as origens da linguagem humana, bem

---

[19] A respeito da Retórica e de suas incumbências teóricas, consulte-se Cascardi/Hintikka/Porchat/Meyer/Toulmin, *Retórica e comunicação,* 1994. Alternativas desse estudo, aplicado ao Direito, de grande interesse e importância, são as reflexões que inter-relacionam retórica, comunicação e pragmática (Ferraz Junior, *Direito, retórica e comunicação*: subsídios para uma pragmática jurídica do discurso jurídico, 1973) e que colocam em evidência o raciocínio propriamente jurídico em confronto com o raciocínio lógico-dedutivo, garantindo-lhe a especificidade que lhe é própria (Perelman, *L'empire rhétorique*: rhétorique et argumentation, 1966).

[20] "Antes disso, encontraremos preocupações semióticas *in nuce* entre os estoicos e, mesmo em tempos mais remotos, em Platão e Aristóteles (como desdobramento de seus questiona-

como sobre a *ratio essendi* da linguagem[21], distende-se por instâncias filosóficas que contribuem para o melhor conhecimento do porquê da linguagem e de suas relações com as coisas do mundo que designa, contribuindo, no entanto, apenas lateralmente, em seu enfoque, para a solução de problemas ligados ao funcionamento das estruturas jurídicas. É certo que refletir sobre a linguagem é pressuposto para refletir sobre a linguagem jurídica, mas esse tipo de procedimento teórico acrescenta pouco a uma análise do sentido

---

mentos linguísticos), segundo foi comentado ao tratarmos das origens da Hermenêutica" (Nogueira, *Direito e linguagem*: o processo interpretativo jurídico sob uma perspectiva semiótica, 2013, p. 64).

21 É certo que na abordagem de problemas teóricos ligados à linguagem jurídica tangenciam-se, normalmente, questões que encontram mais bem acolhida na perspectiva de uma filosofia da linguagem, das quais se podem destacar as seguintes: (a) A comunicação sígnica que se revela no indivíduo, apresentando a este condições de articular o *lógos*, e de exercê-lo socialmente, decorre do puro convencionalismo humano (*nómos*), ou é um fenômeno natural (*phýsis*)? (b) Sabendo-se que o homem é um ser racional e que estrutura seu conhecimento em leis racionais, muitas das quais ainda desconhecidas para ele mesmo, estas se organizam *a priori*, ou são determinadas pelo simbolismo expressivo pelo qual se exterioriza a racionalidade dialógica na alteridade social? (c) A ordem do pensamento, mundo ideal, corresponde exatamente à ordem do simbólico, ou o universo das imagens mentais (*eîdos, idéa, phanthásmata*) é ainda algo diferente do *tópos oûranos*, de estilo platônico? (d) O problema metafísico, nesse sentido, pode ser entendido como o alcance das essências ou das causas primeiras, o que no fundo corresponde a uma relação semântico-definicional entre as coisas e os nomes que as designam? (e) A apropriação da realidade pelo sujeito cognoscente, no sentido de "*dado*" existencial, pelo pensamento, assim como os métodos indutivo e dedutivo de relacionamento de ideias, enquanto objeto de estudo de uma teoria do conhecimento, resume-se ao clássico problema da relação signo-homem-realidade, onde "realidade" por si só é um termo ambíguo e prenhe de estrategismos teóricos? (f) O intercâmbio significante-significado é puramente *arbitrário*, constituindo o nome mero *flatus vocis* decorrente do convencionalismo humano, ou na natureza existe algo que o fundamente? (g) A logicidade, enquanto estrutura do próprio pensar racional, comum a todos os homens, permite ou não a defesa de um *apriorismo*? Todos os questionamentos ora suscitados são historicamente determináveis (Sócrates, Platão, Aristóteles, Sofistas, Rousseau, Saussure, Kant...), pois advêm desde as primeiras e remotas reflexões filosóficas helênicas, fluindo num curso incessante de reflexões até as mais contemporâneas teorias da Comunicação, da Filosofia da linguagem e da Semiologia, mas basta assinalá-los abstratamente. Ademais, os espectros de uma filosofia da linguagem abrem-se não só no sentido de que se pode buscar a determinação das razões e dos caminhos do surgimento da linguagem humana, mas também pela abertura dos campos teóricos para a esfera psicológica do sujeito manipulador das estruturas da linguagem (em seu aspecto língua), dado que, "[Revolução] noético-social levada pelo corpo humano e seus prolongamentos escriturais, ela (a linguagem) permanece duplamente tensa entre o instinto e a instituição (...)" (Jacob, *Introdução à filosofia da linguagem,* 1984, p. 148).

jurídico. A Linguística, esta sim, apresentar-se-ia como forte candidata para cumprir essa finalidade, porém, como "estudo científico da linguagem humana"[22], e precipuamente da instituição humana de maior valor, a vocalidade, abeirar-se-ia de um estudo que se encerraria nos esquemas convencionais de comunicação humana, pois a língua nada mais é que instrumento de comunicação[23]. A Semiologia, especialmente aquela de inspiração saussuriana, que por muito tempo exerceu o atual papel da Semiótica, inteiramente inspirada nos esquemas propostos pela Linguística, vem definida por sua tarefa de estudo dos signos. Nesse sentido, pode-se dizer que esta última ciência cedeu lugar a uma nova proposta, que procura irromper o parentesco com a Linguística e fazer-se menos um inventário das linguagens e signos e mais um estudo da significação e dos processos macrossemióticos de significação[24].

É certo que tais relações se destacam no sentido de aclarar os objetivos deste estudo, que se exporão no correr da análise proposta. É por oposição a essas perspectivas redutoras que se poderá melhor dimensionar o estudo da Semiótica Jurídica, incumbida da tarefa de investigação do movimento sistemático do Direito por meio de seus discursos (movimento macrossemiótico), não se desconsiderando as perspectivas internas em que se desdobram as manifestações jurídicas de sentido por meio de seus discursos próprios (movimento microssemiótico). Assim, trata-se de estudar o fenô-

---

[22] Essa é a expressão utilizada para definir tal ciência por Martinet, *Elementos de linguística geral*, 1978, p. 3. É nesse sentido que se encontra proposta acabada de uma Linguística Jurídica independente, autônoma e com objeto próprio nos estudos de Gérard Cornu, *Linguistique juridique*, 1990.

[23] A língua, nesse sentido, pode ser definida como "um instrumento de comunicação segundo o qual, de modo variável de comunidade para comunidade, se analisa a experiência humana em unidades providas de conteúdo semântico e de expressão fônica – os monemas; esta expressão fônica articula-se por sua vez em unidades distintivas e sucessivas – os fonemas –, de número fixo em cada língua e cuja natureza e relações mútuas também diferem de língua para língua" (Martinet, *Elementos de linguística geral,* 1978, p. 17-18).

[24] Estudando a linguística jurídica, investigação com vocação detida nos signos linguísticos (sobretudo da língua francesa), Gérard Cornu, em sua obra *Linguistique juridique,* 1990, p. 14-17, põe em relação o Direito com a Terminologia, com a Semiologia, com a Semiótica, com a Linguística, entre outras ciências, operando distinções de importância, como aquela existente entre língua e linguagem. Não obstante a limitação necessária aos horizontes teóricos ali propostos, julga-se acertada a dimensão que se confere à relação Semiótica/Semiologia/Linguística: "... la linguistique, la science des signes linguistiques, n'est qu'une partie de l'une et de l'autre" (p. 14). Consulte-se também Rodríguez-Aguilua, *El lengaje jurídico,* 1969.

meno jurídico como prática de sentido, como "corpus" textual à disposição de intérpretes como linguagem específica e também como sistema de significação que opera em meio a sistemas de significação[25].

[25] A expressão "sistema de significação" vem especificamente na linha de abordagem semiótica de Cidmar T. Pais, para quem: "La sémiotique peut être définie comme la science de la signification. Son objet est constitué par les systèmes sémiotiques – verbaux, non-verbaux et complexes ou syncrétiques – et leurs discours. Elle oppose donc à la sémiologie structuraliste, sa conception de système et de signification" (Pais, *Conditions semantico-syntaxiques et sémiotiques de la productivité systémique, lexicale et discursive,* thèse présentée à l'Université de Paris-IV pour l'obtention du grade de Docteur d'État-ès-lettres, 1993, t. 2, p. 57).

1.1 As teorias semióticas

Vistas as questões precedentes, é mister passar ao exame e justificativa do método semiótico de análise, este que norteia o estudo empreendido por meio desta obra. Delimitar aqui é de grande e fundamental importância, isso porque, como se viu, muitas são as disciplinas que se candidatam a exercer um papel de visualização do Direito como linguagem e que não se confundem com os propósitos dos estudos semióticos.

Os espectros em que se divide a teoria semiótica atualmente não permitem que se fale da Semiótica como constituindo um campo de estudo dotado de um único método de estudo, de uma ciência delimitada em seus umbrais, de um enfoque unitário dentro do conjunto de teorias da linguagem. As teorias semióticas se multiplicaram e, com elas, as propostas metodológicas que as seguem. O historiador das teorias semióticas, Winfried Nöth, aponta para linhagens muito diversificadas no tratamento do campo da *significação*, destacando-se: Ferdinand de Saussure; Louis Hjelmslev; Roman Jakobson; Roland Barthes; Umberto Eco; Charles Morris; Algirdas Julien Greimas[1]. À carreira dessa diversificação e multiplicação de modelos e abordagens semióticas[2], pode-se destacar a semiótica da cultura, desenvolvida na base de uma semântica textual, tal como concebida por François Rastier[3].

A questão do método único se ofusca ante a profusão de esquemas de tratamento do problema, de modo que esses desfiladeiros teóricos, neste

---

1 A este respeito, consulte-se Nöth, *A Semiótica no século XX,* 3. ed., 2005.

2 "Corps de savoirs, de postulats et de conjectures, la sémiotique est issue de deux disciplines: la philosophie (notamment la philosophie du langage) depuis Locke, qui a sémiotisé la tradition de la logique philosophique, et la linguistique depuis Saussure, Hjelmslev, Greimas notamment" (Rastier, Sémiotique et Sciences de la Culture, *Revista Texto!*, 2001, p. 1).

3 "Quant à la troisième conception, elle est promue par F. Rastier qui, partant du postulat que la linguistique est une sémiotique des langues, considère que la sémantique des textes ou sémantique textuelle est le cadre proposé pour la description et l'analyse des textes de tout genre" (El Khattab, Sémiotique des cultures et sciences de la culture chez François Rastier, *Texto! Textes et Cultures* (coord. Carine Duteil-Mougel), v. XXIII, n. 2, 2018, p. 2.

momento de avaliação da Semiótica, passam a constituir as escarpadas entranhas nas quais deve penetrar aquele que pretende investigar as dimensões da linguagem jurídica.

Deve-se, pois, partir para o estudo das possíveis dimensões atuais do problema metodológico da Semiótica, e isso no sentido de justificar a construção de uma *Semiótica Jurídica*, o que se fará por meio de uma criteriosa análise das principais correntes que abordam o tema e das principais propostas metodológicas nos domínios da *Semiótica* e da *Semiologia*. Esse procedimento se adota como mister evolutivo da própria pesquisa em andamento, mas sem que com ele se possa comprometer o natural andamento dos estudos de cunho jurídico que motivam a pesquisa. A justificativa do procedimento ainda se deita sobre o fato de que, deve-se grifar isto, omitir dados relevantes acerca da história da formação da Semiótica como ciência autárquica (*autarcheía*, do grego, como *autogestão*) seria o mesmo que admitir seu surgimento *ex nihilo*, o que só pode corresponder a uma hipótese artificial.

Desses caminhos teóricos, nem todos serão percorridos. Apenas os principais sulcos deixados no sentido do desbravamento da selva dos signos serão perfilhados, o que significa deter a análise nas mais marcantes mostras metodológicas, perfazendo-se e demonstrando-se, portanto, com isso, não necessariamente todas as propostas semiológicas e semióticas formadas ao longo da história dos estudos da linguagem, mas sim os principais veios de florescimento de metodologias semióticas. Ademais, a linguagem como problema é uma instituição teórica muito mais antiga que a Semiótica como ciência – esta é um estudo que se cristalizou na contemporaneidade –, de modo que não serão aqui abordadas questões de linguagem que alguns semioticistas consideram relevantes em seus estudos[4].

Rastrear em tão amplas perspectivas a galáxia dos signos é empreender um desígnio dos deuses, isso porque, em verdade, encontram-se em jogo todas as unidades e possibilidades que entremeiam as relações sígnicas e simbólicas, tanto para o indivíduo (consciência psicológica, formação mi-

---

[4] É o que ocorre com Alan Rey, por exemplo, que em seu texto aborda com visão muito mais ampla toda a questão do signo em sua historicidade; nele se localizam interessantes apontamentos e citações textuais referentes a: Platão (*Sofista*); Aristóteles (*Poética*); estoicos; Sextus Empiricus; textos indianos; textos cristãos (Santo Agostinho, Porfírio, Boécio, Santo Anselmo, Santo Abelardo, Ockhan...); Bacon e Hobbes; escola de Port-Royal; Locke; Condillac; Berkeley; Kant; Hegel; Paul Valéry; W. von Humboldt; Bréal; Saussure (*Théories du signe et du sens,* 1973, p. 3-280).

tológica, existente físico-sensorial, conhecimento e expressão racionais, existente simbólico...) como para a sociedade (comunicação, diálogo, intersubjetividade, possibilidade de participação no conhecimento, ideologias...). Dessa forma, abordar-se-ão, e não de forma estritamente cronológica, as teorias que se formaram a partir das reflexões e contribuições da teoria da comunicação e outras que se formaram estritamente sobre a exploração da ideia e do conceito de signo.

Nesse sentido, podem-se discriminar os seguintes eixos básicos de estudo semiótico: (1) teorias estritamente baseadas na teoria clássica da comunicação (Jakobson, *Linguística e comunicação*; Buyssens, *Semiologia e comunicação linguística*; Coelho Netto, *Semiótica, informação e comunicação*)[5]; (2) teorias saussuriana (Saussure, *Cours de linguistique générale*) e pós-saussuriana (Barthes, *Elementos de semiologia*); (3) teorias semióticas propriamente ditas, do eixo Poinsot-Locke-Peirce, com derivações contemporâneas em Eco-Deely e Pignatari-Ferrara (Poinsot, *Tractatus De signis*; Peirce, *Collected papers of Charles Sanders Peirce*; Eco, *Tratado geral de semiótica*; Deely, *Semiótica básica*)[6]; (4) teoria semiótica greimasiana, que num primeiro período foi marcada pelo estruturalismo, mas num segundo momento dele se desgarrou (Greimas, *Sémantique structurale,* 1966; *Du sens,* 1970), conseguindo afirmar-se como teoria e proposta originais (Greimas, *Sémiotique et sciences sociales,* 1976; *Introduction à l'analyse du discours en sciences sociales,* 1979; *Sémiotique: dictionnaire raisonné de la théorie du langage,* 1979), com reflexos e variantes pós-greimasianas em Landowski-Courtés-Coquet-Pottier-Rastier e Pais (*La société*

---

[5] Sobre as pesquisas semiológicas de Prieto, Buyssens e Mounin, consulte-se Coquet, *La quête du sens:* le langage en question, 1997, p. 33.

[6] Fazendo a teoria dos signos derivar da lógica, em meio aos amplos estudos de um *Cursus Philosophicus* (1631/1635), especialmente dentro do eixo do *De interpretatione* de Aristóteles, John Poinsot empreende obra de colossais dimensões e de inigualável importância para a evolução da Semiótica. Desconhecido de muitos, o texto intitulado *Tractatus De Signis,* atribuído ao monge Ioannes A Sancto Thoma (1589/1644), divide-se em três livros, um primeiro (*De signum secundum se*), dividido em seis questões, um segundo (*De divisionibus signis*), dividido em seis questões, e um terceiro (*De notitiis et conceptibus*), dividido em quatro questões. Sua reflexão e seu conteúdo podem ser qualificados de pioneiros. Um estudo detalhado da obra, a partir do manuscrito original, com tradução, comentário, referências biográficas e organização textual, é dado pelo texto que se tornou ponto de apoio para estas considerações, a saber, *Tractatus De Signis:* the semiotic of John Poinsot, interpretative arrangement by John Deely, in consultation with Ralph Austin Powell, first published at Alcalá De Henares, Iberia, 1632, in bilingual format, University of California Press, 1985.

réfléchi: essais de sociosémiotique; *Introdução à semiótica narrativa e discursiva*; *La quête du sens: le langage en question*; *Théorie et analyse en linguistique*; *Sens et textualité*; *Conditions sémantico-syntaxiques et sémiotiques de la productivité systémique, lexicale et discursive*)[7]. Ademais dessas tendências pós-greimasianas, há que se apontar para o conjunto das transformações que a *semiótica francesa* vem sofrendo, na medida da emergência da *Semiótica Tensiva*, na perspectiva Fontanille-Zilberberg[8], e outros desdobramentos mais recentes. Aqui se encontram os principais delineamentos que se estará a perseguir e a analisar nesta primeira parte do trabalho, numa análise crítica das possibilidades de estudo da linguagem e do discurso jurídicos[9].

---

7 O estudo empreendido por Jean-Claude Coquet, *Sémiotique: l'École de Paris,* 1982, demonstra com clareza que a obra de Greimas, antes de ter-se construído abruptamente, passou por marcantes e diferentes fases metodológicas, ora se inclinando para uma proposta teórica lexicológica, ora para uma proposta teórica semântica, enfim se firmando como proposta teórica semiótica, bem delimitada e bem sistematizada em suas conquistas.

8 Consulte-se Fontanille, Zilberberg, *Tensão e significação*, 2001; Zilberberg, *Elementos de semiótica tensiva*, 2011.

9 Não se desconsideram neste contexto as reflexões e contribuições de inúmeros outros grupamentos teóricos e círculos de estudo formados em torno do problema semiótico *lato sensu.* Assim, não se podem esquecer as contribuições elementares de Wittgenstein (*Tratado lógico-filosófico*), Hjelmslev (*Prolegômenos a uma teoria da linguagem*), Benveniste (*Problemas de linguística geral*), Todorov (*Os gêneros do discurso*), Kristeva (*Semiótica 1 e 2*), Foucault (*As palavras e as coisas*). Mas, de qualquer forma, a par de se estar a considerar durante toda a reflexão deste texto as suas contribuições, nesta parte não se quer construir um quadro exauriente das tendências semióticas, muito menos apresentar uma gama, cronologicamente distribuída, de autores que sobre o tema versaram. As dissertações são extensas e as possibilidades de variações de entendimento e aplicação dos pressupostos semióticos ainda muito maiores, de modo que a circunscrição aqui se faz necessária, relevando sobretudo os movimentos mais marcantes metodologicamente neste contexto. Mais extensa ainda fica a reflexão se se passarem a indicar, nesta parte, os autores e textos que formaram e formam tendências diversas no campo das teorias semiótico-jurídicas (Warat, Carrió, Capella, Hervada, Amselek, Viehweg, Ferraz Junior...); a omissão aqui não significará falta de consciência da totalidade histórica do problema, mas limitação proposital dos espectros de pesquisa, isso porque não se visa, por meio deste texto, extrinsecar cada uma das visadas teorias, e sim muito mais apresentar uma contribuição que saiba resgatar interdisciplinarmente as conquistas havidas no campo semiótico. Assim, entende-se que, apresentadas as principais linhas de pensamento da semiótica *lato sensu*, estar-se-ão também a apresentar as possibilidades metodológicas apresentadas para o campo do Direito, visto que as teorias jurídicas são, nada mais nada menos, reflexos das conquistas metodológicas alcançadas em sede *extrajurídica*.

As variações metodológicas também trouxeram propostas diversas acerca da cunhagem de um *nomen* preciso para a designação da teoria que teria por fito o estudo da signicidade[10]. A própria qualificação da *Semiótica* com essa grafia e com esse aspecto linguístico é, portanto, por si só, questão controvertida, como já se teve oportunidade de dizer. Desde *tò sema* (το σημα) a *tò semeion* (το σημειον), têm-se ambos os nomes para designar o termo *signo*. Dessa duplicidade terminológica *sema-semeion* deriva *semantikos* (σημαντικος), assim como *semeiotiké* (η σημειοτικε). Porém, as acepções do termo *signo* se multiplicam, o que consente a utilização contextual pluralizada de ambos os termos, para os quais valem as seguintes significações: caractere distintivo, marca, presságio, identificação, sinal, símbolo, constelação do zodíaco, indício, vestígio... entre as quais se encontram acepções utilizadas pela medicina (sintoma), pela meteorologia (indício), pela astrologia (signos zodiacais), pela criminologia (vestígio), por teorias e filosofias da linguagem (símbolo), entre outros. Mas, em meio a essa pluralidade de acepções[11], destacaram-se aquelas que passaram a identificar as ciências da *Semiologia*, por proposta de Saussure (*Cours de linguistique générale*), e da *Semiótica*, por proposta de Peirce (*Collected papers of Charles Sanders Peirce*)[12].

---

[10] Os termos *semiótica* e *semiologia* têm origens históricas diferentes, estando cada qual enraizado num complexo de implicações teóricas distinto em virtude das consequências da aplicação de seus preceitos, princípios, definições e razões teóricas de inspiração. Assim é que *Semiologia* é de origem saussuriana, entendida como "(...) une science qui étudie la vie des signes au sein de la vie sociale; elle formerait une partie de la psychologie sociale, et par conséquent de la psychologie générale; nous la nommerons Sémiologie (du grec *semeîon* – 'signe')" (Saussure, *Cours de linguistique générale,* 1994, p. 33). De outra origem é o termo *Semiótica*, tendo sido cunhado a partir, também, do grego, *semeiotiké* (técnica, arte ou ciência dos signos), aparecendo pela primeira vez no contexto da obra de John Locke, e, depois, retomado por Charles S. Peirce.

[11] "É praxe associarem a *Semiótica* aos estudos de Charles Sanders Peirce (1839-1914) e a *semiologia* às lições de Ferdinand de Saussure (1857-1913), sendo que as propostas de ambos são, ao menos na origem, bastante distanciadas" (Nogueira, *Direito e linguagem*: o processo interpretativo jurídico sob uma perspectiva semiótica, 2013, p. 64).

[12] Kristeva considera Peirce o primeiro autor moderno a empregar o termo Semiótica (*Semiótica 1*, 1981, p. 21). Também Dubouchet, em suas investigações jurídicas, considera Peirce o fundador da nova ciência semiótica (*Recherches pour une sémiotique juridique*: propédeutique à une philosophie des systèmes symboliques du Droit, thèse pour le Doctorat d'État en Droit soutenu publiquement, Lyon, Université Jean Moulin, Faculté de Droit, 1982, p. 643 (t. 3). Sobre a relação Semiologia/Semiótica como ligada às fontes Saussure e Peirce (e, indiretamente, Locke), consulte-se Deely, *Semiótica básica,* 1990, p. 20 e 135-140. A Semiologia saussuriana acompanha o glotocentrismo linguístico do qual deriva, e a Semiótica do eixo Poinsot-Locke-Peirce (-Sebeok-Deely-Eco) acompanha o caudal das reflexões

Tendo-se em vista as dificuldades oriundas do uso indiscriminado dos termos *Semiologia* e *Semiótica*, ora utilizados indistintamente para designar o mesmo espectro de estudo, ora utilizados como estudos diversos e metodologicamente distintos, procurar-se-á identificar ao termo *Semiótica* o estudo gravado pelos quadrantes teóricos propostos por A. J. Greimas e trazidos à baila na atual discussão, que pretende a aproximação da metodologia à dimensão jurídica. Na persecução deste estudo, portanto, estar-se-á a reservar o termo *Semiótica* para designar o empreendimento teórico-metodológico que deita raízes no estudo dos sistemas de significação, de acordo com os quadrantes e com as dimensões metodológicas das teorias greimasiana e pós-greimasiana.

Se tarefa difícil é designar com precisão a teoria que se esboça e se põe a nu, também difícil é precisar os limites de todo o universo semiótico factível, detectável ou imaginável, uma vez que ainda imprecisos são os umbrais da respectiva ciência, destacando-se, no entanto, em seu contexto, a importância da *Semiótica linguística*[13] – o que, na verdade, como se verá, é uma *contradictio in terminis,* pois a *Semiótica* só pode ser assim chamada a partir do momento em que se desgarrou do modelo linguístico que a inspirou[14], cabendo se diga com muito mais propriedade *Semiologia linguística* –, aquela que sempre centralizou as atenções de Saussure, ou seja, ramo de estudo que se centraliza na análise de uma das linguagens sígnicas possíveis, a chamada linguagem *verbal*[15]. Os signos verbais, nas dimensões em que se os quer

---

lógico-filosóficas da linguagem. Há que se dizer ainda que, com E. Benveniste, o uso de Semiologia e de Semiótica aparece indistinto e confuso, como se percebe da análise de seus textos feita por Jean-Claude Coquet, *La quête du sens*: le langage en question, 1997, p. 32.

13 "Actualmente en nuestro estado de civilización, el medio más perfecto utilizado por el hombre en su intercomunicación es el lenguaje, en el cual los signos convencionados son las palabras" (Warat, *Semiótica y derecho,* p. 32). Esse esquematismo, verdadeiro, porém canônico, durante muito tempo limitou a aceitação da dimensão teórica semiótica como vertente aberta para os sistemas de significação, *verbais* ou *não verbais*. Inadvertidamente, o exercício teórico se restringia ao estudo da linguagem verbal, partindo para o estudo da comunicação e de suas injunções, fazendo-se da *intentio* discursiva o motivo de estudo do discurso e da interpretação mera atividade de decodificação de mensagens e códigos discursivos.

14 Quanto à questão da distanciação da Semiótica com relação à Linguística, são epigrafais as palavras de Kristeva quanto ao surgimento da Semiótica: "La semiótica se construirá entonces a partir del cadáver de la linguística, de una muerte que ya preveía Linzbach, y a lo resignaría la linguística después de haber preparado el terreno a la semiótica" (Kristeva, *Semiótica 1,* 1981, p. 75).

15 A diferença esquemática em Saussure é: "Mais qu'est-ce que la langue? Pour nous elle ne se confond pas avec le langage; elle n'en est qu'une partie determinée, essentielle, il est vrai" (*Cours de linguistique générale,* 1994, p. 52-53).

interpretar por meio deste estudo, abstraindo dos princípios erigidos pela *Semiologia*, passam a ser estudados apenas como um dos universos sígnicos que compõem a categoria maior de estudos da *Semiótica*[16]; sejam articulados pela escrita ou pela oralidade, os signos verbais são sempre e apenas uma das facetas semióticas possíveis, e não a única, como querem alguns.

Se com Peirce a proposta de inspiração saussuriana claramente se desfez, e isso em função da ampliação do universo de estudo dos signos linguísticos para as diversas modalidades de signos (ícones, símbolos, signos; qualissignos, sinsignos, legissignos...), ainda assim se vê a *Semiótica* exercendo o papel de ciência dos signos. Apesar de libertar a *Semiótica* das amarras do modelo linguístico, Peirce ainda detém em grande parte seu empreendimento no estudo filosófico do signo, de seu conceito e de suas categorias. Dizer que a *Semiótica* estuda os signos é cercar-lhe o objeto, orientando-o exclusivamente para o estudo dos signos[17]. A *Semiótica*, como se verá, não é o estudo do conjunto dos signos, muito menos o estudo do signo e de sua essência, ou das línguas, ou da escrita, ou da fala, ou das coisas designadas pelos signos. As possibilidades de estudo da Semiótica são muito mais amplas que aquelas construídas e projetadas para se exaurir no estudo do(s) signo(s).

Assim, deve-se ainda salientar, por mais um motivo, que ao estudo dos signos linguísticos não se limita a multifária perspectiva de alcance do estudo semiótico, uma vez que as múltiplas formas de expressão, que se alargam desde o reino animal até o hominal, podem representar interessantes ramos de pesquisa semiótica[18]. Se somente os signos linguísticos estivessem habilitados a ser objeto semiótico, estar-se-ia mais uma vez incor-

---

16 Essa é a noção já articulada por Hjelmslev em *Ensaios linguísticos*, 1991, p. 48.

17 Se se procurar centrar a análise na essência dos *signos*, percebe-se que esse *algo que está para alguma coisa* expressa fundamentalmente uma relação entre coisas. Existe, subjacente à ideia de *signo*, um juízo inferencial. O caráter *substitutividade* no signo dá-se porque essencialmente algo se põe em comunicação direta ou indireta com outro algo. O processo interacional, no entanto, não é só a composição desses *algos*, mas a composição ou apreensão lógica dela feita por um sujeito cognoscente. Bem dito, não há *signo* sem interpretante; este é o elemento que indica a participação do *noûs* no processo relacional que dá causa à *substitutividade*. O *interpretante*, na terminologia peirceana, é a faceta espiritual de todo signo. Nesse sentido, o signo pode ser definido com propriedade como sendo "... um ente que se caracteriza por sua mediatidade, aponta para algo distinto de si mesmo" (Ferraz Junior, *Introdução ao estudo do direito*: técnica, decisão, dominação, 1988, p. 233).

18 Destaca-se a existência de uma zoosemiologia, de uma semiótica gestual, tátil, visual, além dos argumentos que apontam no sentido da paralinguística e outros campos modernos

rendo no grave erro de reduzir a *Semiótica*, das plúrimas perspectivas a ela abertas, a um *minus*, ou seja, a um estudo antropocêntrico. A mais ampla divisão dos estudos da Semiótica tem destacado como ramos e desprendimentos de sua matriz os seguintes estudos: 1) biossemiótica; 1.1) antropossemiótica; 1.2) zoossemiótica; 1.3) fitossemiótica; e 2) fisiossemiótica[19]. Por isso, a adoção de um conceito peirceano de signo tende a conferir à *Semiótica* abrangência maior que aquela restrita ao universo da verbalidade, encontrando e relevando a participação de tantas outras linguagens na composição semiótica da realidade, o que, antes de estreitar, vem a alargar, relativamente aos estudos que possuem acentuada tendência a se deter na verbalidade, os horizontes semióticos perseguidos[20].

---

de estudo. A respeito da discussão, *vide* Eco, *Tratado geral de semiótica*, 1991, e, também, Mounin, *Introduction à la sémiologie*, 1986.

[19] Consultem-se as considerações de Deely, *Semiótica básica*, 1990, p. 25 e 47-52. Há que se ressaltar também que o campo da Semiótica, mais precisamente da antropossemiótica, oferece outro leque enorme de pesquisas. Assim, pode-se dividi-las da seguinte forma: 1. semiótica verbal; 1.1. língua natural; 1.1.1. figurativo (literário; etnoliterário); 1.1.2. não figurativo (universos de discurso científico, tecnológico, político, jornalístico, publicitário, burocrático, religioso...); 2. semiótica não verbal; 2.1. semiótica unidimensional (canto vocal...); 2.2. semiótica bidimensional (desenho, pintura...); 2.3. semiótica tridimensional (escultura, arquitetura...); 2.4. semiótica multidimensional (gestualidade...); 3. semiótica sincrética (teatro, cinema, quadrinhos, televisão...) (cf. Pais, Elementos para uma tipologia dos sistemas semióticos, *Revista Brasileira de Linguística*, v. 6, 1982, p. 45-60). Isso porque também não se quer estender por demais a análise, anunciando outras vertentes que muito se têm desenvolvido neste panorama teórico, a saber, a sociossemiótica, a psicossemiótica...

[20] Nesse sentido é que se apresentam algumas delimitações primígenas que podem lastrear a investigação. Recorre-se, assim, às categorias essenciais propostas por Buyssens (*Semiologia e comunicação linguística*). Para Buyssens, os *signos* são elementos de *comunicação* emitidos intencionalmente, e, enquanto tais, diferenciam-se dos *índices*, elementos de *significação* não intencionais, não obstante interpretáveis e portadores de mensagens nitidamente caracterizáveis. Para a esfera do índice correspondem a não intencionalidade e a significação; para a esfera do signo correspondem a intencionalidade e o processo comunicativo. Um *signo*, no sentido que ao termo imprime Buyssens, figura como instrumento comunicacional de relacionamento, sendo emitido com a participação do agente comunicativo no *animus* de significar. Diferentemente, um *índice* significa, porém, não porque foi destinado a um receptor – qual ocorre com um signo –, mas simplesmente porque um agente qualquer o interpretou como unidade de significação, independente da vontade de um agente significar. Nesse sentido, também, Eco (*O signo*, 1990) apresenta a mesma distinção fundamental, tudo sob uma terminologia própria, a saber, a de *signos artificiais* – que corresponderiam aos *signos* de Buyssens – e a de *signos naturais* – que corresponderiam aos *índices* de Buyssens –, estando, no entanto, preservada a ideia central da problemática que contorna a relação sígnica como relação intencional. Assim, ter-se-iam como

Este pequeno panorama crítico, que desde já descerra alguns dos principais argumentos que serão estudados a seguir, não dispensa uma análise mais detida das tendências semióticas a serem estudadas topicamente. Assim, à investigação, pois, como *pressuposto* de um conhecimento semiótico-jurídico[21].

1.1.1 TEORIAS SEMIÓTICAS BASEADAS NA TEORIA DA COMUNICAÇÃO

A teoria da comunicação, desde há muito, tem sido o fundamento das reflexões que têm por ponto de partida o inter-relacionamento humano por

---

signos intencionais, ou propriamente como *signos*, os gestos de comunicação, a telegrafia, a linguagem verbal, entre outros, enquanto se poderiam referir como exemplos de *índices*, ou signos naturais, as nuvens para a detectação de proximidade de chuva, as expressões e reações humanas não intencionais (retração mecânica de um membro exposto à queimadura, reflexo instantâneo diante do perigo...), o ato condicionado... Com essa classificação também está de acordo Perelman, pelo que se destaca do seguinte texto: "À propos de l'interprétation, distinguons celle des *signes* de celle des *indices*. Nous entendons par signe tout phénomène qui renvoie à quelque chose d'autre, ce lien entre signe et signification étant dû à une volonté de communication: les signes sont essentiellement, mais pas exclusivement, linguistiques. Nous entendons par indice, ce qui renvoie à une autre chose, sans que lien entre l'indice et son interprétation soit fondé sur un rapport volontaire: il s'agira d'un lien naturel ou habituel, tel la fumée comme indice d'un feu, une certaine façon de parler comme indice d'une origine" (Perelman, *Cours de logique*: logique formelle et théorie de l'argumentation, 1966, p. 82).

21 As dimensões do estudo, ao menos, a partir desta pequena investigação delimitativa, passam a melhor se identificar, em meio à pluralidade de tendências e formações teórico-metodológicas. A *Semiótica Jurídica,* e sua opção de método, de objeto, de análise contextual... passa a ser entendida como uma pequena fração das amplas dimensões alcançadas pelos estudos da Semiótica. Estudar o discurso jurídico e suas injunções é empreender pesquisa delimitada ao campo de estudo da chamada antropossemiótica, onde as unidades estudadas partem de signos artificiais (Umberto Eco), sejam eles os signos verbais, derivados da língua natural e não figurativos, sejam eles os signos não verbais, unidimensionais (vocalidade oratória...), bidimensionais (placas e sinais viários, regulamentação visual...), tridimensionais (arquitetura das Cortes de Justiça, disposição e arranjo tridimensional da mobília e da decoração dos espaços de decisão de acordo com o papel actancial desempenhado por cada qual dos agentes jurídicos...), multidimensionais (gestualidade como manifestação de vontade, gestualidade como forma de regulamentação...) (Cidmar T. Pais). A respeito das diversidades de tendências e possibilidades de análise semióticas, podem-se consultar os Anais do II Colóquio do Centro de Pesquisas Sociossemióticas, São Paulo, 4 a 6 dez. 1996, v. 1, 2 e 3, São Paulo, PUC. Diante desses quadrantes se percebe como situar é de determinante importância para a circunscrição temática do próprio estudo empreendido.

meio de linguagens[22]. Onde há linguagem, onde há intercâmbio de informações, onde há código comunicativo, onde há informação e intenção interativa, onde há significado, pensa-se imediatamente em pressupostos que guardam forte influência da teoria da comunicação[23]. Sem dúvida, principalmente a partir dos primeiros ensaios semióticos, foram nítidas as interpenetrações entre essas reflexões e aquelas conquistadas pela teoria da comunicação.

A teoria da comunicação focaliza, em seus estudos, sobretudo, o ato comunicativo em sua manifestação particular, fazendo-o no sentido de descrever a interação comunicacional. Em primeiro lugar, é necessária uma passagem pelo terreno da manifestação comunicativa por meio de um *canal*. Todo canal pressupõe a possibilidade da ocorrência de *ruídos*, defeitos e patologias que dificultam a interação. Estes últimos são interferências inerentes ao processo comunicacional que podem manifestar-se em qualquer ponto do sistema interativo, e não só no canal. Portanto, não é suficiente se encontrem dois, ou mais, *sujeitos comunicativos* em relacionamento por meio de signos (inter-relacionamento semiótico), locucionando e decodificando os recursos de qualquer sistema sígnico, uma vez que mister se faz a existência de um *código* comum a ser compartilhado por ambas as partes comunicantes através de um canal apto à transmissão, à captação e à interpretação do conteúdo emitido[24]. Uma situação comunicativa, para que se

---

22 O modelo que serviu de base para o desenvolvimento das principais ramificações teóricas da comunicação foi aquele extraído de Jakobson (*Linguística e comunicação*, 1995). A partir de sua reflexão multiplicaram-se as formas de tratamento do modelo, assim como as concepções em torno da estrutura da comunicação (emissor/mensagem/código/referente/canal/destinatário). O tema possui diversos desdobramentos e diversas consequências teóricas que não podem ser exaustivamente exploradas neste contexto. O modelo de Jakobson, como inspiração para uma reflexão jurídica, vem detalhadamente expresso, inclusive de modo gráfico, na obra e investigação jurídica de Gérard Cornu, *Linguistique juridique,* 1990, p. 211-212.

23 A respeito da situação das teorias da informação e da comunicação, e seu contraponto com os avanços semióticos, consulte-se Coelho Netto, *Semiótica, informação e comunicação*: diagrama da teoria do signo, 1980, p. 12-135. Não se pode omitir também referência a Eco, *Tratado geral de semiótica*, 1991, onde se encontram amplas referências, além de reflexões a esse respeito, tratando-se inclusive dos conceitos-chave e dos modelos mais abstratos da teoria da comunicação. Ainda sobre a temática deve-se consultar Buyssens, *Semiologia e comunicação linguística*, s. d. Ademais, pode-se consultar Umberto Eco, *O signo,* 1990.

24 O *código* é quase sempre tomado em sinonímia de *língua* pelos linguistas (*vide* Pignatari, *Informação, linguagem, comunicação*), quando, em verdade, a própria língua é uma estrutura muito mais complexa e que pressupõe como um de seus elementos formadores um código. Este corresponderia mais simplesmente a um sistema pré-constituído de sinais a serem manipulados pelos sujeitos comunicativos. A língua, enquanto totalidade, contém

configure em sua integralidade, funda-se na possibilidade de entendimento de um conteúdo referencial, o que passa pela *decodificação* do código, e, mais, pela captação da *mensagem referencial* transmitida por meio desse código, o que importa, também, na possibilidade de contra-argumentação a partir da recepção interpretativa do conteúdo veiculado[25].

Assim, identifica-se, em cada lado da relação de comunicação, uma função polar diversa: do lado do emissor (E), situação polar em que o sujeito figura como dotado das capacidades persuasiva e enunciativa – a esta corresponde uma função enunciativa na comunicação; do lado do receptor (R), situação polar em que o sujeito se manifesta por suas capacidades interpretativa e cognoscitiva – a este corresponde uma função decodificativa na comunicação[26].

Porém, antes de qualquer coisa, deve-se dizer que ambas as funções descritas acima (função enunciativa; função cognitiva) se interpenetram na relação comunicativa, uma vez que uma atividade não se encontra absolutamente dissociada da outra. Em verdade, no lugar de posições estanques, a dialética comunicativa está a assinalar que a *interação* é muito menos uma troca de informações e muito mais um intercâmbio de *expectativas* comunicativas. A estímulos correspondem respostas, mas toda resposta requer não só uma atitude passiva, mas também uma outra ativa de captação, recepção, decodificação, interpretação e reconstrução de sentido[27].

---

esse sistema, que, com relação à estrutura maior, é apenas um subsistema. Para uma crítica do conceito tradicional de código, *vide* Mounin, *Introduction à la sémiologie,* 1986, p. 77-86.

25 O papel ativo do intérprete na estimulação do desencadeamento do processo discursivo e interacional é ressaltado por Warat nos seguintes termos: "En el proceso de comunicación humana por medio de los signos convencionados, la intencionalidad de comunicar algo está dada ya en el emitente del signo para ser recibida e interpretada por el agente receptor del mismo" (Warat, *Semiótica e derecho,* p. 31).

26 "A estrutura da comunicação comporta, como sabemos, um destinador e um destinatário, intercambiáveis, cada um dos quais dotado, por isso mesmo, de uma competência ao mesmo tempo emissiva e receptiva. (...) é normal que um *fazer persuasivo* se desenvolva do lado do destinador e que um *fazer interpretativo,* que lhe é paralelo, se instale na outra extremidade da cadeia" (Greimas, *Semiótica e ciências sociais,* 1976, p. 27).

27 Assim é que se desenvolve toda uma reflexão jurídica preocupada, mas não restrita, com o problema da comunicação normativa na obra de Ferraz Junior. Aqui há sobretudo essa consciência de que a comunicação não ocorre de acordo com modelos *standard* de estruturação da dialética interativa, mas sim complexamente, de acordo com expectativas de sentido, atuação, conduta, *reação,* diálogo etc. As próprias normas jurídicas são vistas e analisadas como adensamentos de significação onde estão presentes expectativas de negação de sua imperatividade discursiva. Nesse sentido, e sobre este tema em específico, de-

A postura tradicional de entendimento da teoria da comunicação – expondo enfaticamente a relação de comunicação como centrada no papel do emissor (E) da mensagem (primado da função enunciativa) – só vem a solidificar a falência de um modelo que se constrói abstraindo-se da complexidade situacional que envolve todo processo do *estar em discurso*, reduzindo-o a uma relação estanque do tipo convencional que opõe o emissor ao receptor (E × R), tendo como elemento intermédio a mensagem veiculada através de um código. Esse tipo de análise formal, que procura isolar a fenomênica e reduzi-la a relações laboratoriais, acaba por distanciar-se do calor dos fatos e das ocorrências de situação que são a alma da comunicação mesma. Com a pretensão de formalizar, acaba-se por esterilizar o fenômeno.

O *estar em discurso* responde muito mais à necessidade de contextualização, apelando ao situacional para a produção do discurso comunicativo. Um modelo que prescinde de toda análise mais apurada do papel do segundo sujeito (R) – destinatário ou receptor da mensagem – como sujeito agente e ativo do discurso, seja em sua atuação direta na produção de respostas e manutenção da dialética comunicacional, seja indiretamente, como sujeito estimulador da necessidade de comunicação na esfera do emissor, encontra-se afastado da própria realidade que motiva os estudos de comunicação. Ademais, esse modelo teórico apela quase sempre à fosca e misteriosa ideia da intenção comunicativa (*intentio*) do emissor (E). Mas como explicar as situações em que, sem intenção qualquer de comunicar, a transmissão comunicativa ocorre?

Nesse sentido, persuasão e entendimento, enunciação e interpretação, antes de se encontrarem solidificadas na esfera do primeiro ou do segundo sujeito, cambiam de acordo com as mutações decorrentes da própria orientação do discurso. A noção de *tensão dialógica,* ausente desse modelo redutivo, não expressa ideia diversa desta, sublinhando a complexidade das implicações e expectativas de conduta que se destacam de toda situação de interação comunicacional. É, enfim, a partir dos defeitos e insuficiências do modelo artificial de comunicação, como hipótese teorético-laboratorial desvinculada do realismo subjacente à prática da comunicação, que se pode

---

vem-se consultar as seguintes obras: *Teoria da norma jurídica*: ensaio de pragmática da comunicação normativa, 1978; *Introdução ao estudo do direito*: técnica, decisão, dominação, 1988; *Direito, retórica e comunicação*: subsídios para uma pragmática do discurso jurídico, 1973. O estudo, em algum de seus aspectos, vem iluminado por considerações extraídas da obra de Watzlawick, Beavin, Jackson, *Pragmática da comunicação humana*: um estudo dos padrões, patologias e paradoxos da interação, 1993, sobretudo aquelas relativas à imperatividade do comunicar.

construir uma proposta de *revalorização* de troca intersubjetiva de expectativas de significação e comportamento.

Não se podem desconsiderar as conquistas alcançadas por intermédio dos estudos de comunicação, e é assim que a chamada *revalorização* de seus espectros consente o fomento de novos estímulos para a utilização dessa matriz. Nesse sentido, por exemplo, caminha-se não no sentido de inutilizar suas conquistas, mas sim de aperfeiçoá-las. Deter-se-ia a análise, por exemplo, na importância da atuação do receptor como o núcleo de estímulo e encaminhamento dos destinos do discurso (função interpretativa), o que ocorre não só em virtude de que ele é o sujeito buscado pela função da linguagem, mas, também, porque é a partir de suas *reações* às ações linguísticas do locutor que o discurso tomará rumos diversos, previsíveis ou não pelos sujeitos envolvidos na dialética comunicacional.

No mesmo sentido da *revalorização* dos pressupostos desse modelo, a análise do fenômeno semiótico em seu nascimento deve fazer do *ato de linguagem* o ponto nevrálgico do sistema comunicativo[28]. O ato de linguagem é o ato individual de uso do sistema semiótico ao qual pertence seu utente, de modo que seu estudo é aquele que maior aproximação tem com a realidade dos fatos. Assim, segue que o estar em comunicação faculta aos sujeitos uma dialética relacional que se insere na rede de relações ditas culturais. Desse modo, todo ato de linguagem pode ser visto como unidade cultural pertencente ao esquema maior das implicações culturais humanas; enquanto instituição social, a linguagem é um retículo de valores sobre o qual se assentam os processos de comunicação[29].

Dessas reflexões se deve reter um quadrante expositivo da teoria da comunicação, teoria que muito influenciou, sobretudo em seu princípio, a própria formação da Semiótica e de suas vertentes. Mais que isso, deve-se destacar das considerações traçadas uma apresentação descritiva, histórica sem dúvida, mas crítica e de determinante importância para as posteriores conquistas a serem empreendidas por esta pesquisa em sua construção, sobretudo em sua segunda parte. As insuficiências e as lacunas preenchidas,

---

[28] Nesse sentido, nas perspectivas jurídicas, retenha-se a importância da teoria de Amselek, *Théorie des actes de langage, éthique et droit,* 1986, na análise dos atos de linguagem como ações humanas por palavras. Esse estudo será de grande importância para as reflexões empreendidas na segunda parte deste trabalho.

[29] Abstração feita das demais críticas dirigidas a Saussure, é em sua obra que se encontra a seguinte referência, denotativa de sua perspicácia teórica: "(...) le langage est un fait social" (*Cours de linguistique générale,* 1994, p. 44). A própria proposta de fazer da Semiologia um estudo de Psicologia Social atesta o relevo e a dimensão sociocontextual do problema.

assim como as formulações mais arcaicas destronadas, poder-se-ão extrair deste capítulo noções, pressupostos, princípios, que não se podem isolar como sendo exclusivamente pertencentes à teoria da comunicação, mas que são aceitos e incorporados na construção da própria análise semiótica do discurso e das práticas textuais jurídicas.

1.1.2 A TEORIA SEMIOLÓGICA SAUSSURIANA DO SIGNO

Dos sistemas teóricos sobre a linguagem lastreados no estudo do signo, destaca-se o saussuriano. A influência de Saussure sobre os linguistas e semiólogos do século XX é remarcável[30], no sentido de que fundou vigas teóricas que têm representado obstáculos profundos para os seus críticos. A característica primordial da teoria saussuriana do signo é o apego, ainda marcante, ao *metamodelo* da *Linguística* sobre sua *Semiologia*. Ainda assim, a sua contribuição é fundadora para a tradição da semiótica francesa greimasiana[31], de uma longa cadeia de estudos sobre o discurso[32], na medida em que estabelece na *relação* o processo de produção de *sentido*, e, também, na medida em que torna possível uma compreensão *social* (*institution sociale*)[33] e *arbitrária (arbitraire)* do signo[34].

Podem-se localizar, em seus estudos, argumentos e apontamentos suficientes para a visualização de que a proposta de constituição de um

---

30 Veja-se sobretudo Roland Barthes, *Elementos de semiologia,* s. d. Ainda sobre o tema, consulte-se Giulio C. Lepschy, *A linguística estrutural*, 1975, e J. Nattiez (direção), *Problemas e métodos de semiologia*, s. d.

31 "Greimas coloca Saussure como precursor e pioneiro dos estudos do discurso" (Barros, Saussure e os estudos semióticos, in *Cem anos com Saussure*: textos de Congresso Internacional (org. Waldir Beividas; Ivã Carlos Lopes; Sémir Badir), t. I, 2016, p. 23).

32 "Pensamos então no semioticista como um herdeiro de Saussure, na medida em que a Semiótica, a partir da incorporação feita da teoria da enunciação, vivifica questões relativas à constituição do sujeito enunciador, o falante, cujo conceito é esboçado de vários modos no CLG" (Discini, O semioticista: um herdeiro de Saussure, in *Cem anos com Saussure*: textos de Congresso Internacional (org. Waldir Beividas; Ivã Carlos Lopes; Sémir Badir), t. I, 2016, p. 75).

33 "La *Langue*, c´est donc, si l´on veut, le langage moins la Parole: C´est à la fois une institution sociale et un système de valeurs" (Barthes, *L´aventure sémiologique*, 1985, p. 21).

34 "A Semiologia é, então, já de *per se*, uma teoria epistemológica discursiva, de linguagem, sobre o que quer que se entenda a respeito de um eventual mundo antes dela" (Beividas, A Semiologia de Saussure como epistemologia discursiva, in *Cem anos com Saussure*: textos de Congresso Internacional (org. Waldir Beividas; Ivã Carlos Lopes; Sémir Badir), t. I, 2016, p. 42).

campo teórico genérico para o estudo dos signos (batizado de *Semiologia*) corresponde propriamente à proposta de estudo de todo o universo da linguagem, ou, ainda, das linguagens[35].

Mas a linguagem de referência maior de seu sistema, inclusive inspirada na qual construiu as bases de sua *Semiologia*, é a verbal, escrita ou falada. O historiador da semiótica, Winfried Nöth, aponta exatamente para esta metainspiração da *Semiologia* na *Linguística*[36]. Assim, seu modelo principal, e sua maior influência, foi a *Linguística*, com seus cânones, pressupostos e conceitos basilares. De um lado, é do sistema de interação humana que retira elementos para a sua reflexão, de modo que, forçosamente, o elemento vontade ou intencionalidade está presente na fase de enunciação e destinação comunicacional de signos, sejam estes *linguísticos* ou *não linguísticos*. De outro lado, as dicotomias fundam-lhe o método de pensamento, e as categorias que se extraem do seio de sua teoria estão eivadas de dualismos e oposições (*língua* × *fala*; *diacronia* × *sincronia*; *significante* × *significado*).

Fica claro, portanto, que a acepção saussuriana de *Semiologia*[37] vem lastreada no conceito de signo como elemento comunicacional radicado no *animus* de significar do sujeito elocutor. No sistema de Saussure, a língua tem força centrípeta com relação às outras linguagens, o que funda uma

---

35 "Une remarque en passant: quand la sémiologie sera organisée, elle devra se demander si les modes d'expression qui reposent sur des signes entièrement naturels – comme la pantomime – lui reviennent de droit. En supposant qu'elle les accueille, son principal objet n'en sera pas moins l'ensemble des systèmes fondés sur l'arbitraire du signe" (Saussure, *Cours de linguistique générale,* 1994, p. 100).

36 "Na tradição semiológica, seguindo Saussure, este modelo linguístico do signo também foi transferido aos signos não-lingüísticos" (Nöth, *A Semiótica no século XX*, 3. ed., 2005, p. 28).

37 Saussure não só distingue a Semiologia da Linguística como define esta última como parte integrante daquela (cf. *Cours de linguistique générale,* 1994, p. 73). Sua visão, radicada nas linguagens, quais sejam, na gestualidade, na linguagem dos surdos-mudos e derivações, não obstante, tem na língua sua inspiração principal, pois, como figura expresso no texto, ela aparece como sendo "(...) seulement le plus importants de ces systèmes" (p. 71). Para Saussure a *Linguística* apresenta-se como um capítulo da *Semiologia*, porém esta não é a única postura neste campo de reflexões. Roland Barthes redimensiona a proposta saussuriana postulando a admissão de que a *Semiologia* seria um capítulo da *Linguística*, dentro da ideia de que o universo significativo far-se-ia presente em todo o contexto social. Para Buyssens (*Semiologia e comunicação linguística,* p. 22), a *Semiologia* "(...) pode definir-se como o estudo dos processos de comunicação, isto é, dos meios utilizados para influenciar outrem e como tais reconhecidos por aqueles que queremos influenciar".

ordem teórica, ainda que aberta para a abordagem dos signos *não verbais* (gestos, mímicas, pantomimas...), eminentemente baseada nos postulados linguísticos, ou seja, verbais. A distinção entre língua e linguagem é o ponto determinante para que se detectem os postulados centrais para uma ciência que figurava como nascente, ou em processo crescente de constituição, à época do *Cours de linguistique générale*.

De acordo com a teoria saussuriana, o *signo* é elemento abstrato fundado na relação entre *significado* e *significante*[38]; o *significante* (S) é, de acordo com Saussure, de natureza convencional, algo responsável pela forma do conteúdo, e o *significado* (s), por sua vez, a imagem acústica retida do objeto referido. Essa relação corresponde àquela *expressão-conteúdo*, onde a expressão (E) está para o significante (S) e o conteúdo (C) está para o significado (s), de acordo com o seguinte esquema: S/s : E/C. Assim, destaca-se o signo como elemento *bifacial*, uma vez que essencialmente constituído por uma relação que envolve significante (S) e significado (s). A indissociabilidade de ambos é o próprio centro da noção saussuriana de signo[39]. Esta indissociabilidade entre *significante* e *significado* estabelece – que proporciona a união entre um *conceito* e uma *imagem acústica*[40] – claramente, uma relação de co-dependência – e, de acordo com Roland Barthes, ela foi buscada de muitas formas por Ferdinand de Saussure[41] –, fazendo das línguas fatos convencionais e sociais[42], estabelecidos nos termos e nos limites de uma comunidade linguísticas.

---

[38] Para Saussure: "Le signe linguistique unit non une chose et un nom, mais un concept et une image acoustique" (*Cours de linguistique générale,* 1994, p. 98).

[39] E isso na interpretação de Roland Barthes, uma vez que: "A exteriorização denominativa, aspecto formal do signo, é o significante; o significante é um puro *relatum*, não se pode separar sua definição do significado" (Barthes, *Elementos de semiologia*, p. 50).

[40] "O primeiro é que signo linguístico tem dupla face. Saussure diz que um signo não une uma coisa a uma palavra, mas um conceito a uma imagem acústica" (Fiorin, Semântica estrutural, in *Cem anos com Saussure*: textos de Congresso Internacional (org. Waldir Beividas; Ivã Carlos Lopes; Sémir Badir), t. I, 2016, p. 210).

[41] No texto "Éléments de Sémiologie", na obra *L'aventure sémiologique*: "Saussure voulait éviter à tout prix; après avoir hésité entre *Sôme* et *sème*, *forme* et *idée*, *image* et *concept*, Saussure s´est arrêté à *signifiant* et *signifié*, dont l´union forme le signe; proposition capitale et à laquelle il faut toujours revenir caro n a tendance á prendre *signe* pour *signifiant*, alors qu´il sá agit d´une réalité bi-face (...)" (Barthes, *L´aventure sémiologique*, 1985, p. 38-39).

[42] "Como se sabe, o *Curso* considera as línguas naturais um fato social, e o signo linguístico é descrito como sendo uma entidade bifacetada, composta de um *significante* e de um

Tendo-se presente que o significante (S) corresponde a uma expressão de coisas, fenômenos, fatos, ideias, relações, e que o significado (s) corresponde ao conteúdo retido pelo intérprete comunicativo, da semiose só se poderá dizer que é um processo integralmente psíquico, em que associadas são as instâncias do significado e do significante na ordem noética. O *signo* saussuriano, portanto, em nada se confunde com o significante; este é-lhe parte componente, pois tem-no como elemento conceitual integrante de sua estrutura bifacial e articulada.

Para além do estudo da estrutura elementar do signo linguístico, Saussure não negligencia o estudo da ideia de institucionalidade do signo; em sendo institucional, o signo saussuriano é necessariamente uma unidade cultural, variável, portanto, espaço-temporalmente. Nesse espectro de investigação, passam também a se destacar os conceitos de *convencionalismo* (referente ao uso dos signos) e de *arbitrariedade* (referente à relação interna entre significante e significado), para os quais se deve apresentar um campo semântico preciso e inconfundível, a fim de erradicar falsas interpretações sobre a teoria saussuriana. Ao primeiro (convencionalismo) corresponde aquela característica geral dos signos de serem comungados por uma coletividade de usuários[43], e, ao segundo (arbitrariedade), corresponde a relação entre o significante e o significado, que pode ser motivada ou desmotivada[44], conforme haja ou não uma relação intrínseca entre ambos[45],

---

significado, em relação de dependência recíproca, cuja existência só pode ser concebida no interior de um sistema de valores, abstrato e coletivo, que subjaz a todo ato de comunicação, sustentando-o" (Saraiva, Saussure e Peirce: dois conceitos de signo complementares, in *Cem anos com Saussure*: textos de Congresso Internacional (org. Waldir Beividas; Ivã Carlos Lopes; Sémir Badir), t. I, 2016, p. 134).

[43] "En effet tout moyen d'expression reçu dans une société repose sur une habitude collective, ce qui revient au même, sur la convention" (Saussure, *Cours de linguistique générale,* 1994, p. 100-101).

[44] Cf. Saussure, *Cours de linguistique générale,* 1994, p. 101.

[45] O relacionamento entre o significante e o significado, se *phýsis* ou se *thésis*, é um problema secular na história do pensamento, contrapondo duas tendências teóricas opostas. A controvérsia se distende desde a filosofia antiga, da qual se pode ressaltar a visão peripatética, que se enunciava no seguinte sentido: "(...), i suoni che sono nella voce sono *simboli* delle affezioni che sono nell'anima, e i segni scritti lo sono dei suoni che sono nella voce. E come neppure le lettere dell'alfabeto sono identiche per tutti, eppure le voci sono identiche. Tuttavia ciò di cui queste cose sono segni, come di termini primi, sono affezioni dell'anima identiche per tutti, e ciò di cui queste sono immagini sono le cose, già identiche" (Aristotele, *De interpretatione,* 1, 16 a, 5, trad. Rivolli, 1992, p. 79). Assim é que "[I] nomi sono

o que aponta para o que é imotivado[46]. Isso faz perceber que o sistema de signos da língua é convencional e é, também, arbitrário. É certo que há palavras que possuem conexão com coisas do mundo, e outras não, mas o sistema linguístico como um todo é uma construção sociocultural, e, por isso, a concepção saussuriana aponta para uma concepção não referencialista da linguagem. Isso permite afirmar que a *arbitrariedade* é *radical*, como aponta Waldir Beividas, no sistema de compreensão das linguagens fixado por Ferdinand de Saussure[47]. Nisso, em particular, a tradição de Louis Hjelmslev, Ferdinand de Saussure e Algirdas Julien Greimas segue uma mesma linha, de origem estruturalista, que se distingue de outras visões, em que a imanência da linguagem abre campo para a epistemologia do discurso[48].

---

simboli perché rinviano alle affezioni dell'anima" (Aristotele, *De interpretatione*, trad. Rivolli, 1992, p. 140). Já diversa é a conclusão platônica, uma vez que fica fixada a crítica às posturas antagônicas da arbitrariedade absoluta dos signos linguísticos (hipótese *thései*) e a naturalística ou essencialista (hipótese *phýsis*) no *Crátilo*, onde, entre outras questões de filosofia da linguagem, como aquela referente ao *daímon* responsável por cunhar a língua, esta se avulta. A <<propriedade>> ou não dos nomes se deve a uma teoria enunciada por Sócrates segundo a qual cada uma das letras do alfabeto, para as quais corresponde um som, designaria um tipo diverso de significação, de modo que as equivalências e combinações sígnico-verbais resultariam em palavras mais ou menos próprias à nominação da realidade. No espectro dessa teoria, ao *a* caberiam as ideias de grandeza e largura, ao *o* as ideias de redondo e circularidade, ao *n* a designação dos fenômenos internos e relativos ao interior, às letras *f, s, z*, o sopro, a agitação, ao *t* e ao *d*, a interrupção, a parada linguística (399 c/ 430 a). A respeito dessas seculares preocupações, consulte-se Jakobson, *Linguística e comunicação*, 1995, p. 98.

46 "Arbitrário significa imotivado. A língua é um fato social, porque o signo é arbitrário, o que quer dizer que seus valores residem no uso e consenso geral de uma comunidade" (Fiorin, Semântica estrutural, in *Cem anos com Saussure*: textos de Congresso Internacional (org. Waldir Beividas; Ivã Carlos Lopes; Sémir Badir), t. I, 2016, p. 211).

47 "Ora, em meu entendimento, há algo ainda escondido, não revelado e não estimado em toda sua extensão, algo que chamaria, por assim dizer, uma *ordem filosófica de razão*, na proposição da Semiologia, cujo edifício se alicerça no princípio do arbitrário do signo – arbitrariedade *radical*, expressão desaparecida da redação dada ao princípio no texto do *Curso*" (Beividas, A Semiologia de Saussure como epistemologia discursiva, in *Cem anos com Saussure*: textos de Congresso Internacional (org. Waldir Beividas; Ivã Carlos Lopes; Sémir Badir), t. I, 2016, p. 31).

48 "Por sua vez, superado pelo terceiro paradigma, da Semiótica – a maiúscula se impõe, porque não se trataria de nenhuma disciplina concretamente constituída mas como centralidade da questão da linguagem e do sentido (SEMA $\approx$ sentido) – o novo paradigma supõe a seguinte atitude epistemológica de fundação: é a significação-no-discurso, ou a função de sentido, que se torna a condição daquilo que é possível saber quer seja sobre o ser (mundo) quer sobre o sujeito" (Beividas, Reflexões sobre o conceito de *imanência* em semiótica: por

Além disso, duas categorias importantes são forjadas por Saussure: a da língua (*langue*); a da fala (*parole*). A *língua* corresponde ao sistema abstrato, para o qual correspondem os usos particulares que configuram a *fala*[49]. Pode-se dizer que, em síntese, é a partir da *fala* que se operam as mutações na língua, só e somente só quando estas são ratificadas pela coletividade e incorporadas ao arcabouço linguístico da sociedade. É da reiteração e da socialização dos usos dinâmicos e individuais que surgem ondas de significância novas, com significantes novos e significados também novos, ou, ainda, com os mesmos significantes e significados novos. Assim, o movimento dos signos depende, fundamentalmente, de *língua* e *fala*.

Deve-se dizer que a teoria saussuriana, com suas reflexões, permitiu a formação de um grande lastro de categorias que ainda se fazem presentes como herança nos entremeios teóricos da Semiologia e da Semiótica. Essa influência ecoou inclusive nas análises mais refinadas da linguagem jurídica, tendo mesmo determinado a análise por suas categorias e definições[50]. A fim de ver a *Semiótica Jurídica* desgarrar-se dessas amarras, sem claramente deixar de se considerar a contribuição que trouxe para os domínios da análise do discurso jurídico, dever-se-á proceder a uma investigação que se faça autônoma o bastante para definir com independência seus cânones e seus umbrais. É nesse empreendimento que se lança, num esboço metodológico de análise do discurso e das práticas jurídicas, a presente reflexão, como se verá nas páginas que seguem.

---

uma epistemologia discursiva, *CASA – Cadernos de Semiótica Aplicada*, v. 6, n. 2, dez. 2008, p. 10). Em outro trecho, mais adiante, lê-se: "A verdade possível do mundo e do homem, como produto histórico, só pode deixar-se ver como o 'último compromisso' – expressão fabulosa que nos ofereceu o gênio de Saussure (2002, p. 209) – entre significado e significante em discurso" (Beividas, Reflexões sobre o conceito de *imanência* em semiótica: por uma epistemologia discursiva, in *CASA: Cadernos de Semiótica Aplicada*, v. 6, n. 2, dez. 2008, p. 12).

49 De fato: "(...) un système de signes où il n'y a d'essentiel que l'union du sens et de l'image acoustique, et où les deux parties du signe sont également psychiques" (id. ibid., p. 32).

50 Podem-se citar, nesta linha, Gérard Cornu, *Linguistique juridique*, 1990; Vittorio Frosini, La parola del diritto e le sue trasformazione linguistiche, *Rivista di Diritto e Procedura Civile*, *47(2)*: 423-38, giug., 1993; Andrée Lajoie, Régine Robin e Armelle Chitrit, L'apport de la rhétorique et de la linguistique à l'interprétation des concepts flous, in *Lire le droit*: langue, texte, cognition, sous la direction de Danièle Bourcier et Pierre Mackay, 1992, p. 155-166; Jean-Louis Sourioux e Pierre Lerat, *Le langage du droit*, 1975.

1.1.3 A TEORIA SEMIÓTICA PEIRCEANA DO SIGNO

É neste circuito de análises, quando se trata de abordar as diversas concepções sobre o conceito de signo[51], que se deve proceder ao estudo da teoria de Charles Sanders Peirce (*Collected papers of Charles Sanders Peirce*). Neste passo, a teoria peirceana surge como contraponto necessário à investigação das tendências metodológicas anteriores.

A semiótica peirceana possui de peculiar o fato de que, antes de restringir seu projeto de estudo ao universo linguístico[52], apresenta-se sediada em terreno filosófico[53], mais propriamente no contexto de aprofundados estudos lógicos e pragmáticos, além de encontrar-se intimamente relacionada com a faneroscopia e a metafísica dos signos.

A teoria de Peirce, nesse sentido, diferentemente de outras concepções semióticas, confere aos signos uma dimensão significativa tão vasta que

---

[51] "A sign, or representamen, is something which stands to somebody for something in some respect or capacity" (Peirce, *Collected papers of Charles Sanders Peirce*, 1965, p. 2228). O que explica a importância de a teoria semiótica verter-se por sobre a noção de signo, marcante nos estudos de Peirce, é o seguinte: "A ação dos signos é, de fato, pressuposta pela própria ideia de método. Vale dizer que os signos são necessários não apenas para qualquer método em filosofia ou ciência, seja natural ou humana, mas também para a própria possibilidade da existência de algo como um método ou uma investigação de qualquer tipo" (Deely, *Semiótica básica,* 1990, p. 29).

[52] É de notar, reafirmando-se o que já se disse no texto, que: "A tradição Poinsot-Locke-Peirce, diferentemente da de Saussure, não tem como princípio ou quase exclusiva inspiração a fala e a língua humanas" (Deely, *Semiótica básica,* 1990, p. 23).

[53] É de relevo, pois, neste ponto, que se destaque a própria Semiótica como prática filosófica, "(...) na medida em que se entende a Semiótica como uma filosofia, no sentido de que todo processo de interpretação de signo tende para um estado final que é a busca da 'verdade' (...)" (Coelho Netto, *Semiótica, informação e comunicação*: diagrama da teoria do signo, 1980, p. 68). De acordo com essa perspectiva, as condições de conhecimento e todas as variantes relativas à estrutura do pensamento colocariam a *Lógica* nos termos da *Semiótica*, ou esta nos termos daquela. Para Peirce: "Logic, in its general sense, is, as I believe I have shown, only another name for *Semiotic* (shmeiwtikh), the quasi-necessary, or formal, doctrine of signs" (*Collected papers of Charles Sanders Peirce,* 1965, p. 2227). Uma e outra seriam a mesma ciência, atuando sobre a natureza racional humana em seu relacionamento com os aspectos intrínsecos e extrínsecos a esta. Uma proposta de Semiótica geral peirceana envolveria uma gramática especulativa, ocupando-se de uma teoria geral da natureza e significado dos signos, uma crítica, classificatória e analítica dos argumentos, uma metodêutica, envolvendo o estudo do método do conhecimento e a apresentação das proposições de verdade. A Semiótica, para Peirce, representa o método dos métodos, como afirma Roberta Kevelson (Kevelson, *The law as a system of signs,* 1988, p. 15).

passam a se destacar absolutamente de qualquer espécie de intenção elocutiva. Nessa teoria, portanto, encontra-se lugar para signos *não intencionais*, ou seja, que se tenham formado sem a participação de um emissor sígnico[54]. Fica claro, portanto, que a relação sígnica peirceana não é coincidente com uma relação comunicacional; uma e outra são coisas distintas, e aquela primeira independe desta última. Pode-se mesmo dizer que uma situação comunicativa é um *minus* diante da amplitude conceitual que alcança a signicidade nos termos dessa teoria descrita. Comunicação e significância semiótica são dois universos distintos: a primeira pressupõe sujeito(s) receptor(es) de mensagens dotadas de intenção comunicativa; a segunda, apenas um signo em presença de um intérprete.

A tríade que caracteriza o signo peirceano apresenta a seguinte configuração interna: um *representamen* (r), um primeiro, que está para alguma coisa (c), um segundo, formando um interpretante (i) para alguém. O *representamen* (r) é qualquer existente primeiro (ser, situação, coisa, valor, conceito...) que possa colocar-se substitutivamente no lugar de outro existente segundo (c), ou seja, de outro ser, de outra segunda ordem (situação, conceito, sujeito, coisa, valor...), fundando uma significação complexa psíquica ou mental (i) para um sujeito determinado. Um (r) pode ser de muitas maneiras, para as quais se distinguem ícones, índices, símbolos, rema, proposição, argumento, qualissigno, sinsigno, dicissigno; um (c) é um *designatum* que aparece representado por um (r), podendo existir conceitualmente ou não; um (i) será sempre uma resultante psíquica

---

54 Muito menos como semioticista, e muito mais como lógico e como filósofo pragmatista, Peirce identificou um conjunto de tricotomias permutáveis entre si de extremo valor para os estudos semióticos, quais sejam: ícone, índice e símbolo; qualissigno, sinsigno, legissigno; rema, dicissigno e argumento. Essas tricotomias inserem-se num conjunto maior de categorias, as da primeiridade, da secundidade e da terceiridade. Não obstante toda a vastidão e fecundidade dos estudos peirceanos, ressalta-se, como núcleo de entendimento de todo universo teórico do autor, a tricotomia primígena e fundante de todo o seu sistema de ideias, podendo-se explicitá-la nos seguintes termos: "*Ícone* é um signo que tem alguma semelhança com o objeto representado. (...)". "*Índice* é um signo que se refere ao objeto em virtude de ser diretamente afetado por esse objeto. (...)" "*Símbolo* é um signo que se refere ao objeto denotado em virtude de uma associação de ideias produzida por uma convenção" (Coelho Netto, *Semiótica, informação e comunicação: diagrama da teoria do signo,* 1980, p. 58). O símbolo peirceano seria propriamente o signo linguístico de interesse maior para a fundamentação de uma teoria semiótico-jurídica, dado o relevante papel da verbalidade em sua textura, uma vez que "[Todas] as palavras, sentenças, livros e outros signos convencionais são símbolos" (Peirce, *Semiótica e filosofia,* 1975, p. 126).

que define a natureza da relação sígnica como algo diverso da natureza da relação automática[55].

Resulta, portanto, dessa esquemática que uma arquitetônica sistêmica peirceana é fundamentalmente uma trama de relações categóricas triádicas em diversos níveis de justaposição significacional.

Em Peirce, relacionam-se um interpretante (i), um *representamen* (r) e um objeto (o), uma relação triádica tal que o primeiro destes pode ser formado a partir da intervenção do segundo, reportando-se ao terceiro. O *representamen* é propriamente o início da cadeia semiótica, dando origem ao que se pode chamar de interpretante sígnico, ou seja, um segundo signo de natureza psíquica que ainda não é o próprio objeto designado, mas um correspondente mental deste[56]. Não há díades do tipo (r)-(c) ou do tipo (r)-(i), mas tríades relacionais (c)-(r)-(i), onde (r) está para (c), formando um (i)[57]. A formação de um (i) permite a volta ao (c), o que define a cadeia sígnica como sendo ao mesmo tempo indutiva e dedutiva. Indutiva no sentido de que para (c) se tem um (r) que forma um (i); dedutiva, quando este (i) reconduz a um (c) por uma associação entre o signo psíquico e o *designatum*.

Perceba-se que os modelos classificatórios peirceanos, diferentemente daqueles saussurianos, são fundamentalmente tricotômicos, nesse sentido, apresentam-se sob as seguintes enunciações, no atinente à pragmática (1), à sintática (2) ou à semântica (3) dos signos, a saber: (1) um signo, tomado em relação ao seu interpretante, comporta as classificações como um Rema, um Dicissigno, ou um Argumento; (2) um signo, tomado em sua relação com outros signos que o cercam, contextualizando-o, pode distinguir-se como um qualissigno, um sinsigno, ou um legissigno; (3) um signo, tomado em relação com o objeto dinâmico por ele designado, pode ser um ícone, um índice ou um símbolo.

Todas essas três formas de visualização do signo são permutáveis entre si de acordo com a relação algébrica entre as classes do tipo 3^7, de

---

[55] Assim: "A *Sign* is a Representamen with a mental Interpretant" (Peirce, *Collected papers of Charles Sanders Peirce,* 1965, p. 2274).

[56] De fato, o signo "(...) *creates* in the mind of that person an equivalent sign, perhaps a more developed sign" (id. ibid., p. 2228).

[57] É assim que se pode dizer, com Peirce, que "(...) par *semiosis*, j'entends (...) une action ou influence qui est ou implique la coopération de *trois* sujets, tels qu'un signe, son objet et son intérpretant, cette influence tri-relative n'étant en aucune façon réductible à des actions entre paires" (Peirce, *Textes fondamentaux de sémiotique,* 1987, p. 5484).

modo a se obter 27 possibilidades de construção de categorias sígnico-faneroscópicas. No entanto, Peirce distingue apenas dez dessas classes, quais sejam, qualissignos, sinsignos icônicos, legissignos icônicos, sinsignos indiciários remáticos, legissignos indiciários remáticos, símbolos remáticos, sinsignos dizentes, legissignos indiciários dizentes, proposições e argumentos. Não obstante essa pluralidade classificatória, o que se deve reter para os fins do escopo deste estudo focado e aplicado é sobretudo a divisão peirceana entre signos, índices e símbolos[58].

Essas considerações, que oferecem os principais delineamentos da reflexão peirceana[59], permitem averiguar a riqueza conceitual e a utilidade de tais contribuições para a *Semiótica*, inclusive para a *Semiótica Jurídica*. O que se deve ressaltar, no entanto, é o fato de que a *Semiótica* não pode apegar-se nem a um modelo linguístico (Saussure) nem a um modelo lógico-filosófico (Peirce) para ser concebida enquanto tal, ou seja, como saber, como ciência e como método independente, autônomo e autossuficiente. Sua delimitação e seus pressupostos devem garantir-lhe, naturalmente, o desprendimento de outras formulações metassemióticas. Para Saussure, seria a *Semiologia* um capítulo da Psicologia social; para Peirce, seria a *Semiótica* um estudo lógico. Aqui como ali se percebem os paulatinos ensaios que contribuíram para a construção da mais madura concepção da *Semiótica* como saber e prática teórica cientificamente independente.

---

58 As definições dadas por Peirce seguem transcritas: "An *Icon* is a sign which refers to the Object that it denotes merely by virtue of characters of its own, and which it possesses, just the same, whether any such Object actually exists or not" (*Collected papers of Charles Sanders Peirce,* 1965, p. 2247); "An *Index* is a sign which refers to the Object that denotes by virtue of being really affected by that Object"; "A *Symbol* is a sign which refers to the Object that it denotes by virtue of a law, usually an association of general ideas, which operates to cause the Symbol to the interpreter as refering to that Object" (*Collected papers of Charles Sanders Peirce,* 1965, p. 2249).

59 É certo que esses delineamentos, insuficientes para uma pesquisa extensiva do autor, não possuem pretensões maiores que aquelas oferecidas pelas obras especializadas sobre o tema em discussão. Para um aprofundamento na teoria peirceana do signo, devem-se consultar, como necessárias leituras neste domínio da semiótica, as obras de Lucia Santaella, que, com profundidade, aborda diversos temas dentro da teoria semiótica de Ch. S. Peirce. Indiquem-se aqui as seguintes: *A teoria geral dos signos*: semiose e autogeração, São Paulo: Ática, 1995; *Metodologia semiótica*: fundamentos, tese, São Paulo, 1993; *Imagem*: cognição, semiótica, mídia, São Paulo: Iluminuras, 1998, em coautoria com Winfried Nöth; *A assinatura das coisas*: Peirce e a literatura, São Paulo: Imago, 1992.

Sobretudo, e por fim, há que se grifar que as reflexões aqui empreendidas a partir da teoria de Peirce são de inteira pertinência com as questões que se fazem presentes no seio dos desdobramentos teórico-jurídicos. De fato, as reflexões jurídicas em torno da obra de Peirce cresceram em importância e ganharam terreno em direção à constituição de uma ciência capaz de relacionar signos, filosofia e Direito[60]. As contribuições semióticas de Peirce, não obstante profundamente imbricadas com as conquistas de sua filosofia lógica, não são negligenciáveis, de modo que serão pontualmente retomadas, sem prejuízo do modelo adotado, no transcurso das investigações a serem firmadas por meio deste trabalho. Nesse particular, há que se deixar claro que a *Semiótica*, no sentido peirceano, veio contribuindo significativamente para a emergência de uma visão específica na área da *Semiótica do Direito*, bastante sedimentada na perspectiva de trabalho desenvolvida por Roberta Kevelson[61].

1.1.4 A TEORIA SEMIÓTICA GREIMASIANA

A teoria greimasiana é responsável pela emancipação da *Semiótica* de seus antigos paradigmas, fossem eles derivados do modelo comunicacional, do modelo linguístico, do modelo lógico-filosófico. A teoria greimasiana propõe que a *Semiótica* se desgarre de pressupostos que a subordinam a outras ciências. Nesse sentido, insculpe-se a necessidade de cunhá-la como a *ciência da significação*, portanto, como metalinguagem[62]. A própria *terminologia* criada pela *semiótica greimasiana* – da forma como é avaliada por Eric Landowski, na obra *Com Greimas*: interações semióticas –, tem por efeito a produção de uma *metalinguagem* que torna difícil o trânsito com outras ciências, tamanho o caráter compacto deste bloco terminológico e conceitual, rigorosamente disposto e trabalhado enquanto vocabulário semiótico[63]. Assim, se trata de um *saber-fazer* voltado para a compreensão da significação, dos sistemas de significação e dos processos de significação.

---

60 Sobretudo, neste passo, há de se indicar, como referência necessária para o relacionamento entre Direito e Semiótica peirceana, a obra de Roberta Kevelson, *The law as a system of signs*, 1988.

61 Consulte-se Kevelson, *The law as a system of signs*, 1988.

62 Cf. Greimas/Courtés, *Sémiotique*: dictionnaire raisonné de la théorie du langage, 1993, p. 344-5, verbete *sémiotique*.

63 "É verdade que em si mesma a metalinguagem semiótica construída para tratar das condições de emergência e apreensão do sentido constitui um bloco conceitual tão compacto

Desde já, deve-se consignar que o simples fato de a pesquisa se deter em sede greimasiana e pós-greimasiana, em oposição aos demais modelos[64], não significa, em absoluto, que os demais não tenham lançado e não venham a lançar importantes contribuições para os campos de pesquisa abrangidos por este trabalho. Uma perspectiva não é necessariamente excludente das demais (contraditoriedade), mas se coaduna em diálogo com as demais (complementaridade). Antes de se lançarem as demais teorias nas chamas do esquecimento, na noite profunda dos tempos, no calabouço do silêncio eterno, far-se-á com que interajam continuamente com as construções aqui lançadas, em viva dialética textual[65].

Também, deve-se advertir que, com o título dado a este tópico, *teoria semiótica greimasiana*, não se faz nada além de reconhecer e identificar uma matriz teórica. A singularidade da proposta de Algirdas J. Greimas está em seu caráter de *projeto*, sempre sendo aperfeiçoado e modificado (por si mesmo, desde a influência de V. Propp), até o trabalho de seus discípulos. Na visão da semioticista francesa Anne Hénault, A. J. Greimas irá partir do legado Hjelmslev-Saussure-Propp[66], e viverá três fases internas no desenvolvimento do *projeto* da *Semiótica*: 1966, período da primeira síntese,

---

que, com exceção de alguns greimasianos mais ortodoxos, ninguém fala essa estranha língua, o 'semiotiquês', nem o 'greimasiano', embora, num campo bem próximo, 'falar lacaniano' não pareça um privilégio exclusivo dos analistas" (Landowski, *Com Greimas*: interações semióticas, 2017, p. 68).

64 A própria ideia da Escola de Semiótica de Paris já possui em si uma proposta tensa: "Historiquement, F. de Saussure envisageait la linguistique seulement comme partie constituante de la sémiologie, thèse inversée plus tard par R. Barthes dans ses 'Élements de sémiologie', mais reprise telle quelle par A. J. Greimas et l'*École de Sémiotique de Paris* qu'il a fondée" (Courtés, *Du lisible au visible*: initiation à la sémiotique du texte et de l'image, 1995, p. 17). Desse modo, os próprios estudos de Greimas, se vistos em sua cronologia, partiram do estruturalismo, valendo-se em grande parte das contribuições saussurianas.

65 Procurando esquivar a presente obra dos perigos do excesso escolarca, que assume cegamente um modelo e se torna impenetrável às luzes lançadas por outros espectros teóricos, não se desconsiderarão as contribuições de Escolas como as de Praga (R. Jakobson; N. Troubetzkoy), para a linguística, a italiana (U. Eco), para a semiologia, a americana (Ch. S. Peirce), para a semiótica filosófica, a analítica de Buenos Aires (Warat, Carrió), para a semiótica jurídica, a de Bruxelas (Ch. Perelman), para a argumentação e a pragmática, entre outras contribuições. Mas isso se faz sem que se perturbem as bases sobre as quais se estabelecem as premissas de reflexão do pensamento que serve de lastro para toda a reflexão (Escola de Paris), que ganha, certamente, peso e significação majoritários com relação aos demais.

66 "Se A. J. Greimas foi, desde o início dos anos 1960, o verdadeiro continuador de Hjelmslev e de Saussure no estudo das significações, ele chegou à teoria da linguagem

marcado por *Semântica Estrutural*; 1966-1979, período da segunda síntese, marcado pela *Semiótica das Modalidades*; 1980-1991, período da terceira síntese[67]. É assim que o próprio desenvolvimento interno da obra de A. J. Greimas é um exemplo das transformações sofridas pelo *projeto semiótico*, na passagem de suas obras, de *Sémantique Structurale*: Recherche de Méthode (1966) a *Du Sens I* (1970) e *Du Sens II* (1983), sabendo-se que nesta segunda obra a *Semiótica Tensiva* já está evidenciada, incluindo *Sémiotique et Sciences Sociales* (1976), em que se evidencia a colaboração em *Semiótica do Direito* com Eric Landowski, e, em seguida, em *Maupassant*: la sémiotique du texte (1976), no *Sémiotique*: dictionnaire raisonné de la théori du langage (1993) e nas obras finais de A. J. Greimas, *De l'imperfection* (1987) e *Sémiotique des passions* (A. J. Greimas; J. Fontanille, 1991)[68].

Em verdade, a investigação que aqui se pretende desenvolver – e, desde já, nos limites da própria definição do campo de trabalho, da aplicação e das leituras empreendidas para a formulação, seja deste capítulo, seja desta obra como um todo – ultrapassa o ponto de partida, pois é, a um só tempo, greimasiana e pós-greimasiana, tendo-se em vista as contribuições lançadas pela *École de Paris*[69] em sede semiótica[70]. Particularmente, no

---

por um percurso pessoal completamente atípico" (Hénault, *História concisa da semiótica*, 2006, p. 125).

[67] Cf. Hénault, *História concisa da semiótica*, 2006, p. 125-149.

[68] "Depois da sua *Semântica estrutural*, Greimas continuou o seu projeto semiótico, sobretudo, numa série de ensaios publicados em livros sob os títulos *Du Sens* (1970), *Sémiotique et Sciences Sociales* (1976), *Du Sens II* (1983), no seu estudo exemplar de semiótica discursiva *Maupassant: la sémiotique du texte* (1976), nos dois dicionários da semiótica greimasiana, escritos com J. Courtés (1979; 1986), e nos seus últimos estudos sobre a imperfeição (Greimas, 1987) e a *Semiótica das Paixões* (Greimas & Fontanille, 1991)" (Nöth, *A Semiótica no século XX*, 3. ed., 2005, p. 146-147).

[69] A respeito da Escola, consulte-se Coquet, *Sémiotique*: l'École de Paris, 1982, p. 5-64.

[70] Neste contexto se destacam os seguintes principais textos: a) de Greimas, na ordem de sua aparição: *Sémantique structurale* (1966); *Du sens* (1970); *Essais de sémiotique poétique* (1971); *Sémiotique et sciences sociales* (1976); *Sémiotique*: dictionnaire raisonné de la théorie du langage (1993); *Introduction à l'analyse du discours en sciences sociales* (1979); b) de Pottier, *Théorie et analyse en linguistique* (1992); c) de Rastier, *Sens et textualité* (1989); d) de Coquet, *Le discours et son sujet* (1984); *La quête du sens*: le langage en question (1997); e) de Courtés, *Introdução à semiótica narrativa e discursiva* (1979); f) de Landowski, Pour une approche sémiotique et narrative du droit, *Droit Prospectif, Revue de Recherche Juridique*: Colloque International de Sémiotique Juridique, Aix-en-Provence, 11-13 mars, 1986-2, p. 39-70; Vérité et véridiction en droit, *Le Discours Juridique: Langage, Signification et Valeurs, Droit et Société*: Revue Internationale de Théorie du Droit et de

tocante à expressão "Escola de Paris" – segundo o depoimento de Eric Landowski, na obra *Com Greimas*: interações semióticas –, ela surge de forma acidental, sedimenta-se como forma de criação e uma identidade entre várias tradições semióticas, e passa a ser sinônima de *semiótica francesa* ou de *semiótica greimasiana*[71]. No entanto, o projeto de uma ciência, a *Semiótica*, da forma como foi concebida por Algirdas Julien Greimas, não somente prosperou em sua iniciativa, como também foi responsável pela formação de uma *genuína* e *criativa escola*, que hoje se encontra muito além do *Quartier Latin*, e se expande e se consolida em várias partes do mundo – com férteis perspectivas de aplicação em vários campos do conhecimento[72] –,

---

Sociologie Juridique, n. 8, 1988, p. 45-59; *La sociedad figurada*: ensayos de sociosemiótica (1993); g) de Pais, Conceptualisation, information, signification, production du sujet, *Acta Semiotica et Linguistica*, SBPL, v. 5, p. 41-60; *Conditions sémantico-syntaxiques et sémiotiques de la productivité systémique, lexicale et discursive,* Paris: Université de Paris-Sorbonne/Atélier National de Reproduction des Thèses, 1993; Semiose, informação e transcodificação, *Língua e Literatura, RDLFFLCHUSP*, São Paulo, ano 8, v. 8, 1979, p. 57-68; Semiótica do Direito e semiótica das culturas, *Anais do 13º Colóquio Internacional da Associação Internacional de Semiótica Jurídica,* Departamento de Filosofia e Teoria Geral do Direito da Faculdade de Direito da Universidade de São Paulo, 1997, p. 325-335; Texto, discurso e universo de discurso, *Revista Brasileira de Linguística*, São Paulo, v. 8, 1995, p. 135-164; O percurso gerativo da enunciação: produtividade léxica e discursiva, *Confluência (Revista do Departamento de Linguística da Unesp-Assis)*, v. 3, Assis, Unesp, p. 162-181; Elementos para uma tipologia dos sistemas semióticos, *Revista Brasileira de Linguística*, v. 6, São Paulo, Duas Cidades, 1982, p. 45-60; h) de Castro, *Para uma análise sociossemiótica e semiolinguística de aspectos do discurso jurídico brasileiro*: a liberdade e o Estatuto da Criança e do Adolescente, tese de Doutorado apresentada ao Curso de Pós-Graduação em Linguística do Departamento de Linguística da Faculdade de Filosofia, Letras e Ciências Humanas da Universidade de São Paulo, v. 1 e 2, São Paulo, 1997. Um volume especial de *Actes sémiotiques*, organizado por Eric Landowski, destaca, em 1982, a variedade dos escritos sobre diversos temas em semiótica (ciência, literatura, espaço, arquitetura, imagem, Direito...), servindo de importante referência bibliográfica para os estudos da teoria greimasiana (Bibliographie sémiotique, *Actes Sémiotiques*: Bulletin du Groupe d'Études Sémio-linguistiques, V, n. 22, Paris, CNRS/EHESS, juin 1982, p. 4-60).

[71] "Face a este panorama bastante heteróclito, a expressão Escola de Paris se impôs pouco a pouco por razões, entre outras, de ordem prática, para designar da maneira mais impessoal possível uma das principais orientações presentes: a que, a partir dos anos 1950-60, desenvolveu-se sob uma forma original a partir de uma 'bricolage' (no sentido mais nobre, lévi-straussiano, do termo) cujo mérito, no seu início, pertence inteiramente a Greimas" (Landowski, *Com Greimas*: interações semióticas, 2017, p. 24).

[72] A esse respeito, consulte-se Henault, L'héritage de Greimas entre mission et projet: entretien avec Maria Giulia Dondero, *Signata – annales des sémiotiques* (En ligne), 3, 2012. Disponível em: http://journals.openedition.org, acesso em: 10 jan. 2021.

a exemplo dos estudos desenvolvidos na Lituânia (Vilnius), na Itália (Bolonha), na Turquia (Istambul) e no Brasil (São Paulo), como aponta Eric Landowski[73], ademais das contribuições advindas da Bélgica, Luxemburgo, Canadá, Estados Unidos, Dinamarca, Estados Unidos, Argentina, numa cartografia resumida.

Ainda, quando se menciona a expressão "Escola de Paris", a expressão aponta para a ideia de unidade e atemporalidade. No entanto, ela somente pôde receber essa "etiqueta", considerando-se a trajetória de vida de Algirdas Julien Greimas, desde quando, às custas do exílio da Lituânia, se fixa definitivamente em Paris[74]. A considerar-se o papel que a *École des Hautes Études* teve a este tempo – entre as décadas de 1960/1970[75] –, e as formas de encontro provocadas a partir de então, em torno de Algirdas Julien Greimas (na forma dos *seminários*)[76], foi-se formando aquilo que Eric Landowski vem chamando de um "clube de intelectuais"[77]. O círculo greimasiano, da mesma forma que se estruturou, dividiu tarefas e colaborou, conheceu também a sua derrocada, após a morte de Alrgidas Julien Greimas, em

[73] "E hoje em dia mais do que nunca, de Bolonha a São Paulo, de Vilnius a Tehrân, Oujda ou Istambul, e muitos outros lugares de estudo, o advir do projeto intelectual greimasiano joga-se no plano internacional, longe do Quartier Latin" (Landowski, *Com Greimas*: interações semióticas, 2017, p. 70).

[74] "E é apenas às custas do exílio, já com quase quarenta anos, que ele encontra, uma vez definitivamente estabelecido em Paris, a estabilidade necessária para o florescimento de sua vocação de pesquisador" (Landowski, *Com Greimas*: interações semióticas, 2017, p. 51).

[75] "O primeiro e principal desses espaços foi seu seminário de "Semântica Geral" na VI seção da École Pratique des Hautes Études (ulteriormente École des Hautes Études en Sciences Sociales). Ele tomou formas diversas no decorrer do tempo" (Landowski, *Com Greimas*: interações semióticas, 2017, p. 55).

[76] Desde a sua chegada à École des Hautes Études, em 1965: "Durante todos os anos seguintes, e até às vésperas de sua morte, ele animou um 'grande' seminário, laboratório extremamente intenso, no qual foram testadas as diversas mutações da teoria" (Hénault, *História concisa da semiótica*, 2006, p. 127).

[77] "Efetivamente, no curso dos anos 1970, é sob a forma de uma espécie de clube fundado sobre o voluntariado, a estima intelectual recíproca e um sentido delicado de convivialidade que em torno dele se constitui, desta vez para um empreendimento a longo prazo, uma equipe de colaboradores ao mesmo tempo diversificada em termos de pertencimento disciplinar e unificada pela adesão a um mínimo epistemológico comum, assim como por uma exigência compartilhada de rigor no plano conceitual" (Landowski, *Com Greimas*: interações semióticas, 2017, p. 53).

1992[78] –, para se dividir em iniciativas esparsas e diversificadas. Então, o *método greimasiano* persiste, mas se subdivide atualmente em perspectivas de trabalho muito diferenciadas entre si, que não traduzem mais a ideia de uma unidade dentro da *École*, mas de uma diversidade dentro da *École*.

Não obstante, a investigação segue autonomamente, sem se fixar formal e estritamente nessa matriz[79] – que se pode chamar de matriz Hjelmslev-Saussure-Greimas, ou simplesmente de matriz estruturalista –, fazendo-se dela ponto de referência, assim como de inspiração, e modelo tipológico-metodológico para estabelecer suas premissas e conclusões científicas. Com essas advertências, tem-se de dizer, quer-se firmar e salvaguardar o espaço de livre desenvoltura da reflexão a ser empreendida, destacadamente interdisciplinar, independentemente de se retratar ou não fielmente o pensamento de A. J. Greimas[80].

A postura que se adotará no presente trabalho, com o fito de empreender uma teoria sobre o discurso jurídico, pode aqui ser batizada de *Semiótica científico-sistêmica, ou pancrônica* (nem sincrônica, nem diacrônica), que é aquela que pouco se detém na unidade "signo"[81] – o que não signifi-

---

[78] "Depois do apogeu veio assim o começo do fim... Não o fim da 'semiótica greimasiana', mas do 'círculo greimasiano' enquanto grupo de pares, de colaboradores solidários e de amigos" (Landowski, *Com Greimas*: interações semióticas, 2017, p. 62).

[79] Essa matriz teórica, por sua vez, guarda profundas influências de L. Hjemslev, *Prolegômenos a uma teoria da linguagem* (1943), desse teórico tendo extraído grande parte de suas reflexões, como aquelas que relacionam o conteúdo e a expressão do significado e o conteúdo e a expressão do significante, distanciando-se, com isso, das demais abordagens que seguiam os estudos saussurianos e peirceanos. Também, não se pode deixar de dizer que, além de Hjelmslev, Benveniste representou importante contribuição para as reflexões greimasianas, influenciando-as direta e indiretamente (*Problemas de linguística geral,* 1966). Não se recuperarão esses modelos teóricos senão indiretamente, reflexamente, por meio da abordagem e assunção das próprias premissas greimasianas e pós-greimasianas.

[80] A própria teoria greimasiana não se assentou sem passar por fases distintas, o que implicou saltos e sobressaltos no desbravamento da teoria semiótica como se a compreende atualmente, com diversas aplicações (arte, cinema, arquitetura, teatro, biologia, cosmologia, epistemologia, direito...). Greimas não passou desapercebido das discussões de seu tempo, como a saussuriana (L'actualité du saussurisme, *Le Français Moderne*, n. 3, 1956), a formalista... como atesta sua própria produção de primeira época (1950/1960). Também, a teoria greimasiana passou por processo de gradativo amadurecimento, intitulando-se primeiramente um projeto de lexicologia, em seguida, um projeto de semântica, para fazer-se finalmente um projeto de semiótica (1966/1979). Sobre essas questões, e mesmo sobre a *Escola de Paris*, consulte-se Coquet, *Sémiotique*: l'École de Paris, 1982, p. 15-18.

[81] Cf. Barbosa, *Léxico, produção e criatividade*: processos de neologismo, 1996, p. 51.

ca que a questão seja irrelevante –, e que desloca o eixo de suas preocupações para o campo dos sistemas de significação, ou da produção sistêmica dos discursos[82], que interagem dinamicamente no quadro dos acontecimentos socioculturais. Com essa especificidade de objeto, a Semiótica se alça à condição de *saber-fazer* totalmente pertinente para abarcar campos de estudo os mais diversos, pois onde há sistema de significação há cabimento uma análise semiótica, assim compreendida.

Nessa perspectiva, só se pode apresentar uma definição de *Semiótica Jurídica*, também no sentido do que se vem dizendo aqui, como sendo a *ciência da significação jurídica* e *dos processos de significação jurídica*[83]. O papel teórico da investigação semiótica é menos o do estudo do signo, ou da linguagem formalmente conhecida, ou da estrutura lógica das proposições, e mais o estudo da significação[84].

---

[82] Para uma precisa definição do conceito de Semiótica como ciência e suas inflexões: "Define-se a semiótica como a ciência da significação. Constituem seu objeto os sistemas semióticos – verbais, não verbais e aqueles que chamamos complexos como o cinema, o teatro, a televisão, a história em quadrinhos, etc. ... – e os seus discursos. A semiótica opõe à concepção de sistema de signos, da semiologia estruturalista, a sua concepção de sistema de significação. Com efeito, um sistema de significação contém um sistema de signos, constituído por sua vez, de um inventário de funções semióticas *grandezas-signos* e metassemióticas e de uma sintaxe frástica e transfrástica e compreende, ainda, uma máquina semiótica – ou uma sintaxe de *criatividade* –, que permite engendrar novas funções semióticas e metassemióticas e novas regras da sintaxe frástica e transfrástica, donde uma dinâmica de sistema. A sintaxe transfrástica, por seu lado, contempla as estruturas narrativas, as estruturas discursivas, deve prever as transformações, na passagem do nível da semântica profunda para as estruturas intermediárias" (Cidmar Teodoro Pais, *Algumas reflexões sobre os modelos em linguística,* da FFLCH/USP, SP, ano 11, v. 9, 1980, p. 89-116). Ou, ainda, consulte-se Greimas e Courtés, *Sémiotique:* dictionnaire raisonné de la théorie du langage, 1993, p. 345.

[83] A obra que se destaca com esse perfil, no sentido da formulação de uma investigação vinculada aos pressupostos da *École de Paris* e que se detém na determinação da significação jurídica, é de autoria de François Paychère, *Théorie du discours juridique,* thèse soutenu publiquement pour le Doctorat à l'Université de Paris-II, 1990.

[84] A Semiótica para a *Escola de Paris* possui, como estudo, precisamente: "Pour l'École de Paris, la définition est autre. La sémiotique a pour projet d'établir une théorie générale des systèmes de signification. Pour certaines sémiotiques, le signe est d'abord un observable; dans la perspective de l'École de Paris, c'est d'abord un objet construit" (Coquet, *Sémiotique*: l'École de Paris, 1982, p. 5).

Os sistemas de significação jurídica constituem o seu objeto, portanto[85]. Os sistemas de significação vivem em profunda dialética com o meio no qual se inserem, de modo que sua característica de sistema mutante lhes é assegurada por uma perene criação e *recriação* de suas bases, bem como por uma perene *interação* com as novas informações, com os novos valores que depuram, e com os novos conteúdos de sentido que aglutinam.

Isso porque a significação é entendida como uma relação, assim definida pela *Semiótica científico-sistêmica*[86], e, se é uma relação, a significação passa a figurar, portanto, como função semiótica. Essa perspectiva teórica, quando aplicada ao Direito, permite visualizar a dinâmica do discurso jurídico *lato sensu* em uma vivência mais larga que a estreiteza dos parâmetros teóricos jurídicos tradicionais oferece; permite, mesmo, a visualização dialética do discurso jurídico em *interação* social. A análise empreendida, pois, carrega consigo a versão mais profunda do fenômeno jurídico, ou seja, aquela de um sistema *desde-dentro* e *desde-fora*, onde cultura, discurso e sociedade se produzem e se determinam incessantemente.

A uma ciência com essa incumbência fica assegurada a tarefa de desenvolver, ao mesmo tempo, uma metodologia dialética, indutiva e dedutiva, o que se explorará com maior precisão adiante[87].

Portanto, não é a *Semiótica* a ciência que se incumbe de um inventário tipológico dos signos[88], ou que estuda a estrutura formal de uma língua em particular, as linguagens em geral, ou muito menos os processos de comunicação humana. Nesse conjunto de reflexões, não se pode concordar muito menos com Dubouchet[89], quando afirma que a função da Semiótica (Jurídica) se resume em estabelecer a ligação entre os estudos de lógica, de linguagem e ciência jurídica. A tarefa da *Semiótica do Direito* é mais complexa, por se referir a universos tão distintos entre si quanto os universos

---

85 Cf. Pais, Conceptualisation, information, signification, production du sujet, *Acta Semiotica et Linguistica*, SBPL, v. 5, p. 47.

86 A respeito da utilização do adjetivo "científica" após o substantivo "semiótica", é de marcar conceitualmente o que segue: "Pour L. Hjelmslev, est scientifique toute sémiotique qui est une opération (ou description) conforme au principe d'empirisme: en fonction de ce critère, il distingue les sémiotiques en scientifiques et non scientifiques" (Greimas e Courtés, *Sémiotique*: dictionnaire raisonné de la théorie du langage, 1993, p. 323).

87 Courtés, *Introdução à semiótica narrativa e discursiva,* 1979, p. 45-46.

88 Cf. Barbosa, *Léxico, produção e criatividade*: processos de neologismo, 1996, p. 52.

89 Dubouchet, *Sémiotique juridique*: introduction à une science du droit, 1990, p. 2-31.

da simbólica da justiça[90], do discurso judicial, da gramática legal, da lógica dos procedimentos e do discurso da doutrina jurídica, algo que será desenvolvido ao longo deste trabalho. O entendimento buscado nesta obra conecta-se com as investigações que vieram contribuindo significativamente para a consolidação da *Semiótica do Direito* no mundo, a exemplo dos estudos do semioticista inglês Bernard Jackson[91].

[90] A esse respeito, consulte-se Bittar, *Semiótica, Direito & Arte*: entre Teoria da Justiça e Teoria do Direito, 2020.

[91] Consulte-se Jackson, *Semiotics and legal theory*, 1985; Jackson, *Law, fact and narrative coherence*, 1991.

1.2 A Semiótica Jurídica: a formação do projeto de análise do sentido jurídico

A *Semiótica Jurídica* não é uma ciência recente, mas sua estruturação metodológica ainda se encontra em pleno processo de desenvolvimento, como comprovam os estudos desenvolvidos em torno do tema. Trata-se de um método de investigação teórico do fenômeno jurídico que teve seu surgimento no século XX, e que vem ganhando crescentes aplicações, especialmente no Direito Constitucional e no Direito Tributário. Pode-se dizer, com Kalinowski, que suas primeiras e balbuciantes manifestações se deram num trabalho intitulado *Outline of a logical analysis of law,* 1944, devido a F. Oppenheim[1], tendo recebido alento com as pesquisas de Dubouchet[2]. É certo que, desde seu esboço, as concepções, as variedades metodológicas, as tendências analíticas, as diversidades de premissas,

---

1 Cf. Kalinowski, La sémiotique juridique, *Droit Prospectif,* 1985, p. 111. Mais ainda, deve-se guardar a seguinte apreciação de Dubouchet sobre os princípios da Semiótica Jurídica: "Esquissé par F. Oppenheim dans son article précité de 1944, le programme de la sémiotique juridique des logiciens a été précisé par G. Kalinowski dans son ouvrage de 1965 *Introduction à la logique juridique,* puis dans un article publié en 1986. La sémiotique juridique y est présenté comme le prolongement, dans le domaine du droit, de la sémiotique des logiciens ou méta-logique défini par Morris (1938) e Carnap (1942) comme l'étude du langage de la logique suivant les trois niveaux d'approche des expressions logiques: la syntaxique (étude de leurs rapports), la sémantique (étude de leurs rapports et de leur sens), la pragmatique (étude de leurs rapports, de leur sens, mais aussi de leur action sur leurs utilisateurs)" (*La pensée juridique avant et après le Code Civil*, 1994, p. 410).

2 Hão de ser indicados os textos de Paul Dubouchet pertinentes a esta temática, quais sejam, *Recherches pour une sémiotique juridique:* propédeutique à une philosophie des systèmes symboliques du Droit, thèse pour le Doctorat d'État en Droit soutenu publiquement, t. 1, 2 e 3, Lyon, Université Jean Moulin, Faculté de Droit, 1982, e *Sémiotique juridique*: introduction à une science du droit, 1990.

de objetivos e de postulados, nestes meandros, avolumaram-se[3]. Nesse sentido, também não é desprezível a importância dos estudos semióticos peirceanos colocados a serviço das investigações jurídicas, num crescendo constante de possibilidades de estudo e de estabelecimento de metodologias de análise discursiva[4].

A *Semiótica Jurídica*, naturalmente, desenvolveu-se a partir das conquistas da Semiótica como ciência, e, *a posteriori* do estabelecimento desta como conhecimento autônomo, também atravessa as tormentas de um estudo que procura alinhar traços metodológicos à luz de critérios relativamente bem estabelecidos. Nesse sentido, pode-se dizer que palmilhou as sendas lógico-analíticas, estruturalistas... da mesma forma como a Semiótica o fez, inspirando-se ora em uma matriz, ora em outra. Assim, a exposição sobre as teorias semióticas e da linguagem dos capítulos precedentes fornece uma ilustração das possibilidades metodológicas mais destacadas que se candidatam a fornecer subsídios para uma teoria semiótico-jurídica[5].

---

[3] Uma das possíveis interessantes análises semiótico-jurídicas contemporâneas a se indicar aqui, em meio à já crescente bibliografia no setor, é a de Bernard S. Jackson, que sem dúvida nenhuma tem influenciado profundamente as reflexões sobre a temática na atualidade, sobretudo as de Kevelson e MacCormik. De Jackson destacam-se os seguintes textos: *Semiotics and legal theory*, London and New York: Routledge & Kegan Paul, 1987; Sémiotique et études critiques du droit, *Le Discours Juridique: Langage, Signification et Valeurs, Droit et Société: Revue Internationale de Théorie du Droit et de Sociologie Juridique*, n. 8, 1988, p. 61-71; Truth or proof: the criminal verdict, *International Journal for the Semiotics of Law/ Revue Internationale de Sémiotique Juridique*, v. 11, n. 33, 1998, p. 227-273; Legislation in the semiotics of law, in *Semiotics and legislation*: jurisprudential, institutional and sociological perspectives, edited by Hanneke van Schooten, Liverpool, Deborah Charles Publications, 1999, p. 5-26.

[4] Retenha-se sobretudo a investigação de Roberta Kevelson em torno da obra de Peirce (*The law as a system of signs*, 1988). Não são poucas as obras desta autora sobre o tema, das quais, somente como referência, podem-se citar algumas, quais as que seguem: *Charles Sanders Peirce's method of methods*, John Benjamins Publishers, 1987; Semiotics and methods of legal inquiry: interpretation and discovery in law from the perspective of Peirce's speculative rhetoric, *Indiana Law Journal*, 61 (3), 1985, p. 355-371; Semiotics and law, in *Encyclopedic dictionary of semiotics*, ed. T. Sebeok and J. Umiker-Sebeok, De Gruyter, 1985.

[5] A respeito das tendências contemporâneas consulte-se excelente análise de Maria Ângela R. A. Toledo, Interpretação, linguagem e semiótica jurídica: teoria geral do direito integrativa e as tendências contemporâneas da semiótica, *Direito e Perspectivas Jurídicas, Revista dos Anais do I Congresso de Iniciação Científica da Faculdade de Direito da Universidade de São Paulo*, São Paulo, Fapesp/Saraiva, 1996, p. 89-99.

Nas pretensões deste escrito, não obstante a formação de um grande arsenal de reflexões, comentários e linhas de pensamento a partir de A. J. Greimas, as aplicações jurídicas existentes, à exceção das diversas propostas e análises de Landowski[6], não eram tão abundantes, mas vieram se multiplicando e se diversificando, em sinal claro de aplicações à análise do discurso jurídico em diversos contextos concretos. Não só às instabilidades da *Semiótica* como ciência, mas também a essa escassez de estudos que remanescia na origem da transferência, especialmente da *semiótica francesa* à *semiótica brasileira*, deveu-se a grande dificuldade de desenvolvimento da *Semiótica do Direito*, em seu primeiro impulso de desenvolvimento. No entanto, nos últimos vintes anos, fica evidente que a produção na área vem crescendo, ganhando em qualidade e em diversidade, além de apresentar interessantes resultados no âmbito da análise de discursos e casos concretos[7].

Particularmente no Brasil, a introdução da análise semiótica, seguindo a tendência mundial do *linguistic turn*, como metodologia afeita à engenharia da teoria jurídica, data, sem dúvida alguma, de algumas décadas. Nesse sentido, podem-se alistar, *grosso modo*, quatro etapas nas quais se identificam as fases de evolução dos estudos semióticos: uma primeira com os estudos de Lógica Jurídica, na linha de estudos de Von Wright e Georges Kalinowski (Lourival Vilanova); uma segunda com os estudos de nova retórica e tópica, derivadas de Theodor Viehweg e Niklas Luhmann (Tercio Sampaio Ferraz Junior); uma terceira filiada à matriz da Escola Analítica de Buenos Aires de Luís Alberto Warat; e uma quarta ligada a Paulo de

---

6 Principalmente, os trabalhos que seguem: Pour une approche sémiotique et narrative du droit, *Droit Prospectif, Revue de Recherche Juridique: Colloque International de Sémiotique Juridique*, Aix-en-Provence, 11-13 mars, Presses Universitaires de Aix-en-Provence, 1986-2, p. 39-70; Vérité et véridiction en droit, *Le Discours Juridique: Langage, Signification et Valeurs, Droit et Société: Revue Internationale de Théorie du Droit et de Sociologie Juridique*, n. 8, 1988, p. 45-59; Statut et pratiques du texte juridique, in *Lire le droit: langue, texte, cognition*, sous la direction de Danièle Bourcier et Pierre Mackay, 1992, p. 441-455; *La sociedad figurada:* ensayos de sociosemiótica, 1993. Também Cidmar Teodoro Pais desenvolve esse tipo de análise em artigo específico, Semiótica do Direito e semiótica das culturas, *Anais do 13º Colóquio Internacional da Associação Internacional de Semiótica Jurídica,* Departamento de Filosofia e Teoria Geral do Direito da Faculdade de Direito da Universidade de São Paulo, 1997, p. 325-335. Por fim, citem-se os estudos indicativos de Eliana Meneses de Melo, Discurso jornalístico e discurso jurídico: sujeito e poder e sujeito-do-poder, *Acta Semiotica et Linguistica*, v. 7, 1998, p. 163-168.

7 A exemplo do estudo de Duvoisin e Leobeth, Marcas do fascismo nas traduções e tensionamentos da *Semiosfera do Tribunal do Júri, Revista Estudos Semióticos,* FFLCH-USP, v. 14, n. 3, dez. 2018, p. 98-111.

Barros Carvalho, entre outros[8]. É certo que, a par dessas quatro principais manifestações metodológicas, podem-se destacar estudos pioneiros que avançam na conjugação da metodologia semiótica com outras formas de pensamento de questões jurídico-filosóficas[9]. Ainda mais recentemente se destacam os esforços no sentido da interpretação da teoria filosófico-semiótica de Ch. S. Peirce e suas possibilidades de aplicação à teoria jurídica[10].

Quer-se, portanto, sublinhar este aspecto: durante muito tempo, no curso das incertezas metodológicas, jorraram imensidões de discursos que fizeram deste estudo um capítulo de outros mais precisamente definidos. Como já se teve a oportunidade de dizer nas páginas anteriores, os principais modelos de análise se constituíram em torno de teorias ou ciências que ofuscavam seu real aparecimento, ora os modelos comunicacionais, ora os modelos estruturalistas[11], ora os modelos filosóficos, ora também os modelos lógico-formais[12]. Des-

---

8 Cf. Rocha, La sémiologie juridique au Brésil, *Droit Prospectif,* 1985, p. 323-34. Miguel Reale não chega propriamente a desenvolver estudos de semiótica, mas constata sua existência e identifica sua tarefa, num contexto em que a lógica-formal dominava as especulações sobre a estrutura da norma jurídica: "Que é que pode ser formalizado na '*norma jurídica*' e quais são os limites dessa formalização? Como situar, no plano das relações lógicas, a norma moral ou norma jurídica enquanto proposições dotadas de sentido, às quais é inerente a vetorialidade de um caminho a ser seguido? Eis aí problemas nucleares com que se defrontam tanto a *Semiótica Jurídica* quanto a *Deôntica Jurídica*, expressão relevante da Lógica Deôntica ou da Lógica Normativa, talvez a esfera mais promissora das investigações lógico-formais da experiência jurídica" (Reale, *O direito como experiência*: introdução à epistemologia jurídica, 1968, p. 68).

9 Não se pode omitir referência aos importantes estudos semiótico-dialéticos desenvolvidos na obra *Linguagem, sentido e realidade da norma jurídica:* dialética da norma jurídica, tese de Livre-Docência pelo Departamento de Filosofia e Teoria Geral do Direito da Universidade de São Paulo, 1996, por Alaôr Caffé Alves, importante reflexão sobre o sentido da norma e suas imbricações com a historicidade e a politicidade dos acontecimentos sociojurídicos.

10 Aqui se destacam os comentadores e aplicadores da teoria de Peirce, em sua vastidão de consequências para os estudos jurídicos, sobretudo as investigações que se desenvolvem no seio da Escola peirceana da Pontifícia Universidade Católica de São Paulo, com destaque para Maria Lúcia Santaella Braga e sua produção científica.

11 Como insistentemente já se disse neste texto: "Contrairement à une opinion assez répandue, la sémiotique n'a pour objet essentiel l'étude des signes: elle vise en fait la construction d'une théorie générale de la signification, et il y a là plus qu'une nuance. C'est à la sémiologie qu'il revient, en gros, de décrire les systèmes de signes" (Landowski, Pour une approche sémiotique et narrative du droit, *Droit Prospectif*, p. 39).

12 Não por outro motivo é que se considera, no momento em que foi emitida, procedente a crítica de Fábio K. Comparato, que alista a Semiótica Jurídica entre as correntes dos positi-

ta feita, quer-se em verdade declarar a possibilidade de um *saber-fazer*[13] autônomo, que se *autocapacite* a um exercício teorético dotado de *corpus* próprio, na sequência da avalanche de estudos que precedem a este.

A tradição sobre a linguagem[14], o discurso[15], a enunciação e os meandros lógico-proposicionais[16], a linguística[17], a semiologia[18] e suas relações

---

vistas fiéis a Condillac (Olivecrona, Hart, Carrió, Bobbio...), como sendo teoria dos símbolos aplicada ao espectro jurídico (Comparato, *O poder de controle na sociedade anônima,* 1983, p. 271-282).

13 A Semiótica é um *saber-fazer* na linguagem modal greimasiana e pós-greimasiana. A respeito *vide* Courtés, *Introdução à semiótica narrativa e discursiva,* 1979, p. 133. A Semiótica, como ciência que é e como discurso não literário que é, pode ser pelas modalidades complexas como sendo um *poder-fazer-saber.* A respeito, *vide* Pais, Aspectos de uma tipologia dos universos de discurso, *Revista Brasileira de Linguística,* 1984, p. 43-65.

14 Cite-se, por exemplo, a obra de Jean-Louis Sourioux e Pierre Lerat, *Le langage du droit,* 1975. No mesmo sentido, porém com outra proposta de pensar fenomenologicamente o Direito e seus atos de linguagem, cite-se a obra *Théorie des actes de langage, éthique et droit,* publié sous la diréction de Paul Amselek, Paris: PUF, 1986. Ainda com a mesma preocupação essencialmente focada na linguagem do Direito, cite-se a obra de Gérard Cornu, *Linguistique juridique,* 1990. À Linguística Jurídica pode-se conceder a importante função de ciência auxiliar da técnica legislativa, como aparece a relação na obra de Cornu, a saber: "À ce titre, la linguistique juridique mérite d'être reconnue principalement comme l'auxiliaire d'une branche de la science de la législation: la technique législative. Dans une autre terminologie, on y reconnaîtra une partie de la légistique, nom donné à la science de la composition des lois. Elle participe à l'art législatif" (*Linguistique juridique,* 1990, p. 40). Sobre essa arte, consultem-se ainda as contribuições que demonstram tal possibilidade aplicativa da Linguística Jurídica, a saber: José de Queiroz Campos, *Como elaborar a lei*: técnica de redação e linguagem, 1972; Hésio Fernandes Pinheiro, *Técnica legislativa*: Constituições e atos constitucionais do Brasil, 1962.

15 Nesse sentido são os textos de A.-J. Arnaud, Du bon usage du discours juridique, *Le Discours Juridique: Analyse et Méthodes, Langages: Revue Trimestrelle* (par D. Bourcier), Paris, Didier/Larousse, n. 53, mars, 1979, p. 117-124; Lenio Luiz Streck, *Tribunal do júri*: símbolos e rituais. 2. ed. Porto Alegre: Livraria do Advogado, 1994.

16 É de indispensável remarca a obra de Juan-Ramon Capella, *El derecho como lenguaje*: un análisis lógico, Barcelona: Ariel, 1968.

17 Cite-se Vittorio Frosini, La parola del diritto e le sue trasformazione linguistiche, *Rivista di Diritto e Procedura Civile, 47(2)*:423-38, giug., 1993, Milano: Giuffrè, 1993.

18 A obra de H. L. A. Hart *O conceito de direito* (trad. A. Ribeiro Mendes, Lisboa: Calouste Gulbenkian, 1986) pode ser dita uma obra semiológica, não obstante normalmente ser qualificada e aceita como obra filosófica, tais as suas preocupações com o problema da linguagem e da conceituação do Direito. Ademais, neste contexto podem-se ainda indicar os textos de Roque Carrión-Wam, De la specificité de la sémiotique juridique, *Droit Prospectif, Revue de Recherche Juridique: Colloque International de Sémiotique Juridique,* Aix-en-Provence,

com o Direito não são tão recentes, portanto, e procedem de estudos os mais variados, monográficos ou não. Percebem-se aí os primeiros ensaios de uma preocupação da afetação da relação do Direito pelas práticas de linguagem. A questão fundamental aparece relevada ("o Direito é também um fato de linguagem"), mas as metodologias de análise se rendem a questões e estudos clássicos, a aplicações insuficientes, ou mesmo a remédios teóricos simples, que interrompem a marcha em busca da profundidade de imbricações do fenômeno jurídico, radicado que está em práticas socioculturais, na superfície da constatação do Direito como linguagem. A utilidade e a importância desses métodos permanecem enquanto satisfazem essa dimensão descritiva do problema, uma vez constatado. Trata-se, neste momento, muito menos de *reavaliar* a história da semiótica sob o foco evolucionista, e muito mais de *reorientar* a circunscrição da atuação de cada uma das diversas correntes, visto que todas são aptas à discussão teórica do Direito dentro da limitação de suas perspectivas.

Em outras palavras, quer-se ora definir os meandros, limites, critérios de uma formulação teórica acerca do Direito que seja a um só tempo apta à sua apreensão discursiva, à não redução de sua natureza e prática de conjunto à discursividade, à sua crítica como prática de sentido e à sua demonstração teórica. Pensar problemas, instituições e questões jurídicas por essa via não é qualquer sistema teórico-metodológico que o admite. Na medida da própria dificuldade que a tarefa engendra, é preciso avançar no sentido dessa determinação.

1.2.1. A SEMIÓTICA JURÍDICA: TRANSFORMAÇÕES DO MÉTODO E TENDÊNCIAS CONTEMPORÂNEAS

A busca pelo *sentido* é atividade incessante[19], o que faz da *Semiótica*, enquanto *projeto*, uma ciência inconclusa, cuja utilidade é diversificada em sua aplicação a diversas modalidades de discursos (jornalísticos, publicitá-

---

11-13 mars, Presses Universitaires de Aix-en-Provence, 1986-2, p. 71-75, e Domenico Carzo, Considérations sur la sémiotique juridique: le point de vue sociologique, *Droit Prospectif, Revue de Recherche Juridique: Colloque International de Sémiotique Juridique*, Aix-en-Provence, 11-13 mars, Presses Universitaires de Aix-en-Provence, 1986-2, p. 357-363.

19 "Nossa profissão é dizer algo sensato sobre questões que, *a priori*, interessam a todo mundo, já que tocam à mais difundida – e mais misteriosa – das coisas humanas: o sentido" (Landowski, *Com Greimas*: interações semióticas, 2017, p. 37).

rios, políticos, sociais, artísticos, arqueológicos, jurídicos etc.)[20]. É assim que a ela, atualmente, se imprime uma busca renovada em termos de método e de tendências contemporâneas. Diante dos inúmeros campos de distribuição das teorias semióticas – a exemplo das teorias da comunicação, da semiótica peirceana[21], da semiologia saussuriana, apontadas na Parte I deste livro –, o semioticista francês Eric Landowski afirma que as grandes correntes gerais da *Semiótica* nos dias atuais se distribuem no mundo entre filiações derivadas de Charles S. Peirce (*semiótica peirceana*), Youri M. Lotman (*semiótica lotmaniana*) e Algirdas J. Greimas (*semiótica greimasiana*)[22]. Mas, não se pode esquecer que, além dessas linhas, o percurso de afirmação histórica e de desenvolvimento da *Semiótica* é, certamente, devedor das enormes contribuições de Ferdinand de Saussure, Louis Hjelmslev e V. Propp[23], todos estes que estarão pressupostos nas análises empreendidas por Algirdas Julien Greimas[24]. Atualmente, dentro desse esquadro de compreensão, as escolas *norte-americana*, *russa*[25], *francesa*, *belga*, *italiana* e *brasileira* são proeminentes, abrigando variadas contribuições.

---

[20] "É assim que da antropologia à filosofia do direito ou à psiquiatria, da história da arte aos estudos estratégicos (inclusive os militares) e à arqueologia, ou ainda, da arquitetura às ciências da comunicação, ao marketing e ao design, a forma de raciocínio semiótico inspirou uma multidão de pesquisadores que lidam em seus próprios campos com problemas de significação, quer se trate da análise ou da construção de objetos que fazem sentido" (Landowski, *Com Greimas*: interações semióticas, 2017, p. 68).

[21] No Brasil, a linhagem de *semiótica peirceana* teve início com a presença de inúmeros intelectuais nos anos 1960: "Um número de estudiosos de renome internacional visitou o Brasil no final da década de 1960 para dar palestras e seminários. Entre eles estavam: Nicolas Ruwet, Abrahan Moles, Max Bense, Roman Jakobson, Umberto Eco e Tzvetan Todorov" (Santaella, Memória e perspectivas da semiótica no Brasil, *Intexto,* n. 37, 2016, p. 23).

[22] "Ao mesmo tempo que perpetuam a memória dos fundadores – Charles Sanders Peirce (1839-1914), Youri M. Lotman (1922-1993), Algirdas J. Greimas (1917-1992) –, elas servem, entre os iniciados, para designar as principais correntes teóricas entre as quais os semioticistas hoje se distribuem e se reconhecem" (Landowski, *Com Greimas*: interações semióticas, 2017, p. 49).

[23] "Foi apenas por meio da leitura de sua obra, feita trinta anos depois, por alguns pesquisadores ocidentais (C. Lévi-Strauss, R. Barthes ou A. J. Greimas) que Propp se viu retrospectivamente alistado na severa brigada dos precursores da semiótica" (Hénault, *História concisa da semiótica*, 2006, p. 98).

[24] A esse respeito, consulte-se Hénault, *História concisa da semiótica*, 2006.

[25] "A Escola Semiótica de Tártu-Moscou, cujas atividades se estendem entre as décadas de 1960-1980, além de ser uma das mais significativas correntes semióticas do século XX, representa também um fenômeno curioso. É surpreendente o fato de que os estudos semió-

Esse reconhecimento no plano científico aponta tanto para a consolidação quanto para a permanência do projeto iniciado por A. J. Greimas, no quadro das alternativas teóricas que se fixaram no horizonte como formas de empreender a abordagem do *sentido*. No âmbito da *semiótica greimasiana*, para além das perspectivas estruturalistas da *Semiótica* dos anos 1960/1970, a renovação e a diversificação das abordagens nos últimos 50 anos veio implicando a sua ramificação, que se inclina a um percurso que envolve, no mínimo, a compreensão das seguintes perspectivas: *Semântica Estrutural* (Algirdas Julien Greimas) → *Semiótica das Modalidades*[26] (Algirdas Julien Greimas)[27] → *Semiótica das Paixões* (Algirdas Julien Greimas; Jacques Fontanille) → *Semiótica Tensiva* (Jacques Fontanille; Claude Zilberberg)[28] → *Sociossemiótica* (Eric Landowski)[29] → *Semiótica dos Regimes de Existência* (Eric Landowski)[30] → *Semiótica da Marca* (Jacques Fontanille). O projeto semiótico é, basicamente, o mesmo – não se registrando uma ruptura epistemológica[31] ou fratu-

---

ticos não só existiram como prosperaram dentro da União Soviética, que tinha um regime hoje avaliado como autoritário e/ou totalitário" (Américo, A linguagem da escola semiótica de Tártu-Moscou e das traduções de Iuri Lotman no Brasil, *Bakhtiniana – Revista de Estudos do Discurso*, v. 14, n. 4, out./dez. 2019, p. 42).

26 "'Pour une théorie des modalités' (1976) se interessa, especialmente, pelas combinatórias das estruturas modais que permitem qualificar sintaticamente os sujeitos segundo as relações recíprocas de seu querer, de seu dever e de seu saber fazer com relação aos destinadores sociais não figurativos (a lei, as regras, as conveniências) ou figurativas (o rei Artur, as visões de Joana D'Arc, o 'Azur' de Mallarmé ou o Deus dos diversos livros sagrados)" (Hénault, *História concisa da semiótica*, 2006, p. 140).

27 "Em suma, as modalidades nos fornecem um instrumento extremamente poderoso para descrever as relações dos personagens da narrativa não só no plano das ações, mas naquele igualmente importante das intenções, dos conhecimentos, das crenças" (Volli, *Manual de Semiótica*, 3. ed., 2015, p. 125).

28 Fontanille & Zilberberg, *Tensão e significação*, 2001; Zilberberg, *Elementos de semiótica tensiva*, 2011.

29 "Analisar os comportamentos, os discursos, os objetos, as visões de mundo e suas evoluções segundo essa problemática constitui hoje uma das vias possíveis – convencionalmente chamada *sociossemiótica* – para entender e explicar o modo como, na diversidade das culturas, o 'sentido da vida' se constrói" (Landowski, *Com Greimas*: interações semióticas, 2017, p. 152); "Como Greimas acreditava que eu fosse jurista e politólogo, e mesmo um pouco sociólogo, ele me atribuiu esse vasto território, tal Dom Quixote gratificando Sancho Pança de sua ilha maravilhosa" (Landowski, *Com Greimas*: interações semióticas, 2017, p. 169).

30 Landowski, *Interações arriscadas*, 2014.

31 "Atualmente, as abordagens conhecidas sob o nome de semiótica 'tensiva', de semiótica 'modular' e de 'sociossemiótica' constituem as correntes pós-greimasianas de ampla

ra no projeto iniciado por A. J. Greimas[32] – da forma como foi lançado por Algirdas Julien Greimas, em *Sémantique Structurale*, e que vinha à carreira das tendências estruturalistas do período, podendo-se desde então afirmar que o *sentido* é o produto de uma *relação*[33] *(présence de deux termes et de la relation entre eux)*[34].

Por isso, para efeitos de uma síntese mais completa, atualmente, fala-se em *semiótica greimasiana* e em *semiótica pós-greimasiana*[35], de modo a apontar-se para três grandes tendências internas, conduzidas, respectivamente, por François Rastier, por Jacques Fontanille e Claude Zilberberg, e, por fim, por Eric Landowski[36]. Essa ramificação da *semiótica francesa* tem permitido enxergar perspectivas plurais e visões diferentes, a respeito do tratamento que o *sentido* deve merecer, em clara demonstração da fertili-

---

difusão mais conformes a este posicionamento: diversificação e renovação, sem ruptura epistemológica nem psicodrama edipiano" (Landowski, *Com Greimas*: interações semióticas, 2017, p. 63).

32 Mesmo no campo da *Semiótica Tensiva,* Luiz Tatit afirma: "Só pelos aspectos aqui relatados já podemos constatar que há considerável imbricação entre os conceitos narrativos e as noções hoje aplicadas pela semiótica tensiva. Mais do que isso, a proposta de Zilberberg apresenta-se como um ponto de vista no interior do mesmo projeto de busca metodológica empreendido por Greimas" (Tatit, *Passos da semiótica tensiva*, 2019, p. 34).

33 "Organização estrutural mínima, a estrutura elementar define-se, em primeiro lugar, como a relação que se estabelece entre dois termos-objetos – um só termo não significa –, devendo a relação manifestar sua dupla natureza de conjunção e de disjunção" (Barros, *Teoria do discurso*: fundamentos semióticos, 1988, p. 21).

34 "D´où la première définition, généralement utilisée d´ailleurs, du concept de structure: présence de deux termes et de la relation entre eux" (Greimas, *Sémantique structurale*: recherche de méthode, 1966, p. 19).

35 "...três correntes greimasianas, ou pós-greimasianas, bem diferentes e até mesmo, em certa medida, rivais" (Landowski, *Com Greimas*: interações semióticas, 2017, p. 76).

36 "A primeira reagrupa uma geração de investigadores que, permanecendo fiéis ao espírito de *Semântica estrutural*, se consagram ao desenvolvimento de uma linguística textual e de uma semântica das culturas. A segunda continua até agora fazendo do *Dicionário* de 1979 sua principal obra de referência, e isso de dois modos distintos: uns tomando à letra os modelos da sintaxe narrativa e modal que constituem o núcleo dela e aplicando-os escrupulosamente tais quais (esses são os adeptos da semiótica dita *standard*), outros enriquecendo ou extrapolando-os, principalmente no quadro da semiótica tensiva. A terceira corrente, que por sua parte inspira-se sobretudo de *Da imperfeição*, tenta atualmente promover uma semiótica enraizada na experiência, uma abordagem capaz de integrar a dimensão sensível e também a do risco e do acaso na análise das condições da produção e da apreensão do sentido" (Landowski, *Com Greimas*: interações semióticas, 2017, p. 76).

dade do tema, dos notórios avanços e da inovação inerente às tradições semióticas pós-greimasianas.

No entanto, são várias as modificações que vem sendo introduzidas, de modo a permitir abordar o *sentido* com ênfase em aspectos que não tinham relevância, considerado o método vigente no início da caminhada empreendida por A. J. Greimas. A exemplo do que ocorre no campo da chamada *Semiótica da Marca* – desenvolvida pelo semioticista francês Jacques Fontanille –, empreende-se uma nova compreensão da relação entre *actante* e *corpo*, para reinstalar o *corpo* no *discurso*[37] – em que a *Semiótica* via apenas *formas lógicas*, *relações contraditórias de sentido* e *lugares de discurso* – para assim poder-se, atualmente, falar de um *corpo-actante*[38].

Uma vez que se percebe essa diversificação, a *Semiótica do Direito* também se vê afetada por mudanças. Não por outro motivo, a produção na área da *Semiótica do Direito* veio se multiplicando, diversificando e aprofundando nas últimas três décadas, como comprovam os estudos empreendidos no Brasil, na França e no mundo. Se a *Semiótica do Direito* teve os seus desenvolvimentos iniciais esboçados na 2ª etapa de desenvolvimento interno do pensamento de A. J. Greimas, especialmente considerado o papel do escrito contido em *Semiótica e Ciências Sociais* (*Analyse sémiotique d'um discours juridique – la loi commerciale sur les sociétés et les groupes de societés*, 1971)[39], de autoria de Algirdas Julien Greimas e Eric Landowski, atualmente, vem recebendo renovados tratamentos.

---

37 "O discurso é a unidade de análise da Semiótica. Ele permite apreender não somente os produtos cristalizados ou convencionais da atividade semiótica (os signos, por exemplo), mas também, e principalmente, os próprios atos semióticos. Pois o discurso é uma enunciação em ato e este ato é, primeiramente, um ato de presença: a instância de discurso não é um autômato que exerce uma capacidade de linguagem, mas uma presença humana, um corpo sensível que se exprime" (Fontanille, *Semiótica do Discurso*, 2. ed., 2015, p. 83).

38 "O corpo tinha sido excluído da teoria semiótica pelo formalismo e, sobretudo, pelo logicismo que prevalece na linguística estrutural dos anos sessenta, mas também pela teoria da ação, cujas dívidas com a lógica formal, e mesmo a teoria dos jogos, são bem conhecidas" (Fontanille, *Corpo e sentido*, 2016, p. 13).

39 Na 2ª fase, após a publicação de *Semântica estrutural*: "Esse era também o momento no qual a gramática narrativa se desligava da análise dos relatos figurativos (contos, romances, mitos) para estudar todas as espécies de discursos sem personagens e que, não obstante, traziam uma narratividade abstrata: o discurso jurídico (com E. Landowski, *Analyse sémiotique d'um discours juridique – la loi commerciale sur les sociétés et les groupes de societés* – 1971); (...)" (Hénault, *História concisa da semiótica*, 2006, p. 137).

Nesse particular, vale-se ressaltar a importante contribuição à *Semiótica do Direito*, dentro da tradição greimasiana, a partir dos trabalhos de Bernard Jackson[40], na Inglaterra, e, também, de Roque Carrión-Wam, na América Latina[41]. No campo de estudos da *Semiótica do Direito*, em perspectivas diferentes da tradição greimasiana, devem-se mencionar as valiosas contribuições trazidas por Georges Kalinowski e Gérard Cornu[42], além de Roberta Kevelson[43] e Jan M. Broekman[44], nos Estados Unidos, Anne Wagner, na França, Bathia K. Vijay, em Hong Kong, além da contribuição do jurista Pierre Moor[45], na Suíça.

No Brasil, a *Semiótica* vem se desenvolvendo desde os anos 1960 e 1970[46], sendo notável (*remarcable*) a ocasião da vinda de A. J. Greimas ao Brasil, em julho de 1973[47]. Desde então, a *Semiótica* tem se desenvolvido em

---

40 Jackson, *Semiotics and legal theory*, 1985.

41 Carrión-Wam, Interpretar y argumentar: hacia una pragmática del conflito em el derecho, in *Interpretar y argumentar*: nuevas perspectivas para el derecho, 2006, p. 63-80. Ainda, pode-se ler: "Enfin, il est bon de citer aussi Roque Carrión Wam de l'Université de Carabobo qui est un pionnier dans le domaine de la sémiotique juridique au Venezuela et ailleurs, ainsi que Frank Baiz qui développe des études sémiotiques sur l'audiovisuel, le cinéma et le dessin, à Caracas. Dans sa sémiotique juridique, Roque Carrión Wam efectue d'abord l'examen historique et critique du droit pour aborder, par la suite, les changements sociaux en Amérique du Sud" (Barros, Directions et rôles de la sémiotique em Amérique du su: premières réflexions, *Signata – annales des sémiotiques* [En ligne], 3, 2012, p. 135).

42 Cornu, *Linguistique juridique*, 1990.

43 Kevelson, Semiotics and methods of legal inquiry: interpretation and Discovery in law from the perspective of Peirce´s speculative rhetoric, *Indiana Law Journal*, v. 61 (3), p. 355-371.

44 Broekman, Backer, *Lawyers making meaning*: the Semiotics of Law in Legal Education II, 2013.

45 Moor, *Dynamique du système juridique*: une théorie générale du droit, 2010.

46 "Les études sémiotiques en Amérique du Sud, ou du moins dans les pays auxquels nous faisons référence, ont été généralement introduites dans les années 60 et 70 et donc au tout début de la sémiotique greimasienne, par des professeurs et des chercheurs d'Amérique du Sud qui ont lu la Sémantique structurale et qui ont découvert une nouvelle manière de traiter le langage, et qui ont aussi approché personnellement Greimas (en faisant partie de ses élèves, régulièrement ou non, à l'École des Hautes Études à Paris ou lors des visites de Greimas en Amérique du Sud – pour le Brésil en 1973)" (Barros, Directions et rôles de la sémiotique em Amérique du sud: premières réflexions, *Signata – annales des sémiotiques* [En ligne], 3, 2012, p. 133).

47 "Si l'on ne peut trouver, au début des années 1970, un manuel brésilien qui aurait inauguré la tradition de l'enseignement universitaire de la sémiotique greimassienne, on peut en

etapas e fases, à carreira de muitos grupos de estudos a exemplo do GES-USP, e, também, das mais avançadas pesquisas desenvolvidas[48], no campo da *Semiótica Discursiva*, na USP[49], por Diana Luz Pessoa de Barros[50] e por José Luiz Fiorin[51]. Mais recentemente, desenvolveu-se o conjunto de estudos de *Semiótica Tensiva*, que passa a predominar a partir dos anos 2000[52], e que

revanche désigner la situation didactique qui a orienté la recherche sémiotique brésilienne: la visite au Brésil, en juillet 1973, d'Algirdas Julien Greimas, sous l'invitation d'Edward Lopes pour donner le cours «Teoria Semioliguística do Discurso» [héorie Sémiolinguistique du discours] à la Faculté de Philosophie, Sciences et Lettres «Barão de Mauá» à Ribeirão Preto, dans la campagne de São Paulo, occasion au cours de laquelle a été fondé, dans le même centre universitaire, le Centro de Estudos Semióticos A.J. Greimas [Centre d'Études Sémiotiques A. J. Greimas]" (Lemos, Portela, Barros, Le soin de la formation: l'institutionnalisation de la sémiotique au Brésil, *Signata – annales des sémiotiques* [En ligne], 3, 2012, p. 63).

48 "Au Brésil, la sémiotique discursive a été introduite dans les années 60, dans l'État de São Paulo, à l'Université de São Paulo et à la Faculté de São José do Rio Preto (qui fait partie aujourd'hui de l'Université de l'État de São Paulo – UNESP) par des linguistes et des chercheurs en littérature – Ignácio Assis Silva, Eduardo Peñuela Cañizal, Edward Lopes, Alceu Dias Lima et Tieko Yamaguchi Miyazaki – qui ont lu l'ouvrage Sémantique structurale et qui ont pensé avoir trouvé un chemin pour analyser les sens des textes et, à travers eux, mieux connaître la société et la culture brésiliennes. Ce groupe a convié Greimas au Brésil en 1973 pour donner un cours de sémiotique du récit, a publié les textes de ces cours (certaines publications étaient inédites) et a initié le processus de formation des sémioticiens au Brésil, ainsi que l'institutionnalisation de la sémiotique discursive qui était associée aux cours de lettres. Diana Luz Pessoa de Barros et José Luiz Fiorin, anciens élèves et ensuite collègues des professeurs de ces universités, ont participé à ce processus" (Barros, Directions et rôles de la sémiotique em Amérique du sud: premières réflexions, *Signata – annales des sémiotiques* [En ligne], 3, 2012, p. 136).

49 "Segundo nos informa Barros (1999), a linha de investigação semiótica de raiz greimasiana tem seus principais e mais antigos núcleos em São Paulo, na Universidade de São Paulo – USP, sobretudo na pós-graduação em Linguística, na Escola de Comunicações e Artes, e na Universidade Estadual Paulista (UNESP), em Araraquara e em São José do Rio Preto" (Santaella, Memória e perspectivas da semiótica no Brasil, *Intexto,* n. 37, 2016, p. 27).

50 Barros, *Teoria do discurso*: fundamentos semióticos, 1988.

51 Fiorin, *As astúcias da enunciação*, 2016; Fiorin, *Argumenta*ção, 2018.

52 "Avec plus de vigueur à partir des années 2000, la sémiotique tensive, préconisée par Claude Zilberberg et amplement difusée par les sémioticiens du GES-USP, a connu d'importants eforts de divulgation qui ont inluencé la manière dont les manuels brésiliens commencent à décrire la sémiotique contemporaine au Brésil" (Lemos, Portela, Barros, Le soin de la formation: l'institutionnalisation de la sémiotique au Brésil, *Signata – annales des sémiotiques* [En ligne], 3, 2012, p. 71).

vem sendo desenvolvido por Norma Discini[53], Luiz Tatit[54], Ivã Carlos Lopes e Waldir Beividas[55], entre outros.

Além desses, devem-se ressaltar as significativas interfaces desenvolvidas nos estudos semióticos do GES-USP, e, também, nos estudos retóricos do GERAR-USP, a partir das contribuições de Lineide Mosca[56], além de inúmeros grupos de pesquisa, espalhados por Universidades Estaduais e Federais (UFRGS, UFMG, UFF, UNESP e UEL)[57], organizados ou não em grupos de estudo formalmente existentes[58], que se dedicam ao tema, em

---

[53] Discini, Claude Zilberberg: a semiótica estetizada, *in Estudos Semióticos*, v. 15, abr. 2019, p. 88-103.

[54] Tatit, *Passos da semiótica tensiva*, 2019.

[55] Beividas, A semiótica tensiva: uma teoria imanente do afeto, *CASA – Caderno de Semiótica Aplicada*, v. 13, n. 1, 2015, p. 43-86.

[56] Mosca, Novos tempos, novos paradigmas: os desafios dos estudos retóricos na modernidade, in *Retórica e discurso*: fronteiras e interfaces: das origens aos desdobramentos atuais. Homenagem à Professora Lineide do Lado Salvador Mosca (org. Elizabete Enz Hubert; Emilson José Bento), 2019, p. 213-225.

[57] Cf. Santaella, Memória e perspectivas da semiótica no Brasil, *Intexto,* n. 37, 2016, p. 27.

[58] Uma cartografia da *Semiótica* no Brasil é uma tarefa de enormes proporções. Diana Luz Pessoa de Barros identifica a imensidão e a diversidade desses grupos: "Parmi les plus conirmés, nous retrouvons: le Groupe d'Études Sémiotiques de l'Université de São Paulo (Ges-USP), sous la direction d'Ivã Lopes (avec Norma Discini, Waidir Beividas, Elizabeth Harkot de la Taille, Antonio Vicente Pietroforte, Luiz Tatit, Diana Luz Pessoa de Barros, José Luiz Fiorin, entre autres); le Centre de Recherches Socio-sémiotiques (CPS) animé par Ana Claudia de Oliveira, à l'Université Catholique (PUC-SP); le groupe CASA (Cahiers de Sémiotique Appliquée) à Araraquara (avec Maria de Lourdes Baldan, Arnaldo Cortina, Renata Marchezan, Luiz Gonzaga Marchezan, Diana Junkes Toneto, Edna Maria Nascimento, Maria Celia Leonel, Marisa Giannecchini Gonçalves de Souza, Fabiane Regina Borsato, Matheus Nogueira Schwartzmann, Neiva Ferreira Pinto, Tieko Yamaguchi Miyazaki, Vera Lucia Abriata, entre autres); le Groupe d'Études Sémiotiques dans la Communication (GescomUNESP) à Bauru (avec Maria Lúcia Vissotto Paiva Diniz, Jean Cristtus Portela, Ana Sílvia Lopes Médola, entre autres); le SeDi, le Groupe d'Études en Sémiotique et Discours de l'Université Fédérale Fluminense – UFF – (avec Lúcia Teixeira, Renata Mancini, Oriana Fulanetti, Regina Souza Gomes, Sílvia Maria de Sousa) à Niterói, dans l'État de Rio de Janeiro; le laboratoire SEMIOTEC – Sémiotique et Technologie (UFMG) à Belo Horizonte, dans l'État du Minas Gerais (avec Ana Cristina Fricke Matte); le SemioCE – Groupe d'Études Sémiotiques de l'État du Ceará – à Fortaleza, sous la coordination d'Américo Saraiva et Ricardo Lopes Leite; le Groupe d'Études Sémiotiques de l'Université d'État de Londrina (GES-UEL), à Londrina (État du Paraná), sous la direction de Loredana Limoli; le NUPES, le centre de recherches en sémiotique de l'Université Fédérale de Rio (UFRJ), dirigé par Regina Souza Gomes; le groupe de travail « Sémiotique » de l'ANPOLL –

todo o país, a exemplo dos trabalhos de Ana Claudia de Oliveira, da PUC-SP. Nesse particular, pode-se mencionar a enorme contribuição, numa perspectiva interinstitucional do *Centro de Pesquisas Sociossemióticas* (CPS), na ligação entre a FFLCH-USP e a PUC-SP (Brasil) e o *Centre National de la Recherche Scientifique* – CNRS (França)[59]. Isso permite verificar que a *Semiótica* se encontra *institucionalizada* no Brasil, com diferentes níveis de impacto na docência, na pós-graduação, na formação de professores e no desenvolvimento disciplinar[60].

É, nesse sentido, que a *Semiótica do Direito* vem encontrando espaço de acolhida e expressão, particularmente, nas pesquisas em desenvolvimento na USP, à carreira dos cursos de pós-graduação de Alaôr Caffé Alves, de Ari M. Solon[61] e de Eduardo C. B. Bittar – tanto na perspectiva da *Semiótica Textual* quanto na perspectiva da *Semiótica Visual*[62] –, se desdobrando em estudos que procuram caminhar de forma interdisciplinar e cooperativa com essas perspectivas, devendo-se ressaltar a contribuição trazida por Clarice von Oertzen de Araújo[63], ademais dos recentes estudos de Maria Helena Cruz Pistori[64]. Ainda que esse levantamento não seja exaustivo, ele aponta para o

---

L'Association Nationale des Chercheurs en Lettres et en Linguistique – dirigé par Waldir Beividas et Jean Cristtus Portela; le Laboratoire d'Études Sémiotiques et d'Interaction du Soin (LESIC), sous la coordination de Dulce Maria Nunes et Maria Luiza Gerhadt, à Porto Alegre (LOPES, 2011 et 2012)" (Barros, Directions et rôles de la sémiotique em Amérique du sud: premières réflexions, *Signata – annales des sémiotiques* [En ligne], 3, 2012, p. 137).

59 Cf. Santaella, Memória e perspectivas da semiótica no Brasil, *Intexto,* n. 37, 2016, p. 28.

60 "L'institutionnalisation de la sémiotique greimassienne a déjà beaucoup avancé au Brésil. Comme nous l'avons montré, la sémiotique est présente à diférents niveaux de la formation et de la recherche (de l'école secondaire à la recherche la plus pointue), même si le caractère systématique de cette présence est variable, et elle peut compter sur un bon nombre de manuels qui consolident les connaissances et assurent sa transmission" (Lemos, Portela, Barros, Le soin de la formation: l'institutionnalisation de la sémiotique au Brésil, *Signata – annales des sémiotiques* [En ligne], 3, 2012, p. 83).

61 Solon, *Magic and Der Römische Obligationsbegriff from Axel Hagerström*, 14º Colóquio Internacional de Semiótica Jurídica, 1998.

62 A esse respeito, consultem-se: Bittar, *Semiótica, Direito & Arte*: entre Teoria da Justiça e Teoria do Direito, 2020; Bittar, O conceito de direito e o conceito de sistema jurídico, *Boletim da Faculdade de Direito da Universidade de Coimbra*, v. XCIV, Coimbra, 2018, p. 423-455; Bittar, *Introdução ao estudo do Direito*: humanismo, democracia e justiça, 2. ed., 2019.

63 Araújo, *Semiótica do direito*, 2005.

64 Pistori, Modos de ser, modos de dizer num processo judicial: o éthos da acusação, in *Retórica e argumentação em práticas sociais discursivas* (org. Lineide do Lago Salvador Mosca), 2016, p. 61-79.

interesse de novas pesquisas de pós-graduação[65], e, também, para uma importante renovação da *semiótica brasileira* e, por isso, apresenta a ideia de compreender que a *Semiótica* ganhou relevante espaço e produção nas reflexões sobre o *sentido* levadas adiante no Brasil. Isso permite afirmar um crescente e paulatino processo de recepção da semiótica greimasiana, nos estudos do Direito, com aplicações que muito colaboram para os estudos dos juristas, seja pela proeminência da *Teoria da Linguagem* nos debates de *Teoria do Direito*, seja pela importância da *Retórica* e da *Argumentação* na atuação prática dos profissionais da área do Direito.

1.2.2 A SEMIÓTICA JURÍDICA: OS CONTORNOS DO PROJETO DE ANÁLISE DO SENTIDO JURÍDICO

Então, o que se batiza nesta investigação de *Semiótica Jurídica* não é propriamente aquilo que frequentemente se tratou sob esse título, mas uma análise que possui objeto, método, autonomia e umbrais formalmente delimitados, especificamente explicitados. Assim, quer-se batizar este estudo como uma pesquisa de *Semiótica Jurídica* dotada de um método científico (indução/dedução), filiada a uma matriz da qual extrai pressupostos e *conceitos-chave* de operacionalização dos saberes jurídicos (*École de Paris*), e também dotada de objeto próprio (*juridicidade*), autonomia de metamodelos que constranjam sua construção científica (linguística, lógica, filosofia da linguagem...), assim como de umbrais de pesquisa claramente delimitados (sistema de significação jurídica).

Com o que se diz, toma-se implicitamente que a tarefa do empreendimento é também a de rechaçar qualquer má qualificação do estudo semiótico[66], sobretudo as equivocadas teses que procuraram divisar uma

---

65 A esse respeito, consultem-se as Dissertações de Mestrado: Akabane, *Direito e narratividade*: a semiótica de Bernard Jackson. Dissertação de Mestrado, USP, 2020; Oliveira, *Semiótica Jurídica, Processo e Decisão Judicial:* uma análise do discurso jurídico. Dissertação de Mestrado, USP, 2020; Guiguer, *Semiótica, narrativa e direito*: do modelo semionarrativo ao estudo de caso da reforma trabalhista de 2017. Dissertação de Mestrado, USP, 2021.

66 Não se pode concordar, por exemplo, com Dubouchet, quando afirma: "La sémiologie a pour objet l'étude des signes linguistiques et de tous les autres signes qui ont pour fonction d'établir une communication. La sémiotique a pour objet l'étude des signes linguistiques, des signes logiques, mathématiques, et de tous les autres signes qui ont une fonction d'élaboration de la pensée" (*Recherches pour une sémiotique juridique*:

sinonímia entre o positivismo e a Semiótica, visto que a noção de *texto* a essa ciência é cara[67].

A *Semiótica Jurídica*, pelo contrário, da forma como é compreendida, é uma teoria que deve preocupar-se com acentuar o funcionamento interdiscursivo do sistema jurídico, que possui uma relação de viva dinâmica com os demais sistemas de significação, onde se detecta a *interação* de informações, assim como onde se vivenciam a um só tempo a *formação*, a *reconstrução*, a *destruição* e a *continuidade* dos discursos, em sua heterogênea miscigenação; não é por outro motivo que seu designativo é o de estudo *pancrônico*.

Mais que simplesmente excluir outras semióticas, mais que simplesmente descrever o movimento dos sistemas pancronicamente, a tarefa da *Semiótica Jurídica*, no atual estágio de conhecimentos, é a de exercer um papel crítico da *juridicidade* (Direito entendido como produção textual), papel este ladeado por outro, o de emancipar a metodologia de estudo da *juridicidade*[68]. Nesse sentido, trata-se de um *saber-fazer* (*savoir-faire*), uma tecnologia metódica voltada para o desvelamento dos sistemas de significação jurídica.

A *Semiótica Jurídica*, em sua missão teórica, resguarda-se de se resumir ao mero inventário dos signos ou ao estudo das instâncias superficiais do discurso (v.g., a verbalidade ou a gramaticalidade normativas)[69], para servir às estruturas profundas da significação, colocando-se a serviço do que há de precedente e do que é primeiro no sentido da produção sígnica. Menos ainda, deve-se deter a análise semiótica na inadvertida investigação da comunicação jurídica, ou na análise das palavras e formações sintáticas do discurso jurídico, tarefas estas que incumbem a outras ciências. A *Semiótica Jurídica* se ocupa não de um, mas de diversos sistemas de significação que possuem efeitos jurídicos ou importância para o campo das discussões jurídicas (gestualidade, sinais, indícios criminais).

---

propédeutique à une philosophie des systèmes symboliques du Droit, thèse pour le Doctorat d'État en Droit soutenu publiquement, Lyon, Université Jean Moulin, Faculté de Droit, 1982, p. 185 (t. 1)). Esse tipo de proposta não garantiria nenhuma independência científica à Semiótica, visto que se agregaria fatalmente ao modelo do estudo lógico.

67 A esse respeito, *vide* importante referência em Jackson, Sémiotique et études critiques du droit, in *Droit et société*, 1988, p. 62-63.

68 Cf. Jackson, Sémiotique et études critiques du droit, in *Droit et société*, 1988, p. 68.

69 "Seja como for, reter-se-á pelo menos que a Semiótica não corresponde ao estudo dos signos (nível da manifestação linguística, ou pictural, ou musical, ou visual, etc.), mas a tudo o que lhes é anterior, a tudo o que é pressuposto pelos signos, a tudo o que permite e conduz à sua produção" (Courtés, *Introdução à semiótica narrativa e discursiva,* 1979, p. 135).

A *Semiótica Jurídica* não pode prescindir, no conjunto dessas pretensões, diga-se desde já, de lançar sua metodologia adequadamente. Sua direção não deve ser outra senão a do universo do sistema cultural humano, portada por meio da qual se adentra o universo dos valores deônticos[70]. O Direito, frequentemente, embate-se não só com a sua estrutura mutante, mas também com o fato de que a realidade é por si *pluridiscursiva* e *polissêmica*. A culturalidade, em uma análise de cunho jurídico, é e será sempre o supedâneo de toda a abordagem, visto que se trata aqui de apreender o fenômeno jurídico em sua produção, em sua estrutura regular de apresentação entre os fatos socioculturais. Os signos são, também, fatos culturais.

Na missão de circunscrever um *corpus* deve-se, sobretudo, determinar com precisão a parte de um fenômeno que aqui será estudada. Nesse sentido, o *corpus* de uma investigação é o que lhe determina a abrangência. Daí fazer-se necessária, neste momento, a distinção entre as duas perspectivas possíveis de estudo: a de uma semiótica teórica; a de uma semiótica aplicada.

Sobre essas duas vertentes possíveis é que se procurou exercer a escolha do *corpus*. A consciência do atual estágio de desenvoltura dessas duas dimensões é que permitiu a escolha por uma vertente teórica; dada a incipiência das investigações monográficas semiótico-greimasianas, mister se faz enunciar, de princípio, as dimensões deste estudo, para proceder-se, em seguida, à sua abertura para campos específicos de aplicação teórica. Assim, entre uma *Semiótica Teórica* e uma *Semiótica Aplicada*, optou-se pela primeira, e isso pelos motivos já enunciados. Ao passo que uma *Semiótica Jurídica Aplicada*, a saber, com estudos de semióticas jurídicas particulares, como a análise do discurso processual civil, ou do discurso constitucional, ou do discurso tributário, ou do discurso das decisões de primeira instância, ou do discurso jurisprudencial das grandes Cortes de Justiça sobre um artigo de lei etc., restringir-se-ia a esboçar sua metodologia e a detê-la na questão específica escolhida, uma *Semiótica Jurídica Teórica* se ocupa de determinar as dimensões deste estudo[71]. A opção operada neste trabalho aponta, portanto, não para um

---

[70] De uma semiótica natural, num processo de *reductio*, chega-se a uma semiótica humana ou cultural, e desta a subsistemas semióticos, concernentes a uma ou outra área de interesse que se possa circunscrever para fins de estudo e análise (cf. Pais, *Conditions sémantico-syntaxiques et sémiotiques de la productivité systémique, lexicale et discursive*, Paris: Université de Paris-Sorbonne/Atélier National de Reproduction des Thèses, 1993, p. 84-101).

[71] Duas referências paradigmáticas a propósito de uma Semiótica Aplicada são: 1. Fernando Souto de Castro. *Para uma análise sociossemiótica e semiolinguística de aspectos do discurso jurídico brasileiro*: a liberdade e o Estatuto da Criança e do Adolescente, tese

corpus materialmente apreensível, ou seja, este ou aquele texto em particular, deste ou daquele legislador, deste ou daquele juiz ou tribunal, mas sim para um *corpus* conceptual, que seja abstrato em sua construção teórica. Nesse sentido, quer-se abordar o corpo das práticas de linguagem jurídica em seu conjunto, o corpo dos textos jurídicos em sua manifestação, a massa dos textos considerada em sua produção semiótico-jurídica, o que não se pode fazer sem auxílio da abstração conceptual.

Como teoria que é, a Semiótica Jurídica possui o potencial de operar sobre pluralidades discursivas heterogêneas, fazendo-se presente e funcional no domínio de cada um desses discursos circunscritos; é nesse aspecto que está seu vanguardismo, pois existem universos de discurso jurídico inteira e absolutamente inexplorados em termos de linguagem. Mais que uma teoria dotada de um *locus* restrito, com marcação enclausurada, possui aptidão para lançar reflexos sobre cada um dos discursos jurídicos individualizáveis. Mas o que se pretende com este trabalho não é propriamente deter a análise neste ou naquele discurso em específico, mas traçar-lhe as linhas genéricas, próprias de uma abordagem delimitadamente abstrata, que se quer ver enunciar, em seu estágio rudimentar, antes em linhas gerais, para depois fazer-se presente na crítica dos discursos em particular.

Assume-se, pois, um modelo de análise abstrato, que se propõe a compreender a diversidade dos discursos em sua generalidade, como pertencentes a gêneros básicos da prática de linguagem jurídica (discurso normativo, discurso burocrático, discurso decisório, discurso científico), sem com isso estar a fazer desse saber autônomo um conhecimento que recaia sobre o objeto específico de cada discurso individualizável[72].

---

de Doutorado apresentada ao Curso de Pós-graduação em Linguística do Departamento de Linguística da Faculdade de Filosofia, Letras e Ciências Humanas da Universidade de São Paulo, São Paulo, 1997, v. 1 e 2, onde se analisa, após um esboço genérico da Semiótica e uma parte introdutória que descreve a metodologia a ser adotada, um discurso específico, a saber, o Estatuto da Criança e do Adolescente (ECA); 2. François Paychère, *Théorie du discours juridique*: essai sur les apports des sciences du langage à la théorie generale du droit, thèse de Doctorat de l'Université de Paris-II, 1990, p. 285 e s., em que se analisa, após longa investigação metodológica, um *corpus* de decisões sobre determinado artigo de lei.

[72] Fala-se, pois, aqui, de um Direito inadjetivado, de um Direito como sistema, e é sobre esse "Direito", com alterações que se especificarão adiante, que recairá a análise. As semióticas que se podem inaugurar em torno do discurso jurídico são variegadas (semiótica processual civil, semiótica das práticas administrativas...), podendo-se também visualizar como campo de análise, analogamente ao que faz a teoria geral do direito, uma dimensão não

1.2.3 A METODOLOGIA SEMIÓTICO-JURÍDICA

De um lado, é de suma importância destacar, analisada já a proposta semiótico-jurídica de estudo dos processos e sistema de significação jurídica, o método a ser perseguido, embora já tenham sido abordados alguns traços e sugestões a esse respeito ao se tratar de questões científicas cruciais, anteriormente abordadas. Mas este tópico se resume necessariamente a expor, definida a tarefa da *Semiótica Jurídica* como investigação dos sistemas de significação jurídica, a metodologia a ser perseguida na análise teórica que comporta o presente trabalho.

Em primeiro lugar, portanto, deve-se dizer que a metodologia semiótica, derivada dos estudos *narratológicos*, parte da tendência estrutural, levada adiante por V. Propp, de analisar o conto fantástico russo[73]. Assim, a semiótica, dentro do enfoque greimasiano, persegue seus ideais científicos valendo-se tanto da indução quanto da dedução. Enquanto *projeto científico*, a *Semiótica* tem algo de inacabado em sua metodologia[74], e, não por outro motivo, vem se desdobrando, da *Semântica Estrutural* à *Semiótica das Modalidades*[75], desta à *Semiótica das Paixões*[76], e, enfim, desta à *Semiótica Tensiva*. Esse movimento vem implicando um movimento metodológico, da ênfase estruturalista à ênfase fenomenológica.

---

aplicada. Então, aqui ela fará as vezes de um modelo para a descrição do fenômeno jurídico tomado em sua universalidade (direito inadjetivado), diferentemente do que ocorreria se o enfoque se detivesse em uma dimensão aplicada, quando então se estaria diante de uma explicação teórica que partiria de um metatexto dirigindo-se criticamente para este ou aquele discurso jurídico em específico (direito adjetivado).

73 A esse respeito, consulte-se Propp, *Morfologia do conto maravilhoso*, 2001.

74 "Ora, nem Greimas nem a maioria de seus próximos considerava a semiótica uma ciência concluída" (Landowski, *Com Greimas*: interações semióticas, 2017, p. 65).

75 "Ao compreender a limitação dada pelo alcance das aplicações, a Semiótica vai passar para uma segunda fase, em que vai interessar-se pela competência modal do sujeito que realiza a transformação. Nessa fase, as investigações incidem menos sobre a ação e mais sobre a manipulação" (Fiorin, Esboço da história do desenvolvimento da semiótica francesa, *Cadernos de Estudos Linguísticos,* 2020, (42), p. 139).

76 "Chega-se, então, à quarta fase da Semiótica. A paixão é entendida, inicialmente, pela Semiótica como efeitos de sentido de qualificações modais que alteram o sujeito de estado, o que significa que é vista como um arranjo das modalidades do ser, sejam elas compatíveis ou incompatíveis" (Fiorin, Esboço da história do desenvolvimento da semiótica francesa, *Cadernos de Estudos Linguísticos,* 2020, (42), p. 142).

Em segundo lugar, e, particularmente para os interesses de uma *Semiótica do Direito*, é importante dizer que a *semiótica greimasiana* fornece bases empíricas para o desenvolvimento de sua *metodologia*. Há nisso – como bem aponta a análise do semioticista inglês Bernard Jackson – uma modalidade de *positivismo*, mas não no sentido de *positivismo jurídico* (enquanto apego à lei), e sim de *positivismo metodológico*, distinção que deve ser mantida, para efeitos de uma análise rigorosa de método no campo semiótico[77]. Isso permite dizer que, quando a *Semiótica do Direito* procura identificar na *textualidade* o seu objeto de preocupação, leitura, discussão e análise, fica claro que se está lidando com um fenômeno concreto, empírico e objetivo que se toma como *corpus* de estudo[78].

Em terceiro lugar, em termos de afinidades entre a *Semiótica do Direito* e a *Teoria do Direito*, há muito mais proximidade entre as abordagens do *realismo jurídico* (*legal realism*) e as abordagens semióticas do que, propriamente, entre estas e as abordagens do positivismo jurídico[79]. Igualmente, ao se aproximar das abordagens que realizaram o *linguistic turn*, no âmbito da *Teoria do Direito*, a análise empreendida pelas abordagens semióticas têm muito a contribuir com a superação dos limites da tradição positivista, especialmente quando o tema é a questão da *Teoria da Decisão*, implicando a aproximação da realidade de construção dos percursos de construção de decisões judiciais como tarefas inerentes ao âmbito da linguagem, como já se pôde constatar em estudo anterior[80].

---

[77] "Le fait que j'aie choisi quatre représentants majeurs du positivisme s'est avéré profitable dans la mesure où Greimas était lui-même un 'positiviste' – mais dans un sens tout à fait différent. Le positivisme de Greimas est 'purement méthodologique' (Jackson, Le périple sémiotique d'un théoricien du droit, *Actes Sémiotiques*, 2017, p. 6).

[78] Bien qu'il ait postulé l'existence de processus universels de construction du sens (postulat fondé non pas sur une métaphysique mais sur le constant de l'utilité opératoire dont a fait preuve le modèle sémiotique chaque fois qu'il a été utilisé), sa sémiotique est farouchement empirique, en ce sens qu'elle veut toujours partir de quelque chose, d'une 'manifestation' (pour nous, un texte) qui soit accessible à nos sens. Certes, le positivisme des théoriciens du droit ici retenus part également d'une prétention empirique, à savoir qu'il existe quelque chose qui a été posé par une autorité (en général humaine)" (Jackson, Le périple sémiotique d'un théoricien du droit, *Actes Sémiotiques*, 2017, p. 6).

[79] "When we turn back to Greimas/Landowski´s account of what is happening in the text (rather than why it is happening) we find much in common with 'realist' approaches in legal philosophy" (Jackson, *Semiotics and legal theory*, 1985, p. 139).

[80] "Assim, pelo que já se percebe até o momento, a *linguagem jurídica* não é apenas a *palavra* oral ou escrita; a *linguagem jurídica* não é apenas o veículo de comunicação da

Em quarto lugar, por essas vias, a tarefa de uma *Semiótica Jurídica* seria aquela que cerca a imensidão do fenômeno jurídico como manifestação textual (*objeto*), especificando-lhe a existência (*juridicidade*) e dotando-lhe de criteriosa identidade, de modo a que sua proposta se distinguisse inteiramente daquelas muitas já construídas pela *Filosofia do Direito*. E, então, uma das possíveis críticas assinaláveis em detrimento da pesquisa efetuada pela *Semiótica Jurídica* seria aquela segundo a qual a Semiótica nada faz de diverso que construir um vocabulário específico para problemas já existentes e redundantemente tratados na história do pensamento filosófico-jurídico. Nesse sentido é que se tem de ressaltar que a engenhosidade semiótica não se satisfaz sobre si mesma, mas sim em complementaridade a outros estudos, valendo-se, portanto, de suas conquistas[81].

Há exercício semiótico, e não semiológico, na imersão e prospecção, por meio da investigação, dos processos de formação do discurso jurídico. Se com este discurso, que decide, que dirime, que direciona, que restringe, que exerce poder e ideologia, enfim, que "faz" perlocutoriamente, constrói-se sentido, é possível um mergulho epistêmico em sua realidade de discurso para retirar de seu âmago aquilo que superficialmente não se detecta. Num primeiro momento, o que há é que o movimento analítico parte do texto jurídico manifestado (superfície) no sentido de sua profundidade, não se detendo nas meras estruturas gramaticais com que se apresenta, muito menos em peculiaridades linguísticas quaisquer (indução). Num segundo momento, o que há é que o movimento analítico, alcançada a profundidade, deixa-a para retornar à tona, no sentido do texto manifestado, denunciando-lhe a formação e os recônditos (dedução). Com esse duplo sentido de investigação – que, na obra *Semiótica do discurso*, o semioticista francês Jacques Fontanille irá chamar de *ponto de vista do texto* (da expressão ao conteúdo) e de *ponto de vista do discurso* (do conteúdo à expressão)[82] –,

---

norma, mas sim a *complexa trama estrutural* pela qual se dão *relações jurídicas* como *relações inter-semióticas*" (Bittar, *Introdução ao estudo do direito*: humanismo, democracia e justiça, 2. ed., 2019, p. 477).

[81] "Se dirá que en todo esto la semiótica no descubre nada: en suma, no hace más que denominar de manera un poco diferente las cosas ya conocidas y registradas. Eso es verdad, pero no por eso constituye, a nuestro juicio, una objeción pertinente. Jugar con las denominaciones efectivamente tendría poco interés si esta operación condujera a una pura y simple sustitución terminológica." Deixa, também, o semioticista de ter a tarefa de tudo descrever com seu método, seus conceitos e sua linguagem; aproveita o já elaborado trabalho de sistematização do fenômeno empreendido pelo jurista (Landowski, *La sociedad figurada,* 1993, p. 84).

[82] Fontanille, *Semiótica do discurso,* 2. ed., 2015, p. 89.

quer-se muito menos exaurir o estudo do discurso e muito mais dotar-lhe de uma metodologia de análise eficaz e que se mostre tão complexa quanto o próprio objeto de estudo demonstra sê-lo.

Toda teoria semiótica que se faz deitar sobre o discurso jurídico, se possuísse apenas um papel descritivo, estaria fadada a uma atividade de análise superficial das instâncias de produção da *juridicidade.* Apegar-se exclusivamente ao texto como aparição de sentido é apegar-se ao fenômeno de superfície; descrever a *juridicidade* seria meramente descrever sua aparição textual, entre outras aparições textuais. No atual quadro das reflexões de linguagem sobre o Direito, se se pretendesse o mero descritivismo, estar-se-ia a incorrer num grave equívoco na estruturação da investigação. Primeiro, porque toda análise permite uma forma de interpretação e abordagem que não se presta propriamente à descrição de um fenômeno tal qual, *in natura,* caso contrário estar-se-ia a admitir um realismo do fenômeno jurídico, intocável pela axiologia daquele que o avalia teoricamente. Segundo, porque a empresa descritivista se bastaria na inocência de seu intuito, ou seja, o de circundar o fenômeno jurídico *in totum.*

Pretende-se, pelo contrário, na busca semiótico-jurídica do sentido, interpretar, avaliar e criticar as práticas jurídico-discursivas. Muito menos fazendo com que venham a adequar-se ao modelo e muito mais fazendo do modelo uma forma de busca e crítica do fenômeno discursivo nos domínios jurídicos, e tudo dentro dos quadros restritos do método eleito (indutivo/dedutivo) e da porção do fenômeno estudado (*juridicidade*) eleita como passível de avaliação nesta discussão.

A *Semiótica Jurídica*, assim estruturada, pretende mergulhar no fenômeno jurídico, extraindo dele forma-linguagem. É tarefa da Semiótica, como estudo da significação jurídica, enriquecer os horizontes teóricos das ciências jurídicas com suas contribuições metodológicas. Seu mergulho, então, é representativo, pois parte não da teoria para a prática do discurso, mas, ao contrário, da prática do discurso para a teoria. A construção dessa teoria obedece, portanto, a essa duplicidade de canais (⇑ ⇓). De um lado, o discurso jurídico é, antes de tudo, o primeiro achado da *Semiótica Jurídica*, e, nesse sentido, é indutivamente que se concebe a persecução deste como objeto científico (Direito como prática de linguagem). De outro lado, abstraídas as principais categorias teóricas do fenômeno jurídico (os actantes de discurso, as estruturas modais dos discursos, os auditórios envolvidos, a eficácia das práticas discursivas, as consequências dos discursos...), pode-se partir dedutivamente para a aplicação de seus arcanos por sobre toda a esfera dos *fatos jurídicos de linguagem.*

Indução e dedução se aliam para fornecer informações e categorias conceituais que serão, num segundo momento, tratadas dialeticamente, uma vez que da oposição de vetores podem surgir ideias importantes para a metodologia semiótica. Ora, a semiótica se preocupa sobretudo com o sistema, e mais com o sistema em movimento, de modo que prescindir da dialética na vivência e na interação dos elementos do sistema seria o mesmo que visualizá-lo em sua estática, e não em sua dinâmica.

Prescindindo de qualquer pretensão *pansemiótica*, restringindo o campo de pesquisa, não se quer, no entanto, abolir o uso interdisciplinar de critérios de estudo do mesmo problema. É assim que, sem que se possa argumentar pela prevalência desta ou daquela perspectiva (semiologia saussuriana, semiótica peirceana...)[83], acentua-se uma das diversas possibilidades de estudo da complexa galáxia de implicações teóricas potencialmente destacáveis do universo fenomênico jurídico, enquanto faticidade inserida na teia de relações socioculturais humanas, a saber, aquela que se detém na análise do discurso e de suas instâncias, do significado e de suas instâncias. Muito antes de representar um polo teórico centrípeto de convergência de toda a problemática jurídica, abre-se, com o projeto semiótico, um novo espectro de análise e abordagem dos tradicionais tratamentos conferidos e empreendidos nos campos da Lógica, da Filosofia, da Epistemologia jurídicas. O pleno desenvolvimento das premissas particulares que aqui se aventam não fortalece ainda mais a ideia do *pansemioticismo*, mas sim *reafirma* a conexão existente em toda a problemática suscitada acerca da diferenciação das respectivas ciências e de seus objetos. A introdução ou a discussão de um método, em meio aos demais existentes, deve necessariamente importar em um *rearranjo* das práticas científicas anteriores a ele.

Em segundo lugar, dentro do esquema previamente traçado de desenvolvimento das questões ora *sub examine*, quando se diz que esta escritura é em si mesma uma mostra semiótica, não se quer significar nada mais que o que aqui se faz (*poder-saber-fazer*) pode ser, da mesma forma, e circu-

83 Para um estudo mais detido da metodologia na teoria peirceana, deve-se trazer como referência a obra de Santaella, *Metodologia semiótica*: fundamentos, 1993. Neste texto, firma-se a ciência dos signos como sendo também a ciência da semiose dos sistemas de signos e da interpretação. Se a Semiótica peirceana se ocupa do inventário dos signos (verbais ou não), deve-se ter seu método anticartesiano claramente delineado no conjunto do projeto científico que a abarca dentro da conjuntura de pensamento de Peirce. É a isso que se propõe a autora (p. 12-25 e 192-196).

larmente, colocado *sub examine* pelos métodos aqui expostos e adotados[84]. Esta escritura, como prática textual semiótica, constitui-se também em objeto para uma semiótica que se pretenda crítica da realidade textual da própria semiótica. Trata-se de uma *mise en abîme*. Se a *Semiótica Jurídica* avoca a função metatextual[85] de análise do discurso jurídico, desde a sua manifestação até as estruturas profundas da significação jurídica, também o metatexto que produz se transforma em texto para outra análise semiótica. Essa *scientia scientiae* faz-se, portanto, também objeto quando sobre si mesma verte sua especulação. Tem-se aqui um encadeamento crítico *usque ad infinitum*, que, antes de criar uma circularidade sem fim da técnica analítica, cria um repertório de *significações*, de resultados teóricos aos quais se deve submeter toda criação teórica que se exterioriza para se afirmar como paradigma teórico. A proposta de uma *Semiótica Jurídica* não afugenta a possibilidade de sua própria *reavaliação*.

Aqui, a modulação entre o que se pensa e o que se exprime aparece como aquela de fenômenos conjugados; semiótica pensada e semiótica expressa são, ambas, duas facetas de uma mesma dinâmica produtiva e interprodutiva de sentido[86]. Os exercícios documental e científico, nesse sentido, apoiam-se em postulados de natureza semiótica, o que torna toda investigação de cunho semiótico necessariamente um fenômeno interpretável semioticamente, enquanto produção textual[87]. Imergindo na textura significativa da linguagem, e de sua *textualidade*[88], pode o intérprete descolar sentidos presentes e expressos no texto, ou, mais ainda, sentidos não expressos, assim como não previstos pelo próprio autor;

---

[84] Nesse sentido, sua tarefa é também pensar-se a si mesma: "A cada momento en que se produce, la semiótica piensa su objeto, su instrumento y su relación, y por lo tanto se piensa, y se convierte, en ese giro sobre sí misma, a teoría de la ciencia que es" (Kristeva, *Semiótica 1,* 1981, p. 39).

[85] Cf. Courtés, *Introdução à semiótica narrativa e discursiva,* 1979, p. 43.

[86] Acompanha-se, nesta parte, a mesma proposta que Galay (*Philosophie et invention textuelle*: essai sur la poétique d'un texte kantien, 1977, p. 4) faz para o universo das práticas textuais filosóficas, transportando-se para o universo das práticas textuais semióticas.

[87] Cf. Galay, *Philosophie et invention textuelle*: essai sur la poétique d'un texte kantien, 1977, p. 3-11.

[88] O termo "textualidade" é aqui introduzido com uma semântica própria que se descola da própria proposta de reflexão. *Vide* nesse sentido Galay, *Philosophie et invention textuelle*: essai sur la poétique d'un texte kantien, 1977, p. 11, onde o autor explica a origem do termo como tradução do alemão <<Texthaftigkeit>>, de acordo com a utilização que dele faz Hartmann.

produzir sentido por meio de textos está além da própria capacidade de controle daquele que elocuciona o discurso, pois, tomando sua forma verbal ou não verbal, este pode, muito além de seus horizontes, expandir-se em significâncias metatextuais.

A própria linguagem com a qual se exprimem as práticas de análise semiótica atesta essa sua tendência e essa vocação. De fato, o modo de descrição semiótico dos problemas e categorias que se destacam de determinado objeto de pesquisa, no caso a *juridicidade*, tende ao uso de fórmulas abstratas de caráter lógico ($S \cap \cup O$; $S \rightarrow O$; etc.), a referências gramático-modais, a estruturas da narratividade, a esquemas octogonais...[89]. Essa metodologia possui a especificidade de estar tecnicamente muito bem aparelhada por uma gama vocabular muito vasta, assim como muito bem dimensionada semanticamente[90]. O uso que se fará desse vocabulário será técnico e se definirá *au fur et à mesure* do desenvolvimento das investigações, de acordo com as necessidades locais de estudo.

Mas isso tudo se faz em função da necessidade de construção de modelos de descrição do discurso que não se instalem propriamente no *discurso-ocorrência*, mas que promovam o enquadramento de seus particularismos e especificidades em fórmulas mais gerais, próprias do *discurso em si*. Esse tipo de análise, construída com tal supedâneo, com tais técnicas de linguagem, garante a permanência do modelo teórico-metodológico e satisfaz as necessidades de amplitude, generalidade e distanciamento com relação ao

---

89 De fato, a linguagem técnica e os comprometimentos com as metodologias formais e matemáticas é muito grande. Não há como negar que essa simbologia consente uma melhor exposição abstrata, provida que está de maior possibilidade de gerar efeitos de sentido tendentes à universalidade. Porém, nesta reflexão, assumir-se-ão o tecnicismo e a matematização apenas como recursos laterais, como recursos metodológicos que virão a auxiliar a conjuntura dos estudos empreendidos. Isto, pois não se entende que o que diferencia a Semiótica, ou mesmo a Semiótica Jurídica, seja a forma de sua exposição, mas sim sua capacidade de gerar significações científicas diversas das existentes, tendo o discurso como ponto de partida. Deve-se, pois, guardar esta advertência importante, compartilhada com Courtés, que, no *avant-propos* de sua obra (*Du lisible au visible*: introduction à la Sémiotique du texte et de l'image, 1995, p. 9-12), afirma que a formalização (especialmente a do quadrado semiótico) não é algo estritamente necessário nesse método, de modo a se reduzir a Semiótica a isso, e que se devem buscar reflexões menos rigorosas, menos truncadas pelo tecnicismo, de acordo mesmo com o que pretendia ver acontecer Greimas.

90 Sem dúvida foi isso que motivou a construção de um texto de base na definição dos termos utilizados pela Semiótica greimasiana, qual seja, Greimas/Courtés, *Sémiotique*: dictionnaire de la théorie du langage, 1993 (edição original de 1979).

discurso-ocorrência, em seus diversos e possíveis universos de manifestação (discurso literário, discurso folclórico, discurso teatral, discurso mitológico, discurso jornalístico, discurso político, discurso jurídico...).

No contexto das reflexões empreendidas por meio deste texto, há que se dizer, ademais, que se estará a considerar a triangularidade das relações semióticas (semântica/pragmática/sintática) como pressuposto de conhecimento e de referência de central importância. A recorrência a esse espectro do problema, portanto, far-se-á constante durante todo o percurso do texto.

Se à Semiótica Jurídica cabe estudar a significação, então, é claro, desse seu espectro de investigação não cabe alhear o triângulo semiótico (modelo formal de Morris e Carnap, inspirado em Peirce, reafirmado, posteriormente, por Ogden & Richards), pois o triângulo semiótico representa a totalidade do fenômeno do sentido, seja com relação ao sujeito (conceito, interpretante), seja com relação ao referente (psicológico, lógico, físico, metafísico), seja com relação ao significante (simbologia, linguagem, sistema de representação)[91]. Semântica jurídica[92], sintática jurídica[93] e pragmática jurídica[94] são os três grandes ramos da *Semiótica Jurídica*, nesse sentido.

---

[91] De fato, a respeito da substituição da relação saussuriana entre significante, significado e imagem acústica, leia-se: "Um de seus mais interessantes substitutos é o triângulo de Ogden e Richards, que tem servido de base a numerosos estudos recentes, principalmente ao de Stern" (Guiraud, *A semântica,* 1989, p. 10).

[92] Com todos os contornos de seu espectro, a semântica aqui referida é parte de um tríptico, derivado de um pivô triangular da semiótica (semântica, sintática, pragmática). É por meio desse peculiar estudo da inserção do signo que se podem identificar as diferenças básicas entre sentido e significação, entre outros possíveis e imprescindíveis conceitos. Assim: "O linguista francês Michel Bréal apresenta o termo semântica para designar 'a ciência das significações' e das 'leis que presidem à transformação dos sentidos', estudo, segundo ele nos diz, 'tão novo, que nem mesmo ainda recebeu um nome'; ela deriva de fato, renovando-a e enriquecendo-a, da semasiologia" (Guiraud, *A semântica,* 1989, p. 10). Ou ainda: "A significação é o processo que associa um objeto, um ser, uma noção ou um acontecimento a um signo capaz de os evocar: uma nuvem é sinal de chuva, um franzir de sobrancelhas sinal de perplexidade, o latido de um cão sinal de cólera, a palavra cavalo é o signo do animal" (Guiraud, *A semântica,* 1989, p. 10). E mais: "A significação é, portanto, um processo psíquico; tudo se passa no espírito" (p. 16).

[93] Para sua definição: "(...) se consideran los signos linguísticos independiente de su significado y de las personas que los usan; es el nivel sintáctico (...)" (Capella, *El derecho como lenguaje*: un análisis lógico, 1968, p. 22).

[94] "(...) si la relación es con el usuario del lenguaje, se tratará de una investigación pragmática" (Capella, *El derecho como lenguaje*: un análisis lógico, 1968, p. 22). A atuali-

De fato, a Semiótica estuda não só cada ângulo de implicações triádicas como entidades particulares e de complexa estruturação singular, mas a totalidade do relacionamento recíproco entre eles, não se circunscrevendo a desvelar a estrutura de um único desses ângulos (simplesmente o do significado, por exemplo), uma vez que as implicações sígnicas se manifestam enquanto processo que, se reduzido a um único aspecto, não se realiza, não se atualiza, operando-se apenas um reducionismo semiótico da malha triangular em estudo[95]. O triângulo semiótico é composto de angularidades, e a cada um desses níveis corresponde um retículo de implicações *sine qua non* para a sua atualização teleológica[96].

Dessa forma, admitidas algumas condições básicas para a recepção dos postulados aqui estabelecidos, restam ainda, a serem ressaltadas, algumas perplexidades subsistentes, sobretudo aquelas relativas ao devido entendimento do que seja a *juridicidade*, o objeto de uma *Semiótica Jurídica.*

---

dade da pragmática e da teoria linguística nos estudos jurídicos é ressaltada por T. Viehweg, *Tópica y filosofía del derecho,* 1997, p. 185-187. Para uma revisão das várias correntes e tendências pragmáticas (de Carnap e Morris; de Saussure; de Habermas e Apel; de Searle e Austin), é mister consultar Ferraz Junior, *Teoria da norma jurídica,* 1997, p. 2-4, onde se propõe inclusive uma pragmática da interação humana (lúdica) por meio de signos. Ainda sobre essa questão, é indicativo que sejam consultadas as p. 10-12 da mesma obra.

95 Segue-se, pois, a própria orientação a estes estudos dada por Kalinowski, que se baseia também em Ch. Morris (*Foundations of a theory of signs,* 1938). Expressamente, afirma: "Il en découle que la sémiotique comporte trois parties: la syntaxique, la sémantique, et la pragmatique, division qui remonte, nous-avons vu, à Ch. S. Peirce" (Kalinowski, La sémiotique juridique, *Droit Prospectif,* 1985, p. 113). Logo após essa afirmação, nesse mesmo texto, constrói uma semântica, uma pragmática e uma sintática jurídicas (p. 141-168), explicitando seus fundamentos e práticas.

96 É assim mesmo que o próprio signo, como acentua Coelho Netto, de acordo com Ogden & Richards, "(...) não é um dos elementos do triângulo, uma de suas pontas, um dos membros da relação", sendo, em verdade, "(...) a reunião das três pontas, a relação toda e completa, a totalização dos três vértices do triângulo" (*Semiótica, informação e comunicação*: diagrama da teoria do signo, 1980, p. 66).

1.3 Semiótica e *juridicidade*

Prima-se, nesta reflexão, antes de tudo, pela circunscrição daquele que possa constituir um campo de estudo autônomo, que se defina na perspectiva das manifestações de linguagem do universo jurídico, o que quer dizer a mesma coisa, do que é jurídico tomado no âmbito dos acontecimentos sociais e de linguagem. A linguagem – e pode-se falar de uma linguagem jurídica bem constituída e autônoma, título desta obra (*Linguagem jurídica*) – é, de fato, um dos aspectos do Direito (*totum juridicum*), de modo que demanda tratamento diferenciado, a ponto de constituir um estudo que analise os limites do uso do discurso no universo jurídico[1].

Nessa perspectiva, quer-se sobretudo grifar o fato de que o que é jurídico se define não pelo que ainda não é, mas sim pelo que é através do uso da linguagem; a linguagem é tão significativa para o universo dos acontecimentos jurídicos que, sem ela, determinados discursos nem sequer podem existir, de modo que as práticas jurídicas que deles derivam também se tornam impossíveis. Assim, na produção jurídica, o que é (existe) pode ser dito o exteriorizável e o exteriorizado (sentença passada em mãos do escrivão, norma publicada no *Diário Oficial*, despacho de expediente oficialmente lançado nos autos por funcionário público...)[2], o que confere ao existir jurídico a qualidade de *fato de linguagem*, notadamente, um fato social; o que ainda não é (inexistente) não possui estatuto jurídico definido

---

[1] A noção de universo jurídico se extrai das reflexões da própria Semiótica: "A recorrência lexical, por sua vez, permite postular a existência de um dicionário jurídico autônomo. Tal dicionário nada mais é que a manifestação, sob a forma lexical (palavras, expressões, etc.), de determinado universo semântico que denominaremos universo jurídico" (Greimas/Landowski, *Semiótica e ciências sociais,* p. 75).

[2] Quanto à importância da linguagem no universo jurídico, pode-se destacar: "Juridicamente, é por ela, em regra, que ocorre a manifestação da vontade, para que os atos jurídicos se promovam e as convenções ou os contratos se formalizem, validamente. Mas, por princípio instituído em Direito, para evidência da vontade manifestada por meio da linguagem, por vezes se faz mister a interpretação literal da mesma, isto é, a verificação do sentido das palavras em que foi expressa" (De Plácido e Silva, *Vocabulário jurídico,* 1967, v. 3, p. 948).

(a sentença ainda não redigida ou não publicada pelo juiz é mero conjunto de intenções, a norma em projeto é mera especulação jurídica, o ato interlocutório *não realizado* é mera expectativa de acontecimento no curso do procedimento, a minuta de contrato não transformada em contrato escrito e assinado não é suficiente para engajar as partes...), ou possui um estatuto fora dos acontecimentos de interesse jurídico, e resta enclausurado no silêncio desse universo como ato em potência.

O que se questiona sobretudo por meio desta investigação é qual a relação mantida entre o discurso e as práticas jurídicas. Mais propriamente, é a partir dos discursos jurídicos que se propõe delinear a investigação semiótica, tendo-se por suporte um método indutivo-dedutivo. E é isso que se quer dizer, a saber, que se trata essencialmente de uma problemática social essa tarefa de localizar o fenômeno da linguagem em toda a expressividade jurídica dirigida ao controle da conduta humana; é, antes de tudo, no contexto da sociabilidade do homem que se ressalta o problema da *juridicidade* aqui proposto. Esta passagem, em meio aos demais estudos aqui empreendidos, visa exatamente a definir melhor o que se pretende significar quando se emprega o termo "*juridicidade*" no lugar do termo "Direito"; mais ainda, visa exatamente a definir por que a *juridicidade* é erigida à conta de objeto da *Semiótica Jurídica*.

O termo *juridicidade* será mesmo empregado amplamente durante a exposição, de modo que sua definição e adequada compreensão far-se-ão prejudiciais de todas as demais conclusões que se houverem de lançar no correr da exposição. É ele o alfa (α) e o ômega (Ω) das pretensões deste estudo.

Nesse sentido, a referência ao termo *juridicidade*[3] passará, em seu uso constante no texto, a espelhar a necessidade de designar o fenômeno multifacetado[4] do "Direito", que, neste momento, visualiza-se enquanto prática

---

3 O termo *juridicidade* aparece empregado também com outro sentido em Greimas/Landowski, *Semiótica e ciências sociais*, p. 75. É curioso notar que, ainda que essa pesquisa não se tenha baseado na de Timsit para oferecer a sua proposta, em seu texto se encontra proposta muito semelhante à ora ventilada, ainda que não equivalente, pois ali se lê: "Science du droit? Je préférerais dire: de la juridicité. Car il n'y a pas de droit en soi. Il y a en revanche une juridicité, un mécanisme d'accession de la norme à la juridicité par la combinaison des phénomènes de pré- de co- et de sur-détermination, chacun d'eux lié à l'un des noms de la loi – parole, écriture et silence" (Timsit, La science juridique, science du texte, in *Lire le droit*: langue, texte, cognition, 1992, p. 462).

4 Sobre o fenômeno jurídico como noção complexa, deve-se ler o que segue: "Como sus mayores, sin embargo – y es eso lo que la hace comparable a ellos de alguna manera –

discursiva. Decompõe-se o termo "Direito", para dele se extrair apenas uma parte, para fins de uma *práxis* semiótica, a chamada *juridicidade*. É disso que se trata, ou seja, de detectar o que seja o núcleo da análise, o *corpus* de uma *Semiótica Jurídica*.

Assim, deve-se dizer, de uma atitude convencional para a teoria jurídica, que trabalha a prospecção de um conceito de "Direito", atitude que envolve claramente uma investigação ontológica da realidade jurídica, passa-se diretamente para uma outra, mais direcionada aos intentos deste trabalho, qual seja: não fazer do "Direito" a inquirição destas reflexões, e sim retirar do *totum juridicum,* ou deste circunscrever, imediatamente, qual seria a parte que comporia um *corpus* de análise para a *Semiótica Jurídica*[5].

De fato, o "Direito" (*totum juridicum*)[6], problema afeito como objeto à Filosofia do Direito, não se encerra em seu discurso e não se restringe à sua forma manifestada. Porém, mesmo podendo possuir algo mais que a sua construção de fato (direito positivo), o direito válido em comunidade e vinculante da conduta humana social é aquele que pressupõe o uso de uma semiótica qualquer para que se manifeste. Não há "Direito" sem práticas semióticas que o sustentem. O "Direito", esse *macro-objeto* de toda a reflexão filosófico-jurídica, passa a figurar como a totalidade na qual se encontra imersa a *juridicidade*.

Para isso, precisa-se dizer que, diferentemente de se considerar o "Direito" como objeto sensível, ao qual se atribuem qualidades próprias e

---

apunta a desarrollar, evidentemente según sus propias perspectivas, un principio de inteligibilidad unificado con el conjunto de los aspectos que puede revestir eso que se llama en sentido amplio el fenómeno jurídico. Como se sabe, éste es un fenómeno eminentemente complejo y diversificado que, además de las reglas del derecho positivo, comprende todo un banco de hechos jurídicos (generadores de efectos de derecho), de actos (creadores de derecho) y de prácticas, en particular las interpretativas" (Landowski, *La sociedad figurada,* 1993, p. 76-77).

5 Nesse sentido é que não se pode discordar de Landowski, uma vez que a Semiótica Jurídica, disciplina ainda não totalmente delineada, surge em meio a um contexto de séculos de especulações, teorias, modelos, ensaios, métodos etc., de modo que em seu *métier* deve sobretudo circunscrever seu *corpus* e seu *modus* de tratamento do objeto. Então, pode-se dizer: "Buscando ubicarse en un nivel de generalidad comparable al de la sociología jurídica, de la fenomenología jurídica o incluso de la filosofía del derecho, la semiótica jurídica, disciplina naciente, no puede sino mostrar una gran modestia frente a sus antecesores" (Landowski, *La sociedad figurada,* 1993, p. 76-77).

6 "Ora, na investigação das interações normativas, teremos o próprio Direito Positivo ou a totalidade de um sistema jurídico historicamente localizado cumprindo a função de código a partir do qual ocorre a comunicação" (Araújo, *Semiótica do direito*, 2005, p. 49).

do qual se destacariam características diferenciais de outros seres componentes da totalidade de objetos detectáveis na realidade, deve ele ser analisado como um sistema de relações e implicações relacionais, seja dos homens entre si, seja dos homens com os objetos que os cercam. Está-se a tratar, portanto, de liames fundamentalmente sociorrelacionais[7].

O método que se adota, por se tratar de uma proposta de *Semiótica Jurídica* não aplicada, ou seja, de uma *Semiótica Teórica*, será aquele pertinente à enunciação de uma teoria geral. Esta abarca o fenômeno que pretende estudar muito menos se fixando em uma perspectiva indutiva do tipo individual-particular, e muito mais se propondo à conceptualização, de forma tal que, a partir de seus modelos de explicação, se possa proceder do teórico ao aplicado. Não que uma teoria geral não esteja impregnada dos valores provenientes do fenômeno; esta os pressupõe. Porém, que o seu objetivo não seja aquele de dissecá-los e de observá-los como ocorrências individuais, mas sim como partes de um todo; isso, ao menos, parece assente. Aliás, a teoria geral parte dos fenômenos que se apresentam aos olhos do teórico e, a partir da reiteração e das constantes aparições destes mesmos, propõe conceituá-los e deles fazer objeto de uma análise menos específica e mais genérica[8].

É de todo pertinente que se diga que o que se faz por meio de uma teoria geral ganha o estatuto de uma linguagem universal, o que faculta sua utilização principiológica nos domínios de diversos saberes jurídicos. Seus parâmetros são, portanto, úteis às reflexões que tomem o direito civil, o direito comercial[9], o direito constitucional, o direito tributário, o direito

---

7 É nesse sentido que se grafam as palavras de Ferraz Junior: "Nestes termos, preferimos dizer que o direito não é só um fenômeno linguístico, nem mesmo um fenômeno basicamente linguístico" (Ferraz Junior, *Teoria da norma jurídica,* 1997, p. 7). Assim, o jurídico é sempre mais do que se imagina a seu respeito: "Lo que se llama lo jurídico no es solamente, en efecto, un *corpus* – incluso muy vasto – de expresiones linguisticas (el discurso de la ley y de la jurisprudencia), sino que también es todo un haz de instituciones y de actores, de situaciones y de decisiones, de hechos y de actos jurídicos cuya comprensión, en tanto que sistema globalmente significante, demanda la constitución de modelos que no podrían ser estrictamente textuales o linguisticos" (Landowski, *La sociedad figurada,* 1993, p. 79).

8 As análises de discurso em específico são sempre possíveis, mas deve-se reter o fato de que uma das principais tarefas da Semiótica consiste na sua própria formulação: "Pero retendremos el gesto de base de la semiótica. Es una formalización, una producción de modelos. Así, cuando digamos semiótica pensaremos en la elaboración (que, por otra parte, está por hacer) de modelos: es decir, de sistemas formales cuya estructura es isomorfa o análoga a la estructura de otro sistema (del sistema estudiado)" (Kristeva, *Semiótica 1,* 1981, p. 37).

9 Um exemplo de análise de direito comercial, que recai sobre a constituição das sociedades comerciais e se debruça por sobre o tema da actância coletiva destas, é o estudo de

penal, o direito econômico[10], o direito processual, o direito do trabalho, o direito previdenciário, o direito internacional[11] como ponto de partida para a reflexão. Qualquer que seja o universo de discurso jurídico escolhido e o *corpus* textual determinado, aqui se têm traçados os principais lineamentos que facultam análises setoriais.

É certo, e isso se reconhece expressamente desde já, que o "Direito" é mais do que o que a Semiótica puder apreender de sua expressão. Esse *poder-saber-fazer* que é o conhecimento semiótico, ao debruçar-se no sentido de identificar seu âmbito de estudo em meio aos fenômenos jurídicos, fá-lo consciente de que seu método circunscreve, restringe, limita, fratura... para compreender. E isso ocorre não porque se limita a uma ótica obtusa a respeito do fenômeno estudado – ao contrário, sua análise é essencialmente multidisciplinar –, mas porque reconhece a complexidade do objeto que toca. De fato, o "Direito" figura como sendo esse fenômeno de difícil apreensão, dinâmico *ab origine*, mutante, prenhe de práticas e sistemicamente estruturado. Não incumbe à *Semiótica Jurídica* reivindicá-lo integralmente para si.

É frequente que se diga que o "Direito" – substantivando-se e animando-se a palavra "Direito" – "ocorre", que "se realiza", "se constrói", "regula", "condena"... Mas, ainda constatando a sua ocorrência factual, não se alcança, mesmo assim, uma noção, muito menos uma conceituação, mais precisa do que se possa entender por "Direito"; os filósofos e teóricos do Direito lançaram suas diversas propostas, e todas (ou quase) subsistem como potencialmente válidas. Não se está, portanto, a assumir neste trabalho as consequências de uma das possíveis noções de "Direito", o que demandaria novos esforços no sentido de sua pesquisa a partir da Filosofia do Direito, desviando os objetivos deste estudo; essa palavra enigmática, esse signo, possui larga tradição essencialista, da qual se procura alijar o exercício do pensamento semiótico em causa.

Greimas (coord.)/Landowski, *Analyse sémiotique d'un discours juridique,* Centro Internazionale di Semiotica i Linguistica, 1971.

[10] É interessante ressaltar a análise de direito econômico lançada na base de uma profunda reflexão por Eros Roberto Grau, cujo destaque recai no texto *Direito, conceitos e normas jurídicas,* 1988.

[11] Neste campo o destaque recai na análise levada a efeito por J. Salmon, L'état, réalité et fiction, *Réalités du Droit International Contemporain: Discours Juridique et Pouvoir dans les Relations Internationales: l'Exemple des Sujets de Droit, Actes de la Cinquième Rencontre de Reims,* Faculté de Droit de Reims, n. 3, 28/29 juin, 1980, p. 34-38.

Quer-se, pois, afirmar e *reafirmar* que a noção de *juridicidade* (Direito como prática semiótica) deve ser assumida substitutivamente àquela outra utilizada para designar o fenômeno jurídico como *totum* ("Direito"), e isso porque a *juridicidade* possui uma semântica que ora se explicita dentro dos cânones desta pesquisa. Inaugura-se, portanto, uma análise estrita, que, em suas dimensões e com suas pretensões, procura conferir à *juridicidade* um sentido próprio e bem determinado, nos horizontes desta proposta semiótico-sistêmica.

A *juridicidade* não pode ser uma prática qualquer, um *poder-saber-fazer* entre outros quaisquer. Pelo contrário, possui um estatuto próprio, o de uma realidade virtual, a partir da qual se forma, na qual se inspira; o que é jurídico não é simplesmente um *dado*, mas um *construído* a partir do *dado*, uma *reelaboração* e um equacionamento de todo o universo de relações entre homens e coisas, entre coisas (estabelecidas pelos homens) e entre os próprios homens. O existir deôntico define as fronteiras entre o que se chama de "real" (universo referente) e o que se chama de "ideal" (universo de *dever-ser*)[12].

Esse existir de *dever-ser*, ou deontológico, no entanto, não obnubila a matriz sobre a qual estão plantadas as vigas de todas as práticas de manifestação do discurso jurídico. Dizê-lo é o mesmo que negar-lhe um estatuto social. Uma visão do fenômeno *em movimento* favorece a compreensão da operosidade *autoconstrutivista* da *juridicidade* em meio aos demais sistemas sociais em funcionamento. É assim que se deve dizer que todo sistema se encontra necessariamente contextualizado em uma constelação de outros sistemas e subsistemas com os quais *interage* e dos quais recebe influxos diversos que alteram, modificam e produzem erupções internas em sua estrutura que o tornam um complexo em movimento[13]. Do ponto de vista de *influxos* internos, assim como do ponto de vista de *refluxos* externos, o fenômeno jurídico se dialeticiza como experiência, uma vez que pode ser considerado verdadeira matéria amorfa da galáxia cultural humana; sua

---

12 A afirmação do existir do *dever-ser* jurídico-normativo permite falar em potencialidade de *ser*, desmitificando-se, com isso, a ideia de que para tudo o que se encontra no mundo jurídico existe um *é* (teoria referencial), quando, em verdade, para o *dever-ser* jurídico funda-se o espectro do *vir-a-ser*.

13 Com Eros Grau se pode dizer que: "Nível de um todo complexo – a estrutura social global – o Direito se compõe e resulta da sua própria interação com os demais níveis desse todo complexo" (Grau, *A ordem econômica na Constituição de 1988*: interpretação e crítica, 1991, p. 20).

formação está necessariamente imbricada a dados culturais, acontecimentos históricos, costumes, hábitos, tendências sociais, injunções institucionais, valores majoritários...[14].

Admitida a visão *não unilateralista* com a qual se pretende irromper as barreiras fincadas por teorias *univocionistas* acerca do fenômeno jurídico, quer-se ressaltar o aspecto *dinamicidade*, que está a presidir a sua realização prática. Nesse contexto, o reducionismo normativista, tomada de consciência estrita acerca de um único espectro do componencial jurídico, transformado no todo do Direito, desvinculado da amplitude de conjunto das demais ações sociais que o fenômeno pressupõe; o equívoco consiste no tratamento do fenômeno jurídico como mecânica fria de instituições, atos, técnicas, sem raízes, sem corporeidade, sem cumplicidade com outras dimensões sociais que o *informam*, *conformam* e *deformam* constantemente[15].

Discutidas essas questões, expurgados alguns equívocos, evocadas algumas premissas de tratamento do tema, deve-se dizer que a *juridicidade* é, pois, o *conglomerado das práticas textuais e expressivas do Direito*[16]; seu

---

[14] A esse respeito, deve-se consultar a seguinte referência: Andrade, Traços sociossemióticos e culturais na análise de um texto, *Revista Brasileira de Linguística*, ano 9, v. 9, n. 1, São Paulo, SBPL, 1997, p. 5-21.

[15] Para a ideia de que, ao contrário do que procura fazer o positivismo jurídico, a ciência jurídica deve reportar o fato de que o Direito está prenhe de noções fluidas (*notions floues*) e que estas são indispensáveis para a aplicação social do Direito e para a economia das relações jurídicas, no quadro das relações entre legislador/juiz/administrador, *vide* Mackaay, Les notions floues en droit ou l'économie de l'imprécision, *Langages*, 1979, p. 33-50. O problema das noções fluidas, neste contexto, é apenas um exemplo das possíveis aberturas do universo jurídico para o universo da cultura que o cerca, e esse mecanismo é suficientemente autodemonstrativo, no sentido de trazer a lume a impossibilidade de se visualizarem nas práticas jurídicas procedimentos frios e desprovidos de qualquer ligação com outros sistemas sociais. A própria noção de sistema permite esse tipo de reflexão e as conclusões que daí se destacam: "De cette manière, ce sont les systèmes sémiotiques qui assurent la continuité d'une communauté et lui permettent de se reconnaître toujours comme identique à elle-même, malgré les changements constants. Vu que ces changements ont lieu dans des discours qui constituent la manifestation de ces systèmes, à chaque nouvelle analyse de l'expérience et donc d'engendrement de fonctions sémiotiques et/ou métasémiotiques, concomitante à cette analyse, les procédés de decodification, de structuration, de production de la signification sont réitérés. Ainsi, les systèmes sémiotiques changent et, en changeant, se reitérent, d'où une tension dialectique *conservation/mutation*" (Pais, Conceptualisation, information, signification, production du sujet, *Acta Semiotica et Linguistica*, SBPL, v. 5, p. 48).

[16] Quando se fala de texto, pode-se pensar que este tipo de estudo é muito aproximativo daquele proposto por Julia Kristeva. Para Kristeva, o papel da semiótica consiste em

existir de objeto para a *Semiótica Jurídica* importa em uma demonstração da falibilidade dos horizontes epistêmicos. Em verdade, o que se vê como prática jurídica é um movimento contínuo e quase sempre crescente de textos jurídicos. Há textos que criam realidades jurídicas, há textos que substituem textos preexistentes, há textos que decidem aplicando textos mais genéricos, há textos que substituem decisões de outras autoridades administrativas ou judiciárias, há textos que se fazem presentes como fundamento ou como crítica de outros textos, há textos escritos que substituem textos orais...

Esse grande *écran* multicromático da realidade textual da *juridicidade* (conjunto das práticas jurídicas de sentido) nada mais é que sua realização quotidiana de *poder-fazer-dever*; mais ainda, indica que necessita, para se realizar, de um *fazer-saber* constante de linguagem[17]. Para que as decisões ganhem publicidade, estendam-se a terceiros, alcancem a oficialidade do ato perfeito e exteriorizado, acessível a todos, é necessária uma prática documental de linguagem, esse *poder-fazer-saber*.

Restringir a análise, no entanto, não significa necessariamente fazer do fenômeno algo diverso do que é; o método não desnatura, e não pode desnaturar, o fenômeno pesquisado. O que deve ocorrer é o método avocar o fenômeno para o campo de análise e pesquisa, para que, feito isso, possa dilapidá-lo de forma conveniente. É com essa advertência que se inicia a preocupação de detalhar a explicação necessária sobre as relações

---

estudar as práticas semióticas (literárias, artísticas, científicas...); no entanto, a autora se apega ainda muito à noção de signo. Sem dúvida alguma, avança ao estruturalismo porque não propõe apenas o estudo e a prospecção da estrutura, mas analisa as práticas sociais (marxismo); sua pretensão de constituir a Semiótica como axiomática, numa linguagem matemática sobre as práticas semióticas, pode ser considerada excessiva. Para a análise da semiótica como teoria científica da significância (semanálise), deve-se consultar a proposta de Kristeva, *Semiótica 1,* 1981, p. 7-33, ressaltando que: "Semanálisis: teoría de la significación textual, que considerará el signo como el elemento especular que asegura la representación de ese engendramiento – ese proceso de germinación – que le es interior al tiempo que lo engloba y cuyas leyes hay que definir" (Kristeva, *Semiótica 2,* 1981, p. 96).

17 Os passos jurídicos são dados com apelo à linguagem. De fato, o que há é uma imprescindibilidade do Direito com relação à linguagem, pois deste depende para sua exteriorização e manifestação sociocultural. E isto porque: "A língua é um sistema de símbolos e relações. A fala se refere ao uso atual da língua. Em termos de fala, os símbolos são esquemas de ação, da ação de falar, como os passos da dança são esquemas da ação de dançar" (Ferraz Junior, *Introdução ao estudo do direito*: técnica, decisão, dominação, 1988, p. 233-234).

entre Semiótica, *Semiótica Jurídica*, método greimasiano, "Direito" e *juridicidade.*

O que se quer assumir com o termo *juridicidade,* nesta investigação, e por meio do método eleito para o direcionamento das intenções desta pesquisa, é uma proposta delimitada em suas ambições teóricas. E, como já se disse anteriormente, a limitação das ambições textuais não afeta o fenômeno, pois a tarefa do método é a de adequar-se para propor uma melhor abordagem daquele, e não o contrário.

Antes, portanto, de se abrir o espectro dos estudos para o sem-fim das filosofias sobre a natureza do "Direito" – e o uso do termo "Direito" em investigações filosóficas abre espaço para a pergunta: Que é Direito? –, esta investigação, calcada no modelo greimasiano, cujo método (indutivo/dedutivo) não faculta elucubrações metafísicas ou indemonstráveis, adota uma fatia do fenômeno a que se chama "Direito", batizando-a de *juridicidade.* O que se faz é cunhar um *nomen* específico para designar a realidade de estudo colocada *sub foco* nesta investigação.

A *juridicidade*, portanto, não responde por todas as ocorrências colocadas sob o título de ocorrências do "Direito". Entende-se que o termo "Direito" alberga em si muito maior volume de significação que o termo *juridicidade.* Este se responsabiliza somente pelas ocorrências jurídicas práticas exercidas *por meio do discurso.* O discurso, nessa perspectiva, é o *medium* para que se introduza a análise semiótica no esquematismo das relações jurídicas. Entre o método semiótico e o fenômeno jurídico há uma realidade de interesse comum: essa realidade é o discurso jurídico.

Assim, o discurso jurídico aqui aparece como o filtro de análise, e o meio para a sua descrição, crítica e discussão é o método greimasiano (indutivo-dedutivo). Isso porque, com esse método, eleito e explicitado nesta investigação, parte-se da realidade dos textos jurídicos (textualidade jurídica), ampla e volumosa porção de práticas de sentido que possuem efeitos jurídicos, para estudar os fluxos e influxos por que passa o discurso jurídico. É da constatação, imediata e sensível, da simples existência de textos jurídicos operando sentidos jurídicos que parte toda a exploração temática.

Dessa forma, é da textualidade jurídica que se trata de cuidar, ou, mais precisamente, do grande conjunto de textos que forma a textualidade jurídica em movimento e *interação*, o que se fará por meio do método eleito, chamado *pancrônico.* É exatamente essa *textualidade*, que não será vista em sua superficialidade, mas em sua profundidade de sentido, que motiva o batismo do termo *juridicidade* como *designans* preciso e adequado para se referir a uma parte do fenômeno do "Direito"[18].

Se à Semiótica é delegada a tarefa de estudar os sistemas de significação, os processos dinâmicos e pancrônicos de sua produção, reprodução e interação, então, a *Semiótica Jurídica* está adstrita, com essa mesma propriedade, a tratar da significação e dos sistemas de significação no horizonte jurídico. Fazê-lo é propriamente excluir qualquer pretensão de determinar seja a natureza do complexo fenômeno "Direito", seja de identificar as causas sociais, metafísicas, lógicas ou transcendentais do "Direito".

A *juridicidade,* por compor-se de uma realidade de textos, chamada *textualidade* jurídica, capaz de produzir sentidos, revogar, fazer, desfazer, ordenar, prender, soltar, impor, condicionar, validar, efetivar, conceder, permitir, obrigar, desobrigar, informar, prescrever, dotar, determinar, reconhecer, capacitar, obstruir, desobstruir... recolhe essa sua identidade, a uma só vez, restrita e fundamental para os estudos sobre o discurso jurídico. Nesse sentido, a *normatividade*, conjunto das práticas textuais jurídico-normativas, é apenas parte componente da *juridicidade,* conjunto das práticas textuais jurídicas, repartindo espaço com a *burocraticidade*, conjunto das práticas textuais jurídico-burocráticas, com a *decisoriedade*, conjunto das práticas textuais jurídico-decisórias, e com a *cientificidade,* conjunto das práticas textuais jurídico-científicas.

O conjunto da textualidade jurídica, apresentada sob o *nomen* de *juridicidade,* em verdade, pressupõe práticas sociais de sentido que facultam a existência de discursos específicos (discursos normativo, burocrático, decisório e científico), que possuem universos de discurso próprios (universos de discurso normativo, burocrático, decisório e científico), responsáveis por mediatizar relações jurídicas específicas. Ora, a sustentação dessas formas específicas de discurso se dá não em si e por si (ontologia jurídica), mas sim

[18] O sufixo "-idade", na língua portuguesa, carrega consigo grande carga ontológica. Mas a acepção que se quer construir para o termo *juridic-idade,* nos quadrantes desta investigação, pelo contrário, afasta a pretensão de estudo da ontologia jurídica (Direito como essência). Nisso não se veja nenhuma *contradictio in sensu,* pois *juridicidade* designando a *textualidade* jurídica (conjunto dos textos jurídicos que circulam e interagem), em verdade, está a designar uma realidade de textos, de discursos, de sentidos. Nisso se verifique que não se está a estudar a *real-idade* essencial do "Direito", mas se está a investigar uma *real-idade* específica do fenômeno jurídico, a realidade de seus textos (textualidade/intertextualidade). O termo, portanto, mostra-se apto a descrever o *designatum*, conformando-se com propriedade linguística para a pretensão à qual se destina.

na medida em que instrumentalizam práticas sociais anteriores à aparição dos discursos e necessárias para a distribuição de funções de discurso bem delimitadas. Nesta análise, não se estará a deter a investigação na busca dos fundamentos dessas chamadas práticas sociais, mas se estará tão somente a enunciar a imprescindibilidade da relação dos discursos jurídicos com as práticas sociais de sentido. Faz-se o discurso jurídico indissociável de sua origem concreta como ato de linguagem e, nesse sentido, como ato social.

O que se está a fazer aqui é exatamente assumir com todas as letras o conceito greimasiano de *prática semiótica*[19] para definir a experiência do discurso no âmbito jurídico. Isso porque, nessa acepção, prática semiótica se inter-relaciona com prática social, de forma que uma e outra não se dissociem. Isso, em verdade, mostra o comprometimento da análise com raízes sociais, e não meramente formais. A *juridicidade*, nesse sentido, recebe o tratamento que lhe é devido, ou seja, define-se como o conjunto das práticas semiótico-jurídicas, englobando as práticas normativas, burocráticas, decisórias e científicas que se inter-relacionam no movimento e no fluxo das operações sociojurídicas de sentido. Vê-se, com isso, o quanto o discurso como texto representa como ação social.

Se se pode tratar a *juridicidade* como uma cadeia complexa de inter-relações textuais sócio-humanas, será na base dessa cadeia que se deverá procurar a genética de todo o movimento jurídico (indução). Assim, é na concretude fenomênica que se encontra o ponto de partida para os desdobramentos da análise, que se direciona para a composição de uma proposta teorética generalizante acerca do problema jurídico na perspectiva de sua produção textual. Isto feito, resta ver esse sistema teórico em funcionamento,

[19] Para um conceito de prática semiótico-jurídica, expressão adotada correntemente na investigação, deve-se atentar para o que dizem Greimas/Courtés: "Les pratiques sémiotiques (que l'on peut qualifier également de sociales) se présentent comme des suites signifiantes de comportements somatiques organisés, dont les réalisations vont des simples stéréotypes sociaux jusqu'à des programmations de forme algorithmique (permettant éventuellement le recours à un automate). Les modes d'organisation de ces comportements peuvent être analysés comme des programmes (narratifs) dont la finalité n'est reconnaissable, à la limite, qu'a posteriori; par la suite, on utilisera, dans la mesure où elles s'y prêtent, les méthodes et procédures de l'analyse discursive. Dans ce sens, certaines descriptions de rituels et de cérémonials sont assez concluantes. Le concept de pratique sémiotique recouvrent, entre autres, les discours gestuels et les stratégies proxématiques, encore trop peut explorés. L'étude des pratiques sémiotiques ne constitue, peut-être, que les prolégomènes d'une sémiotique de l'action" (*Sémiotique*: dictionnaire raisonné de la théorie du langage, 1993, p. 289, verbete "Pratiques sémiotiques").

lançando-se por sobre a realidade dos fenômenos para avaliá-los dentro de seus princípios e pressupostos (dedução). Nesse método indução e dedução encontram-se no sentido de fortalecer as bases do esquematismo científico[20].

Justificar o estudo semiótico-jurídico como estudo da *juridicidade* é muito mais desafiar as grades com as quais se estrutura o método científico, e muito menos desafiar o objeto "Direito", danificando sua natureza, restringindo suas dimensões, reduzindo suas perspectivas e seu alcance.

Dessa forma, a proposta não se arrisca a caminhar no limiar do despenhadeiro ontológico-jurídico que é o procedimento de pesquisa em torno da natureza do "Direito". A imensidão que se abre ao se propor uma abordagem do "Direito" é tamanhamente exaustiva, do ponto de vista filosófico, que se estaria a desviar esta análise de seus propósitos reduzidos.

Ao corte metodológico necessário, ou seja, à restrição da pesquisa às práticas de sentido jurídico, segue a cunhagem de um termo mais adequado à expressão da fatia do fenômeno jurídico colocada *sub foco.* Se a tarefa da Semiótica, como aqui concebida, de acordo com o modelo científico-pancrônico, é a de investigar os sistemas de significação, seu funcionamento e suas relações, nada mais exato que identificar na *juridicidade* essa tarefa no campo da Semiótica Jurídica. Se o "Direito", como objeto de análise teórico-filosófica, possui umbrais tão vastos, a *juridicidade,* por sua vez, conforma-se com exatidão à expressão incumbida de designar o objeto restrito deste tipo de investigação, como aqui concebida, apresentada e esboçada.

Quando o termo *juridicidade* assim posicionado passa a designar um conjunto de práticas jurídicas de discurso, então, está-se diante de uma perspectiva devidamente circunscrita.

O que se faz aqui não é afirmar que o "Direito" se restringe ao campo recoberto pela *juridicidade.* Esse tipo de proposta se resumiria a reafirmar teses positivistas. O que se faz é bem diferente. Em verdade, propõe-se o corte epistemológico do "Direito", entendendo-se que o "Direito" possa significar algo mais que o que a *juridicidade* representa semanticamente. O "Direito" é o todo, a *juridicidade*, a parte, sendo que o todo não se reduz à parte. Mas, com relação ao todo e sua natureza, o que se faz é suspender o juízo, vertendo-se a análise em outro sentido, ou seja, em direção às ocorrências textuais e discursivas jurídicas. Trata-se de uma atitude metodologi-

---

20 Sobre a questão do método semiótico, onde indução e dedução se encontram latentemente presentes, consulte-se Courtés, *Introdução à semiótica narrativa e discursiva,* 1979, p. 45-46.

camente prudente, para que a análise possa debruçar-se com exclusividade sobre a *juridicidade,* essa parte do fenômeno jurídico, ou seja, a parte atinente aos discursos jurídicos e seu funcionamento dinâmico em um sistema e num macrouniverso de discurso, prenhe de sentidos, regras, imperativos...

Grife-se ainda uma vez: não se reduz o "Direito" a esse estudo de práticas textuais, mas sim se reduz a análise do "Direito" à sua parte de práticas textuais, no sentido de melhor compreendê-lo em sua mecânica semiótica[21]. O que se faz é bem diverso do que o positivismo jurídico propõe, pois este afirma restringir-se a natureza do "Direito" na norma posta (*positum*).

A *juridicidade* é vista como um sistema entre sistemas, como um produto social entre produtos sociais, ou, mais ainda, como uma palavra entre outras, e o que pode defini-la em sua especificidade é o campo determinado da realidade social que recobre, ou seja, o campo das manifestações de sentido jurídicas. Nesse sentido, a ênfase recairá na proposta de se enveredar na viva e dinâmica comunicação existente entre a *juridicidade* e os outros sistemas sociais.

É ela, enfim, esta máquina semiótica[22] pulsante de mecânicas sistêmicas de sentido, onde textos e práticas textuais funcionam em permanente dialética construtiva. Representa, na função nominativa que exerce, a intertextualidade jurídica de práticas normativas, burocráticas, decisórias e científicas, ou, em outras palavras, o conjunto de todas as práticas textuais jurídicas em interação.

É em interação com tudo o que ficou dito acima que se justifica o batismo deste *metatexto* acerca das práticas textuais jurídicas como *Semiótica do discurso jurídico*[23], aqui publicado como *Linguagem jurídica.*

---

21 Até mesmo por outros argumentos se chega à mesma conclusão: não há semiótica possível de objetos metatextuais; todo *poder-saber-fazer* semiótico pressupõe uma textualidade ou uma intertextualidade sobre a qual recaia sua análise. Dessa forma, queda latente a impossibilidade de uma semiótica de relações metaempíricas. Não há semiótica de noções metafísicas, ou mesmo do Direito Natural, ou de algo que o valha.

22 Essa expressão se destaca sobretudo a partir das investigações pancrônicas de Pais, Aspectos de uma tipologia dos universos de discurso, *Revista Brasileira de Linguística*, 1984, p. 43-65, e O percurso gerativo da enunciação: produtividade léxica e discursiva, *Confluência*, 1995, p. 162-181.

23 Perceba-se que a própria expressão *iuris-dictio* é de grande significação dentro deste contexto. Significa dizer (*dictio*) o que é jurídico (*iuris*), é aplicá-lo, ou seja, exercê-lo praticamente, ou seja, expressá-lo, ou seja, comunicá-lo por linguagem, ou seja, trazê-lo a público, ou seja, fazer do jurídico um cadinho de significação, ou seja, tratar semioticamente de decisões... A imbricação entre a Semiótica e o universo jurídico é tamanhamente expressiva que se torna difícil não estabelecer esse relacionamento interdisciplinar e metodológico. Negar a possibilidade dessa relação é o mesmo que negar a existência da própria prática jurídica. Nesse sentido siga-se o que diz Muller, *Discours de la méthode juridique*, 1996, p. 186.

Parte II
LINGUAGEM E DISCURSO

1 Semiótica e discurso

De princípio, mesmo que para fins meramente operacionais no contexto do presente trabalho, mister se faz a apresentação de elementos suficientes para a definição, e não apenas diferenciação terminológica, do que possa ser entendido como *discurso*. A palavra será de uso recorrente durante todo o itinerário teórico a ser percorrido nesta investigação, e pode-se dizer mesmo que, numa abordagem da *juridicidade* (Direito como produção textual), a noção de *discurso* é de muita importância[1]. Por meio do estudo etimológico da noção de discurso, passar-se-á à análise da noção de *discurso jurídico*, semioticamente concebido, e, da análise deste, para a de suas subdivisões e desdobramentos.

A própria busca etimológica trai qualquer expectativa de univocidade acerca do termo *discurso*[2]. É que, em verdade, suas acepções são variáveis, denotando sentidos próprios relativos à tradução das ideias originais que inspiraram o surgimento do vocábulo em um contexto linguístico historicamente determinado. Nesse sentido, pode-se dizer ao menos que o vocábulo *discurso* distende-se em vertentes diversas, traduzindo as ideias de *diánoia* (*discursus*) e de *lógos* (*oratio*). De um lado, o *discursus* consiste no uso da racionalidade depurativa das ideias, contrapondo-se, portanto, à noção de intuição (*noésis*); o *discursus* envolve o *cursus* de uma proposição a outra, de modo que todo raciocínio encontra-se condicionado por esse percurso. De outro lado, o discurso é entendido como sendo *lógos*, ou seja, o transporte do pensamento (*noûs*) das estruturas eidéticas para a esfera da

---

1 Essa é também a opinião de Paychère, *Théorie du discours juridique:* essai sur les apports des sciences du langage à la théorie générale du droit, thèse de Doctorat de l'Université de Paris-II, 1990, p. 156, para quem as atividades jurídicas, sobretudo as legais, são mediatizadas pelo texto.

2 A forte ambiguidade que reveste o termo "discurso" vem também descrita e atestada nas primeiras páginas do texto em que Maingueneau (*Genèses du discours,* 1984) procura estudar o problema do discurso. Dessa forma, ante este entrave, a circunscrição do conceito e a delimitação da análise parecem de todo práticas necessárias.

comunicação, o uso do *noûs* na articulação da linguagem[3]. O *lógos*, em verdade, é o *noûs* feito palavra, o que equivale a dizer que há uma passagem do simbólico abstrato e noético, do simbólico do pensamento e da formação das ideias, para o simbólico concreto e expressivo[4].

Mas, de fato, o sentido que se quer ver detalhado para a palavra *discurso* nesta pesquisa desenraíza-se desses laços etimológicos, uma vez que se inscreve num contexto preciso, o contexto contemporâneo dos estudos semióticos. É assim que se pretende ver na assunção do termo *discurso* também

---

[3] O termo *lógos* é equívoco, possuindo usos linguísticos diversos que lhe conferem acepções diversas também. Nas palavras de Perelman trata-se de um "(...) terme désignant d'une façon équivoque à la fois, la parole et la raison" (*L'empire réthorique*: réthorique et argumentation, 1977, p. 10). De fato, é de difícil tradução o termo *lógos*, mas pode-se dizer que o pensamento simbólico é feito expressão de linguagem com a manifestação do *lógos*. A manipulação sígnica em sua formação espiritual participa necessariamente da formação das *eîde* (ideias), e isso não por outro motivo senão pelo fato de o homem ser um *animal simbolicus*. Nessa relação entre pensamento e expressão deste, o *lógos* é, portanto, a capacidade racional de expressar aquilo que está contido na esfera noética do *ser-pensamento*. Aqui, *lógos* é razão, assim como é expressão, isso porque esta pressupõe aquela; ambas as acepções de *lógos* se imbricam, portanto, uma vez que o *lógos* como *discurso* é o resultado de um *lógos* como raciocínio.

[4] O *lógos* aristotélico não pode ser uma estrutura apartada de conjunturas orgânicas oriundas da cópula entre nomes e verbos, pois "(...) i nomi, di per sé, ed i verbi assomigliano ad un pensiero senza congiunzione e separazione, ad esempio *uomo* o *bianco*, quando non vi sia aggiunto qualcosa. Infatti non è ancora nè falso nè vero" (Aristotele, *Della interpretazione*, Introduzione, traduzione e commento di Marcelo Zanatta, Milano, Rizzoli, 1, 16 a, 10/15, 1992, p. 79). O discurso, para Aristóteles, "(...) è voce capace di significare (Λογος δε εστι φωνη σημαντικη), della quale qualcuna delle parti presa separatamente è capace di significare, come locuzione ma non come affermazione" (Aristotele, *Della interpretazione*, Introduzione, traducione e commento di Marcelo Zanatta, Milano, Rizzoli, 4, 16 b, 25, 1992, p. 83). Se a palavra pode ser reduzida às suas sílabas componentes, também o discurso o pode aos seus termos componentes, devendo-se sublinhar o fato de que no primeiro caso há, mas no segundo caso não há, significância. Mais ainda, na teoria aristotélica, o discurso apofântico (*lógos apophantikos*) é aquele que atribui alguma qualidade a alguma coisa, de modo que essa atribuição, ou essa *sínthesis* (união), veiculada pela utilização do verbo atributivo, se perfaça a partir de estruturas e regras propostas pelo sistema linguístico. A veracidade ou a falsidade das afirmações transportam-se para a esfera da *epistéme*, à qual incumbe comprovar a atributividade exercitada por meio das afirmações ou negações discursivas. O tecido do discurso articulado em Aristóteles apresenta-se como voz significante (*phoné semantiké*), diferenciando-se as instâncias *psóphos* (som) – *phoné* (voz) – *dialéktos* (fala), pois sua significância não é *phísei*, mas *thései*, ou seja, há um conteúdo de convencionalismo em toda expressividade discursiva, pois a articulação comunicativa que se vale da elocução verbo-nome (discurso apofântico) tem uma coerência e uma correspondência comum entre sujeitos comunicantes.

a assunção do termo *texto*[5], um não querendo significar nada mais que o outro; são feitos sinônimos para efeitos desta análise[6]. *Texto* e *discurso* são ambos[7], e ao mesmo tempo, o *locus* de convergência sígnica e de emergência da significação[8]. Da forma como os signos devem ser compreendidos, sempre está implicada uma relação social e cultural, como observa o semioticista Ugo Volli[9]. Aliás, dentro da linha de compreensão saussuriana, aprofundada por A. J. Greimas, o foco de trabalho e análise não é o *significado*, enquanto entidade estanque e ontológica, mas a *significação*, enquanto relação[10]. Na

---

5 Para uma etimologia do termo "texto": "Le mot texte vient du latin *texere*, supin; *textuam*, tisser (texla, toile). En latin classique, *textus*, au sens abstrait, veut dire enchaînement des idées; le texte, au sens français, se disait *scriptum*. *Textus* provient de la racine indo-européenne TEK, fabriquer, d'où le grec (ancien) teknh, art procédé (cf. aussi la sanscrit taksa, charpentier). En grec ancien, texte se dit *oi logoi* (les lettres), en grec moderne to *keimeuou nomoi* signifie les lois établies. Là encore, on trouve une origine indo-européenne: KEI, être couché (on dit en français 'coucher sur le papier'). La racine est la même dans *civitas*, mot-à-mot: ce qui est étendu (allemand *heim*, anglais *home*, français *hameau*)" (Mehl, Essai de synthèse: une science du droit pour penser les pratiques du texte, in *Lire le droit*: langue, texte, cognition, 1992, p. 465).

6 Nesta análise estar-se-á a seguir, pois, uma das possíveis tendências de entendimento do termo *discurso*, emparelhado ao entendimento do termo *texto*, trazidas à colação no estudo empreendido por Greimas/Courtés: "En ne prenant en considération que les pratiques linguistiques, on dira que le discours est l'objet de savoir visé par la linguistique discursive. En ce sens, il est synonyme de texte: en effet, certaines langes européennes, ne possédant pas d'équivalent pour le mot franco-anglais de discours, ont étées amenées à lui substituer celui de texte et à parler de linguistique textuelle. D'autre part, – par extrapolation et à titre d'hypothèse qui paraît féconde –, les termes de *discours* et de *texte* ont été employés pour désigner également des procès sémiotiques non linguistiques (un rituel, un film, une bande dessinée sont alors considérés comme des discours ou des textes), l'emploi de ces termes postulant l'existence d'une organisation syntagmatique sous-tendue à ce genre de manifestations" (Greimas/Courtés, *Sémiotique:* dictionnaire raisonné de la théorie du langage, 1993, p. 102).

7 "Se todo texto em geral reclama uma interpretação, é justa a indagação se o texto jurídico possui um *quid* que exija uma interpretação diferenciada e que o torne especial em relação aos demais textos (textos estéticos, religiosos, publicitários, etc.)" (Nogueira, *Direito e linguagem*: o processo interpretativo jurídico sob uma perspectiva semiótica, 2013, p. 171).

8 De fato: "Le discours, en effet, est non seulement le lieu de la manifestation de la signification, mais en même temps le moyen de sa transmission" (Greimas, *Sémantique structurale*: recherche de méthode, 1966, p. 115).

9 "O signo não é uma coisa, mas uma relação social e cultural" (Volli, *Manual de Semiótica*, 3. ed., 2015, p. 35-36).

10 "O projeto semiótico filia-se à tradição saussuriana. De um lado, tem por objeto não o significado, mas a significação, isto é, um conjunto de relações responsáveis pelo sentido

perspectiva greimasiana – especialmente, em *Sémantique Structurale* – não se pode deixar de evidenciar que o *texto* (*texte*) nada mais significa do que o conjunto de elementos de significação (*ensemble des éléments de signification*) dispostos pelo *ato de enunciação* da parte do enunciador, em face de um enunciatário[11]. Dizer que o texto "disposto" pelo ato de enunciação é dizer, como o faz semioticista francês François Rastier, que o texto fornece uma sequência linguística (ou, não linguística) empírica, atestada, produzida no interior de uma prática social e fixada sobre um suporte[12]. Na perspectiva pós-greimasiana – contando-se com a análise empreendida pelo semioticista francês Jacques Fontanille, em *Semiótica do discurso* – é possível afirmar que o discurso (*discours*) nada mais significa do que o conjunto capaz de significar, não apenas pela adição de *partes-significação*, mas também como um *todo* de signos dotado de sentido[13].

Não se poderá concluir diferentemente do que se diz aqui, pelas próprias opções metodológicas admitidas, para o universo jurídico, de modo que *texto jurídico* e *discurso jurídico* serão usados no mesmo sentido[14]. A assunção dessa equivalência entre os termos é de grande importância nesta reflexão, o que será relevado sobretudo quando do tratamento da formação do

---

do texto" (Fiorin, Esboço da história do desenvolvimento da semiótica francesa, *Cadernos de Estudos Linguísticos,* 2020, (42), p. 132).

[11] "Nous entendrons donc par *texte* (et, ce qui revient au même, par *métatexte*) l´ensemble des éléments de signification qui sont situés sur l´isotopie choisie et sont enfermés dans les limites du corpus" (Greimas, *Sémantique structurale*: recherche de méthode, 1966, p. 145).

[12] Aqui, segue-se literalmente o que afirmar François Rastier: "Un texte est une suíte linguistique empirique attestée, produite dans une pratique sociale déterminée, et fixée sur un support quelconque" (Rastier, *Texte et sens,* 1996, p. 19).

[13] "Este termo tem um grande número de acepções sobre as quais não é útil nos aprofundarmos aqui. Lembremo-nos das seguintes a título de indicação: o discurso considerado como um conjunto de frases; o discurso definido como um conjunto de proposições organizadas; o discurso concebido como o produto de uma enunciação. Conforme o caso, o discurso concerne à linguística textual, à linguística enunciativa ou, ainda, por fim, à retórica ou à pragmática. Mas, em todos esses casos, a ideia subjacente poderia ser assim resumida: o discurso é um conjunto cuja significação não resulta da simples adição ou combinação da significação de suas partes" (Fontanille, *Semiótica do Discurso*, 2. ed., 2015, p. 86).

[14] Nesse sentido, a importância do termo *discurso* como noção central da discussão semiótico-jurídica: "C'est en effet le <<discours>> que nous avons considéré comme l'unité adéquate. Soulignons que le discours a été compris comme représentant un type d'organisation, et non pas comme le véhicule d'un certain contenu (...)" (Paychère, *Théorie du discours juridique,* thèse de Doctorat de l'Université de Paris-II, 1990, p. 193).

texto jurídico (percurso gerativo do discurso) e de sua decodificação (interpretação do discurso).

O estudo semiótico acerca do discurso, dentro das teorias modernas em torno da temática, acentua o papel da *significação*[15]. E, particularmente, nesse tocante, deve-se evidenciar que *significante* (*signifiant*) e *significado* (*signifié*) estão em correlação para que o *sentido* seja mobilizado[16] – ou, ainda, como quer Louis Hjelmslev, a *função semiótica* estabelece a solidariedade entre *expressão* e *conteúdo*[17] – a ponto de formarem um *conjunto significante* (*ensemble signifiant*), da forma como a compreende Algirdas Julien Greimas[18]. Assim, fica claro que a *significação* é, fundamentalmente, *relação*[19]. A cada ato de fala, em que a enunciação do sistema-língua é mobilizado, constrói-se o *sentido*, fazendo-se das dinâmicas de *inter-ação* e comunicação os mecanismos de encontro entre *ego* e *alter*[20]. E isso não se faz, na semiótica greimasiana, sem que se considere a passagem da relação minimal entre dois termos, ao nível lógico e elementar, em direção ao

---

15 Desqualificando a hipótese de vocacionar-se a semiótica para o estudo do signo ou dos sistemas de signos, assinala Landowski, com clareza: "El objeto de la semiótica, dijimos, es la significación. De esta resulta el programa de trabajo del semioticista: será el de dar cuenta (...) de las condiciones de la comprensión y de la producción del sentido, cualesquiera sean los lugares y las formas de su manifestación" (Landowski, *La sociedad figurada,* 1993, p. 76-77).

16 "Pour constituer les premiers éléments d´une terminologie opérationnelle, on désignera du nom de *signifiant* les éléments ou les groupements d´éléments qui rendent possible l´apparition de la signification au niveau de la perception, et qui sont reconnus, en ce moment même, comme extérieurs à l´homme. Du nom de *signifié*, on désignera la signification ou les significations qui sont recouvertes par le signifiant et manifestées grâce à son existence" (Greimas, *Sémantique structurale*: recherche de méthode, 1966, p. 10).

17 "A função semiótica é, em si mesma, uma solidariedade: expressão e conteúdo são solidários e um pressupõe necessariamente o outro" (Hjelmslev, *Prolegômenos a uma Teoria da Linguagem*, 1975, p. 204).

18 "On peut donner, provisoirement, le nom d´*ensemble signifiant* à cette réunion du signifiant et du signifié, em remarquant toutefois que le mot *ensemble* qui est contenu dans cette définition et renvoi au concept de totalité reste pour le moment non défini" (Greimas, *Sémantique structurale*: recherche de méthode, 1966, p. 10).

19 "Deux conséquences em découlent immédiatement:

1.Un seul terme-objet ne comporte pas de signification;

2. La signification présupose l´existence de la relation: c´est apparition de la relation entre les termes qui est la condition nécessaire de la signification" (Greimas, *Sémantique structurale*: recherche de méthode, 1966, p. 19).

20 "Uma grandeza semiótica qualquer é, por conseguinte, uma rede de relações e nunca um termo isolado" (Barros, *Teoria do discurso*: fundamentos semióticos, 1988, p. 13).

nível narrativo, e, por fim, ao nível discursivo, no qual expressão e conteúdo irão se reunir para aparecerem como fenômenos de linguagem (verbal; não verbal; sincrética)[21].

De fato, se a finalidade primordial da Semiótica consiste na análise e prospecção do significado, resulta que o discurso deve ser tomado como o nicho da significação. O discurso a uma só vez apela para o frástico e para o transfrástico, o que lhe garante esse caráter servil dentro da teoria semiótica, pois permite uma abertura ampla para a vivência e interpretação da significação. É a partir dele, a partir de sua estrutura e de sua enunciação de superfície, que se poderá construir uma análise que não se detenha nesses aspectos, mas que proceda à arqueologia do significado, e sobretudo do significado jurídico[22].

Nesse proceder não se verá surgir um significado jurídico objetivamente constituído, mas sim um significado prenhe de ideologia, de traços de cultura, de poder, e de elementos de outros sistemas semióticos que *coexistem* com o sistema semiótico-jurídico. Aí está a especificidade da *Semiótica Jurídica*, que convive com a heterogeneidade do discurso jurídico, para desse convívio extrair possibilidades de análise da significação que não se detenham exclusivamente na superfície do texto manifestado.

A análise do discurso jurídico e de seus universos em particular revelará isso. Para cada espécie de discurso jurídico (normativo, burocrático, decisório, científico), o que será detalhado adiante, uma espécie de texto jurídico, com suas regras de construção específicas, com seu vocabulário regional, com suas injunções ideológicas, com seus objetivos de significação... Essa análise setorial será sobretudo favorecida pela enunciação de capítulos introdutórios e genéricos, no sentido de servir a todas as espécies de discurso jurídico, onde figurarão estudos mais amplos sobre o percurso gerativo da produção do discurso e a interpretação do discurso, que consentirão um melhor engajamento das ideias existentes acerca dos possíveis níveis de discurso existentes.

---

[21] "Põe-se a língua em funcionamento, quando ela é assumida por um *eu*, que cria *tu*, num espaço e num tempo determinados, numa relação de comunicação" (Fiorin, *Figuras de Retórica*, 2019, p. 14).

[22] O discurso é, de princípio, em sua expressão de superfície "(...) un complejo de signos que pueden tener diversos modos de significación y ser usados con diversos propósitos" (Mora, *Diccionario de filosofía,* 1958, p. 376).

1.1 O percurso gerativo do discurso

A busca semiótica da *significação* indica a presença de elementos "estrangeiros" à natureza puramente sígnica do discurso, elementos que estão ligados ao momento de sua produção. O discurso, quando ocorre, o faz de maneira coerente com o momento em que foi produzido, nas circunstâncias em que foi produzido, com os fins para os quais foi produzido. Daí a referência necessária à ideia de *discurso situacional*, entendido este como uma malha de significações (locucionárias e perlocucionárias), envolvida que está por uma circunstancialidade que a condiciona em seu entendimento e interpretação[1].

A noção de *circunstancialidade* é fundamental para a compreensão do fenômeno histórico que subjaz à existência do discurso, pois o discurso sempre ocorre no tempo e na história; tal apontamento se desprende como consequência relevante para uma semiótica discursiva, que não se quer neutra, mas sim crítica das produções fenomênicas de discurso. O discurso, portanto, é sempre um *discurso situacional*, vivendo em constante dialética com as condições de sua produção, com os valores e os demais importes fáticos que relevam de uma fenomênica discursiva, de um contexto de produção em que se acentua o *estar em discurso*.

Deve-se ter presente que todo *discursus* só pode ser entendido como um *discursus* com relação à realidade sobre a qual atua[2], ou seja, para que

---

1 Assim, a fusão dos aspectos linguístico e referencial dos enunciados jurídicos constituiria um sentido próprio dado ao termo *discurso* sob a ótica jurídica, isso porque: "O funcionamento de um discurso não é, de forma alguma, integralmente linguístico" (Boiteux, *O discurso jurídico e a ideologia do interesse geral,* 1984, p. 47). Também, nesse sentido, pode-se dizer que: "O discurso é, assim, um procedimento em que certas pessoas em determinada situação pronunciam determinadas palavras produzindo determinado entendimento" (Ferraz Junior, *Função social da dogmática jurídica,* tese, 1978, p. 115).

2 A realidade jurídica é a realidade do sentido. O espaço jurídico-discursivo é, nesse sentido, fundamentalmente um espaço de sentido. Expressões e termos jurídicos designam *atos* ou *condutas* (comprar, vender, dar em pagamento, matar, inadimplir...), *valores* (agir culposamente, agir dolosamente, incorrer em litigância de má-fé, acionar a parte contrária in-

se possa passar da apreensão para a compreensão da "realidade" (dimensão do *designatum* discursivo), e daí a uma enunciação acerca desta, mister se faz uma quebra de seu *cursus*. De fato, quando isso ocorre, dá-se concomitantemente o abandono da condição subjetiva de fruição passiva do *continuum* amorfo da existência, que se apresenta como sequência ininterrupta de fatos e sentidos, para a posição de sujeito agente do juízo discursivo; passa-se a perceber que um sujeito que age por meio da significação, antes de fazê-lo, *interage* com outras significações, de modo a criar e a *recriar* essa mesma "realidade" a partir de seus valores, de sua cultura... O *sujeito de discurso* está contido numa máquina semiótica, mais potente e mais complexa, que o absorve em seu funcionamento.

Sem embargo de qualquer outra consideração, pode-se dizer, em síntese, que o discurso representa sempre uma tomada de posição do sujeito falante[3] com relação aos elementos de sentido de que dispõe. Todo sujeito produtor de um discurso participa de um sistema semiótico, com o qual comunga uma identidade, seja direta, pela presença de laços de etnia e de linguagem, seja indireta, quando o sujeito participa de uma estrutura semiótica apropriando-se de seus valores, de sua gramática, de seu vocabulário e de sua capacidade de interagir com outros sistemas semióticos.

Dessa forma, todo ato de linguagem (verbal, não verbal, sincrético), enquanto ato de construção de sentido, é um ato de escolha e de seleção de

---

justamente...), *fatos* ou *eventos* (decurso do prazo, abalroamento de veículos...), *coisas* (automóvel como bem móvel, navio como bem imóvel, animal de tração como bem semovente...). Antes de se referir a elementos *fisicamente* ou *empiricamente* determináveis, a linguagem jurídica se refere fundamentalmente a elementos *logicamente* determináveis. Os termos dos quais se servem os usuários da linguagem jurídica não se referem, em sua generalidade, a *conceitos essencialistas*, ou seja, aqueles para os quais existe necessariamente um correspondente fático-empírico, mas a *significações*, o que dota o espectro semântico da *juridicidade* de uma qualidade específica, a de se construir sobre signos de segundo grau, ou seja, sobre *signos de significações*. Isso segue o conjunto de reflexões desenvolvido por Eros Grau, cujas reflexões a este respeito podem-se condensar na seguinte frase: "(...) os conceitos jurídicos não são referidos a *objetos*, mas sim a *significações*, não são conceitos *essencialistas*" (Grau, *Crítica da discricionariedade e restauração da legalidade*, p. 313).

[3] "Un discours est toujours la manifestation d'un je qui formule un propos. D'ou la position fondamentale, et commune a toutes les langues de grandes catégories de signifié comme la déixis *moi, ici, maintenant*, la modalité *pensée cutifree du je sur le propos*, la hiérarchisation intetionelle *présupposition, thème-rhème; mise en topicalisation, en focalisation; effets illocutoires et perlocutoires, etc.*" (Pottier, *Théorie et analyse en linguistique*, 1992, p. 10-11).

elementos a compor; é uma escolha de valores, de estruturas, de formas, de significância, de objetivos, de impressões, de efeitos retóricos, de consequências, de afirmação de consequências factuais. O *sujeito de discurso* faz-se presente em seu discurso operando essas escolhas. Uma vez presentes alguns elementos mínimos para a caracterização de uma estrutura, esta pode ser manipulada pelo seu usuário como em um processo de passagem do abstrato ao concreto, do intangível ao tangível. O ato de escolha de signos entre signos, de estruturas e construções, entre várias possíveis, faz ver que do discurso também participam aquelas partes que dele foram omitidas, suprimidas, escolhidas como impróprias pelo sujeito do discurso. A escolha é (existe) entre o que é *próprio* e o que é *impróprio* para a conveniência e utilidade do *sujeito de discurso* naquela circunstância.

O que se encontra nas entrelinhas de um discurso no ato de escolha, que é derivação da liberdade de composição do *sujeito de discurso*, também participa desse próprio discurso. Uma estrutura discursiva completa é a soma daquilo que se encontra e daquilo que não se encontra nessa estrutura[4]. O discurso significa mesmo pelo que não diz, e é frequente encontrarem-se situações jurídicas em que o próprio silêncio (silêncio eloquente; silêncio que gera efeitos jurídicos pela omissão; silêncio como discurso de prazo) é interpretado não como unidade sem significação, mas como unidade com significações bem precisas[5].

Não se quer dizer nada diferente do fato de que o uso dos recursos de que dispõe o locutor do discurso consente a *construção* do discurso. Aqui, para a devida compreensão da arquitetônica do discurso, torna-se necessário recorrer à noção de *entropia,* advinda da teoria da informação, o que será útil no sentido da compreensão do uso de um sistema semiótico. O conceito de *entropia* é suficiente para o estabelecimento da conexão entre

---

4 Essa é a ideia de Merleau-Ponty. Se a presença é um fator determinante para a definição e constituição do discurso, também o são a ausência e a supressão. Assim, "(...) il nous faut considérer la parole avant qu'elle soit prononcée, le fond de silence qui ne cesse pas de l'entourer, sans lequel elle ne dirait rien, ou encore mettre à vue les fils de silence dont elle est entremêlée" (*Signes,* 1993, p. 58).

5 Quanto à significação jurídica do silêncio no sistema positivo, *vide* Maria Helena Diniz, *Curso de direito civil brasileiro,* v. 1, 1994, p. 236. A aceitação ou não de uma doação poderá determinar-se pela interpretação do silêncio, ao qual se atribui um sentido. Assim: "O doador pode fixar prazo ao donatário, para declarar se aceita, ou não, a liberalidade. Desde que o donatário, ciente do prazo, não faça dentro nele, a declaração, entender-se-á que aceitou, se a doação não for sujeita a encargo" (art. 1.166 do Código Civil).

o repertório de elementos e as necessidades situacionais do usuário do acervo semiótico, e isto pois o conceito de entropia está diretamente ligado ao problema das *infinitas possibilidades* de combinação de um repertório sígnico. Assim, dado um repertório de signos, linguísticos ou não (verbais, não verbais, sincréticos), maior a possibilidade de combinação entre estes, maior a *entropia* do sistema[6].

É propriamente essa desordem inicial a que está sujeito o usuário de um sistema semiótico, que tem diante de si interesses, sentimentos, conflitos, impressões, valores, coisas, conceitos, ideias que poderia exprimir, que lhe impõem uma *escolha*, escolha esta que instaura a ordem nas bases de um código, que, além de redutor da entropia de um sistema sígnico, é o elemento que consente a comunicação, assim como a possibilidade de se partilharem experiências e trocas discursivas, estabelecendo-se laços de probabilidade e organização para as combinatórias semióticas[7]. Um conjunto de signos esparsos é *religável "usque ad infinitum"*, se para a redução de sua entropia não houver um código que instaure relações entre estes, combinando-se-os lógica, formal e substancialmente. Se *a priori* as combinações são infinitas, com a presença do código essa infinitude se reduz às possibilidades ofertadas pela convenção semiótica[8].

Um *texto* só poderá ser assim chamado, em sua totalidade e em sua logicidade orgânica, se o concatenamento de um conjunto de elementos

---

6 Para um conceito de entropia: "L'informazione misura dunque di equiprobabilità, di distribuzione statistica uniforme che esiste alla fonte; e questo valore statistico è quello che i teorici dell'informazione, desumendolo dalla termodinamica, chiamano *entropia*". E ainda: "L'entropia è altrimenti identificata con uno stato di *disordine*, nel senso in cui *l'ordine* è un *sistema di probabilità* che si introduce nel sistema per potere prevedere l'andamento" (Eco, *La struttura assente,* 1989, p. 25-26).

7 "Um sistema semiótico é um instrumento que permite aos membros de uma comunidade sociocultural e linguística analisar os dados da experiência e organizá-los, de forma a integrá-los num universo semiótico coerente" (Pais, O percurso gerativo da enunciação: produtividade léxica e discursiva, *Confluência* (*Revista do Departamento de Linguística da Unesp-Assis*), v. 3, Assis, Unesp, p. 165).

8 Cf. Eco, *La struttura assente,* 1989, p. 25-6. Do caos à ordem, a *entropia* informacional reduz-se aos limites do sentido, impedindo a *alea* combinatória dos elementos do sistema, formando-se o sentido a partir da obediência aos ditames relacionais entre estes que excluam hipóteses quais as de coligação arbitrária como "abxinhk" ou "gerjutnziwhagert", assim como de estruturas arbitrárias mais complexas como as do tipo "João a fio enquanto sem de aqui".

reciprocamente considerados permitir a formação da significação[9]. Desde as estruturas de profundidade às estruturas de superfície podem-se descrever as etapas de formação do discurso de acordo com o seguinte esquema mínimo, adaptável para as linguagens verbal, não verbal e sincrética: repertório de signos em entropia >> unidade sígnica escolhida >> associação sígnica >> contextualização sígnica >> discurso ou texto semiótico manifestado. À procura de estabelecimento de sentido, de acordo com regras válidas de composição e estruturação de *fatos de linguagem*, de um sistema semiótico comungado se vale o sujeito do discurso para a sua produção.

Então, tem-se por necessário, após este estudo, e após a declaração da opção metodológica de análise do discurso, o aprofundamento das noções que permitem o destrinchamento dos movimentos de *construção* do discurso (percurso gerativo da enunciação do emissor)[10] e de *interpretação* do discurso (percurso interpretativo do receptor)[11], etapas preliminares para o estudo da textualidade jurídica. Também, é a partir desse momento da análise, dados esses passos iniciais, que se recorrerá a um vocabulário mais preciso dentro da metodologia semiótica adotada.

Como se pôde perceber no desenvolvimento da discussão empreendida, a percepção biológica (estágio pré-código) é o primeiro passo para o percurso gerativo de qualquer discurso, e já nessa fase se manifesta a

---

[9] Numa análise da semiótica verbal, partindo-se da estrutura mínima da língua, o *fonema*, constrói-se e articula-se o discurso com a linguagem natural, assim como com a linguagem jurídica, tendo-se em conta a passagem hierárquica necessária pelos campos do *monema* (*morfema*), da *palavra*, do *sintagma*, para que se alcance, posteriormente, a estrutura mais complexa ainda do *texto*. Assim, pode-se dizer que "(...) la presenza di un fonema esclude quella di un altro che, se fosse apparso nel luogo del primo, avrebbe cambiato il significato della parola" (Eco, *La struttura assente,* 1989, p. 24). Um estudo dos fonemas permite a diferenciação de situações em que, seja pela oralidade, seja pela literalidade das expressões e termos, as diferenças se fazem mínimas e quase indistinguíveis tomados os respectivos canais de veiculação da mensagem discursiva (são tomados como exemplos os seguintes casos: a partir de uma reflexão acerca das estruturas fonéticas, *right* e *write*; a partir de uma análise literal, os termos italianos *piati* e *prati*, contendo ambos significações bem distintas).

[10] O percurso da geração semiótica é dado basicamente pela relação que envolve referente (real ou imaginário), conceptualização do referente (representação), exteriorização com escolha de um signo. A esse respeito, consulte-se Pottier, *Théorie et analyse en linguistique*, 1992, p. 47.

[11] O percurso contrário ao da enunciação é o da decodificação, ou seja, o percurso da interpretação do discurso (texto), por um intérprete. Para uma consulta dos processos de formação e de desconstrução do significado, em sua totalidade, consulte-se Pais, O percurso gerativo da enunciação: produtividade léxica e discursiva, *Confluência*, v. 3, 1995, p. 178.

criatividade humana na formação do sentido, pois, antes de ser agente passivo, o ser racional é agente ativo do processo de formação da significação[12]. Toda semiótica se articula sobre um universo de experiência que se pode chamar de "referente" (*designatum*), este que é fruto de uma interação do homem com os ambientes natural, social, cultural, físico, político, econômico... que o rodeiam.

A essa etapa perceptiva segue-se aquela outra, chamada etapa da conceptualização (com latências, saliências, pregnâncias), momento em que ocorre a internalização e a generalização das experiências pré-código em *conceptus.* A simples conceptualização já comporta em si um recorte cultural da "realidade", porque não se faz sobre o ser percebido em absoluto, mas sim sobre uma possível visão desse mesmo ser ("realidade percebida"). Toda percepção de sentido é menos percepção de uma substância, e mais formação de uma significação.

Em seguida a essas etapas preliminares, alcança-se a semiose manifestada, momento em que o código aparece como convenção capaz de suportar experiências análogas. Assim, tem-se que o processo de formação da significação se desmitifica à medida que se acompanha de bem próximo o movimento de ascensão do mais profundo (percepção) ao mais superficial (texto), de acordo com o seguinte esquema básico: percepção → conceptualização → semiologização → semiotização, com lexemização e atualização → semiose. Advirta-se, no entanto, que nem essas etapas são estanques, nem esse sistema opera retilineamente; tudo está em permanente tensão, chamada dialética, que faculta sua constante *realimentação*[13].

Assim, a significação que figura como objeto de estudo da Semiótica, tal como aqui descrita, aparece, aflora, emerge, em sua última instância no nível discursivo, com opção por uma das possíveis semióticas, dentre as quais se destaca a semiótica verbal, por sua eficácia, economia e funcionalidade. Uma comunicação interativa de enunciador e enunciatário, portanto,

---

[12] "Com efeito, desde que o sujeito falante/ouvinte tenha adquirido a competência de uma língua natural LN, e as competências relativas a certos sistemas semióticos não verbais e/ou sincréticos, pertencentes à mesma macrossemiótica, sua 'percepção' é, a nosso ver, dirigida, orientada pelos recortes culturais preexistentes e sua rede, como também submetida às coerções semântico-sintáxicas do sistema semiótico em causa, submetida, igualmente, às coerções do sistema de valores da cultura correspondente" (Pais, O percurso gerativo da enunciação: produtividade léxica e discursiva, *Confluência*, v. 3, p. 170).

[13] Cf. Pais, Conceptualisation, information, signification, production du sujet, *Acta Semiotica et Linguistica*, v. 5, p. 42-50.

possui, no mínimo, esse esquema de funcionamento em sua base; a comunicação[14], com suas sutilezas, possui atrás de si todos os níveis de formação da significação, dentro desse longo e complexo percurso gerativo, até que aparece como tal na esfera da conjugação intersubjetiva de mensagens, no evento de linguagem[15].

Assim, detendo-se a investigação nesse passo do problema, quando se procuram penetrar as entranhas do discurso, dominando sua intimidade, sua formação *ab origine*, até sua aparição no cenário das *ocorrências de linguagem* (verbais, não verbais, sincréticas), pode-se vislumbrar de perto a riqueza do fenômeno, de modo que uma análise semiótica mais apurada permite que se admitam quatro grandes níveis, das estruturas mais profundas do conhecimento em direção às mais superficiais de manifestação da linguagem, quais sejam: nível referencial; nível conceptual; nível da língua natural; nível dos textos[16]. O texto, nesse tipo de explicação, nada mais é que a ponta de um *iceberg*.

A textualização, de fato, como manifestação do discurso, pressupõe a profundidade das relações sensoriais, perceptivas, semiológicas, lógicas... e sua ocorrência nada mais representa que a atualização de esquemas narrativos[17]. Todo texto se produz valendo-se dessas categorias comungadas,

---

[14] Os componentes de uma situação de comunicação podem assim ser identificados: a) saber do mundo compartilhado entre interlocutores; b) situação de comunicação pragmática em que se encontram os interlocutores; c) relação do que se comunica com um referente empírico ou imagético; d) produção onomasiológica de signos e seu reconhecimento semasiológico; e) certa dinâmica de interação; f) intercruzamento de idioleto e mecanismos gerais de linguagem compartilhados. O modelo vem baseado na visão de Pottier, *Théorie et analyse en linguistique,* 1992, p. 13-20.

[15] "Les structures de la signification, telles que nous venons de les définir, se manifestent (c'est-à-dire s'offrent à nous lors du procès de la perception) dans la communication. La communication, en effet réunit les conditions de leur manifestation, car c'est dans l'acte de communication, dans *l'événement-communication*, que le signifié retrouve le signifiant" (Greimas, *Sémantique structurale:* recherche de méthode, 1966, p. 30).

[16] Cf. Pottier, *Théorie et analyse en linguistique*, 1992, p. 65.

[17] De fato, estudando o texto legal, diz Paychère: "La textualisation peut survenir à n'importe quel stade du parcours génératif et permet ainsi la représentation d'une certaine étape du développement du discours, sous forme de schémas logiques, par exemple. Devra-t-on alors qualifier la loi de discours incomplet? En effet, la loi se présente bien sous forme d'un texte actualisant des schémas narratifs, au même titre qu'un système logique représente la textualisation d'un ensemble des relations à la base d'un schéma narratif" (Paychère, *Théorie du discours juridique,* thèse de Doctorat de l'Université de Paris-II, 1990, p. 91).

e manifesta apreensões, percepções, leituras, interesses, vontades, intenções, pertinentes a situações determinadas, universos de discurso determinados, a contextos culturais próprios, a sujeitos históricos.

É assim que, obrigando-se a análise da linguagem jurídica a se deter no nível do texto jurídico, manifestado ou feito aparição, opera-se, em verdade, uma redução das possibilidades de compreensão das práticas de sentido jurídico. De fato, quando se disse anteriormente que as noções de discurso e de texto são caras à *Semiótica Jurídica*, procurou-se sublinhar o fato de que o método não se deteria na superfície do texto manifestado, mas far-se-ia presente na prospecção das profundezas deste. Assim, diga-se ainda, a ponta do *iceberg* será estudada como sendo apenas a ponta do *iceberg*. Essa ruptura com os modelos de análise de linguagem superficiais é que permitirá exatamente a ampliação do estudo no sentido da profundidade das relações jurídico-discursivas.

Em continuação, podem-se descrever essas etapas de formalização e semiotização dos conhecimentos humanos, indicando-se quais seriam os elementos primordiais que participam desse processo da significação. Para bem se distinguirem as etapas de construção da significação, e para bem se diferenciarem as unidades de sentido em sua fluência nesse processo, far-se-á uso das categorias semióticas necessárias para a compreensão das dimensões significacionais.

Do mundo referencial, já se disse, o *sujeito de discurso* extrai impressões, conhecimentos, imagens e experiências que vão sendo armazenadas como informações de utilização livre desse mesmo sujeito. O que há é que um "referente" (R) deixa de sê-lo para tornar-se um algo apreendido por um sujeito, ao que se chama de "noema" (N). O noema[18] é aqui identificado como o elemento mais primitivo do conhecimento semiótico, exatamente por ser vivencial, abstrato, dotado de existência independente da língua natural e absoluto. Um conceito (C), por sua vez, nada mais é que um compósito de noemas (C = Nn). O conceito, assim, já se identifica como algo mais complexo que a estrutura noemática, crua e altamente ligada ao suporte referencial do qual provém.

O conceito é mais que o noema, mas menos que o sema (S), este sim a primeira unidade distintiva de sentido. O sema[19] permite a individualiza-

---

[18] "Le noème est un trait de sens posé indépendamment de toute langue naturelle" (Pottier, *Théorie et analyse en linguistique*, 1992, p. 67).

[19] A proposta é de Greimas, *Sémantique structurale*: recherche de méthode, 1966, p. 22.

ção do algo que se conhece. É o traço unitário profundo do plano do conteúdo, unidade mínima da significação[20]. A própria percepção humana (exteroceptividade) vem definida como o conjunto de todos os semas conhecidos[21]. O semema[22] (Sm), por sua vez, vem a ser o conjunto de semas coexistentes; aqui se está a falar de algo que possui unidade de existência semântica. Sema e semema se aproximam do frástico e do transfrástico[23].

O semema confere sentido ao sema, e é a passagem para o discurso, com contexto, texto e sentido específicos, o que, definitivamente, permite a análise e a compreensão do todo[24]. O semema faculta o engajamento concreto do sema, formando-se o universo do sentido (interoceptividade), e não mais da percepção. O sema organiza-se pelo modelo constitucional (organização lógica), enquanto o semema se organiza pelo modelo actancial

---

20 "Nous rappelons qu'un sème est l'unité minimale distinctive d'un sémème par rapport à d'autres sémèmes associés dans un ensemble d'expérience" (Pottier, *Théorie et analyse en linguistique*, 1992, p. 66). Ainda, o sema como parte da substância do conteúdo pode ser dito: "A unidade semântica de base é o sema, elemento mínimo de significação que só aparecerá como tal em relação a um outro elemento que não é ele: a sua função é diferencial e, por este motivo, ele só pode ser apreendido em conjunto orgânico, no quadro de uma estrutura" (Courtés, *Introdução à semiótica narrativa e discursiva,* 1979, p. 56-57). Assim, um lexema qualquer ("filho", oposto a "filha") pode ser identificado por semas ("geração/descendência"; "masculino"), e só existe em função destes traços semânticos que possui (p. 58).

21 Cf. Courtés, *Introdução à semiótica narrativa e discursiva,* 1979, p. 61.

22 "L'unité d'existence sémantique, en langue naturelle, est le sémème, ou ensemble de sèmes coexistants" (Pottier, *Théorie et analyse en linguistique*, 1992, p. 66). "Os sememas aparecem assim como o resultado de uma combinatória, cujas regras de construção ou de funcionamento, com as restrições que a caracterizam, será suficiente então determinar: assim, por exemplo, os semas nucleares nunca poderão aparecer – ao nível da manifestação do conteúdo – sem classemas: tal é o caso dos sememas; ao contrário, os semas contextuais podem combinar-se entre si, constituindo um *corpus* de metassememas; sememas e metassememas são dois tipos de unidades de significação manifestada" (Courtés, *Introdução à semiótica narrativa e discursiva,* 1979, p. 65).

23 Comparando os semas aos *quarks* e os sememas aos átomos, escreve Pottier: "Dans le cas des sèmes, qui ne sont que des éléments distinctifs d'un ensemble, ce sont tout naturellement des complexes par rapport à des simples possibles. Un sème, unité distinctive, est toujours analysable théoriquement en noèmes. Un proton est analysable en quarks: on ne peut (encore) isoler un quark, pas plus qu'un noème. Ce sont des éléments ultimes (au moins à un moment donné de la recherche), qui caractérisent les unités indépendantes (particules physiques, sèmes linguistiques)" (Pottier, *Théorie et analyse en linguistique*, 1992, p. 73).

24 Cf. Greimas, Courtés, *Sémiotique*: dictionnaire raisonné de la théorie du langage, 1993, verbetes *sème/sémème*, p. 332-335.

(organização narrativa), tendo-se em vista a *mise en discours*[25]. Ainda, a última dessas unidades semióticas é intitulada episemema (Es), responsável pelos efeitos de sentido no texto[26].

A lição de Courtés é elucidativa no sentido de permitir a melhor compreensão das categorias básicas que atualmente compõem a tecnologia lógico-vocabular semiótica. O sentido, explica Courtés, é destacado, no fundo, como o resultado da articulação dos planos da expressão e do conteúdo[27]. De fato, partindo das noções básicas oriundas da linguística, de significante e de significado[28], pode-se verificar que ambas se compõem de forma e de substância (forma e substância da expressão/forma e substância do conteúdo), e, nesse esquema, podem-se divisar com maior nitidez os planos pelos quais se distribuem a componente morfológica e a sintática do estudo da significação. Esta se manifestará somente quando toda a experiência de percepção estiver suficientemente organizada para um *sujeito de discurso*, e reúna suficientemente elementos, anteriores e posteriores ao código, de modo que seja possível a manifestação do conteúdo[29]. E, nesse

---

[25] Cf. Courtés, *Introdução à semiótica narrativa e discursiva*, 1979, p. 113.

[26] Cf. Pottier, *Théorie et analyse en linguistique*, 1992, p. 65-72. Exemplificando-se o que se disse: a palavra <recurso> comporta semas variados (traços semânticos) que podem distribuir-se em sememas diversificados (contextos). Assim, diz-se: "Recorrerei ao STF"; "Recorri da decisão de primeiro grau"; "Não contente, o réu recorreu da decisão"; "Para sustar a decisão, o autor recorreu tempestivamente"; "O recurso foi indeferido pela autoridade administrativa", de onde provêm os seguintes traços sêmicos: /inconformismo/, /decisão prévia/, /expediente técnico/, /procedimento/, /autoridade superior/, /expectativa e possibilidade de inversão da decisão/, /procrastinação da decisão/. De fato, passa-se do mais profundo ao mais superficial, mas tudo gradativamente, no esquema: sema ("instrumento por meio do qual se pode evitar com que uma decisão seja aceita pacificamente, evitando-se a produção de seus efeitos ou consequências pelo impedimento da ocorrência do trânsito em julgado") → semema ("peça/ato processual") → lexema ("recurso").

[27] Sobre essas lições de semiótica hjemsleviana, Floch oferece resumida análise elucidativa (*Petites mythologies de l'oueil et de l'esprit*: pour une sémiotique plastique, 1985, p. 189-91).

[28] "A hipótese do isomorfismo entre os dois planos autoriza então a conceber a estrutura semântica como uma articulação do universo semântico em unidades mínimas de significação (= ou semas), correspondendo aos traços distintivos do plano da expressão (= ou femas); estas unidades semânticas são formadas, da mesma maneira que os traços da expressão, em categorias sêmicas binárias (sendo a binariedade considerada como uma regra de construção e não necessariamente como um princípio estatuindo sobre o seu modo de existência) (GR 1970, 39-40)" (Courtés, *Introdução à semiótica narrativa e discursiva,* 1979, p. 51).

[29] Podem-se apresentar dessa forma a morfologia e a sintática do processo de produção do significado, de acordo com o esquema complexo que segue. Quanto à morfologia

espectro, não se esqueça, por fim, das relações importantes estabelecidas entre os chamados actantes semióticos, estes atuando quando da organização narrativa do discurso.

Como se pode perceber, o discurso em superfície nada mais é que um dos níveis do processo de formação da significação (texto manifestado). Nele se esconde, sob sua capa de unidade *autêntica* e *não derivada, autônoma* e *absoluta,* todo um universo de operações anteriores e elementos que, em seu conjunto, permitem a sua aparição.

Assim, percepção, cultura, ideologia, subjetividade, poder, história, mascaram-se em seu interior com muita facilidade, daí as infinitas possibilidades que o discurso oferece quando de sua manifestação. O discurso se sujeita mesmo, em sua aparição, a efeitos de sentido, à manipulação, ao uso retórico, ao *abuso* de sentido, a ambiguidades, a anfibolias, a patologias[30],

---

(estudo das partes), pode-se dizê-la imanente e de manifestação do conteúdo; o imanente é formado pelos semas, responsável pela distinção dos lexemas, que se subdividem em semas nucleares (parte invariante de sentido que compõe um lexema, projetando-se para a exteroceptividade) e classemas (sema classemático de contexto, variante e voltado para a interoceptividade); a manifestação do conteúdo se opera com sememas (os efeitos de sentido de um sema, combinatória de semas nucleares e classemas) e metassememas (combinatória de semas contextuais) (cf. Courtés, *Introdução à semiótica narrativa e discursiva,* 1979, p. 51-56). Quanto à componente sintática (estudo do sistema que se projeta para a formação da narração), há que se dizer que os semas (profundidade) se operacionalizam no modelo constitucional ou quadrado semiótico, de base lógico-semântica, assim como os sememas (superfície) se operacionalizam com o modelo actancial, lastreado na noção de espetáculo (p. 104-105). Da junção de actantes, com *performances* próprias (atores e papéis) por meio de modalizações e sobremodalizações, e predicado nas estruturas contextuais, produz-se "organização sintática da manifestação (do conteúdo)" (p. 77).

30 A patologia semântica é um estudo que não pode ser descartado deste complexo de reflexões. Para as questões da ambiguidade (1), da anfibologia (2), da polissemia (3), da homonímia (4), entre outras, deve-se conferir um tratamento mais rigoroso. Quer-se fazer deste estudo algo de importante para a determinação das patologias do sentido jurídico. Com Ullmann (*Semântica*: uma introdução à ciência do significado, 1987, p. 323), pode-se dizer que as patologias afetam as estruturas fonética, lexical e gramatical de um sistema verbal. Assim: (1) há ambiguidade se a cadeia sequencial dos fonemas formadores da frase pode induzir o agente de sentido a interpretações diversas daquelas desejadas pelo articulador da língua; (2) a anfibologia corresponde a uma problemática gramatical, onde ocorre a formação de frases equívocas, não pelo som, mas pelo sentido a que induz o contexto frástico. De fato: "Aqui as palavras individuais não são ambíguas, mas sua combinação pode ser interpretada de duas ou mais maneiras" (Ullmann, *Semântica*: uma introdução à ciência do significado, 1987, p. 327). Nesse sentido, problemas relativos com a anfibo-

a erronias, a usos polissêmicos[31], a interpretações, todas elas detectáveis sob os olhos da análise crítica[32].

---

logia estabelecem uma significância confusa, uma anemia semântica, em virtude de carência de pontuação correta do período frásico, erro sintático na formação e no entrelaçamento dos termos no discurso. A anfibologia normativa pode significar, seja semântica, seja sintática, a abertura para a valoração do sistema jurídico, entendido este na perspectiva da falácia terminológica positivista de caracterização do direito como sistema fechado sem lacunas; (3) e (4) se existem vários sentidos para um mesmo nome está-se diante de um caso de polissemia, ou, ao contrário, se existem vários nomes para um mesmo sentido, está-se diante de um caso de homonímia. Ademais, para Warat (*Semiótica y derecho*), a ambiguidade, a anfibolia, a polissemia, a homonímia e outros são problemas inerentes ao da enunciação discursiva. A ambiguidade se manifesta por meio da homonímia e da polissemia, sendo que a primeira se distingue da segunda por se tratar de um problema de um único nome para dois ou mais objetos, enquanto a segunda se relaciona com a perspectiva da multiplicidade significativa, repartindo-se em univocidade e multivocidade.

31 A polissemia não vem nesta reflexão interpretada negativamente. Este julgamento tradicional está longe de detectar a importância da polissemia para a linguagem. Sua explicação se deve ao fato de que sempre há mais coisas, ideias, pensamentos, conceitos... a designar (*designatum*) que meios de os designar (*designans*). Isso é um fato. Nesse sentido há de se concordar com Gérard Cornu, pois corrente é a ideia de que a polissemia poderia ser eliminada da linguagem: "L'erreur radicale est là. La polysémie est, dans le vocabulaire juridique comme ailleurs, un phénomène irréductible. L'essentiel est de comprendre que la polysémie n'est pas une complication accidentelle et marginale du langage du droit, mais un état profond et rayonnant, enraciné un peu partout dans le champ du vocabulaire juridique" (*Linguistique juridique,* 1990, p. 103).

32 Assim é que, sobretudo os signos dotados de significado, ou seja, que não se limitam a terem função exclusivamente sintática, como o são os termos sincategoremáticos, valendo, portanto, autonomamente mesmo distanciados de um contexto sêmico (discursivo), podem apresentar-se como: a) *signos unívocos*: para estes vale a regra de que existe um significante para um significado (<homicídio>); b) *signos equívocos*: signos caracterizados pela presença de um significante para dois ou mais significados (<estado> pode significar a unidade dotada de território, povo e soberania (a), unidade de uma federação (b), *status* como condição civil do sujeito de direito (c)); c) *signos plurívocos*: signos dotados de denotação e conotação (<burocrata>); d) *signos vagos*: parentela com outros significados (boa-fé) ("Se dice que un término es *vago* cuando existen objetos para los que es imposible afirmar si el término es aplicable o no es aplicable" – Capella, *El derecho como lenguaje*: un análisis lógico, 1968, p. 248). A existência de signos equívocos, plurívocos (multívocos) e vagos dá origem a processos complexos de formação de ambiguidades contextuais que dificultam o acesso do intérprete ao sentido do texto, da norma, da sentença ou de qualquer outro elemento da textualidade jurídica – e aqui cabe o esclarecimento de que se procura analisar a temática em seus desdobramentos jurídicos –, visto que o encadeamento do ato hermenêutico se processa, para o intérprete, de acordo com um encadeamento dos espectros semânticos menores que se encontram sob a sua apreciação

Se o discurso nada mais é que uma aparição de sentido, facultado pelo uso de unidades de significação, então, deve-se dizer, o discurso é um complexo semiótico. Todo discurso avoca necessariamente um universo de significação em que se manifesta, e tudo isso determina interpretações, recorrências, possibilidades de uso, de acordo com práticas sociais que fornecem a tecitura para isso.

O que se torna patente a partir desta investigação sobre o surgimento da significação é que esta guarda raízes profundas com a cultura, com as relações sociais, com os valores, com as dimensões de linguagem... em que se encarta. Estudou-se, fundamentalmente, o que subjaz ao discurso. Se se toma um texto de lei, um regulamento, uma portaria, uma decisão de justiça... deve-se estar consciente, a partir das referências teóricas acima assinaladas, de que se está diante de algo que não se reduz à mera literalidade com a qual se grafa.

A significação jurídica se produz segundo essa mesma esquemática semiótica, guardadas as devidas diferenças específicas para cada espécie de discurso jurídico nos momentos da narrativização e da textualização[33], pois aí se estará diante de *sujeitos de discurso* determinados, com papéis actanciais definidos, onde se ressalta um percurso narrativo também circunscrito... questões que se analisarão mais detidamente adiante.

O que se quer deixar claro no momento é que, na mesma medida em que o discurso (literário, jornalístico, político, científico, jurídico) não pode ser isolado dessa trama de imbricações, que parte do mais profundo (per-

---

dentro do todo contextual. Recolher o sentido contextual é, primeiro, recolher sentidos parciais, fazendo com que estes mesmos formem uma ideia unitária a partir da copulação entre si. Para o intérprete, a semântica do todo não precede à das partes; a reflexão acerca do papel dos termos na formação do sentido contextual acentua a necessidade de abordar o problema terminológico a partir da noção de árvore semântica. A árvore semântica é tudo aquilo que subjaz à esfera de determinado significante, pluralizando-se na medida das diferentes injunções culturais que pode sofrer. A noção de árvore semântica aponta para a importância de se estudarem os diversos aspectos com os quais se apresenta um termo aos olhos de seu intérprete.

[33] Recorre-se à ideia de percurso narrativo para situar os sujeitos no tempo, no espaço, com suas funções, técnicas de aparição e valores a serem perseguidos. A lição é de Greimas/ Courtés: "Cependant, une fois inscrits dans un parcours narratif, les sujets syntaxiques sont susceptibles d'être 'definis – pour chacun des parcours narratifs intégrés – par la position qu'ils occupent (ou qu'occupe le PN dont ils font partie) dans le parcours et par la nature des objets de valeur avec lesquels ils entrent en jonction" (*Sémiotique*: dictionnaire raisonné de la science du langage, 1993, p. 242 – *parcours narratif*).

cepção) ao mais superficial (texto), também o discurso jurídico não pode ficar alheio a esses estudos. Pode-se dizer, bem pelo contrário, que o discurso jurídico serve como exemplo demonstrativo do vivo funcionamento das estruturas apresentadas, como se verá com mais vagar nas etapas sucessivas desta investigação.

1.2 O percurso da interpretação do discurso: a hermenêutica e o sentido

Dedica-se, nesta parte da investigação, um espaço reflexivo para a questão da interpretação. E isso se faz não com outra intenção senão a de relevar o fato de que o conjunto das práticas textuais jurídicas, em sua totalidade, em seu funcionamento, e em sua dinâmica operacional, depende intrinsecamente da interpretação. Com essa afirmação se quer realçar ainda mais a presença e a posição deste tópico nesta parte da obra, pois, assim sendo, a *interpretatividade* é uma qualidade que perpassa todos os discursos jurídicos (discursos normativo, burocrático, decisório, científico). Sua presença se faz sentir com maior intensidade (discursos normativo, decisório, científico) ou com menor intensidade (discurso burocrático) neste ou naquele universo de discurso em específico. De toda forma, é inegável o fato de que a interpretação é uma questão atinente ao discurso, e, portanto, atinente ao discurso jurídico, propriamente. Seguindo-se de perto o que afirma a semioticista Diana Luz Pessoa de Barros[1], numa abordagem empreendida pela semiótica greimasiana, deve-se evidenciar, antes de tudo, que o *ato de interpretação* (do enunciatário) é a contraparte ao *ato de enunciação* (do enunciador), envolvendo as dimensões cognitiva (*saber*) e fiduciária (*crer*), numa complexa configuração da relação comunicativa implicada por todo ato discursivo.

É exatamente em função dessa presença da interpretação como elemento inafastável da realidade jurídica que a ciência do direito jamais descurou de dar atenção para o problema da interpretação. De fato, a Her-

[1] "O fazer interpretativo é, também, um fazer cognitivo e consiste em modalizar um enunciado pelo parecer e pelo ser e em estabelecer a correlação entre os dois planos, da manifestação e da imanência. Os enunciados já modalizados veridictoriamente – denominado verdadeiros, falsos, mentirosos ou secretos – são sobredeterminados pelas modalidades epistêmicos do *crer*, ou seja, sofrem julgamento epistêmico" (Barros, *Teoria do discurso*: fundamentos semióticos, 1988, p. 56-57).

menêutica, importante ferramenta do jurista, é a ciência da interpretação[2]. Ademais, todos os ramos do direito dedicam parte de sua atenção à questão da interpretação, tratando-a em conformidade com os obstáculos apostos pelos princípios e características atinentes à área do conhecimento jurídico a que se liga.

Desse modo, pode-se afirmar, a interpretação é um desafio de linguagem que atinge todos os ramos da ciência jurídica, alcançando igualmente todas as práticas jurídicas. Por isso, a teoria tradicional costuma se dedicar ao tema da interpretação, afirmando, em sua generalidade, alguns cânones ou paradigmas que servem de âncora para o intérprete. São eles:

a) *a interpretação histórica*: trata-se de modalidade que assume como problema necessário para a inspeção do sentido de uma norma jurídica (ou outro texto jurídico) os antecedentes históricos que promoveram seu surgimento. Nessa medida, releva saber por que o legislador inovou, no que inovou, o que precedia aquele texto antes de sua promulgação, como foram as discussões históricas por projetos de lei para a formulação da norma, que debates suscitou, que emendas recebeu, em que aperfeiçoou o sistema vigente, entre outros fatores. Nisso se pode envolver toda a história política e jurídica, social e econômica de um contexto ou de um momento da nação, tendo-se em vista que o sistema jurídico não é isolado dos demais acontecimentos socioculturais;

b) *a interpretação literal*: trata-se de um método que procura verificar o sentido da norma jurídica (ou outro texto jurídico) a partir da leitura de palavra por palavra do texto, ao final unindo-se o sentido global da norma

---

2 A problemática acerca da interpretação jurídica inicia-se propriamente no campo da ambiguidade reinante no aspecto semântico dos termos *interpretação*, *hermenêutica*, *exegese* e *aplicação*. Assim, distinções fundamentais dadas pela hermenêutica tradicional devem ser feitas no sentido da elucidação das questões de uso da terminologia atinente a este campo de estudo, no seguinte sentido: "A aplicação não prescinde da Hermenêutica: a primeira pressupõe a segunda, como a medicação a diagnose. Em erro também incorre quem confunde as duas disciplinas: uma, a Hermenêutica, tem um só objeto – a lei; a outra, dois – o Direito, no sentido objetivo, e o fato. Aquela é um meio para atingir a esta; é um momento da atividade do aplicador do Direito. Pode a última ser o estudo preferido do teórico; a primeira, a Aplicação, revela o adaptador da doutrina à prática, da ciência à realidade: o verdadeiro jurisconsulto" (Maximiliano, *Hermenêutica e aplicação do direito,* 1990, p. 8). Seu conceito de interpretação é simples, pois consiste no "(...) explicar, esclarecer; dar o significado do vocábulo, atitude ou gesto; reproduzir por outras palavras um pensamento exteriorizado; mostrar o sentido verdadeiro de uma expressão; extrair, de frase, sentença ou norma, tudo o que na mesma se contém" (p. 9).

pela união dos fragmentos de sentido formados da decodificação parcial do texto. Chama-se de literal porque a formação do sentido do texto decorre de uma apreciação das suas palavras (*littera*);

c) *a interpretação gramatical*: trata-se de um método que procura verificar o sentido da norma jurídica (ou outro texto jurídico) a partir da análise da forma com a qual se produzem as estruturas textuais do discurso, o concatenamento, segundo as regras da gramática vigentes, das diversas partes do texto jurídico. Assim, com recursos advindos da gramática se permite o jurista decodificar o sentido de um texto jurídico, uma vez que as regras expressivas da língua presidem a formação de todo discurso, seja ele jurídico, seja ele de outra natureza;

d) *a interpretação lógica*: trata-se de um método que procura verificar o sentido da norma jurídica (ou outro texto jurídico) pelo pensamento de que se reveste, ou seja, pela lógica interna do legislador ao produzir o texto. Atenta-se não somente para as palavras, ou para a gramática formal da frase, mas para o sentido lógico global formado pelo preceito, a partir de uma visão que enfatiza o todo e não a parte, o espírito da oração, e não a literalidade de que se compõe;

e) *a interpretação sistemática*: trata-se de um método que procura verificar o sentido da norma jurídica (ou outro texto jurídico) a partir da contextualização do texto em meio a uma cadeia de outros textos, de outros princípios, de outras regras e normas. Assim, em vez de analisar friamente a letra do texto, insere-se este em meio ao contexto (de artigos da Constituição, de artigos da Lei, de artigos do Decreto...) para, então, verificar-se o respectivo sentido por ele formado. Perceba-se que aqui se leva em conta o sistema como um todo, e não apenas a parte, de modo a fazer desta algo participante de teias de sentido mais largas, mais abrangentes.

A interpretação, conforme aumente, diminua, restrinja, corrija ou declare o sentido contido num texto jurídico, ainda pode ser classificada de acordo com o seguinte esquema: interpretação extensiva (aumenta o sentido contido no texto), interpretação restritiva (diminui o sentido contido no texto), interpretação declarativa (repete a amplitude do sentido contida no texto), interpretação corretiva (corrige o sentido do texto).

Essas são características clássicas da interpretação, paradigmas mínimos que a orientam. Esses critérios, se utilizados de modo absoluto, imperativo, clausular e unilateral, são capazes de gerar distorções de sentido significativas para a interpretação de um texto jurídico. Desse modo, deve-se verificar sempre qual o método de interpretação mais apropriado para ser aplicado sobre determinada realidade textual. Ademais, para a ciência do direito, aconselha-se sempre a junção de todos os métodos como o modo mais adequado de produzir sentido científico sobre textos jurídicos, e isso porque a tarefa do jurista é essencialmente hermenêutica, devendo cumprir o papel mais completo por meio da apreciação mais completa e geral dos textos jurídicos.

Peculiaridades estão a orientar a interpretação em determinados setores de manifestação das práticas jurídicas. De fato, a par as cláusulas gerais da interpretação, cada ramo do direito possui suas específicas orientações, que estão a conduzir a interpretação. Vejam-se as seguintes situações: na área da defesa do consumidor, este deve ser visto como parte hipossuficiente da relação de consumo, de modo que os contratos e normas devem ser interpretados a seu favor (art. 4º, I, do CDC); na área do direito penal, a interpretação extensiva é proibida em sede de criminalização de condutas, por força do mandamento que orienta o setor por meio do princípio *pro reo*, que está a presidir todo o raciocínio criminal; na área do direito tributário, a interpretação extensiva que contrarie direitos do contribuinte ou que crie penalidades e constrições não deve vigorar (art. 112 do CTN), sobretudo em face do que diz a legislação, constrangendo-se a livre interpretação jurídica em face de normas caracteristicamente benéficas ao contribuinte (art. 111 do CTN), tendo-se sobretudo em vista que o caráter tendencioso *pro fisco* não pode prevalecer sobre direitos e garantias fundamentais e constitucionais do contribuinte.

Mas o que se há de firmar neste passo é o fato de que é sempre o discurso o motivo dessas divergências. Onde há discurso há diversas possibilidades de sentido, e, onde há sentido, há inúmeras possibilidades de entendimento. Isso não somente é fundamental para a vivacidade do fenômeno jurídico como ademais é a razão de ser de toda a atividade prática do direito, que o faz ser uma ciência caracteristicamente humana por sua imprecisão.

Neste ponto, é cabível a recorrência direta a outros questionamentos: existe uma interpretação verdadeira e unívoca? Também: qual seria a interpretação verdadeira de um texto? Ou, ainda mais profundamente, existiria uma interpretação verdadeira? A resposta pode ser transferida para o próprio contexto das discussões encetadas no texto a respeito da interpretação, isso porque se remete a questão a outra pergunta: que é a verdade senão o fim, ainda que transitório, da cadeia interpretativa? Essas perguntas têm seu lugar, portanto, no quotidiano das práticas jurídicas, de modo que esse perfil de questão induz à necessidade das reflexões hermenêuticas.

1.2.1 O DESAFIO SEMIÓTICO DA INTERPRETAÇÃO

Em verdade, a interpretação, quando ligada conceitualmente a sedes linguísticas, é equacionada como mera atividade de decodificação de mensagens. Para a Semiótica, tal como aqui concebida, a interpretação relaciona-se com a própria cognição, e, portanto, deve ser identificada como parte integrante de todo o processo de formação do discurso, como se examinará com maior cuidado a seguir. Daí sua importância para as análises setoriais que seguirão, deitando-se ora sobre o discurso normativo, ora sobre o burocrático, ora sobre o decisório e o científico. Discurso jurídico e interpretação jurídica se interpenetram de forma inseparável.

O problema da interpretação navega em ondas turbulentas desde que se procurou identificar seu estatuto teórico. A interpretação, como ato e como teoria, recebe muitas interpretações; é este um terreno movediço, no qual o próprio intérprete do movimento ondulatório das discussões se vê cadenciado e entretido no emaranhado das tramas hermenêuticas. A interpretação constitui-se num desafio quando perseguida teoricamente e, sobretudo, quando se lhe procura conferir uma dimensão epistêmica[3].

Mais desafiador ainda é o próprio fato de se *reconstituir* essa mesma discussão em solo semiótico. Proposto esse duplo desafio, de enfrentar o problema da interpretação jurídica e de trazê-lo para as discussões semiótico-jurídicas, ver-se-á, sobretudo, quais os influxos que lança sobre a *juridicidade*, quais os efeitos que provoca, na ebulição de suas intenções teóricas, tudo tendo em vista o assento da questão no seio da *juridicidade* (conjunto das práticas jurídicas de sentido).

---

[3] A hermenêutica, com seus traços atuais, é uma ciência que remonta a meados do século XIX, admitindo inúmeras interpretações, funções e/ou estatutos, que se podem condensar em três principais variantes, quais sejam: teoria hermenêutica; filosofia hermenêutica; hermenêutica crítica (cf. Bleicher, *Hermenêutica contemporânea*, 1992, p. 13-18). Nesse eixo de reflexões se encontram as marcantes contribuições de Dilthey, Betti, Gadamer, Apel, Habermas (id. ibid., p. 23-315). Nesse circuito são ainda muitos os comprometimentos teóricos com outras áreas do conhecimento. A respeito da relação da hermenêutica com o estruturalismo, com a psicanálise, com a fenomenologia e com a religião, consulte-se Ricoeur, *O conflito das interpretações*, 1978. Para um escorço histórico, inclusive acerca das origens da hermenêutica, correlacionada com a exegese, consulte-se especificamente, nesta obra de Ricoeur, p. 7-8. Acerca ainda da exegese bíblica e religiosa, com acento agostiniano na análise, consulte-se a obra de Tzvetan Todorov, *Simbolismo e interpretação,* 1980, p. 89-114.

De princípio, há que se dizer que a interpretação tem lugar onde existem signos[4]. A relação entre estudo semiótico e estudo da interpretação é de implicação; se se pensar em uma discussão sobre os signos, o discurso, os sistemas de significação, dever-se-á imediatamente abrir caminho para uma discussão hermenêutica. Assim, toda temática semiótica importa numa apelação ao estudo hermenêutico; desbrava-se aqui, portanto, o espaço necessário para a introdução do eixo condutor de um dos problemas jurídicos de maior relevo[5], ou seja, a relação comunicativa que se estabelece a partir do texto[6], ou que possui o texto como mediador, *in casu*, o *texto jurídico* (destinador-texto-destinatário).

---

[4] A questão é tamanhamente importante que Eco chega a afirmar: "Condição de um signo não é portanto só a da substituição (*aliquid stat pro aliquo*), mas a de que haja uma possível *interpretação*" (Eco, *Semiótica e filosofia da linguagem,* 1991, p. 60). Isso faz com que a problemática hermenêutica se situe no seio da teoria semiótica, em íntima correlação com a própria noção de signo. Para a discussão da introdução do conceito de interpretação na teoria semiótica greimasiana, *vide* Greimas/Courtés, *Sémiotique*: dictionnaire raisonné de la théorie du langage, 1993, p. 192-193.

[5] Onde há textos jurídicos há interpretação. Porém, não só. Onde há comunicação, há interpretação; onde há conhecimento, há interpretação. Há exercício de interpretação com o próprio exercício de cognição, o que leva à discordância com Todorov (*Simbolismo e interpretação,* 1980, p. 26-35), para quem a interpretação surge com o incomum denunciado pelo texto, onde se encontram sugeridos índices para a sua hermenêutica. Também a conclusão parece ser a mesma quando se analisa a teoria de Peirce, pois, para esse filósofo americano, a verdade não pertence ao objeto analisado, mas se constata pelos efeitos que produz sobre aquele que a presencia, de modo que, no campo jurídico, essa reflexão redundaria numa ruptura com a teoria tradicional da interpretação, como escreve Roberta Kevelson: "This concludes for the present a condensed discussion of Peirce's semiotic notion of interpretation as it affects or relates to legal hermeneutics, and that stands in opposition to the traditional juristic principle of hermeneutics which holds that *in claris cessat interpretatio* (When the text is clear there is no room for interpretation)" (Kevelson, *The law as a system of signs,* 1988, p. 215). Assim, pode-se mesmo dizer, a discussão não se exauriria na interpretação de entes linguísticos, mas estender-se-ia também para os fatos, estes que embasam relações jurídicas, também interpretáveis à luz do que se disse. Com Maximiliano: "Pode-se procurar e definir a significação de conceitos e intenções, fatos e indícios; porque tudo se interpreta; inclusive o silêncio" (id., ibid., p. 9).

[6] Para a reconstrução de uma situação de comunicação criada a partir de um texto, com todos os elementos relacionados num único esquema (emissor em sua função gerativa, receptor em sua função interpretativa, circundante, língua, idioleto, socioleto, todos em interação), consulte-se a excelente proposta de F. Rastier, em sua obra *Sens et textualité,* 1989, p. 47-53. Ademais, sobre a interpretação do texto jurídico como forma de interação de sujeitos na prática, *vide* Landowski, Statut et pratiques du texte juridique, in *Lire le droit*: langue, texte, cognition, 1992, p. 449-451.

No quadro dos estudos semióticos, a faceta semasiológica[7] da comunicação corresponde à interpretação (semiose hermenêutica), em oposição à semiose gerativa. Em outras palavras, se de um lado se pode estudar e demonstrar a formação do discurso, desde a percepção sensorial até a sua manifestação textual (percurso gerativo do discurso), de outro lado se pode estudar e demonstrar o movimento contrário (percurso gerativo da interpretação), ou seja, o movimento que parte do texto manifestado para procurar suas origens, procedendo claramente de modo inverso como se procede para a formação e manifestação do discurso (percepção do texto → reconhecimento do tipo de manifestação semiótica → reconstituição do texto em sua totalidade semiótica → reorganização das estruturas de sentido → reconceptualização das experiências conjugadas → realimentação e autorregulagem do metassistema conceptual → etc.)[8]. Rastrear, portanto, o conceito de texto jurídico parece ser pressuposto para todo o conjunto de reflexões que seguirá a esse ato investigativo.

Tendo-se como cerne da teoria semiótica a detecção das relações imanentes à triangularidade polar da relação sígnica (signo/sentido/referente), e das demais injunções sistêmicas atinentes ao processo de produção de sentido, o tema hermenêutico parece um mister investigativo[9]. Isso porque

---

[7] Cf. o uso do termo feito por Pottier, *Théorie et analyse en linguistique,* 1992, p. 15.

[8] Cf. Pais, O percurso gerativo da enunciação: produtividade léxica e discursiva, *Confluência, Revista do Departamento de Linguística da Unesp*, v. 3, 1995, p. 162-181, encontrando-se, na p. 178, quadro demonstrativo do funcionamento de ambos os percursos, o da enunciação do emissor e o da enunciação do receptor.

[9] Uma possível forma de relacionamento da semântica com o fazer hermenêutico vem dada por F. Rastier, para quem a hermenêutica surge como a face oposta à da semântica gerativa, e isso porque, de acordo com sua semântica interpretativa, pode-se autonomizar o fazer da linguística em matéria de busca do sentido textual (*Sens et textualité,* 1989, p. 19-20). Rastier perfeitamente concebe que o sentido, antes de possuir uma imanência textual, é um produto da interação comunicativa, resultante pragmática da composição de sujeitos comunicantes. *Ipsis litteris*: "En somme, le sens n'est pas immanent au texte comme message, mais à une situation de communication comprenant en outre un émetteur et un récepteur, comme aussi un ensemble de conditions (des normes, dont le genre textuel, et une pratique sociale déterminée). Ces conditions peuvent être dites pragmatiques, mais au sens d'une pragmatique *englobante*" (p. 16). Não obstante com proposta teórica diversa, estudando o simbolismo como manifestação de sentido secundária de um texto (sobretudo linguístico), vê-se estampada a mesma preocupação nas discussões de Tzvetan Todorov. Então: "Com efeito, gostaria de estabelecer a solidariedade do simbolismo e da interpretação (como fez também Ricoeur), que, para mim, não passam de duas vertentes – produção e recepção – de um mesmo fenômeno. Não creio, por conseguinte, que o seu estudo isola-

a extensão, o alcance e a delimitação do enquadramento sintático dos signos linguísticos e não linguísticos em quadros contextuais próprios introduz o problema interpretativo no seio de todo ato decodificativo de que participe o intérprete como sujeito ativo em busca de significância. É, sem dúvida, em busca do sentido que o destinatário de qualquer produção sígnica se vale da interpretação.

A interpretação é um mister onde quer que haja um processo semiótico; toda leitura posterior àquela feita pelo próprio sujeito gerador do sentido (*sujeito do discurso*) é, e sempre será, uma interpretação (*sujeito da interpretação*). A ilusão de uma compreensão autêntica é um fantasma, nesta área. Daí é que se deve dizer que a interpretação é uma atividade noética, produtora de sentido, e, portanto, necessária à caracterização dos fenômenos jurídicos. Ser produtora de sentido significa que não se constrange com o fato de ser uma atividade criadora de sentido; é menos um percurso em torno do dado apriorístico (sentido único preexistente) e mais um fazer autônomo e construtivo (recriação de sentido ao texto).

Nesse sentido, é de relevo dizer, desde já, que o desafio semiótico posiciona a análise de modo que se veja no intérprete um sujeito agente (*sujeito da interpretação*), e não estático, na formação da significação a partir de textos. Ambos os sujeitos que se mediatizam por meio do texto, *sujeito do discurso* e *sujeito da interpretação*, são produtores do texto, são produtores da significação. Tendo em vista esse aspecto, ter-se-á por meta, nesta investigação, identificar ou detectar o papel do intérprete nesse processo de movimentação do texto jurídico[10].

A interpretação, como se quer vê-la concebida, pode ser dita parte integrante do *ato cognoscitivo*[11], uma vez que o juízo se manifesta na relação

---

do seja desejável, nem sequer possível" (Todorov, *Simbolismo e interpretação,* 1980, p. 19). E também, na mesma obra, ainda aduz Todorov: "A produção e recepção dos discursos fizeram nascer, no passado, duas disciplinas diferentes, que são a retórica e a hermenêutica. Felizmente, estes dois corpos de saber nem sempre se mantiveram num deplorável isolamento" (p. 19-20).

[10] Encontram-se meditados e completos estudos sobre a matéria. Para Côté, a interpretação não é atividade declarativa do sentido prévio, mas formativa da significação textual (L'interpretation de la loi: une création sujette à des contraintes, in *Lire le droit*: langue, texte, cognition, 1992, p. 149). Nesse mesmo artigo, sobre o papel criativo da interpretação e a função do intérprete na formação do sentido, consulte-se p. 145.

[11] Nesse mesmo sentido de entendimento do problema, no entanto com uma visão voltada para a linguística, as palavras de Pagliaro aqui se inserem com acerto: "A primeira condição

entre sujeito cognoscente e referente do discurso[12]. Há já no próprio exercício de tomada de conhecimento um uso interpretativo; essa simultaneidade, no entanto, não se faz desde logo clara aos olhos daquele que vislumbra na operação cognoscitiva uma atividade puramente passiva. Se inclusive a esfera fenomênica está sujeita à interpretação, também à luz da *juridicidade* ocorrerá a mesma operação de conjugação de sentido, tendente, nesse momento, à construção do sentido propriamente jurídico. A interpretação persegue não o sentido, mas um dos sentidos, e um desses sentidos deverá, contextualmente, ser um sentido possível[13]. Quais os parâmetros dentro dos quais a confecção do sentido se dá é mais um passo desta investigação.

Então, alguns aspectos da problemática deverão ser relevados com maior audácia e maior ventura, pois o que há é a necessidade de se identificarem os pontos principais que se encontram envolvidos pela discussão, a começar pela delimitação do campo sobre o qual deslizam os atos interpretativos: o *texto jurídico*[14].

---

para conhecer é interpretar, isto é, considerar um dado como forma de um conteúdo. Com esta interpretação se relaciona a expressão que dela emana". E, mais: "A instância da interpretação de qualquer dado real, em relação às reações emotivas e fantásticas que ele determina na consciência, constitui um denominador comum da língua e do mito. Mas depois os caminhos são completamente diversos, como veremos melhor noutra ocasião, porque o sinal linguístico eleva-se a um valor genérico ou geral e o mito permanece no plano da criação poética" (Pagliaro, *A vida do sinal,* 2. ed., 1983, p. 30-31).

[12] Conforme enuncia Ricoeur, são poucos os discursos sem referência, uma vez que a realidade dos signos invariavelmente remete a algo que é diverso de sua própria característica de signo. Assim: "O que quero vincar é que o discurso não pode deixar de ser acerca de alguma coisa. Ao fazer esta afirmação nego a ideologia dos textos absolutos. Só muitos poucos textos e muito sofisticados, na linha de Mallarmé, satisfazem o ideal de um texto sem referência. Mas este tipo moderno de literatura surge como um caso limite e uma exceção" (*Teoria da interpretação,* p. 48).

[13] Sobre o texto jurídico, seu contexto e a pluralidade de leituras que sugestiona, consulte-se Landowski, Statut et pratiques du texte juridique, in *Lire le droit*: langue, texte, cognition, 1992, p. 443-444.

[14] A opção pela centralização do estudo no texto (jurídico) vem na esteira das conquistas alcançadas pela teoria de Paul Ricoeur, que, em grande parte, inova ao aliar a teoria dos símbolos ao problema hermenêutico (cf. Bleicher, *Hermenêutica contemporânea*, p. 301-302). O que aqui se faz, no entanto, não vem em prejuízo de uma proposta pragmática, na linha de Ferraz Junior e de F. Rastier (conforme acentuado em nota anterior deste capítulo). O que se procurará demonstrar é como essas duas vertentes teóricas, a hermenêutica textual e a pragmática semiótica, podem aliar-se para uma razoável explicação do problema dos textos jurídicos e de sua ambiguidade.

É certo que este estudo que se lança em linhas gerais sobre a relação entre interpretação e o texto jurídico se faz no sentido e na direção de uma análise global do problema da interpretação com relação a todo discurso jurídico[15]. Dever-se-á, assim, ter em conta esse tipo de advertência ao estudar em específico, posteriormente, os discursos jurídicos (discurso normativo, discurso burocrático, discurso decisório, discurso científico), com seus regramentos e universos de sentido.

Não se quer, portanto, afirmar que a interpretação se exerce da mesma forma com todo tipo de discurso jurídico[16]. Reserva-se tal parte do estudo aos lineamentos gerais do problema, atinentes ao discurso jurídico tomado como universo de sentido, guardando-se outro tipo de reflexão, que particulariza a relação entre uma espécie de discurso jurídico e a interpretação jurídica, para a sequência destas investigações, quando se terá a oportunidade de visualizar na implicação de cada universo de discurso jurídico diversas peculiaridades que distinguem os discursos jurídicos entre si.

1.2.2 O TEXTO JURÍDICO COMO O LUGAR DA INTERPRETAÇÃO: A PRAGMÁTICA TEXTUAL

O texto jurídico é sempre o lugar da interpretação jurídica; é sempre de certa complexidade sígnica que parte o intérprete jurídico para a busca do sentido jurídico[17]. O que há, então, é que o *locus* da interpretação é o

---

[15] Nesta reflexão estar-se-á a abandonar a imanência do sentido na linguagem, passando-se a assumir a posição de que todo discurso é um projeto de sentido: "Le sens ne signifie donc pas seulement ce que les mots veulent bien nous dire, il est aussi une direction, c'est-à-dire, dans le langage des philosophes, une intentionnalité et une finalité" (Greimas, *Du sens*: essais sémiotiques, 1970, p. 15).

[16] Muito menos ainda se pretende falar em interpretação neste espaço teórico como a dogmática fala da interpretação. Quer-se sim falar da interpretação como prática dogmática, dentro do contexto de cada universo de discurso jurídico (normativo, burocrático, decisório, científico), detectando-se seus principais aspectos semiótico-jurídicos. É certo que a partir do modelo do legislador racional é que se construiu a teoria da interpretação dogmática, calcada que está nos princípios da unidade sistemática, hierárquica, da vigência, da completude, do finalismo, da precisão, da dinamicidade (cf. Diniz, *Linguagem jurídica e interpretação dogmática,* tese, PUCSP, 1983, p. 68-108). Mais ainda, sobre a relação entre dogmática jurídica, decidibilidade, discurso e persuasão, consultem-se na mesma obra as p. 31-35.

[17] A opção hermenêutica ora encetada congrega elementos de uma hermenêutica textual (Ricoeur) com uma semiótica pragmática (Ferraz Junior e F. Rastier). A resultante é uma pragmática textual, que haverá de se construir paulatinamente nesta dissertação. Há que se

texto, e isso na medida em que o texto é um imperativo na circulação dos fenômenos jurídicos[18].

Ainda, pode-se mesmo dizer, o texto[19] é um impositivo para o intérprete jurídico na medida em que a *juridicidade* opera sobretudo com um arcabouço normativo textualizado ou textualizável. Uma pesquisa que se debruce por sobre as práticas de sentido não pode negligenciar a avaliação da esquemática em que se produzem os textos.

Se é certo que o próprio ato do conhecimento é já um exercício da interpretação, também é certo que o conhecimento jurídico se forma sobretudo a partir de textos, com textos, sobre textos. Todo texto é uma convergência de signos, e, nessa medida, o semioticista, na busca do sentido textual, depara-se com a questão hermenêutica como um mister teórico. O que há ainda de preciso nesse entremeio é que a interpretação jurídica, normalmente, não é exercida despretensiosamente, mas sim a partir de uma concretude sígnica, e com vistas a fins determinados, seja qual for a finalidade aplicativa delineada (para uma exação tributária, para a resolução de uma demanda judicial, para a solução de um litígio administrativo, para a formulação

---

ressaltar com Umberto Eco: "Afirma-se, então (pensemos com inflexões diferentes, na linha que une o último Barthes, o último Derrida, Kristeva), que a significação passa só através dos textos, que os textos são o lugar onde o sentido se produz e reproduz (prática significante) e que, neste tecido textual, se podem deixar aflorar de novo os signos do dicionário, enquanto equivalências codificadas, desde que haja o enrijecimento e a morte do sentido" (Eco, *Semiótica e filosofia da linguagem,* 1991, p. 31). E, ainda mais, com a mesma opinião, porém com uma posição linguística acerca dos fenômenos da interpretação e do texto, acompanhe-se Ross: "Toda interpretación del derecho legislado comienza con un texto, esto es, una fórmula linguística escrita" (*Sobre el derecho y la justicia,* 3. ed., 1974, p. 108). A respeito da relação hermenêutica/semiótica, consulte-se Ricoeur, Entre herméneutique et sémiotique, *Nouveaux Actes Sémiotiques*, 1990, p. 3-19.

[18] Sobre o texto jurídico como objeto empírico de partida da análise semiojurídica, consulte-se Landowski, Statut et pratiques du texte juridique, in *Lire le droit*: langue, texte, cognition, 1992, p. 441-443.

[19] Ricoeur está preocupado em circunscrever sua análise aos estreitos limites do texto escrito. No entanto, não obstante a sua prevalência, sobretudo no contexto cultural de sociedades que assumem Constituições rígidas e escritas e se ligam a uma tradição de respeito ao princípio da legalidade, não se deve fazer do texto escrito o ditador das orientações hermenêuticas. De qualquer forma, abrir-se-á lugar específico para a discussão entre literalidade e oralidade nesta pesquisa. O conceito de "texto" aqui adotado é nitidamente distinto, possuindo maior abrangência que o conceito de texto escrito; o conceito de texto é menos literário e mais semiótico.

de um estatuto, contrato ou ato negocial, para a resolução de questão pontual surgida no curso de um procedimento...).

Destarte, o *texto*[20] – explorando-se com o termo *texto* a semântica e o uso que a semiótica econiana dele faz (são textos uma obra de arte, uma sinfonia, uma encenação mímica, uma disposição normativa, um contexto fático, uma paisagem bucólica, um conjunto de pegadas no solo etc.)[21] – é sempre o *start* para o que aqui se pode chamar de cadeia interpretativa[22]. A interpretação surge do uso dos textos, pois a todo texto produzido (semântica gerativa; percurso gerativo do discurso) se opõe um uso qualquer (semântica interpre-

---

[20] Acerca das diversas tendências de interpretação do texto, consulte-se Rastier, *Sens et textualité,* 1989, p. 5-11. Um *texto* é um complexo sígnico; pode-se denominá-lo, seman-ticamente, uma árvore porfiriana da qual descendem inúmeros sentidos atribuíveis na medida da participação do *sujeito da interpretação* na construção da sua significação. É, enfim, "(...) o resultado da coexistência de vários códigos (...)" (Eco, *Tratado geral de semiótica,* 1991, p. 48). Se se atribui sentido a um texto é porque por esse ato se doa sentido ao texto, que não o possui em sua imanência estática. Para um estudo do texto, com sua importância de instância de formação do sentido na realidade semiótica, no entanto com acento fortemente orientado para a compreensão do texto enquanto discurso linguístico-literário, consulte-se Kristeva, *Semiótica 1,* 1981, p. 7-33. Seguindo-se o pensamento dessa mesma autora, vê-se que: "definimos el texto como un instrumento translinguístico que redistribuye el orden de la lengua, poniendo en relación un habla comunicativa que apunta a la información directa, con diferentes tipos de enunciados anteriores o sincrónicos. El texto es pues una *productividad,* lo que quiere decir: 1. Que su relación com la lengua en la que se sitúa es redistributiva (destructiva-constructiva), y por consiguiente resulta abordable a través de las categorías lógicas más que puramente linguísticas; 2. Que es una permutación de textos, una intertextualidad: en el espacio de un texto varios enunciados, tomados a otros textos, se cruzan y se neutralizan" (p. 147).

[21] Nesta obra a preocupação com a noção de "texto" é central. Assim sendo, a recorrência ao termo e ao seu significado será ampla. Porém, os usos do termo são variados, e não homogêneos, no correr da reflexão, inclusive obedecendo à própria ambiguidade que o caracteriza. Desse modo, deve-se dizer que "texto" aparece ora como significando "discurso" (texto jurídico = discurso jurídico), no sentido de complexo significacional ou de organização sígnica, ora como significando algo diverso do discurso (texto jurídico ≠ discurso jurídico), no sentido de que o texto é apenas a manifestação superficial do discurso, este sim o sentido propriamente dito e suas injunções de profundidade. A noção é propositalmente aberta e abrangente, e obedece à própria complexidade das temáticas nas quais esbarra. De qualquer forma, quando os usos variarem, far-se-á menção ao sentido atribuído ao termo.

[22] O movimento surge aqui: "Um texto não é apenas um aparato de comunicação. É um aparato de comunicação que questiona os sistemas de significações preexistentes a ele, frequentemente os renova, às vezes os destrói" (Eco, *Semiótica e filosofia da linguagem,* 1991, p. 31).

tativa; percurso de interpretação do discurso), onde interagem atores textuais[23]. Texto é mais que texto escrito e menos que referente discursivo; há texto onde há certa complexidade sígnica, certa conjunção de signos que se propõem a significar para além daquilo que individualmente significam[24].

O texto é, portanto, ponto de partida para que o *sujeito da interpretação* dele se valha para acessar determinada categoria de sentido. Mas, para que esse mesmo sujeito a acesse, foram operacionalizadas inúmeras rotações de sentido, a partir de seletividades próprias – o que tudo remete ao universo da pragmática dos signos, conforme será aprofundado a seguir –, até que se reifique a possibilidade de construir uma outra textualidade que explique a textualidade anterior. O círculo hermenêutico está detectado, e isso na medida em que se faz da atividade interpretativa uma *atividade rotativa*, de textos a textos.

Esse processo encadeado de retrocesso da profundidade à superfície de um texto, e vice-versa, é parte dessa cíclica hermenêutica. Então, há que se fazer referência, nesse sentido, à distinção entre *texto de superfície* e *texto de profundidade*, como questão elementar para a constituição da discussão. Isso tudo porque essa unidade, que se quer chamar texto, só pode ser identificada como unidade na medida em que admirada por sua superfície, por suas características externas; a análise superficial é, pois, o primeiro passo para o despenhadeiro das interpretações.

O primeiro aspecto em que se concebe um texto é exatamente aquilo que parece significar à primeira vista, nada mais que sua impressão primeira. Por primeira que é, tem foros de ser a única; inscreve-se como tal, produz a ilusão de ser única. Mas não o é. Sua pretensa clareza é ilusória. O segundo aspecto em que se concebe um texto é o das possibilidades de sentido que faculta, desde sua criação, desde a constituição de sua expressividade. Sua presença de texto, não obstante ser sempre a mesma, faz-se diferente a cada novo enfoque, a cada novo uso, a cada mudança de perspectiva, a cada reiteração de sentido, a cada fusão de práticas de sentido, enfim, dentro de circunstancialidades. Essa é a abertura de profundidade que exsurge do

---

[23] Há que se dizer: "À intencionalidade do exprimir, que actua no falante ou no escritor, corresponde o desejo de entender em quem ouve ou lê; e quando perante o entender se levantam obstáculos, intervém o esforço concentrado do interpretar" (Pagliaro, *A vida do sinal,* 1983, p. 199). Ademais, um texto não possui um par emissor/receptor, mas "lugares" dominados por actantes. A esse respeito, *vide* Rastier, *Sens et textualité,* 1989, p. 47-48.

[24] Tendo em vista essa noção de complexidade que está a rechear a ideia de texto, pode-se dizer do texto que se trata de um composto, a um só tempo: semântico (sentido sígnico), sintático (interação sígnica), pragmático (uso sígnico), estético (apresentação sígnica).

remanso abissal das malhas de um texto. O que paira sobre o texto não pode ser mais que o que se inclui em sua profundidade.

Mas se deve esclarecer que a chave para a abertura dessa perspectiva de profundidade reside não no *texto em si*, e por si, mas na potencialidade interpretativa e no manejo que cada utente faz do texto. Aqui, faz-se, explicitamente, apelo a uma noção de sentido pragmático, contextualizado, histórico e intersubjetivo do texto. Quer-se mesmo dizer que o texto vive em dialética com seu meio. A pragmática textual simplesmente se depara com o texto tendo-o por unidade de sentido, de onde – já que este é o *locus* da interpretação – o *sujeito da interpretação* retirará elementos de muitas origens (circunstanciais, históricos, objetivos, subjetivos, idioletais etc.)[25] para a *composição* do sentido.

O texto, portanto, pode-se concluir desde já, não pode ser entendido como objeto inerte, estanque, acabado e primigenamente intencionado de maneira a ingenuamente excluir qualquer possibilidade de modificação interpretativa. Todo texto, nessa medida, permite sentidos[26]. O sentido não lhe é imanente; no entanto, excluir da corporeidade de um texto a subjacência necessária da interpretação é privar-lhe de alma e de movimento.

Um texto é, a par tudo o que já se disse, um *retículo cultural,* uma vez que está imerso num conjunto de práticas de sentido que o constroem, e que

---

[25] Cf. Rastier, *Sens et textualité,* 1989, p. 19-20. Também: "El texto, pues, está doblemente orientado: hacia el sistema significativo en que se produce (la lengua y el lenguaje de una época y una sociedad precisas) y hacia el proceso social en que participa en tanto que discurso" (Kristeva, *Semiótica 1,* 1981, p. 11).

[26] "Dans ces conditions, plutôt que de prétendre découvrir et proclamer 'le' sens des textes pris un à un, on s'intéressera avant tout, en sémiotique (et plus spécialement en socio-sémiotique) à rendre compte de la manière dont les sujets – les acteurs sociaux – *produisent* et *négocient* entre eux le sens des discours (et par suite, des 'faits' que ces discours prennent eux-mêmes en charge) dans le cadre de confrontations qui, selon les cas, pourront être, par exemple, de nature plutôt politique, plutôt scientifique, plutôt juridique, étant entendu que ces limitations ne sont jamais radicalement tranchées. Ainsi, dans le cas qui nous intéresse ici, le droit, avec toutes les variétés des types de discours et de pratiques que ce terme recouvre – qu'il s'agisse, entre autres, de l'écriture de la loi, de la pratique judiciaire ou du discours de la doctrine –, quelles sont donc les stratégies discursives à l'œuvre et quels sont les effets de sens qu'elles tendent à produire? Quelles sont par ailleurs *les lectures possibles* des objets signifiants (et en premier lieu des textes) ainsi engendrés, et quelles seront, dans un contexte donné, *les procédures d'arbitrage* entre elles?" (Landowski, La découverte du sens en droit: un point de vue sémiotique, La découverte du sens en droit, *Archives de Philosophie du Droit et de Philosophie Sociale*, n. 48, 1992, p. 48).

lhe conferem vitalidade intersubjetiva, numa perspectiva não só pragmática como também filosófica[27]. Dizer do texto que se trata de um *retículo cultural* é dizer que detém, e sobretudo que retém, em sua estrutura, um adensamento de elementos em fermentação, que se conglomeram em revoluções e mutações constantes. Um *texto,* portanto, é menos um corpo de sentido único, inarticulável, e muito mais um *projeto de sentido* que, uma vez atingido pela prática interpretativa, sofre variações e recebe influxos advindos propriamente de todos os importes axiológicos que carrega o exegeta. Porém, isso não se faz ao sabor de seu arbítrio[28].

Um texto funciona quando é atualizada a sua faculdade de produzir sentido pelo intérprete[29]. Dentro dessa perspectiva, entender textos é conferir-lhes a oportunidade de "dizer" algo. O texto é mudo por si só e, em sua estática, possui apenas potencialidade para significar; ao *sujeito da interpretação* é oferecida a tarefa de manipular os textos e de lhes oferecer sentidos. O texto se movimenta ao ser vivido pelo intérprete, pelo sujeito que o conhece, que com ele interage. Interpretar, desde já se pode dizer, é fazer do texto, qualquer que seja ele, uma vivência pragmática de sentido. O apelo aqui feito é pela movimentação dos textos pelo usuário; se este estudo se resumisse ao campo dos textos (suas estruturas, formas, inflexões, elementos, seu conceito, sua corporeidade...), far-se-ia incompleto, e, pois,

---

[27] O próprio conceito peirceano de *interpretante* não só comporta como também sugere a ideia de que o *signo* se constrói na esfera do receptor não como algo dado ou imanente tão somente, mas como algo que importa em uma permuta valorativa entre sujeitos. Assim, o intérprete não é receptor de mensagens comunicativas, mas sujeito agente na construção de sentido a ser atribuído ao universo sígnico.

[28] A participação do intérprete ao tomar conhecimento do texto é intensa e construtiva. Esse aspecto será mais bem explorado; no entanto, pode-se dizer que "(...) ler é, em qualquer hipótese, encadear um discurso novo no discurso do texto. Este encadeamento de um discurso denuncia, na própria constituição do texto, uma capacidade original de ser retomado, que é o seu carácter aberto. A interpretação é a conclusão concreta deste encadeamento e deste retomar" (Ricoeur, *Do texto à ação*: ensaios de hermenêutica II, p. 155). Ou ainda: "No fim da investigação, a leitura aparece como este acto concreto no qual se completa o destino do texto. É no próprio âmago da leitura que, indefinidamente, se opõem e conciliam a explicação e a interpretação" (p. 162).

[29] "Podemos, por conseguinte, interpretar qualquer coisa – ou, dito de outro modo, vários são os fenômenos interpretáveis" (Nogueira, *Direito e linguagem*: o processo interpretativo jurídico sob uma perspectiva semiótica, 2013, p. 115).

estar-se-ia a proceder a uma pesquisa que desarticula a própria funcionalidade textual. Os textos funcionam na medida em que são usados[30].

As práticas interpretativas, e as teorias que as sustentam, estão profundamente enraizadas em paradigmas que desconsideram a importância do intérprete na formação construtiva do texto jurídico. Normalmente, este é visto como estrutura sólida, essencialista, dotada de um sentido imanente, o qual deve acessar o intérprete por meio da descoberta. O sentido de um texto é, então, um achado metafísico ou lógico. Seja porque o texto é claro e não requer interpretação, seja porque o texto confuso/obscuro pode ser "consertado" pelo intérprete, sua função ativa no processo de construção do sentido sempre foi concebida como *minus* em relação à ontologia do próprio discurso e de seu sentido. Prova disso no campo jurídico é a presença de ilimitadas chaves de interpretação que constrangem o raciocínio jurídico a cânones, mais ou menos variáveis de acordo com a matéria. Em uma enumeração dos adágios relacionados com a interpretação pode-se estimar, com parâmetros numéricos e exemplificativos, essa pluralidade, como segue: *ubi eadem ratio, idem ius; cessante ratione legis, cessat lex; ubi lex non distinguit, nec nos distinguere debemus; specialia generalibus derogant; generalia specialibus non derogant; qui dicit de uno de altero negat; actus interpretandus est potius ut valeat quam ut pereat; malitiis non est indulgendum; in dubio pro reo; actore non probante, reus absolvitur; poenalia sunt restringenda; odiosa sunt restringenda; exceptio est strictissimae interpretationis; dubia in meliorem partem interpretari debent; intelligitur confiteri crimen pasciscitur*[31].

A significação resultante do exercício exegético, numa perspectiva pragmática, não pode ser realmente algo de unívoco, dada a ampla esfera de participação de elementos ideológicos, axiológicos, histórico-culturais que interagem para a formação de um entendimento final acerca de uma textualidade concreta *sub judice*. Por muito tempo os conceitos hermenêuticos foram suficientemente complacentes com práticas jurídicas ideológicas mascaradas pela objetividade do sentido.

---

30 Esse é o sentido de texto semiótico, opondo-se à interpretação como busca do sentido imanente da Hermenêutica tradicional. Sobre esse aspecto da discussão, consulte-se Almeida, L'interprétation en sémiotique et en herméneutique, *Le Bulletin du Groupe de Recherches Sémio-linguistiques*: la Dimension Cognitive du Discours, dirigé par Jacques Fontanilles, n. 15, septembre 1980, p. 58-64.

31 O elenco dos adágios é fornecido por Gérard Cornu, *Linguistique juridique,* 1990, p. 372.

Ainda assim, quando aqui se anuncia que o *sujeito da interpretação*, que parte de um texto jurídico, é capaz de forjar-lhe o sentido, não se quer dizer que a prática da significação está submissa à arbitrariedade. Muito antes de se poder dizer que o ato compreensivo constitui-se em mero ato arbitrário do intérprete, pode-se dizer que limites há para a significância, dentro dos quais atua o *sujeito da interpretação*. Em verdade, esse sujeito age livre e criativamente, mas dentro de um campo de forças. Dizer o contrário é aceitar que o discurso é uma realidade sem fronteiras e sem vínculos com o *designatum*.

Os argumentos que sustentam tal afirmação são de diversas ordens. Dessa forma, seja a partir de uma teoria da informação (onde *ordem* e *probabilidade* informativa se correlacionam para fornecer dados empíricos acerca das ocorrências), seja a partir da possibilidade de exorcização da hipótese de atos de loucura no exercício da interpretação, seja a partir dos limites psicológicos e/ou intersubjetivos para o desprendimento do sentido de um preceito, um conjunto frástico ou uma complexidade textual qualquer, sempre se poderá exigir parâmetros minimamente observáveis para a atribuição de sentido a um texto. Já se disse antes e agora se pode retomar este aspecto: um texto significa o que significa, e não somente para este sujeito, mas sobretudo para este sujeito imerso nesta situação, neste contexto, com este outro interlocutor, com esta carga de historicidade etc.[32].

Se não se pode atribuir a um texto uma realidade de sentido unívoca, por ser a grande maioria dos signos (linguísticos ou não) equívoca[33], muito menos se pode dizer que a interpretação é um exercício ilimitado, como se infere da discussão encetada e como se verá mais adiante. Ambas as postu-

---

32 Sobre as condições pragmáticas (contexto, período, tempo...) e sua influência no sentido da norma jurídica, consultem-se p. 141-142 de Timsit, *Les noms de la loi,* 1991.

33 Kelsen mesmo reconhece a falácia que é a aceitação silenciosa do dogma de que a interpretação se verte na direção do único sentido verdadeiro e acertado, *ipsis litteris*: "A interpretação jurídico-científica tem de evitar, com o máximo cuidado, a ficção de que uma norma jurídica apenas permite, sempre e em todos os casos, uma só interpretação: a interpretação <<correcta>>. Isto é uma ficção de que se serve a jurisprudência tradicional para consolidar o ideal da segurança jurídica. Em vista da plurissignificação da maioria das normas jurídicas, este ideal somente é realizável aproximativamente" (*Teoria pura do Direito,* 1976, p. 472-473). Também a respeito do discurso jurídico, deve-se grafar esta referência textual: "Dissémination, désintégration du sens. La loi est innommable. Nommer la loi d'un seul nom serait lui donner un sens – un seul. Pour redonner à la loi tout son sens, il faut la traiter de tous les noms à la fois. Par cette opération seule, elle retrouve son unité et sa signification" (Timsit, *Les noms de la loi,* 1991, p. 179).

ras configuram extremismos. Dimensionar a questão hermenêutica na univocidade é o mesmo que fazer repousar na superfície a explicação do texto; o dimensionamento da questão hermenêutica nos quadrantes da ilimitação é opção desqualificadora da operacionalidade dos textos. Condições há, variáveis, porém sempre possíveis de serem supostas ou questionadas, em que se produz um texto, sobretudo um texto jurídico, imerso que está em conjunturas institucionais, sustentadas por práticas de sentido, valendo-se de universos de discurso... Essas condições de produção delimitam a abrangência teórica, projetável e ideal, de que poderia revestir-se determinado texto (as seletividades dos sujeitos se autodelimitam)[34]. Abstrair a circunstancialidade da produção de um texto é, sem dúvida, a causa de sérios equívocos em sede de interpretação.

1.2.3 OS TEXTOS JURÍDICOS: ENTRE LITERALIDADE E ORALIDADE

É de particular importância ressaltar o fato de que a Hermenêutica Jurídica se coaduna com o conhecimento notório de que a interpretação jurídica se faz, sobretudo, a partir de textos escritos[35]. A enunciação dessa

[34] Com Ferraz Junior: "Podemos chamar esta seletividade de interpretação. Interpretar, portanto, é selecionar possibilidades comunicativas da complexidade discursiva. Dizemos, também, em consequência, que toda interpretação é duplamente contingente. Ora, esta contingência tem de ser controlada ou a fala não se realiza. Para o seu controle precisamos de códigos, isto é, seletividades fortalecidas a que ambos os comunicadores têm acesso, que podem ser fruto de convenções implícitas ou explícitas" (*Introdução ao estudo do Direito*: técnica, decisão, dominação, 1988, p. 235-236).

[35] De fato, o problema se coloca nos seguintes termos: "Na medida em que a hermenêutica é interpretação orientada para textos e na medida em que os textos são, entre outras coisas, exemplos da linguagem escrita, nenhuma teoria da interpretação é possível que não se prenda com o problema da escrita" (Ricoeur, *Teoria da interpretação,* p. 37). Também: "Com a escrita, o sentido verbal do texto não mais coincide com o sentido mental ou a intenção do texto. Semelhante intenção é realizada e abolida pelo texto, que já não é a voz de alguém presente. O texto é mudo. Entre o texto e o leitor, estabelece-se uma relação assimétrica na qual apenas um dos parceiros fala pelos dois" (p. 87). Mais ainda, há que se dizer que: "La loi est – également – écriture. La loi, le droit n'ont pas l'existence dans un ciel des idées. Ce ne sont pas des notions indépendantes de leur enveloppe corporelle, sans consistance réelle. La loi, le droit se traduisent, dans la réalité empirique, par des textes: la loi n'existe en effet que dans ses manifestations – droits, habilitations, permissions consenties, obligations imposées. Or ces manifestations, ce sont des manifestations dans et par l'écriture" (Timsit, La science juridique, science du texte, in *Lire le droit*: langue, texte, cognition, 1992, p. 458).

questão a esta altura da discussão importa em trazer à baila as dimensões do escrito e do falado para efeitos hermenêuticos, e sua importância em termos históricos para a cultura do direito, distinção que não pode ser olvidada, sob pena de se comprometerem os próprios resultados teórico-conclusivos extraídos desta pesquisa[36].

Isso se faz com vistas a importantes distinções que se haverão de delinear no curso da exposição. Com as conquistas já feitas neste campo, com a explicitação dos pressupostos básicos para a enunciação de uma teoria pragmática textual, aliada à explicitação dos aspectos elementares da movimentação dos textos, poder-se-á versar acerca da presente problemática.

O texto escrito, com Ricoeur, não possui elocutor, mas sim autor[37]. A ideia de autoria reflete a noção de ausência do sujeito elocutor; isso por si só pode já ser visto como o princípio para a cadeia das múltiplas interpretações de um texto, seja este uma norma jurídica, seja um texto científico-jurídico, seja um poema épico, sejam vestígios de um crime, seja uma declaração de vontade etc. Basta exemplificar o problema invocando as plúrimas interpretações recebidas pelo texto bíblico, desde sua enunciação à comunidade de fiéis e crentes aos dias atuais[38]. Se todo texto escrito fosse tão claro, tão acabado e tão sólido que prescindisse da interpretação, então essas possibilidades

---

36 É a escrita um elemento de importante referência no seio da juridicidade, no sentido de que é por meio da escrita que se formaliza a *textualidade* jurídica – seja a textualidade *normativa*, seja a textualidade *decisória*, seja a textualidade *burocrática*, seja aquela outra *científica* –, constituindo esse aspecto não raras vezes elemento essencial para que um ato produza seus efeitos na esfera jurídica dos envolvidos. Retenha-se como exemplo as hipóteses em que a lei prescreve como essencial ao ato a sua apresentação formal, por meio de instrumento característico, sem o qual se reputa nulo tal ato, como ocorre com o que vem prescrito no art. 130 do Código Civil: "*Não vale o ato, que deixar de revestir a forma especial, determinado em lei, salvo quando esta comine sanção diferente contra a preterição da forma exigida*", e, também, no seu art. 133: "*No contrato celebrado com a cláusula de não valer sem instrumento público, este é da substância do ato*". Uma aplicação específica desses princípios se vislumbra ao se analisar o testamento como instrumento de grande formalidade para a transmissão de legados. É verdadeiramente "(...) um ato formal ou solene, que além de requerer forma escrita está rodeado de requisitos *ad substantiam*, cuja inobservância torna nula a manifestação de última vontade". Isso se dá porque essas "(...) formalidades legais têm por escopo garantir a autenticidade do testamento e preservar a vontade livre do testador (...)" (Maria Helena Diniz, *Curso de direito civil brasileiro,* 1994, v. 6, p. 123).

37 *Vide* Timsit, *Les noms de la loi,* 1991, p. 53.

38 A esse mesmo respeito, consulte-se, por exemplo, referência importante no texto *O conflito das interpretações,* 1978, p. 7, de Paul Ricoeur.

de atribuição de sentido e de interpretação não seriam viáveis. Cabe, pois, discutir o estatuto da escrita e dos textos na formação do sentido jurídico.

A linguagem *escrita*[39] e a *textualidade* são para o mundo jurídico, a partir de forte carga histórica desde a descoberta da escrita[40], dentro do paradigma assumido pela codificação napoleônica, critérios de segurança, apresentando-se o formalismo como princípio do próprio sistema jurídico[41]. A desenvoltura dos textos no universo dos discursos e práticas textuais jurídicas é de muita importância, tendo-se em vista que guardam em seu interior valores peculiares, apreciados pelas necessidades contextuais jurídicas, quais sejam, o valor da autenticidade (incontestabilidade da existência e do conteúdo do escrito), o da publicidade (acessibilidade coletiva), o da exegese (ponto de partida para a interpretação) e o da permanência (*scripta manent*)[42].

É certo que o direito está baseado em princípios de regularidade e segurança que devem, necessariamente, orientar o seu funcionamento. Para

---

[39] Para uma definição de escritura: "On entend par écriture la manifestation d'une langue naturelle à l'aide du signifiant dont la substance est de nature visuelle et graphique (ou pictographique)" (Greimas/Courtés, *Sémiotique*: dictionnaire raisonné de la théorie du langage, 1993, p. 115).

[40] "A evolução do conhecimento jurídico não se encontra condicionada à escrita, pois do contrário haveria uma descontinuidade entre as realizações jurídicas de sociedades desconhecedoras da escrita e sociedades letradas, quando sabemos porém que muitos de nossos institutos jurídicos desenvolvidos tipicamente através da escrita, têm origem em formas orais e através desse meio foram transmitidos às gerações posteriores, até ganharem a respectiva formalização escrita. A partir do advento da escrita, as sociedades letradas tornam-se quanto ao jurídico um tanto avessas à oralidade, cerceando substancialmente o uso e espaço da mesma, já em nome de uma paradigmática preservação do ideal de segurança e precisão que ao jurídico está reservado como um de seus papéis mais importantes" (Leonardi Filho, *Descrição semiótica do direito* – o jurídico para além da história e da antropologia, 2006, p. 31).

[41] "Le droit se fonde sur nombre d'actes écrits. Il se fonde sur des actes dont l'élaboration donne nécessairement lieu à la rédaction d'un texte. La loi est au premier rang de ces actes, la loi écrite, dit-on justement. Il y a toujours un texte de loi. C'est plus généralement le cas de toutes les composantes de la hiérarchie des normes: Constitution, loi organique, loi ordinaire, ordonnance, décret, arrêté, etc. L'ensemble de ces éléments constitue le droit écrit, base du droit objectif. Les actes instrumentaires sont aussi au nombre de ces écrits: d'un côté les actes notariés, reçus par un notaire (vente ou donation d'immeuble, constitution d'hypothèse), d'un autre côté, les actes de l'état civil, reçus par les officiers de l'état civil (acte de naissance, de mariage, de décès)" (Cornu, *Linguistique juridique,* 1990, p. 253).

[42] Cf. Cornu, *Linguistique juridique,* 1990, p. 254.

isso, o apelo à linguagem escrita serve como forma de tornar o mais objetiva possível a sua forma de operar na prática com questões complexas sobre justiça, liberdade, poder, entre outras. Assim, toda a tarefa do direito é uma tarefa também atravessada por um forte caráter ritual. O procedimento cumpre a atual tarefa de realizar o ritual do direito. E isso, talvez, possa ser decorrência direta do fato de que o direito tenha suas raízes em rituais religiosos, uma vez que a fusão entre religião, moral e direito era indiferenciada em sua origem, somente rompida com as formas de vida e organização sociais modernas.

Não só a constatação desse fenômeno é de importância para o presente estudo, pois, ainda mais profundamente, a semiótica investiga os desdobramentos advindos da utilização dos recursos da linguagem escrita para a transmissão de mensagens, para a prescrição de condutas (*discursos diretivos*), para a descrição de fatos (*discursos descritivos*), para a transmissão de conhecimentos científicos e hermenêuticos (*discursos exegéticos*). As implicações e desdobramentos referidos se desbordam no universo interpretativo, dada a variabilidade das interpretações de textos escritos, textos produzidos e separados da esfera de participação direta de seu autor, de seu criador (legislador, juiz, testador, jurista...).

O que importa seja feito neste campo é uma modulação dos extremismos das respostas tradicionais aos problemas hermenêuticos, que apelam ou para a objetividade ou para a subjetividade dos textos, dentro do contexto das discussões jurídicas; a dimensão dos fatos, atos e negócios, das decisões, aplicações e investigações jurídicas é tão vasta que a criação de uma fórmula hermenêutica genérica, capaz de abarcar todas essas formas de exercício da *juridicidade*, pecaria por conduzir a uma concisão reducionista. Já se disse anteriormente que cada universo de discurso jurídico possui suas regras, suas peculiaridades, sua estrutura, seu sentido peculiar, de modo que se deve ter em conta a especificidade de cada um no momento da construção de dizeres teóricos sobre a interpretação.

Nesse sentido, é interessante dizer que a norma jurídica se expressa pelo texto escrito, positivado, feito inscrição sígnico-literal, constante de códigos e dispositivos legais[43]. O *dever-ser*, invariavelmente, por um prin-

[43] A questão da introdução da grafia (*graphos*) como sistema fundante de todos os espectros da manifestação jurídica, ou de grande parte desta, encontra-se relacionada ao *topos* da segurança jurídica. Acerca da paradigmática da segurança jurídica, que aparece em vários níveis de uma análise jurídica, inclusive neste da linguística, ressalta-se que esta atua como "(...) uno de los móviles fundamentales en la vida humana (...)", não obstante a inevitável

cípio de segurança jurídica, parte de uma referência mais ou menos segura: o texto normativo escrito, teoricamente acessível a todos, legível por todos, cujo sentido residiria na objetividade de sua literalidade, independente do(s) sentido(s) que lhe seja(m) potencialmente cabível(is), atribuível(is) por seus usuários. A utopia do legislador é a de poder construir um texto normativo desprovido de ambiguidades, que signifique *isto* (campo semântico previsto) e tão somente *isto* (campo semântico previsto).

Essa questão possui uma relevância que poucos souberam reconhecer; não se trata de saber se um texto pode ou não ser inscrito com estas ou aquelas palavras (signos linguísticos), mas sim de saber o quanto a escritura da *juridicidade* compromete ou influencia o ato interpretativo. Não se pode partir de modelos hermenêuticos voltados para a análise da linguagem oral aplicando-os irrestritamente ao âmbito da linguagem escrita; o intercâmbio indevido dessas duas formas de produção do sentido é apto a produzir conclusões falsas.

Se é certo que a norma jurídica se expressa via de regra como discurso escrito, também é certo que um processo (judicial) geralmente aparece como texto escrito[44]. Dentro de um processo (judicial), para a formação do *macrotexto* escrito que o constitui como tal, concorre um conjunto de outros textos (orais e escritos), como os fatos narrados por uma testemunha (texto oral), reduzidos a escrito pela transcrição, as provas documentais juntadas, a norma jurídica transcrita para fundamentar a decisão, os atos procedimentais lançados nos autos a fim de compelir as partes a adotar posturas determinadas na marcha procedimental... Não pode se dizer nada diferente de que os julgamentos se fazem a partir desses textos, e interpretações inúmeras se processam em cadeia para a tópica conclusiva do dispositivo de uma sentença judicial, por exemplo; interpretam-se os fatos, as normas a estes respeitantes, a *opinio doctoris* relacionada ao problema, entre outras variáveis surgidas no *excursus* da construção sentencial de um juiz que faz norma individual.

---

subsistência de uma "(...) margen de incertidumbre y de inseguridad en todo orden jurídico (...)" (Siches, *Nueva filosofía de la interpretación del derecho,* 1973, p. 294).

44 Ainda que se diga que o processo é uma relação jurídica, e não a inscrição nos autos que se faz dessa relação triádica (partes/juiz), a questão permanece como candente. *Mutatis mutandis,* na mesma medida, a norma jurídica não se resume à mera inscrição que dela é feita; a norma, inclusive na teoria kelseniana, é uma estrutura de sentido.

O processo (judicial), nesse aspecto, é interessante, pois traz à tona a questão da escrita. Invariavelmente, aplicam-se normas jurídicas da mesma forma como se as concebe; seja pela plasmação de uma norma em um texto legislativo, seja pela redução dos atos processuais à literalidade, esbarra-se na presença da escrita no seio e na constituição da própria *juridicidade*. O inscritível causa segurança, previne, expressa, documenta; tudo porque *scripta manent, verba volant*. Se a escritura possui essa dimensão no seio da *juridicidade*, parece impossível passar desapercebido por sua presença corpórea para as práticas textuais jurídicas.

Nesse circuito onde se transacionam informações jurídicas (ditos sentenciais, instruções normativas, portarias, jurisprudência etc.), onde estas circulam, vivificando-se com os atos de circulação – uma vez que a cada uso, ou a cada apropriação pragmática de um texto, há sempre a formação de um sentido pragmático –, predomina um modelo semiótico de linguagem formalizada e escrita, com esquemas lógicos bem sedimentados e regras notoriamente identificáveis de comunicação. Do texto normativo ao texto decisório, passa-se ao texto doutrinário, e percebe-se que também este é um texto sobre textos; a resultante dessa interação de textos é uma complexidade muito forte de sentidos, que, combinados ou contrastados entre si, produzem também fortes ambiguidades e disparidades semânticas, tornando ainda mais complexas as relações jurídicas.

Que a escrita está latente nas relações textuais envolvidas pela *juridicidade*, parece claro[45]. Agora há que se acentuar minuciosamente quais os influxos trazidos dessa constatação.

A transposição do estudo da fala ao estudo da escrita, ou melhor, a passagem do discurso falado ao escrito, não se faz sem restrições[46]. O que

---

[45] Se a presença e importância da escrita vem destacada, deve-se, no entanto, advertir que a linguagem jurídica mistura às vezes a oralidade à escritura, e muitos atos são, por vezes, de ambas as formas manifestados. A esse respeito: "Mais le plus souvent, le langage du droit marie les deux modes d'expression dans l'élaboration d'un même acte" (Cornu, *Linguistique juridique,* 1990, p. 256). Esse autor possui longa investigação sobre o caráter dúplice da linguagem jurídica, entre oralidade e escrita, acentuando a tese da complementaridade de ambas (p. 250-265). Sobretudo, destaca-se a necessidade de estudo da carga de importância (oral/escrita) de acordo com o gênero discursivo jurídico (p. 263).

[46] Grife-se esta ideia: "O que ocorre com o discurso quando ele passa da fala à escrita? À primeira vista, a escrita parece introduzir apenas um fator puramente exterior e material: a fixação, que coloca o evento do discurso ao abrigo da destruição. Na realidade, a fixação não passa da aparência externa de um problema singularmente mais importante concernindo a todas as propriedades do discurso que enumeramos anteriormente. Em primeiro lugar,

se quer dizer é que certas categorias hermenêuticas que têm em vista o texto oral não se aplicam para a interpretação do texto escrito, e vice-versa[47]. Se isso é verdade, então, dever-se-á ter presentes as diferenças que existem entre interpretação da oralidade e da literalidade, exatamente para que se perceba quais as repercussões possíveis para a teoria jurídica que procura dar conta da dimensão exegética. Dois paradigmas textuais diversos, um voltado para a comunicação *inter praesentes* (vivida pelos interlocutores) e o outro para a comunicação *inter absentes* (mediatizada pelo texto escrito), apelam para duas consequências interpretativas diversas.

Atentar para essas diferenças é perceber, com todas as palavras, o quanto o discurso pode representar um meio de comunicação circunstancial, momentâneo, sujeito a regramentos, a gramáticas, a cláusulas sintáticas, mas sempre livre em sua criação como ato de palavra ou ato sígnico[48]. Os imperativos de ambos os modelos não conduzem às mesmas chaves de interpretação; o problema é menos uma diferença de códigos utilizados e mais de formações de sentido impregnadas por práticas diversas, assim como por injunções peculiares.

Dessa forma, o uso do discurso deve ser estudado em situação, quando se faz do sujeito elocutor o construtor maior da realidade do sentido, e isso deve ser tomado em consideração quando se quer ver tematizado o desafio semiótico da interpretação. Se diferenças há, devem elas ser remarcadas, pois:

a) quanto à relação mensagem/código: a escrita representa a inscrição de mensagem em formas codificadas diversas daquelas usuais para a fala;

b) quanto à relação mensagem/elocutor: a escrita faz emergir a realidade de texto como objeto ou como construto, enquanto a fala faz emergir a *intentio* do falante, o sentido buscado por aquele que *hic et nunc* se expressa;

---

a escrita torna o texto autônomo relativamente à intenção do autor. O que o texto significa, não coincide mais com aquilo que o autor quis dizer. Significação verbal, vale dizer, textual, e significação mental, ou seja, psicológica, são doravante destinos diferentes" (Ricoeur, *Interpretação e ideologias,* 1990, p. 53).

47 É essa a preocupação de Timsit, em sua reflexão sobre o Direito, ao dizer, baseado em Ricoeur: "Les conditions de la relation entre l'écriture et la lecture sont totalement différentes de celles. Qui s'établissent entre deux interlocuteurs lors d'un échange de paroles" (*Les noms de la loi*, 1991, p. 45).

48 "O sistema atemporal da língua não parece nem desaparece, simplesmente não acontece. Só o discurso se deve fixar, enquanto evento o discurso esvanece-se" (Ricoeur, *Teoria da interpretação,* p. 38-39).

o *perlocucionismo* da linguagem oral, ou seja, toda a comunicação *paradiscursiva* que promana do discurso (expressões faciais, emoções, sentimentos...), tendo-se em vista a possibilidade de redimensionamento do *perlocucionismo* por símbolos gráficos que não alcançam toda a perspectiva significativa do discurso, atuando a escrita como semia *substitutiva* e *imperfeita*[49];

c) quanto à relação mensagem/ouvinte: a escrita introduz o problema da universalização do auditório, pois o texto escrito passa a ser coisa entre coisas, de uso indefinível, abrindo-se espaço para os direitos do leitor a se utilizar da textualidade, enquanto a fala, geralmente, resolve-se na realização *in praesentia*; a partir da propagação da *vox* articulada constrói-se a textualidade sobre a experiência do canal característico à escrita (*littera*), tendo-se que, uma vez materializada, constrói-se potencialmente *ad perpetuum*, extravasando ao local e ao momento de sua produção; a separação autoral é propriamente a característica do texto, uma vez que a distanciação da obra consente que esta imerja no universo social, sujeitando-se, a partir de então, à interpretação, à hermenêutica da pluralidade de setores sociais que sociologicamente se identificariam com a, ou estariam submetidos à, textualidade proposta; à distanciação do autor do texto corresponde, na esfera daquele que interpreta, a apropriação pelo leitor;

d) quanto à relação mensagem/referência: a escrita enfatiza o caráter abstrato da linguagem, retirando do autor a possibilidade de remeter o discurso diretamente à ordem das coisas, situações, valores e considerações relevadas *in momentu*, enquanto a fala sempre consente o exercício dinâmico da capacidade de significar semioticamente[50];

e) quanto à relação mensagem/tempo: para a escrita destaca-se o caráter de *atemporalidade* que a reveste (relativamente à mensagem falada), em oposição aos limites temporais que se reduzem ao próprio momento de elocução dialógica *inter praesentes*, não obstante as técnicas modernas de conservação do discurso oral (como a magnetização, a gravação...).

A passagem de um universo de *oralidade elocutiva* para uma perspectiva da *escrita* tem como consequência direta o aumento da dialética her-

---

[49] Cf. Buyssens, *Semiologia e comunicação linguística*, p. 60.

[50] Cf. Ricoeur, *Teoria da interpretação,* p. 37-56. Sublinhe-se o fato de que toda a análise empreendida por Paul Ricoeur nesse trecho se baseia nas lições sobre a relação de comunicação firmada por R. Jakobson.

menêutica *texto-leitor*, operando-se mutações não dispensáveis para uma análise semiótica do discurso[51].

Abstrair dessas diferenças seria desconsiderar a relevância da problemática no seio das discussões suscitadas pela temática *sub foco*. Dados esses matizes acerca da noção básica de texto jurídico aqui adotada, em toda a sua amplitude, bem como abordadas as principais considerações a esse respeito, passe-se à investigação das questões juridicamente relevantes e das principais teorias acerca da atitude hermenêutica.

1.2.4 INTERPRETAÇÃO E INTENÇÃO TEXTUAL: *INTENTIO LEGISLATORIS* E *INTENTIO LEGIS*

A prática da interpretação vista como forma de acessar o sentido jurídico avoca a necessidade de focar também a questão da imanência da vontade nas práticas textuais jurídicas. Tem-se, pois, por introduzido o debate acerca da intenção discursiva, sobretudo acerca da intenção do legislador na formação do discurso normativo, e resta saber se esta reside no discurso em si, quando se pode falar de uma *intentio legis* (*operis*)[52], ou se reside na vontade histórica do legislador, quando se pode falar de uma *intentio legislatoris* (*auctoris*)[53].

Essa discussão se avulta na medida em que se torna relevante contrastar entre si as opções teóricas em torno do problema, por terem sido muitas, podendo-se indicar as três principais formadas no curso do tratamento da temática jurídico-interpretativa. De acordo com o enfoque, sobremodo acentuado ou no *destinador*, ou no *texto-objeto*, ou no *destinatário*, identificam-se com clareza as vertentes principais e seus argumentos para deba-

---

51 Sobretudo tendo-se que a escrita "(...) é a plena manifestação do discurso" (Ricoeur, *Teoria da interpretação*: o discurso e o excesso de significação, p. 37).

52 A chamada *intentio operis* pode ser assim definida com Umberto Eco, no sentido da obra falando por si e respondendo o que pode e o que não pode ser ao leitor-intérprete: "Agostinho, em *De doctrina christiana* dizia que uma interpretação, caso pareça plausível em determinado ponto de um texto, só poderá ser aceita se for reconfirmada – ou pelo menos se não for questionada – em outro ponto do texto. É isso que entendo por *intentio operis*" (*Os limites da interpretação,* 1995, p. 14).

53 "No plano jurídico, a *intentio auctoris* refere-se, primordialmente, à vontade do legislador, à *mens legislatoris*" (Nogueira, *Direito e linguagem*: o processo interpretativo jurídico sob uma perspectiva semiótica, 2013, p. 120).

ter o problema do texto jurídico. A variação de ênfase permitiu o delineamento de opções teóricas hoje claramente identificáveis.

Querem os objetivistas ver no texto jurídico, sobretudo no jurídico-normativo, um produto autônomo da vontade, dotado da chamada *intentio operis*; os subjetivistas, por sua vez, querem ver no texto um desdobramento personalíssimo do legislador, o que reclama maior atenção para a *voluntas legislatoris*; outros querem que o texto seja um retículo de infinitas interpretações, variáveis ao sabor da vontade do intérprete, uma *opera aperta*, em seu sentido mais absoluto, amorfa e indeterminável quanto a seu sentido.

Então, resumindo-se os argumentos, o que se pode conceber, basicamente, em termos de interpretação normativa é que:

a) ou o texto normativo pode ser dito um produto humano, sendo que toda ação discursiva humana se reveste de finalidade e intencionalidade, o que justificaria o fato de o mister interpretativo se reduzir à detecção da *intentio auctoris*;

b) ou o texto normativo pode ser dito um produto autônomo, que ganha vida com sua exteriorização e formalização (promulgação), de modo que o que releva é que se tome o texto jurídico em sua objetividade ontológica;

c) ou o texto normativo pode ser dito um esquema ou esboço primeiro de sentido, simples referência, ou mesmo ponto de partida para o destinatário, este sim verdadeiro demiurgo do sentido jurídico[54].

As ondulações teóricas atestam a modernidade e a relevância da discussão. A intromissão da Semiótica nessa discussão multissecular tornou ainda mais buliçosa a problemática, e isso porque carreou para essa esfera de discussões ainda outros questionamentos que lhe eram afins. Na esfera das ambições semióticas, cabe discutir com grande pertinência se o sentido é dado pelo texto em si ou pelo sujeito que o produz ou pelo que o interpreta, na linha das investigações desenvolvidas neste trabalho.

O processo semiótico envolve o processo inferencial e, como tal, envolve a busca de atribuição de sentido a fenômenos semióticos[55]. Desse

---

[54] Cf. Eco, *Os limites da interpretação,* 1995, p. 7. O debate acerca das possibilidades hermenêuticas e suas opções vem vastamente debatido por Umberto Eco nessa obra.

[55] Como já se disse, onde há signos há abertura para a interpretação, seja de sua *intentio,* seja de sua extensão, seja de seu valor, seja de sua abrangência, etc. Há aqui uma operação da razão, que se destina, a partir do estímulo sensorial de um signo (visual, auditivo, tático, gustativo, olfativo), a este ou àquele caminho.

modo, tudo o que ocorre no âmbito da interpretação se relaciona com o problema das seletividades[56]. Pode-se mesmo utilizar o termo "rastreamento" para identificar o processo de busca do sentido pelo intérprete; este rastreia, nas condições em que lhe é dado o texto – e as condições envolvem situação, contexto, finalidade, tonalidade de voz (para o discurso oral), forma, pessoa com quem fala, autor de que se trata... –, o sentido e o alcance pragmático daquele. Não só onde há obscuridade há interpretação; reafirme-se: onde há prática semiótica há interpretação.

Já se disse que mesmo o ato cognoscitivo envolve opção, seletividade, portanto, interpretação, devendo-se, pois, direcionar a investigação não propriamente para a busca do sentido único, o que corresponderia a uma busca da essência e da univocidade, mas sim acerca das diversas possibilidades de significação contidas num texto (plurivocidade). Mais ainda, pois se deve direcionar a investigação no sentido da atuação construtiva do intérprete na formação do texto, atuação que, ao ser partilhada no convívio do sentido textual, pressuposto nas práticas jurídico-textuais, transmite-se pelos diversos manipuladores das mensagens envolvidas. Deve-se mesmo chamar a atenção para os limites e os parâmetros de interpretação previamente delimitados, dados pelo legislador, para a relatividade interpretativa nas perspectivas temporal e espacial, em função da dialética do sentido.

Se um texto é um complexo sígnico, como anteriormente definido, a interação de códigos e outras injunções se faz em seu bojo, de maneira que o menosprezo aos elementos que se coagulam em seu interior só poderia importar em um empobrecimento da leitura interpretativa. A intrincada malha textual se desfaz nas mãos do *sujeito da interpretação*, até quando o texto é mero projeto de sentido, indicativo semântico, do qual se vale o

---

56 Por isso, comunga-se do acerto da proposta de Ferraz Junior, que faz do ato interpretativo uma mecânica intersubjetiva de seletividades. Mais uma vez, no texto: "Podemos chamar esta seletividade de interpretação. Interpretar, portanto, é selecionar possibilidades comunicativas da complexidade discursiva. Digamos, também, em consequência, que toda interpretação é duplamente contingente" (Ferraz Junior, *Introdução ao estudo do direito*: técnica, decisão, dominação, 1988, p. 235-236). Essas digressões se fazem na mesma esteira das reflexões lúdicas e tópicas de Viehweg, para quem "... los *topoi* son ofrecidos, aceptados o rechazados por los ablantes que conversan o discuten entre sí, a fin de lograr una opinión compartida. De esta manera, posibilitan una creación comunicativa recíprocamente controlable" (*Tópica y filosofía del derecho*, 1997, p. 199).

exegeta em busca do sentido. Quer-se, portanto, tomar o *texto jurídico* em sua integralidade funcional[57].

Fato é que a lei, sendo um *retículo cultural*, que se faz e se produz em contextos próprios, encontra-se em pura dialética com a realidade e os sujeitos que a produziram; é falaz a crença de que possa haver a conservação *ad perpetuum* da textualidade jurídica nos estritos termos em que foi promulgada[58]. Se o texto se mantém, se a letra se conserva à circunstancialidade espaço-temporal, seu conteúdo se altera a partir do influxo de novos valores por sobre os preceitos normativos. De fato, não se pode negar que a interpretação sustenta, senão todas, as principais práticas de sentido jurídicas, participando, portanto, da construção da *juridicidade*.

É certo, portanto, que, para um modelo pragmático-textual, o texto é a fonte de referência e o intérprete o modulador de seu sentido. O intérprete constitui o sentido jurídico, que é imanente à *intentio* do legislador ou da obra em si, mas isso o faz não arbitrariamente, mas sim de acordo com parâmetros que cumpre sejam destacados.

Todo texto jurídico que se promulga, que se coloca a serviço do público, que decide, se publica e se impõe às partes, ... enfim, todo texto que interage com a alteridade recebe influxos de diversas ordens, a saber: (a) influxos *subjetivo-individuais*, quando se percebe como latente a psicologia do elocutor textual[59]; (b) influxos *ideológicos*, pois as escolhas estão sempre presentes, de modo que, seja esta uma escolha da resposta político-normativa, seja esta uma resposta que adapta a norma jurídica aos valores e imposições de uma época..., sempre haverá a presença da ideologia na formação do próprio texto a se enunciar; (c) influxos *socioculturais*, pressupostos

---

57 Para uma crítica do modelo oficial de interpretação, sua ideologia normativista e sua forma comunicativista, consulte-se a embasada crítica de Côté, L'interpretation de la loi: une création sujette à des contraintes, *Lire le droit*: langue, texte, cognition, 1992, p. 133-143.

58 Isso porque: "A lei não brota do cérebro de seu elaborador, completa, perfeita, como um ato de vontade independente, espontâneo" (Maximiliano, *Hermenêutica e aplicação do direito,* 1990, p. 19).

59 Pode-se grifar que acorrem, para toda formulação jurídica, elementos que fazem parte da idiossincrasia e da história pessoal do exegeta, tendo-se em vista que a formação do significado, dentro de uma apresentação peirceana da problemática sígnica, se forma a partir do convívio da tríade *signo-interpretante-denotatum*; aqui o sujeito receptor (o interpretante se forma na mente do receptor) é o decodificador da mensagem, e, como tal, o formador do sentido em sua *psyché*.

em toda prática do conhecimento, que é sempre partilhado, vivido e construído em interação contínua pela intersubjetividade, ante os fluxos e refluxos da dialética dos valores sociais[60].

Toda norma jurídica, portanto, possuindo essa natureza textual, reúne em si um emaranhado de pressupostos semióticos e sociossemióticos que não se podem desprezar. São eles que facultam a multiplicação dos sentidos, que potencializam o texto de sua malha estática para a dinâmica dos novos sentidos. O fermento semântico que remanesce *in potentia* sob a superfície de um texto é o que permite a formação das chamadas cadeias interpretativas.

A *juridicidade,* o conjunto das práticas jurídico-textuais, sofre verdadeiro efeito de potencialização dado pela interpretação. De fato, é esta tamanhamente acentuada que se pode verificar o quanto se complexizam os aparatos jurídicos nos quadros culturais nos quais se inserem. Se a interpretação, tal como entendida aqui, desautoriza a que se perenizem valores consagrados pelo *ius positum,* então, deve-se dizer que a interpretação está pressuposta por toda atividade que releva do sentido jurídico. Trata-se, sobretudo, de assinalar um modelo interpretativo que não só valoriza o papel dinâmico da *juridicidade* – mesmo enquanto inscrita nos estritos termos da textualidade codificada – como ressalta ser esta um capítulo dos fenômenos culturais geneticamente engendrados no mais amplo quadro das relações e interações socioculturais[61].

Em poucas palavras, a interpretação também é um ato social, uma prática como outras, que sofre os influxos por esta sociedade sedimentados, e que a ela mesma se destinam. Compatíveis, portanto, com esse raciocínio são as anotações que se fizeram necessárias, tudo tendo em vista a *desconstrução* de quimeras teóricas esterilizantes da *juridicidade*, que são aquelas que afastaram a complexidade dos atos jurídicos[62].

---

[60] O que equivale a dizer que a aceitação da interpretação de um texto depende de uma adequação dos valores individuais aos coletivos, de modo a se tornar não só aceitável por todos a interpretação como também sustentável. Isso se assume com as cautelas devidas, pois, cabe aqui a advertência: "Entretanto não se deve exagerar a importância do fator coletivo, social, sobre a legislação; ele predomina, porém não de modo exclusivo" (Maximiliano, *Hermenêutica e aplicação do direito,* 1990, p. 21).

[61] Quando se afirma isso não se quer dizer nada mais além de que a norma "(...) encerra em si um infinito conteúdo de cultura (...)" (Maximiliano, *Hermenêutica e aplicação do direito,* 1990, p. 29).

[62] "Reduzir a interpretação à procura do intento do legislador é, na verdade, confundir o *todo* com a *parte* (...)" (Maximiliano, *Hermenêutica e aplicação do direito,* 1990, p. 29).

Proposta uma textualidade jurídica, estando esta produzida em contextos próprios, há que se perseguir o que de possível há, em termos de sentido jurídico, dado pelo texto[63]. Existem autorizações de sentido que o texto, ou o universo de discurso em que se insere, fornece, assim como existem limitações de sentido que o texto, ou seu universo de discurso próprio, estabelece. Essa é a questão dos limites interpretativos.

A falácia do legislador como sujeito *omnipotens* é, sem dúvida alguma, paradigma superado. Não há vontade (*intentio legislatoris*) a determinar, nesse tipo de perspectiva, mas sim vontades a determinar[64]. O *quem* do legislador, na maioria das democracias representativas modernas, aponta muito menos para uma *vontade única*, para um sujeito singular, e muito mais para muitas vontades divergentes e conflitantes, para um sujeito coletivo (Poder Legislativo)[65].

A conclusão não é outra senão a de que a busca do sentido deve posicionar-se não na direção do *sujeito do discurso*, mas na direção do texto, com toda a sua autonomia. Deve-se buscar o sentido do texto, enquanto ato de linguagem reificado, acabado e despersonalizado na linguagem jurídica. O apelo vem dado, sobretudo, para o ato escrito, pois é este um ato sem sujeito, dotado sim de autor. A mudez do autor é o que espanta neste pro-

---

Essa crítica bem fundada de Carlos Maximiliano não isenta sua teoria hermenêutica de ser um estudo ainda calcado na busca da verdade, da essência, da clarificação do sentido imanente às palavras. Mas, de qualquer forma, deve-se ressaltar aquilo que esse autor afirmou em convergência com o que se quer exprimir neste trabalho.

63 Mais ainda: "A base do trabalho do exegeta seria uma ficção: buscaria uma vontade possível, agente, ativa no passado e as conclusões logicamente decorrentes deste intento primitivo" (Maximiliano, *Hermenêutica e aplicação do direito,* 1990, p. 25).

64 A determinação do pensamento do legislador é uma postura exegética que não só importa em um retrocesso ao espírito e ao tempo da legislação como também se determina em termos de uma problemática institucional que se descola da própria noção de *quem* seja o legislador. E estas não são sempre convergentes, mas díspares, sabendo-se que as decisões se baseiam na vontade da maioria (absoluta ou relativa).

65 É assim que, não pela simplicidade, mas pela complexidade da atividade de composição das leis, deve-se vislumbrar que a lei é produto heterogêneo de vontades, retículo de emendas e recortes vários que se faz geralmente para a sua aceitação. De fato: "Quantos fatores atuam até surgir o conceito definitivo! Em uma das forjas da lei, no parlamento, composto, em regra, de duas câmaras, fundem-se opiniões múltiplas, o conjunto resulta de frações de ideias, amalgamadas (...) Se descerem a exumar o *pensamento* do legislador, perder-se-ão em um báratro de dúvidas maiores ainda e mais inextricáveis que as resultantes do contexto" (Maximiliano, *Hermenêutica e aplicação do direito,* 1990, p. 23).

cesso de busca do sentido do texto. Não basta, portanto, querer fazer da norma jurídica um texto dotado de *intentio* predeterminada, inatingível que é esta; muito menos ainda querer fazer da *intentio* do legislador uma meta hermenêutica[66].

Assume-se, portanto, que: (a) o texto é o lugar da interpretação; (b) a interpretação do texto escrito deve estar cercada de cuidados necessários para a diferenciação do que é oralidade e do que é literalidade; (c) a interpretação é fonte de sentido jurídico; (d) as injunções sociais, históricas, econômicas, culturais, políticas, psicológicas, técnicas... estão todas presentes em cada momento interpretativo; (e) a dinâmica jurídica se faz no acompanhamento das instâncias sociais e com a reconstrução diuturna dos sentidos jurídicos.

1.2.5 DECIDIBILIDADE: PRAGMÁTICA E FUNCIONAMENTO DOS TEXTOS JURÍDICOS

Tendo-se em vista, sobretudo, o que já se disse a respeito da temática, traga-se às claras o fato de que interpretação e aplicação[67] caminham lado a lado. Já se disse em outra parte que a interpretação jurídica não se faz sem motivo, de modo que a exegese jurídica vem marcada por esse direcionamento para a aplicação. Entenda-se que a *juridicidade* funciona como conjunto de práticas jurídico-textuais, e que, portanto, os atos, os discursos, as condutas... que se somam nesse campo se vertem, fundamentalmente, no

[66] Alguns métodos hermenêuticos buscam essa *intentio,* porém uma interpretação prospectiva do texto enquanto tal, ou seja, enquanto entidade desvinculada de seu autor, faculta ao agente jurídico a possibilidade de encontrar muito mais que uma *intentio* subjacente, ou seja, encontrar uma teleologia diretiva do preceito normativo vigente. Esta permite operá-lo contextualizadamente de acordo com as necessidades circunstanciais com que se inscreve a problemática fática suscitante de uma atividade aplicativa do direito legislado.

[67] Utiliza-se aqui, sobretudo, o termo "aplicação" para designar toda essa espécie de aplicação jurídica, e não somente a aplicação jurisdicional das normas jurídicas. Não se quer fazer dessa atividade um dom exclusivo do Poder Judiciário. Portanto, o termo abrange em sua esfera semântica a aplicação jurídica feita pelos Poderes Executivo, Legislativo e Judiciário, quando em suas esferas e dentro de suas competências procedem à concretização do conteúdo de normas jurídicas. O procedimento administrativo (para aplicação de pena, para punição de funcionário, para discussão de direitos do contribuinte, para solução de pendência em contrato administrativo...) e o procedimento judicial (litigioso ou consensual) são ambos enfocados neste tipo de análise, inclusive em coerência com o que se haverá de expor, posteriormente, acerca do discurso decisório.

sentido da prática aplicativa jurídica. Mais ainda, que essa prática *vive* e *revive* quotidianamente o sentido jurídico, em profunda interação com a criação do sentido textual, tudo devido ao uso pragmático dos textos por seus operadores.

Se a aplicação é um mister, e se a aplicação pressupõe interpretação, então parece claro que o movimento desse emaranhado de textos jurídicos que compõe a *juridicidade* se deve aos sucessivos e abundantes atos de procura, apresentação, retalhação, combinação, desnudamento e valoração de conceitos jurídicos, em fricção com a realidade concreta[68].

A aplicação jurídica, operação de transmutação, conjugação e subsunção entre duas esferas, a da *faticidade* e a da *juridicidade*, cuja tensão é ineliminável, pressupõe sempre interpretação. Não há aplicação jurídica sem um exercício hermenêutico mínimo de decodificação, arranjo e *rearranjo* da ordem dos fatos, e de busca, conhecimento e acoplamento de textos normativos. Nesse sentido, pode-se dizer, a aplicação jurídica demanda coerência, assim como demanda interpretação, de modo que uma e outra podem ser consideradas *palavras-chave* do processo aplicativo. Como a aplicação pressupõe a interpretação, participando, portanto, esta última de uma atividade mais complexa de identificação do específico (situação jurídica) com o genérico (*dever-ser* normativo), do fato com a norma, pode-se dizer, a aplicação não ocorre sem juízos interpretativos de fatos e de normas[69].

Mais ainda, se a cognição está envolvida na interpretação, e se não há cognição sem interpretação, mesmo antes de falar de aplicação se pode já atestar a presença da interpretação no contato com questões fático-jurídicas[70].

---

[68] No manejo diário com a *juridicidade*, todos os juristas (*lato sensu*), todos os dias, constroem as normas jurídicas. De fato, participam direta ou indiretamente do processo gerador dos textos normativos. Confeccionam, ao seu modo e mediante, por vezes, suas parcas disponibilidades, participações que se cristalizam numa torrente de entendimentos, propostas, críticas, exegeses, tudo isso redundando em movimentos legislativos.

[69] Tanto o fato jurídico é um fato interpretado como a norma jurídica é uma norma feita sentido. Não se pode concordar com a posição filosófica descendente dos entendimentos de Dilthey, do Círculo de Viena, para quem os signos se compreendem e os fatos se explicam, na base do que se funda sua divisão entre ciências do espírito (signos) e ciências naturais (fatos). Sobre essa discussão, convergindo para a mesma conclusão, consulte-se Ricoeur, Entre herméneutique et sémiotique, *Nouveaux Actes Sémiotiques*, 1990, p. 5-6.

[70] A própria presença da parelha explicar/compreender aparece, para Paul Ricoeur, como uma constante necessária para os estudos de semiótica que se debruçam no terreno em questão. Não é específico da Hermenêutica a discussão sobre explicar/compreender, pois da mesma parelha se vale a semiótica; a diferença reside no primado de cada qual desses atos

Se envolvido no ato aplicativo está um preceito normativo, ou uma cláusula contratual, ou um princípio de direito ou uma situação fático-jurídica... indistintamente, o que interessa é saber que na base da formação do significado está a compreensão mediada pela interpretação. Conhecer algo, tomar algo, receber algo nos sentidos, selecionar o que perceber pelos sentidos é, não raro, uma prática avançada da própria interpretação.

Mas não se incorra no equívoco de considerar possível a interpretação somente onde há aplicação; é certo que caminham lado a lado interpretação e aplicação, mas o que se deve detectar é qual a relação que estabelecem entre si. Há, sem dúvida alguma, essa confidencialidade, esse mútuo condicionamento, quando do exercício da aplicação, mas o mesmo não se pode dizer para a interpretação, que guarda sua autonomia. De fato, a interpretação pode ser exercida mesmo desacompanhada da aplicação. Pode até ser que tenha em vista a aplicação, mas não necessariamente se tem a aplicação como ocorrência necessária ao lado da interpretação[71]. Em poucas palavras, a interpretação é pressuposto para a aplicação, mas a aplicação não o é para a interpretação[72].

O que se disse vem a reforçar ainda mais a ideia de que *aplicação* e *interpretação* esbarram no problema do texto. Todo texto, para funcionar, para existir como sentido, possui em seu interior a potencialidade de sentido oferecida ao *sujeito da interpretação*. É este o responsável pela detonação das cadeias de sentido. Se toda norma, como texto que é, se sujeita à interpretação *ab initio,* não se há que duvidar que a interpretação seja uma ocorrência necessária para a aplicação, que se exerce no sentido de mediar normas e situações fáticas.

O texto jurídico é intermediário necessário na relação de significância na medida em que os interlocutores (produtor do texto/decodificador do

---

para cada uma das ciências. Consulte-se, a respeito desse debate, Ricouer, Entre herméneutique et sémiotique, *Nouveaux Actes Sémiotiques*, 1990, p. 4.

71 Com Kelsen a questão é clara, no sentido de se dizer que a interpretação é autêntica ou não autêntica, conforme seja praticada por um agente dotado de autoridade e competência para a aplicação jurídica, ou não o seja. Os advogados, os juristas, os particulares que estudam, procuram entender ou conhecer as proposições jurídicas não são aplicadores do Direito; exercem, portanto, interpretação não autêntica. A esse respeito, consulte-se, do autor, *Teoria pura do Direito,* 1976, p. 463-473.

72 Quanto ao discurso normativo, pode-se dizer que "(...) é um postulado quase universal (...) a tese de que não há norma sem interpretação, ou seja, toda norma é, pelo simples fato de ser posta, passível de interpretação" (Ferraz Junior, *A ciência do direito,* 1980, p. 68).

texto) pertencem a uma mesma comunidade semiótica. Se inviável a interação, por falta de condições semióticas, inviável a transferência de sentido. Nessa hipótese, resta frustrada a mensagem-objeto do processo de interação de sentido. Assim, construir o sentido de um texto jurídico é construir por meio de processos semióticos a significância de uma mensagem, onde o intermediário é o texto. É a partir da dialética interacional dos sujeitos por meio do texto que se pode falar em conjugação de sentido, especificamente do sentido jurídico.

Sendo a interpretação o resultado cognitivo do confronto do sujeito com o texto – não do *texto em si*, mas do texto como ponto de partida para o sentido –, decorre ser este, necessariamente, um exercício que não prescinde da participação subjetiva, e, nesse sentido, interpretar para aplicar é um problema *pragmático*. Antes de querer ver na atividade interpretativa uma atividade de busca da vontade, quer-se sim constituir por meio da atividade interpretativa o espaço de liberdade do intérprete. Trata-se de um problema pragmático no sentido de que, para uma teoria crítico-construtivista do sentido das práticas de sentido jurídicas, o foco de interesses não se concentra nem na essencialidade da *linguagem em si* (*texto em si*), nem na intenção do elocutor (*intentio auctoris*)[73], fazendo-se sim apelo à interação[74] e ao *uso* da linguagem.

De fato, numa dialética comunicativa, seja ela de caráter pessoal e *direto* entre dois sujeitos, seja ela de caráter *indireto* entre dois sujeitos – e é isso que se pode entender como o "estar em situação" –, está sempre presente a ideia de tensão. A elocução, dentro de uma estrutura de comunicação, nesse sentido, é sempre um ato receptício de vontade[75], uma vez que, mesmo que

---

[73] O que sem dúvida nenhuma guarda resquícios de um pensamento exegético bíblico, voltado para a compreensão da atitude espiritual daquele que fomentou a criação textual, seu *animus*, sua fé... Sobre essa crítica da exegese tradicional, consulte-se Ricoeur, Entre herméneutique et sémiotique, *Nouveaux Actes Sémiotiques*, 1990, p. 7.

[74] Nesse sentido a proposta de Ferraz Junior, em sua obra *Teoria da norma jurídica*, tese, 1978.

[75] Toda mensagem recebida e compreendida é sempre suscetível de interpretação por parte do receptor, não deixando o locutor da mensagem de desconhecer esse fato, o que acentua a problemática da postura daquele que enuncia perante aquele que interpreta. O emissor, ao lidar com sua seletividade, em situação de comunicação, destaca de seu arsenal de signos aqueles que julga mais apropriados para alcançar o sentido que quer conferir ao seu discurso; isso tudo porque lida com a hipótese de que suas mensagens são suscetíveis de serem interpretadas, correta ou incorretamente, podendo corresponder ou não àquilo que pretendia ver entendido por aquela composição de signos.

se transmita uma mensagem em situação de subordinação, como ocorre com os preceitos normativos – onde um *sujeito emissor* diz o que deve ser, e um *sujeito receptor* faz o que deve ser, sob pena de... –, em seu contexto estará prevista a possibilidade de desagrado e de desacato à ordem emanada[76].

É em virtude disso que a linguagem jurídica se constrói como retículo complexo de expectativas vinculantes, estando prevista, em toda construção discursivo-normativa, a variabilidade de significados destacáveis pelo exercício interpretativo. Não se trata de previsão dos sentidos alcançáveis pelas normas por parte do legislador, mesmo porque impossível a determinação profética das mutações socioculturais que possam ocasionar a construção de novas interpretações, mas sim da previsão da possibilidade de advento de novas interpretações. Isso é o que se verá logo após a conclusão deste tópico.

Então, sinteticamente, pode-se verificar que o processo interpretativo ocorre na medida em que interagem sujeitos semióticos – e a posição desses sujeitos é variável, e não fixa, pois cada um ocupa lugares discursivos variáveis –, estes sim responsáveis pela construção dialética do sentido jurídico. Essa interação se faz *inter praesentes* ou ainda *inter absentes*; uma interação que obedece à esquemática *inter praesentes* (depoimento judicial, contrato verbal etc.) deposita nos locutores maior poder de determinar *in locu* o sentido almejado, enquanto uma interação que obedece à esquemática *inter absentes* (norma jurídica, testamento, negócio jurídico escrito etc.) deposita maior poder no sujeito decodificador das mensagens contidas num texto jurídico, ou seja, o intérprete. Como já destacado anteriormente, não é indiferente que o texto jurídico se produza pela linguagem oral ou pela linguagem escrita; cada um desses textos, o oral e o escrito, possui um conjunto de regras e pressupostos que não podem ser confundidos.

---

76 É assim que se pode afirmar: "A reflexividade significa que a relação interacional admite sempre um aumento de complexidade no interior da situação comunicativa" (Ferraz Junior, *Teoria da norma jurídica*: ensaio de pragmática da comunicação normativa, 1978, p. 16). Pense-se, mais ainda, no fato de que nenhum legislador cria normas a partir do nada, ou destinadas a ninguém; o legislador conhece as necessidades daqueles aos quais destina seus comandos, e, além de tudo, conhece, ainda que abstratamente, o grau de eficácia de suas normas, a carência daquela regulamentação na sociedade, de modo que, ao criá-las, modula, por exemplo, a proporcionalidade da sanção (pena de vinte anos de reclusão, multa modulada para colocar em risco o próprio patrimônio do infrator etc.) à probabilidade de descumprimento ou mesmo à probabilidade de produção de efeitos outros que não simplesmente normativos (estímulo ou desestímulo de uma atividade, de uma conduta, criação de um banco de recursos financeiros a ser destinado para esta ou aquela finalidade etc.).

Dessa forma, tendo-se remarcado o fato de que todo texto possui seu funcionamento determinado pela ativa participação do *sujeito da interpretação*, no novo constitucionalismo, entende-se: "E o intérprete, que se encontra na contingência de construir adequadamente a solução, torna-se coparticipante do processo de criação do Direito"[77], no sentido de sua própria constituição como formação de sentido, outras temáticas importantes nesse contexto, entre as quais a da posição do legislador em face da interpretação, e a da construção da *juridicidade* pelos processos hermenêuticos, deverão ser examinadas a seguir.

1.2.5.1 A utopia do legislador

A maior ilusão do legislador[78] é a de vislumbrar na norma jurídica um preceito estéril e imune ao movimento. Em verdade, o sentido (único) fundado pelo legislador, ou por ele pretendido, quando plasmado em texto normativo, ganha vida própria. O sentido jurídico-normativo do legislador nada mais é que um projeto de sentido, pois quando se promulga, se publica, passa a navegar nas ondulações das cadeias de interpretação. Na medida em que a norma plasma seu pensamento, na medida em que um texto normativo (produto expressivo semiótico) passa a exprimir seu pensamento regulamentar, não se há mais que cogitar de uma *voluntas legislatoris*. O legislador histórico é responsável apenas pela formação do texto, e pela sua oferta à comunidade jurídica e à sociedade. Com o texto, tem-se um corpo autônomo, pertencente à coletividade, visto como patrimônio da cultura jurídica – e sobretudo aos operadores da *juridicidade* –, e, desde então, o discurso, em sua complexidade, passará a representar a sede do sentido; dele se poderão extrair sentidos os mais diversos, tudo isso ao longo do tempo e na medida gradual da mudança axiológica dos princípios sociojurídicos inspiradores daquela normatividade[79].

---

[77] Barroso, *Curso de direito constitucional contemporâneo*, 4. ed., São Paulo, Saraiva, p. 335.

[78] Para a definição de legislador como actante coletivo, dever-se-á vislumbrar discussão inserta no contexto da investigação acerca do discurso normativo, seu actante e sua modalidade. Não se explora o debate neste momento, deixando-o para ocasião posterior, quando ganha foros de especificidade dentro do universo de discurso da normatividade.

[79] É certo que o legislador, consciente dos problemas que atingem a linguagem, salvaguarda-se, astuciosamente, em técnicas também de linguagem para evitar a fluidez absoluta do discurso normativo, e isso o faz editando normas específicas sobre interpretação, e outras técnicas de uso do discurso (invocação da analogia, costumes...). "De la loi ne peut venir

Mas dizer que a utopia do legislador reside na confecção de textos imunes à interpretação não significa que não esteja ele consciente de que a interpretação rege as formações de sentido jurídicas. O legislador não ignora a interpretação e suas consequências, tanto que prescreve a interpretação restritiva em vários campos temáticos (interpretação tributária, interpretação penal, interpretação contratual...), exatamente no sentido de procurar deter o *avanço frenético* do exercício exegético sobre determinadas categorias de normas jurídicas. Aqui e ali se acentuam essas preocupações do legislador de acordo com a categoria de bem jurídico envolvida. Quando o legislador proíbe interpretações, analogias e outros usos extensivos da norma[80], está se valendo de seu poder discursivo de "dizer" o que *deve-ser* e o que não *deve-ser* entendido de uma norma, construindo pré-compreensões atinentes ao universo de discurso das áreas afetadas; ficam dados os códigos fraco e forte da hermenêutica[81].

Neste ponto, torna-se clara a falácia de considerar a interpretação como recurso de que se vale o exegeta para a decodificação do sentido das normas obscuras, defeituosas ou de sentido ambíguo. A interpretação, tomada nesse sentido, é atividade restrita aos estritos termos de um pretenso sentido obscuro e oculto; é, assim, um *minus*, tendo-se em vista sua totalidade participativa no seio da atividade jurídica em geral[82]. Essa atitude redutora da

---

aucune action d'ensemble contre la polysémie. Mais cette réserve laisse une place à des interventions déterminées sur le postulat qu'il est de bonne politique, quand cela est possible, de tempérer les inconvénients de la polysémie. Ainsi le législateur peut-il entreprendre certaines actions régulatrices correspondant à une sorte d'auto-limitation de l'usage de la polysémie, ou même à prendre des initiatives destinées à prévenir la formation de la polysémie" (Cornu, *Linguistique juridique,* 1990, p. 105).

[80] Art. 2º do Dec.-lei n. 1.002/69, Código de Processo Penal Militar: "*A lei penal militar deve ser interpretada no sentido literal de suas expressões. Os termos técnicos hão de ser entendidos em sua acepção especial, salvo se evidentemente empregados com outra significação*"; art. 111 do Código Tributário Nacional: "*Interpreta-se literalmente a legislação tributária que disponha sobre: I – suspensão ou exclusão do crédito tributário; II – outorga de isenção; III – dispensa do cumprimento de obrigações tributárias acessórias*"; art. 4º da Lei n. 9.610, de 19-2-1998, Lei de Direitos Autorais: "*Interpretam-se restritivamente os negócios jurídicos sobre os direitos autorais*"; art. 47 do Código de Defesa do Consumidor: "*As cláusulas contratuais serão interpretadas de maneira mais razoável ao consumidor*" (grifos nossos).

[81] Cf. Ferraz Junior, *Introdução ao estudo do direito*: técnica, decisão, dominação, 1988, p. 257-258.

[82] Sobre a importância do tema da interpretação no cenário jurídico, leia-se: "El estudio sobre la interpretación de las normas jurídicas no es un tema complementario. Es muchísimo

grandeza "interpretação" torna-a um ato mecânico, insignificante, diante dos cadenciamentos do sentido jurídico. Todo ato, seja de criação, seja de aplicação, seja de interpretação, importa num procedimento interpretativo[83].

A problemática fulcral não está, portanto, nas questões relativas à anomalia normativa, ou no defeito textual da norma, ou na má redação de um texto de lei ou regulamento, que são *accidens* no curso legislativo; a questão não está centrada na patologia semântica, sintática, comunicacional ou gráfica, mas sim na busca de sentido e, mesmo, na variabilidade deste[84]. Portanto, não é a clareza, ou não, do texto a ser interpretado que determina as dificuldades hermenêuticas, mas a própria elocução de mensagens verbais com a utilização de signos linguísticos, estruturados e relacionados a partir de regras de *semântica*, *sintática* e *pragmática* comunicativas[85].

A norma positivada permanece textualmente inscrita em uma pretensa e falaciosa invariabilidade, pois, em verdade, cada ativação do dispositivo legal por meio da interpretação importa em novas possibilidades de sentido[86]. O que se quer dizer é que, ainda que um texto normativo (literal) permaneça em vigor por séculos, os conteúdos de sentido que esse mesmo texto (literal), de acordo com as ondulações axiológicas, culturais, progressos técnicos, problemas econômicos, de acordo ainda com as tendências da jurisprudência, das instâncias decisórias, das teorias jurídicas e correntes doutrinárias... pode alcançar são os mais variados possíveis. Há, na aparente estrutura estática de um texto normativo (literal), uma verdadeira fábrica de sentido em funcionamento, tudo dependendo da atuação de seus manipuladores.

Uma vez lançada uma proposição vinculativa no conjunto do sistema, as interpretações far-se-ão em cadeias ilimitadas, obedecendo às mutações culturais operadas no seio da sociedade. Entenda-se que as cadeias ilimita-

---

más: es un tema esencial lo mismo en la teoría que en la prática del Derecho" (Siches, *Nueva filosofía de la interpretación del derecho,* 1973, p. 182).

83 Cf. também Ferraz Junior, *Introdução ao estudo do direito*: técnica, decisão, dominação, 1988, p. 255.

84 É fato que: "A palavra é um mau veículo do pensamento; por isso, embora de aparência translúcida a forma, não revela todo o conteúdo da lei, resta sempre margem para conceitos e dúvidas; a própria lei nem sempre indica se deve ser entendida à risca, ou aplicada extensivamente; enfim, até mesmo a clareza exterior ilude; sob um só invólucro verbal se conchegam e se escondem várias ideias, valores mais amplos e profundos do que os resultantes da simples apreciação literal do texto" (Maximiliano, *Hermenêutica e aplicação do direito,* 1990, p. 36).

85 Cf. Ferraz Junior, *Introdução ao estudo do direito*: técnica, decisão, dominação, 1988, p. 260.

86 Nesse sentido Siches, *Nueva filosofía de la interpretación del derecho,* 1973, p. 142-143.

das de interpretação constituem as infinitas, e inclusive as remotas, possibilidades de serem, ao longo do tempo, interpretadas as normas. Porém, advirta-se que isso importa não em afirmar que um texto *hic et nunc* possua infinitos sentidos, mas sim que um texto plasmado, ao longo do tempo, funda inúmeras cadeias de sentido, muitas vezes imprevisíveis. E esse sentido do texto não depende somente do *texto em si*, mas de todo o conjunto do ordenamento jurídico onde se encontra, com suas pressões de sentido, com suas necessidades aplicativas, com seus defeitos estruturais, com suas lacunas... Diz-se, dessa forma, atendendo à própria ilimitação de uso que pode sofrer um sistema ou uma norma, mas desde que estejam em funcionamento no tempo e no espaço.

Os intérpretes valem-se, portanto, das novas perspectivas e das novas experiências derivadas do convívio social para se servir da textualidade jurídica[87], observando-se a necessidade de metamorfosear-se o construído jurídico-cultural, uma vez que a *juridicidade* pode ser vista como capítulo da ampla enciclopédia cultural humana[88]. A garimpagem do sentido é tarefa indelegável do intérprete (pode ele ser intérprete e aplicador ao mesmo tempo ou não)[89]. Está ele investido de função primordial, de indizível grandeza na construção da arquitetônica da *juridicidade*; ele confere (sujeito), ao lado de seus outros milhares de intérpretes, operadores e usuários do sistema (intersubjetividade), este ou aquele tônus à *juridicidade*[90]. É assim que se encontra, muitas vezes, o intérprete em um *circulus inextricabilis* na tentativa de construção de um sentido atribuível ao conteúdo normativo sugerido pelo sujeito legiferante.

---

[87] "Un texto legal no puede pasar sin interpretación (...) y nunca es posible determinar *a priori* que esta interpretación no exija decisiones más o menos arbitrarias" (Capella, *El derecho como lenguaje*: un análisis lógico, 1968, p. 250).

[88] Nesse sentido afirma Siches: "El reino de la cultura no es un sistema ideal con validez en sí y por sí. Es el campo de las obras humanas, las cuales tienen una significación" (*Nueva filosofía de la interpretación del derecho*, 1973, p. 139).

[89] A esse respeito deve-se acompanhar a seguinte lição: "É o jurista que faz a lei falar. Porém, assim, cerceia-se para os sujeitos a palavra plena, pois tudo deve passar pela língua hermenêutica, que tudo põe sob o controle do jurista. Entra-se, assim, num universo de silêncio, o universo do ordenamento, que sabe tudo, que faz as perguntas e dá as respostas" (Ferraz Junior, *Introdução ao estudo do direito*: técnica, decisão, dominação, 1988, p. 259).

[90] De fato: "O intérprete é o renovador inteligente e cauto, o sociólogo do Direito. O seu trabalho rejuvenesce e fecunda a fórmula prematuramente decrépita, e atua como elemento integrador e complementar da própria lei escrita. Esta é a estática, e a função interpretativa, a dinâmica do Direito" (Maximiliano, *Hermenêutica e aplicação do direito,* 1990, p. 12).

Assim, se é possível dizer que a interpretação tem muito de um papel *a posteriori* com relação à produção do texto que a suscita, é porque se evidencia, nesse sentido, a participação criativa do leitor na definição do sentido jurídico da textualidade. Ou seja, prescinde-se de qualquer espécie de operação de busca da verdadeira *intentio auctoris*, ou mesmo da busca do próprio ser pré-linguístico que engendrou o universo de sentido por meio de sua produção textual.

Com isso não se quer outra coisa senão transportar a questão para o campo da *intentio lectoris*[91]. Apostar na participação do *sujeito da interpretação* na constituição do discurso é fazer desse texto uma opção pragmática para a interpretação jurídica. Não obstante, com o fazer do intérprete um arquiteto do sentido não se lhe está a conceder arbítrio para o tresloucamento do sentido. Interpretar é operar com informações, e estas se distribuem de modo a cercar minimamente o âmbito em que circulam. A referida ausência de limites interpretativos não implica nem induz a que se pense que inexistem critérios para a interpretação[92].

Sublinhando-se o fato de que a discursividade manifesta-se por um sujeito preciso (legislador federal, estadual, municipal..., contratante..., convenente..., câmara de decisão..., ofício de justiça...), e que se insere em circunstâncias precisas no momento de sua produção, pode-se dizer que a discursividade está revestida de historicidade, de temporalidade e de intencionalidade. Com toda a razão, esses dados não podem ser ignorados por aquele que procura atribuir sentido a um texto jurídico qualquer. Mas, se não se pode ignorar, por exemplo, a participação da vontade na formação do discurso, também não se pode procurar fazer da detecção da *intentio* original do autor o único motivo interpretativo justo e razoável[93]. Essa ati-

---

91 Umberto Eco, nesse sentido, afirma mesmo que: "O leitor real é aquele que compreende que o segredo de um texto é o seu vazio" (*Opera aperta*: forma e indeterminazione nelle poetiche contemporanee, 1993, p. 46). É certo que essa vastidão existente na concepção econiana se aplica com muito mais cabimento ao campo da poética e da literatura que ao campo jurídico. Resta saber que tal diferença reside sobretudo no diferencial de princípios que regem ambos os universos de discurso, um voltado para o modelo da liberdade artístico-criativa, o outro voltado para o controle da conduta humana em sociedade por meio da prescrição normativa. Esse diferencial atua de modo a que não se possa resultar em campos de interpretação idênticos aqui e ali.

92 Ainda com Eco: "Um texto é um dispositivo concebido para produzir um leitor-modelo. Repito que esse leitor não é o que faz a 'única' conjetura 'certa'. Um texto pode prever um leitor-modelo com o direito de fazer infinitas conjeturas" (*Opera aperta*: forma e indeterminazione nelle poetiche contemporanee, 1993, p. 75).

93 Kelsen, em sua formulação a respeito do Direito em sua pureza científica, já advertia que os mecanismos ou métodos de interpretação, em suas várias formas, não são uns melhores

tude construiu toda uma linha hermenêutica baseada na busca do sentido em seu *locus* original, na vontade do elocutor.

Interessa muito menos a verdadeira *intenção* do texto e muito mais a sua *significação*, pois, uma vez destacado do universo valorativo do autor e lançado à esfera da interpretação na sociedade, um texto é um objeto como outro qualquer, sujeito ao uso[94]. Um texto, nesse sentido, é um leque de opções, possíveis e impossíveis. Separar umas e outras é a tarefa do intérprete, com base na sustentabilidade e na plausibilidade de sua argumentação, do contexto de realidade, do universo de discurso envolvido.

Entre a busca da intenção do autor e a justificação da ausência de intenção elocutiva se encontra a hipótese de sustentabilidade da significação textual. O texto, enquanto objetivado, é um produto racional, e, por esse fato, reveste-se da possibilidade de conferir sentido como entidade autônoma, e não como retalho da personalidade do autor circunscrita no tempo[95].

A validade da hipótese de *semiose ilimitada* dos textos funda-se na aceitação do caráter progressivo de que se revestem os elementos sígnicos com os quais se constrói a arquitetônica jurídica. O sistema jurídico como um todo sujeita-se, no tempo e no espaço, a mutações, sempre de acordo com os pressupostos axiológicos de uma cultura. Dessa forma, a *juridicidade* se realiza, se projeta, se produz, se constrói, se modifica, se adapta... no mesmo sentido, por vezes com intensidades diferentes, dos fluxos e afluxos culturais a que se sujeitam os discursos e as práticas sociais que os sustentam. É nessa imprevisibilidade do *continuum* que se inserem as práticas jurídico-textuais.

---

que os outros, mas se equivalem reciprocamente. Então: "Fixar-se na vontade presumida do legislador desprezando o teor verbal ou observar estritamente o teor verbal sem se importar com a vontade – quase sempre problemática – do legislador tem – do ponto de vista do Direito Positivo – valor absolutamente igual" (Kelsen, *Teoria pura do Direito,* 1976, p. 468).

94 É certo, portanto, que: "O que o texto significa interessa agora mais do que o que o autor quis dizer, quando o escreveu" (Ricoeur, *Teoria da interpretação*, p. 41). A noção de autoria em Paul Ricoeur concede ao texto autonomia suficiente para que passe a representar uma massa semântica independente da vontade do autor.

95 Inclusive, é interessante ressaltar: "O intérprete de um texto é obrigado a um tempo a desafiar os códigos existentes e a avançar hipóteses interpretativas que funcionam como tentativas de nova codificação. Diante de circunstâncias não contempladas pelo código, diante de textos e de contextos, o intérprete se vê obrigado a reconhecer que grande parte da mensagem não se refere a códigos preexistentes e que todavia ele deve ser interpretado" (Eco, *Semiótica e filosofia da linguagem,* 1991, p. 117).

Tendo-se discutido essas questões, tendo-se estabelecido alguns postulados, tendo-se, sobretudo, erigido alguns princípios teóricos, o que se pode assumir como necessário para a compreensão das discussões que envolvem esta dissertação é, pontualmente:

a) o princípio *in claris cessat interpretatio*, reiterado em matéria de estudo hermenêutico, está maculado pela presença de uma busca da verdade enquanto condição de validade da interpretação, o que se contesta em face do acento que se confere ao poder de interpretação do *sujeito da interpretação*;

b) não é apenas o texto obscuro, confuso ou lacunoso que está sujeito à interpretação; todo texto se movimenta pelo uso que dele faz o intérprete, uma vez que todo texto demanda compreensão e adequação interpretativa, assim como aplicativa; as ondulações de sentido que as massas de operadores formam em torno de um texto contribuem para a multiplicação de seus sentidos, no tempo e no espaço; dessa forma, não se pode dizer que existe texto claro de per si;

c) a interpretação jurídica se calibra de acordo com os afluxos de sentido advindos, seja da sociedade, seja do próprio interior do sistema; um texto, colocado na linha do tempo, jamais é o mesmo, apesar de sua aparência imutável, visto que os usos e as exigências do sistema jurídico não são sempre os mesmos;

d) o texto pode ser datado, bem como pode ser atribuído a um autor, mas nem por isso seus sentidos se vinculam a uma *intentio auctoris* ou às condições de sua produção; o texto é autônomo, enquanto formação de sentido, e em seu interior contém uma ou algumas perspectivas, que deve(m) ser buscada(s) enquanto unidade(s) autônoma(s) de sentido desvinculada(s) da personalidade ou da *intentio auctoris*;

e) toda interpretação se opera dentro de universos de sentido próprios, assim como obedece a práticas de sentido próprias, de modo que sua dependência do sistema axiológico-social e do sistema discursivo em que se encontra não é de ser desprezada;

f) a interpretação, como prática de sentido que é, como sentido sobre o sentido, como texto sobre texto (pense-se num texto doutrinário sobre um texto normativo, ou, ainda, num texto decisório sobre um texto normativo...), não se exerce para fundamentar suas perspectivas sem o auxílio de recursos retóricos e persuasivos;

g) o sentido é uma resultante pragmática, pois, no contexto das interações de sujeitos enunciadores e enunciatários, constrói-se paulatinamente por exercícios de discurso;

h) a interpretação não é ato arbitrário do *sujeito da interpretação*, e nesse sentido se distingue da criação, mas pode ser vista como ato dinâmico, obediente, e não rebelde, aos comandos situacionais e pragmáticos de enunciação e uso;

i) a interpretação se exerce com ou sem a aplicação, como já se disse, mas o mesmo não se pode dizer da aplicação, pois esta sempre pressupõe a interpretação.

A *ideologia*[96], como tentativa de encoberta de uma realidade que se quer mascarar, para um desvelamento de significações sígnicas subjacentes à "objetividade" do discurso, enquanto tomado em seu aspecto exterior, e como fato semiótico, funciona ela mesma como *signo*[97]. Essa identidade surge do fato de que o signo é um algo (objetividade do discurso) que está para alguma coisa (ideologia do discurso). Uma abordagem semiótica do discurso jurídico, antes de negligenciar tal perspectiva, deve desvelar o acentuado papel desta na determinação dos lindes ideológico-sígnicos ocultos no universo de discurso jurídico.

Quanto ao exercício do poder e ao caráter performativo do discurso jurídico[98], pode-se dizer que a característica central deste é o fato de que não é um discurso que se restringe à descrição de fatos, à enunciação epidítica, à construção de situações deliberativas, à apresentação de conclusões lógicas ou epistemológicas, ao deleite estético. Sua utilização é normalmente operativa, uma vez que seu discurso é transformacional. Nesse sentido, toda modalidade semiótica de descrição do discurso jurídico será marcada

---

[96] Consulte-se, sobre a relação ideologia/discurso, Boiteux, *O discurso jurídico e a ideologia do interesse geral,* 1984. Sobre uma análise da ideologia do *bem comum dos povos* nos discursos internacionais, consulte-se Salmon, L'état, réalité et fiction, *Realités du Droit International Contemporain: Discours Juridique et Pouvoir dans les Relations Internationales: l'Exemple des Sujets de Droit*, n. 3, *Actes de la Cinquième Rencontre de Reims*, Faculté de Droit de Reims, 1980, p. 34-38.

[97] Cf. Coelho Netto, *Semiótica, informação e comunicação*: diagrama da teoria do signo, 1980, p. 81-96.

[98] Quanto a esse aspecto, as obras de base e as teorias que lastreiam as reflexões são as de Austin, Searle e Amselek (J. L. Austin, *Quand dire c'est faire*, 1970; Paul Amselek, *Théorie des actes de langage, éthique et droit,* 1986; John R. Searle, *Expressão e significado*: estudos da teoria dos atos da fala, 1995), cujas obras se tomam como referência, seguidos de discípulos e estudiosos que desenvolveram a questão no campo das investigações jurídicas, como Grzegorczyk (Christophe Grzegorczyk, Le rôle du performatif dans le langage du droit, *Archives de Philosophie du Droit*, XIX, Le Langage du Droit, 1974, p. 229-241) e Olivecrona (*Lenguaje jurídico y realidad,* 1968).

pela capacidade de gerar efeitos, de produzir resultados, e apresentar-se-á como *poder-fazer.* Essa peculiaridade de ser descrito sempre precedido da modalidade *poder* está a descrever-lhe o comprometimento com o exercício do poder. A modalidade *poder*, de fato, aparece presidindo a descrição das espécies de discurso jurídico (normativo, burocrático, decisório, científico), o que permite que se diga claramente que o discurso jurídico é um discurso de *poder* (*poder-fazer-dever*, *poder-fazer-fazer*, *poder-fazer-dever*, *poder-fazer-saber*).

É nesse sentido que se quer fazer uso da palavra *poder,* vasta e largamente cercada de análises conceituais aprofundadas, de modo a estudar, por meio desta pesquisa, não o *poder em si*, em sua ontologia, mas o *poder do discurso.* Em outras palavras, quer-se estudar o poder que aparece no discurso, que se incorpora ao discurso, e que se exerce por meio do discurso, inclusive servindo-se de técnicas de discurso para seu melhor exercício (uso do imperativo, uso de locuções deontológicas, uso da persuasão racional, uso da ideologia do bem comum...). Dada a importância dessa advertência a respeito do sentido que se incorpora à palavra *poder,* e tendo-se em vista a necessidade de recorrer frequentemente a ela para a descrição modal de cada espécie de discurso, parece conveniente que desde já se aparelhe a análise de um conceito semiótico de poder. Portanto, o *poder do discurso* pode ser definido, no contexto destas investigações, como a capacidade de gerar discursivamente obediência.

É pelo potencial transformador de situações reais que se pode identificar o discurso jurídico, pois este é capaz de influenciar a esfera de existência, destinação e utilização de objetos, criando, modificando e extinguindo relações, afetando, atingindo e regulando, por formas mais ou menos favoráveis, justas ou injustas, igualitárias ou não, as condutas humanas em sociedade, regulamentando situações, enfim, construindo um universo descritivo em torno do qual devem girar os atos humanos. Os atos desobedientes, ou desconformes, aos comandos jurídicos são, normalmente, ou desqualificados, ou sancionados, ou considerados ineficazes para fins jurídicos[99].

Podem-se tomar como exemplos os discursos normativo ("Considera-se infrator todo estrangeiro residente em solo nacional desde a data referida

---

[99] Nesse sentido é que intervém a análise de Tercio Sampaio Ferraz Junior (*Teoria da norma jurídica,* 1978, p. 105-108), demonstrando como os atos desconformes são incapazes de desaparelhar a estrutura imunizada da norma jurídica.

nesta lei"), decisório ("Declaro nulo o contrato estipulado entre as partes por infração à legislação protetiva, arcando o réu com as despesas oriundas do processo") e burocrático ("Considere-se Fulano intimado para todos os efeitos jurídicos desde a data referida nestes autos"), e isto pois, com maior ou menor poder transformador, operam-se os efeitos jurídicos pelo simples fato da enunciação, e independentemente da vontade daquele que sofre suas consequências. O discurso jurídico por si só cria uma segunda ordem de ocorrências, cria um sentido que não está na "realidade", mas que se constrói intersubjetivamente, e que é de ordem deontológica[100].

O discurso, por si, é instância de geração de significação, mas é algo que pode ou não gerar efeitos a depender de sua eficácia executória. Tomem-se dois exemplos. Num casamento civil (contrato), o "sim" dos nubentes gera sentido, e, mais que isso, consequências jurídicas imediatas, se de tudo fizer fé o oficial encarregado da atestação, bem como se a prática for aceita e engajada dentro do procedimento prescrito para tanto. Num discurso jurídico-científico sobre a pobreza e os instrumentos sociojurídicos para erradicá-la, o discurso por si só não a elimina, não a minora, bem como não alivia os males que dela se originam, se desse discurso não redundarem ações políticas e pragmáticas direta e concretamente destinadas a erradicá-la.

Então, o que há é certa atribuição de efeitos jurídicos àquele "sim" circunstancial e procedimental, o que o faz diferir daquele discurso sobre a pobreza, que, enfim, elabora com persuasão sua estratégia para que se faça refletir no campo político, de onde deverão advir atitudes concretas para a sua minoração no meio social.

É certo, então, que, para que se averigue o poder transformador do discurso jurídico, à instância da mera produção discursiva, deve-se seguir, como condição de sua eficácia, a instância efetivamente transformacional, ou seja, deve-se seguir o momento em que se faz "sentir a mão do *sheriff* nos próprios ombros", parafraseando Peirce. De fato, é de reconhecer correta a opinião de Peirce acerca da realidade das coisas, pois não são as palavras que condenam ou deixam de condenar, mas tudo isso ocorre num segundo plano, no exato momento em que, juntamente com as palavras e as razões lógicas, passa a imperar a força bruta; é, e será sempre, uma atuação concreta a consequência de todo um *modus operandi* do discurso. A

[100] Nesse sentido, Gérard Cornu concorre para a sustentação dessa opinião ao dizer: "Le discours juridique est, tout à la fois, un acte linguistique et un acte juridique" (*Linguistique juridique*, 1990, p. 211).

convergente do discurso é a *práxis* do discurso, a eficácia, a capacidade de produzir efeitos que possui[101], determinando ações em cadeia dentro de um sistema de significação.

Daí se dessume ser o discurso muito mais meio que fim, muito mais condição de efetividade (instância deontológica) que essa própria efetividade (instância ontológica). Deve-se questionar, portanto: O que de fato define o "discurso jurídico" como "jurídico", senão sua própria apresentação como "jurídico e sancionatório", dentro de uma ordem circunstancializada de valores sociais e fundantes do comportamento orgânico que se busca obter em sociedade? O que é que garante a eficácia ao discurso senão as práticas intersubjetivas de sentido[102]? O que uma fabulação jurídica, teatral ou caricatural, haveria ou deixaria de haver em face de um acontecimento reconhecidamente jurídico[103]? Com Olivecrona se pode perceber a importância da *circunstancialidade discursiva*, ou da contextualidade expressiva do discurso, pois esta é elemento determinante para a devida caracterização de um discurso; na base de todo exercício de discurso em um contexto estão a prática social, a aderência intersubjetiva e a comunhão do sentido. Assim, a encenação do matrimônio realizado no teatro, e celebrado em todos os termos como uma colagem da "realidade referencial", com o maior nível de verossimilhança possível, ilustra a questão da necessidade

---

101 Assim: "Le juge qui prononce une sentence contre un criminel applique les lois à un cas individuel, mais sa sentence n'exerce pas plus de force *per se* que la loi générale. Mais l'effet de la sentence est d'en placer *l'exécution dans le champ d'action du shériff dont les muscles brutaux – ou ceux du recors ou de l'exécuteur des hautes œuvres sous ses ordres – exercent la contrainte réelle*" (grifo nosso) (Peirce, *Deuxième lettre à Lady Welby*, 1978, p. 40).

102 De fato, também essa é a opinião reforçada de Alaôr Caffé Alves: "Na verdade, a força da norma não provém dela mesma, pelo menos em sua acepção tópica; isso seria fetichismo normativo pelo qual se coisificaria a norma como ponto de irradiação compulsiva e misteriosa. A norma tem sua força vinculante, observável intersubjetivamente, a partir do contexto normativo geral (onde persistem valores, moralidade, trato social, costumes, etc.), socioeconômico, psíquico-social e cultural da comunidade jurídica considerada" (*Linguagem, sentido e realidade da norma jurídica*: dialética da norma jurídica, tese, 1996, p. 73).

103 A hipótese é também aventada por Kelsen: "Se uma organização secreta, com o intuito de libertar a pátria de indivíduos nocivos, condena à morte um deles, considerado um traidor, e manda executar por um filiado aquilo que subjectivamente considera e designa como uma sentença de condenação à morte, objetivamente, em face do Direito, não estamos diante da execução de uma sentença, mas perante um homicídio, se bem que o facto exterior se não distinga em nada da execução de uma sentença" (Kelsen, *Teoria pura do Direito*, 1976, p. 19).

de contextualidade do discurso para a sua aceitação como prática capaz de fazer, de transformar juridicamente[104].

A funcionalidade que emerge do discurso, dado que este jamais se desconecta de uma necessidade de comunicação e de produção de resultados, sejam estéticos, sejam morais, sejam vinculativos, sejam utilitários... permite dizer que é transformador de um estado de coisas. O discurso, em geral, é transformacional, e ainda mais assim o é o discurso jurídico, dadas as consequências sobre a conduta, a vida e a esfera dos sujeitos a ele ligados enquanto participantes de uma relação de envolvimento com a textualidade jurídica[105]. É nesse sentido que se refere Olivecrona a *expressões realizativas*, tais como "prometo dar-te", ou "prometo comprar-te"[106]. O fantástico

---

[104] "Lo que sucede en realidad es, por supuesto, que las oraciones pronunciadas fuera del contexto adecuado no son tenidas en cuenta" (*Lenguaje jurídico y realidad,* 1968, p. 45-46). É certo que o ato linguístico performativo necessita de um procedimento convencional prévio (1), circunstâncias e pessoas apropriadas (2), procedimento realizado ordinariamente (3), um estado mental de enunciação para certas situações (4), como ocorre com a promessa (cf. Grzegorczyk, Le rôle du performatif dans le langage du droit, *Archives de Philosophie du Droit*, 1974, p. 229-242).

[105] Pense-se aqui nos efeitos do discurso sentencial-prescritivo do juiz que não só resolve um conflito, mas impõe uma vontade, afetando a esfera particular de cada sujeito ao qual este se dirige. O discurso normativo-legal é um discurso vinculante da conduta social humana, pensado em termos clássicos de normas que preveem sanções para o seu descumprimento. O discurso processual é um discurso eminentemente interpretativo e que se volta para a produção de convencimento decisório. O discurso dogmático-científico tende ao estabelecimento de sentidos próprios de alcance interpretativo do sistema jurídico com um todo, persuadindo entendimentos diversos, colocando suas premissas à prova da argumentação alheia, procurando a prevalência de uma interpretação consentânea com valores comumente aceitos. Da norma abstrata, a partir de um conflito concreto, à interpretação judicial conclusiva, uma cadeia interpretativa se forma no sentido da apresentação de respostas capazes de legitimamente interferir na conduta individual de seres inseridos em um contexto social. Percebe-se que a *decidibilidade* e a *imposição* são características gerais do discurso *jurídico*, donde se ressalta o conteúdo socialmente transformador deste.

[106] Para essas expressões, em não existindo quaisquer outras exigências formais legais, "(...) derechos, deberes y validades jurídicas son creados, cambiados o suprimidos mediante la formulación de estas frases" (*Lenguaje jurídico y realidad*, 1968, p. 39). Palavras como "promulgo", "decreto", "baixo a circular", "decido" são performativas. Palavras como "decido", "declaro", "condeno", "faço pagar" são performativas. Isso faz com que se conclua que: "Les langages du législateur et du juge sont performatifs et métalinguistiques" (Kalinowski, Sur les langages respectifs du législateur, du juge et de la loi, *Archives de Philosophie du Droit*, 1974, p. 73). De fato, deve-se acentuar este aspecto: "La parole est le verbe du droit. Depuis toujours, le droit admet que parler c'est agir. La théorie linguistique des

da linguagem encontra-se no fato de que, em sendo suas práticas aceitas como formas legítimas para a constituição de atos jurídicos, ou seja, em estando nos termos em que prevê a legislação pertinente, criam obrigações que, uma vez elocucionadas em seu contexto próprio, têm o condão de estabelecer laços jurídicos e relações de caráter jurídico, que, em toda a abstração que lhes é inerente, são capazes de trazer consequências, inclusive sensíveis, para a vida fática dos sujeitos envolvidos (perda de patrimônio, após uma sentença judicial; dever de prestar serviços à comunidade durante um ano, após uma sentença judicial; separação de corpos entre casal e perda do direito de frequentar a residência do outro cônjuge, após uma sentença judicial; despejo do imóvel, após uma sentença judicial; privação da liberdade por um período de cinco anos, após uma sentença judicial; desvalorização da moeda e do poder de compra, após um decreto presidencial...).

1.2.5.2 A interpretação na construção da *juridicidade*

Se é corrente o entendimento da hermenêutica tradicional de que *in claris cessat interpretatio*[107], com frequência se vê que essa clareza é de difícil alcance, e o consenso em torno do sentido de um texto se afigura como utopia hermenêutica, em especial para o universo da *juridicidade*. É da essência das construções jurídicas a diversidade de abordagens acerca de uma única temática; diz-se, frequentemente, serem múltiplas as interpretações de um mesmo fenômeno (da esfera do *ser*, como um fato jurídico, ou da esfera do *dever-ser*, como uma norma jurídica).

Não é por outro motivo que a retórica viabiliza a apresentação de argumentos com vistas à persuasão, e é esta a ferramenta para o convencimento[108]. A prática judiciária, por exemplo, e em verdade, é o canal de

---

actes de langage a, pour cette raison, connu d'emblée chez les juristes, un immense succès" (Cornu, *Linguistique juridique*, 1990, p. 44).

[107] Para uma crítica da tradição desse postulado, leia-se: "En la tradición de la escuela de la Exegésis, las nociones de 'claridad' y de 'interpretación' son antitéticas. Efectivamente, se dice que *interpretatio cessat in claris*; que no hay que interpretar un texto claro. Mas cuando se dá de un texto que és claro? Podremos pretender que un texto és claro cuando a cada uno de sus términos corresponde una única idea y la construcción gramatical de la frase no da lugar a ninguna ambiguedad, de modo que toda persona razonable debe comprender el texto del mismo modo?" (Perelman, *La lógica jurídica y la nueva retórica*, p. 54).

[108] Daí a destacada utilidade do pensamento tópico, como proposto por Viehweg, em seu *Tópica y filosofía del derecho*, 2. ed., 1997, especialmente p. 196-201. Nesse sentido Ferraz Junior, *Introdução ao estudo do direito:* técnica, decisão, dominação, 1988. O mesmo alen-

discussão da *juridicidade*, não desta como entidade cristalizada, mas como algo em perene mutação. Dizer aqui que há mutação não é simplesmente dizer que as leis, decretos, regulamentos, portarias... são assolados por avalanches de alterações normativo-textuais, mas sim dizer que o sentido jurídico, já que não é algo *pré-dado* no *texto em si*, constrói-se por meio de uma dialética intensa de argumentos destacados de uma fonte primígena de discussão: a *legislação positivada*[109].

Os debates doutrinários, as querelas jurisprudenciais e a multiplicidade de argumentações em juízo, antes de indicarem que o sentido jurídico é unívoco, denunciam a *multivocidade* dos textos jurídicos. Mas, se essa multivocidade é candente para todas as práticas textuais jurídicas, sejam normativas, sejam burocráticas, sejam decisórias, sejam científicas, deve-se alertar, no entanto, que as cadeias de interpretação esbarram no problema da aplicação, mais propriamente na necessidade de se apresentarem respostas definitivas a conflitos jurídicos[110]. Ante esse imperativo, o sentido jurídico encaminha-se de forma peculiar, pois o *non liquet* está-lhe a governar a prática discursiva aplicativa. É nesse sentido que surgem soluções jurídicas as mais diversas para deter a impossibilidade de decisão, como é o caso dos pré-julgados, das decisões sumuladas, da uniformização de jurisprudência...[111].

---

to ganham os estudos de nova retórica empreendidos por Perelman/Tyteca, *Traité de l'argumentation*: la nouvelle rhétorique, 1976.

[109] Admite-se aqui, com o que se disse, que a *juridicidade* se cria também por meio das sentenças e acórdãos dos órgãos jurisdicionais, aos quais se pode atribuir papel decisivo na constituição dos valores jurídicos predominantes, mas isso sem que se prescinda do papel primígeno do texto normativo. O texto normativo é sempre o *start* para a interpretação; para se interpretar, como já se disse em passagens anteriores deste trabalho, ou se o faz a partir do signo, ou se o faz a partir de uma complexidade sígnica (texto semiótico). A respeito do papel criativo e criador da jurisprudência, consulte-se Ross, *Sobre el derecho y la justicia,* 1974, p. 134-135.

[110] A contenção é feita fundamentalmente pelo Poder Judiciário, que atua no contexto de um sistema fundado nos paradigmas da legalidade e da tripartição das funções do poder estatal, fundamentalmente cunhados no século XVIII, como a última palavra com relação à interpretação da lei. Tal exercício envolve não só o juiz singular como também todas as cortes de justiça responsáveis pelo controle do entendimento da *juridicidade*.

[111] Daí surgir o problema apresentado pela teoria kelseniana acerca da interpretação autêntica exercida pelos órgãos competentes para a apreciação e decisão definitiva. A interpretação, muitas vezes plúrima e aberta, deixa de ser uma possibilidade e, uma vez exercida pelo órgão de autoridade e poder, passa a ser uma resposta definitiva a um problema fático. O juiz, investido nos poderes de decidir e de impor uma *voluntas* estatal capaz de dirimir o conflito, é o terceiro sujeito discursivo que intervém na comunicação defeituosa anterior-

Tais práticas são necessárias tendo-se em vista a resolução de questões concretas, e imperam no sentido da uniformização das tendências múltiplas de sentido; a *juridicidade*, exercida em sua prática, não se pode abrir em leques de sentido infinitos, caso contrário essas vastas amplitudes comprometem sua finalidade primordial, causando insegurança jurídica e a inaplicabilidade das normas jurídicas, cunhadas que foram para a resolução de conflitos suscitados no mundo fático, na esfera do ser[112].

Se, de um lado, evidencia-se que o sentido de um texto está sujeito ao buraco negro da(s) interpretação(ões), de outro lado, a interpretação se restringe ante o imperativo da decidibilidade[113]. Se se pode dizer que o sentido do texto jurídico é substância amorfa, aberta para expectativas de sentido, também se pode dizer, ao mesmo tempo, que a decisão jurídica, em algum momento, surgirá (*non liquet*), e, assim, imporá o seu sentido ao texto[114].

---

mente existente entre os sujeitos envolvidos na lide. Por vezes, a dissenção de entendimento da problemática interpretativa de normas conduz, não raro, recursivamente, as partes processuais a uma discussão a ser entabulada perante um órgão máximo judiciário, o STF, que, por meio do que se costuma chamar direito *sumulado*, cristaliza um entendimento, o que tende a se tornar parâmetro necessário de interpretação.

112 Em termos jurídicos, e sobretudo diante do postulado que rege toda a *ratio* do direito, o da decidibilidade, as patologias semânticas tornam sempre controversas as interpretações feitas de textos legislativos, atos normativos, decisões judiciais e debates doutrinários. No entanto, sendo a polissemia fator determinante no contexto patológico da língua, pode-se, com Ullmann, dizer que "(...) longe de ser um defeito da língua a polissemia é uma condição essencial de sua eficiência" (*Semântica*: uma introdução à ciência do significado, 1987, p. 347). Neste ponto, deve-se grifar que resta inequívoco ser o rendimento de uma linguagem determinado pelo exame das seguintes condições (cf. Capella, *El derecho como lenguaje*: un análisis lógico, 1968, p. 276): (a) *decidibilidade*: por passos regrados pode-se estabelecer uma fórmula sua; (b) *consistência*: não contradição (regras de integração); (c) *completude*: possibilidade de designar todo o seu objeto referido.

113 A própria essência da ciência dogmático-jurídica, reconhecendo a universalidade pela qual podem espraiar-se as respostas apresentadas pelo uso pragmático da *juridicidade*, aponta para a finitude do sentido, colocando *parâmetros* para a atuação do leitor sobre o texto. Nesse sentido, Ferraz Junior, *Função social da dogmática jurídica,* tese, 1978.

114 "Pero el juez no puede dejar de cumplir su tarea. Tiene que decidirse, y esta elección há de originarse, cualquiera sea su contenido, en una valoración. Su interpretación de la ley (en un sentido más amplio) es, en esta medida, un acto de naturaleza constructiva, no un acto de puro conocimiento. Sus motivos no se reducen al deseo de acatar una determinada directiva" (Ross, *Sobre el derecho y la justicia,* 1974, p. 133). O usuário do sistema jurídico, em situação de necessidade de emissão de um juízo acerca da textualidade proposta pelo legislador a ser aplicada à faticidade, esfera do ser, deverá posicionar-se.

É no momento da escolha de um sentido textual possível, e necessário, que se abre espaço para a argumentação; será por meio de provas racionais que se fará a sustentação da escolha. No momento da decisão os critérios interpretativos são apenas diretivos para a ação[115]; esses critérios são, conjuntamente, importantes para oferecer resposta a uma ou a outra possível hipótese de sentido suscitada por uma mensagem normativa.

A resolução de conflitos e a busca de coerência significativa são *topoi* marcantes, assim como determinantes, na constituição de um estudo hermenêutico. A interpretação, e a possibilidade de abertura de sentido que oferece aos textos jurídicos, acaba sendo a mola propulsora para a adaptação de textos a situações variadas, divergentes, conflitantes, imprevistas, contraditórias... A interpretação, nesse sentido, passa a representar forte válvula de escape das necessidades de funcionamento do sistema jurídico. A máquina semiótica, que funciona operando sentidos jurídicos, funciona facultando usos pragmáticos os mais difusos, que consentem a justificação de soluções jurídicas também as mais diversas. A interpretação, bem entendida, é primordial para a subsistência do sistema jurídico[116].

---

[115] De fato, sublinha-se aqui o caráter recomendativo, orientativo dos cânones da interpretação. Não podem estes jamais constituir guias únicos da ação interpretativa tendendo para a busca da *veritas* imanente ao texto, e isso porque esses próprios cânones da interpretação estão sujeitos à interpretação. Nesse sentido, leia-se: "Os cânones de interpretação não podem eliminar estas incertezas, embora possam diminuí-las; porque estes cânones são eles próprios regras gerais sobre o uso da linguagem e utilizam termos gerais que, eles próprios, exigem interpretação. Eles, tal como outras regras, não podem fornecer a sua própria interpretação" (Hart, *O conceito de Direito,* 1986, p. 139). Ademais: "El secreto de esta técnica de argumentación consiste en que no ha criterio que indique qué regla de interpretación há de usarse"; e, posteriormente: "Las máximas de interpretación varían de un país a otro. Pero en todas partes muestran las mismas características, fundamentalmente: son conjuntos sistemáticos de frases atractivas (a menudo acuñadas en forma de proverbios) y de significado impreciso que pueden facilmente ser manejadas de manera tal que conduzcan a resultados contradictorios. Dado que no existen criterios que indiquen cuándo debe aplicarse una máxima y cuándo otra, ellas ofrecen gran amplitud para que el juez llegue al resultado que considera deseable" (Ross, *Sobre el derecho y la justicia,* 1974, p. 147 e 148).

[116] Nesse sentido, fica clara a insuficiência dos postulados dogmáticos acerca da interpretação ("a interpretação se faz do sentido oculto e obscuro", "a verdade sempre subjaz ao texto", "a intenção do legislador deve ser desvelada", "a norma jurídica possui sentido único" etc.) para explicar a engrenagem hermenêutica. Ainda mais, pode-se dizer que, em sua simplicidade, conflitam com as já apresentadas ideias acerca do ato cognoscitivo e interpretativo.

Verifica-se, portanto, que a interpretação é construtiva para a *juridicidade*. Não cabe ao legislador, mas ao *sujeito da interpretação*, ou ao usuário da linguagem jurídica de modo geral, atribuir sentidos a textos normativos. Se o usuário for a um só tempo intérprete e aplicador, então a aplicação, a decisão, forjar-se-á de acordo com uma interpretação sustentada em provas racionais. Com esse tipo de atitude ante a discussão da interpretação, não se está a atribuir ao *texto em si* um sentido único; está-se, em verdade, a atribuir ao usuário o poder de "dizer" o sentido jurídico (*juris-dictio*)[117].

É nesse sentido que se pode dizer que a completude do sistema jurídico é um mito. O sistema jurídico em si, e por si, não pode ser completo; pode, sim, apresentar soluções para necessidades aplicativas, para hipóteses de lacuna... mas nada disso se faz sem que o *sujeito da interpretação* atue construindo o sentido jurídico, na práxis jurídica. O sistema, em seu isolamento insular, não pode ser completo; ele funciona, operacionaliza, atua, tudo em função da interpenetração que possui com os demais sistemas e práticas de sentido com os quais convive (práticas socioeconômicas, culturais, costumeiras, políticas, sindicais...)[118].

---

117 Sendo a hermenêutica uma parte da ciência dogmática em sentido amplo, tem-se que ela parte de pressupostos, que são aqueles apresentados pela legislação, tendo-se como fulcro fundamental a decidibilidade. Não é outra a conclusão de Tercio Sampaio Ferraz Junior: "(...) deve haver uma interpretação e um sentido que preponderem e ponham um fim (prático) à cadeia das múltiplas possibilidades interpretativas" (*A ciência do direito,* 1980, p. 73); e ainda: "A determinação do sentido das normas, o correto entendimento do significado dos seus textos e intenções, tendo em vista decidibilidade de conflitos constitui tarefa da dogmática hermenêutica" (*Introdução ao estudo do direito*: técnica, decisão, dominação, 1988, p. 256). Dado que a interpretação é uma atividade prática de alcance de significação para a aplicação da textualidade à faticidade, o hermeneuta, "Para resolver el problema se ve forzado *a* decidir (...)", e, muitas vezes, "Para considerar al caso como incluido o como excluido el intérprete se ve forzado a adjudicar a la regra un sentido (...)" (Carrió, *Notas sobre derecho y lenguaje,* 1976, p. 57).

118 De fato, a interpretação do que está sob a zona de penumbra é um dos mais fortes indícios do caráter sempre aberto da *juridicidade*, que se constrói todos os dias, reafirmando ou negando aquilo que anteriormente se aceitava canonicamente. É dessa dialética entre o que foi e o que será que vive a *juridicidade*, e é esse particular movimento que lhe confere habilidade para acompanhar o evolver da cultura humana à qual se liga. Mais ainda sobre a ideia da zona de penumbra do sentido, *vide* Ross, *Sobre el derecho y la justicia,* 1974, p. 111. "Hay normas jurídicas y ellas desempeñan un papel indispensable en la prática cotidiana del derecho. Pero esas normas non determinan toda la conducta pues tienen una textura abierta

A interpretação, nesse contexto, significa mais do que normalmente se costuma dizer a seu respeito. O legislador, conhecedor do papel da interpretação e das possibilidades de sentido que abre, não evita o uso de termos vagos no seio da legislação. Se proposital ou não, esse uso é frequente, e basta essa constatação para que se vislumbre em tal trilha um ponto importante de equilíbrio e conjugação entre duas realidades: uma primeira, técnica e deontológica, a da *juridicidade,* e uma segunda, atécnica, a esfera do ser. As variações conceituais, culturais, sociais... explicam tal medida de caráter político tomada pelo legislador no seio das práticas normativas de sentido.

Assim, as expressões abertas, como "boa-fé", "fins sociais", "função social", "ordem pública", "bem comum", "moralidade administrativa", "dignidade humana", são todas *topoi*, ou lugares-comuns, do discurso normativo; representam uma assunção de imprecisão feita pelo legislador com o fito de permitir a adaptação do texto normativo a momentos sociais e a peculiaridades de casos concretos[119].

São vários, portanto, os elementos que afluem para a calibração do discurso jurídico. A racionalidade persuasiva pressupõe, assim, a fundamentação e o embasamento aceitável da escolha de uma perspectiva interpretativa, o que desloca o ato interpretativo do universo da verdade para o da argumentação e da coerência[120]. Antes de falar em arbítrio, pode-se falar em *razoabilidade* interpretativa, o que funda um paradigma que exclui o problema da verdade e apresenta o exercício exegético como um *lógos* do humano, ou como o *lógos* do razoável[121]. É nessa perspectiva que se pode determinar o alcance e os limites da interpretação textual jurídica, que não só interferem, mas fundamentalmente, e não raras vezes, definem os rumos da vida social.

---

o presentan una zona de penumbra, dentro de la cual el intérprete tiene que decidir bajo su responsabilidad" (Carrió, *Notas sobre derecho y lenguaje,* 1976, p. 72).

[119] Cf. Ferraz Junior, *Teoria da norma jurídica*: ensaio de pragmática da comunicação normativa, 1978, p. 23. Ainda, *ipsis litteris*: "A presença de *topoi*, no discurso, dão à estrutura uma flexibilidade e abertura característica, pois sua função é antes a de ajudar a construir um quadro problemático, mais do que resolver problemas".

[120] Introduz-se a noção de validação em substituição àquela de verificação empírico-científica de busca da *verdade* para o universo da interpretação. A validação, assim, constituiria "(...) uma disciplina argumentativa comparável aos procedimentos jurídicos usados na interpretação legal, uma lógica da incerteza e da probabilidade qualitativa" (Ricoeur, *Teoria da interpretação*: o discurso e o excesso de significação, p. 90).

[121] Essa proposta é a de Siches, *Nueva filosofía de la interpretación jurídica,* 1973.

1.2.6 O RAZOÁVEL COMO PARÂMETRO HERMENÊUTICO: O APELO À RAZÃO FRONÉTICA

O texto normativo – ou ainda o precedente no sistema do *stare decisis* – é o ponto de partida para o exercício da interpretação. Nesse sentido, a interpretação, acoplada com a aplicação, resulta num juízo que parte de um texto para construir outro texto, este último capaz de engendrar novas consequências, não só jurídicas, mas também semióticas e interpretativas. É isso que incumbe estudar ao investigar a interpretação como exercício voltado para a decisão; trata-se da interpretação decisória e aplicativa (interpretação autêntica), esta, de qualquer forma, necessária para a conformação da normatividade à faticidade. Se assim é, este é o lugar do *lógos* do razoável[122].

O juízo aplicativo não se resume ao juízo judicial[123]. Há aplicação onde há o tratamento conjugado do *dever-ser* com o *ser*, de modo que o *dever-ser* se torne *ser*[124]. Em todo ato aplicativo se interrompe a promessa de que algo *venha-a-ser*, para que efetivamente o *seja*; na aplicação, o que *deve-ser* deixa de ser potência e se torna ato. A norma, em sua aplicação, passa de seu estado letárgico, estático, adentrando o mundo do *ser*, no qual se insere com todas as problemáticas a ele inerentes; sua natureza de *dever-ser*, seu sentido neutro e impassível, sua estrutura cristalina, sua perfeição apriorística, são apenas momentos do sentido, antes de sua reificação. E, como já se disse, a temática da aplicação envolve necessariamente a abordagem da interpretação, pois não há aplicação sem interpretação. Não se pode, portanto, olvidar essa discussão, devendo-se analisar como está interligada ao

---

[122] A expressão é utilizada dentro do sistema de ideias de Recaséns Siches, que vem exposto, em alguns de seus aspectos, nesta tópica. Sobre o papel revolucionário do *lógos* do razoável na interpretação jurídica, consulte-se Siches, *Tratado general de filosofía del derecho,* 1975, p. 627-665. Ainda, consulte-se a obra *Nueva filosofía de la interpretación del derecho,* 1973.

[123] Estudar-se-á com maior profundidade o discurso decisório jurídico (administrativo e judicial) e suas injunções em específico ou no tópico seguinte àquele em que se confere tratamento ao discurso normativo. Dessa forma, pode-se melhor discutir qual a relação entre ambos os discursos.

[124] Dizer que o dever-ser se transforma em ser é o mesmo que dizer que a conduta humana se encontrava cristalizada na norma jurídica. Aqui se adota literalmente a expressão utilizada por Siches em várias passagens de seu texto, inclusive nesta: "Una norma jurídica es un pedazo de vida humana objetivada" (Siches, *Nueva filosofía de la interpretación del derecho*, 1973, p. 135).

problema da interpretação e quais suas consequências teórico-pragmáticas para o campo da semiótica.

O texto decisório, ao qual se chega pelo exercício de interpretação de textos, é, a princípio, apenas um ato formal pertencente a um procedimento. Mas, na verdade, é muito mais que isso; é, com toda a carga do termo, um *texto jurídico*, e isso porque reúne em sua aparente simplicidade um incontável número de fatores que lhe determinam a essência. Trata-se de um grande complexo de signos, ou, ainda, da junção de vários códigos travestidos em uma única linguagem: a linguagem jurídico-decisória[125].

Ora, a atividade decisória é uma atividade de sentido que parte de textos normativos[126], coadunando-os com outros textos reunidos no curso de um procedimento (judicial ou administrativo)[127]; não se resume somente à interpretação, muito menos à pura atitude decisória, muito menos à só integração da *juridicidade*. Há que se dizer, verdadeiramente, que a atividade decisória é criadora da *juridicidade*.

---

[125] Para se demonstrar, ainda que superficialmente, a reunião de códigos diversos no texto jurídico que exprime uma decisão, podem-se indicar quais os elementos de inúmeras procedências acostados à sua superfície de discurso jurídico, a saber: (a) argumentos trazidos na dialogia do procedimento, expandindo o leque de hipóteses interpretativas possíveis da matriz normativa; (b) aspectos psicológicos emanados da formação do agente decisório, de sua consciência de julgador, de suas influências, de sua vulnerabilidade; (c) informações sociológicas, jornalísticas ou técnicas trazidas pelo auxílio de outros profissionais ou técnicos que desenvolvem atividades judiciais (peritagem; psicólogo; assistente social; técnico contábil; auxiliar médico-legista); (d) normas jurídicas ou preceitos que cumpram o papel de resolução da *quaerela* processual, pois na ausência da norma jurídica o costume, a equidade, os princípios podem integrar a falta da norma escrita; (e) descrições fáticas, situacionais, presenciadas por terceiros ou trazidas por relatos pelas partes, campo onde a *praesumptio* cumpre importante função de auxílio à decisão; (f) orientações jurisprudenciais, normas de serviço, forças políticas e corporativas, orientações técnicas internas; (g) valores socioculturais majoritários ou não que se agregam à consciência e ao entendimento do agente decisório como cidadão e homem social.

[126] De fato: "(...) es el juez quien tiene que decidir la elección de la premisa mayor, sobre la cual vaya a fundar su sentencia, si es que se presenta el problema de que haya más de una premisa posible, cada una de ellas válida en el ordenamiento jurídico positivo" (Siches, *Nueva filosofía de la interpretación del derecho*, 1973, p. 237).

[127] Levada a discussão acerca da interpretação para os veios judiciais, tem-se que o juiz é o agente autorizado por um poder de investidura que lhe é atribuído para o exercício da atividade prudencial dotada de uma função decisória. É a partir de seu julgamento que surge um outro universo sígnico capaz de veicular mensagens vinculantes *inter partes* – ou, mesmo, dependendo da instância e da matéria abordada, até mesmo mensagens *erga omnes* –, criação normativa que se constrói a partir de uma interpretação normativa.

A *juridicidade,* esse conjunto de práticas jurídicas textuais, funciona na medida em que suas práticas discursivas interagem, entre si e com outras práticas alheias ao sistema jurídico. A atividade decisória é essencial, pois cria textos que individualizam discursos normativos, e que, portanto, são capazes de fundar sentido, atuando *in concreto,* a partir de interpretações de outros discursos, construídos *in abstracto.* O discurso decisório movimenta o sentido normativo.

A *reconstrução* do sentido normativo[128], por meio da interpretação, nesse sentido, quando vertida para a atividade aplicativa, possui a capacidade de fundar uma nova ordem textual, a saber, aquela capaz de individualizar o sentido jurídico, de pôr fim a uma querela, enfim, de apresentar decisões. Nesse processo de individualização normativa detecta-se, fundamentalmente, uma atividade prudencial (*prudentia*). Essa é uma visão que destaca e acentua o relevo do agente decisório na criação e aplicação da textualidade normativa à materialidade dos acontecimentos jurídicos, enquanto exercício da razão prática, enquanto *prudentia.* A atuação da razão prática é uma atuação que apela para o uso discursivo, o que avoca a noção semiótica de *pragmática* do discurso. Mas, ao mesmo tempo, a razão prática avoca a introdução da noção filosófica de *lógos* do razoável. Aliam-se, nitidamente, duas propostas: a semiótica e a do *lógos* do razoável. Bem compreendidas, ambas se conjugam em suas texturas[129].

Os conflitos expostos à decisão, em verdade, não cessam de criar novos conflitos; mas, agora, esses novos conflitos são de caráter semântico, que antepõe as partes entre si, as partes com o órgão decisório, o órgão decisório com as instâncias superiores... Então, o que se tem é que

[128] "El hecho de que tales objetivaciones de la vida humana son re-vividas, re-actualizadas sucesivamente por nuevos seres humanos, explica el hecho de que esos objetos culturales, a pesar de ser ellos en sí inertes, cristalizados, adquieren nueva vida, cambian, se transforman y evolucionan" (Siches, *Nueva filosofía de la interpretación del derecho*, 1973, p. 136).

[129] A título ilustrativo, pode-se colacionar este julgado, que ilustra com todas as letras a boa absorção prática da teoria do *lógos* do razoável na condução dos fenômenos jurídicos: "O Direito, como fato cultural, é fenômeno histórico. As normas jurídicas devem ser interpretadas consoante o significado dos acontecimentos que, por sua vez, constituem a causa da relação jurídica. O Código de Processo Penal data do início da década de 40. O país mudou sensivelmente. A complexidade da conclusão dos inquéritos policiais e a dificuldade da instrução criminal são cada vez maiores. O prazo de conclusão não pode resultar de mera soma aritmética. Faz-se imprescindível raciocinar com o juízo da razoabilidade para definir o excesso de prazo. O discurso jurídico não é simples raciocínio de lógica formal" (STJ, RHC 1.453, rel. Vicente Cernicchiaro, *DJU*, 9 dez. 1991, p. 18044).

todo ato decisório constitui-se em ato complexo, também ele criador de um complexo semiótico, que parte de um texto normativo (e o precedente ou os costumes fazem as vezes de norma para o sistema da *common law*) para, logo em seguida, *desconstruí-lo*, atribuindo-lhe um sentido pragmaticamente identificável, inferível a partir de seu próprio construto de signos. Esse texto decisório é, desde que considerada a autoridade que se encontra subjacente a essa espécie de discurso, vinculante.

Em verdade, a interpretação e o entendimento do agente decisório, assim como das cortes judiciárias que controlam as demais decisões e atividades jurisdicionais, ou das autoridades administrativas de cassação, são limites para a expansão do campo de entendimento e apresentação dos problemas exegéticos pelo leitor-receptor da norma. O sentido de uma norma, para um caso concreto, está em aberto até que o poder defina o que é aquela norma[130].

Assim, na atividade de construção do sentido das normas, ou mesmo para dirimir a ausência das normas (lacuna), bem como da existência de duas ou mais normas conflitantes para a resolução de um mesmo conflito (antinomia), o bom estudo dos fenômenos semióticos e sociossemióticos é determinante para o entendimento da complexidade de que se reveste o ato de julgar. A decisão, quando apresentada para valer como norma individual vinculante para as partes, é sempre um *retículo cultural*[131]. E isso pelo fato de resultar de uma miríade de processos *decodificativos*, *interpretativos*, *lógicos*, *culturais*, *ideológicos*, *programáticos*, *psicológicos*, *sociais* e *funcionais*, em virtude do influxo de condicionantes na determinação do decisório final[132].

No sentido da ruptura da ordem da lógica formal é que se deve lapidar o espaço da lógica do razoável, que apela não para respostas apriorísticas,

[130] Não de outra forma foi que a teoria kelseniana apontou esse caráter da interpretação judicial como sendo uma interpretação originária, e isso porque vinculante.

[131] "Esta observación pone de manifiesto que el sentido de la obra cultural – de conocimiento, de arte, de política, de Derecho, etc. –, es siempre un sentido *circunstancial*, es decir, un sentido referido a las circunstancias concretas en que se presentó la necesidad estimulante, en las que se concibió la conveniencia y la adecuación del fin, y en el que se apreció la idoneidad y la eficacia de los medios adaptados" (Siches, *Nueva filosofía de la interpretación del derecho*, 1973, p. 140).

[132] Toda a carga de elementos determinantes do decisório se constitui como considerações acerca de uma teoria do *repertório* aplicável ao pensamento jurisdicional, tendo-se em vista que este se encontra na posição de intérprete e leitor, sendo propriamente essa a esfera de manifestação do *interpretante* peirceano.

mas para atitudes situacionais, permeadas pelas pregnâncias próprias ao contexto em que se desenvolvem e surgem essas questões. Aqui se abre espaço teórico para um apelo de contrariedade à lógica matemática[133] na interpretação jurídica, pois todo o tema da aplicação e da interpretação demanda razoabilidade, ou seja, ponderação do que seja e do que não seja, circunstancialmente, e de acordo com inúmeras variáveis valorativas que não podem ser cultivadas no terreno da pura lógica artificial[134]. O *lógos* do humano, para Siches, é uma aposta numa lógica específica aos dados da ação, da razão prática; uma aposta num raciocínio humano que lida com o contingente da decisão (de acordo com as possibilidades, inconstâncias, irregularidades, fluxos e refluxos dos valores)[135].

Negar essa perspectiva é negar a própria *ratio essendi* da *juridicidade*. Isso porque a *juridicidade* se utiliza de uma *ratio* instrumental para regrar o convívio social. Com isso, há que se reconhecer a sua natureza como uma natureza mutante, em perene processo de mutação. Então, para melhor definição da razoabilidade, que aqui se erige como ponto central da discussão, deve-se dizer que:

a) é exercida em função da ponderação de variantes circunstanciais, de modo que sua produção impede que se cristalize *ad perpetuum*, permanecendo claramente variante;

---

133 Leia-se: "(...) la lógica tradicional es meramente enunciativa del ser y del no ser, pero no contiene puntos de vista de valor ni estimaciones sobre la corrección de los fines, ni sobre la congruencia entre medios en relación con un determinado fin" (Siches, *Nueva filosofía de la interpretación del derecho*, 1973, p. 166).

134 "Ese proceso debe estar regido por un tipo especial de lógica, que es diferente de la lógica tradicional, a saber, debe estar regido por una especial lógica de la acción humana referida a valores y encaminada a realización de fines" (Siches, *Nueva filosofía de la interpretación del derecho*, 1973, p. 142).

135 "Ahora bien, el proceso de interpretación de una norma general respecto de los casos singulares, la individualización de las consecuencias de esa norma para tales casos, y las valoraciones que la interpretación y la individualización deban ir experimentando, todo eso, debe caer bajo el dominio del *logos de lo humano,* del logos de la acción humana. No es algo fortuito, ni tampoco algo que pueda ser decidido arbitrariamente. Es algo que debe ser resuelto *razonablemente.* Pero para eso no sirven las razones de tipo matemático. La lógica tradicional, la de la razón pura, no sirve para tratar ni resolver tales problemas. Necesitamos otro tipo de lógica, la cual es también lógica, pero diferente de la lógica tradicional: necesitamos la lógica de lo humano, la lógica de lo *razonable,* a diferencia de la lógica de lo racional" (Siches, *Nueva filosofía de la interpretación del derecho*, 1973, p. 143).

b) exerce-se não como expressão da opinião singular e não necessariamente como expressão da opinião coletiva, mas obedece a parâmetros de entendimentos jurídicos majoritários, o que reclama o estudo das palpitações da teoria da argumentação e do convencimento na busca do sentido mais plausível e sustentável;

c) operacionaliza-se em função de necessidades práticas e ocorrências fenomênicas que demandam uma ação, no caso, jurídico-decisória pelo discurso performativo, de modo que ocorre dentro de práticas sociojurídicas de sentido, imersa numa cultura;

d) apela para a *prudentia* humana, que extrai soluções e vivencia experiências *in casu,* a partir de variáveis situacionais e vivenciais;

e) constrói no uso discursivo e argumentativo a situação de exercício da razão jurídica, em comunicação e historicamente;

f) em meio a juízos de intertextualidade, o poder estabelece sentido, em face da necessidade de decidir, na medida em que encerra a cadeia interpretativa, atribuindo sentidos às normas jurídicas.

Na objetividade com a qual se inscreve o discurso decisório, interpretativo e aplicativo, diluem-se os elementos que condicionam e condicionaram o agente decisório na cunhagem do juízo. Em sua aparência puramente formal, de ato aplicativo de um procedimento, em verdade, é também um fato social e sociojurídico. Essa decisão é mais que ato formal, pois é capaz de *reorientar* entendimentos, redimensionar estruturas de sentido solidificadas, entre outros efeitos *metaprocessuais*. Nenhuma decisão provém *ex nihilo*, ou muito menos se direciona *ex nihilo*.

Mas, de qualquer forma, o *decisum* como construção semiótica, ao ser prolatado por seu produtor, deixa de ser uma estrutura permeável à busca da intencionalidade, fazendo-se, da mesma forma como ocorre com as normas jurídicas promulgadas, um produto semântico autônomo. A decisão torna-se um produtor sem sujeito; a partir de sua produção, o texto decisório passa a se vincular a um autor, na proposta de Paul Ricoeur. Toda decisão pressupõe uma intertextualidade. Uma decisão, ainda que proveniente de um único agente decisório, não é só axiologia pessoal, mas um discurso que age intertextualmente com as prescrições vigentes (princípio da legalidade da decisão), de acordo com as orientações de sentido sustentáveis em torno da norma a aplicar (opiniões doutrinais, correntes jurisprudenciais, pré-julgados...)[136].

[136] Não necessariamente adstrita ao acolhimento da *communis opinio*, toda tendência inovadora que se afigura em dissonância com o entendimento generalizado deve ser sustentada, e é nesse sentido que se avulta o papel da teoria da argumentação no seio da *juridicidade*.

Decorre, de qualquer maneira, que o ato de julgar é complexo, não se podendo afirmar que corresponda a mero ato dedutivo[137]. De fato, o texto da norma é tomado como sendo apenas um ponto de partida para o estabelecimento de uma cadência de significados e implicações que se referem como um todo a uma situação fática que demanda uma postura decisória. Para esta não é suficiente, portanto, um procedimento dedutivo de adequação norma/concretude, pois para tal adequação entre o jurídico e o fático pressupõe-se a intervenção de um agente decisório, frágil a uma miríade de elementos que condicionam o seu agir.

Também, não é tão simples o processo de identificação da norma aplicável *in casu*; uma multiplicidade de normas se candidata para a resolução do caso *sub judice*, e nessa escolha da norma aplicável pelo agente decisório já há interpretação, de normas e do sistema jurídico[138]. Essa atividade calculadora e de seleção dos elementos cabíveis para um *decisum*, a partir de uma ou mais normas, é sempre complexa. A seleção a que se procede é propriamente uma atividade que se pode denominar *prudencial*, e isso porque concilia códigos, valores e informações, ou seja, elementos heterogêneos.

A partir da referência à *prudentia* deliberativa, enquanto derivativo da razão prática (*noûs praktikós*), é que se pode enunciar, com os devidos termos, uma teoria da *razoabilidade* no campo jurídico. De acordo com esta, as noções de racionalidade e razoabilidade não são coincidentes. O raciocínio jurídico deixa de ser equiparado ao raciocínio lógico, abstrativo-científico ou matemático[139]. A atividade interpretativa torna-se, então, calculadora, o que quer dizer que toma em consideração os diversos elementos que subjazem ao universo hermético do *sujeito da interpretação* que decide, plasmando-os ao lado de outras variantes. Fica certo, pois, que, a autorida-

---

[137] A ideia não é "(...) reproducir la norma general, sino en un adaptar la pauta general por ella señalada a cada caso singular (...)" (Siches, *Nueva filosofía de la interpretación del derecho,* 1973, p. 141).

[138] De fato: "(...) es el juez quien tiene que decidir la elección de la premisa mayor, sobre la cual vaya a fundar su sentencia, si es que se presenta el problema de que haya más de una premisa posible, cada una de ellas válida en el ordenamiento jurídico positivo" (Siches, *Nueva filosofía de la interpretación del derecho,* 1973, p. 237).

[139] Assim: "(...) al apoyarmos en aquellos argumentos *razonables* estamos obviamente dentro del campo de la razón, del lógos, por lo tanto, de la lógica. Pero sin duda se trata di una provincia de la lógica, que es diferente de la razón matemática, o físico-matemática. Estamos, en suma, dentro del campo de lo *razonable*, del logos de lo humano o de la razón vital e histórica, que es diferente del campo de lo *racional*" (Siches, *Nueva filosofía de la interpretación del derecho,* 1973, p. 168).

de decisória, ao adotar uma resposta para a problemática fática, antes de qualquer coisa, valora[140].

Destituída de sentido, portanto, resta a teoria que consagrava a silogicidade do julgamento, de modo que se pode afirmar que, antes de mais nada, esta é uma plaga arenosa, senão pantanosa[141]. Essa escassez de conteúdo da teoria silogística é que lhe retira o estatuto de uma teoria viável para o desnudamento da complexidade do ato que conjuga aplicação e interpretação. Nesse sentido, esvaziar de valorações e de teleologia o ato decisório foi seu maior erro[142].

A norma jurídica como parcela de conduta humana objetivada[143], porque se extrai da vivência social e para ela se dirige, reativa-se na medida em que é usada, em que é manipulada, vista, sentida, conhecida e interpretada. Reitere-se o fato de que o sentido é formado pelo seu usuário, e de que a consistência do sentido só existe na interação de práticas socioculturais que o sustentam.

1.2.7 LIMITES DA INTERPRETAÇÃO

Até o presente momento mostrou-se como se dá o processo de interpretação jurídica, qual a importância do texto jurídico para a interpretação, qual o papel desempenhado pelos signos ambíguos e vagos, qual a relação existente entre interpretação e aplicação, e, por consequência, qual a relação entre o *sujeito da interpretação* e o aplicador, como se dá o movimento do

---

140 Cf. Siches, *Nueva filosofía de la interpretación del derecho,* 1973, p. 236.

141 "(...) la lógica tradicional es meramente enunciativa del ser y del no ser, pero no contiene puntos de vista de valor ni estimaciones sobre la corrección de los fines, ni sobre la congruencia entre medios en relación con un determinado fin" (Siches, *Nueva filosofía de la interpretación del derecho,* 1973, p. 166).

142 "Ese proceso debe estar regido por un tipo especial de lógica, que es diferente de la lógica tradicional, a saber, debe estar regido por una especial lógica de la acción humana referida a valores y encaminada a realización de fines" (Siches, *Nueva filosofía de la interpretación del derecho,* 1973, p. 142).

143 A discussão mais aprofundada a respeito da norma jurídica, sua definição, seu entendimento semiótico... se encontra em tópico apartado adiante. Nesta parte se adota literalmente a expressão utilizada por Siches: "Una norma jurídica es un pedazo de vida humana objetivada" (Siches, *Nueva filosofía de la interpretación del derecho*, 1973, p. 135).

sentido normativo, passando-se inclusive pelo tema de como a *juridicidade* absorve as criações em torno do sentido normativo.

Vistas essas questões, cruciais para o bom desenvolvimento da temática, é mister que se vislumbre como é exercida a interpretação, se indefinida e aleatoriamente, ou se mediante limites. Não obstante já se terem avançado algumas discussões e sugestões a respeito do tema, explora-se nesta parte o problema com mais vagar. No fundo, este é o tema no qual esbarra toda a investigação sobre a interpretação que se vem fazendo, e em que desemboca todo o afluxo dos tópicos até o momento abordados.

Uma das conquistas desta investigação se encontra exatamente na admissão da ideia de *continuum* hermenêutico do sistema. Isso quer dizer que, independentemente da cristalização das normas em textos escritos, a cadeia das interpretações prossegue seu curso ondulante, a partir de desafios e propostas socioculturais e de outros desafios conjunturais a que se submetem os leitores das mensagens prescritivas. É esse aspecto que cumpre se focalize nesta sequência, pois, se todo *continuum* abre sentido para a realização de plúrimas interpretações, também se deve ter presente que tais interpretações possuem limites. O rastreamento e a indicação desses limites é a tarefa que ora se empreende, em suas linhas gerais[144]. Na linha de análise aqui desenvolvida, empreende-se que uma compreensão de fundamental importância seja adequadamente compreendida, pois também compartilhada por inúmeros semioticistas, a de que a ênfase na pragmática da interpretação e no papel ativo do intérprete não implica e não autoriza a recaída no arbítrio, no discricionário, no abuso e no deslimite de sentido[145].

---

[144] Um empreendimento de considerável profundidade a respeito desse aspecto vem desenvolvido por Umberto Eco, de quem se destacam dois textos em específico, a saber: *Interpretação e superinterpretação,* 1993, onde se destaca o capítulo "Superinterpretação dos textos" (p. 53-78), e *Os limites da interpretação,* 1995, onde se destaca o capítulo "Aspectos da semiose hermética" (p. 21-76). Sua teoria semiológica é, sem dúvida nenhuma, marcada por forte interesse literário. Mesmo assim, suas considerações são relevantes, pois fornecem parâmetros para a discussão no âmbito jurídico.

[145] É o caso da observação precisamente contida neste trecho: "A rejeição da discricionariedade nesses termos nos concede, por fim, o sentido mais concreto que podemos encontrar na 'resposta correta', fundamentalmente o de que o intérprete, ao interpretar o ordenamento jurídico, não crê estar sendo abusivo, discricionário ou simplesmente dando livre vazão a seus valores pessoais" (Nogueira, *Direito e linguagem*: o processo interpretativo jurídico sob uma perspectiva semiótica, 2013, p. 239).

A interpretação jurídica, como se poderia imaginar, se feita pragmaticamente, se mediada pelo texto jurídico, haveria de redundar num arbitrário efeito construtor do sentido. Ao se depositar no *sujeito da interpretação* o poder de construção do sentido de um texto, após sua elocução, está-se a atribuir amplos poderes àquele que manipula um texto. Mas o que se quer determinar é que o sentido, sempre construído *a posteriori* da elaboração do texto jurídico (*normativo* ou *não normativo*), não é um sentido irrestrito, isso porque todo sentido se coaduna com formas de entendimento, com dados culturais, com certames científicos, com dados históricos e outras variantes possíveis que sincretizam os atos de cognição e de interpretação.

Assim, é de reconhecer que a interpretação jurídica não se exerce tão livremente que não possua umbrais[146]; não obstante a dificuldade, sua quadrangularidade é possível de ser apontada. Indicativamente, podem ser enumerados os limites da interpretação jurídica como sendo, em linhas gerais, os seguintes:

a) princípios do ordenamento jurídico, sejam implícitos, sejam explícitos, uma vez que se trata de um universo de discurso com imposições próprias; a interpretação jurídica não obedece, por exemplo, à mesma liberdade da interpretação estética;

b) a hierarquia normativa e as prescrições e/ou comandos maiores ordinatórios e regulamentadores que estão por detrás, ou mesmo embasam, uma norma que se quer interpretar; estando inseridas em microuniversos de discurso jurídico (tributário; ambiental; penal; econômico; financeiro; civil), as normas jurídicas se condicionam à hierarquia regente desse universo de sentido e de práticas sociojurídicas;

c) os paradigmas teóricos-cognitivos e epistemológicos fornecidos pelo ramo jurídico-científico ao qual pertenceria a competência para o estudo da norma que se quer interpretar; a própria ciência (dogmática) que estuda o fenômeno jurídico condiciona a matéria a evoluções ou a involuções, de acordo com os exercícios de sentido que produz;

d) a intertextualidade da norma tomada como *norma em si*, dotada de semântica particular, assim como também inserida e totalizada no mosaico

---

[146] "As diferentes teorias de argumentação jurídica têm por objetivo estruturar o raciocínio jurídico, de modo a que ele seja lógico e transparente, aumentando a racionalidade do processo de aplicação do Direito e permitindo um maior controle da justificação das decisões judiciais" (Barroso, *Curso de direito constitucional contemporâneo*, 4. ed., 2013, p. 367).

das demais disposições que partilham com ela um espaço jurídico dentro da lei e, assim, sucessivamente, dentro do Título, do Capítulo...;

e) a contextualização sociossemiótica da norma, seja num meio jurídico, seja num meio social, seja num meio cultural, seja num momento histórico;

f) a forma de expressão de que se utiliza a norma para existir como texto jurídico determina também sua maior ou menor abertura, onde as técnicas de redação e estilo legislativo não são desprezíveis; a generalidade ou não dos termos linguísticos de que se vale a norma (termos vagos, valorativos, técnicos...) oferece um espectro mais amplo de possibilidades de sentido diferentes daquelas oferecidas pelo vocabulário exclusivamente jurídico;

g) a quantidade de informações que veicula e o número de variáveis que envolve;

h) as interpretações prevalecentes, a argumentação majoritária, a *opinio* ou o entendimento que conduzem a discussão a um espaço dialético predeterminado (*tópoi*).

Esses pontos de apoio da discussão permitem destacar que a temática da interpretação deve ser devidamente contextualizada para que seja compreendida com adequação. Quando se fala em interpretação, está-se a falar da interpretação *in genere*, ou seja, da interpretação não sediada em uma temática circunscrita (teoria jurídica, teoria estética, teoria sociológica, teoria histórica etc.). Quando a interpretação se setorializa, se circunscreve, se delimita, se direciona, por exemplo, para práticas textuais, literárias, normativas, também se concentram os efeitos de sentido e as consequências teóricas pretendidas[147]. Dessa forma, por exemplo, a interpretação jurídica não se exerce tão livremente quanto a interpretação estética. A calibração de valores e inflexões é diversa entre esses sistemas, o jurídico e o estético; são, em poucas palavras, universos de discursos diversos[148]. No primeiro prepondera a *ratio* normativa, a da imperatividade dos comandos, a da

---

[147] A proposta de Paul Ricoeur, em diferenciar oralidade e escrita, por exemplo, vem nesse sentido, como abordado em tópicas anteriores. Assim, pode-se delinear claramente o que é uma pragmática textual e o que é uma pragmática da oralidade dialética processual; a interpretação jurídica certamente não seguirá os mesmos parâmetros para ambas as hipóteses.

[148] O conceito de universo de discurso vem dado por Pais, Aspectos de uma tipologia dos universos de discurso, *Revista Brasileira de Linguística*, v. 7, n. 1, 1984, p. 43-65.

decidibilidade; no segundo, a *ratio aestetica*, a da livre fruição dos conteúdos e formas estéticas, a da liberdade de criação.

A *ratio aestetica* se debruça por sobre obras e textos abertos[149]. A interpretação que aí se faz certamente se regra a partir de inflexões autorais e culturais marcantemente destacáveis, ao mesmo tempo em que dentro de angularidades sempre abertas de entendimento dos textos estéticos. A *ratio* jurídica operacionaliza-se a partir de outros parâmetros; o excesso de movimentação do sentido jurídico, sempre zeteticamente aberto, provocaria um efeito lateral, para além do semiótico, ou seja, um efeito social da falta de funcionalidade da *juridicidade*[150]. Assim, declarar a falta de funcionalidade da interpretação é negar a própria prática da *juridicidade*. Pelo contrário, ela se movimenta, ocorre, opera, operacionaliza, instrumentaliza, funciona, carreando consigo múltiplas exigências, dentre as quais se destaca uma delas, a principal, a de que se realize. Não se trata, portanto, de um sistema inócuo, mas sim de um sistema voltado para a *práxis*; a decidibilidade é-lhe um axioma. Dessa forma, uma teoria jurídico-hermenêutica que desconsiderasse tal fator, declarando a infinitude ou ilimitação da interpretação, *hic et nunc,* estaria negando um pressuposto básico ou finalístico para a existência do próprio sistema que se interpreta, o de que funcione.

Então, para qualquer esquema especulativo que se crie em sede de hermenêutica, não se poderá negar o funcionamento do sistema. No entanto, sua opacidade funcional é clara. Ademais, não se trata de dizer somente que o sistema jurídico é um universo de discurso que possui unidades axiológicas próprias, ditames, princípios e orientações peculiares, mas sobretudo afirmar que esse sistema prevê normas específicas, estas também cogentes, para a contenção das cadeias sucessivas de interpretação. É certo que o legislador não ignora a interpretação, muito menos menospreza sua influência e seus resultados. Provas concretas disso estão espalhadas por todo o ordenamento jurídico. Presunções de fato e de direito; ônus da prova; perícia técnica; coisa julgada; súmulas; conflitos de interpretação, entre outros, são os mecanismos de que está revestido o ordenamento para a referida contenção de sentido.

Não se cingindo a interpretação a ser unívoca e, muito menos, submetida a critérios uniformes em todos os ramos jurídicos, obedecendo aos

---

[149] *Vide*, a respeito, Umberto Eco, *Opera aperta*: forma e indeterminazione nelle poetiche contemporanee, 1993.

[150] Ferraz Junior, *Função social da dogmática jurídica,* 1978.

ditames principiológicos informantes de cada área específica em que se projeta, podem ser distinguidos não somente os limites ou as imposições interpretativas legislativas, mas, também, o que podemos chamar de *limites setoriais* da interpretação jurídica[151]. Cada microuniverso de sentido possui suas contingências, seus princípios e regramentos.

É dessa forma que se restringe a possibilidade de abertura indefinida do sistema jurídico a multíplices formas de sentido. Assim, para constranger um leque mais amplo de interpretações fica o aplicador adstrito ao emprego dos recursos prescritos normativamente pelo legislador. Então, as hipóteses de ambiguidade, equivocidade, imprecisão terminológica, carência de definição de vocabulário técnico introduzido pela lei, entre outras, são resolvidas a partir da constrição normativa imposta pelo legislador. Explícita é a necessidade de segurança na atribuição de sentido aos termos e às expressões empregadas em determinada esfera da normatividade; diante da possibilidade de interpretação, o locutor normativo se precavê, emitindo os moldes interpretativos e indicando, por intermédio da própria textualidade, a forma hermenêutica de abordagem de determinada área do saber jurídico. Aqui, a matéria toda é protegida, enquanto foco de preservação de perturbações sociais maiores, indicando-se o critério hermenêutico a ser aplicado, ou o recurso de raciocínio a ser utilizado[152].

---

[151] Daí a razão pela qual se consideram por exemplo alguns ramos de exceção ou de direito estrito, como o são o direito penal e o direito tributário, pois, para estes, o conjunto de critérios interpretativos e integrativos é mais restrito, em razão da própria natureza desses mesmos ramos jurídicos. Em verdade, tem-se, aqui, menor liberdade ainda que em outros campos do direito, dada a relevância da matéria envolvida, no caso do direito penal, a liberdade enquanto garantia fundamental, protegida pela estrita tipologia penal, e, no caso do direito tributário, o patrimônio do indivíduo em contraste com o poder tributário estatal que fica vinculado ao princípio da estrita legalidade tributária. Ilustre-se, portanto, com o mandamento inscrito no art. 111 do Código Tributário Nacional (Lei n. 5.172/66): "Interpreta-se literalmente a legislação tributária que disponha sobre: I – suspensão ou exclusão do crédito tributário; II – outorga de isenção; III – dispensa do cumprimento de obrigações tributárias acessórias".

[152] O art. 118 do CTN apresenta uma prescrição interpretativa que limita a atuação do intérprete no que concerne ao alcance do sentido da expressão "fato gerador", *fattispecie* da doutrina italiana. Dessa forma, excluída fica a possibilidade de alegar atividade ilícita para que o sujeito se isente do pagamento de tributação incidente. *Ipsis litteris*: "A definição legal do fato gerador é interpretada abstraindo-se: I – da validade jurídica dos atos efetivamente praticados pelos contribuintes, responsáveis, ou terceiros, bem como da natureza do seu objeto ou dos seus efeitos; II – dos efeitos dos fatos efetivamente ocorridos".

É, portanto, por meio da própria textualidade normativa que pode o legislador formular um preceito de caráter meramente explicativo, seja de um outro preceito ("a aplicabilidade do artigo anterior se restringe aos casos em que não haja autorização para porte, segundo definido..."), seja de um termo ou expressão empregado neste ("o termo tóxico significa toda substância que cause dependência física ou psíquica a alguém..."), quando atua definindo no próprio seio da legislação. Quando assim procede, o legislador pode: a) direcionar a abrangência de uma norma jurídica; b) direcionar a abrangência de um termo ou expressão legal; c) fazer da norma um preceito hermenêutico de caráter genérico, com aplicabilidade voltada para todo um corpo normativo, envolvendo todos os preceitos de um *codex*, ou uma área[153]. Eis aí outros limites para a interpretação jurídica.

A ideia é a de que há sempre a pressuposição da existência de intérpretes por trás de textos. Ressaltar esse aspecto significa sublinhar ainda maiores dificuldades para a manipulação das normas jurídicas, e, assim sendo, tornar a atividade de enunciação (semântica gerativa) um fazer ainda muito mais complexo do que aparenta ser. O legislador, o enunciador normativo dentro do contexto da legislação positivada, é consciente desse esquematismo[154]. É consciente inclusive do fato de que o universo participativo do intérprete é sempre aberto para a adaptação, a atualização e a flexibilização dos textos normativos propostos para vigência[155].

---

[153] O entendimento é o de que não raras vezes a presença de termos técnicos nas prescrições legislativas é feita aleatória ou desarrazoadamente, utilizando-se conceitos de outros ramos jurídicos, ou se apresentando termos equívocos não seguidos de qualquer consideração que capacite a construção de um sentido menos dúbio.

[154] A própria dogmática jurídica está a expressar esses ditames. De fato, afirma-se que "(...) em certos campos do Direito, tendo em vista a respectiva índole, o legislador impõe determinada interpretação limitando a atuação do exegeta ou do aplicador da lei, por meio de norma de cunho vinculatório" (Bittar, *Contornos atuais do direito de autor*, 1992, p. 42).

[155] Retenha-se, por exemplo, o prescrito pelo art. 6º do ECA (Lei n. 8.069/90): "Na interpretação desta lei, levar-se-ão em conta os fins sociais a que ela se dirige, as exigências do bem comum, os direitos e deveres coletivos, e a condição peculiar da criança e do adolescente como pessoas em desenvolvimento". A extensa angularidade proposta pelo universo axiológico enunciado legislativamente nesse artigo consente a inserção de novos critérios, sempre renováveis, de <<bem comum>>, de <<fins sociais>>, enquanto *tópoi* do discurso jurídico-normativo.

2 Discurso jurídico

A linguagem jurídica se manifesta seja valendo-se dos elementos de uma linguagem verbal, seja valendo-se dos elementos de linguagens não verbais[1]. De qualquer forma, a linguagem verbal (língua natural) representa sempre a maior base de manifestação jurídica, sobretudo grafando-se por meio da escrita. A primazia da linguagem verbal com relação às não verbais, no campo do direito, é tão evidente quanto a primazia das linguagens não verbais para a maioria das práticas no campo das artes.

Na perspectiva teórica de Greimas, a linguagem jurídica, ainda que domínio técnico, constituiu-se primordialmente a partir da linguagem verbal (natural), tendo dela se desgarrado pela formação de um espaço de sentido e de

---

[1] A Semiótica Jurídica se debruça sobre as práticas jurídico-textuais. Nesse sentido se destaca o estudo dos modos pelos quais se alcança sentido na intersubjetividade, seja através de linguagens verbais, seja através de linguagens não verbais, como é o caso de um sujeito que manifesta sua vontade em uma assembleia, erguendo seu braço (gesto), a título de voto (e, em contrapartida, aquele que não o ergue, quedando-se inerte), de modo que sua vontade se encontra juridicamente manifestada. Esses e outros exemplos podem ser dados; revelar-se-á sobremodo importante esta análise do não verbal quando do estudo dos signos rodoviários, universo complexo de comunicação jurídico-normativa. A respeito do texto semiótico gestual, *vide* Greimas, *Du sens*: essais sémiotiques, 1970, p. 83-84. Aliás, é curioso ressaltar que Kelsen, em sua *Teoria pura do direito,* estava consciente de que o *modus* de realizar um imperativo normativo poderia variar, mas que a prescritividade possuía sempre um valor estável: "Os actos que têm por sentido uma norma podem ser realizados de diferentes maneiras. Através de um gesto: assim, com um determinado movimento de mão, o sinaleiro ordena que paremos, com outro, que avancemos. Através de outros símbolos: assim uma luz vermelha significa para o automobilista a ordem de parar, uma luz verde significa que deve avançar. Através da palavra falada ou escrita: uma ordem pode ser dada no modo gramatical do imperativo, v.g. Cala-te! Mas também o poder se expressa sob a forma de uma proposição: Eu ordeno-te que te cales. Sob esta forma podem também ser concedidas autorizações ou conferidos poderes" (Kelsen, *Teoria pura do direito,* 1976, p. 24).

um espaço estrutural autônomos (uma *gramática* e um *dicionário* jurídicos)[2]. Releva dizer que o domínio das práticas jurídico-textuais constitui um universo de discurso autônomo, capaz de produzir suas próprias injunções e de lançar suas influências por sobre os demais universos de discurso que o circundam. Em outras palavras, o universo do discurso jurídico pode ser dito um universo oriundo da linguagem natural, encontrando-se atualmente autônomo em relação a ela, apesar de preservar sua relação interativa e dialética com os sistemas que o circundam.

Essa visão favorece e prioriza a escolha do método de análise, que segue o modelo pancrônico[3]. O que se quer estabelecer como premissa é que um sistema que vive e pulsa em constante dialética com outros sistemas não pode ser analisado sem que se recorra à própria noção de dialética[4]. Uma análise que produz a *mise-en-scène* do discurso não poderia descurar, naturalmente, de seu enraizamento sociocultural, daí por que se primará por destacar como ocorrem os intercâmbios do que possui existência jurídica com o que não possui existência jurídica[5].

---

[2] Sobre essa autonomia do discurso jurídico como prática de linguagem, há que se dizer: "... si le discours juridique renvoie à une grammaire et à un dictionnaire juridique (grammaire et dictionnaire étant les deux composantes du langage), on peut dire que le discours juridique est la manifestation, sous la forme de messages-discours, d'un langage, d'une sémiotique juridique" (Greimas (coord.), *Analyse sémiotique d'un discours juridique,* 1971, p. 9).

[3] "De acordo com uma concepção pancrônica em sentido amplo, resultante da neutralização da oposição sincronia-diacronia, ou, se preferirmos, segundo uma concepção dialética de sistema e estrutura, um sistema de significação deve ser considerado como uma instância do processo semiótico de produção. Enquanto gerador e veículo de significação, de informação e de ideologia, ele contém, além de grandezas-signos, funções semióticas *lato sensu* e regras semântico-sintáxicas frásticas e transfrásticas, uma espécie de máquina semiótica que o torna capaz de engendrar novas funções semióticas e/ou metassemióticas e, também, embora em menor velocidade, novas regras frásticas e transfrásticas" (Pais, O percurso gerativo da enunciação: produtividade léxica e discursiva, *Confluência (Revista do Departamento de Linguística da Unesp-Assis)*, v. 3, Assis, Unesp, p. 165).

[4] De fato: "Os sistemas semióticos que integram o complexo linguístico e sociocultural de determinada comunidade só podem funcionar de maneira satisfatória, se se conservam suficientemente para assegurar a intercompreensão dos sujeitos e se se modificam, suficientemente, para responder às novas necessidades de comunicação" (Pais, O percurso gerativo da enunciação: produtividade léxica e discursiva, *Confluência (Revista do Departamento de Linguística da Unesp-Assis)*, v. 3, Assis, Unesp, p. 164).

[5] Esta é a opinião de Maria Helena Diniz, quando estuda o problema, detectando, ainda que se referindo a uma teoria semiológica, a exata função desempenhada nessa seara pela

O discurso jurídico não é um discurso descontextualizado[6], mas sim um discurso que se produz no seio da vida social[7], parafraseando Saussure. O aspecto macrossemiótico de que se reveste a problemática permite a inserção da discursividade jurídica em meio a um conjunto de sistemas em verdadeira dinâmica de fluxos e refluxos recíprocos, intromissões e extromissões, o chamado inferno dos intercâmbios sígnicos; a participação do discurso jurídico no conjunto das relações sociais dota-lhe dessa especial característica que é a constante mutação[8]. Ao contrário do que se pensa quando se se refere a normas, a leis, a códigos, não é a imutabilidade a característica do sistema jurídico, mas sua transformação dialética[9], movi-

---

Semiótica Jurídica: "A semiologia verifica, analiticamente, a função desempenhada pelos fatores extranormativos na produção das significações jurídicas e dos seus efeitos na sociedade" (Diniz, *Norma constitucional e seus efeitos,* 1989, p. 16).

6 "O discurso jurídico não passa de um caso particular, definível na sua especificidade, ante todos os discursos possíveis – e realizados – numa língua natural qualquer" (Greimas/ Landowski, *Semiótica e ciências sociais,* p. 70).

7 A respeito dessa imbricação, com sérias preocupações dialéticas de análise, leia-se: "O direito se dá no âmago dos processos sociais, não podendo deles se separar sob pena de desaparecer o direito e os referidos processos. A questão fica geralmente obscura quando se tem o direito apenas como expressão literal, visto que o discurso jurídico se presta a destacar-se do objeto referencial de que trata o seu sentido. O direito consuetudinário, mais elementar, oferece melhor ilustração para a compreensão do que queremos dizer, vez que ele aparece colado aos fatos da conduta social, sendo somente visualizado a partir de seu questionamento nos planos dos conflitos e controvérsias jurídicas. De qualquer forma, aqui estamos afirmando que uma relação social, a par de sua feição de suporte material, físico e biológico dos homens, implica sempre uma normatividade organicamente inserida nos atos que a constituem" (Alves, *Linguagem, sentido e realidade da norma jurídica*: dialética da norma jurídica, tese, 1996, p. 18). Também, sobre a imbricação da cultura no processo semiótico, *vide* Andrade, Traços sociossemióticos e culturais na análise de um texto, *RBL,* 1997, p. 5-21. E, ainda, sobre as mesmas notas entre o jurídico e o cultural, consulte-se Melo, Discurso jornalístico e discurso jurídico: sujeito e poder e sujeito-do-poder, *Acta Semiotica et Linguistica,* 1998, p. 163-8.

8 Cf. Perelman, *Cours de logique*: logique formelle et théorie de l'argumentation, 1966, p. 79.

9 "Assim, os sistemas semióticos funcionam e mudam, e, mudando, se reiteram, donde uma tensão dialética sustentada entre duas forças contrárias, a conservação e a mudança. Mais exatamente sustentamos que o funcionamento de um sistema semiótico – enquanto instrumento de comunicação no seio da vida social – e sua mudança – no eixo da história – constituem em conjunto, simplesmente, o funcionamento desse mesmo sistema, numa concepção pancrônica em sentido amplo, ou seja, numa concepção dialética de sistema e

mento que vivifica sua estrutura em permanente contato com os demais sistemas sociais[10].

É importante ressaltar que nenhum sistema semiótico está isento do processo de realimentação[11]. Esta pode ser intersemiótica ou intrassemiótica, e ocorre sempre porque a toda nova informação ou significação segue um ciclo de realimentação do sistema e do discurso[12]. Aqui está declarado o caráter mutante de uma semiótica qualquer; os discursos, os usos e os universos de valor que sustentam essa discursividade variam com a própria oscilação das experiências humanas que jazem na condição de elementos pré-código da cadeia semiótica[13].

---

estrutura, na medida em que o sistema é apenas uma instância do processo semiótico" (Pais, O percurso gerativo da enunciação: produtividade léxica e discursiva, *Confluência (Revista do Departamento de Linguística da Unesp-Assis)*, v. 3, Assis, Unesp, p. 166).

10 "Se o sistema jurídico, considerado na sua origem – enquanto fala performativa absoluta que instaura uma ordem do mundo convencional e explícita – e na sua organização – chamando, pelo fato de anunciá-los, os seres e as coisas à existência e atribuindo-lhes funções precisas, delimitadas por regras prescritivas e proibitivas –, aparece como uma arquitetura sólida e imutável – sendo a imutabilidade do direito uma de suas principais conotações –, nada impede que esse sistema evolua, complete-se e transforme-se, graças justamente aos discursos jurídicos sempre renovados que fazem suas inovações repercutir no nível do sistema que lhes é subentendido" (Greimas/Landowski, *Semiótica e ciências sociais,* p. 79).

11 "De fato, à concepção de sistema de signos a semiótica opõe outra: a de sistema de significação. Mas este contém aquele e o ultrapassa. O primeiro se constitui de um inventário de funções semióticas (grandezas-signos), metassemiótica e, mais, de uma sintaxe operacional frástica e transfrástica. O segundo encerra uma sintaxe criativa (geradora), capaz de engendrar novas funções semióticas e metassemióticas, assim como novas regras de sintaxe operacional. É, portanto, um sistema dinâmico, que o autor chama de 'máquina semiótica' de forma interessante e adequada" (Castro, *Para uma análise sociossemiótica e semiolinguística de aspectos do discurso jurídico brasileiro*: a liberdade e o Estatuto da Criança e do Adolescente, tese, 1997, v. 1, p. 64).

12 De fato, é do recíproco enraizamento dos sistemas que surge esse comprometimento relacional: "Do que se examinou, ressai o conceito de que os discursos, produzindo informação e significação, 'alimentam' igual processo em outros discursos e em seus universos, estabelecendo uma cadeia cinética por intermédio das modalizações, sobre-modalizações, determinações e sobredeterminações, ocorrentes em dois planos: intradiscursivo e interdiscursivo, dentro do sistema semiótico que lhes é próprio. Tal cadeia, teoricamente, se renova *ad infinitum* e tem raízes no seio das organizações sociais" (Castro, *Para uma análise sociossemiótica e semiolinguística de aspectos do discurso jurídico brasileiro*: a liberdade e o Estatuto da Criança e do Adolescente, tese, 1997, v. 1, p. 137).

13 "A experiência E, considerada como informação potencial, pré-código e trans-código, não utilizável, é submetida a tratamento de um código-filtro e transforma-se em informação

Desenvolvendo essa ideia, é mister dizer que a *juridicidade recria-se* nos moldes desses movimentos sistêmicos. Imerso no universo das práticas culturais mais gerais, o sistema jurídico não é mais que uma constelação. Essa constelação, com suas práticas textuais, funciona em concomitância com os demais sistemas que se podem distinguir. Daí se destacar o fato de que este estudo abrange todos os processos semióticos em operação relevantes para a codificação e descodificação da *juridicidade*. Na trama das relações sistêmicas, o sistema jurídico-semiótico comunica-se, inter-relaciona-se, interage, não somente vive, mas *convive*. Essa convivência fortalece sua dinâmica e o intercâmbio de valores, experiências, discursos, técnicas, práticas, conquistas, conhecimentos, operações, conceitos, símbolos, signos verbais e não verbais. Não há dúvidas de que ocorre uma superafetação recíproca dos fenômenos entre si, e, nesse sentido, com essa carga de premissas, não se pode conceber o texto (jurídico ou não) como sendo senão a *surface* de um grande campo de relações enraizadas em pressupostos comuns de experiência de mundo.

Assim, no contexto do uso da linguagem, constata-se que as comunidades, as práticas, os hábitos, as circunscrições de tarefas funcionalmente diferenciadas, as divisões de trabalho, as ciências e os campos do conhecimento, as matérias, as diferenças sociais, as estratificações, as etnias[14], a especificidade de experiência deram origem a um grande número de *universos de discurso*[15], dentre os quais se pode destacar aquele do discurso jurídico.

---

codificada, filtrada e utilizável, isto é, suscetível de ser transmitida, armazenada e recuperada para novo tratamento, apresentando-se, então, estruturada segundo o modelo de um sistema semiótico determinado e como informação específica de um discurso" (Pais, Semiose, informação e transcodificação, *Língua e Literatura, Revista DLFFLCHUSP*, ano 8, v. 8, 1979, p. 59-60). É na esteira dessas reflexões que se extraem as premissas devidamente situadas no texto. Ainda, nesse mesmo estudo, devem-se consultar as p. 60-63.

[14] Grife-se que nenhum signo significa descontextualizado, desconectado de uma ordem exterior a si que, no entanto, apesar de exterior, determina-lhe a própria essência significacional. Podem-se distinguir, para a semiótica verbal, seja um contexto chamado *linguístico*, seja um outro chamado *não linguístico* (cf. Ulmann, *Semântica*: uma introdução à ciência do significado, 1987, p. 102-112). Quando se está a falar de etnias, injunções socioculturais... está-se a falar de um contexto não linguístico.

[15] Para um conceito semiótico de universo de discurso, leia-se: "Tomando-se a noção matemática de universo, como 'conjunto de todas as partes', torna-se possível elaborar uma concepção muito útil, o metamodelo de universo de discurso. Assim, este pode ser definido como um conjunto não finito, ou que tende *ad infinitum*, de todos os discursos manifestados que apresentam determinadas características e constantes, assim como determinadas coerções,

À vastidão dos discursos possíveis se segue a vastidão dos universos de discurso correspondentes, cada qual com suas características fundamentais, sendo regidos por normas e regramentos internos que os fazem práticas textuais diversas. São eles, fundamentalmente, na proposta de Cidmar Teodoro Pais, os universos de discurso científico, tecnológico, jurídico, político, jornalístico, publicitário, burocrático, religioso, pedagógico, entre outros, dentre os quais se quer destacar sobretudo o científico, o jurídico e o burocrático, e suas modalidades complexas, respectivamente, o *poder-fazer-saber*, o *poder-fazer-dever*, o *poder-fazer-fazer*[16].

Parte-se dessa repartição dos universos de discurso em geral para construir uma outra mais específica, correspondendo à especificidade reclamada pelo domínio jurídico. O *discurso jurídico* é mais que o discurso da *normatividade* (discurso prescritivo)[17]; dizer o contrário seria compactuar com o raciocínio positivista e legalista, entendido este como um reducionismo que acaba por integralizar a dinâmica jurídica ao universo normativo. O discurso jurídico é mais que o discurso normativo, no sentido de que acolhe também em seu seio outras manifestações textuais, que não apenas aquela normativa; nele se inserem, além do *discurso jurídico-normativo*, o *discurso jurídico-burocrático*, o *discurso jurídico-científico* e o *discurso jurídico-decisório*[18]. Essa compreensão teórica, responsável por pensar o

---

suscetíveis de configurarem uma norma" (Pais, Aspectos de uma tipologia dos universos de discursos, *RBL*, 1984, p. 44).

16 Cf. Pais, *Conditions sémantico-syntaxiques et sémiotiques de la productivité systémique, léxicale et discursive,* thèse présentée à l'Université de Paris-IV pour l'obtention du grade de Docteur d'État ès-Lettres, tome 2, 1993, p. 57. Perceba-se, no entanto, que no curso da investigação estar-se-ão a criar classificações novas que estarão a conflitar com o modelo--matriz do qual parte esta reflexão.

17 De fato, ao se procurar um conceito de discurso jurídico não se pode restringir a abrangência do estudo ao exclusivo campo da norma. Quanto a isso inúmeros autores afirmam que o discurso jurídico é um universo mais largo, dentre os quais se destaca Troper: "Par discours juridique on peut comprendre pour les besoins de cet exposé le langage utilisé aussi bien dans les textes qui expriment des normes, lois, traités internationaux etc... que dans les écrits savants qui décrivent ou prétendent décrire le droit en vigueur" (Troper, La notion de personne juridique, *Realités du Droit International Contemporain*, 1980, p. 4).

18 Após apresentar o discurso jurídico como constituindo uma formação de sentido que abraça os postulados da comunicação, da linguagem específica e da variedade em espécies, Gérard Cornu apresenta sua partição, dizendo: "Ces trois observations conduisent à explorer d'abord la typologie du discours juridique avant d'en étudier très particulièrement, par échantillon, certains des types les plus élaborés, le discours législatif, le discours juridictionnel (décision

discurso jurídico em quatro dimensões (*discurso normativo*; *discurso burocrático*; *discurso decisório*; *discurso científico*) é concordante com a divisão estabelecida pelo semioticista inglês Bernard Jackson, que reconhece a existência do discurso legislativo (*legislative discourse*), descrito como um discurso normativo; do discurso judicial (*judicial discourse*), descrito como um discurso retórico; e do discurso doutrinal (*doctrinal discourse*), descrito como um discurso conceitual[19].

O discurso jurídico, estudado como problema, integra o que a jurisprudência "fala" ("diz", "comanda", "doutrina", "decide", "delimita", "estima", "perfecciona"...) acerca das manifestações jurídicas, assim como o que a doutrina "leciona" ("interpreta", "produz", "critica", "atribui sentido", "organiza", "cria", "promete", "reivindica *de lege ferenda*"...), e, sobretudo, o que as leis "prescrevem" ("enunciam", "concedem", "proíbem", "autorizam", "modificam", "inovam", "extinguem"...), admitidas estas como fontes formais principais, a par das fontes de integração (analogia, costumes, princípios, equidade). O discurso normativo, por sua vez, acolhe em seu bojo a questão principal do que seja o discurso prescritivo, por natureza; é parte, portanto, daquele outro estudo mais largo a respeito das múltiplas

---

de justice) et le discours coutumier (maximes et adages du droit)" (Cornu, *Linguistique juridique,* 1990, p. 215). Mais adiante ainda se diz: "L'évidence fait reconnaître qu'il existe trois messages juridiques essentiels: l'énoncé d'un règle, l'énoncé d'une décision individuelle, l'énoncé d'un accord: énoncé normatif, énoncé décisoire, énoncé conventionnel" (p. 236). Feito esse esboço, passa a desdobrar sua obra em capítulos específicos de acordo com cada categoria cunhada, a saber, um para o discurso legislativo (Título II, Capítulo I), um para o discurso jurisdicional (Título II, Capítulo II), um para o discurso costumeiro (Título II, Capítulo III). Não se pode concordar com sua categorização pelos seguintes motivos: analisar o discurso legislativo restringe a análise da norma jurídica à lei; qualificar de "discurso jurisdicional" o estudo das decisões (administrativas e judiciais) não parece o mais conveniente, pois "jurisdição" é um termo relacionado ao exercício do poder judiciário; analisar o discurso costumeiro é abrir a investigação para a amplitude dos domínios das normas morais, num estudo de caráter jurídico; deixar de analisar o discurso burocrático é ignorar a realidade do procedimento jurídico, seja jurisdicional, seja administrativo; o papel da doutrina na formação do sentido jurídico também fica excluído dessa classificação. Dá-se, portanto, prevalência à classificação contemplada (discursos normativo, burocrático, decisório e científico, onde não se evita a inclusão do discurso negocial), por sua abrangência e pertinência às práticas e aos gêneros de discurso jurídico. Ferraz Junior também propõe a divisão do discurso jurídico, na 2ª parte de sua obra *Direito, retórica e comunicação* (1973), em discurso judicial, discurso da norma e discurso da ciência do direito (caps. 2, 3 e 4).

19 "The legislative discourse is thus a discourse of norms; the judicial, a discourse of rhetoric; the doctrinal, a discourse of concepts" (Jackson, *Semiotics and legal theory*, 1985, p. 287).

manifestações jurídicas, não apenas normativas. É mister, portanto, que se estude o discurso jurídico por meio de suas espécies, mas não só, devendo-se estudá-lo valorizando também suas características capitais, suficientes para distingui-lo como gênero dos demais discursos assinaláveis[20].

Assim, querem-se assinalar quatro principais modalidades de discurso jurídico, a saber, o normativo, o burocrático, o decisório e o científico, cada uma destas constituindo uma microssemiótica em particular da textura jurídica. Para cada uma dessas modalidades podem-se distinguir também funções jurídico-discursivas preponderantes: (a) a *função cogente*, exercida pelo discurso normativo: correspondendo às tarefas de comandar condutas, eleger valores preponderantes, recriminar/incentivar atividades; (b) a *função ordinatória*, exercida pelo discurso burocrático: correspondendo às atividades de regularização, acompanhamento, ordenação e impulso dos procedimentos, orientando o *cursus* dos ritos institucionais e das formas de contraditório discursivo; (c) a *função decisória*, exercida pelo discurso decisório: correspondendo às atividades aplicativa, conclusiva e concretizadora dos parâmetros normativos; (d) a *função cognitivo-interpretativa*, exercida pelo discurso científico: correspondendo às atividades de conhecimento, distinção, classificação, orientação, informação, interpretação, explicação, sistematização e crítica dos demais discursos aqui apresentados[21].

---

20 De fato: "A própria expressão *discurso jurídico* já comporta um certo número de pressupostos que é preciso explicitar: 1. Ela sugere que por discurso jurídico deve-se entender um subconjunto de textos que fazem parte de um conjunto mais vasto, constituído de todos os textos manifestados numa língua natural qualquer; 2. Isso também indica que se trata de um discurso, quer dizer, de um lado, a manifestação sintagmática, linear da linguagem e, de outro lado, a forma de sua organização que é levada em consideração e que compreende, além das unidades frásticas (lexemas, sintagmas, enunciados), as unidades transfrásticas (parágrafos, capítulos ou, enfim, discursos-ocorrências); 3. A qualificação de um subconjunto de discursos como jurídico implica, por sua vez, tanto a organização específica das unidades que o constituem, como a existência de uma conotação particular subentendida a esse tipo de discurso, ou, ainda, as duas coisas ao mesmo tempo" (Greimas/Landowski, *Semiótica e ciências sociais,* p. 72-73).

21 É certo que uma quinta função pode ser distinguida neste estudo, estritamente ligada à *práxis* jurídica, a *função persuasiva*, que estaria, na verdade, por detrás de todas as demais (cogente-normativa, decisória, ordinatório-burocrática e cognitiva), influenciando-as, exercida com muita presença pelo discurso parcial dos litigantes em procedimentos formais: correspondendo às atividades de convencimento, persuasão, formação de prova, interpelação, exegese, avocando para si os resultados positivos do *decisum*.

Esses quatro grandes grupamentos, que formam por sua vez micros-semióticas jurídicas com normas e regras de funcionamento próprias, passam a constituir o *corpus* das investigações deste trabalho, caracterizando a pesquisa das partes que seguem, podendo-se distinguir e identificar os discursos em particular pelos seguintes distintivos: 1) *discurso normativo*, possuindo a característica modal *poder-fazer-dever* (textos normativos, leis, portarias, regulamentos, decretos); 2) *discurso burocrático*, possuindo a característica modal *poder-fazer-fazer* (decisões de expediente, andamento burocrático-procedimental e contraditório dialógico); 3) *discurso decisório*, possuindo a característica modal *poder-fazer-dever*, nas esferas 3.1) administrativa (decisões de oportunidade, de mérito, de legalidade, de aplicação de multa) ou 3.2) judiciária (sentenças, acórdãos, decisões interlocutórias...), incorporando em seu bojo as preocupações lúdicas do *discurso-contra* e da dialética *inter partes*; 4) *discurso científico*, possuindo a característica modal *poder-fazer-saber* (lições doutrinárias, ensinamentos teóricos, resenhas, críticas, comentários, formulações e reformulações)[22].

Se se puder resumir o enquadramento do discurso jurídico de conformidade com o que se vem afirmando a seu respeito, de modo a se obterem alguns traços elementares de sua formação diferenciada em meio a outras práticas sociais de linguagem, deve-se dizer que: (1) é linguagem técnica, (2) constrói-se a partir de experiências da vida ordinária, (3) ocorre *intraculturalmente*, (4) possui ideologia, (5) exerce poder, (6) seu caráter é, normalmente, performativo, e sua apresentação se faz, fundamentalmente, por meio de pressupostos lógico-deônticos. Analisem-se, pois, sumariamente, essas características[23].

Quanto à questão da linguagem técnica[24], há que se dizer que o perfeccionamento do discurso jurídico a partir da língua natural redundou no

---

[22] Nesse mesmo sentido, Carrión-Wam também divide os discursos jurídicos para fins de análise da seguinte forma: discurso judicial; discurso legal; discurso doutrinário (cf. De la specificité de la sémiotique juridique, *Droit Prospectif, Revue de Recherche Juridique*, 1985, p. 73-74).

[23] A verificação dessas características, bem como sua apresentação, descrição e visualização, é feita no quadro dos estudos dedicados a cada discurso em específico, de modo a se julgar com maior propriedade as diferenças entre as espécies.

[24] Há que dizer que as relações e o tráfego de informações entre universos de linguagem são comuns. Linguagem comum e linguagem técnico-jurídica se relacionam de modo que ocorra tecnicização sígnica da linguagem comum e banalização sígnica da linguagem técnico-jurídica. A respeito desse aspecto, consulte-se Sourioux, *Le langage du droit,* 1991, p. 90-99.

condicionamento e na especialização de sua linguagem com relação àquela, tendo-se convertido em linguagem técnica. Mas esse tecnicismo, essa crescente especialização ou cientificização da linguagem jurídica não impede que esses mesmos termos técnicos estejam sujeitos à ambiguidade, ou ainda que termos provenientes de outras esferas de saber penetrem seu campo, trazendo consigo os problemas-matrizes de sua linguagem originária[25]. Instrua-se, no entanto, esta análise da advertência de que a não utilização de uma linguagem técnica não descaracteriza a existência do discurso jurídico[26].

Quanto às questões de que ocorre *intraculturalmente* e desenvolve-se a partir de experiências da vida comum[27], há que se dizer que uma estrutu-

---

[25] Há que dizer mesmo que: "Todos os termos técnicos suportam as acepções decorrentes do progresso da ciência a que se acham ligados" (Maximiliano, *Hermenêutica e aplicação do direito,* 1990, p. 3). E, mais ainda, com Landowski, que os juristas são conscientes desse tipo de problema: "Los juristas saben que la significación de un texto legal, de un reglamento o de una circular, de una sentencia o hasta los términos de un contrato está lejos de ser siempre clara, inmediata y unívoca" (Landowski, *La sociedad figurada,* 1993, p. 78). O caráter formular e tecnicizado das expressões jurídicas é destacado como instrumento útil de segurança jurídica por Bergel, *Théorie générale du droit,* 1989, p. 219-220.

[26] Cf. Cornu, *Linguistique juridique,* 1990, p. 213. De fato: "L'essentiel est de dissocier intellectuellement vocabulaire juridique et discours juridique: *il peut y avoir discours juridique sans vocabulaire juridique*" (p. 213). Pense-se seja no discurso peticionário de um reclamante perante uma autoridade administrativa, seja no discurso de confissão de um réu, seja no discurso de uma testemunha inquirida judicialmente. Para estudo do endereçamento de um profano a um iniciado no vocabulário, consulte-se ainda p. 235 da obra citada. A advertência é, portanto, fundamental, mesmo se pensada *a contrario sensu*; o simples uso do vocabulário jurídico não garante ao discurso a qualidade de jurídico. Veja-se, por exemplo, o caso de um discurso jornalístico sobre fatos e acontecimentos jurídicos.

[27] Um mesmo termo não significa constantemente a mesma coisa se se o visualiza contextualizadamente em culturas diferentes. O que importa dizer é que cada cultura, por seus aspectos históricos de produção sígnica locais, produz uma acepção precisa, estendendo-se, não raras vezes, a um campo diverso no seio de outra comunidade semiótica. É assim que, ao se traduzir o termo *bois* do francês, pode-se conseguir *legno* ou *bosco* em italiano, problemática de caráter referencial, que reporta o termo a objetos nominados diversos do mundo extensional, isso porque "(...) numa dada cultura coexistem campos semânticos organizados em diversos níveis de precisão analítica (...)" (Eco, *Semiótica e filosofia da linguagem,* 1991, p. 68). Isso se reflete profundamente no campo jurídico, o que torna a análise do problema de extrema importância para o presente trabalho. Para a terminologia tecnicizada que compõe o dicionário jurídico, mister se faz sejam determinados precisamente os correspondentes aos institutos jurídicos nacionais no estrangeiro, quando da ocorrência da tradução jurídica (contratos, acordos internacionais, tratados, convenções, regulamentos interfronteiriços...). Essa abordagem se privilegia em face das discussões que se podem produzir quando da aplicação do direito estrangeiro pelo juiz nacional, ou vice-versa, en-

ra discursiva, como é concebida dentro dos limites de uma teoria que visa ao mapeamento e à crítica enunciativa das partes e do todo do discurso, valorizado sobretudo como instrumento de comunicação, como instância de dominação, como instituição social, como retículo de valores culturais e como modalidade de ação social, não prescinde da investigação do aspecto cadencial que consente a formação do discurso como unidade de sentido autônoma e como signo complexo. Pode-se, nesse sentido, apresentar a esquemática seguinte para a diluição da ideia de continente, que caracteriza o discurso, perante aquela de conteúdo, que caracteriza suas partes: linguagem natural >> linguagem formal >> sintática contextual dos signos jurídicos >> discurso normativo >> discurso burocrático >> discurso decisório >> supratextualidade científica.

Esse esquema componencial, antes de se referir exclusivamente a elementos linguísticos, refere-se sobretudo ao transporte da significância natural àquela dita propriamente jurídica e, em seguida, à passagem pelas diversas esferas de atuação da *juridicidade* em suas vertentes normativa, burocrática, decisória, científica. Se essa linguagem se *complexiza* em inflexões gradativamente mais especializadas, isso não significa que se encontra absolutamente independente da linguagem natural a partir da qual se desenvolveu; é-lhe posterior, guarda sua autonomia, mas conserva com aquela suas relações[28]. Se sua estrutura de formação é essa, em termos sociais a sua apresentação é muito clara: a comunicação.

---

contrando-se um conflito de leis no espaço para a resolução de um problema fático sugerido judicialmente. Vejam-se as diferenças semânticas existentes entre as expressões *anküpfungspunkt, punto di collegamento, point de rattachement, circunstancia de conexión, localizer*, todas designando o mesmo conceito daquilo que para o direito brasileiro é o elemento de conexão para a solução de um conflito de leis no espaço. Com essa consciência do problema, têm-se desenvolvido conhecimentos especializados de linguagem jurídica, com vistas exatamente a facilitar o acesso *interlinguístico* aos povos, nações, países e comunidades com estruturas semiótico-jurídicas diferenciadas. É exemplo disso o estudo de Le Docte (*Dictionnaire des termes juridiques en quatre langues,* 1978), onde se encontra esse tipo de preocupação. Citem-se, ainda, como exemplos específicos que ilustram esse estudo: legítima defesa/wttige verdediging/self-defense/notwehr; citar/*citer en justice/dagvaarden/to sue/ vor Gericht laden*; recurso/*recours/verhaal/ recourse/Beschwerde*; homicídio/*moord/ murder/ Totschlag;* pessoa moral/*personne morale/rechtspersoon/corporate body, legal person/juristische Person.*

[28] De fato, o vocabulário jurídico é um complexo entre palavras da linguagem natural (que podem possuir sentido comum para o vocabulário jurídico) e palavras da linguagem técnica (que podem possuir sentido comum para o vocabulário comum). "La vocabulaire juridique est l'ensemble des mots qui ont, au moins, un sens juridique. Le vocabulaire juridique fran-

Quanto à quarta questão, omitir a ligação existente entre a *juridicidade* e a ideologia corresponderia já a uma postura nitidamente ideológica. É certo que o conceito de ideologia na história do pensamento possui inúmeras interpretações, todas formando tendências teóricas diversas. Aqui não se quer utilizar o termo senão para significar "ato de escolha" e de intervenção do sujeito singular sobre estruturas discursivas e sobre práticas de sentido. Nenhum discurso está isento de ideologia, no sentido de que sempre pressupõe atitudes e escolhas por parte daquele que o constrói, que o formula. Isso fica ainda mais claro se se pensar que os discursos jurídicos (normativos, decisórios, burocráticos, científicos) normalmente se apresentam como reflexo do poder de instituições aos quais se ligam para o seu exercício como prática textual (Legislativo, Judiciário, Administração, Cartório, Academia...).

O discurso jurídico é ideológico porque pressupõe decisões, e também porque dessas decisões não se podem excluir fatores políticos, socioculturais, econômicos, históricos, científicos[29], de modo que a pretensa estrutura límpida e cristalina, desprovida de paixões, sobretudo inspirada em ideais racionalistas (escalonamento normativo, interpretação como prática de aclaração da norma...), não deixa de se apresentar como movimento contínuo em dialética interação com os fatos sociais. Não se pode deixar de denunciar o fato de que o discurso jurídico é um discurso carregado de opções, e que, portanto, agrega valores, impõe condutas, conduz instituições, movimenta riquezas, opta por visões de mundo, que, portanto, sustenta uma ideologia.

çais est l'ensemble des mots qui ont, dans la langue française, un ou plusieurs sens juridiques" (Cornu, *Linguistique juridique,* 1990, p. 59). Na mesma obra citada se encontra detalhado estudo dessas possibilidades entre o sentido comum e o sentido técnico (*termes de double appartenance qui possèdent le même sens dans le langage juridique et dans le langage courant* – p. 76-77*; termes dont le sens juridique est la transposition particulière, avec ou sans modification, d'un sens générique commun* – p. 77-9*; termes dont le sens juridique est né, relativement au sens courant, d'une figure de langage* – p. 79-81*; rupture de sens* – p. 81-85).

[29] É da exterioridade que se preenche o discurso de ideologia: "Le point de l'extériorité relative d'une formation idéologique par rapport à une formation discursive se traduit à l'intérieur même de cette formation discursive: elle désigne l'effet nécessaire, dans une formation discursive donnée, d'éléments idéologiques non discursifs (représentations, images liées à des pratiques etc.)" (Pêcheux/Fuchs, Mises au point et perspectives à propos de l'analyse automatique du discours, in *Langages*: analyse du discours – langue et idéologies, 1975, p. 13).

Michel Pêcheux[30], em seus estudos semânticos, não deixa de enfatizar o papel da *ideologia* no contexto da produção de todo discurso, indicando que este opera mesmo como instrumento de dominação e de força no contexto da comunicação social[31]. De fato, a superficialidade do discurso secreta inúmeros fenômenos; a frieza das estruturas lógico-gramaticais com as quais se inscrevem as leis trai o desatento intérprete do fenômeno jurídico; a aparente neutralidade pressupõe todo um conjunto de práticas políticas e disputas socioeconômico-culturais que se digladiam até sua afirmação e sagração em um texto normativo. Todo um conjunto de práticas sociais e de forças políticas se encontra reunido em cada texto legislativo. Assim, uma abordagem das diversas conotações que pode assumir um discurso evidentemente coloca em destaque a problemática[32]. Trata-se, portanto, de um *resíduo semiótico* do discurso, detectável a partir de uma análise de profundidade deste[33].

---

[30] Somente um trecho de sua obra confere a dimensão de sua preocupação: "(...) todo processo discursivo se inscreve numa relação ideológica de classes" (Pêcheux, *Semântica e discurso*: uma crítica à afirmação do óbvio, 1988, p. 92).

[31] De certa forma, o discurso é a ordem de signos que substitui a violência no sentido da construção da "ordem social". Têm-se, pois, aliados o discurso racional e o monopólio da violência no sentido do controle da conduta humana em sociedade. Exercendo tal controle, esse discurso "faz" coisas com palavras (Searle), impõe, ordena, constrange... manipulando um poder, que, se mal manipulado, pode cercear arbitrariamente, castrar condutas... de modo que o estudo do poder e da ideologia que sustenta não deve ser negligenciado.

[32] "Se é verdade que o discurso jurídico parece a todo instante contaminado por uma espécie de duplicidade, é porque ele se desenvolve sobre uma dupla isotopia: a primeira é representada pelo discurso legislativo, feito de enunciados performativos e normativos, instaurando seres e coisas, instituindo as regras de comportamento lícitos e ilícitos, ao passo que a segunda aparece sob a forma de um discurso referencial que, embora não passe de uma elaboração ideológica, uma cobertura discursiva do mundo, apresenta-se como o próprio mundo social, anterior à fala que o articula" (Greimas/Landowski, *Semiótica e ciências sociais,* p. 73-74). Esse trecho demonstra o enraizamento do jurídico no social que se quer ver destacado nesta investigação.

[33] Cf. Eco, *Tratado geral de semiótica,* 1991, p. 245.

2.1 Discurso normativo

Um estudo sobre a norma, sejam quais forem as suas pretensões, tem como pressuposto de pesquisa a discussão das perspectivas que abrem o conceito de norma[1]. Mas, além disso, este estudo também parte de um conhecimento, seja teórico, seja prático, estabelecido sobre a norma. Daí que a investigação que ora se assinala percorre os labirintos de algumas propostas e de alguns conceitos que mais se disseminaram nos meios jurídicos a respeito da norma. Mas não só, pois fá-lo com o objetivo precípuo de alcançar, por sua vez, uma noção crítica acerca da normatividade. Dessa forma, a noção extraída desta reflexão será operacionalizada no trânsito das demais temáticas deste escrito.

Nesse sentido, no campo jurídico, a primeira distinção a se fazer recai na diferenciação dos conceitos de norma jurídica e de lei, não se entendendo a norma senão como gênero, e a lei como espécie e fonte do direito[2]. Nem toda norma é uma lei, mas toda lei é uma norma. A lei está abrangida pelo campo semântico da norma jurídica.

Mais ainda, em segundo lugar, deve-se dizer que a própria *norma jurídica* é um fenômeno particular dentro do espectro das *normas* em geral; o vasto campo das normas inclui as de caráter moral, religioso, técnico, científico, econômico, político etc. No entanto, essas manifestações são destituídas de qualquer significado jurídico imediato; a exigibilidade jurídica da conduta infratora (ou desconforme) muito menos é algo possível. Vê-se, portanto, que não se trata de uma questão de mera adjetivação do

---

1 "O significado das normas está, mediata ou imediatamente, relacionado com a ordenação das condutas humanas em sociedade. Ou seja, o seu significado é a informação que elas transmitem. Ora, normas transmitem comandos que poderiam ser classificados em obrigações, permissões e proibições" (Araújo, *Semiótica do direito*, 2005, p. 45).

2 Entende-se essencial a diferenciação entre norma jurídica e lei, seguindo-se, nesse aspecto, a lição de Ferraz Junior: "A norma é uma prescrição. A lei é a forma de que se reveste a norma ou um conjunto de normas dentro do ordenamento. Neste sentido, a lei é fonte do direito, isto é, o revestimento estrutural da norma ou um conjunto de normas dentro do ordenamento" (Ferraz Junior, *Introdução ao estudo do direito*: técnica, decisão, dominação, 1988, p. 209).

termo *norma* pela somatória do termo *jurídica*, pois, em verdade, a consistência das normas enquanto jurídicas lhes dá a natureza de enunciados normativos de significação muito mais forte que aquela subsistente para as referidas normas em geral. As normas, em geral, não encontram nenhuma raiz que as vincule ao espaço da normatividade, do direito positivo vigente[3]. Essas conclusões permitem que se diga que, efetivamente, o que distingue as normas como jurídicas é o fato de serem vinculantes ou prescritivas, de estarem revestidas de um poder de coerção da conduta; o conteúdo existente no enunciado de caráter jurídico-normativo pode ser exigido mediante recorrência a uma ordem jurídica estabelecida.

A terceira distinção que deve desde já ser colacionada reside na diferenciação entre texto literal da norma jurídica (expressado/impresso) e norma jurídica, pois a norma jurídica é, em verdade, o mesmo que o seu sentido, ou seja, a resultante de um processo interpretativo possível do texto[4]. Além disso, pode-se dizer, com apoio em alguns semioticistas, que a lei é a mera formalidade exterior, o revestimento da norma, sua exteriorização; mas a norma já é o fruto do processo de sua interpretação e comparação com o estado de coisas encontrado na realidade e no caso concreto analisado[5], de modo que somente se poderá encontrar "uma versão da norma", no momento em que a lei for interpretada à luz da realidade, e a

---

3 As diferenças encontram-se explícitas no seguinte texto: "A 'norma jurídica' diferencia-se ainda da 'norma em geral' por seu caráter imperativo específico. Tanto como outra é um mero 'ser devido' (*Seinsollendes*), algo que exige um cumprimento (*Befoldung Heischendes*). Mas, enquanto a 'norma em geral' deriva o seu caráter imperativo de uma 'generalidade axiológica' (*Wertharftigkeit*) absoluta, a 'norma jurídica' tem seu 'fundamento formal' (*formeler grund*) na 'ordenação positiva' da 'vontade da comunidade' (*Gemeinschaftswillen*)" (Ferraz Junior, *Conceito de sistema no direito*: uma reflexão histórica a partir da obra jusfilosófica de Emil Lask, 1976, p. 127).

4 Assim: "(...) a norma jurídica não tem um sentido, ela mesma 'é' o seu sentido. É preciso distinguir a norma jurídica (como sentido) do texto normativo que a encarna, como seu suporte material. Um texto normativo, embora com as mesmas palavras, pode comportar inúmeros sentidos, isto é, inúmeras normas, que serão determinadas conforme o esforço hermenêutico. A norma jurídica não é uma 'coisa' que possua, dentre outras propriedades, a do sentido. O texto literal normativo é que pode ter um sentido, precisamente aquele que for por decisão, determinado – dentre muitos possíveis que o texto comporta – como norma válida para uma situação concreta de direito" (Alves, *Linguagem, sentido e realidade da norma jurídica*: dialética da norma jurídica, tese, 1996, p. 165).

5 Esta concepção está claramente delineada neste trecho: "Quando consideramos desta forma a produção das fontes do Direito parece ficar bem clara a distinção implicada entre os conceitos de lei e norma. Lei diz respeito ao aspecto formal da produção legislativa ao

ela for dado um determinado sentido. O universo deôntico é uma realidade noética, acompanhada de condutas e práticas sociais, culturais, políticas e jurídicas que lhe conferem sustentação. O desafio inaugural para a Semiótica Jurídica, em sua perquirição sobre a significação, trabalhando com as práticas textuais, é o de posicionar com exatidão o lugar do texto jurídico-normativo. Assim é que, na sequência do pensamento que se desenvolve, pode-se mesmo dizer que a norma jurídica não existe.

Se o enunciado "a norma jurídica não existe" causa espécie, é porque seu sentido ainda não foi bem explicitado. O que se quer dizer é que o texto literal (impresso) da norma jurídica não é a norma jurídica, e que a única materialidade da norma, o único aspecto verdadeiramente empírico de uma norma, o texto normativo feito linguagem, codificado, impresso, estampado, não é senão a expressão da norma, este outro algo que se esconde atrás daquela aparência superficial do texto impresso; esse é um demonstrativo de como o *dever-ser* normativo é expresso[6].

Mesmo que se considere o texto literal (expresso ou impresso) como mero aglomerado de signos, em si e por si, pode-se dizer que este é a condição de existência (*conditio sine qua non*) para a norma. *Primus,* porque não há norma sem a utilização de um sistema semiótico qualquer de linguagem para sua exteriorização (verbal, não verbal, sincrético). *Secundo,* porque não há norma possível sem o reconhecimento público (ainda que presumido)[7] de sua existência, como ocorreria com a mera cogitação nor-

---

passo que norma refere-se ao seu conteúdo. A norma é conteúdo das leis, sua significação, seu interpretante" (Araújo, *Semiótica do direito*, 2005, p. 91).

6 Há que se dizer que, se a norma (lei) não se confunde com o seu texto, ao mesmo tempo faz deste suporte indispensável para a construção do sentido, onde a escritura desempenha determinante papel de permanência: "Mais si la loi était en vérité, plus que Parole, Écriture? Le droit n'existe pas comme notion. Au ciel, ni sur Terre, disais-je... Le Droit n'existe en effet que dans ses manifestations. Or, il se manifeste dans et par l'écriture. Et s'il advient qu'il existe en dehors des textes – la coutume... –, il n'accède alors à l'existence que par des manifestations extérieurs qui en font une forme d'écriture... La loi, c'est bien cela: elle est écriture, texte..." (Timsit, *Les noms de la loi,* 1991, p. 44-45).

7 Guarde-se, nesse sentido, o seguinte ensinamento, que lastreia as conclusões do texto: "As normas são numericamente incontáveis, impossíveis de serem arguidas como válidas e obrigatórias, aqui e agora, em toda a sua extensão numérica e especificação qualitativa. Se os membros de uma comunidade jurídica não podem ter, todos eles, consciência atual de toda a efetiva extensão normativo-jurídica dessa comunidade, então a compreensão de seus respectivos sentidos lógico-semânticos e, consequentemente, o sentimento de que se é obrigado conforme aqueles sentidos só podem se dar de maneira virtual, como possibilidade e

mativa do legislador. *Tertio,* porque o texto impresso é imprescindível para a decidibilidade, para a vinculação dos operadores em sua atuação na *práxis* da *juridicidade*[8]; é mesmo a garantia de que todos podem potencialmente recorrer à norma, ou seja, sua visibilidade.

A conclusão não é outra senão a de que dizer o que é o discurso normativo (texto normativo) não pode ser o mesmo que dizer o que é que aparece como discurso normativo (texto literal, expresso ou impresso)[9]; a norma aparece, aflora, de acordo com regras semióticas, utilizando-se de signos, composições sígnicas, expressões lógico-gramaticais adequadas para tanto...[10]. A norma jurídica se constrói, enquanto *enunciado normativo*, obedecendo-se a uma *gramática legal*, que é específica da dimensão deôntica dos discursos[11]. Ainda, o que se deve dizer é que ao discurso normativo, ao texto mesmo da norma, somente se chega por um processo de significação, que envolve trâmites rituais de reconstrução semiótica do sentido, assim: apreensão >> leitura >> interpretação >> etc.

O que há, em verdade, é que não se pode falar de norma jurídica como sentido, como discurso ou como *texto jurídico*, senão quando estão reunidas as três facetas semióticas, a saber, a pragmática (na interação sujeito/norma)[12], a semântica (na interação signos/referente) e a sintática (na interação

---

não como atualidade. Portanto, nenhum, nem todos os membros da comunidade jurídica em conjunto conhecem o direito objetivamente existente nessa comunidade" (Alves, *Linguagem, sentido e realidade da norma jurídica*: dialética da norma jurídica, tese, 1996, p. 80-81).

8 Pense-se na necessidade de texto positivo para a decisão criminal, pois num sistema que erige o princípio *nullum crimen sine praevia legis* não se pode sequer cogitar da existência jurídica do crime se não houver um respaldo normativo para tanto, quanto mais se se pensar em uma decisão judicial condenatória que infrinja esse cânone constitucional.

9 No mesmo sentido a proposta de Landowski, Pour une approche sémiotique et narrative du droit, in *Droit Prospectif*, 1986, p. 43-44.

10 A respeito de uma análise detalhada, mas pouco crítica e muito gramatical e formal, de textos jurídicos, consulte-se Souroiux/Lerat, *L'analyse de texte*: méthode générale et applications au droit, 1992.

11 "The simplicity of this model is perhaps hidden from view by Greimas/Landowski talk of a 'legal grammar' and of the process of *production juridique* as constituting lexemes as part of a particular semantic universe" (Jackson, *Semiotics and legal theory*, 1985, p. 299).

12 Para Friedrich Muller (*Discours de la méthode juridique,* 1996, p. 183-189), o texto da norma não é a norma, mas, ao contrário, parte de um longo processo de estruturação da decisão concreta, isso porque o texto nada pode para solucionar por si mesmo um caso prático, e sim o contexto normativo aliado a uma atuação do jurista sobre o que seja válido para o sistema.

signos/signos). O que se pode dizer é que a norma jurídica é o sentido deôntico e coercitivo, ao qual se pode chegar a partir de um uso semiótico em processos de produção de significação.

De qualquer forma, as normas jurídicas possuem uma aparência, e essa aparência se reveste de uma forma exterior canonizada numa estrutura rígida que, sobretudo, pela sua só apresentação sintática, denota poder (o texto está escrito e publicado)[13]. De fato, uma distribuição discursiva que alberga, em sua estrutura constitutiva, elementos categóricos – e, em geral, expressos em linguagem imperativa – faz transparecer pela sua simples exteriorização a autoridade de que se reveste o discurso normativo. Para essa só finalidade, a distribuição funtor normativo ("É proibido")/ conteúdo normativo ("fumar")/condições de aplicabilidade da norma ("em locais públicos") é fundamental em sua composição, tudo tendo em vista a necessidade de comunicar um discurso prescritivo.

---

13 As normas são *prescritivas*, *permissivas* ou *proibitivas*, e se expressam fundamentalmente por meio de cinco funtores normativos, quais sejam: *deve fazer* (A.1), *deve não fazer* (A.2), *tem direito de fazer* (B.1), *tem direito de não fazer* (B.2), *pode fazer* (C.1), sendo que este último funtor pode desdobrar-se em uma outra forma implícita, qual seja, *pode não fazer* (C.2) (cf. Kalinowski, *Lógica del discurso normativo,* 1975, p. 26). Esses funtores normativos são o núcleo prescritivo do enunciado discursivo da norma, ou seja, transmitem uma função supralinguística que é aquela que coloca o súdito da norma na condição de sujeito vinculado, para o qual não existem alternativas diversas daquelas fixadas como sendo o cumprimento (valor) e o descumprimento (desvalor) da norma, submetendo-se, neste último caso, ao sancionamento que decorre de uma ordem prefixada no contexto da norma. O funtor normativo tem o condão de imunizar o emissor da norma contra a possibilidade de negação da norma, daí o estabelecimento de uma metacomplementaridade da ideia de autoridade subentendida do contexto normativo. A relação de autoridade é problema pragmático (cf. Ferraz Junior, *Teoria da norma jurídica,* 1978). Vejam-se aqui os exemplos normativos que se seguem: "O locatário é obrigado a: (...) – pagar pontualmente o aluguel nos prazos ajustados, e, em falta de ajuste, segundo o costume do lugar" (inc. II do art. 569 do Código Civil de 2002): aqui a fórmula *é obrigado* equivale àquele referido funtor que se expressa como deve fazer A.1; "O locador é obrigado: (...) – a garantir-lhe, durante o tempo do contrato, o uso pacífico da coisa" (inc. II do art. 566 do Código Civil de 2002): trata-se de uma referência normativa a uma função funtorial do tipo não turbar, o que equivale a A.2; "A doação pode ser revogada por ingratidão do donatário, ou por inexecução do encargo" (art. 555 do Código Civil de 2002): aqui o funtor normativo implica que o doador *tem direito de fazer revogar a doação* (B.1); "O credor não pode ser constrangido a devolver a coisa empenhada, ou uma parte dela, antes de ser pago (...)" (art. 1.433, inciso VI do Código Civil de 2002): aqui o funtor está indicando que credor pode não fazer (B.2); "O dono de uma servidão pode fazer todas as obras necessárias para sua conservação e uso (...)" (art. 1.380 do Código Civil de 2002), onde estão implicados (C.1) e (C.2).

À lógica deôntica[14] de explicar a composição proposicional do discurso normativo em sua estruturação por *funtores* (proibido, permitido, obrigatório), por *conteúdo normativo* e *condições de aplicabilidade* do preceito normativo[15], ou hipótese circunstancial de cabimento, vinculação e incidência da norma[16]. Nesse campo de estudos, o discurso normativo, discurso por excelência dotado de coercitividade, e, portanto, de exigibilidade da conduta prescrita, assim como de um correspondente empírico-legal, por vezes se convenciona chamar *proposição jurídica*, seguindo-se

[14] Para uma excelente síntese das múltiplas tendências lógico-jurídicas, suas propostas, premissas e principais conclusões, deve-se consultar a obra *La logique des normes,* 1972, p. 9-207, da autoria de Georges Kalinowski, onde se encontra uma história da lógica deôntica e de seus percursos no século XX.

[15] Para Ferraz Junior, em uma análise pragmática da problemática discursivo-normativa, *funtor* normativo corresponde a aspecto-cometimento e *conteúdo* normativo corresponde a aspecto-relato. Por um lado, a normatividade, referindo-se a uma prescrição jurídica, transmite uma orientação informacional como guia de conduta e ação social, o que corresponde à forma extrínseca da norma denominável *relato*; por outro lado, essa informação não se veicula sem qualquer referência a um sistema de expressões linguísticas, quer denotem o caráter vinculativo ou não, assim o grau de vinculação que se quer denotar por meio da norma, o que corresponde ao aspecto-cometimento da norma. Ainda mais, pode-se dizer que o *funtor* normativo, neste quadro, opera dentro da estrutura da norma, como instância sígnica própria; é parte da norma e, enquanto parte, com o todo não se confunde. Por sua vez, a partir da teoria peirceana, as expressões funtoriais "*é obrigado*", "*é permitido*", "*é proibido*" são símbolos que contêm uma função indicial bem característica que torna a norma núcleo prescritivo pelo seu próprio enunciado. O funtor é índice de conduta. O funtor normativo é um índice que aponta para um resultado semântico apreensível pelo sujeito ao qual se destina a norma, tomando-o como sinônimo de um comportamento mediante determinadas condições contextuais. Se ao funtor não correspondesse uma conduta típica omissiva ou comissiva entre agentes sociais, perderia sua característica de signo indicial (cf. Peirce, *Collected papers of Charles Sanders Peirce,* 1965, p. 2246). É realmente afetada pelo seu objeto *designatum*, a conduta prescrita, um fazer, um deixar de fazer, um ser obrigado a fazer (cf. id. ibid., p. 2248). É claro que: "Some indices are more or less detailed directions for what the hearer is to do in order to place himself in direct experiential or other connection with the thing meant" (id. ibid., p. 2288). Esses comandos mais ou menos detalhados compõem indicações mais ou menos perfeitas para a realização da própria natureza relacional do signo, colocando em contato um *denotatum* com um *representamen* funtorial. O próprio do indicial é ser imperativo, pois, "Were an index so interpreted, the moad must be imperative (...)" (id. ibid., p. 2289).

[16] Também: "Las normas se componen, pues, de (a) un operador normativo, (b) una descripción de acción que es su argumento y (explícita o tacitamente), de (c) una descripción de la condición de acción" (Capella, *El derecho como lenguaje*: *un análisis lógico,* 1968, p. 56). Assim, na hipótese: "Obligatorio (a) hacer que *p* cambie (b) a *no-p* cuando (c) *q* cambia a *no-q*" (p. 56).

a linha de Karl Larenz[17]. Ainda mesmo para alguns, deve ser feita a distinção entre a proposição jurídica e a norma jurídica[18], tendo-se a primeira apenas pela expressão desta.

No entanto, esse critério não parece assinalar-se bastante e satisfatório para a distinção entre norma *jurídica* e norma *não jurídica*. Isso porque, sintática e estruturalmente coincidentes, as fórmulas locucionais de uma norma *jurídica* e de uma norma *não jurídica*, ou de uma norma geral, não se podem diferenciar a partir do estudo literal do discurso. É fato que se expressam, muitas vezes, da mesma maneira um comando moral ("É dever de cada um cumprir suas tarefas") e um comando jurídico ("É dever do cidadão o voto"). Pode-se mesmo dizer que os critérios estruturais de construção do discurso normativo não consentem por si sós a visualização da coercitividade[19] que subjaz à organização estrutural de uma norma como *norma jurídica*.

Ainda assim, é de admitir que a norma jurídica não se apresenta com qualquer estrutura, de qualquer forma, e não importa com qual contexto, e isso para as normas escritas, como para aquelas afixadas em lugares públicos, ou mesmo apresentadas por meio de placas, avisos, advertências etc.[20].

---

[17] Nesse sentido: "A regra do direito tem a forma linguística de uma proposição, a <<proposição jurídica>>" (Larenz, *Metodologia da ciência do direito,* 1989, p. 298).

[18] Esta é a distinção, por exemplo, de Hans Kelsen (*Teoria pura do direito*), entre *Rechtsnormen* e *Rechtassätze,* normas e proposições normativas, as primeiras correspondendo ao Direito propriamente dito, as segundas correspondendo à ciência jurídica. A respeito da distinção, *vide* Dubouchet, *Recherches pour une sémiotique juridique*: propédeutique à une philosophie des systèmes symboliques du Droit, thèse pour le Doctorat d'État en Droit Soutenu Publiquement, Lyon, Université Jean Moulin, Faculté de Droit, 1982, p. 883 (t. 3).

[19] Os funtores não são condição de existência de uma norma, seja norma moral, seja norma jurídica – como querem alguns; são, antes, a expressão do caráter normativo de um preceito, especialmente de natureza jurídica. Uma proposição jurídica é, em primeiro lugar, vinculativa por efeito de razões jurídicas, e, em segundo lugar, expressa por meio de funtores ou equivalentes linguísticos que exprimam a prescritividade da sentença enunciada pelo discurso normativo. Ser a expressão de uma noção de prescritividade é algo diverso de ser a própria noção de prescritividade inserta na norma. No primeiro caso, o funtor desenvolve papel essencial ou substancial na definição do caráter prescritivo das normas, enquanto, no segundo caso, apenas um papel acidental. A manifestação da prescritividade por meio de funtores normativos passa a ser apenas um elemento *acidental* na formação da norma, uma vez que expressões não funtoriais podem representar da mesma maneira o *animus vinculandi* que está presente em toda sentença de caráter normativo.

[20] O determinante para uma crítica da postura tradicional, postura esta radicada como método centralizante da análise normativa, é que se sublinhe que os funtores "(...) ne transforment pas les énoncés descriptifs du théoricien en énoncés normatifs ou prescriptifs" (Am-

A aparência da norma é um demonstrativo sintático de sua imperatividade. A sanção acoplada ao texto da norma explicitamente é também uma lembrança gritante de que atrás da acoplação semântico-sintática de palavras (meras palavras!) existe a autoridade que lhe confere eficácia, que lhe garante a aplicabilidade, inclusive com o uso da *vis physica*, da coação material ou da força bruta, na expressão de Peirce. Porém, a sanção não é imprescindível para a definição da norma jurídica, e isso do modo como se disse, de forma explícita e acoplada ao discurso. Ela pode mesmo estar ausente do discurso da norma, porém, ainda apartada dela, não lhe desnatura a essência imperativa.

A sanção aflora no texto da norma como a indicar sua prescritividade, forma de indicar o poder que se esconde por trás do *texto legal*, causando o temor do descumprimento[21]. Porém, a imperatividade do comando normativo, deve-se dizer, não decorre da sanção em si, e sim do sistema jurídico que a impõe, que a faz eficaz, que lhe dá subsídio, que a comanda, que a aplica e que se aparelha para efetivá-la, se negado cumprimento ao conteúdo do texto. É certa ação no mundo, certo contexto, certo engajamento da norma jurídica em seu *entorno* (uso contextual) que garante a esta validez, eficácia, vigor e legitimidade[22]. Esses conceitos estão, portanto, todos na dependência da contextualidade que sustenta a norma jurídica[23]. De fato, nesta visão, a norma jurídica deixa de ser mero conjunto de palavras ou signos, passando a constituir, numa visão mais nítida de conjunto, um aparato que faz parte de práticas textuais sustentadas por práticas sociais.

---

selek, *Théorie des actes de langage, éthique et droit,* 1986, p. 116). Depositar sobre estes uma carga de significância maior do que comportam é mesmo denunciar a falência dos princípios sobre os quais se assentam as doutrinas reducionistas do espectro normativo a uma expressão verbal.

21 É curioso notar que o poder jurídico, como exercício de controle legítimo das condutas, possui como composição sêmica alguns traços característicos, quais /incontestabilidade/, /imposição/, /irresistibilidade/, /superioridade/, todos estes indicando redução do sujeito submisso perante o sujeito de poder.

22 Nesse sentido: "C'est que la rédaction du texte juridique, comme les lectures qui par nature s'inscrivent dans la perspective d'une action sur le monde – sur un monde peuplé de sujets les uns et les autres engagés dans des *pratiques sociales* qu'oriente la poursuite de programmes d'action spécifiques, eux-mêmes toujours susceptibles d'entrer en compétition ou en conflit" (Landowski, Statut et pratiques du texte juridique, in *Lire le droit*: langue, texte, cognition, sous la direction de Danièle Bourcier et Pierre Mackay, 1992, p. 448).

23 A respeito dos conceitos de validade, vigência, vigor e eficácia, consulte-se Ferraz Junior, *Introdução ao estudo do direito*: técnica, decisão, dominação, 1988, p. 180-181.

O fato de o discurso normativo aflorar na forma de um texto literal expresso, manifestado em uma estrutura lógico-cadencial que denota prescritividade, pois acompanhado de coerções sociais, transfere esta discussão para o campo da produção da norma jurídica. Se a norma é parte integrante de um conjunto, de um contexto de práticas, é porque essa norma é sustentada por algo que lhe é anterior. Nesse sentido, é mister sobretudo que se analise o modo de produção da norma.

Um texto jurídico, ao aflorar em sua simplicidade na superfície, momento em que começa a partilhar com outros acontecimentos sociais de um grande conjunto em movimento de práticas sociais, esconde em seu interior de fato maduro, conquistado e solidificado, uma enorme quantidade de atividades que precederam o ato de sua criação. Mais ainda, o texto jurídico, em especial o jurídico-normativo, esconde aquilo que é seu substrato, a saber, o processo de produção normativa. O texto normativo é uma unidade de sentido que carrega em sua estrutura semântica profunda uma carga ideológica que representa uma opção valorativa. Se todo discurso jurídico incorpora opções por valores, todo discurso jurídico, qualquer que seja sua modalidade, pode ser dito ideológico. Nessa medida, a ideologia de um texto é uma ideologia eleita e aconchegada na redoma do sentido. O texto não surge *ex nihilo.*

Dentre inúmeras possibilidades de apresentação de uma resposta a um conflito ou a uma necessidade social, ambos reclamando uma postura normativa e regulamentadora do legislador, uma resposta é escolhida – e esse *decisum* é que dá essência ao conceito de direito *positivo* (*positum*) –, ocorrendo que, desde então, deixam de existir múltiplas possibilidades de se comporem respostas à problemática fática, restringindo-se o espectro de soluções à decisão tomada pelo legislador. A decisão tomada pelos processos técnicos e políticos admitidos resulta na positivação de uma opção[24].

Em outras palavras, trata-se, em verdade, de uma tomada de posição[25] ante determinada problemática sociopolítico-econômica que reclama so-

---

[24] Sobre a vida social e as normas, leia-se: "O homem é um ser mergulhado numa atmosfera normativa, pela qual ele é o que é; a externalidade aparente é como o oxigênio que respiramos e que penetra fundamente em nossos neurônios concretizando inclusive o momento espiritual do pensar. Assim, o homem, enquanto agente de conduta, é um ser essencialmente normativo" (Alves, *Linguagem, sentido e realidade da norma jurídica*: dialética da norma jurídica, tese, 1996, p. 73).

[25] Esclareça-se que: "Ideologia é um termo equívoco, significando, ora *falsa consciência*, ora tomada de posição (filosófica, política, pessoal etc.), ora instrumento de análise crítica (teoria

lução por via normativa, apresentando-se para tanto uma resposta, por parte do emissor normativo, que pressupõe um encadeamento precedente de tomadas de posição em face de outras questões que se articulam para formar um todo orgânico ao qual se costuma chamar política legislativa. Essa tomada de posição é decisiva e não passa despercebida pela Semiótica Jurídica, pois esta é consciente de que adotar uma *posição*, sendo tal posição legitimada e legalizada de acordo com os critérios de validade formal que garantem o sistema, e sobre os quais este se estrutura, é necessariamente apresentar uma *imposição*, o que faz o legislador, dotado de autoridade e competência enunciativa para tanto, nos limites de uma linguagem prescritiva[26].

Assim, detecta-se na natureza da norma jurídica uma oscilação entre a monologia e a dialogia. De um lado, uma pluralidade de possíveis valores a serem eleitos pelo legislador causa a indefinição, *a priori*, do que possa constituir o objeto de uma opção normativa. Isso é propriamente o que consente existir, subjacente à sua estrutura, uma *dialogia*, dialogia oriunda da linguagem social do conflito, que requer solução jurídico-textual efetiva. Um conflito fático requer uma resposta que não seja somente momentânea, mas que seja sempre fonte abstrata para a regulação de situações futuras e análogas que se possam subsumir aos ditames dessa proposta textual inicialmente produzida para o atendimento de necessidades contextualizadas[27].

De outro lado, a concepção, o afloramento ou a manifestação do texto normativo, portanto, apresenta respostas, trazendo em si uma opção normativa, opção que, desde sua positivação, torna-se única, impondo-se como elemento determinante para decisões jurídicas sobre o fenômeno regulamentado e para condutas humanas. Isso é o que se pode chamar de *monologia* para a normatividade, pois a possibilidade de desconfirmação da norma, principalmente na esfera da decidibilidade jurisdicional, é nula[28].

---

da ideologia), ora instrumento de justificação (programa de ação)" (Ferraz Junior, *Teoria da norma jurídica*: ensaio de pragmática da comunicação normativa, 1978, p. 155).

26 De fato: "(...) quien tiene que legislar encarga el *projecto* de la ley a juristas preeminentes (...)", mas esses juristas não são dotados de uma qualidade funcional de que estão investidos os órgãos legiferantes, e, assim, "(...) hicieron y hacen el trabajo material de recopilar o redactar los textos; el valor de ley vigente, en cambio, proviene del legislador que promulga las leyes" (Hervada Muñoz, *Derecho,* 1984, p. 128).

27 Cf. Ferraz Junior, *Direito, retórica e comunicação*: subsídios para uma pragmática do discurso jurídico, 1973, p. 120-125.

28 Cf. id. ibid., p. 120-131.

O que as normas jurídicas fazem, em verdade, é contornar e recortar espaços culturais do seio da vida social, teleologicamente direcionando-se para o estímulo (normas premiais) ou o desestímulo (normas sancionatórias) de condutas socialmente relevantes. O espaço semântico recortado pela norma é uma escolha que exclui outras escolhas; esta valoração ou este estímulo não é necessariamente coincidente com aquela valoração ou aquele outro estímulo. Tal coerção da conduta orienta o comportamento para este sentido e não para aquele.

A maior ilusão do legislador é a de que, enunciando formalmente o discurso normativo, proclamando-o para a sociedade (... discussão, sancionamento, promulgação, publicação), irá anular a produção de outros textos ou discursos paralelos ao seu. De fato, conjuntamente com a pretensão enunciativa, o discurso normativo surge com uma pretensão de não desconfirmação, de imperatividade, de inegabilidade, de modo que dessa forma se possam controlar as manifestações favoráveis e/ou contrárias à pretensão enunciativa (fazer, deixar de fazer, cumprir etc.). Porém, deve-se ter consciência de que, com seu discurso, o legislador não elimina a *paradiscursividade* social[29]. Seu ato elocutivo não esteriliza, muito menos paralisa, o conjunto de manifestações que está para além das normas. Ao contrário, o que ocorre é que, a partir do momento em que o discurso normativo é enunciado, funda-se determinada ordem (uno), imperativa, que nega a existência da multiplicidade (múltiplo). Mas a norma não cristaliza a realidade social; o que faz é fertilizá-la com nova possibilidade de interação; o movimento continua e, por vias transversas, acaba por ser futuramente absorvido pelo legislador com intento de reforma legislativa, sub-rogação legal, ab-rogação legal, emenda... O esquema normativo, como realidade deôntica fugidia, ante a contingência da axiologia social, sujeita-se, então, à substituição por valores normativos novos, captados e feitos norma em outras circunstâncias.

O que se há que dizer neste passo é que, eleita uma das possíveis opções de valores disponíveis para o legislador, o discurso normativo se expressa por meio de uma linguagem *normativa* (prescritiva) e de uma linguagem

[29] Ferraz Junior, O oficial e o inoficial: ensaio sobre a diversidade de universos jurídicos temporal e espacialmente concomitantes, in *Direito de propriedade* (org. Joaquim Arruda Falcão), 1984, p. 103-23. A esse respeito também, Bittar, O discurso da exclusão, *Anais do 13º Colóquio da International Association for the Semiotics of Law: Direito Oficial, Contracultura e Semiótica do Direito* USP, 1997, p. 336-340, e *Anais do XLVI GEL/Unesp*, 1998.

não normativa (não prescritiva)[30]. O que importa seja estudado, nesse sentido, é o discurso normativo como *fato de linguagem*, como discurso, ou como *texto* jurídico-legal, seu processo de geração e enunciação, sua contextualidade e sua substituição.

2.1.1 ENUNCIADOR, ENUNCIATÁRIO E MODALIDADE DO DISCURSO NORMATIVO

O discurso normativo, ou o texto normativo, apresenta-se como estrutura semiótica, por meio da qual se "realizam coisas", para utilizar a expressão *to do things with words,* da teoria dos atos de fala de Austin e Searle[31]. O discurso normativo é o discurso do legislador (Destinador), agente investido de competência e poder para a realização de uma tarefa específica, a de regulamentação de condutas sociais. A prática social motiva a prática jurídica, fundamenta-a, de modo que, uma vez investido, o legislador exerce seu papel discursivo dirigindo-se à comunidade de cidadãos (Destinatário)[32].

Nesse sentido é que cumpre, pois, sejam estudadas as estruturas semióticas da textualidade normativa. E, para isso, será necessária a utilização de alguns recursos metodológicos, dos quais se extrairá o instrumental analítico para a investigação do discurso normativo, e, sequencialmente, também dos demais discursos. Assim, ter-se-ão como ideias-chave do raciocínio e do desenvolvimento dos temas: o percurso do sujeito inserido no

---

30 Cf. Capella, *El derecho como lenguaje*: un análisis lógico, 1968, p. 34-37.

31 Principalmente ao discurso jurídico, de modo geral, pertence essa característica chamada *performativa* (cf. Austin, *Quand dire c'est faire,* 1970, p. 40). Ao discurso normativo de estabelecer essa realidade performacional de todo ato jurídico, uma vez que os atos de língua que são capazes de vincular encontram-se descritos pela legislação sob a forma de expressões literais a serem copiosamente seguidas e integralmente cumpridas (formalismo jurídico), ou sob formas livres (informalismo jurídico).

32 É certo que: "(...) o próprio conceito de legislador não é isento de ambiguidades semânticas e polissemias sintáticas. Do ponto de vista da gramática narrativa, ele se apresenta como um sujeito coletivo, por ser a expressão de um querer, da vontade nacional, e como expoente sintático do actante social que é a comunidade nacional" (Greimas/Landowski, *Semiótica e ciências sociais,* p. 97). Deve-se fazer a ressalva de que o próprio destinador de todo discurso legislativo é o próprio povo (e isso num Estado do tipo Democrático de Direito), ao mesmo tempo em que destinatário. A respeito, *vide* Castro, *Para uma análise sociossemiótica e semiolinguística de aspectos do discurso jurídico brasileiro*: a liberdade e o Estatuto da Criança e do Adolescente, tese, 1997, v. 2, p. 276-279.

discurso, seguido da noção de relação em discurso; a diferenciação de actância e outros conceitos; o quadro das modalidades.

Se o discurso é uma produção semiótica, trata-se, por meio dessa tecnologia vocabular e analítica, de munir a investigação de recursos suficientes para possibilitar a aparição do que se procura, a saber, as entranhas do funcionamento do discurso jurídico. Assim, deve-se saber por quem é produzido, com que finalidade, por que meios, de que forma... As noções de *actante-sujeito*, *objeto de valor*, ator discursivo, *performance*, papel actancial... são instrumentais para o alcance dos objetivos desta metodologia. A análise semiótica do discurso normativo propriamente dita se iniciará após a explicitação dessas noções fundamentais.

As modalidades, que são extraídas das relações modais da gramática[33], permitem a melhor análise da significação em sua ocorrência textual e discursiva. A recorrência aos verbos modais (dever, querer, poder, saber e crer que modalizam o fazer e o ser) passará a ser fonte de grande utilidade nesta investigação, pois por meio deles se podem alcançar descrições e categorias elementares do discurso, com grande economia vocabular. Da sua composição e da combinação desses verbos entre si podem-se produzir enunciados do tipo modal (v.g., *poder-fazer-fazer*), que descrevem determinadas realidades de discurso[34].

Pode-se mesmo dizer que o quadro das modalidades permite que se perceba a influência recíproca que os verbos (o *ser* exprimindo estado e o *fazer* exprimindo a transformação) podem causar entre si (*poder-ser*; *fazer-ser*...), num crescendo de complexidade sempre maior (*poder-crer-poder-fazer*...), de modo a alcançarem-se descrições modelares da comu-

---

[33] "Em outros termos, e de modo mais geral, diremos que há modalidade quando dois predicados estão entre si numa relação tal que um é regido pelo outro" (Courtés, *Introdução à semiótica narrativa e discursiva,* 1979, p. 95). Toda modalidade é uma realização do sujeito em discurso, e surge dentro do quadro actancial das funções do predicado, onde o fazer é responsável pelas transformações e o ser o é da situação, ou do estado (p. 94-98).

[34] Cf. Greimas, *Sémiotique*: *dictionnaire raisonné de la théorie du langage,* 1993, p. 231-233 (*modalité*). Também, consulte-se *Du sens II*: essais sémiotiques, 1983, p. 67-68. Consulte-se, sobretudo, da autoria de Greimas ainda, *Semiótica do discurso científico,* 1976. As classes de modalidades podem ser divididas da seguinte forma: volitivas (querer), deônticas (dever), epistêmicas (saber), doxásticas (crer), factitivas (fazer), aléticas (ser). Da derivação e composição entre estas é que se podem construir complexas cadeias de modalidade, como *poder-fazer-fazer*... Os seus processos, por sua vez, são os da persuasão (*poder-fazer-dever*...), da sedução (*poder-fazer-crer*) e da manipulação (*poder-fazer-fazer*).

nicação discursiva (discurso normativo como *poder-fazer-dever-fazer*). E aqui as quatro modalidades que se querem alistadas, e que serão de maior recorrência no texto, pois o inventário de que se dispõe não é de todo hermético (*querer-fazer*; *saber-fazer*; *poder-fazer*; *fazer-fazer*; *dever-fazer*; *crer-fazer*), são as factitivas[35], quais sejam: *querer-fazer*, *dever-fazer* (modalidades virtualizantes), num primeiro grupo; *poder-fazer*, *saber-fazer* (modalidades atualizantes), num segundo grupo. As modalidades realizantes são as do ser e do fazer, correspondendo propriamente ao plano da *performance* discursiva. Disso resulta um esquema emblemático que permite melhor análise das ocorrências individuais de discurso[36].

Visto isso, pode-se avançar um passo no sentido de dizer que a dinâmica da produção normativa pode ser descrita, em grossas linhas, como o percurso de um sujeito (Se) em direção a um objeto de valor (Ov)[37], sendo que esse sujeito (Se) o faz relacionando-se com outro(s) sujeito(s) (Sr). Toda essa relação entre sujeitos (Se e Sr), grife-se esse aspecto, é mediada pelo texto normativo. Em poucas palavras, esse é fundamentalmente o esquema semiótico-actancial do discurso, em que se destacam *actantes-sujeitos* e *actantes-objetos* em plena interação, todos situados no discurso. Os *actantes-sujeitos*, dos quais se falará com primazia, correspondem a posturas de discurso grafadas na base de *performances* discursivas, pois os actantes cumprem tarefas, exercem atividades, realizam atos, interagem, enfim, "fazem" e "acontecem" em discurso; quando se fala de *actante-sujeito* não se há que pensar no(s) sujeito(s) que por detrás dele se encontra(m)[38], mas

---

35 A escolha pela modalização factitiva não é arbitrária, pois segue uma adequação: "On voit que le champ d'exercice de la modalisation factitive, qu'il est difficile de cerner à ce stade d'examen, recouvre, totalement ou en partie, les concepts de communication, de représentation, de délégation, etc. Un examen plus approfondi ferait apparaître probablement cette catégorie modale comme des universaux pouvant rendre compte de nombre de pratiques signifiantes humaines" (Greimas, *Du sens II*: essais sémiotiques, 1983, p. 74).

36 Cf. Greimas, *Du sens II*: essais sémiotiques, 1983, p. 76-78.

37 Com relação a essa dupla de sentido na narrativa, o sujeito e o objeto de valor, veja-se o texto seguinte: "Seule en effet, l'inscription de la valeur dans un énoncé d'état dont la fonction établit la relation jonctive entre le sujet et l'objet nous permet de considérer ce sujet et cet objet comme sémiotiquement existants l'un pour l'autre" (Greimas, Un problème de sémiotique narrative: les objets de valeur, *Langages*: *Sémiotiques Textuelles* (org. Michel Arrivé et J. C. Coquet), septembre, 1973, n. 31, p. 19).

38 Contrariamente ao estatuto do sujeito da tradição teórica realista, fala-se em *actante-sujeito*: "Inversement, selon l'optique qui est la nôtre, c'est en quelque sorte le message, c'est-à-dire le discours énoncé qui (en instaurant un niveau de réalité d'ordre statutairement distinct par

sim em aparições textuais e papéis textuais desempenhados por esse(s) sujeito(s). Nesse sentido, e por sua vez, também se há que distinguir actante de ator[39], pois esse é o sujeito encarnado que exerce funções actanciais determináveis, que aliás podem ser inúmeras. Para um único ator corresponde uma infinidade, por vezes, de papéis actanciais no discurso[40].

Ainda, antes de partir propriamente para a investigação acerca do discurso normativo, é necessário dizer que o estudo da produção semiótico-textual, voltado para a narratividade dos discursos normativos, parte da produtividade do legislador para abstrair suas conclusões teóricas. Assim, é da própria intertextualidade das construções normativas, na qual o legislador desempenha sempre e estavelmente o mesmo papel actancial (e a comunidade à qual se destina também), que se pode extrair o modelo geral de funcionamento da narratividade discursiva normativa. Isso tudo se faz cumprindo aquilo que se havia erigido como sendo o método semiótico eleito, em que se parte da multitextualidade normativa para erigir o modelo, fazendo-se, depois, com que tal modelo se destine à aplicação sobre discursos normativos precisos.

Partindo-se propriamente para a análise do discurso normativo, pode-se dizer que neste figuram *actantes-sujeitos* específicos, ou seja, actantes jurídico-normativos, que são: (1) o legislador, como agente e como paciente[41]; (2) os cidadãos (comunidade à qual se dirige o legislador) e, sobretudo, os sujeitos dotados de personalidade jurídica (pessoas físicas ou jurídicas), ou seja, aqueles a quem as normas reconhecem e atribuem vida jurídica (seja para praticar atos da vida civil, seja para estar em juízo, seja para praticar delitos e

---

rapport au référent externe) produit, entre autres unités signifiantes, l'instance du sujet, ou du moins une figure discursive, dite *actant-sujet* (de l'énonciation), que son statut de réalité sémiotique interdit de confondre avec l'auteur (ou le locuteur) réel" (Landowski, Les discours du pouvoir, in *L'École de Paris (Jean-Claude Coquet)*, 1982, p. 151-172 – p. 163).

39 A respeito dessa diferença conceitual, consulte-se Greimas, *Du sens II*: essais sémiotiques, 1983, p. 49.

40 Consulte-se Greimas/Courtés, *Sémiotique*: dictionnaire raisonné de la théorie du langage, 1993, p. 7-8, "*Acteur*".

41 O papel jurídico, por vezes, é complexo. O Presidente da República, nesta análise, como sancionador de um texto legislativo, pode ser ao mesmo tempo um sujeito com diversos papéis actanciais, pois está dotado de um *poder-fazer*, que deseja o que sanciona por um *querer-fazer*, tendo em vista que está imbuído dessa tarefa por um *dever-fazer*, sem que se prescinda do *saber-fazer* e do *crer-dever-saber*, como explica Castro (*Para uma análise sociossemiótica e semiolinguística de aspectos do discurso jurídico brasileiro*: a liberdade e o Estatuto da Criança e do Adolescente, tese, 1997, v. 2, p. 292).

se submeter à aplicação de pena...); (3) os sujeitos aplicadores das normas[42], em seus diversos níveis e instituições (Executivo; Legislativo; Judiciário).

A instauração do *actante-normativo* se dá a partir de uma delegação social de poder que parte da sociedade em direção a um ou a alguns sujeitos, sendo que a delegação, além de transferir poder, também transfere dever. Nesse sentido, o sujeito investido possui, ao mesmo tempo, *poder-fazer* e *dever-fazer*. As técnicas (democráticas ou não) e os instrumentos (jurídicos, procedimentais, políticos), que são o *saber-fazer* e o *poder-fazer* desse processo de investimento de um ou mais sujeitos na actância normativa, repartirão espaço em seguida no sentido de consentir a aquisição da competência semiótica para a realização dos fins previstos para esse papel discursivo.

A competência semiótica adquirida pela investidura no poder é aquela específica desse tipo de discurso; trata-se de competência para emitir o discurso normativo, ou seja, para realizar o objetivo precípuo que motivou a delegação social de poder. Por fim, investido no poder discursivo, ter-se-á o desempenho, a *performance*, o fazer propriamente dito do legislador, o que consiste na atualização da tarefa normativa de um *actante-normativo*. O que se quer dizer é que a *performance* efetiva do legislador ocorre com a produção do *acontecimento de linguagem* normativo, o que se dá no curso do procedimento formal previsto no momento em que a norma jurídica ganha espaço em meio a outros textos por meio de sua promulgação (ato de proclamação do texto)[43] e publicação (ato de exteriorização do texto)[44].

---

[42] Nesta parte estar-se-á a omitir referências e a furtar a análise de recair sobre o sujeito aplicador, pois este tem uma função específica, a de decidir, ou a de dar marcha a procedimentos, ou mesmo de fazer cumprir os mandamentos normativos, o que, de forma direta ou indireta, estar-se-á a estudar quando se abordarem os discursos burocrático e decisório.

[43] A promulgação representa um ato fictício de colocação da norma a conhecimento dessa coletividade, o que é capaz de determinar uma característica essencial das normas, ou seja, o seu *vigor*. Para Hervada e Muñoz a promulgação da norma corresponde a uma verdadeira intimação dos sujeitos sociais para que tomem conhecimento da inserção de novos discursos normativos no conjunto sistêmico do Direito. De fato: "Hasta aquí se ha puesto en juego el *proceso racional* de encontrar y fijar el texto de la ley y la *decisión* de que pase a ser ley. Pero todavía no es ley. Comenzará a serlo en el momento en que, quien tiene esa función, realice el acto de *intimación* de la sociedad, aquel acto o procedimiento por el cual la ley pasa a ser *impuesta* a la sociedad como tal ley. Este acto se llama *promulgación* y se realiza a través de unos medios determinados de antemano, de modo que no queda duda sobre su existencia y sobre el contenido de la ley" (Hervada; Muñoz, *Derecho,* 1984, p. 131).

[44] A crítica que se enuncia a esse postulado normativo é que esse recurso de promulgação da normatividade passa a constituir verdadeira falácia, a falácia da publicidade da lei, criti-

O só fato de o acontecimento discursivo-normativo se dar engendra, em meio à intertextualidade jurídica, efeitos múltiplos na ordem de sentido até o momento de sua intervenção imperante. A *mise en texte* é um ato que engendra, posteriormente, como efeitos seus, uma cadeia de atos sociais ditos, então, *atos-conforme* e *atos-desconforme* à norma posta; esta passa a representar, para o universo dos acontecimentos sociais sucessivos e posteriores à criação e concretização da norma[45], critério de avaliação e julgamento da conformidade ou não do ato social, da conduta humana.

O legislador instaurado é um *actante-sujeito*, então, dotado de poder para dizer a "letra da lei". O sujeito da mensagem jurídica, enquanto autoridade investida na função legiferante, emite fórmulas discursivas (geralmente linguísticas) em nome da sociedade, de acordo com um *status quo* histórico-cultural a ser valorativamente preservado ou construído *pro societate*. A normatividade, ou seja, a resultante desse processo de formação de sentidos discursivo-normativos, é, nesses termos, signo de *dever-fazer*, de *dever-não fazer* (obrigação jurídica), de *poder-fazer* ou de *poder-não fazer* (direito e faculdade jurídica).

Assim, o que se há de questionar na análise desse esquema é o que se pode entender por legislador, ou, ainda, como figura o legislador nos textos que produz, o que legitima o legislador a produzir esse tipo de discurso e qual a sua função discursiva, a começar pela mais evidente de todas as questões.

A indagação, então, passa necessariamente a recair sobre o conceito de *legislador*, enquanto entidade jurídica pela qual se veiculam mensagens normativas em nome de uma comunidade jurídica. A relação do *legislador* com uma comunidade é sempre uma relação de representação. O legislador dentro do discurso normativo é aquela entidade abstrata a quem se atribui competência semiótica para a edição de normas vinculativas a determinada

---

cável, uma vez que "(...) visa antes e paradoxalmente a garantir uma certa passividade deste grupo, passividade que os meios modernos de comunicação de massa ajudam a acentuar: todos têm a impressão de controle, que tudo se submete a todos para uma 'decisão'" (Ferraz Junior, *Teoria da norma jurídica,* 1978, p. 119).

[45] É autonomamente que a norma passa a agir a partir do momento de sua criação. Essa autonomia com relação à vontade do legislador é algo que já se ressaltou anteriormente, o que em muito influencia a própria noção de interpretação normativa. De fato, o discurso normativo possui essa característica de todo texto, o distanciamento: "Le discours législatif se caractérise, dans la communication, par la distance qui sépare l'émetteur du destinataire. Le législateur seul, parle"; "La loi est un texte" (Cornu, *Linguistique juridique,* 1990, p. 290).

comunidade legislativa, ou seja, coletividade receptora das mensagens veiculadas por meio do texto normativo[46].

Ao legislador se transfere o poder – ao mesmo tempo que poder, também dever – de defender os interesses da coletividade a qual representa. De fato, o destinador-legislador não é um sujeito de puro querer (autônomo), mas sim um sujeito de dever (heterônomo), que recebe uma delegação "para agir por", mas de conformidade com regras éticas, jurídicas, procedimentais, administrativas..., de qualquer forma se tratando de um agir limitado e vigiado pelo sujeito delegante. Todo preceito normativo é, assim, destinado à coletividade, a uma comunidade jurídica determinada ou determinável, sendo-o por via reflexa ou diretamente. Deve-se dizer que o enunciador (Destinador) das normas é, geralmente, coletivo (sobretudo se se pensar num sistema estruturado como Democrático de Direito), mas não necessariamente coletivo, ao passo que o enunciatário (Destinatário) das normas é necessariamente coletivo, ainda que se pense em alguns tipos de normas que se produzem especificamente para um sujeito. Além do fato de o discurso normativo ser prescritivo, essa peculiaridade quanto aos actantes é uma daquelas distintivas de sua estruturação.

O *legislador*, esse sujeito hermético[47], exerce uma atividade que não se circunscreve a ser, e, efetivamente, não corresponde, a uma simples e pura emanação da vontade legislativa (*voluntas legislatoris*). O legislador exerce, discursivamente, somente um papel de síntese e *mise en texte* das vontades sociais; a actância normativa corresponde propriamente a essa atividade. Se a actância vem descrita dessa forma, então, o discurso normativo é mais que a vontade do legislador (ator normativo), é um produto

---

46 Dentro da ideia de modalização do discurso, o legislador é apenas um *locus* no discurso normativo, não importando verdadeiramente quem seja o ator efetivo, quanto menos a intenção desse ator. O sujeito discursivo que possui competência semiótica para 'dizer a letra da lei' (*saber-fazer, querer-fazer, poder-fazer, dever-fazer*) expressa com toda a adequação a verdadeira função do legislador, pois legisla na medida em que o quer, porque pode, porque sabe e, sobretudo, porque *deve-fazer*.

47 O ente hermético do qual emanam os mandamentos normativos é o legislador, que, ao manipular a *língua natural*, já produz uma metalinguagem da língua. No grau da interpretação e da manipulação do legislativo e positivo do direito, o discurso que toma como ponto de partida a linguagem normativa é não só uma metalinguagem do ponto de partida primígeno desse sistema semiótico, mas também uma linguagem de *terceiro* grau com relação ao referente. Deste se extraíram os princípios para a formulação normativa. Por sua vez, para o grau da interpretação das mensagens legislativas tem-se a superação de três escalas: uma da *faticidade*, uma da *língua natural* e uma da *língua formal*.

social, uma vez que retém em seu conteúdo uma cadeia interminável de valores, experiências, expectativas, teleologias, reflexos e consequências das ordens econômica, cultural, social, jurídica, política... O discurso de cunho legislativo não nasce de uma simples "penada" do legislador, e pode ser visto como ato social de grande complexidade, tendo sua origem condicionada a fatores, injunções próprios[48] e participação social.

O que se quer dizer é que o legislador, esse *actante-sujeito* dotado de uma delegação institucional para "falar por", para prescrever o que se deve ou não fazer, é, em verdade, mais que uma palavra dotada de complexa significação. Com a palavra "legislador" quer-se designar uma gama de atrelamentos político-institucionais que fazem dessa figura coletiva o representante de uma vontade plural. Da mesma forma, essa relação se encontra estabelecida entre aqueles que detêm o poder de falar pela opinião pública[49].

É curioso perceber que o legislador, em sua atividade de produção de textos, faz-se presente de maneira sutil; a presença do legislador no discurso normativo não é de todo evidente pela só leitura de seu texto literal. Dessa maneira, a sua presença é por vezes implícita, por vezes explícita; geralmente, o *actante-normativo* não se declara como tal no discurso das normas. A posição do legislador como autoridade investida no poder de "dizer a letra da lei" é um metatexto implícito no discurso. As fórmulas convencionais de discurso dispõem de uma estrutura do tipo sujeito/verbo/objeto ("Pedro toma seu livro"), mas os discursos normativos não dizem (Art. 121: "Eu (nós) ordeno(amos) que ninguém mate ninguém, sob pena de prisão"), o que não exclui a sempre pressuposta presença do *actante-legislador*, e isso porque a fórmula lógico-gramatical apresentada possui por si só caráter imperativo. Só se pode saber que esta última situação discursiva é normativa porque ao discurso se liga um artigo (art. 121), e a este uma lei (Código Penal), que, por vezes, apresenta um prefácio ou uma exposição de motivos ou uma introdução elocutiva.

---

[48] "O Direito continua resultando de uma série de fatores causais, muito mais importantes até que a decisão, como valores socialmente prevalecentes, interesses de fato dominantes, injunções econômicas, políticas, etc. Ele não nasce da pena do legislador" (Ferraz Junior, *Teoria da norma jurídica,* 1978, p. 87).

[49] Assim: "(...) todo sucede en el fondo como si opinión pública no fuera más que el nombre que se le da al enunciatario del discurso político – al público – una vez que este se ha instalado con el estatuto narrativo del Destinador sintáctico, en el relato político" (Landowski, *La sociedad figurada*, 1993, p. 55).

Mais ainda, pressupõe-se que, para ser uma norma jurídica, aquele texto deve ser inserido num contexto, e, mais que isso, deve haver por trás dele: uma autoridade investida do *poder-fazer* (1), que na verdade é um *poder-dizer*; que a autoridade seja competente (2); que tenha feito o texto em função e condizentemente com as regras do sistema (3); disso resultando sua validade jurídica (4), pois, para o sistema, a falta de *saber-fazer* é uma falta de *saber-dizer*, o que gera a sua invalidade jurídica.

De fato, o legislador, se investido em seu papel actancial, como sujeito emissor do preceito normativo, está dotado de poder e autoridade para "dizer" o jurídico, para definir as fronteiras entre o que "é" e o que "não é" jurídico. Assim, o que até ontem não tinha a mínima relevância jurídica, desde o momento em que uma nova textualidade é lançada regulamentando sua dimensão, o que era indiferente para a *juridicidade* passa a ser relevante. Isso porque o discurso criado passa a comandar condutas e a condicionar decisões jurídicas.

Assim ocorre, no entanto, não só quando o legislador "diz" o que é jurídico, mas quando também "não diz" o que é jurídico. Na medida em que o legislador queda silente sobre um possível referente, há aí já uma opção política; esse referente está excluído do discurso, movimenta-se na periferia da atenção do legislador, por ser-lhe, naquele momento, e naquelas condições, irrelevante juridicamente. No entanto, a não pronúncia, não sempre, mas por vezes, é tão significativa quanto a pronúncia; o *legislado*, nesse sentido, é o que está sob o campo de escolha do legislador, ao mesmo tempo que o *não legislado*[50]. Com isso não se pode concluir diferentemente de que a *juridicidade* também é o que não é.

Ao se deparar o intérprete do sistema jurídico com o princípio de que ninguém será obrigado a fazer ou deixar de fazer alguma coisa senão em virtude de lei, deve partir para o entendimento de que a liberdade é a regra, sendo a restrição a exceção. A *juridicidade* também é o que não é no sentido de que se forma a partir de opções feitas discursivamente, onde "extratos de referente" são incluídos e "extratos de referente" são excluídos do texto normativo; inclusão e exclusão aqui invocam a ideia de opção, sendo que esta, por sua vez, coloca em funcionamento a operação que delimita a fronteira entre o *dito* e o *não dito*. Assim, a lacuna normativa do *não dito* representa uma possibilidade de conduta, uma faculdade de atuação para a liberdade

[50] A respeito do dizer e do não dizer do legislador, do silêncio normativo, *vide* Greimas, *Semiótica e ciências sociais*, p. 78.

individual; o que não está regrado é de livre escolha. A lacuna discursiva, seja pela ausência de proibição, seja pela ausência de exigência da conduta, é sempre uma faculdade aberta à liberdade de atuação. Não é porque o legislador deixou de se pronunciar sobre algo (lacuna)[51] que realmente esse algo não seja passível de solução jurídica. Somente o que há é uma substituição da ausência do legislador (proposital ou não) pela presença criativa do intérprete aplicador.

O legislador, quando "fala" – e seu modo de "falar" é quase sempre escrito –, não simplesmente "fala", em seu discurso normativo, mas sim prescreve; esse seu ato de "falar" é criador de deveres e obrigações, e se direciona a toda a comunidade de cidadãos. Nem mesmo o próprio legislador está excluído do espectro de abrangência de suas criações normativas, pois, no momento em que "fala", está investido de uma *auctoritas* que o diferencia para "falar" à sociedade, ou seja, naquele momento o *ator-legislador* (também um cidadão...)[52] é um *actante-normativo* (sujeito ativo do fazer normativo), mas, fora daquele momento e daquele contexto em que produz o discurso normativo, esse mesmo *ator-legislador* será um outro *actante-normativo* (passivo, do obedecer). Em poucas palavras, o legislador também é um súdito de suas próprias normas, e um súdito como qualquer outro, sem qualquer diferença. Ao mesmo tempo em que produz discursos para a coletividade, também o faz para si mesmo, de modo que essa sua produção o afeta por pertencer à coletividade. Dessa maneira se distingue com muita nitidez o papel do *actante-normativo*, no exercício da função discursiva para a qual foi investido, e a posição do *ator-legislador*, sujeito como qualquer outro às próprias prescrições.

Ocorre que, nesse percurso de produção do discurso normativo, o legislador não está sozinho; interage, convive. Daí ser necessário destacarem-

---

51 A lacuna passa a significar ausência do sujeito: "La lacune est bien aussi une absence du sujet dans le texte: absence du sujet émetteur, auteur de la norme" (Timsit, *Les noms de la loi,* 1991, p. 118). Daí decorre a abertura do sentido para o *intérprete-aplicador* do sistema jurídico.

52 "Le texte d'une loi, le dispositif d'un jugement, ne sont que l'aboutissement d'une réflexion sur des objets bien réels, accomplie par un être qui mange, boit, dort, parle, écrit comme ceux parmi lesquels il vit, rarement pauvre parmi les pauvres, mais intellectuel parmi les intellectuels, et (grand) bourgeois parmi les (grands) bourgeois. Le stade du droit conçu est donc extrêmement important pour connaître et comprendre le droit posé" (Arnaud, Du bon usage du discours juridique, in *Langages*: Le discours juridique: analyses et méthodes, p. 118).

-se os adjuvantes e oponentes que com ele dividem espaço, pois nenhum percurso está isento de influências externas, mesmo porque todo percurso pressupõe a inserção em um meio que também o vivencia, por vezes facilitando o alcance da finalidade, por vezes dificultando os desdobramentos do percurso.

Se assim é, explorando-se a noção de programa narrativo do legislador, pode-se perceber que a dinâmica inter-relacional do discurso normativo pode ser descrita da seguinte forma: Legislador (destinador) → Comunidade (destinatário) → Sujeito (comunidade) → Objeto-de-valor (proteção jurídico-social), onde os adjuvantes são tomados pelas pressões sociopolítico-culturais advindas de grupos sociais, e o oponente, como sendo a resistência oferecida pela própria estática jurídica. Então, é certo dizer que a todo *programa* narrativo corresponde um *antiprograma* narrativo (inércia textual) e, também, programas narrativos subsidiários que auxiliam o programa narrativo principal (produção do texto normativo).

Ao final de toda essa cadeia de implicações, o sujeito normativo (Se) pode encontrar-se em disjunção (S∪O) ou em conjunção (S∩O) com relação ao objeto de valor (Ov) perseguido. Todo actante discursivo persegue um objeto de valor em seu percurso, e ao seu término pode haver conjunção ou disjunção do sujeito com este. Como resultante de atuação e desempenho, há a avaliação (sanção semiótico-narrativa), que pode ser positiva (recompensa) ou negativa (punição), da *performance* do legislador, que é visualizado em seu *dever-fazer* social[53]; seu bom sucesso corresponde ao sucesso do partido político ao qual se filia, à reeleição como candidato (para a mesma função ou outra), à fama, à respeitabilidade pública, à formação de um corpo fiel de eleitores, assim como seu insucesso corresponde à derrota política, ao fracasso partidário, à crítica jornalística, à perda do eleitorado...

De fato, o que se pode dizer é que o legislador age por estar dotado de poder para tanto em seu âmbito de atuação, devendo adquirir os meios de realizar a sua *performance* legislativa, com o imperativo do dever que lhe impele à ação... E tudo isso pode ser sucinta e esquematicamente analisado do ponto de vista da gramática narrativa[54], como segue:

---

[53] Cf. Greimas/Courtés, *Sémiotique*: dictionnaire raisonné de la théorie du langage, 1993, p. 320 (sanction).

[54] Sobre a extensão do modelo da narratividade de sua sede primígena (*récit* mitológico, folclórico, literário...) para os discursos em geral, inclusive o jurídico, consultem-se os

1. Se (*poder-fazer* + *dever-fazer* + *saber-fazer* + *querer-fazer*) Fazer = texto normativo válido, vigente, eficaz, legítimo... Essa equação resume de forma esquemática uma relação entre Se e seu Fazer, no caso o legislador (Se) no exercício de sua função social (Fazer). O que ocorre nessa situação é que houve delegação para o legislador agir, e, no cumprimento de seu dever, tendo adquirido os meios corretos de execução, e passado pelas formas procedimentais adequadas, deu nascimento a um texto normativo aplicável. Sendo essa a tarefa do legislador, a descrição semiótica ilustrativa de sua *performance* que se apresenta por meio dessa fórmula é a melhor possível num programa narrativo deste tipo. A sanção para o legislador, nessa hipótese, será, também, a melhor possível.

2. Se (*poder-fazer* + *dever-fazer* + *saber-fazer*) Fazer = apatia político-normativa. Dessa conjunção de modalidades e com essa descrição formular quer-se representar que o que ocorre nessa situação é a não produção de texto normativo pela falta de "vontade política", pois todas as condições do fazer estão presentes, menos o querer do legislador; houve delegação para o legislador agir, do que surge um dever de agir; assim, os meios corretos de execução são conhecidos pelo legislador. Não cumprida a tarefa do legislador, o que há é uma inércia semiótica, que resulta em uma *performance* nula em face do programa narrativo previsto para ser realizado. Nesse sentido, a sanção ao legislador poderá não ser positiva, visto que esta é a descrição da pior modalidade de legislador, o legislador inerte.

3. Se (*poder-fazer* + *dever-fazer* + *querer-fazer*) Fazer = texto normativo inválido, imperfeito, atécnico, errôneo, nulo... Está-se diante de uma situação em que houve delegação para o legislador agir, e, no cumprimento de seu dever, o legislador produziu um texto normativo, eivado, no entanto, de vícios. E isso porque a ele faltou o *saber-fazer*, elemento que, juridicamente, pode dar origem a inúmeras patologias normativas, como a produção de um texto defeituoso nas definições, apesar de válido, ou a produção de outro inválido por inobservância de ritos regimentais, *quorum*, etc. A tarefa do legislador não se resume à edição de normas, mas envolve também a prudente seleção dos meios adequados para alcançar seu fim. Essa *performance* num programa narrativo importará provavelmente em resultados sancionatórios negativos.

---

apontamentos de Denis Bertrand, Narrativité et discursivité: points de repère et problématique, *Actes Sémiotiques*, VI, 59, 1984, Paris, CNRS/EHESS, p. 5-38.

4. Se (*saber-fazer* + *querer-fazer*) Fazer = texto normativo inválido para o sistema jurídico, uma vez que ao sujeito emissor faltava o *poder-fazer*, que engendra o *dever-fazer*. Sem investimento, o sujeito não pode "falar" como se fosse legislador, ou o legislador de uma esfera normativa não pode "falar" por outro pertencente a esfera normativa diversa. Essa equação resume os casos de inexistência do ato normativo (não entrada no sistema) e de nulidade por incompetência normativa. Enfim, não houve delegação para o legislador agir, ou em absoluto, ou naquele âmbito específico. A sanção nesse caso se diferencia conforme a hipótese, podendo-se incluir aqui hipóteses como represálias estaduais por invasão de competência, guerra fiscal entre Estados, conflitos entre esferas de poder, intervenções...

Vista a função do legislador e as injunções que o acompanham quando da formação desse discurso que lhe é afeto, é mister passar para a análise modal do produto de seu fazer, de seu dizer, o discurso normativo. É de remarcar que a modalidade do discurso normativo é o *poder-fazer-dever-fazer*, e seu efeito de sentido reside na persuasão[55]. De fato, o discurso normativo é, sobretudo, em meio aos discursos jurídicos (discurso burocrático, discurso decisório, discurso científico), o discurso do *poder-fazer-dever*, em que o destinador/enunciador do discurso impõe seu poder, não deixando de exercer um reforço sedutivo/persuasivo para fazê-lo. Assim, esse eufemismo (persuasão) do poder jurídico vem dado pelas justificativas de manutenção da ordem, da necessidade de controle da vida social, da dirimição de conflitos, da sustentação de um sistema... e é o que diferenciará a ordem e a força *jurídicas* da ordem e da força *pré-jurídicas* ou *não jurídicas*. O sistema de poder jurídico pressupõe consentimento, pressupõe aceitação, assim como pressupõe essa racionalidade em seu exercício.

Por isso é que se pode dizer que tal percurso de manipulação funciona na ordem do saber (sedução) e ao mesmo tempo na ordem do poder (intimidação). Todo exercício textual normativo é um comando de condutas que se exerce segundo o modelo da manipulação, uma vez que é capaz de conduzir condutas, deslocar um destinatário de sua posição inicial para uma posição final, enfim, modificar situações de fato, que se estudam por meio dos programas narrativos jurídicos[56].

---

[55] Cf. Pais, Aspectos de uma tipologia dos universos de discurso, *Revista Brasileira de Linguística*, n. 7, 1984, p. 43-66.

[56] "Le caractère obligatoire du droit peut s'analyser en termes de manipulation, au sens sémiotique du terme, phénomène narratif qui rassemble les traits caractéristiques suivants:

A competência legislativa do emissor normativo, de acordo com as estruturas modais do discurso, significa um *poder-fazer-dever* decorrente de uma autorização também normativa para fazer; para que se faça é necessário poder, e para que o poder se exerça legitimamente deve estar respaldado por uma ordem qualquer que lhe é sempre anterior. O *poder-fazer-dever* que parte discursivamente de um agente dotado de autoridade e competência para tanto pressupõe uma autorização para falar por normas, para comunicar-se por prescrições, pois a autoridade sem competência é uma *não autoridade-jurídica.*

A revolução ilegítima, o golpe de estado, a imposição política, a ditadura... são todas formas de exercício do poder que se instalam a partir da força, e se exercem por uma *pseudoconjuntura* jurídica, uma espécie de discurso burocrático forjado para obedecer aos desmandos do poder. Nesse caso, a produção jurídica resultante desses processos sociopolíticos só impropriamente poderia chamar-se *juridicidade.* A *juridicidade* somente pode representar o conjunto dos processos semiótico-textuais do Direito quando os textos jurídicos que produz, sobretudo os normativos, correspondem a processos socioculturais representativos e legítimos, e não a sistemas de usurpação e desmando. Assim, a ordem impositiva se descaracteriza como *juridicidade* na medida em que com o conjunto das práticas sociais não se afiniza, utilizando-se da força para operar a ruptura político-jurídica pretendida.

É sob o aspecto pragmático, relativo à autoridade emissora do preceito, que se pode definir o caráter prescritivo das normas jurídicas, portanto[57]. O sujeito que exerce poder por meio de textos jurídicos, impedindo condutas, estimulando outras, fortalecendo estes ou aqueles valores,

---

au niveau actanciel, un destinateur – ou manipulateur – conçoit ou applique ce qui sera une partie du parcours narratif du sujet opérateur, qui est manipulé, il lui fait exécuter un certain nombre de tâches, de programmes narratifs, qui sont réalisés au niveau actoriel par certaines figures. Ces programmes narratifs constituent autant de performance en vue de l'acquisition de certains objets de valeur. L'univers du discours juridique se distingue d'autres univers discursifs par la richesse des formes de manipulation" (Paychère, *Théorie du discours juridique,* thèse de Doctorat de l'Université de Paris-II, 1990, p. 166).

[57] A relação de autoridade imersa na dimensão do discurso jurídico-normativo posto é vista da mesma forma por Tercio Sampaio Ferraz Junior, que visualiza nada mais nada menos uma relação do tipo *relato-cometimento,* onde se nega a possibilidade de desconfirmação do próprio discurso. O problema é, então, puramente pragmático, relacional, e deve ser estudado como um conjunto de infirmações (subentendidas no discurso da norma) entre sujeitos, um emitente (Se), outro receptor (Sr). A esse respeito, consulte-se *Teoria da norma jurídica*: ensaio de pragmática da comunicação normativa, 1978, p. 105-108.

desvalorizando estes ou aqueles princípios... é um sujeito que vive em profunda dialética com a circunstancialidade que o cerca, e isso porque o que há é que, ao se falar de autorização para a produção discursivo-normativa (investimento do legislador em sua função discursiva), há que se falar em poder, em exercício do poder por meio do discurso e, posteriormente, de legitimidade. Daí o exato posicionamento destas reflexões neste *locus* teórico.

Falar de poder significa falar de um tema que interessa ao *enunciador* (destinador) do discurso normativo; falar da legitimidade de exercício desse poder é falar de um tema que interessa ao *enunciatário* (destinatário) do discurso normativo. Eis aí, face a face, dois grandes temas do pensamento jurídico-político, temas que têm seu aparecimento conjunto na superfície do discurso normativo. Ambos acabam no discurso, ambos se exercem discursivamente, ambos permeiam a construção do próprio discurso. Para que uma norma seja válida é necessário que se insira numa estrutura de poder; para que uma norma seja respeitada, mister se faz legitimidade, sustentação, isso porque a legitimidade não se dá pela simples constatação da existência do discurso, mas sim em função dos meios pelos quais se obtém o discurso[58].

A pragmática do poder está em relação estreita com a questão da geração da obediência. Se um *actante-normativo* exerce poder por meio do discurso, por outro lado, outro actante está obrigado a realizar ou a deixar de realizar condutas; o poder não se exerce sem que se dirija de um para outro actante discursivo. O poder, para aquele que gera obediência, semioticamente, significa identidade entre querer e fazer, de modo que se pode obter o esquema próprio para descrição da relação de implicação entre esses termos com a seguinte formulação: poder = querer + fazer. O mero querer não garante ao *sujeito do poder* a realização pretendida; o simples fazer não é possível sem querer. Ainda, há que se dizer que o fazer pressupõe *querer-fazer*, *saber-fazer* e *poder-fazer*.

Para uma analítica do discurso normativo, deve-se ter presente que o problema da obediência jurídica é fundamentalmente um problema da ordem da pragmática do discurso. Se normas há dispersas pela sociedade com a função de regulamentar o convívio humano, necessariamente essas normas

[58] Sobre os conceitos de validade formal (adequação jurídico-procedimental), validade material (conteúdo que decorre do ordenamento) e legitimidade (observância, credibilidade, impositividade), consulte-se Diniz, *Norma constitucional e seus efeitos,* 1989, p. 16-32.

devem lançar-se para o ambiente social com a expectativa de serem eficazes. A eficácia, como capacidade normativa de tornar a abstração legal uma *práxis*, passa a ser considerada como uma especial qualidade de toda norma jurídica que vige, pois não simplesmente vige, mas vige para ser aplicada. Nesse diapasão é que a eficácia das normas pode ser medida e compreendida pela negação de observância jurídica; negar eficácia ao discurso jurídico é negar-lhe reconhecimento de poder. Se o discurso normativo é desprezado, tornando-se mera locução de palavras, mero conjunto de sílabas, signos... então, esse discurso não exerce mais poder; trata-se de um discurso ineficaz, sem capacidade de realizar ações, de imprimir condutas, de conduzir comportamentos.

Se a eficácia das normas jurídicas se relaciona com essa capacidade de gerar efeitos *jurídicos* e *extrajurídicos*, a legitimidade se relaciona com o modo de produção do discurso normativo. Todo texto normativo pressupõe comunicação institucional entre sujeitos interlocutores, de modo que sempre se produz politicamente a partir de processos que encontram a calibração em práticas socioculturais de cada Estado. Promanam, pois, de um órgão habilitado à proposta, à elaboração, à emenda, à promulgação, à publicação de textos que contêm cláusulas que, à coletividade como um todo, a um grupo de indivíduos ou a um único indivíduo, conferem direitos, distribuem ônus e deveres, organizam estruturas, funcionalizam direitos, delegam poderes, regulamentam relações, disciplinam comportamentos, dogmatizam procedimentos etc.

É fato, pois, que, *in substantiam*, as normas são preceitos cogentes derivados de uma fonte potestativa autorizada e legitimada à atividade de tecitura do ordenamento positivo, ordem de comum observância. Ordem legítima é ordem autorizada a agir discursivamente; a expectativa daqueles que delegam poder a outro(s) para agir, em seu nome e em seu interesse, é a de que tenham liberdade para deliberar e construir textos dentro de padrões socialmente aceitos. A preceptiva normativa, pois, além de ser mera estrutura de sentido, dotada de um conteúdo, derivado da própria sintática relacional dos signos que a compõem, é dita cogente, e isso por uma capacidade especial que não é comum a qualquer discurso; o discurso normativo, em suma, traduz-se em um discurso potestativo, problema de pragmática do poder.

Reforce-se, pois, o fato de que não é no sentido dos signos que compõem o discurso normativo, muito menos na relação entre estes, que reside a ideia de poder, mas sim na pragmática relacional entre sujeitos que o discurso pressupõe[59]. Há consentimento para agir, há investidura no poder, há autorização para "falar por". A todo discurso correspondem práticas sociais que o sustentam. De fato, para ser cumprido por uma coletividade, por um grupo de indivíduos ou por um único indivíduo, o discurso aparece como conteúdo (semântica), como composição sígnica (sintática) e como relação (pragmática); é desta que se trata de extrair subsídios para a melhor compreensão do problema do poder.

Se os interlocutores desse tipo de discurso não são quaisquer sujeitos, também a forma de que se reveste esse discurso, a maneira de sua construção e exposição, assim como o tipo de prescrição que incita, também se submetem a regras tais que se possa cercar de toda espécie de garantia a liberdade do súdito normativo e de toda espécie de limitação a liberdade de exercício do poder pelo emissor normativo. O poder discursivo, como capacidade de gerar obediência por meio do discurso, não se exerce de qualquer modo, muito menos sem qualquer limite. Explica-se, então, que a autoridade que exerce o poder legiferante deve ser competente para a produção do ato, que o ato seja válido em suas constituições intrínseca e extrínseca, bem como pertinente às demais normas que o circundam (macrossintática normativa). Os procedimentos e as práticas textuais que investem o discurso de poder é que permitem o exercício regulamentado desse mesmo poder.

As normas jurídicas, enquanto *ius positum*, submetem-se tanto aos desvios de poder quanto à falibilidade da razão. Normas postas são necessariamente normas falíveis, isso porque derivadas de uma fonte normativa que se submete aos ditames da espacialidade, da temporalidade e aos condicionamentos sociais, políticos e culturais existentes. Se o discurso normativo é falível, nem sempre condiz com os interesses sociais que procura resguardar. Esse discurso é mesmo capaz de produzir comandos desvinculados, e, inclusive, contrários aos interesses sociais, o que pode conduzir à negação da própria autoridade que o produziu.

A norma jurídica, entendida como emanação da vida organizada em sociedade, encontra respaldo não pela sua forma (sua gramaticalidade, sua

---

[59] Poder e linguagem se encontram expressos em toda enunciação discursiva normativa, uma vez que todo construto desse gênero, antes de se fixar como manifestação de linguagem ordinária, "*prescreve* a possibilidade de", "*prescreve* o direito de", "*prescreve* o dever de". Como já se disse em outra oportunidade neste texto, a só categorização sintática desse discurso faz transparecer por meio da linguagem o poder de que está investido o legislador para "falar por"; não é, efetivamente, isso que garante o poder da norma, mas sim a investidura no poder que se dá por diversos métodos possíveis (eleição, escolha...).

literalidade), mas pela sua origem. As normas provenientes de um interlocutor autorizado socioculturalmente a "dizer o direito" (*iuris dictio*) são normas que provêm do seio da vida social e para ela retornam, demandando obediência, seja uma, sejam algumas, sejam muitas as autoridades investidas do poder legiferante.

O que se quer dizer é que um discurso formalmente composto não é necessariamente um discurso normativo autorizado; um aglomerado de signos com pretensão de serem jurídicos só pode, em verdade, ser considerado jurídico se estiver autorizado para agir como discurso normativo. Atrás da ideia de *juridicidade*, como conjunto de práticas textuais jurídicas, está a ideia de legitimidade (para agir, para falar, para ditar, para disciplinar...). O discurso normativo pressupõe que o legislador, que autoriza ("é permitido"), que proíbe ("é proibido") ou que obriga ("é obrigado"), esteja efetivamente investido da responsabilidade social de "falar por todos"; aquele que diz deve estar autorizado, senão pela unanimidade daqueles a quem a norma se dirige, ao menos pela maioria estabelecida por critérios sociais. O poder aqui é entendido só, e somente só, como poder legítimo, e este é uma decorrência da própria organização da vida social, não podendo encontrar acalento, no interior desta noção, qualquer ideia de anarquismo ou poder de fato (força)[60].

Assim, a análise do problema do poder, que não pode ser omitida, suprimida ou negligenciada pelo jurista, remete necessariamente ao universo pragmático de formação do discurso. É no discurso que o poder se manifesta, mas é durante o processo da formação do discurso, desde suas bases, que o poder penetra as entranhas do discurso; daí se poder julgar se o discurso é legítimo ou ilegítimo, de acordo com a sua aceitação. Para efeitos conceituais,

---

[60] Ao ler essa afirmação poder-se-ia cogitar de uma grave contradição na proposta deste estudo. De um lado se afirma a sua separação de um estudo da justiça e dos valores do justo e do injusto. De outro lado se afirma a inexistência de um poder ilegítimo. Essa ambiguidade se esvai porque não se está prescindindo ou muito menos ainda negando as relações do Direito com o Justo, mas se está procurando investigar a ocorrência jurídica como ocorrência discursivo-textual (*juridicidade*), onde o Direito se destaca como *acontecimento de linguagem*. Nesse sentido, quando se diz que o discurso normativo possui critérios de *legitimidade*, não se está fazendo necessariamente apelação à noção de justo, está-se sim fazendo uma ligação das práticas textuais com as práticas sociais. Há critérios discursivos, que interessam portanto à Semiótica Jurídica, e que consentem a averiguação do que seja o legítimo e do que seja o ilegítimo (monopólio do discurso, ausência de persuasão do sistema implantado, imposição de condutas, falta de participação coletiva na formação dos discursos que definem seus destinos, não correspondência do referente cultural com o discursivo...).

a legitimidade é entendida como o respaldo que faz da norma jurídica um discurso da conduta, seja por sua razoabilidade ou justiça, seja como decorrência do consenso geral estabelecido por meios também socialmente aceitos[61].

Com o que findou firmado na passagem acima enunciada, basta dizer que o discurso não é em si e por si legítimo. Sua estrutura pode revestir-se de aparência de legitimidade que não se confunde com a legitimidade *de origine*. Aquele que exerce poder jurídico deve estar investido para "dizer o direito" (*iuris dictio*) em nome de todos. O discurso normativo ilegítimo é um discurso *não autorizado*, sem lastro consensual, impositivo e unilateral em suas regras de exigência. O poder exercido como força instala sempre uma relação onde prevalece o dissentimento; trata-se, verdadeiramente, de um *não discurso*, ou de um *pseudodiscurso*.

O esquema de análise narrativo, quando se detém nos entremeios da legitimidade, constata que da inter-relação entre destinador e destinatário do discurso normativo há uma recíproca insofismável. Não é a construção unilateral do discurso normativo pelo legislador que garante a legitimidade do exercício textual jurídico; a legitimidade, reafirme-se, é um tema que toca de perto os interesses do destinatário do discurso normativo. De fato, o processo de investimento no poder é por si só um programa narrativo anterior ao programa narrativo de produção do texto normativo; para que o *actante-legislador* possa assim ser chamado é necessário um processo qualquer, fundado em práticas sociopolíticas, que o traga a essa condição.

Adotando-se como modelo de análise um dos possíveis métodos de investidura, o da eleição livre e democrática, constata-se que um sujeito--candidato (Sc) desenvolve esforços no sentido do alcance de um cargo político como seu *objeto de valor* (Ov), em qualquer esfera, e em qualquer nível de competência. O que descreverá uma transformação de estado de sua condição, diante da função normativa desejada, será a passagem de um estado de origem (E1) para um estado final (E2), que pode ser favorável ou desfavorável à sua pretensão. Assim, passando de um estado inicial (E1) de

---

[61] No sentido deste estudo, pode-se comungar com Alaôr Caffé Alves: "A norma jurídica deve, pois, sintetizar organicamente uma esfera de significação e uma esfera de poder, uma base de ser e de dever-ser, uma dinâmica de relações sociais de onde ela possa haurir sua força vinculante para determinar a vontade, força esta que não pode provir apenas de sua significação lógica, nem exclusivamente da vontade geral – expressão de um imaginário que legitima a imposição normativa sobre os súditos – como poder autovinculante, sem nenhum compromisso com o real social, histórico e cultural da comunidade jurídica" (*Linguagem, sentido e realidade da norma jurídica*: dialética da norma jurídica, tese, 1996, p. 72).

sujeito desprovido do *objeto de valor* (S∪O) para um estado terminal (E2) de sujeito provido do *objeto de valor* (S∩O), terá passado da disjunção à conjunção, e o sucesso corresponderá à sua eleição para o exercício do cargo. Essa transformação corresponde à sua investidura, à constituição autorizada do candidato na condição de legítimo *sujeito do poder*, apto a "falar por".

A desinvestidura corresponderia à transformação actancial contrária, ou seja, à destituição do poder (*impeachment*), onde o *sujeito-operador* (comunidade), aquele que dota ou não dota o *sujeito-de-estado* (candidato/legislador) de poder, o afasta ou não o afasta do poder. O destinatário desse discurso é o *sujeito-operador* que permite a conjunção do candidato com o poder normativo, permitindo ao *sujeito-candidato* uma transformação de estado. Assim, a transformação viria em desfavor do *actante-legislador*, de forma que passaria de um estado primeiro de conjunção (S∩O), estado adquirido anteriormente por meio da eleição, a um estado final de disjunção (S∪O), com a consequente perda do cargo.

Essa é uma narrativa do problema da legitimidade, do poder, de sua relação com a resistência ao poder ilegítimo... A revolução, que desinstaura um poder para instaurar outro, produzindo uma alteração do *status quo,* pode ocasionar a mudança de actantes do discurso, mas a manutenção no poder só pode ser garantida pelas forças sociais que autorizam a estada de um grupo ou de um sujeito na condição de *actante-normativo.* A ditadura da palavra raramente instaura a polivalência discursiva, o que de fato acaba ocasionando a insurreição, a desobediência civil, a resistência política, a oposição... A palavra não é monopólio de ninguém, mas a competência para falar em universos de discurso específicos exige a investidura, o que não se pode pensar sem que haja um consentimento prévio e uma autorização por qualquer procedimento que seja para tanto. Pode-se mesmo concluir dizendo que o discurso normativo legítimo é, portanto, aquele que se instaura com o consentimento do *actante-destinatário* das normas.

Tendo-se em vista que até o momento bem se investigou o que é atinente sobretudo ao destinador normativo, deve-se, desta vez, perquirir acerca do destinatário normativo.

A princípio, como se poderia supor, a situação do destinatário normativo seria descrita como uma posição polar do discurso, à qual corresponderiam duas funções, basicamente: (1) uma função passiva de obediência, de exercício do conteúdo da norma[62], (2) e uma função receptiva de deco-

---

[62] Nesse sentido a noção de sujeito da norma foi por muito tempo entendida como segue: "(...) cierta entidad es sujeto de una norma jurídica cuando y solamente cuando puede afir-

dificação exercida *a posteriori* da *mise en texte* do discurso normativo. Ambas as afirmações são falsas se tomadas em seu sentido literal, e isso porque tal tipo de conclusão estaria eivado da inspiração de um modelo clássico de comunicação, com estruturas rígidas, estáticas e formais (Se→M→Sr). O modelo é bem outro, no entanto.

É certo que, de qualquer forma, quando se esteve a investigar as questões do poder e da legitimidade como questões atinentes ao discurso normativo, também se esteve a dissertar a respeito das imbricações existentes pragmaticamente entre os sujeitos que se comunicam por meio desse tipo de discurso; já ali estavam nitidamente esboçados os comprometimentos existentes entre o destinador (legislador) e o destinatário primordial (comunidade) do discurso normativo, que é o que se quer demonstrar nesta parte. Quer-se demonstrar, sobretudo, que o destinatário é uma entidade imanente ao discurso normativo desde sua produção.

A imanência pragmática do destinatário[63] do discurso normativo no conteúdo deste é diretamente proporcional à estimulação que este represen-

---

marse que tal entidad es susceptible de realizar una acción satisfactoria de la descripción que figura como contenido de esa norma en las condiciones estipuladas por la misma" (Capella, *El derecho como lenguaje*: un análisis lógico, 1968, p. 166).

[63] Nesse sentido é que se fala, por exemplo, em direitos *individuais, coletivos, difusos* e *individuais homogêneos*, para os quais há uma esfera de garantias próprias, o que importa em um conjunto de normas com destinatários próprios, atendendo a necessidades próprias e determináveis. Ser permitido, ser proibido, ser devido são mais que funções funtoriais, pois são instâncias de vinculação da conduta de duas classes de sujeitos: uma primeira, que está incluída no discurso, à qual se faz referência direta; uma segunda, que está implícita no discurso, e que aparece subliminarmente presente e indiretamente participante de uma realidade prescricional. Quando a uma classe de sujeitos se destina uma norma jurídica que lhes confere direitos, em verdade, diretamente se garantem a esta direitos, e, indiretamente, às outras classes e categorias de sujeitos não abrangidos pela norma se prescreve a não turbação desses direitos, uma vez que valores legislativos. Ao disciplinar que "São direitos básicos do consumidor: (...); II – a educação, a divulgação sobre o consumo adequado dos produtos e serviços, asseguradas a liberdade de escolha e a igualdade nas contratações (...)" (Lei n. 8.078/90, art. 6º), previstas estão duas ordens de relações: uma correspondente aos direitos de sujeitos determinados como sendo consumidores (art. 2º da mesma Lei), pragmática esta de *destinação direta* da norma, e outra correspondente aos deveres dos sujeitos produtores e vendedores de mercadorias, e fornecedores de serviços, pragmática esta de *destinação indireta* da norma. A esta se pode definir o caráter de implícita e àquela o caráter de explícita ao discurso normativo. Retenha-se aqui também o fato de que nenhuma produção normativa abandona seu caráter de mandamento geral, dotado de uma representatividade do todo, somente porque os interesses defendidos atingem uma parte dessa sociedade; de qualquer maneira, é também ao coletivo que se visa, ainda que isso ocorra de forma indireta.

ta para o legislador para a construção normativa. A dinâmica fática, que se confronta com a estática normativa, é a esfera na qual sujeitos se destinam a sujeitos, movimentando-se com sujeitos e entre sujeitos[64]. O movimento dos textos jurídicos não se encontra em desalinho com esse fluxo subjetivo que dá coesão ao social, e, mesmo, pode-se dizer, por ele é produzido e com ele se constitui em uma sempre renovável estrutura de prescrição de condutas sociais. A teia de imbricações sociais e de participações individuais é, antes de tudo, uma visão mais que *subjetivante* da realidade; é, em verdade, uma visão que insere os atos de linguagem em sua contextura, uma vez que descobre os fluxos e influxos que imbricam os sujeitos entre si.

Por trás do pressuposto básico de elocução do discurso normativo, a generalidade textual, verdadeiro cânone que pretende a esterilização da individualidade por meio da camuflada objetividade que possui, encontram-se pessoas, sujeitos, agentes, trabalhadores, categorias sociais, grupos, coletividades, classes de sujeitos, todos estes os verdadeiros inspiradores do destino discursivo das normas. O texto normativo, construindo-se neutro e geral, isenta-se de se fazer fluido e contingente como a realidade que regulamenta. As normas não se fazem arbitrariamente para não importa quem[65].

---

64 Parece ser exatamente essa a compreensão pragmática que Bernard S. Jackson confere ao problema daquilo que nomeia *semiotic groups*; trata-se de um estudo das diferenças destacáveis na construção semiótica dos discursos normativos, pois cada grupo faz seu sentido. Nesse campo de pesquisa se procura sobretudo esquecer a discussão que opõe *iniciados* a *não iniciados* na linguagem legal, destacando-se, ao contrário, a existência de *semiotic groups* (Jackson, Legislation in the semiotics of law, in *Semiotics and legislation*: jurisprudential, institutional and sociological perspectives, edited by Hanneke van Schooten, 1999, p. 5-26).

65 Nesse sentido, proposições há que se referem a uma categoria determinada da sociedade, a um sujeito individualizado, ou a uma ordem de sujeitos que se encontrem por motivos fáticos ou jurídicos incluídos no polo subjetivo de uma enunciação jurídico-normativa. Não será a generalidade ou não da norma que definirá a sua natureza normativa. Toda norma, seja dirigida a sujeitos individualizados (sujeitos atômicos), a sujeitos coletivos, a categorias, a grupos ou classes específicas da sociedade (sujeitos celulares), tem sempre o condão de vincular toda a comunidade jurídica (sujeitos orgânicos) à qual se destina. Impõe-se, neste ponto, como decorrência lógica desta exposição, uma diferenciação, qual seja, aquela necessária que reparta a vinculação em *mediata* e *imediata* a partir de um critério. Existem normas que se dirigem diretamente à vinculação de toda a comunidade jurídica à qual se destina, vinculando a conduta geral indistintamente, ou seja, independentemente de qualquer qualidade diferencial entre os sujeitos que dela participam. As normas penais, em sua generalidade, alcançam a coletividade em sua integralidade, como no caso do art. 121 do CP,

Pelo contrário, as normas erigem direitos, deveres, obrigações, concedem benefícios... para este ou aquele sujeito, para esta ou aquela categoria de sujeitos, para este ou aquele grupo social (operários, acidentados, consumidores de serviços médicos, aposentados...)[66].

O que se detecta, portanto, desde o início do processo de produção da norma é que o(s) sujeito(s) ao(s) qual(is) se destinam os textos normativos não só investe(m) o legislador do *poder-fazer-dever-fazer,* mas, sobretudo, determina(m) o conteúdo dos textos normativos a partir de suas necessidades, exigências, reivindicações...[67]. O *actante-destinatário* do discurso normativo é-lhe, em verdade, o estímulo de existência, a própria *ratio essendi* de todo o processo de produção semiótico-textual da *juridicidade*[68].

Mais ainda, pode-se dizer, o *actante-destinatário* é a sustentação de toda a produção textual jurídico-normativa, pois é dele que parte o poder de investidura que legitima a atuação do legislador, *actante-normativo.* O programa narrativo específico da comunidade, que atua em paralelo com o programa narrativo do legislador, nesta conjuntura, obedece ao seguinte esquema: Comunidade (destinador) → Legislador (destinatário) → Legislador (destinatário) → justiça normativa (*objeto de valor*). A persecução da

---

em que "Matar alguém" é um preceito que se direciona a toda a comunidade vinculada pela abrangência da norma (a lei federal penal tem como polo subjetivo toda a comunidade jurídica nacional). Nesse caso, é explícita e direta a referência à comunidade atingida; preceitos dotados dessas características se distinguem por serem preceitos normativos pragmaticamente direcionados *imediatamente* à conduta geral. Preceitos há, porém, que, ao reverso do que acontece com esses outros que *imediatamente* se referem à conduta geral, a ela se dirigem apenas *mediatamente.* São as proposições jurídicas dotadas de sujeitos determinados (coletividades, individualidades, categorias, grupos sociais), aos quais se dirigem imediatamente e, apenas por via reflexa, mediatamente à coletividade. Porém a vinculação subsiste atingindo a todos os sujeitos componentes dessa realidade social.

66 Ademais, sobre a matéria da lei motivada por sujeitos na produção semiótica, consulte-se Landowski, Pour une approche sémiotique et narrative du droit, *Droit Prospectif,* 1986, p. 55.

67 A respeito, consulte-se Siches, *Nueva filosofía de la interpretación del derecho,* 1973, p. 174.

68 Por isso é que com muita propriedade Fernando de Castro afirma que o próprio destinador de todo discurso legislativo é o próprio povo (e isso num Estado do tipo Democrático de Direito), ao mesmo tempo em que destinatário. A respeito, *vide* Castro, *Para uma análise sociossemiótica e semiolinguística de aspectos do discurso jurídico brasileiro*: a liberdade e o Estatuto da Criança e do Adolescente, tese, 1997, v. 2, p. 276-279.

justiça parece ser aquilo que motiva todo o enquadramento do discurso normativo, pois na base da dialética das relações estão os valores que as motivam. Se a comunidade se sente em disjunção com o *objeto de valor* perseguido ($S \cup O$), a consequência será a destituição daquele que exerce o poder de sua função, ou algo parecido. Em caso de conjunção ($S \cap O$), as consequências poderão ser de diversas naturezas, como a reeleição, o sucesso do partido...

2.1.2 A CIRCULAÇÃO DO DISCURSO NORMATIVO: NORMA E SISTEMA JURÍDICO

A estrutura modal da norma jurídica está intimamente relacionada com o fato de ser esta um discurso potestativo, pois expressa um *poder-fazer--dever-fazer*, cujo detentor é somente a autoridade determinada para tanto. Só que, além disso, o discurso normativo é um retículo de valores sociais, legislativos, políticos e jurídicos, constitutivo de uma unidade nuclear de significação deôntica, dentro de um contexto estrutural maior, o sistema jurídico. Estudar o texto jurídico fora da intertextualidade que o sustenta é o mesmo que destituí-lo de suas condições de existência.

Num sistema de normas, o que há, em verdade, é que os discursos se autorizam entre si formando cadeias complexas de sentido, vínculo, validade e poder. O escalonamento corresponde a um sistema de interação normativo, onde, dispersas, as normas valem e *convivem*, por vezes trazendo soluções, por vezes dando origem a conflitos internormativos[69].

Quando se instaura um trabalho de pesquisa que procura não só focalizar a *norma em si* (N), mas sim a norma num sistema[70], a norma num

---

69 É certo que aqui se está a fazer uso da expressão "conflito internormativo" tendo em vista um sistema jurídico particular, com suas normas internas e seus regramentos nacionais limitados ao espectro e abrangência de seu território. Mas é certo que o problema, e sua interpretação semiótica, pode ser estendido ao panorama das relações internacionais, como o faz com propriedade Roberta Kevelson, *The law as a system of signs,* 1988, p. 287-294.

70 De fato, se se está a estudar a *juridicidade* em seu todo de práticas textuais jurídicas, é justo que se o faça da maneira correta, considerando o fenômeno em sua totalidade, e não relegando o estudo do todo a um estudo das partes separadas. Assim: "(...) o Direito não é norma, mas um conjunto coordenado de normas, sendo evidente que uma norma jurídica não se encontra jamais só, mas está ligada a outras normas com as quais forma um sistema normativo" (Bobbio, *Teoria do ordenamento jurídico,* 1989, p. 21). Poder-se-ia até cogitar

aglomerado de outras normas (N1, N2, N3, N4, N5, Nn, ...), *interagindo* vivamente com outras produções textuais *normativas* e *não normativas*, dentro de um grande *écran* jurídico, então se está diante de uma análise macrossemiótica. Podem-se mesmo distribuir as normas em conjuntos normativos (CN1, CN2, CN3, CN4, CN5...) ou séries normativas[71], que se interinfluenciam, se entrechocam, se agrupam e *reagrupam*, de acordo com regras do sistema. A vantagem deste tipo de investigação é que consente uma visão *de fora* da movimentação do sistema; a visão *de dentro* é importante para a definição e o enquadramento exato do fenômeno, mas não chega a consentir acesso ao movimento global do sistema em sua complexidade. A essa perspectiva de estudo semiótico se pode chamar sintático-sistêmica, e obedece a critérios pancrônicos de análise.

O discurso normativo, nessa perspectiva, passa a ser entendido como unidade normativa[72], que, enquanto tal, faz parte de uma conjuntura normativa, imbricada que está no contexto de uma máquina semiótica de produção de significação jurídica. Levando-se em consideração essa sintática sistêmica de interação do texto normativo com relação a outros textos normativos (hierarquicamente superiores e inferiores, numa relação de prevalência do tipo N/n), tem-se, por um lado, um estudo voltado para o sistema jurídico em si, onde avultam as práticas textuais *normativas* e *não normativas* em vivência dialética, e, por outro lado, um estudo voltado para a compreensão do sistema jurídico inserido em sua contextura de sistema discursivo, como prática social de linguagem entre outras práticas sociais.

Assim, para efeitos de desenvolvimento da análise, estar-se-á primeiramente a enfocar o problema da inserção da norma (texto) em um sistema (intertextualidade), o sistema jurídico, verificando-se como se pode compreendê-lo em seu funcionamento, quais as suas tramas internas, para, num segundo momento, poder-se passar para um estudo que avalia o próprio sistema jurídico inserido em uma trama maior, a dos sistemas sociais que se agrupam

---

o estudo de um sistema de normas em que reinasse uma única norma, mas Bobbio se ocupa de plano de desconsertar essa hipótese.

71 Essa é a proposta de Ferraz Junior, *Teoria da norma jurídica*: ensaio de pragmática da comunicação normativa, 1978.

72 A visão sistêmica tem na norma uma unidade mínima de referência, de modo que: "Os *sistemas* normativos têm por *objeto* estas unidades discursivas que chamamos *normas*" (Ferraz Junior, *Teoria da norma jurídica*: ensaio de pragmática da comunicação normativa, 1978, p. 141).

ao seu redor. Ver-se-á, neste momento, como o sistema jurídico age e interage, vive e convive, influencia e é influenciado, direta e indiretamente, por vezes, mesmo, sofrendo determinações em suas estruturas.

É possível admitir a existência de um sistema jurídico desde que se admita a existência de critérios que definem a existência e a sustentação de um sistema, que são os seguintes: um repertório de elementos e um modo peculiar de sua organização, distribuição e relação[73]. Ou, em outros termos, tendo-se o sistema como estrutura operante, infere-se que a todo sistema corresponde uma estrutura, e que aquele nada mais é que a dinamização desta, ou seja, o estático operacionalizado. Isto dito, verifica-se desde logo a possibilidade de visualizar o ordenamento não como um conjunto esparso de discursos ilogicamente dispersos, desorientados, e em profundo caos de sentido. Sobre os objetos e os elementos de um sistema qualquer atua uma *ratio aedificandi* capaz de dotá-los de funcionalidade, disposição, organização, calibração, regulação.

Mais para além desta discussão, pode-se mesmo identificar o sistema jurídico como um universo de discurso particular, em meio a inúmeras outras práticas *textuais* e *não textuais* esparsas no mundo da cultura, e distingui-lo em meio a outros universos de discurso. Como já se disse, se o universo jurídico é um grande conjunto de práticas textuais jurídicas, numa visão mais abrangente, é apenas uma constelação de sentido em meio a outras. É de dizer que o universo de discurso jurídico é sobretudo determinado pelo discurso normativo; este determina substancialmente a significação dentro das práticas jurídicas, de modo que os demais discursos jurídicos (burocrático, decisório, científico) se governam a partir dele[74].

---

[73] "O sistema jurídico é o resultado de uma atividade que congrega os elementos do direito (repertório), estabelecendo as relações entre eles (estrutura), albergando uma referência à mundividência que animou o jurista, elaborador deste sistema, projetando-se numa dimensão significativa" (Diniz, *Norma constitucional e seus efeitos,* 1989, p. 19). Os elementos e sua estrutura formam o sistema, e o que seja estrutura parece neste ponto curiosamente importar saber: "La etimología puede introducirnos con fruto en la intelección de lo que es una estructura linguística. <<Estrutura>> proviene del verbo latino struo que significa <<reunir>>, <<apilar>> (...) La etimología, pues, muestra los pilares básicos sobre los que se configura el concepto de estructura: unidades elementales se relacionan y causa eficiente de la construcción que realiza dicho orden" (Rodríguez, *Introducción a la filosofía del lenguaje*: problemas ontológicos, 1989, p. 166).

[74] A ponto de Cidmar Teodoro Pais afirmar que o discurso jurídico, valendo-se dessa categoria como uma unidade sólida e sem divisões, é o discurso que possui por modalidade o *poder-fazer-dever-fazer* (Aspectos de uma tipologia dos universos de discurso, *Revista*

Esse universo de discurso, absolutamente particular, pois, possui regras, conceitos, definições, injunções... que o peculiarizam em meio a outros, de modo que se possa considerá-lo autônomo, mas não necessariamente independente, ou desligado dos demais sistemas. Preserva, pois, sua relação com os sistemas econômico, político, cultural, social, científico, técnico... e sobretudo com o universo da linguagem natural[75]. Esses contatos é que garantem, portanto, a vivacidade desse sistema, sempre sujeito à renovação, e não à estática, e sempre sujeito aos influxos advindos de outras linguagens técnicas que não a sua própria. Isso é o que se pode chamar dialética intersistêmica, que motiva o método pancrônico adotado para a análise do discurso jurídico deste trabalho.

Sobretudo, há que se dizer desde já, deslindando pontos frágeis da teoria do direito, mas ao mesmo tempo importantes, que o sistema jurídico não é nem um sistema fechado (clausura), como pretenderam as escolas novecentistas, nem um sistema coerente de per si (acabamento lógico-arquitetônico), nem um sistema completo (*totum*). Basta, no entanto, que se investigue como e por que isso ocorre.

No sistema jurídico não são quaisquer elementos os que o compõem e nem quaisquer as regras de calibração e organização que pressupõe; seus elementos são os discursos normativos que produz, e as regras de organização, distribuição e relacionamento desses discursos são dadas por critérios hierárquicos[76] e hermenêuticos. Se é do uso que deriva a significação dos signos, é do uso do sistema que se extrai também a sua própria significação. Por consequência, cada ato de uso corresponde a uma dinamização do sistema, o que sempre se faz valendo-se o usuário de recursos de interpretação. Esta é, portanto, um mister para a formação do próprio sistema jurídico.

De fato, o uso pragmático da estrutura importa necessariamente na utilização da interpretação para a ativação dos textos normativos; o próprio

---

Brasileira de Linguística, v. 7, ano 7, 1984, p. 47). Deve-se mesmo dizer que o valor prescritivo é o próprio ser da *juridicidade*. O *dever-ser*, sem qualquer contradição, é o *ser* da *juridicidade*. Esta possui esse seu caráter deôntico como marca de sua independência como universo de discurso.

75 Consulte-se Alves, *Linguagem, sentido e realidade da norma jurídica*: dialética da norma jurídica, tese, 1996, p. 47-48.

76 Como diz Ferraz Junior: "A hierarquia, assim, é, apesar de tudo, um importante instrumento de organização das fontes. Mas, cada vez mais, sua função é mais jurídico-política (como instrumento hermenêutico e decisório do que analítica)" (Ferraz Junior, *Introdução ao estudo do direito*: técnica, decisão, dominação, 1988, p. 214).

fato de vasculhar um sistema e dele extrair normas adequadas para a solução de uma questão jurídico-fática já importa em proceder a uma interpretação do sistema e de suas regras. É à interpretação que cabe esse papel dinâmico de oferecer vida à norma plasmada no texto literal; essa ativação da norma é um ato de uso pragmático da normatividade, ato este que corresponde ao fenômeno da *fala* discursiva; a norma só se concretiza com a sua reificação na realidade, com o seu tornar-se um discurso aplicativo. A conclusão que se extrai dessa reflexão é a de que o sistema só possui vida com a sua utilização, com a pragmática discursiva que o sustenta como prática textual, de modo que se pode dizer que o sistema não é em si e por si lógico ou mesmo coerente, mas a ele é atribuída coerência pelo intérprete; é este o sujeito responsável por conformar o sistema e de fazê-lo funcionar coerentemente[77].

Entende-se mesmo que os modos utilizados pelo sistema para a produção dos discursos não obedecem a critérios rígidos, ocorrendo que a produção normativa se faz quase que desordenadamente, numa avalanche de textos normativos que se entrecruzam, se misturam, se concatenam e se interceptam. A coerência será, portanto, atribuída *a posteriori* da produção discursiva, e essa tarefa incumbe ao intérprete, ou, mais propriamente dizendo, sua tarefa consiste em construir o sistema. Quanto ao fechamento clausular do sistema[78], isso não se pode admitir, tendo-se em vista que se assume postura inversa a essa, a saber, a de que o sistema jurídico vive em profunda dialética pancrônica com os demais sistemas sociais que com ele interagem, de modo que, ao mesmo tempo em que recebe significação estrangeira, doa significação interna. A completude, por sua vez, corresponde

---

[77] Desse modo: "Sistematizar o direito é uma obrigação lógica, que procura estabelecer um nexo lógico entre as normas, de forma a lhes dar uma certa unidade de sentido e de projeção normativa. As normas podem ser comparadas às peças com que se constrói um relógio. A função do estudioso do direito é semelhante à do montador do relógio ao encaixar todas as peças racionalmente, uma em face das demais, a fim de que o relógio possa funcionar e marcar as horas, o que, no âmbito jurídico, equivaleria a conexionar as normas como se fossem jogos de rodas, de peças dentadas, de molas e demais ligamentos, que servem para o funcionamento de um relógio, formando um todo sistemático" (Maria Helena Diniz, *Curso de direito civil brasileiro,* 1994, v. 2, p. 65).

[78] Sobre o fato de que o sistema jurídico, na concepção kelseniana, não comporta contradição, dado o pressuposto de validade das normas dentro do sistema, consulte-se a dissertação de Dubouchet, *La pensée juridique avant et après le Code Civil,* 1994, p. 276-287.

a um mito, segundo o qual as normas se bastariam entre si, à exclusão de qualquer outro recurso externo ou valorativo[79].

O sistema jurídico não é um sistema hermético e imune à dinâmica da faticidade, muito menos caracterizado pela completude; completude e coerência estritas são ideias que vêm corresponder a uma exigência teórica de construção da *juridicidade* sobre o postulado da *logicidade* sistêmica. O caráter lógico de um sistema não lhe imprime necessariamente os matizes de um sistema estanque e apartado da esfera que o engendra; o hermetismo é conclusão lógica de um reducionismo do espectro jurídico a uma de suas vertentes.

Aqui, o que se pretende é que o sistema apareça, ele mesmo, como verdadeiro *textus* – a referência a *textus* retoma a carga etimológica do termo –, tecido ou trama, conjuntura que engloba os elementos e os meios de ligação desses elementos. O *textus* só significa desde que estimulado a funcionar por um usuário[80].

A visão globalizante do sistema ou da estrutura sistemática com a qual se apresenta a *juridicidade* destaca a noção de complexidade relacional dos fenômenos sociais. Trata-se de dizer que a *juridicidade* é, antes de estanque setor de coerção de condutas, um fenômeno em dialética constante com o próprio referente sobre o qual se assenta, e se constrói, assim como com o qual se relaciona[81]. A remissão do discurso jurídico ao referente e do referente ao discurso jurídico é não só uma constante, mas também uma forma de calibração e adequação do próprio sistema jurídico.

A organicidade e a completude do sistema jurídico derivam não propriamente de sua natureza de sistema fechado, mas sim do fato de ser uma estrutura dotada de articulações internas que lhe facultam a instrumentalização de suas próprias partes sem afetação de sua unidade. O sistema é lacunoso

---

[79] Sobre os postulados do sistema fechado (*ferméture*), da completude (*complétude*) e da coerência (*cohérence*), e sua interligação, consulte-se Dubouchet, *Recherches pour une sémiotique juridique*: propédeutique à une philosophie des systèmes symboliques du Droit, thèse pour le Doctorat d'État en Droit soutenu publiquement, Université Jean Moulin, Faculté de Droit, 1982, p. 691-699 (t. 3).

[80] Assim é que "[La] strutura non appartiene dunque all'ordine dell'osservazione empirica: 'elle se situe au delà'. Ed è – come è già stato citato – un sistema retto da una coesione interna, coesione inaccessibile all'osservazione di un sistema isolato e che rivela nello studio delle trasformazioni, grazie alle quali si trovano proprietà similari in sistemi apparentemente chiusi" (Eco, *La struttura assente,* 1989, p. 289).

[81] Sobre o sistema e seu funcionamento molecular, heterogêneo e complexo, *vide* Bergel, *Théorie générale du droit,* 1989, p. 177-191.

e assimétrico, mas o simples fato de ser lacunoso (modos de integração) e assimétrico (modos de calibração)[82] não o destitui de seu papel primordial que é o funcionamento. As chamadas "incoerências" que ocorrem intrassistemicamente nem sequer potencialmente o abalam. Tais "incoerências" surgem da própria vivência dinâmica e dialética do sistema em interação com inúmeras ocorrências fenomênicas. Dessa forma, se se modifica, vive modificando, e, se é influenciado, é porque também influencia; se é capaz de engendrar, acaba sofrendo os efeitos do engendramento.

Pode-se mesmo afirmar que, enquanto sistema aberto que é, o sistema jurídico não só admite a existência de lacunas, pois prevê os modos de integração, mas necessita das lacunas[83]. Estas passam a significar não um empecilho para a formação de um conceito de sistema, pois a *juridicidade*, o Direito como conjunto de práticas textuais, tem nas lacunas as formas de *autopreenchimento* e de *autoadequação*[84]. A logicidade do sistema, portanto, deixa de se definir por critérios puristas e conduz o exegeta dos discursos a outras questões[85].

---

82 A respeito do problema da calibração do ordenamento jurídico como sistema de normas, *vide* Ferraz Junior, *Introdução ao estudo do direito*: técnica, decisão, dominação, 1988, p. 169-179.

83 O problema lacunar – existente para os teóricos que apontam para a clausura do sistema jurídico – radica-se, não poucas vezes, numa questão semântica, razão pela qual os processos analógicos, interpretativos e integrativos, de modo geral, visam à adequação fática a uma descrição normativo-valorativa desta. Buscar solução a um problema lacunar é aplicar termos e discursos que encubram semanticamente a situação conflituosa como conteúdo de uma pressão legislativa. O evolver e a dialética do sistema jurídico no contexto social em que se encontra apontam para a ampliação do espectro semântico encoberto pela *juridicidade*, mas, dificultosamente, para a completude, pois seu *ser* requer sempre a existência de um seu *vir a ser*. Tem-se, pois, que esse *ser* de *devir* se opera por meio da incompletude, da polissemia e da realidade equívoca da semântica de seus termos, discursos e signos em geral.

84 "A concepção de Lask, ao contrário, nos conduziria a abandonar o conceito de lacuna, substituindo-o, por exemplo, pelo conceito de 'problema' enquanto alternativa capaz de mobilizar um conjunto de soluções, o que daria ao sistema jurídico uma certa instabilidade 'dialética' (...)" (Ferraz Junior, *Conceito de sistema no direito*: uma investigação histórica a partir da obra jusfilosófica de Emil Lask, 1976, p. 137).

85 Por exemplo, passa a importar mais a questão da pragmática na formação do sistema. Assim, o sujeito ativo do processo de formação do sistema jurídico é, e sempre será, um agente que, nessa qualidade, não só se serve de um repertório de formas jurídicas mas as cria a partir da necessidade de apresentação de respostas a problemas surgidos da realidade ou do próprio interior do sistema. A questão lacunar deixa, portanto, de ocupar um espaço amplo em sede filosófico-jurídica, engendrando sim a formação de novas concepções do

A construção da significação jurídica, dos conceitos, valores e princípios a ela pertinentes, constantes do amplo repertório de elementos que compõem a *juridicidade*, depende da partição ativa de sujeitos responsáveis, em meio a práticas sociais, pela sua atualização.

A amplitude do repertório de um sistema insiste em que este seja concatenado organicamente, mas não que seja necessariamente orgânico. Nessa ordem de ideias, quer-se afirmar que um sistema não é, necessariamente, algo coerente por si e em si, mas algo ao qual se atribui uma coerência, sendo tal atribuição uma atividade fundamentalmente racional e pragmática. Trata-se, portanto, de apresentar um modelo que releva o papel da construção de sentido e não o da demonstração do sentido preexistente. A ordem passa a existir, se descola, a partir de certa desordem, e tudo em função e por força da atividade ordinatória do pensamento; a pragmática dos elementos do sistema é o que consente que este se torne um sistema.

A *juridicidade* é, nesse sentido, tomada como unidade orgânica a partir da atribuição de sentido jurídico a um universo referente, o universo dos fatos sociais e naturais, ou seja, da fenomênica. A construção do sentido, então, faz-se partindo-se de princípios jurídicos (segurança, ordem, repressão, supressão de conflitos, defesa de uma categoria...) para que se interprete a realidade *juridicamente*, onde os fenômenos (sociais, naturais...) se visualizam como problemas jurídicos (juridicizados).

Os fenômenos engendram-se caracterizados pela singularidade, individualidade, temporalidade e corruptibilidade, pelo devir inconstante e imprevisível, e não são, antes de serem interpretados, ou antes de a eles ser confe-

---

próprio fenômeno juridicidade como um complexo de regras de *autoformação* de suas próprias respostas. Passa-se a admitir que o caráter sincrético do sistema jurídico lhe confere a possibilidade de operar com a presença de lacunas, constituindo, na verdade, cada uma destas "(...) um recurso ideológico do discurso da norma que: a) permite o discurso judicial como discurso persuasivo, partidário, e que busca uma decisão favorável; b) encobre o conflito legalidade-equidade, dando ao intérprete condições para apresentar fatores extrapositivos como positivos ou positiváveis; c) regula o emprego da analogia, delimitando-lhe o alcance; d) permite ao discurso da norma uma sistematização" (Ferraz Junior, *Direito, retórica e comunicação*: subsídios para uma pragmática do discurso jurídico, 1973, p. 154). Aqui acentuado está o papel da linguagem persuasiva no espaço jurídico, uma vez que é por meio do discurso que se preencherão as carências sistêmicas. O discurso participa ativamente – e aqui está explícita essa afirmação – da própria formação do sistema jurídico, uma vez que a recorrência constante às suas formas de sentido e às suas estruturas persuasivas possibilita a superação de toda e qualquer problemática engendrada no contexto de sua instrumentalização.

rido um sentido específico, fenômenos estritamente sociológicos, políticos, jurídicos, morais, éticos, naturais, culturais, racionais, antropológicos... mas sim fenômenos, ocorrências. A consideração que atribui aos fenômenos um sentido específico (jurídico, econômico...) parte de premissas racionais que atribuem sentidos (sociológicos, políticos, jurídicos...) à faticidade.

A partir dessas considerações é que cumpre ressaltar que a *juridicidade* só pode ser tomada organicamente como conjuntura sistêmica, se tomada a postura de que sua coerência é *atribuída* e não propriamente *ontológica*; não lhe é inerente a naturalidade do jurídico, mas é-lhe inerente o ser *apreendida enquanto expressão de ordem*, a partir da intervenção pragmática, dentro de uma estrutura social de práticas *textuais* e *não textuais* jurídicas.

Os juristas, na cunhagem da significação jurídica, operam com o referente, que é feito fenômeno jurídico, de modo que transformam o *não jurídico* a partir de interpretações que estão lastreadas por práticas aceitas pela comunidade cultural à qual pertencem. A coerência de um sistema jurídico se deve, nesse sentido, muito mais a uma apreensão do *não jurídico* como *jurídico*, de modo a resultar em um construto ordenado. Bem dito, a *ratio essendi* de todo sistema é a intersubjetividade que o lastreia, ladeada pelas práticas sociais que, por sua vez, a sustentam. O papel da pragmática é caro, portanto, à noção de sistema, em face da participação de seus operadores na construção e atribuição de sentido aos elementos de um repertório de objetos do pensamento.

Não se pode conceber de outra forma essa mecânica, pois a toda modificação do referente corresponde uma modificação dos sistemas que dele participam, podendo ou não esses sistemas incorporar a formação de muitas dessas modificações. Assim é que todo sistema dotado de fórmulas de *autocontrole* garante a sua interação com o referente do qual parte, resguardando-se de suas injunções[86]. Um sistema como o jurídico vale-se de regras precisas para a administração dessa dialética com o *não jurídico*; quando percebida, a alteração fenomênica pode ser administrada, produzindo-se a sua captação administrada, para a sua posterior recepção, assim como pode ser excluída por prejudicial à ordem de premissas fundantes do sistema, caso em que se tem uma rejeição da fenomênica.

---

[86] "O sistema normativo tem a estrutura de uma rede ou malha autorreguladora de normas-comunicação (...)" (Ferraz Junior, *Introdução ao estudo do direito*: técnica, decisão, dominação,1988, p. 178).

No entanto, mesmo a partir dessas regras de calibração sistêmica, a margem de influência do referente (*designatum*), enquanto supedâneo ou base dos sistemas, encontra-se sempre presente e participante na formação e atualização da constância destes[87]. Excluir a ideia de que um universo de discurso não se encontra imerso em uma massa maior de sentido que é o contexto sociocultural é o mesmo que excluir a existência do próprio universo de sentido em questão. Todo esse processo pode ser sintetizado numa relação de continência tal que (alimentação do sistema): contexto >> universo de discurso jurídico >> microssemiótica discursivo-normativa >> situação discursivo-normativa do *ato de linguagem*. A sincrética unidade chamada *juridicidade*, se de um contexto parte, para ele retorna, o que traz como consequência que sua natureza não deriva exclusivamente da aplicação da *ratio iuris* ao contexto sociocultural, pois a decomposição pela *ratio iuris* importa necessariamente em uma volta, em uma *recomposição* com o substrato real, tal que (realimentação do sistema): situação discursivo-normativa do *ato de linguagem* >> microssemiótica discursivo-normativa >> universo de discurso jurídico >> contexto.

Resta, pois, essa margem de instabilidade que se destaca dos ângulos de abertura do sistema. Seu contato com o seu próprio substrato do qual deriva o inclui em uma polaridade de relações. Um sistema social, como o é o sistema jurídico, separado de seu referente, não é propriamente um sistema, pois o valor que o funda é a sua própria adequação contextual; essa rede de implicações fenomênicas impede que este se aparte de sua origem, antes o adstringe a um constante retorno às suas próprias bases de assentamento. Antes de se tratar de um sistema desmotivado, o sistema jurídico encontra-se em relação constante com o seu próprio princípio de base, seu supedâneo,

[87] A *juridicidade*, então, forma-se a partir da congregação de toda uma ordem de valores e princípios derivados daquilo que se pode chamar de razão jurídica (*ratio iuris*). A *ratio aedificandi* que articula a estrutura dos fenômenos jurídicos pode ser assim denominada *ratio iuris*. A unidade que a caracteriza como sistema autônomo de outros sistemas sociais e que permite seja essa realidade particular chamada *juridicidade*, em suma, reflete toda uma ordem de critérios de decomposição do referente. É a partir da *ratio iuris* que se percebe a ordem do referente. Porém, se assim se caracteriza, assim não se define, pois o *pháneron* resta como retículo bruxuleante de valores que impõe sempre um redimensionamento das propostas apriorísticas da *juridicidade*. Primigenamente, parte do referente, mas com ele convive, sobre ele influi, e dele recebe os reflexos de modificações, sejam valorativas, sejam racionais, sejam naturais. Essa análise quer acentuar que não só há *desconstrução*, como também há *reconstrução* racional do elemento fenomênico apreendido.

não podendo, assim, deixar de ser uma forma mutante e sempre instável de *construção* e *reconstrução* instaurada sobre o referente de que parte.

Nesse sentido, os influxos e refluxos dos demais sistemas e subsistemas sociais têm sobre o sistema jurídico uma repercussão que não pode ser desmerecida. Tais fluxos, influxos e refluxos são próprios (Conjunto dos universos de discurso jurídicos: UDisc.Jurid. > UDisc.Norm., UDisc.Buroc., UDisc. Dec., UDisc.Cient., onde UDN ⇔ UDB ⇔ UDD ⇔ UDC) e externos (Conjunto dos universos de discurso sociais em dialética: UD1, UD2, UD3, Un... ⇔ UDJ) a sua própria estrutura sistêmica; se sistema aberto, seus laços com o real o consentem sobreviver como entidade que comunga de interações que ultrapassem as fronteiras de sua própria união repertorial de sentido.

Assim, no esquema que segue, em (1) se encontram as variações e modificações que partem das próprias regras internas de organização do sistema, enquanto em (2) se encontram as variações e modificações que advêm de um espaço metajurídico, ou seja, de um espaço ocupado por qualquer outro sistema social com o qual o sistema jurídico se relacione[88]:

(1) Espaço de produção e de *autoprodução* do fenômeno jurídico enquanto prática textual autônoma (intrassistêmico) e fenômeno sistêmico:

- o discurso normativo se produz obedecendo a critérios deônticos com a proposta de regular a conduta humana em sociedade, e o faz por meio do sentido jurídico expresso por um texto literal, que por

---

[88] No plano *externo*, tem-se a interação das forças sociais, de todos os fluxos, influxos e demais intercessões advindos do nível da dinâmica social por sobre a juridicidade. *Terminologicamente*, escalonam-se novos dicionários e enciclopédias, introduzem-se modificações substanciais na gramática e nas relações sígnicas, devido às modificações advindas da língua natural; *sociologicamente*, as modificações das relações sociais, o *remodelamento* dos quadros de dominância, o surgimento de novas instâncias sociais, as operações de cisão valorativa entre gerações, a alteração do papel econômico da produtividade social, o alargamento da consciência jurídica e a complexização de papéis dos sujeitos referidos pragmaticamente no discurso normativo são fontes de alterações, modificações, criações, derrogações, ab-rogações, ineficácia de preceitos normativos e de conceitos dogmáticos vigentes em uma comunidade jurídica; *politicamente*, produzem-se inserções da esfera político-administrativa na escala do jurídico, com o fito de se produzirem conteúdos normativos que capacitem o funcionamento do princípio de interdependência das funções do poder estatal, de modo que a governabilidade interfere no social a partir de um referimento à legalidade, estando, também, por esta limitada; *culturalmente* ou *axiologicamente*, relevam-se todos os aspectos mais singulares que possam caracterizar e particularizar um momento no espaço de uma comunidade semiótica, sendo, assim, uma consideração à cultura, uma consideração globalizante de todas as demais manifestações dessa comunidade identificada por uma regência jurídica comum.

sua vez será objeto de *atos de interpretação* que estarão sempre alterando, modificando, acrescentando, num crescendo contínuo, ao sentido normativo de base, seja com o fito de aplicação (discursos burocrático e decisório), seja com o fito de exegese científica (discurso jurídico);

- o discurso científico (UDC), como microssemiótica em meio ao universo de discurso jurídico (UDJ > UDN, UDB, UDD, UDC), determina o discurso normativo com suas conquistas de sentido (*poder-fazer-saber*), pois a sua exegese consente o aumento dos sentidos possíveis de um texto literal, o que significa dizer a mesma coisa, aumenta o número de possíveis normas a serem aplicadas a partir de um único texto normativo[89];
- o discurso decisório (*poder-fazer-dever*), que requer para seu exercício esforços conjugados de interpretação, aplicação, passagem do genérico para o particular, adequação, enquadramento, sistematização e construção de sentido, passa a determinar o discurso normativo e os demais discursos (burocrático e científico), pois é real a afirmação da mútua influência (UDN ⇔ UDB ⇔ UDD ⇔ UDC), passando a congregar em suas concepções formas equitativas de conferir sentido a normas e resolver conflitos, acolhendo novas postulações e argumentos trazidos pelas partes contendentes em dialogia nos processos, passando a conferir novo espírito de sentido a textos normativos antigos, adaptando os textos a realidades e exigências de valores de seu tempo...;

(2) Espaço de produção do fenômeno jurídico como prática semiótico-social e como sistema aberto:

- da linguagem natural costuma valer-se o legislador para a construção do discurso normativo, de modo que desta se extraem palavras, termos, vocábulos e conceitos sem modificação, ou, ainda, com modificação (a polissemia da linguagem natural é esterilizada para a composição de um vocabulário estritamente jurídico), ou mesmo se criam novos conceitos, tudo com vistas a que a significação jurídica seja suficiente para os fins aos quais se presta[90];

---

89 Nesse mesmo sentido Larenz, *Metodologia da ciência do direito,* 1989, p. 551-557.

90 De fato: "O legislador, nestes termos, usa vocábulos que tira da linguagem cotidiana, mas frequentemente lhes atribui um sentido técnico, apropriado à obtenção da disciplina deseja-

- reivindicações sociais, desconsertos discursivo-políticos (*poder-fazer-querer*), novas demandas sociais, pressões discursivo-jornalísticas (*poder-fazer-saber*), alterações socioculturais e outros gêneros de acontecimentos engendram a formação de uma nova ordem de valores que passa a se refletir direta ou indiretamente, com respostas positivas ou negativas, nos discursos normativo e decisório (*poder-fazer-dever*);
- o desenvolvimento do discurso das ciências (*poder-fazer-saber*) e o avanço do discurso das técnicas (*poder-saber-fazer*) impulsionam os discursos jurídico-normativos (*poder-fazer-dever*) a uma adaptação frequente, tudo com vistas a que o sistema jurídico possa perseguir a frenética movimentação das conquistas técnicas e epistêmicas desenvolvidas em outros setores (biogenética, métodos de fertilização *in vitro,* clonagem, morte encefálica...), de modo que a própria linguagem formal jurídica passa a incorporar conquistas terminológicas provenientes de outras ciências[91].

Por esse esquema se percebe que as mutações observadas em discurso obedecem às próprias mutações conceptuais, culturais, valorativas, tecnológicas, científicas, políticas que se engendram em outros universos de discurso que não o jurídico[92]. Esse UDJ é sobredeterminado por outros tantos coexistentes ao seu lado (UD1, UD2, UD3, Un... ⇔ UDJ). O que ocorre é que um universo de discurso sobredetermina outro, como, por exemplo, quando o discurso tecnológico (*poder-saber-fazer*) age sobre um discurso jurídico (*poder-fazer-dever*), onde há uma sobremodalização positiva, ou seja, aquele universo de discurso intercede sobre este para perfeccioná-lo de acordo com as exatidões alcançadas em seu campo semântico[93].

De fato, as modalidades de discursos jurídicos se modificam (numa cadeia que parte do discurso normativo, passa para o decisório, para o cien-

---

da. Este sentido técnico não é absolutamente independente, mas está ligado de algum modo ao sentido comum, sendo por isso, passível de dúvidas que emergem da tensão entre ambos" (Ferraz Junior, *Introdução ao estudo do direito*: técnica, decisão, dominação, 1988, p. 231).

91 Consulte-se Bergel, *Théorie générale du droit,* 1989, p. 226.

92 Não se pode concluir de modo diverso deste: "Le langage juridique n'est pas homogène" (Bergel, *Théorie générale du droit,* 1989, p. 228). De fato, a linguagem jurídica vale-se de plúrimas fontes de alimentação e formação.

93 Cf. Pais, Aspectos de uma tipologia dos universos de discurso, *Revista Brasileira de Linguística*, v. 7, 1984, p. 43-65.

tífico, ou do científico para o decisório, e chega ao burocrático), aconchegando-se sobretudo em função das criações vocabulares, das utilizações semânticas, da manipulação das formas discursivas feitas pelo legislador[94]. E isso tendo em vista que o discurso normativo: 1) só possui valor jurídico com relação ao texto que acompanha; (2) possui natureza convencional por atribuição arbitrária do legislador[95].

De fato, o discurso normativo instaura o modo do *dever-fazer*, dever este que se dirige à comunidade, bem como ao próprio *actante-legislador*, ou mesmo a outros legisladores a esse enunciador submetidos, e assim aos aplicadores do discurso normativo, numa verdadeira cadeia de implicações de sentido jurídico. Uma possível forma de ilustrar a circulação do discurso normativo pode ser feita da seguinte forma: legislador constitucional (destinador) → legislador ordinário (destinatário) → legislador ordinário (destinatário e destinador) → novas leis → comunidade (destinatário) → reações/nova demanda social (destinador) → legislador... num movimento circular que retoma suas origens.

---

[94] A respeito das modificações de linguagem e de suas causas, a mais completa síntese de que se pode dispor parece ser esta fornecida por Guiraud: "O número e a complexidade das causas que dão origem às mudanças de sentido impõem a necessidade de uma classificação; muitas causas existem, sendo que, entre elas, a mais simples e mais coerente é a de Meillet, corrigida por Nyrop: a) *causas históricas*, ou mudanças nas ciências, nas técnicas, nas instituições e nos costumes, acarretando uma mudança de coisas sem mudança do nome, e que portanto só atinge indiretamente o sistema da língua. Esse grupo é aceito por quase todos os semantistas; b) *causas linguísticas* ou mudanças devidas a causas fonéticas, morfológicas ou sintáticas: contágio, etimologia popular, conflitos homonímicos e elipse; c) *causas sociais*: empréstimos sociais e deslocamentos da área social da palavra, especialização ou generalização, acarretando o deslocamento de sua área semântica (restrição ou extensão); d) *causas psicológicas*: procura da expressividade, tabus e eufemismos, força emotiva (sendo que esse quarto grupo não está na classificação de Meillet). Gostaríamos de acrescentar a esse esquema a distinção entre *causas externas*, que têm a sua fonte nas coisas denominadas e na visão que delas têm os locutores, e *causas internas*, que se atêm às formas linguísticas e às suas relações no seio do sistema da língua" (Guiraud, *A semântica,* 1989, p. 76).

[95] Cf. Dubouchet, *Recherches pour une sémiotique juridique*: *propédeutique à une philosophie des systèmes symboliques du Droit,* thèse pour le Doctorat d'État en Droit soutenu publiquement, Université Jean Moulin, Faculté de Droit, 1982, p. 729. A redação da norma, não obstante obedecer a esse parâmetro arbitrário que é a vontade do legislador, é determinante para a segurança jurídica: "Ainsi, le principe *nullum crimen sine lege* serait en fait méconnu si la loi était rédigée en termes si vagues qu'il reviendrait au juge de déterminer le fait punissable ou la nature de la peine" (Bergel, *Théorie générale du droit,* 1989, p. 222).

É de todo pertinente neste ponto da investigação destacar que o discurso normativo possui também variações, que um só tratamento homogêneo do assunto terminaria por encobrir, e isso tudo em função da estrutura actancial do discurso. Existem normas voltadas para a comunidade, precipuamente; existem normas voltadas para o intérprete-aplicador, precipuamente. Neste ponto, pode-se seguir a divisão conceitual de Larenz, que destaca entre as proposições aquelas que chama de *completas* e *incompletas*[96].

Para as normas completas vale o esquema conceitual tradicional funtor-conteúdo-sanção, porém não há essa equivalência para a segunda categoria de normas. Estas são normas impróprias, ou unidades de significação também vinculativas, não obstante não estruturadas com os requisitos formais apresentados por um esquema de lógica deôntica[97]. As chamadas proposições jurídicas incompletas são de três tipos diversos, quais sejam: *aclaratórias*, tendo por função sintática sistemática aclarar conceitos de outra norma, e, em sendo assim, seu discurso é necessariamente um discurso vinculado e que se reporta a uma estrutura discursivo-normativa; *restritivas*, sendo estas as normas que restringem a amplitude de outra norma, conferindo-lhes especificações que lhes torneiam a abrangência fática; *remissivas*, que são as normas que remetem a normas anteriores[98].

A categoria das normas incompletas, com todas as suas formas, afirma e torna clara a relação sígnica existente entre as normas jurídicas, pois se encadeiam e se condicionam discursivamente, mutuamente. A inter-

---

[96] Cf. Larenz, *Metodologia da ciência do direito,* 1989, p. 300.

[97] Estes são os casos das normas que estabelecem divisão de poderes, competência para julgamento, para administração, assim como resolvem outros problemas estruturais, normas estas que são todas de caráter pragmático, ou seja, que estabelecem relações comunicativas autovinculantes entre os próprios sujeitos normativos por meio de normas jurídicas. Das normas de conduta o *populum* é súdito (individual ou coletivamente), enquanto das normas de procedimento o juiz é súdito, ou outros operadores do direito. Dos comandos normativos que reenviam competência para legislar, o súdito é o próprio legislador numa relação do tipo Editor A – Editor B – *populum* (cf. Ferraz Junior, *Teoria da norma jurídica*: ensaio de pragmática da comunicação normativa, 1978).

[98] Cf. Larenz, *Metodologia da ciência do direito,* 1989, p. 306-14. Na teoria de Bobbio é assim tratado: "Existem normas de comportamento ao lado de normas de estrutura. As normas de estrutura podem também ser consideradas como as normas para a produção jurídica: quer dizer, como as normas que regulam os procedimentos de regulamentação jurídica. Elas não regulam o comportamento, mas o modo de regular um comportamento, ou, mais exatamente, o comportamento que elas regulam é o de produzir normas" (Bobbio, *Teoria do ordenamento jurídico,* 1989, p. 37).

dependência da significância jurídica é exatamente uma resultante desse conjunto de interpenetrações; a *juridicidade*, enquanto sistema composto por textos normativos, tem um sentido que não é coincidente com a simples união exclusiva de todos os textos (tessitura sistemática), mas que por estes também se compõe, com estes se congrega e por meio destes se expressa.

A definição do discurso normativo como um discurso condicionado e interpenetrado por outras significações jurídicas é consequência direta do fenômeno de contextualização das normas. Cada norma só encontra fundamento quando ladeada da totalidade do sistema jurídico; este é um sistema prescricional e que pode ser construído organicamente, não obstante o fato de ser um sistema aberto, pois se organiza e se expande para cumprir a sua função social, a resolução dos conflitos sociais. Esse é o motivo que torna relevante um estudo de *sintática relacional* dos textos jurídicos, ou de *sintática sistêmica* das normas.

Se se tomar o protótipo de discurso normativo "É proibido 'conduta qualquer'", perceber-se-á a recíproca dependência das normas, pois a variação da expressão "conduta qualquer" pode causar inúmeros efeitos dependendo de como estiver constituída. Assim: se a expressão for simples e plena semanticamente, busca-se o sentido no interior do discurso mesmo, na conjuntura em que se encontra (sentido intratextual)[99]; se a expressão for dada por um outro texto normativo, neste se deverá buscar o sentido, de modo que um discurso é a chave para outro discurso normativo (sentido intertextual)[100]; se a expressão for "vazia", "valorativa", ou reivindicar alguma especialidade técnica ou científica, estar-se-á diante de um texto oco, a ser interpretado em conformidade com o estado de coisas no respectivo universo de discurso, que pode ser o axiológico, o técnico, o científico (intertextualidade cultural, técnica e/ou científica)[101].

---

99 É exemplo disso o art. 29, inciso I, da Lei n. 9.503, de 23-9-1997 (Código de Trânsito Brasileiro): "a circulação far-se-á pelo lado direito da via, admitindo-se as exceções devidamente sinalizadas". Daqui se extrai a ideia de que, havendo mais de uma pista de rodagem, a circulação far-se-á pela direita, salvo exceção assinalada; o imperativo e a regra "é dirigir pela direita".

100 No Anexo I da Lei n. 9.503, de 23-9-1997, lê-se: "FAIXAS DE DOMÍNIO: superfície lindeira às vias rurais, delimitada por lei específica e sob responsabilidade do órgão ou entidade de trânsito competente com circunscrição sobre a via". Esse conceito confere completude, dentro do mesmo texto de lei, a outros textos normativos.

101 Na Lei n. 9.503, de 23-9-1997, em seu art. 252, lê-se exemplo típico dessa hipótese: "Dirigir o veículo: (...) III – com incapacidade física ou mental temporária que comprome-

Daí que, a partir dessas conquistas, pode-se dizer que os discursos normativos se *autorreferindo*, construindo-se uns sobre os outros, uns ao lado dos outros, fazendo-se arquiteturalmente dependentes uns dos outros, enfim, textos entre textos, produzem ondas de intertextualidade de grande complexidade, suscetíveis de gerar conflitos de toda ordem.

E, nesse sentido, os critérios[102] que se erigem para a solução dos problemas relativos à coexistência dos textos que trafegam no cenário jurídico são vários, e podem ser analisados como opções críticas que se estabelecem como parâmetros lógicos de solução de conflitos intertextuais, que, ainda assim, encontram suas limitações na própria existência de conflitos entre os próprios critérios (*lex specialis inferior/lex generalis superior*). E toda a análise da adoção desses critérios pode ser feita a partir da leitura da supremacia de uma gama de valores normatizados com relação a outros, o que não significa necessariamente uma mudança qualitativa. Há revogação se uma gama de valores torna-se um novo parâmetro de *dever-fazer* de conduta para os súditos das normas (receptores das normas). E esses critérios são: *lex specialis derrogat generalis* (onde se destaca que o discurso normativo exalta valores derrogantes, pois estes estão elencados de maneira coesa e específica a partir de uma ideologia única e própria de um contexto de produção normativa, formando um todo lógico, sistemático e axiológico); *lex posterior derrogat priori* (onde se destaca que o discurso normativo exalta os valores derrogantes tendo em vista a sua atualidade com relação aos valores superpostos); *lex superior derrogat inferior* (onde se destaca que o discurso normativo exalta os valores derrogantes em função de sua superioridade emissiva, sua fonte, seu destinador). O mesmo ocorre sincreticamente nos critérios mistos, quais *lex specialis priori derrogat generalis posterior*, *lex superior priori derrogat inferior posterior*, e assim por diante.

---

ta a segurança do trânsito – Infração: média – Penalidade: multa". Outros exemplos poderiam ser citados, como a Lei de Tóxicos e as portarias respectivas, que definem "substância capaz de causar dependência física ou psíquica", o Código Penal, quando se refere a "mulher honesta", o Código Civil, quando se utiliza da expressão "sossego alheio". A polissemia é mesmo institucionalizada na legislação e explicitamente admitida pelo sistema da legalidade estrita, como ocorre, por exemplo, com o termo "casa", pois o legislador está consciente de que significa x, y, z, w, j, e, para efeitos penais, institucionaliza um vocabulário preciso (jurídico-normativo-criminal) que passa a impor o *dever* de interpretar o termo "casa" como sendo isto ou aquilo.

[102] Cf. Ferraz Junior, *Introdução ao estudo do direito*: técnica, decisão, dominação, 1988, p. 165.

Em verdade, o que há aqui é uma sobremodalização constante entre textos normativos, de modo que um *poder-fazer-dever* autoriza ou desautoriza um outro *poder-fazer-dever*, resultando que este segundo texto se vê desprovido de *poder*, e sem essa modalidade, o discurso normativo perde a sua premissa elementar, a imperatividade. Trata-se de um *poder* textual que aglutina, engloba, invalida, sobrepõe-se a um outro *poder* textual, de modo que este se torna invocável no lugar daquele. Ocorreu, de fato, uma perda da validade dentro do sistema jurídico[103].

A revogação normativa (derrogação/ab-rogação) nada mais é, neste contexto, e a partir das premissas aqui esposadas e trazidas a lume, que a superação ou a absorção de um discurso por outro, uma vez feita nova opção ideológico-normativa pelo legislador. Aqui não se está a tratar exclusivamente da revogação expressa, mas também da revogação tácita, que é aquela que maior número de problemas exegéticos causa no sistema.

A perspectiva sintático-textual permite visualizar a questão da hierarquia normativa como uma questão de dependência contextual e intertextual, donde decorre que o discurso que está, quanto à forma, ou quanto ao conteúdo, em desalinho com outros textos (superior, especial, posterior...) está sujeito à exclusão do sistema. Neste último caso, como naquele primeiro, seu discurso é inoperante juridicamente, por vício de forma, ou mesmo de conteúdo. A intertextualidade define as condições de existência do texto.

O dizer normativo não é um *dizer* qualquer, que se faça de qualquer forma, por qualquer agente, a qualquer momento ou sobre qualquer coisa; há sempre uma autorização normativa que consente a manipulação do discurso por um ou mais sujeitos determinados; essa mesma autorização para *falar* dentro do sistema está sempre sob atenta vigília dos intérpretes, pois, por vezes, a própria autorização está prenhe de incompatibilidades de forma e de conteúdo.

A própria validade pode ser avaliada, pelo que se vem extraindo conceitualmente, até o momento, como a possibilidade de invocação de um

---

[103] Um texto normativo inválido é um texto sem alma, sem sentido, sem razão de existir, e as razões disso se podem encontrar nesta reflexão: "A norma jurídica, justamente porque não descreve a realidade, não é passível de ser verdadeira ou falsa; ela é apenas prescritiva. Se não descreve ou explica a realidade, então não possui referente, apesar de possuir significado (sentido), ou seja um conteúdo de sentido (campo de validade) e um sentido normativo destinado à vontade" (Alves, *Linguagem, sentido e realidade da norma jurídica*: dialética da norma jurídica, tese, 1996, p. 189).

texto jurídico por um usuário do sistema, de modo que esse texto seja suficientemente carregado de força e autorização pelo sistema para ser invocado e produzir efeitos pragmaticamente. Um texto válido é um texto consentido, desprovido de irregularidades que o expurguem do sistema, ou que o impeçam de produzir efeitos. Os efeitos podem sim ser postergados para um momento posterior, atendendo-se à vigência temporal da norma, mas o discurso válido é sempre invocável.

Nesse esquema, a ilegalidade de uma norma, ou a inconstitucionalidade de uma norma, são vistas como falta de *poder-saber-fazer* ou como falta de *poder-fazer-dever.* Ou o *actante-normativo* não fez da forma devida, seguindo os ritos, os modos, as técnicas, respeitando as formalidades, o *quorum*, os modelos, as fórmulas, a hierarquia, ou o *actante-normativo* não está investido de poder para fazer, quando determinada matéria não é de sua alçada, estando então desinvestido de competência elocutiva para *dizer* seu discurso.

Proceder, portanto, a uma investigação desse tipo implica visualizar o discurso normativo (*poder-fazer-dever*), em princípio, em seu contexto gerativo no emaranhado cultural, social, jurídico e político, de modo que possa ser entendido como um texto complexo sustentado por práticas sociais. Mais ainda, avançando-se deste para o sistema, percebe-se que todo discurso normativo: (a) participa de um sistema jurídico, (b) que dentro desse sistema atua sintaticamente ao lado de outros textos, (c) que determina e sobredetermina os sentidos e a própria existência/validade de outros textos normativos, (d) atua sobre a realidade social como comando ou imperativo de conduta disciplinando o relacionamento entre a pluralidade de sujeitos *atômicos* (indivíduos), *celulares* (grupos, coletividades, classes, categorias) ou *orgânicos* (agrupamento total e geral dos súditos normativos), (e) que é um prescritivo na maior parte dos casos com o característico da generalidade por vincular indiscriminadamente, mas que pode figurar como ditame de natureza interna, classificando, aclarando, restringindo..., (f) que toda operação normativa pressupõe uma pragmática de emissor normativo, intérpretes, aplicadores e súditos normativos, (g) que nem toda sintática interna das normas se constrói a partir de funtores, conteúdo normativo e condições de aplicação da norma.

2.1.3 A MULTITEXTUALIDADE NORMATIVA

A investigação, que não se bastou no exame da *norma em si*, estendeu-se até o estudo do funcionamento do sistema normativo, passando, portanto, pelo tema da intertextualidade normativa, quando se pôde destacar que os textos normativos convivem em pluralismos de origem, de sentido, de orientação... O que se quer, nesta parte, é aprofundar essa noção de pluralismo, e experimentar um tratamento do fenômeno textual de acordo com as necessidades reclamadas pelo tema no atual contexto dos sistemas jurídicos contemporâneos. Quer-se mesmo dedicar algumas palavras aos problemas suscitados pela multitextualidade normativa.

A finalidade do estudo é permitir a abertura da análise, que tende a estar consciente das anomalias normativas ocasionadas pela proliferação de textos normativos. É certo que estes, quando se substituem uns aos outros, ocasionam diversas alterações no sistema jurídico, por introduzirem novos conceitos, novas definições, novos institutos, por consagrarem uma nova ordem de valores, por determinarem novas fronteiras entre o *jurídico* e o *não jurídico*... Mas não só isso, pois as normas introduzidas ocasionam seja a supressão de outras normas, seja a alteração de sujeitos competentes, seja a abrangência textual, seja o tratamento específico de uma matéria... Esse tipo de estudo compreende propriamente a pesquisa, a partir da edição e da exclusão, e da promulgação e da revogação, dos modos de formação e de circulação de *infinitas normas* que são introduzidas ou extraídas do sistema.

O que ocorre no escalonamento dos discursos entre si é uma gradativa complexização da significância jurídica. Os discursos entrecruzam informações, prescrições, obrigações, incumbências, atribuições de poder, regulamentações, distinções, definições... de modo a se formarem longas cadeias de sentido que influenciam tamanhamente nos processos de interpretação e aplicação. Mas, em suma, nada mais se faz do que se debruçar por sobre o sistema jurídico[104], tudo com vistas a denunciar alguns vícios modernos daquilo que se pode chamar de a incontinência textual do legislador[105]. Tudo indica que o uso imoderado do discurso seja negativo para

[104] É de todo pertinente que se traga nesta parte o comentário de Bobbio que se refere à questão do volume normativo: "Na realidade os ordenamentos são compostos por uma infinidade de normas, que, como as estrelas no céu, jamais alguém consegue contar. Quantas são as normas jurídicas que compõem o ordenamento jurídico italiano? (ou brasileiro?)" (Bobbio, *Teoria do ordenamento jurídico,* 1989, p. 37).

[105] A incontinência textual do legislador causa a própria desestruturação das instituições com as quais interage, e causa, ainda, o desequilíbrio do próprio sistema que constrói. Nesse sentido, quer-se mostrar como os textos se *superafetam*. Far-se-á, então, recorrência à noção de *auto-poiesis* do sistema normativo ("This is what is basically meant by autopoiesis: the self-reproduction of a network of communicative operations by the recursive application of communications to the results of former communications. Law as communicative network produces nothing but legal communications" – Teubner, *How the law thinks*: toward a

o funcionamento do próprio ordenamento jurídico; é no rastro desta pista teórica que segue essa investigação.

E, nesta perquirição, não se pode omitir a preocupação de contexto: esta análise recai, sobretudo, por sobre uma noção de *juridicidade*, proposta de estudo do Direito como conjunto de práticas textuais, engajada em um momento histórico determinado, ou seja, na tradição moderna de Estado, pois o que se quer demonstrar é que essa opção conduziu ao extremo a noção de texto, até mesmo apostando demais em sua capacidade de produzir efeitos extratextuais[106].

É, sem dúvida, nesse plano de questionamentos que se inserem os comprometimentos das ordens jurídicas contemporâneas positivadas e sistematizadas. A construção do direito codificado, seja aquela do tipo justinianeu (*Corpus Iuris Civilis*), seja aquela do tipo moderno napoleônico (Código Civil, Código Comercial), que *a priori* procurou reduzir a dispersão legislativa, encontra-se agora, ela mesma, ameaçada pelo próprio vício que procurou expurgar[107].

---

construtivist epistemology of law, 1989, p. 30), aplicando-se parcialmente os pressupostos da teoria de Luhmann, que serão analisados não em função do sistema jurídico como um todo, mas apenas com relação ao problema da explosão normativa a que se refere Teubner. O estudo perseguirá as consequências desse *estado de coisas* dos sistemas jurídicos contemporâneos, entre os quais o brasileiro se insere, como por exemplo a possibilidade não de solução de conflitos, que continuam a existir, mas de recondução da *faticidade* conflituosa a outros discursos, como é o caso do discurso decisório.

[106] A partir de tais considerações, é relevante acentuar que se estuda o Direito nas bases da escrita, pois, já como paradigma multissecularmente plasmado para o modelo jurídico *romanístico*, a escrita acentua o papel da segurança jurídico-normativa. Tanto sob o aspecto linguístico quanto sob o aspecto jurídico, o direito positivo e codificado será visto como conjunto de regras cristalizadas, sujeitas às ideias da certeza, da conservação e da imutabilidade. Tem-se aqui o império da *sincronia* por sobre a *diacronia*, pois a escrita, nesse sentido, pereniza uma situação temporal socialmente determinável (*verba volant, scripta manent*), reduzindo a variabilidade, legando-se, enquanto elemento de maior permanência, e transmitindo-se através das gerações e entre povos diferentes, inclusive a grupos semióticos apartados e mesmo a realidade distintas (pense-se na limitação do discurso verbal circunstancial oralizado). O prestígio da escrita com relação à oralidade se justifica pela preeminência das seguintes premissas: 1) permanência e solidez da imagem gráfica; 2) durabilidade das impressões visuais com relação a outros tipos de impressões sensíveis para a maioria dos indivíduos; 3) modelo codificado e organizado da língua literária e supremacia da literatura sobre outras formas de manifestação comunicativa; 4) vitória na disputa entre língua e ortografia para a literatura (cf. Saussure, *Cours de linguistique générale,* 1994, p. 95).

[107] A respeito da insuficiência do papel formal do Estado produtor de normas, na transição para um Estado deformalizado, *vide* Lenoble, *Droit et communication*: la transformation du droit contemporain, 1994, p. 7-18.

Pode-se dizer que a identificação dos conceitos de norma jurídica e texto literal normativo, assim como de normatividade e textualidade literal, obedeceu a um processo de desenvolvimento que se localiza como capítulo particular da história do direito pós-napoleônico. Com isso não se quer confundir a história da escritura das normas com a história da identificação da norma com o texto literal, pois para aquela primeira, em particular, constatam-se raízes de mais longa data[108]. Quer-se mesmo dizer que o que há é uma banalização do uso do paradigma do texto literal da lei como discurso verdadeiramente capaz de conferir segurança jurídica.

O pluralismo legal presente no sistema normativo-positivo, enquanto constatação contemporânea, é reflexo de uma ideologia codificadora, trazida a lume pela filosofia iluminista[109]. A ideologia reflete nitidamente uma

---

[108] Tudo isso tem origens históricas que remontam ao próprio evolver do direito paradigmaticamente concebido pela operosidade do *ius civile* romanístico. O direito quiritário, em sua fase inicial, partiu de concepções rigorosas no entendimento das fórmulas legais, dadas a sacralidade de que era investido o direito e a função social desempenhada por ele, de modo que *ius* e *fas* eram uma e a mesma coisa. A própria codificação das XII tábuas estatuía que *uti lingua nuncupassit ita ius esto*; fórmulas eram muito mais que expressão instrumental do direito, eram o próprio direito corporificado em signos linguísticos. Da experiência pretoriana surgiram, então, com o evolver econômico-social da civilização romana, novas práticas negociais que se firmaram em atendimento às exigências da celeridade negocial de um império que tinha sua circunscrição ampliada a conformações de maior escala, o que, por si só, engendrou nova dinâmica social nas relações com outros povos. Nesse sentido, para o atendimento das necessidades contratuais, formaram-se contratos denominados verbais (*obligationes verbis contractae*), ou seja, aqueles que se faziam exprimir oralmente, em contraposição a outros denominados contratos literais (*obligationes litteris contractae*), que se consignavam em textos escritos, de modo que bipartida restava a esfera das implicações de formulismo, atendendo, portanto, às demais necessidades de um estrito entendimento da documentalidade e da segurança nas relações de cunho jurídico. É, portanto, em suas raízes historiográficas que se deve postular a questão da introdução da documentalidade enquanto paradigma de segurança e certeza jurídicas.

[109] Pense-se por exemplo na proposta oitocentista de Cesare Beccaria (*Dei deliti e delle pene*) para o sistema jurídico-criminal e nas propostas racionalizadoras de Locke, Hobbes, Kant, Rousseau (Dubouchet, *La pensée juridique avant et après le Code Civil,* 1994, p. 171-174). A respeito do Pandectismo e da Escola Histórica, na sequência destes estudos, e inclusive sobre a querela que motivou Savigny a insurgir-se contra a defesa dos Códigos sistemáticos, como o alemão, consulte-se Villey, *Philosophie du droit,* 1979, p. 110-113. Mais precisamente sobre o problema da ligação do jurista com o texto estrito da lei escrita, com o culto da codificação, com o estudo de um *corpus* fechado e hermético, onde a codificação desempenha papel extremista, devem-se identificar essas características com aquelas expressas pela Escola da Exegese e seus seguidores, que, ao contrário de valorizar a diacrônica na

opção consciente sobre a base dicotômica império das leis/império dos homens, onde o primeiro termo da dicotomia é assumido como signo de racionalidade, e o segundo termo como signo de paixão. Antes o controle regrado e visível da conduta humana que o controle exercido por regras psicológicas e passionais de alguns poucos detentores do poder de decisão. Nesse sentido, trata-se de uma luta contra o arbítrio.

Essa ideologia, uma vez adotada e incorporada pelos grandes sistemas codificados modernos e contemporâneos, ganhou progressões geométricas, transformando-se em seu contrário, ou seja, no império da irracionalidade e da insegurança jurídicas. O legislador, nesse contexto, tem seu papel bem determinado: atua na perspectiva de formalização da realidade, e não exatamente no sentido da resolução de conflitos. A formalização da realidade pelo discurso, no entanto, não é instância suficiente para a alteração efetiva das condutas sócio-humanas, de modo que discurso e referente discursivo se encontram em verdadeiro desalinho. O que há, em verdade, é que o legislador se apropria dos conflitos sociais institucionalizando-os em documentos normativos, em tentativas quase sempre obsoletas com relação à velocidade dos movimentos sociais, não necessariamente solucionando demandas, mas simplesmente formalizando-as.

O volume de demandas em crescimento torna o legislador responsável por novas respostas, que fatalmente conduzem ao inchaço ou à infestação do sistema por textos pertencentes a séries normativas[110] diversas. Isso, por sua vez, num crescente de consequências, torna cada vez mais necessária a utilização dos meios de calibração do sistema pelos intérpretes e aplicadores. Apropriar-se normativamente dos conflitos sociais não significa necessariamente, com seus excessos e desvios, solucionar conflitos, pois, por vezes, apenas os transforma em novos conflitos, agora de natureza normativa, ou seja, em conflitos legislados, legalizados, regularizados, cristalizando-se a sua presença em mais uma instância institucional.

Se o texto normativo representa uma segurança para aquele que a ele está submetido como súdito, o excesso de textos é sinônimo de hipertrofia do sistema, com sua consequente inoperância funcional e racional. O que era segurança, clareza e lógica torna-se um perigo ameaçador, afrontando os mais experientes juristas.

---

análise jurídica, valorizavam a sincronia legal, conforme o exame crítico de Dubouchet, *La pensée juridique avant et après le Code Civil,* 1994, p. 147-160.

[110] Expressão retomada à análise feita por Ferraz Junior, *Teoria da norma jurídica*: ensaio de pragmática da comunicação normativa, 1978, p. 140-159.

Em verdade, a multiplicação normativa traz consigo um sério problema de efetividade (insegurança jurídica). De fato, complexos aparatos normativos circundam o usuário do sistema, e sua indefinição, pela multiplicidade, cria ao súdito dúvidas de conduta, e ao intérprete normativo dúvidas de aplicabilidade. A importância de uma análise do discurso produzido nessas circunstâncias para a teoria semiótica está no fato de se estudar a superafetação pancrônica do sistema normativo pela complexização de sua estrutura, que se torna intoxicada por um fluxo encontradiço de "entradas" e "saídas" normativas, de revogações, ab-rogações e derrogações sucessivas ou concomitantes, *autoexcludentes* e inflacionárias da atividade do *intérprete-usuário*. O sistema normativo está longe de ser um sistema intertextual que independa da interpretação para o seu funcionamento. Ainda mais, o *modus operandi* do sistema pouco contribui nesse esquema, pois, de um lado, a grande maioria das revogações se opera tacitamente (o que faz do intérprete também um legislador para o sistema!), e, de outro lado, persiste a presunção de que todos conhecem o conteúdo do discurso normativo a partir de sua inserção e publicação no *Diário Oficial*.

A existência de plúrimos textos, ou supercodificações textualizadas – maciças fontes de interpretação –, tem representado, no atual contexto, muito mais uma *coexistência* discursiva conflituosa. Tem-se mesmo colocado em dúvida as próprias bases sobre as quais se assenta o conjunto repertorial de normas, sua capacidade de gerar obediência, sua operacionalidade... Às vezes em complementaridade, às vezes em antagonismo, os textos se ladeiam, de modo que toda a multiplicidade de textos que se produz passe a interagir como verdadeira massa de construções de sentido.

Se as leis se multiplicam, ao lado dos conflitos sociais anteriormente existentes, somam-se os conflitos internormativos decorrentes do processo de interação conflituosa entre as normas, entre as instâncias decisórias, entre os diversos textos que poluem o universo de aparição das fontes do direito. Assim, um dos resultados concretos desse processo é o adensamento da complexidade e a diminuição da capacidade de racionalização representada pela intervenção do direito na vida social, na medida em que o direito passa a se perder no meio das próprias formas pelas quais opera o seu *modus* de intervenção sobre a vida social. A consequência não pode ser outra senão uma perda de eficácia do sistema, que, entranhado nas dificuldades de validade do sistema, se torna inoperante do ponto de vista social, permitindo que se reinstalem, em suas mesmas bases, os conflitos sociais não resolvidos. Daí a percepção contemporânea de que o direito, em sua capacidade de intervir na vida social, se desmancha numa crise de eficácia[111].

Trata-se, na análise de discurso, de um *superencadeamento* de estruturas modais por si sós complexas, onde um *poder-fazer-dever-fazer* (N1) estabelece o *poder-fazer* de outro discurso (N2), que é complementado por outro *poder-fazer-dever-fazer* (N6), que vem na sequência de outros textos de *poder-fazer-dever-fazer* (N4 e N5), que, por sua vez, foram revogados por força de um *poder-fazer-dever-fazer* (N3). Esse esquema de *superafetação* recíproca de discursos e instâncias de *dever* é só uma amostra dentre as possíveis ocorrências intersistêmicas calculáveis. A partir dessa amostra pode-se perceber com clareza o grau de complexidade que envolve o ato do jurista de desbravar o emaranhado intertextual das normas para conferir soluções aplicativas a situações concretas.

Fato é que a atuação do legislador na *reconstrução* valorativa das condutas por meio de textos normativos transfere conflitos fáticos para o plano do discurso. Após a criação da norma, não se está mais diante da latência fática que a motivou, mas sim diante de uma instância de significação e de validade; na passagem do conflito às ocorrências textuais normativas, passa-se necessariamente pela intermediação do texto, instrumento que se reproduz e se difunde multiplicando a realidade normativa preexistente, causando efeitos de sentido, problemas de eficácia e de validade[112]. Os textos simplesmente se sucedem a textos, derrogam e sub-rogam, constroem e *desconstroem*, fixam e modificam, prescrevem e desobrigam, autorizam e desautorizam, por meio de cadeias normativas diversas, numa mecânica quase que sem sentido. Discursos se reproduzem alterando, englobando, abrangendo, derrogando, substituindo, transferindo ideias, conceitos, orientações, definições, soluções e prescrições legais, de modo que se pode afirmar constituírem-se infinitas galáxias normativas, que se complexizam na medida em que se dilatam[113].

---

[111] A respeito do problema da eficácia, com desdobramentos e implicações sociais, *vide*, do próprio autor, estudo mais aprofundado do tema em investigações que se seguiram a estas, em sede de Livre-Docência, pelo Departamento de Filosofia e Teoria Geral do Direito da USP, publicada na forma de livro sob o título de *O direito na pós-modernidade*, Rio de Janeiro: Forense Universitária, 2005.

[112] A respeito dos conceitos de validade (adequação jurídico-procedimental) e eficácia (sucesso da norma jurídica), *vide* Diniz, *Norma constitucional e seus efeitos*, 1989, p. 16-32.

[113] A revogação expressa significa para aquele texto seu decreto de excomunhão; a revogação expressa consagra a saída de um texto do sistema de maneira clara e límpida, o que, na

A reflexão não está colocando à mostra que o sistema em si pode ser qualificado de caótico, como já se pôde afirmar anteriormente, mas que o modo de emissão normativa sim o seja. Reafirme-se: o sistema operacionaliza, digere as diferenças, calibra-se; o que ocorre é que o modo de introdução das normas nos sistemas jurídicos não se dá de maneira ordenada. O sistema funciona com um número indeterminado de elementos, e, se estes se pluralizam de maneira incontrolável, o que há é uma perda da continuidade dos fluxos de sentido do ordenamento como um todo. A calibração virá não só pela utilização de critérios *a posteriori* (*lex specialis derrogat generalis; lex posterior derrogat priori; lex superior derrogat inferior*), que definirão o que pode ser aplicado ou não, mas também pela interpretação e pelas regras de uso discursivo vigentes no momento. É de dizer, portanto, que o modo de lançamento de uma norma no sistema é que define seu rigor e sua exatidão.

Ao usuário de estabelecer a ordem no sistema. Não há, assim, apesar da aparente *superafetação* dos limites do sistema, caos instalado, pois o sistema prevê modos de calibração e lida necessariamente com a ideia presencial do intérprete como *actante-construtor* da *juridicidade*; este é o decodificador e o intérprete criativo, tudo reunido numa só figura discursiva. A atividade do intérprete, nesse contexto, passa a corresponder a verdadeira *garimpagem normativa*. Semioticamente, tais considerações apontam para um fenômeno de hipercondensação da interpretação, uma vez que esta será feita de modo a que se reconduza o *actante-receptor* a codificações de sentido progressivamente mais específicas (e menos genéricas), onde séries normativas se intercalam[114].

---

verdade, institui para a comunidade um *não poder-dever-fazer*, ou seja, um dever de abstenção de acordo com os parâmetros dados por aquela norma jurídica revogada. Mas a revogação tácita, que se processa no silêncio dos fenômenos de sentido, esta invoca sérios problemas de aplicabilidade.

[114] É a esfera da interpretação normativa que se vê complexizada, uma vez que a reciprocidade sígnico-discursiva das normas remete o leitor a um repertório amplo de novos textos que se pluralizam em escala avançada, que *convivem*, ou seja, vivem conjuntamente ou paralelamente, nem sempre se excluindo completamente ou nem sempre deixando de existir por completo para o universo jurídico-normativo, restando dúvidas quanto à aplicação e à interpretação de textos normativos problematizados. Veja-se como exemplo de autorreferência e reciprocidade discursivo-normativa o art. 1º do Decreto n. 34.368/94:

"De acordo com o disposto na Lei n. 10.688, de 28 de novembro de 1988, com as alterações introduzidas pela Lei n. 10.722, de 22 de março de 1989, e Lei n. 11.550, de 23 de junho de 1994, os padrões de vencimentos de funcionalismo municipal, as funções gratificadas e os

Estando o paradigma da legalidade presidido pelo da segurança jurídica, verdadeiramente se tem construído um universo de *autorreferimento*[115] sistêmico nos limites do qual as normas, em se pluralizando, atendem a expectativas formais de legalização não referidas obrigatoriamente a necessidades materiais[116]. Isso quer dizer que emanações normativas não respondem necessariamente às reivindicações fáticas que as avocam. Nesse sentido, o discurso normativo (*poder-fazer-dever-fazer*) tem-se erigido como *autodiscurso* interno do sistema, reduzindo-se a mero *poder-fazer,* que resta inoperante para seus fins, de modo que, na perspectiva de manifestação da *faticidade*, as modificações que se fazem sentir são ou a neutralização ou a institucionalização de conflitos, sem que as referidas expectativas de ordem material se façam mais ou menos alteradas. O signo jurídico torna-se, desde então, instrumento *formal* e *não material* de resolução de conflitos.

O discurso, tornado não propriamente questão de decisão política, mas ponto de apoio de expectativas jurídicas, reduziu a problemática ao aspecto de uma *autorreprodução* de sistemas legais e legalizantes. Isso ocorre, sobretudo, quando o termo "legalizar" passa a significar apenas "institucionalizar".

As estruturas discursivo-normativas passam a representar apenas um espaço do *legem habemus,* espaço fictício que mascara uma efetiva mobilização do poder textual para a desmaterialização de conflitos sociais emer-

---

salário-família e salário-esposa ficam revalorizados, a partir de 1º de julho de 1994, no percentual de 3,25%, de acordo com os Anexos I a XII, partes integrantes deste Decreto. Parágrafo único. Os padrões de vencimentos do Quadro de Profissionais da Saúde (Anexo VIII), da Educação (Anexo IX), Da Administração (Anexo X) e do Desenvolvimento Urbano (Anexo XI) serão devidos na forma e condições estabelecidas pelas Leis n. 11.410, de 13 de setembro de 1993, 11.434, de 12 de novembro de 1993, 11.511, de 19 de abril de 1994, e 11.512, de 19 de abril de 1994, respectivamente".

[115] "In the dynamics of social evolution, self-referential relations are multiplying the legal process, culminating in a hypercyclical linkage of the law's components. The law becomes autonomous from general social communication. It develops into a closed communicative network that produces not only legal acts as its elements and legal rules as its structures, but legal constructions of reality as well" (Teubner, *How the law thinks*: toward a construtivist epistemology of law, 1989, p. 34).

[116] Uma menção a estruturas *autorreferentes* não implica a exclusão de implicações comunicacionais com outras realidades ou sistemas externos a este, o que seria efetivamente realizar uma redução do sistema jurídico ao sistema normativo por ele produzido; um sistema aberto para a recepção e conhecimento de problemas reclama outras vias de solução para estes. "Normative closure does not exclude cognitive openness. At the contrary, it requires exchange of information between system and environment" (Teubner, *Dilemmas of law in the Welfare State*, 1986, p. 114).

gentes. O texto reduz-se, nesse esquema, a ser um texto literal entre textos literais, pois sua eficácia vem comprometida pela impraticabilidade sistêmica dos discursos. O que se quer dizer é que o texto vive sua existência de texto, perdendo seu poder extratextual; o que verdadeiramente caracteriza um texto jurídico-normativo é a sua capacidade de deonticamente significar e de valer para produzir efeitos em meio a um contexto de práticas sociais. Desprovido dessa capacidade, o texto normativo torna-se inoperante.

De fato, há uma desagregação entre a ideia de texto normativo e a prática social de discurso de poder. O poder decisório e o de violência simbólica são anulados ante a inoperância do sistema. Se ao discurso não se acompanha determinado comportamento com ele condizente, que se dá na esfera da força bruta, na expressão de Peirce, esse discurso fica fadado a desempenhar um papel apenas locucional, deixando de possuir uma razão social prática, pois ineficaz, pois inoperante.

E, como consequência, tem-se que, a textualidade normativa não sendo por si só bastante e capaz de gerar efeitos extradiscursivos (respeito, eficácia, obediência, subserviência...), na sequência dos textos normativos criados surge uma nova avalanche de discursos e fórmulas de sentido: os discursos decisórios (administrativos e judiciais). Se as soluções imediatas não são dadas pelas normas, e se seus discursos são inoperantes, o que é encoberto pela ideologia do discurso normativo (abstração, generalidade, distância dos fatos, neutralidade...), então, é necessário recorrer a outras práticas que efetivem os direitos e confiram atualidade concreta às exigências sociais. Desta feita são as instâncias administrativas e judiciárias que estão incumbidas de satisfazer necessidades postergadas pelo discurso normativo, onde outras crises se instalam e novos problemas se expandem em direção ao sistema como um todo de sentido jurídico. Em poucas palavras, a complexização do sistema jurídico-normativo e de suas estruturas operacionais redunda na afetação das próprias esferas aplicativas, que acabam respondendo diretamente pela pobreza de sentido e de força que macula os discursos normativos.

Deve-se dizer, por fim, que o desafio da elaboração de uma crítica ao modelo notadamente neoliberal de organização da produção textual se faz no sentido de demonstrar que a "forma" não corresponde à "realização", ou, ainda, o que equivale a dizer o mesmo, que a pura textualização das relações *normativas* e *não normativas* não é suficiente para a atualização dos programas de sentido previstos nas entranhas jurídico-textuais. Nesse sentido, há longa distância entre o sentido idealizado normativamente (sentido *in potentia*) e o sentido feito prática social (sentido *in actu*). Normas que "falam" de outras normas, ou normas que "falam" de comportamentos humanos, *por si* e *em si*, não são bastantes para a satisfação das exigências e carências intersubjetivas concretas que as reclamam.

Antes de enveredar por uma estreita formulação que procura assinalar o texto como o ponto de equilíbrio das relações jurídicas, quer-se, bem pelo contrário, assinalar sua ineficácia nos quadros da atual política socioinstitucional. Se se há que considerar o texto jurídico-normativo como o *locus* do sentido e como o ponto de partida das práticas textuais jurídicas (burocráticas, decisórias, científicas), não se deve atribuir a ele uma valoração idealizada; textos só se movimentam e ganham razão de ser em meio a fluxos intersubjetivos de adequação do sentido mediatizado institucionalmente. Nesse sentido, o texto ganha função instrumental, e a questão da eficácia do sistema (efeito extratextual) passa a relevar muito mais que a questão da pura existência do sistema cristalizado em textos (textualidade) para a atualização dos programas de sentido contidos em discursos normativos.

2.1.4 DISCURSO NORMATIVO VIÁRIO: A LINGUAGEM NÃO VERBAL NORMATIVA

A sinalização viária, além de ser uma das manifestações semiótico-jurídicas mais ricas, é uma demonstração clara e concreta da pluralidade de linguagens[117]

[117] Procedendo-se a um inventário dos inumeráveis sistemas sígnicos existentes, dentre os quais se encontra a linguagem verbal (língua), tomando-se o termo "linguagem" como o sistema genérico, a "língua" só pode ser entendida como sendo apenas um dos subsistemas do agrupamento maior chamado linguagem. Em sede de linguística, o signo verbal é o núcleo estrutural do subsistema que se funda na dicotomia fonética *monema-fonema* para explicar a sucessão sequencial e temporal na elocução do discurso falado. A língua, não só para Saussure, mas também para outros teóricos da linguística, centraliza os questionamentos semióticos, e, sem embargo, esparge seus conceitos formais para outros setores semiológicos de pesquisa, reduzindo-se, com isto, o fenômeno semiótico ao âmbito de aplicação conceitual dos domínios da linguística. A este respeito, leia-se a crítica de Georges Mounin (*Introduction à la sémiologie,* 1986, p. 17), ressaltando o caráter marginal que algumas vezes toma a semiótica a partir de uma visão linguística centralizadora; veja-se: "Traditionellement, les ouvrages de linguistique générale accordent une place aux moyens permettant de communiquer sans recourir au langage articulé. Mais cette place reste extrêmement réduite: il s'agit généralement de quelques pages, liées presque toujours à l'histoire de l'écriture plutôt qu'à celle du langage, où se trouvent décrites les écritures pictographiques et les écritures idéographiques, illustrés par quelques exemples bien connus, hiéroglyphes, caractères chinois (...)". Ainda quanto ao tratamento da diferenciação linguagem-língua, Hjelmslev se refere à linguagem de signos linguísticos como sendo a *língua-linguística* (p. 33) e a seu estudo estrutural chama *glossemática*, derivando este termo de γλωσσα (*Ensaios linguísticos,* 1991, p. 42).

no interior das formações de sentido normativo[118]. Se é o pluralismo de linguagens que impera no seio da *juridicidade*, conjunto de práticas jurídico-textuais verbais e não verbais, é de todo pertinente que a análise se detenha na demonstração do funcionamento de algumas delas, entre as quais se alista a linguagem rodoviária. Neste plano, não só os *acontecimentos de linguagem* rodoviários são de grande importância na análise, mas também o próprio texto normativo que os coloca em cena[119]. Trata-se aqui, sobretudo, de demonstrar como a linguagem normativa se vale dos diversos recursos de linguagem (verbal, não verbal) para prescrever, o que será feito com certo assento para a semiótica da imagem.

A Semiótica Jurídica[120], em seu empreendimento, avoca, necessariamente, a localização de sistemas prescritivos que veiculem mensagens de

---

[118] Este item é conteúdo de uma publicação autônoma, na forma de artigo científico. A esse respeito, leia-se Bittar, O discurso do legislador de trânsito: uma análise semiótica da linguagem não verbal normativa, *Revista de Informação Legislativa*, Brasília, ano 37, n. 145, 2000, p. 157-169.

[119] O que, no presente caso, será feito ilustrativamente por meio da Lei n. 9.503, de 23-9-1997, o Código de Trânsito Brasileiro, donde se poderá destacar uma análise concreta muito interessante para efeitos do estudo do pluralismo de linguagens no seio da *juridicidade*. O destaque se faz para o Anexo II desta mesma Lei, onde se encontram descritos os meios legais de expressão do significado jurídico por meio da sinalização. É curioso acompanhar o texto da Lei e verificar que a sinalização se divide nos seguintes grupos: 1. Sinalização vertical (placas); 1.1. sinalização de regulamentação; 1.2. sinalização de advertência; 1.3. sinalização de indicação; 2. Sinalização horizontal (sinais sobre a pavimentação); 2.1. marcas longitudinais; 2.2. marcas transversais; 2.3. marcas de canalização; 2.4. marcas de delimitação e controle de estacionamento e/ou parada; 2.5. inscrições no pavimento; 3. Dispositivos e sinalização auxiliares (reforço de sinalização ou indicação excepcional); 3.1. dispositivos delimitadores; 3.2. dispositivos de canalização; 3.3. dispositivos e sinalização de alerta; 3.4. alterações nas características do pavimento; 3.5. dispositivos de proteção contínua; 3.6. dispositivos de uso temporário; 3.7. painéis eletrônicos; 4. Sinalização semafórica; 4.1. sinalização semafórica de regulamentação; 4.2. sinalização semafórica de advertência; 5. Tapumes; 6. Gestos; 6.1. gestos de agentes da autoridade de trânsito; 6.2. gestos de condutores; 7. Sinais sonoros (art. 87 e Anexo II).

[120] "Contrairement à une opinion assez répandue, la sémiotique n'a pour objet essentiel l'étude des signes: elle vise en fait la construction d'une théorie générale de la signification, et il y a là plus qu'une nuance. C'est à la sémiologie qu'il revient, en gros, de décrire les systèmes de signes" (Landowisk, *Pour une approche sémiotique et narrative du droit, in* Droit prospectif, p. 39). Como a análise se debruça sobre o discurso normativo-viário, e suas injunções, destaca-se a análise crítica e construtiva como sendo a busca da significação, tarefa da Semiótica. Daí se identificarem de princípio os elementos que contribuem para a formação da linguagem viária, para depois detectar-se a noção de discurso viário e o sentido

vinculação não adstritas à noção de *língua* propriamente dita. A língua é, de fato, o centro de dispersão de informações e de comandos jurídicos, e é exatamente por este motivo que a abordagem linguística é majoritária no estudo da *juridicidade*; esta se vale, majoritariamente, da comunicação linguística, o que não obstrui a operação de localização de elementos não linguísticos que a componham[121].

Os discursos prescritivos rodoviários, há que se dizer, são os que mais apelo fazem a uma semiótica visual, de modo que a linguagem jurídica se amplia da simples enunciação verbal para a enunciação de outras semióticas, as chamadas não verbais[122]. São estes signos, ou conglomerados sígnicos,

---

do que é dito e do que não é dito pelo legislador, do que é feito como prática oficial e do que é feito como prática inoficial.

[121] Insurgindo-se contra esta postura teórica de grave ambiguidade entre linguistas e semiólogos, Georges Mounin (*Introduction à la sémiologie,* 1986), valendo-se da diferenciação existente entre linguagem e língua, aquela como sistema e esta como subsistema, e, também baseando-se numa apreciação dos subsistemas de comunicação como linguísticos e não linguísticos, aponta a necessidade de formação de um estudo semiológico que se constitua verdadeiramente como tal, ou seja, estudo este que ganhe autonomia conceitual ao desvincular-se das propostas linguísticas propriamente ditas; sua análise centra-se fundamentalmente numa visão contemporânea do fenômeno semiológico, que não só se complexizou – e neste sentido sua complexização é diretamente proporcional ao crescimento e ao avanço no uso dos subsistemas de comunicação não linguísticos –, como também ganhou maior importância, isto se entendido conceitualmente independente dos reflexos científicos alcançados em sede linguística.

[122] A proposta vem na linha de oposição verbal/não verbal/sincrético, conforme leciona Pais, *Conditions sémantico-syntaxiques et sémiotiques de la productivité systémique, lexicale et discursive.* Paris: Université de Paris – Sorbonne/Atélier National de Reproduction des Thèses, 1993. Georges Mounin, por sua vez, destaca os inúmeros sistemas não linguísticos como componentes de uma esfera larga de comunicação cuja participação é não só ativa, como, também, determinante na comunicação social. Apontam-se, assim: "(...) la signalisation routière avec ses disques, ses rectangles et ses triangles, (...) une affiche publicitaire utilisant la forme et la couleur afin d'attirer l'attention sur une marque de lessive, (...) la signalisation des magasins par des enseignes, chapeau, parapluie, tête de cheval, (...)" (*Introduction à la sémiologie,* 1986, p. 21); ainda, "(...) une cinquantaine d'idéogrammes à dessin réconnaissable (service-autocar, train automoteur, bar, buffet, restaurant, dimanches et fêtes, sauf dimanches et fêtes) de sigles-idéogrammes (location possible, hotêsse, hotêsse sans bagages, etc.), de sigles idéographiques arbitraires (billets d'avance, arrêt, descente, supplément, etc.)" (p. 22); "(...) les dates, les adresses, les cotes, les indices, les paginations, les ordinations de toutes sortes, les températures de toutes sortes, les pressions, les vitesses, les consommation d'eau, de gaz et d'électricité, les débits d'essence, les poids des balances automatiques, des prix des caisses enregistreuses (...)" (p. 24). Todos estes subsistemas sígnicos de comunicação, e mais as artes cartográficas, imagens artísticas, costumes sociais, sinais de cumprimento,

que formam um discurso viário, pois se dispõem de forma tal, e com regras próprias, que a significação do que está prescrito em normas genéricas verbais (Código de Trânsito Brasileiro) ocorre na base de um código específico e complexo. Trata-se de um *poder-fazer-dever* que se estabelece na base da semiótica visual (*acontecimentos de linguagem-viária*), por meio de um *poder-fazer-dever* inscrito na base da semiótica verbal (Código de Trânsito Brasileiro).

Para os fins da presente análise, ter-se-á em conta que os elementos que representam as prescrições de trânsito são sinalizações de caráter normativo[123], substitutivas do discurso prescricional verbal enunciado pelas estruturas de uso corrente nos meios jurídicos, que são as estruturas lógico-formais, e que se valem de códigos específicos para a formação do significado jurídico. O subsistema jurídico-normativo de prescrições viárias é, sobretudo, a linguagem não verbal explorada pela legislação e empregada na comunicação de mensagens e comandos normativos relativos à circulação viária. Esta linguagem não verbal de regulamentação viária se desdobra em: linhas e escritos traçados no solo asfáltico, além de outros materiais de redução de velocidade...; placas diretivas, indicativas, descritivas e proibitivas, com escritos, sinais ou composição de sinais; semáforos e outros recursos de iluminação e disposição de coisas; sinais sonoros[124]; gestos etc., tudo tendo-se em vista uma comunicação

---

entre outros recursos de utilização social, são relatados como uma pequena ordem de elementos coligidos para que se possa aquilatar a grandiosidade do contato direto, e até inconsciente, com os signos, que se dá quotidianamente com os sujeitos em interação social. Nem se conte ainda a linguagem gestual "(...) dans la peinture figurative, dans les dessins animés, ceux des speakers à la télévision, ceux des dessins dans les projections de méthodes audio-visuelles, des personnages dans les films surtout muets, des orateurs, pédagogues et conférenciers, des chefs d'orchestre, du ballet, de la pantomime, le code gestuel des sourds-muets, aussi que le rôle des gestes dans les sociétés archaiques" (p. 170), ou as demais linguagens localizáveis no espectro de estudos de comunicação e de linguagem semiótica.

[123] A este respeito: "Le code de la route se présente comme un ensemble qui n'est d'abord limité que juridiquement" (Mounin, *Introduction à la sémiologie,* 1986, p. 155).

[124] Detenha-se, a este respeito, o conteúdo do art. 29, VII, *a*: "os veículos destinados a socorro de incêndio e salvamento, os de polícia, os de fiscalização e operação de trânsito e as ambulâncias... quando os dispositivos estiverem acionados, indicando a proximidade dos veículos, todos os condutores deverão deixar livre a passagem pela faixa da esquerda, indo para a direita e parando, se necessário". A sirene, portanto, principalmente como dispositivo sonoro é de grande eficácia na transmissão de informação a longa distância, daí valer-se deste código, além de acoplar a este um sistema de iluminação vermelha intermitente; a

visual fácil, rápida e instrumental para a significação no trânsito de veículos e pessoas[125]. A elocução, neste campo, portanto, obedece às necessidades práticas de comunicação, e, neste sentido, a imagem produz mais efeito que o próprio verbo.

Mais que isto, se trata de um sistema de significações prescritivas e orientativas de cunho obrigatório, pois a sinalização funciona como condição *sine qua non* para o tráfego, e isto de acordo com a própria previsão jurídica, de modo que não pode haver circulação viária sem sinalização, sob pena de se colocar em risco a segurança e a vida dos usuários do sistema viário. Este caráter de obrigatoriedade torna a temática semiótica praticamente um mister, pois a informação aqui possui presença necessária[126]. Outra peculiaridade que marca este campo de pesquisa é que, uma vez presente a sinalização adequada, deve-se perceber que a leitura desta pelo usuário é insofismavelmente obrigatória, não se podendo alegar como defesa em seu favor o desconhecimento das regras que presidem a circulação viária. A informação aqui, portanto, tem uma função marcadamente importante: obrigatória para o legislador (produção/codificação) e igualmente obrigatória para o usuário (leitura/decodificação).

Se o dizer do legislador neste campo pesa como obrigação, por sua vez, a *não sinalização* (*não poder-fazer-dever*), a omissão legislativa é, por

---

composição cromática, a sirene... todos estes códigos são suficientes a identificar a urgência e determinar o comportamento dos demais condutores e usuários em função da necessidade.

125 Visa-se, sobretudo, à visibilidade e à segurança, quando se trata de erigir um sistema semiótico para transmitir informações e prescrições normativas de caráter viário, onde se apela para as linguagens não verbais. De fato: "Sempre que necessário, será colocada ao longo da via, sinalização prevista neste Código e em legislação complementar, destinada a condutores e pedestres, vedada a utilização de qualquer outra. A sinalização será colocada em posição e condições que a tornem perfeitamente visível e legível durante o dia e à noite, em distância compatível com a segurança do trânsito, conforme as normas e especificações do CONTRAN" (art. 80, § 1º). Deve-se mesmo dizer que, por vezes, a sinalização viária é substitutiva, por antecipação, de situações e obstáculos e dificuldades sobre a pista de rodagem, de modo que, antes que o usuário alcance a situação, ele já esteja precavido (ex.: "Cuidado, obras na pista"; "Reduza a velocidade, meia-pista interditada por desabamento a 100 metros").

126 A Lei é categórica: "Nenhuma via pavimentada poderá ser entregue após sua construção, ou reaberta ao trânsito após a realização de obras ou de manutenção, enquanto não estiver devidamente sinalizada, vertical e horizontalmente, de forma a garantir as condições adequadas de segurança na circulação" (art. 88).

vezes, representativa do *não dever* de obediência, por falta de informação. Mas, também, a *não sinalização* não pode significar para o usuário arbítrio completo, pois algumas regras são inscritas para recobrir inclusive a hipótese de carência de sinalização[127]. De modo geral, pode-se dizer que o sistema de aplicação de penalidades com relação à questão da presença/ausência de sinalização funciona nos seguintes termos: (a) sinalizado (*poder-fazer-dever*) – situação regrada – obediência – ausência de penalidade; (b) sinalizado (*poder-fazer-dever*) – situação regrada – desobediência – aplicação de penalidade; (c) não sinalizado (*não poder-fazer-dever*) – situação não regrada – obediência – ausência de penalidade; d) não sinalizado (*não poder-fazer-dever*) – situação não regrada – desobediência – ausência de penalidade.

Os contornos do sistema sígnico viário são dados pelo legislador. De fato, a convenção que dá origem às sinalizações e outros recursos deste tipo, não é de caráter social, mas, sim, normativa (que se impõe à sociedade), uma vez que a sinalização é um instrumento de comunicação e orientação do trânsito, mas, também, um instrumento de controle e regulamentação que requer uma autoridade normativa para a instituição de parâmetros legais de uma semântica deste conjunto sígnico-sistemático que prescreve condutas na circulação viária. E o mais curioso de notar é que o discurso das linguagens não verbais (placas, semáforos, indicadores, sinais, ruídos sonoros...) é instalado por um discurso de linguagem verbal, que vem expresso no texto da Lei que regulamenta o comportamento viário e delimita o poder de atuação das autoridades nestes lindes. Linhas e cores (dicionário), fundamentalmente, são os elementos desta linguagem, ao passo que sua gramática se dá com a disposição normativa sintaticamente ordenada destes elementos (sinal de proibido + sinal de estacionar + regulamento de horários = "*É proibido estacionar nos horários...*"). Mas, esta arquitetônica do legislador não é construída *ex nihilo*, pois ele também se vale das categorias da linguagem não verbal e sua possibilidade de significar (o que não é feito sem um apelo aos cânones já estabelecidos pela linguagem natural, onde, por exemplo, a cor vermelha possui uma entonação semântica tal, que, se utilizada no processo de significação, possa chamar a atenção, in-

---

[127] Este é o caso da velocidade, que em caso de omissão de sinalização, a informação é pré-dada ao usuário: "Onde não existir sinalização regulamentadora, a velocidade máxima será de: I – Nas vias urbanas: *a*) oitenta quilômetros por hora, nas vias de trânsito rápido; *b*) sessenta quilômetros por hora, nas vias arteriais; *c*) quarenta quilômetros por hora, nas vias coletoras; *d*) trinta quilômetros por hora, nas vias locais..." (art. 61, § 1º).

dicar perigo, advertir...)[128] para estabelecer um grupo de signos arbitrários e convencionais[129].

A signicidade viária, em relação ao universo das linguagens estudado pela Semiótica Jurídica, deve ser tomada por um subsistema de linguagem. Porém, por sua vez, se apreendida como uma linguagem independente e sublinhada em sua relação interna com os diversos tipos de signos que a constituem, será então um sistema[130] dotado de outros subsistemas viários, quais sejam, o das placas viárias (baseado num complexo denominado *intersemiótico* de elementos), o dos sinais de trânsito (baseado na diferenciação de cores), o da autoridade de trânsito (baseado na gesticulação padronizada e na emissão de sinais sonoros identificáveis), o das linhas e demais signos inscritos na própria pista de rodagem. Estes são os grandes traços da significação neste plano de estudos. As noções de *sistema* e *subsistema* aqui ganham relevância, pois o primeiro designa a ordem total dos recursos prescritivos existentes para a regulamentação da circulação viária, enquanto o segundo designa apenas uma facção de signos destacados para compor uma significância viária.

Tendo-se uma autoridade legislativa por fonte normativa, e sistemas de linguagem a dispor, também se tem por fito alcançar um processo significativo sem ruídos semânticos, ou, ainda, com poucos ruídos semân-

---

[128] A prova de que no sistema semiótico viário-normativo o legislador se utiliza de inúmeros signos motivados, aliás deles se servindo exatamente porque está consciente de que os signos motivados são os que mais fazem apelo ao conhecimento ordinário da sociedade em geral, de modo a facilitar a significação/decodificação, dentre os quais se podem citar como exemplos legais: sinalização vertical de serviço telefônico (ícone de telefone), de abastecimento (ícone de bomba de gasolina), de aeroporto (ícone de avião), de área de campismo (ícone de barraca de *camping*), de local para prática de pesca esportiva (ícone de pescador), de local para prática de pesca submarina (ícone de pescador submarino), etc., exemplos estes extraídos do Anexo II da Lei n. 9.503/97.

[129] Visto que seu estabelecimento é convencional, para a signicidade viária prescritiva, o Código de Trânsito Brasileiro define, em termos genéricos, quais serão os significantes simbólicos a serem utilizados no território nacional, de modo a criar um sistema dotado de homogeneidade em todos os Estados da Federação, inclusive, de acordo com as normas internacionais de sinalização, o que complementa a ideia de que os símbolos utilizados pelo sistema de trânsito são *arbitrários*, *convencionais* e *instituídos*.

[130] Devem-se ler, como referência, estas palavras de Georges Mounin: “La signalisation routière est donc un système non linguistique riche et complex, véritablement systématique par le classement des différents signaux en catégories” (Mounin, *Introduction à la sémiologie,* 1986, p. 31).

ticos, tendo-se em vista que o sentido é institucionalizado (sistema viário oficial). A interpretação, dentro deste sistema é restrita, e oferece pouca margem de opções aos trafegantes, uma vez que sua semântica é artificial e previamente constituída, assim como sujeita ao *princípio* da *não ambiguidade*. Cada significante[131] tem um correspondente semântico preciso, tendo, portanto, uma significância restrita de si e por si, sem esboçar qualquer necessidade de uma complementação criativa da mensagem sígnica por parte do intérprete. O transplante da informação contida no significante à esfera da significância faz-se dentro dos moldes de um prévio aprendizado, e, nestes limites, a pragmática se reduz a uma mera intervenção do *sujeito-intérprete* na captação da mensagem prescritiva. Mais que isto, a enunciação do texto é feita taquigraficamente, o que representa um desestímulo à formação de ruídos. A ambivalência está proscrita do sistema viário oficial. Neste sentido, pode-se dizer que, não obstante semioticamente complexos, os signos viários contêm mensagens definidas e interpretáveis nos termos da legislação viária. Os desacordos de sentido na interpretação dos textos viários estão sempre sujeitos ao sancionamento pela autoridade competente[132].

A eliminação da ambiguidade das mensagens viárias se deve ao fato do que a semiótica releva como sendo uma pragmática relacional aplicada à utilização dos sistemas de signos de trânsito. Dá-se que as fontes normativas, que compõem uma pragmática da emissão de normas e mensagens viárias, são determinadas: o *legislador*, como fonte central dos princípios, regras e diretrizes aplicáveis como elementos constitutivos da sintática e da semântica dos signos que *coexistem* ordenadamente, uma vez dada a regra estabelecida convencionalmente; a *autoridade de trânsito*, que tem poderes para revogar circunstancialmente prescrições normativas contidas em placas

---

131 Estar-se-á a articular a relação significante/significado da tradição saussuriana pela praticidade e funcionalidade que apresenta, bem como pela didática que exerce, aliás como também o faz Greimas (*Du sens*; *Sémantique structurale*), tudo no sentido de favorecer a exposição desta já tão densa reflexão, que em nada reclama maior especificidade vocabular.

132 A Lei explicita as hipóteses em que não se terão em consideração as penalidades, e a hipótese da má interpretação não está prevista, claramente, pois também aqui se presume do usuário o conhecimento da Lei (*ignorantia legis neminem excusat*) e, ainda mais, a obrigatoriedade de leitura da sinalização. A só hipótese de não aplicação de penalidade se dá se a sinalização, ela mesma, é falha, incorreta, inconsistente, ilógica, obsoleta, ininteligível. Assim: "Não serão aplicadas as sanções previstas neste Código por inobservância à sinalização quando esta for insuficiente ou incorreta" (art. 90).

e demais signos viários, revogação esta que ocorre situacionalmente, valendo-se dos subsistemas dos gestos, dos sinais sonoros e dos demais recursos de significância no trânsito e na circulação viária, sendo esta uma temporária fonte de prescrições e orientações sobre aquela estabelecida pelas placas e pelos signos permanentes[133].

A legislação viária, que prescreve a conduta dos condutores por meio de signos, entre outros recursos, enquanto legislação, *obriga*, mas não só, pois *limita*, *proíbe*, *restringe*, *adverte*, *alerta*, *indica*, *orienta*. O composto sígnico resultante das prescrições viárias juridicamente está disposto para que consentida seja a circulação regulamentada e ordenada dos veículos automotores[134] pelas vias públicas. Semioticamente, não obstante a existência de uma teleologia jurídica da legislação viária, a teleologia sistêmica é aquela de formar um conjunto internacionalmente homogêneo e reconhecível, e, portanto, dotado da característica do *convencionalismo*; com isto, a locomoção se unifica para que a comunicação e a circulação de estrangeiros (em geral não participantes da comunidade linguística) se faça ainda mais facilmente estabelecida sobre a base da *decodificabilidade* internacional dos chamados, pela semiótica italiana, *segni stradali*. O uso recorrente

---

[133] A legislação específica (Lei n. 9.503/97) é clara em dizer, em seu Anexo II, no item 6 (Gestos dos agentes da autoridade de trânsito), que: "*As ordens emanadas por gestos de agentes de trânsito prevalecem sobre as regras de circulação e as normas definidas por outros sinais de trânsito*" (grifo nosso). Ainda mais, no art. 89 vê-se inscrita a relação hierárquica entre os códigos, como quer ver o legislador instaurada: "A sinalização terá a seguinte ordem de prevalência: I – As ordens do agente de trânsito sobre as normas de circulação e outros sinais; II – As indicações do semáforo sobre os demais sinais; III – as indicações dos sinais sobre as demais normas de trânsito".

[134] Na verdade, a questão é mais complexa do que como foi exposta. Não somente para fins de circulação de veículos automotores se regulamenta o trânsito, mas também para pedestres, para os ciclistas, enfim, para a segurança geral no tráfego... A própria legislação é específica em tratar da seguinte forma a regulamentação da matéria: Art. 96: "os veículos classificam-se em: I – quanto à tração: *a*) automotor; *b*) elétrico; *c*) de propulsão humana; *d*) de tração animal; *e*) reboque ou semirreboque; II – quanto à espécie: *a*) de passageiros: 1 – bicicleta; 2 – ciclomotor; 3 – motoneta; 4 – motocicleta; 5 – triciclo; 6 – quadriciclo; 7 – automóvel; 8 – micro-ônibus; 9 – ônibus; 10 – bonde; 11 – reboque ou semirreboque; 12 – charrete; *b*) de carga: 1 – motoneta; 2 – motocicleta; 3 – triciclo, 4 – quadriciclo; 5 – caminhonete; 6 – caminhão; 7 – reboque ou semirreboque; 8 – carroça; 9 – carro-de-mão; *c*) misto: 1 – camioneta; 2 – utilitário; 3 – outros: *d*) de competição; *e*) de tração: 1 – caminhão-trator; 2 – trator de rodas; 3 – trator de esteiras; 4 – trator misto; *f*) especial; *g*) de coleção; III – quanto à categoria: *a*) oficial; *b*) de representação diplomática; *c*) particular; *d*) de aluguel; *e*) de aprendizagem".

de símbolos de acesso comum é um dos recursos que permite esta abstração das peculiaridades semióticas de cada comunidade.

Dentre os subsistemas constitutivos da totalidade denominada *signicidade viária*, reconhece-se a importância da regulamentação por meio de placas[135], subsistema este que tem como característica fundamental sua heterogeneidade, uma vez que congrega elementos os mais diversos para a composição daquilo que se pode chamar de um *retículo semiótico*. Toda e qualquer placa de sinalização viária se baseia na pluridimensionalidade dos meios de comunicação visual para atingir seus fins de regulamentação, valendo-se da utilização dos signos verbais escritos, assim como de compostos de coloração, formas geométricas, pigmentação da matéria sobre a qual se inscrevem graficamente os significantes desejados. Há relações intersemióticas marcadas pelos traços da complementaridade e da intersecção dos setores da signicidade visual. Tendo este repertório de signos como ponto de partida, as prescrições se potencializam a partir do momento em que ganham publicidade e formas sintaticamente concebidas para a transmissão de mensagens discursivas sem que seja mister recorrer ao discurso para que se transmitam informações, ou se indique um sentido, ou se proíba uma ação, ou se regulamente uma situação. Há sempre aqui presente a ideia de que elementos substitutivos à signicidade verbal sejam utilizados desde que normatizados, conceitualmente definidos e identificados em sua função[136].

Elementos de um repertório podem-se organizar de forma a comporem unidades de significância próprias, diante das quais se obtém respostas mais ou menos previsíveis para estímulos visuais prescritos em generalidade significativa. Assim é que, como premissa de todo sistema, partindo-se do postulado de que todo sistema de sinalização viária se baseia no princípio do *convencionalismo*, mister se faz estejam as unidades de significância previamente determinadas pela carga semântica que delas se deve destacar.

Para uma linguagem inscrita nestes termos, onde imperam as decisões do legislador, destaca-se sobretudo a institucionalização da sintática e da semântica de cada qual das possíveis linguagens utilizadas, de modo que cada

---

[135] A interpretação semiótica do subsistema das placas apresenta as diversas facetas do fenômeno <signo> na esfera viária, podendo servir de parâmetro para toda análise semiótica da problemática, o que justifica a escolha operacional de abordagem deste subsistema.

[136] É o de que se ocupam os Anexos I (Dos conceitos e das definições) e II (Sinalização) do Código de Trânsito Brasileiro.

espécie possuirá uma sintática específica e uma semântica também específica. Assim para a linguagem das placas de regulamentação[137] ou de advertência[138], para a linguagem sonora[139], e para as demais no mesmo sentido.

Um composto formado pela justaposição de todos os recursos sintáticos e semânticos resulta numa conjunção que veicula imagens discursivas capazes de orientar o tráfego viário. Os elementos de que se vale o legislador, cores, formas e linhas, dispostos de uma certa maneira (sintática dos elementos), trazem como resultante um conjunto semiótico, de maneira que dele emerge a significação (semântica).

O que reforça ainda mais esta ideia é que os elementos não só se dispõem entre si, mas, sobretudo, o que em muito influencia a formação da significação para a sinalização viária, dependem: da localização da sinalização; das dimensões da sinalização; da funcionalidade; do sistema alfanumérico; do contexto situacional da sinalização[140], entre outras variantes que comparecem em conjunto para dar sustentação à significação dentro deste universo de discurso normativo. De fato, são muitos os recursos visuais,

---

[137] Segundo as disposições da Lei n. 9.503/97, tem-se, para a linguagem da sinalização viária vertical: 1. forma e cores das placas do sistema de regulamentação: 1.1. circular (fundo branco, tarja vermelha, orla vermelha, símbolo preto, letras pretas); 1.2. triangular (fundo branco; orla vermelha); 1.3. octogonal (fundo vermelho, letras brancas, orla interna branca, orla externa vermelha); 2. dimensões: as dimensões estabelecidas na legislação pertinente padronizam a sinalização, dotando-a de características próprias para cada tipo de significação; 3. padrão alfanumérico: acerca da utilização de uma grafia unificada para os signos no contexto interno da placa, utilização esta que para os signos verbais e numéricos que se inscreve nos exatos termos em que a legislação federal o prescreve; 4. localização: acerca da disposição das placas no contexto das vias públicas.

[138] Para a linguagem viária da sinalização de advertência, fundamentalmente: 1. sinal: quadrado com diagonal na posição vertical; cores: fundo amarelo, orla interna preta, orla externa amarela, símbolo interno preto; 2. Sinal: retangular; cores: fundo amarelo, orla interna preta, orla externa amarela, seta amarela.

[139] Para a linguagem viária por sinais sonoros: 1. Significante: um silvo breve; significado: atenção siga; 2. Dois silvos breves: pare; 3. Três silvos breves: acenda a lanterna; 4. Um silvo longo: diminua a marcha; 5. Um silvo longo e um breve: trânsito impedido em todas as direções; 6. Três silvos longos: motoristas a postos (Anexo II da Lei n. 9.503/97). E assim por diante, uma a uma das linguagens possíveis inventariadas no corpo da legislação.

[140] A própria Lei se ocupa de dizê-lo: "Sempre que necessário, será colocada ao longo da via, sinalização prevista neste Código e em legislação complementar, destinada a condutores e pedestres, vedada a utilização de qualquer outra" (art. 80).

situacionais e contextuais explorados para a significância almejada pelo legislador de trânsito[141].

O problema central, a partir do que se disse, é questionar de quais unidades disporia o legislador de tráfego ao compor uma significância a partir da união sintática, lógica e contextual destes elementos. A partir da tripartição peirceana dos signos em *ícones, símbolos* e *índices*, é possível concluir, por exemplo, que as placas são *símbolos*[142]; são *símbolos* na medida em que se estabelecem sobre a *arbitrariedade* das relações entre significante e significado, pois um sujeito interventor as instituiu como dotadas de uma semântica própria, válida apenas dentro de uma determinada conjuntura externa ao sistema – relação esta que coloca o sistema em relação com a realidade exterior para a qual se destina –, nos termos organizacionais internos deste sistema – e aqui se fala em uma sintática do sistema. As placas, por exemplo, são compostos sintáticos de signos, com significância atribuída, imputada (*imputed*), e, por isso, são consideradas símbolos, no sentido peirceano do termo, ou seja, signos dotados de uma carga maior de arbitrariedade, dado o fato de serem a resultante de um complexo de decisões que estabelecem e prefixam a semântica cabível a cada elemento integrante da placa de sinalização.

Porém, se a resultante do processo de amalgamação de vários signos que é a placa pode ser identificada como um símbolo peirceano, os signos (elementos do sistema) de que se vale o sistema de símbolos viários não são necessariamente ou, exclusivamente, *símbolos*, mas também *índices* e *ícones*, o que sempre ou quase sempre integra um contexto maior de significância onde se encontram vários tipos de signos amalgamados para a formação de um composto de comunicação e prescrição viária a ser decodificado por seus receptores[143].

A complexidade sígnica de caráter prescritivo aqui é apreendida como realidade heterogênea, de denso conteúdo significacional, para o qual cor-

[141] São exemplos da contextualização o que a Lei, em seu Anexo II, chama "emprego" dos sinais sonoros. Cite-se que um silvo significa "Atenção siga!" dentro de um contexto preciso, a saber, no ato do guarda sinaleiro mudar a direção do trânsito; ou que um silvo longo e um breve significa "Trânsito impedido em todas as vias" quando da aproximação do corpo de bombeiros, ambulâncias, veículos de polícia ou de tropa, ou de representação oficial.

[142] Para Peirce os *símbolos* são "[Those] the ground of whose relation to their objects is an imputed character, which are the same as *general signs*, and these may be termed *symbols*" (Peirce, *Collected papers of Charles Sanders Peirce,* 1965:1.558).

[143] *Vide* Mounin, *Introduction à la sémiologie,* 1986, p. 157-158.

respondem signos de diversas naturezas, quais sejam, aqueles *icônicos*, aqueles *indiciais*, e aqueles *simbólicos*, de acordo com a abordagem semiótica peirceana. Pode uma placa (norma sinalizada numa semiótica visual) conter elementos e recursos de vários sistemas sígnicos interpenetrados, a saber, signos linguísticos que, combinados com outros icônicos e indiciais, possam apresentar uma proibição em determinadas circunstâncias[144], em determinados horários... A utilização de um sistema sígnico desta forma enunciado é um recurso para a supressão do discurso verbal e que funciona em sua substituição de forma mais eficaz, mais própria e mais célere, de acordo com as necessidades de praticidade comunicacional na circulação dos veículos. Este amálgama sígnico, portanto, é possível desde que um repertório se disponha na base sintática, e que esta se valha dos elementos do repertório para formar uma significação própria e previamente determinada. A resultante é a formação do discurso normativo significativo como resultante da justaposição, como se vê a seguir: placa redonda + orla vermelha + ícone de sinal sonoro + barra lateral de proibição justaposta sobre o ícone sonoro + ícone de hospital = "*É proibido buzinar ou acionar sinal sonoro em região hospitalar*". Este discurso situado em seu contexto permite ao usuário do sistema viário perceber que nas imediações se encontra um ambiente hospitalar, e daí decorre a interdição de buzinar e produzir ruídos excessivos ou desnecessários.

Por que se pode falar de um discurso acoplado em cada placa de trânsito? Porque é por meio de uma sintática organizacional de *cores, formas*, e recursos outros como a *dimensão*, a *altura*, os *caracteres gráficos* a serem adotados, o *material* sobre o qual estes se inscrevem, entre outros, que se pode alcançar determinada semântica regulamentadora de situações de tráfego. Mas, ao mesmo tempo, deve-se dizer, o transporte *intersemiótico* e interpretativo é uma atividade dependente da atuação dos *sujeitos-usuários* que do sistema se valem. As placas de sinalização, enquanto verdadeiros *textos*, dependem de relações pragmáticas para que formadas estejam as relações com o *interpretante* significacional.

---

[144] Aquilo que se chama de contextualização do discurso também encontra seu cabimento neste espaço teórico, uma vez que a polissemia de alguns signos só pode ser determinada uma vez contextualizado o signo. Neste sentido, por exemplo", [Le]/rouge/est (...) polysémique, avec trois ou quatre signifiés différant sensiblement selon les contextes constitués par les signaux eux-mêmes et les situations routières où ils apparaissent (...)" (Mounin, *Introduction à la sémiologie,* 1986, p. 152).

A sinalização pode ser tomada como um verdadeiro plano explicativo da realidade viária a ser utilizada pelo sujeito que por ela se locomove; se destacada for a ideia de linearidade entre as placas, as riscas, os sinais... que se encontram durante um percurso viário qualquer, alcança-se mesmo a noção de *discurso viário*, ou seja, conjunto de prescrições, indicações, proibições que possibilitam a formação de um todo unitário descritivo de um percurso, uma vez tomada a sequência natural com a qual se distribuem os *acontecimentos de linguagem-viária*. Ou melhor, pode-se dizer que o acompanhamento completo da *signalisation routière* consente ao receptor a decodificação de elementos bastantes para formar um composto semântico análogo ao discurso descritivo do percurso de uma via pública sinalizada[145].

Feita esta investigação sobre a sinalização viária, dados os traços institucionais indispensáveis, analisados os seus principais contornos e formas de apresentação por diversos sistemas de linguagem, é mister passar-se para um outro campo de estudo igualmente rico neste contexto, ou seja, o da significação *não oficial* nas relações viárias, ou seja, aquela construída entre os usuários, em oposição a esta que até o momento se explorou, que apenas põe em questão o usuário com relação à sinalização oficial. Nesta parte que segue estar-se-á exatamente a explorar a dinâmica de interação dos usuários nas diversas situações possíveis no uso do sistema.

A faceta receptiva da pragmática normativa da circulação é constituída pelo sujeito ao qual se dirigem as mensagens sígnicas, ou seja, todo aquele que se vale dos meios de transporte viário. Mas, há que se advertir desde já que não se encontra aqui restrita a visualização pragmática, pois, mais do que simplesmente o condutor de veículos, o sujeito receptor da comunicação viária prescricional também é todo aquele que se encontrar no meio de transporte viário que não esteja na posição de condutor. De fato, pois, a mensagem "*Reduzir a velocidade em caso de neblina*" tem como

[145] Cf. Mounin, *Introduction à la sémiologie,* 1986, p. 163. Pense-se, assim, na união dos diversos códigos que afetam um usuário num dado momento e num dado percurso de uma rodovia: sinalização intermitente em amarelo por semáforos, sinalização vertical (placa) com sinal indicando curva à esquerda, sinalização vertical de reforço de sentido indicando ainda curva perigosa à esquerda, redutores de velocidade no solo asfáltico, marcas longitudinais com linhas de divisão de fluxo em barra dupla indicando a proibição de ultrapassagem, tudo isso somado à percepção contextual e sensorial de que se trata de forte curva à esquerda constrói para o usuário a dimensão do sentido, sem mesmo tê-lo ainda experimentado (pois a curva se encontra à frente), de modo que o sentido de perigo e cuidado conduz a uma redução de velocidade e a maior preparação para a efetuação da manobra.

sujeito receptor o condutor do veículo automotor; porém, esta outra mensagem "*É obrigatório o uso de cinto de segurança nas estradas*" atinge não só aquele sujeito, como também todos aqueles que se utilizam do mesmo veículo sem se encontrar na posição de condutor.

De qualquer forma, o que se quer dizer é que, não obstante existir o universo de sentido formado pelas regulamentações oficiais, salvaguardada está a esfera de significação que se produz entre os sujeitos, ou seja, esfera em que prevalece a livre disposição entre as partes que circulam, pois todo um complexo de outros recursos de comunicação existentes entre os motoristas e condutores (sinalização do automóvel, sinal de braço, buzina...) consente o estabelecimento de relações sígnicas, tendo esta origem entre os próprios usuários que se articulam na circulação viária. Aqui, a fonte emissora das mensagens e comunicações nas relações viárias são as próprias partes que circulam, os usuários do sistema viário e suas codificações e subcodificações[146].

O universo da signicidade viária prescritiva, ou seja, aquele que tem como fonte normativa a autoridade, recobre um campo de significação para o qual a disposição dos particulares não é possível; em havendo regulamentação, não há possibilidade de negar a regra normativa sem que se incorra em uma conduta constitutiva de um *desvalor*. Porém, se o que é permitido se pode definir negativamente a partir daquilo que não está proibido – reproduzindo-se aqui o célebre postulado de que aquilo que não é proibido é permitido –, pode-se admitir a comunicação entre os particulares como resultante de uma esfera de disposição comunicativa que consente a adequação não normatizada entre os sujeitos que circulam pelas vias públicas utilizando-se da signicidade para a transmissão de mensagens de trânsito[147].

Assim, além desta comunicação institucional do sistema com o usuário, os usuários entre si também se comunicam intensamente, estabelecen-

---

[146] Atente-se para o fato de que, escondida atrás dos comportamentos dos condutores de veículos, está toda uma gama de valores normativos. Não só o Código de Trânsito Brasileiro é o suporte da conduta viária, mas também as disposições do Código Civil, como a do art. 927, de acordo com o qual, *quem causar a outrem dano ou prejuízo fica obrigado a reparar* (...).

[147] A dicotomia *direito cogente – direito dispositivo, mutatis mutandis*, aqui pode ser vista como componente das esferas da adequação entre as partes e da prescrição normativa inderrogável, podendo-se visualizá-la como constitutiva de uma sede teórica distintiva dos fenômenos relacionais dentro da esfera do trânsito de veículos.

do-se complexas cadeias de comunicação, onde também impera a diversidade de recursos, canais e semióticas (gestual, luminosa, sonora, verbal...). Para indicar curva à esquerda, utiliza-se o usuário de setas luminosas piscantes que indicam sua intenção de deslocamento[148]. Para indicar parada do veículo, a disposição de lâmpadas traseiras acesas chama a atenção para a diminuição da velocidade do veículo dianteiro. E através deste sistema simples, podem-se superar inúmeras situações em que se imagine inserido o usuário do sistema viário.

Porém, mais que isto, ainda, por vezes, a simples presença do usuário, e de seu veículo, é significativa, e forma, para aquele que a percebe, uma cadeia de significados, que por sua vez motiva atitudes, comportamentos, define estratégias, enfim, influencia no agir. Num primeiro exemplo, pense-se, então, num usuário que escute a presença de outro veículo que se aproxima em alta velocidade, pelo ruído provocado pelo motor; a simples aproximação deste outro veículo já é bastante para que, a partir desta percepção, o usuário tome uma decisão, por vezes, absolutamente diversa daquela que estaria a tomar se estivesse só na pista de rodagem ou acompanhado por veículos em marcha lenta. Num segundo exemplo, pense-se que, para locais de intensa passagem e circulação de veículos, marcar presença na pista não é simplesmente estar trafegando, é também enfatizar sua presença, acendendo os faróis, mesmo durante o dia (*a priori* utilizáveis apenas em período noturno, pela carência de iluminação)[149], ou, ainda, mesmo chamando a atenção por leves toques de buzina (sinal sonoro). Em ambas as situações assinaladas, está-se, até por segurança, a marcar sua presença de máquina ambulante, em meio a outras, através de recursos vários existentes no próprio veículo.

Esta questão da semiótica da presença significativa do outro é de suma importância na comunicação, na circulação e nas relações viárias. Aquele veículo que ali está (parado ou em movimento) é, por si mesmo, fonte de informação viva, tilitante; sua só existência e presença *in locu* é estímulo

[148] É o caso de uma comunicação a quem quer que seja obrigatória, que, se não utilizada, pode ocasionar penalidade ao usuário, conforme dispõe o art. 35 da Lei: "Antes de iniciar qualquer manobra que implique um deslocamento lateral, o condutor deverá indicar seu propósito de forma clara e com a devida antecedência, por meio da luz indicadora de direção de seu veículo, ou fazendo gesto convencional de braço".

[149] De fato: "O uso de luzes em veículo obedecerá às seguintes determinações: I – o condutor manterá acesos os faróis do veículo, utilizando luz baixa, durante a noite e durante o dia nos túneis providos de iluminação pública" (art. 40, *caput* e inciso I).

bastante para um outro usuário basear-se nesta presença para tomar uma atitude ou uma postura no tráfego. O *ser* do veículo é mais que sua significação ordinária transmite (veículo de passageiros, dotado de quatro rodas, tipo tal, cor tal, cujo proprietário...), mas é algo motivante de uma significação de trânsito, de circulação, tudo o que se relaciona com a questão da comunicação viária, uma das possíveis aplicações da Semiótica Jurídica no mister de perscrutação do discurso normativo[150].

E é da teia dessas inter-relações do tipo presença/ausência que se forma uma grande cadeia de comunicação, que, por sua vez, gera novos comportamentos viários e novas atitudes legislativas sobre o tráfego, urbano ou não. Estude-se o caso do trânsito. Chama-se "trânsito" a um volumoso número de veículo trafegando pela(s) via(s), e diz-se que "tal via está com trânsito", de modo a gerar expectativas de conduta sobre os efeitos daquela *macropresença* viária. Um número considerável de veículos na(s) via(s), portanto, comunica "trânsito", pela sua simples presença, e isto comunica, por sua vez, "intrafegabilidade", "demora", "atraso no compromisso", "perda do emprego", significados e variantes de sentido que podem influir no decisionismo personalíssimo de cada usuário do sistema viário, como, por exemplo, "deixarei de almoçar", "aumentarei a velocidade", "ultrapassarei ainda que o semáforo esteja vermelho", "desviarei pelo atalho", "remarcarei o compromisso" etc. A cadeia de significação se estabeleceu de forma a determinar comportamentos, e tudo em função da diferença entre ausência/presença. Onde ausência e presença se equilibram, a circulação de veículos é normal, onde se desequilibram (para mais ou para menos), a circulação pode ser boa ou ruim. Não se omita, no entanto, que da mesma forma que tudo isto é significativo para o usuário, e pode induzi-lo a comportamentos novos diante de situações novas, também, o legislador resolve adotar medidas de contenção, proibindo circulação em áreas, horários e dias determinados normativamente. Onde mora o chamado referente, pode-se dizer, mora a semiose.

---

150 A abordagem já muda de tom se também se muda de universo de discurso, do jurídico para o publicitário. Neste, o *poder-fazer-querer* impera, por meio de um *poder-fazer-saber,* e o veículo passa a ser signo de *status,* luxo, riqueza, conforto, segurança, potência/virilidade, aventuras, viagens prolongadas, viagens com toda a família, valores estes todos presentes no universo de consumo de veículos e explorados intensamente pela mídia. Sobre os universos de discurso, e suas diferenças constitutivas, consulte-se Pais, Aspectos de uma tipologia dos universos de discurso, *Revista Brasileira de Linguística*, 1984, n. 1, p. 43-65.

Dessa forma, percebe-se que a comunicação neste plano, além de obedecer à complexidade do intercruzamento de inúmeros códigos semióticos (1), também vive, nesta dimensão, a ambiguidade comum a todo código de comunicação (2), assim como aqui a comunicação se desprende da ideia de intenção de comunicação (3). Sequencialmente se estudarão estas três afirmações.

A interpretação da comunicação entre usuários é muito mais fluida, pela carência de um sistema organizado, rígido e oficial, que aquela que ocorre nas relações usuário/sinais oficiais. Assim, por vezes, deve o usuário, para estacionar seu veículo repentinamente junto ao meio fio, não somente indicar com setas à direita ou à esquerda sua intenção de estacionar, pois as setas podem indicar intenção de virar num cruzamento ou rua próxima, mas também, e juntamente com aquele código, estabelecer uma comunicação gestual, com movimentos de mão que favoreçam o entendimento da intenção do usuário se dirigir para o local vago para estacionar seu veículo. O contexto, percebido pelos demais condutores envolvidos na situação, favorecerá a reorientação da conduta e a tomada de novas atitudes (1).

Buzinar é um modo de chamar a atenção do outro usuário, mas, por vezes, e fora do código oficial[151], buzinar é repreender o outro usuário (toque sonoro ruidoso, marcante, contínuo e forte), cumprimentar um amigo (toque alto e alegre), avisar o porteiro para abrir a garagem do prédio (combinação de uma sequência de sons), agradecer um favor prestado por outro (toque leve, suave e rápido), marcar passagem ou ultrapassagem em área urbana... (toque único). Neste caso, o uso *não oficial* é bem mais largo que o oficial. Por isso, dentro deste sistema de comunicação, para marcar a semântica de um sinal sonoro do tipo buzina, é necessário saber que dela só se pode utilizar em ocasiões prescritas (é proibido utilizar-se futilmente da buzina, é proibido utilizar-se da buzina diante de hospitais...), para finalidades mais específicas que aquelas regularmente utilizadas pelos usuários, e que um toque leve serve mais para indicação de algo, mas um toque contínuo, forte e nervoso é uma repreensão por determinada atitude... A

[151] No código oficial, o uso da buzina também ganha sentido regulamentar específico, a saber: "O condutor de veículo só poderá fazer uso de buzina, desde que em toque breve, nas seguintes situações: I – Para fazer as advertências necessárias a fim de evitar acidentes; II – Fora das áreas urbanas, quando for conveniente advertir a um condutor que se tem propósito de ultrapassá-lo" (art. 41).

sintática dos sons fornece subsídios suficientes para o delineamento das sutilezas de sentido possíveis (2).

Independentemente do que se pense ou se deseje ao se utilizar de uma das possíveis semióticas na circulação rodoviária, a comunicação se estabelece com parâmetros inimagináveis de significação; por vezes, deseja-se agradecer a um usuário um favor recebido por meio do sinal luminoso, mas outro usuário desligado daquela situação particular, em seu espelho retrovisor, recebe o sinal luminoso e o compreende como uma repreensão ao seu modo de dirigir, o que retribui com uma ultrapassagem brusca diante daquele primeiro. No caso, a intenção de significar por meio da utilização de sinal luminoso, realizado o *ato de linguagem*, se desprende da intenção do locutor e passa a significar os possíveis sentidos contextuais admitidos por uma comunidade de utentes do sistema viário (3).

É curioso, portanto, notar a densidade semiótica no plano da significação viária. Além de um sistema de regras oficiais (regulamentar), inteiramente disposto para o controle das situações de comunicação entre usuários, existe um outro sistema paralelo, tão eficaz e necessário quanto, que se pode chamar inoficial (*não regulamentar*), praticado pelos usuários em situações plúrimas de comunicação sobre as rodovias, ruas, estradas, *boulevards* etc. Portanto, a par do instituído, tudo funciona não somente em função deste único sistema de comunicação, mas pela interação do oficial (regulamentar) com o inoficial (*não regulamentar*), a exemplo do que ocorre em outras situações de comunicação que envolvam normas (conflitos de terra, comunicação não institucional das partes entre si no processo, direito das favelas... todas com códigos de poder específicos)[152]. Delinear estas outras dimensões inexploradas ocorrentes sob as vigas do sistema jurídico implantado (oficial), é vislumbrar de mais próximo o que realmente é a prática jurídica. E esta é apenas uma das vertentes de que pode se valer o semioticista para fazê-lo.

---

[152] *Vide*, a respeito do problema da oposição oficial/inoficial em Ferraz Júnior, O oficial e o inoficial: ensaio sobre a diversidade de universos jurídicos temporal e espacialmente concomitantes, *Direito de propriedade* (org. Joaquim Arruda Falcão), 1984, p. 103-123.

2.2 Discurso burocrático

Entre as modalidades de discurso indicadas como constituintes dos principais traços do exercício textual da *juridicidade* se alistaram o discurso normativo, o discurso burocrático, o discurso decisório, o discurso científico. A ordem sequencial com a qual se apresentam esses discursos não é de todo desmotivada, pois, quando se estuda o discurso normativo, sem dúvida se tem presente que se trata do discurso que funda a cadeia de significação jurídica, onde o legislador desempenha esse papel de *demeiourgós* (do grego, criador) do que é *jurídico* com relação ao que *não é jurídico*, exercendo esse papel de mediador entre o que ainda não é jurídico e aquilo que se torna jurídico. Assim, o estudo do discurso normativo é pressuposto do estudo de todos os demais discursos.

Em seguida a esse estudo, alista-se o do discurso burocrático. Se o método de exposição guardasse em si a opção por um critério hierárquico para considerar, avaliar e alistar os discursos jurídicos entre si, certamente não seria esta a posição que o discurso burocrático apresentaria. Ter-se-ia de apresentar o discurso normativo como fundante da cadeia de significação jurídica, seguido do discurso decisório, responsável pela individualização e concretização do discurso normativo, e, ainda, em seguida, o discurso científico como uma epistemologia sobre as produções textuais dos dois universos anteriores do discurso jurídico. A opção seria relegar o discurso burocrático para um momento posterior ao da análise desses outros, o que se faria com a quebra da lógica com a qual se estrutura o funcionamento do sistema jurídico. Estar-se-ia mesmo a valorar os discursos de acordo com critérios qualitativos, o que nem sempre garante resultados que se destaquem da pura *dóxa* (do grego, opinião).

Então, o discurso burocrático se coloca nessa posição do *excursus* da reflexão, pois é ele sectário indispensável do discurso normativo, como o é o discurso decisório, com a distinção de que não se trata de um discurso que funda sentidos novos, que cria solução para conflitos, que individualiza o discurso normativo, mas que, de qualquer forma, favorece para que isso ocorra, e, mais, dá suporte para que se alcance a decisão. Sua posição, naturalmente, é a de um *textus* posterior com relação ao discurso normativo, mas, ao mesmo tempo, de um *textus* anterior ao discurso decisório; seu papel elocutivo, depende de outros textos, e garante o procedimento até o aparecimento do discurso decisório, quando se encerra a marcha procedimental, administrativa ou judiciária.

Esta nota explicativa é de todo importante para que se compreenda exatamente a sequência com que se desenrola a reflexão em torno das modalidades de discurso jurídico. No entanto, antes de adentrar a análise do discurso burocrático, sua função, suas injunções, seu relacionamento com os demais discursos, é mister que se defina mais precisamente de que espécie de discurso burocrático se está a tratar.

Com a expressão "discurso burocrático", portanto, não se quer fazer menção senão ao discurso burocrático-jurídico, ou seja, a um universo de discurso preciso que se enquadra dentro do mais amplo universo do discurso jurídico, à exclusão das burocracias empresariais e privadas, que possuem seus procedimentos internos e que se enquadram no contexto maior das burocracias modernas. O discurso burocrático-jurídico sobre o qual se faz debruçar a pesquisa semiótica é o discurso jurídico institucional, aquele que tem o Estado de alguma forma como exercente ou controlador da atividade burocrática, ou seja, onde se operacionalizam relações jurídicas tendo o Estado como protagonista direto ou indireto, como ocorre com os discursos produzidos em cartórios extrajudiciais, cartórios judiciais, repartições de secretarias públicas, ofícios públicos e instâncias administrativas.

E esse tipo de investigação, onde se reduz o espectro de variáveis de sentido de uma palavra ou expressão equívoca, como o é "discurso burocrático", se faz tendo em vista sobretudo as dificuldades de identificar teoricamente com precisão qual seja o campo semântico recoberto pela hipótese de estudo[1]. No entanto, a redução, no caso desta pesquisa, faz coincidir o

---

[1] A indeterminação semântica, neste caso, deve-se em grande parte aos usos ordinários da palavra "burocracia", mas não só, pois uma grande tradição de pensamento em torno do problema se formou a partir do século XIX, podendo-se destacar nesse meio as teorias de Marx e Weber. O tradicional estudo sociológico do problema pode ser descrito da seguinte forma: "La bureaucratie désigne une manière rationnelle et légale d'effectuer les tâches dans n'importe quel type d'organisation. Elle peut être considérée de deux manières différentes selon qu'on s'inscrit dans la ligne de Marx ou dans la ligne de Weber. Dans le premier cas, la bureaucratie n'est qu'une fraction de la classe dirigeante dont la fonction propre est de perpétuer la domination de cette dernière sur le système social tout entier. Dans cette perspective, l'organisation soi-disant rationnelle de la société n'est qu'un leurre. Dans le second cas, la bureaucratie est une forme parfaitement neutre d'organisation dans la société qui

conceito de "discurso burocrático" com as necessidades e com o escopo da própria investigação, que se desenvolve no sentido do jurídico-institucional[2].

Nesse sentido, o discurso burocrático é a linguagem institucionalizada por excelência, salvaguardada pelas ideias de isenção ideológica, de procedimentalização/ritualização e de perenização da autoridade representada. Seu papel é funcional e se funda, sobretudo, numa *práxis* institucional reiterada e desmotivada de raízes políticas mais profundas. Investido da função de transmitir normas internas por meio de práticas concretas sedimentadas, o sujeito do discurso burocrático institucionaliza a prática de uma *fala*, no sentido saussuriano do termo, que se funda em um sistema superestruturado nas ideias de poder e de autoridade.

Sobretudo, tendo-se em vista que se identifica o discurso burocrático com *fala* institucionalizada, deve-se *reafirmar*, em meio aos universos de discurso existentes e possíveis de serem identificados, que este é um universo de discurso particular, e que, portanto, possui suas regras, suas normas, seus costumes, suas injunções, que não pertencem em conjunto a mais nenhum outro discurso, o que consente que se examine esse universo como

---

correspond au type d'autorité appelé par Weber <<rationnel-légal>>. Une analyse sociologique de la bureaucratie pourrait donc débuter dans la ligne de Weber. Le type-idéal weberien de la bureaucratie comporte l'accentuation des traits suivants dans une organisation: la fixation d'une aire de compétence par des règles explicites; la distribution des tâches selon une hiérarchie d'autorité centralisée; une administration fondée sur des documents écrits et des procédures dont la maîtrise suppose un apprentissage; la routinisation des tâches; un personnel engagé sur la base d'une qualification spéciale; l'absence d'appropriation des moyens de travail par ce personnel et soumission de ce dernier à une discipline stricte; une rétribution déterminée pour ce personnel ainsi qu'une carrière professionnelle assurée selon une progression dépendant de l'âge ou du mérite" (M. Weber, *The theory of social and economic organization,* 1947). E, ainda, estudando-se a noção de burocracia de Estado, pode-se chegar à seguinte formulação de sentido: (...) "Mode d'organisation économique, politique et social caracterisé par la centralisation, entre les mains d'un groupe social restreint, des moyens de production économique et du pouvoir politique. Cette centralisation est légitimée par la rationalité et le savoir" (Thinès/Agnès, *Dictionnaire général des sciences humaines,* 1975, p. 140, *bureaucratie*). No mesmo sentido, como referência ao sentido da palavra "burocracia", consulte-se Bourricaud/Boudon, *Dictionnaire critique de la sociologie,* 1982, p. 46-52, *bureaucratie.*

2 Mas, deve-se advertir, está-se, sobretudo, a investigar um fenômeno que ocorre e que se demonstra necessário no conjunto das práticas jurídicas textuais; ao contrário de se estar avaliando determinada substância que se chama "burocracia", está-se a demonstrar sua presença no conjunto dos *acontecimentos de linguagem* do universo de discurso jurídico.

autônomo e como produtor de suas próprias cadências de sentido[3]. Se se pode identificar para cada universo de discurso um conjunto de regras próprias (CUD = R1 + R2 + R3 + R4 + Rn...), essas regras não podem pertencer em sua totalidade senão a esse universo de discurso, pois são estas que o identificam como tal e o distinguem dos demais; são elas que mantêm vivas as latências de sentido e as práticas de valores sacralizados em seu universo. Quais sejam é o que cumpre avaliar nesta parte.

Nesse sentido, é interessante que se guardem as principais características de funcionamento do sistema burocrático: definição de uma área de competência, atuação sobre e com documentos escritos, escalonamento funcional em hierarquia, tratamento da matéria de forma rotineira, especialização de tarefas, disciplina, estruturação funcional em carreira, promoção funcional escalonada[4].

Mas não é o que basta para a presente análise, por isso se discorre a respeito de suas características discursivas a seguir:

1) Trata-se de um discurso subordinado ao discurso normativo (*poder-fazer-dever*), e, portanto, que sofre os influxos de sobredeterminação daquele universo de discurso jurídico, uma vez que a ele obedece e a ele se refere seja pelo conteúdo (semântica), seja pela forma (sintática).

2) Trata-se de um discurso que, modalizado, resulta num *poder-fazer-fazer*[5], sendo que isso significa que é incapaz de produzir persuasão, pois atua não sobre o saber, mas sobre o fazer, condicionando-o a outros atos, truncando-o, exigindo-lhe constantes desempenhos formais e escritos, ritualiados, ordinatórios e procedimentais.

3) Trata-se de um discurso técnico capaz de conferir vida ao discurso da norma através da marcha dos procedimentos. Com isso se quer simplesmente dizer que o discurso burocrático consente a mecanização das estru-

---

3 Cf. Pais, Aspectos de uma tipologia dos universos de discurso, *Revista Brasileira de Linguística*, v. 7, 1984.

4 Deve-se guardar, no entanto, a diferença capital existente entre os sistemas de pensamento de Marx e Weber: este tem em vista as burocracias em geral (institucionais ou não) e Marx tem em vista a burocracia estatal. Procurando responder à questão *Qu'est-ce que la burocratie,* Lefort examina, dentro do eixo de estudos sobre a burocracia Hegel-Marx-Weber, sobretudo as propostas de Marx e Weber, destacando que Marx (p. 217-72) tem em vista a burocracia de Estado, e Weber (p. 279-97), com seu modelo mais genérico, descreve de mais próximo as características das burocracias modernas, não obstante as críticas que a ele e seu método se possam fazer (Lefort, *Éléments d'une critique de la bureaucratie,* 1979).

5 Cf. Pais, Aspectos de uma tipologia dos universos de discurso, *Revista Brasileira de Linguística*, v. 7, 1984, p. 47.

turas normativas, consente a manufatura do acontecimento previsto abstratamente no contexto do discurso normativo. Nesse sentido, o discurso normativo é incapaz de mais coisas, necessitando ser complementado ante as situações e ocorrências práticas por outros discursos, o que é feito pelos discursos burocrático e decisório. É, portanto, *conditio sine qua non* para a atualização do discurso normativo, acompanhando, pois, a mesma necessidade que tem o discurso decisório de atualizar o discurso genérico e abstrato da norma. Mas suas relações com o discurso normativo são muitas, e não pouco complexas, de modo que se podem distinguir pelo menos dois tipos de interdependência. Assim: (a) por vezes, é o discurso burocrático a finalidade do próprio legislar: existem espécies de normas diretamente destinadas a criar ou a estatuir o procedimento administrativo, e seu conteúdo normativo se limita a isso; existem espécies de normas diretamente destinadas a investir uma autoridade burocrática em suas funções (nesse caso, fala-se em autoridade competente para executar... e individualizar a norma...). O discurso burocrático é, nesses casos, o próprio conteúdo de um discurso normativo; (b) por vezes, é ele a mera intermediação entre um ato decisório (autoridade administrativa ou judiciária) e um ato peticionário (pleito, reclamação, reivindicação), como ocorre com o procedimento judicial e os administrativos, e, nesses casos, o discurso burocrático desempenha o papel de intermediário institucional, racional, desinteressado e normativo entre o interesse e a decisão de poder.

4) Trata-se, sem dúvida, de um discurso mediador, que estabelece relações entre a instância estatal e a dos interesses particulares, de forma que reduz o acesso direto aos órgãos públicos, às autoridades públicas, a um conjunto de textos, a práticas documentais e escritas, mediando conflitos e demandas por meio de sua neutralização em discurso. Se tudo tem de passar pelo texto ou pelo documento, a demanda se torna o modo formal de alcançar o resultado útil. Assim sendo, a reclamação passa a representar a esterilização do conflito fático (conflito sociológico), pois o transforma em uma luta em torno do sentido (conflito semiótico-jurídico), a ser travada, primeiramente, por meio dos *atos de linguagem* e pelas práticas textuais ritualizadas, e, somente num segundo momento, perante a autoridade do discurso decisório, e assim mesmo se o discurso for vitorioso, preencher condições e for admitido como eficaz perante essa mesma, de modo a poder acessar a decisão.

5) Trata-se de um discurso que se mostra neutro ao regime ou ao poder estabelecido, de forma que o instrumentaliza, sem se identificar com

suas variantes ideológicas ou seus fundamentos situacionais[6]. Mas, mesmo assim, sua legitimidade não é outra senão a do próprio poder instituído[7], e, escondendo esse fato, consegue neutralizar uma faceta gritante em meio às suas características: o fato de que se trata de um discurso de poder, sobretudo de manutenção da ordem jurídico-potestiva à qual remete, da qual se vale e à qual confere eficácia prática. O discurso burocrático, nesse sentido, ao exercer seu poder de controle sobre as demandas e ao exercer essa função de mediação autoridade/requerente, fá-lo exercendo uma falsa força persuasiva, a de que o texto é necessário para qualquer mediação jurídico-burocrática.

6) Trata-se de uma espécie de discurso jurídico que se exerce quase que prescindindo da atividade interpretativa[8]. Se prescinde da interpretação para se exercer, ou melhor, se a exerce de uma única forma sempre, na forma da interpretação restritiva, literal, ao menos o fato da interpretação não lhe é minimamente um acontecimento necessário. Em outras palavras, a interpretação para esse discurso aparece como acidente, pois está ausente de sua ideologia funcional. A princípio, esse discurso opera prescindindo da interpretação; trata-se de um discurso que renuncia racionalmente ao uso da interpretação, querendo mesmo avocar para si o estatuto de discurso mimético (do grego, reprodução) da *vox legis*. Em outras palavras, a interpretação só é aceita como ocorrência lateral, marginal ao sistema em sua operacionalidade severa, rígida e regulamentar. O que esse discurso faz é reproduzir instâncias discursivas pressupostas, e, como tal, pode ser dito

---

6 Sobre esse aspecto: "Dans son principe, elle est indifférente aux interêts et aux valeurs qu'un régime politique défend" (Lefort, *Éléments d'une critique de la bureaucratie,* 1979, p. 281).

7 A política se vale da burocracia para se sustentar, e esta, por sua vez, no fundo, baseia-se na legitimidade daquela. Cf. Grandguillaume, *Théorie générale de la bureaucratie,* 1996.

8 E nisso não se veja nenhuma *contradictio in sensu* com relação ao que já se disse a respeito do problema da interpretação em capítulos anteriores a este. Já ali se havia advertido que cada universo de discurso está prenhe de injunções próprias que o caracterizam à exclusão dos demais inventariáveis. Se já se disse que cognição e interpretação se fazem a um só tempo, mesmo assim se deve admitir a existência de discursos que renunciem a mudanças de sentido, e se exerçam na base da repetição (discurso burocrático) das estruturas sintáticas e semânticas (do discurso normativo) contidas em outros discursos, de modo que o discurso que assim se estrutura somente vive à deriva das modificações ocorridas no contexto daquele no qual se baseia. Deve-se dizer, no entanto, que fica preservada uma mínima interação exegética na aplicação das normas, pois essa mínima interação vem baseada no princípio da interpretação literal da *vox legis.*

um discurso *pré-escrito*. Não há criação, há reprodução; não há liberdade interpretativa ou mesmo busca de sentido, há acomodação das palavras de um discurso prévio (discurso normativo) a situações de fato, a ocorrências fáticas. Sua notação se encontra anteriormente *predeterminada* pela letra de uma lei ou de um estatuto qualquer[9].

7) Trata-se, por consequência, no mesmo sentido dos discursos normativo e decisório, de um discurso que possui caráter performativo, pois, por meio de sua elocução, realiza atos externos à linguagem. Se a função do discurso burocrático é ordinatória em um procedimento, criando estado de coisas, estabelece obrigações, estabelece prazos, cria condições, faz cumprir decisões administrativas, coordena atitudes, derivando sua textualidade daquela que lhe é mandamento, ou seja, da textualidade normativa. Ao reproduzir o discurso normativo, está realizando atos de mandamento, de prescrição, criando a necessidade de condutas com a elocução de signos textuais. O ato performativo, nesse sentido, como *ato de linguagem* criador, reclamará uma atitude da parte interessada ("Cumpra-se o despacho de fls."); nada lhe falta, porque é ele mesmo a ocorrência não simplesmente de linguagem, mas a ocorrência jurídica, incontornável para o sujeito interessado. O que o discurso burocrático faz é manifestar prescrições normativas em contextos procedimentais, e, por consequência, criar exigências e situações, quando determina às partes deveres que, se não forem superados, prejudicam o andamento do procedimento ou impossibilitam o acesso à decisão. É o ato de linguagem burocrático, desde o momento de sua enunciação, já um ato jurídico produtor de efeitos jurídicos (declara a nulidade de um ato, reavalia a contagem de prazos processuais, fornece oportunidades de manifestação, comanda uma atitude procedimental, cria uma obrigação, efetua uma ordem jurídica...). Assim, quase invariavelmente, o ato burocrático reclama, na sua sequência, um *ato* da parte (ato comissivo), ou, mesmo, um *não ato* da parte (ato omissivo)[10].

---

9 "Este (o discurso burocrático) não pretende persuadir justamente na medida em que não pode aceitar a possibilidade do fazer interpretativo, que ameaçaria anulá-lo, de modo que a modalidade complexa que o qualifica é a da manipulação, ou seja, o discurso burocrático é, por definição, manipulatório na sua estrutura de poder e no seu processo de produção" (Pais, Aspectos de uma tipologia dos universos de discursos, *Revista Brasileira de Linguística*, 1984, p. 48).

10 Note-se, no entanto, a diferença de carga performativa entre os seguintes discursos burocráticos: "*Cumpra-se*" e "*Faço estes autos conclusos ao Sr. Juiz de Direito*". No primeiro, por meio do imperativo, ordena-se algo, realizando-se pelas palavras uma exigência de

Esses são os principais traços desse discurso, o que não exime a análise de detalhar o sentido de algumas questões aqui levantadas e de continuar o fluxo de reflexões, tendo-se em vista a complexidade da temática.

Assim, pode-se dizer que esse discurso, de princípio, opõe-se ao discurso das ocorrências. De fato, essa é a espécie de discurso jurídico que mais se embate com o discurso heraclitiano dos acontecimentos socioculturais; se para este último discurso impera a (∅)mutabilidade e a (in)formalidade, para aquele primeiro impera a (i)mutabilidade e a (∅)formalidade. Mais que mera diferença de *in-* e *i-* entre as palavras empregadas, o problema assume graves consequências na medida em que se desdobra, pois esse antagonismo é, frequentemente, força motriz de sérios conflitos entre ambas as instâncias.

Ainda mais, pode-se dizer que esse discurso não está caracterizado pela riqueza semântica e muito menos pelo seu papel criativo. Trata-se de um discurso clausular, que se exerce mais pelo rito que pelo conteúdo, mais pelo seu caráter ordinatório que pelo que inscreve semanticamente. Sua subserviência, com relação aos discursos normativo e decisório, constrange-lhe a natureza. De fato, exerce-se quase que monossilabicamente, guturalmente, com pequenas *chaves de linguagem*, pequenas fórmulas técnicas e estanques incorporadas pela tradição e pelo hábito do *bureau,* que se repetem maquinalmente, mas não inocentemente, pois se trata de um discurso instrumental ao exercício de poderes.

---

conduta de outro sujeito. No segundo, por meio da própria construção discursiva se realiza algo, ou seja, faz-se pausa na marcha do processo para que ao juiz se possam remeter questões a serem examinadas e decididas, criando um novo estado de coisas no processo. Nesse sentido, todo o problema que avassala a discussão sobre o próprio conceito de *ato performativo* dentro da teoria de Austin vem às claras aqui. Se o discurso normativo cria deveres pela sua elocução, se o decisório obriga por meio de sua elocução, não é nítido o estatuto do discurso burocrático nesses entremeios de discussão. Parece que, por vezes, poder-se-á admitir que se trata de ato performativo e, por vezes, não. Mas essa solução é contraditória (*contradictio in sensu*). Daí se ter optado por uma visão mais restritiva do que seja o ato performativo no sentido que lhe confere Austin, após a revisão de suas premissas teóricas, após as críticas que recebeu (Ross, Hart...). Austin mesmo chegou a conceber o ato performativo como sendo aquele emitido apenas em primeira pessoa e no tempo presente ("Batizo este barco"; "Nomeio-o meu assistente"; "Concedo meu perdão"). Tendo em vista essas dificuldades, a entender-se dessa forma, só se pode admitir que o discurso burocrático "realiza coisas por meio das palavras", quando comanda condutas e cria obrigações que devem ser satisfeitas pelos interessados a fim de verem satisfeitas as condições de andamento do procedimento. É, portanto, de admitir no discurso burocrático um discurso performativo.

Discurso estéril, é o menos suscetível a renovações[11], ou mesmo à penetração de novos conceitos técnicos ou atécnicos; só os absorve quando o próprio discurso normativo os absorveu, e, nesse caso, o faz por via indireta. É pouco suscetível, também, de receber novos fluxos hermenêuticos, novos alentos científicos. Sua sobredeterminação modal provém quase única e exclusivamente do discurso normativo (*poder-fazer-dever → poder-fazer-fazer*), de modo que as alterações que sofre obedecem às mesmas modificações que o discurso normativo sofre com o tempo[12].

O discurso burocrático é daquelas formas de discurso jurídico que se remetem inteiramente às injunções, aos conceitos e aos elementos basilares que compõem e distinguem o discurso normativo. Em seu contexto e em seus usos, faz-se do espaço normativo uma ordenação à qual não se deve tão somente a diretriz ou o parâmetro de atuação concreta, mas uma subserviência reprodutora. A atividade criativa de confecção do sentido concreto das normas se reduz a uma operação simplista e mecânica de subsunção de fatos a realidades normativas.

Nada há, de fato, que autorize a colocação do discurso burocrático entre os discursos de interpretação; nesse sentido se diz que há um *não discurso* nas formações de linguagem burocrática, e isso porque da prática de linguagem se extrai o poder de construir uma *fala* jurídica. Pode-se ainda dizer que se trata de um discurso castrado, reduzido a uma *pseudoformular* distribuição de signos semântica e sintaticamente dispostos, visto que toda semiótica prevê em seu interior, subscrita, uma instância ideológica[13]. O que se quer dizer é que a ideologia está sempre presente nas entrelinhas de um discurso, mesmo que este se faça uma estrutura *pseudo-objetiva*. Há, nessa dimensão, a estabelecida regra do exercício monodimensional da enunciação, aferrada que se encontra aos parâmetros aos quais se submete. Trata-se de um texto de manutenção técnica e ritual, visando a executoriedade do sentido normativo. O fato de se pretender um discurso neutro é que o faz se abeirar do cânone da literalidade hermenêutica.

---

11 Pode-se dizer, a burocracia possui dificuldades de adaptação ao novo (cf. Grandguillaume, *Théorie générale de la bureaucratie*, 1996, p. 28).

12 Nesse sentido, remete-se o leitor ao que se disse a respeito da linguagem jurídica e da formação do vocabulário jurídico-normativo nos capítulos precedentes.

13 O serviço burocrático é algo que se abeira da técnica e do maquinismo, e normalmente pende para um desses polos (cf. Grandguillaume, *Théorie générale de la bureaucratie*, 1996).

Como todo texto, é uma manifestação de sentido prenhe de ideologia; seu caráter é prescritivo de segundo grau, pois, sem a autoridade de uma norma jurídica, nada vale, nada produz, de nada é capaz. O que normalmente ocorre é que esconde o sujeito que está por trás do texto, e isso quando se utiliza de composições formulares abstratas e reiteradas, de estruturas sintáticas neutras e não subjetivadas, pois, com essas práticas de discurso, quer-se, em verdade, produzir o efeito de que a instituição é a responsável pela elocução do discurso, e não um sujeito concreto e determinado, um sujeito que a ela está funcionalmente subordinado. Daí o uso de locuções vazias e imperativas, expressões determinativas, fórmulas despersonalizadas e manifestações repetitivas, todas reclamando um estatuto abstrato e *não ideológico*, que não são características verdadeiras desse discurso[14].

A só utilização da forma imperativa, a mais comumente utilizada, já conota um sentido diverso daquele meramente inscrito na literalidade das palavras que compõem o discurso burocrático ("Cumpra-se", "Tragam-se aos autos as certidões que comprovam a condição do pleiteante", "Junte-se o documento determinado, sob pena de extinção", "Autorizo o pagamento do Convênio", "À parte pleitear o que de direito", "Retornem os autos à instância de origem", "Dê-se andamento ao despacho de fls.", "Providencie o pleiteante a regularização de sua representação processual", "Cumpra-se o estatuído na Resolução de n. xx", "Faço estes autos conclusos ao Sr. Juiz de Direito").

A informação jurídico-procedimental, o chamado "estado do processo", é veiculado por meio de discursos burocráticos (certidões, atestações, retificações, descrições...), que atestam o estado da realidade *intra-autos*, ou, ainda, conferem um *status* ou atestam uma situação fática qualquer relevante para a textura da marcha no sentido da decisão. O burocrata é aí um sujeito não identificado, ocultado, frequentemente, pelo uso de estruturas discursivas indeterminadas, pretensamente objetivo na emissão da mensagem, verdadeira tentativa de mitificação do espaço da ideologia subjetiva, que, ocultada ou não, destaca-se de todo tipo de discurso. A modalidade discursiva indica que não importa quem seja o funcionário, o ato sempre seria

[14] A presença de expressões, sentenças, documentação e discursos formulares nos meandros burocráticos é de todo comum. Sobre o apego ao arcaísmo na linguagem jurídica, com as consequências positivas e negativas do fato inegavelmente presente nesse universo de discurso, consulte-se o chamado efeito *Thémis* discutido por Sourioux, *Le langage du droit,* 1975, p. 69-86.

aquele. A axiologia é indissociável da esfera do discurso, estando presente em todo espectro comunicativo, inclusive neste da linguagem burocrática; os usos burocráticos apenas procuram mascarar essa presença necessária do sujeito nos discursos.

Mas, além de tudo o que se disse, pode-se ainda identificar o fato de que se trata de um discurso que pressupõe seu conhecimento. Nesse sentido, a ignorância do rito vem em desfavor do *sujeito-actante* interessado na boa marcha do procedimento. O discurso burocrático interage com os outros discursos produzidos no contexto do procedimento, no desenrolar de seus atos, mas não de forma direta, imiscuindo-se numa dialogia profunda de valores, prazos, direitos, noções, demandas, sentidos, poderes, definições, papéis, como ocorre com o discurso das partes num processo judicial, mas sim como um discurso de autoridade. Sua proposta se encontra em outro nível tópico, pois o que pretende é declarar o discurso de poder contido nas normas jurídicas.

Detém o *saber-fazer*, possui uma tecnologia de uso de informações normativas e regulamentares, e quase que os esconde, os mitifica, os cultua, de forma a exercer uma dominância que coloca o usuário na situação de manipulado pela falta de informação, pela carência do discurso normativo que lhe conferiria autonomia para agir, prescindindo, por vezes, do próprio corpo burocrático. Conhecer os meios pelos quais, conhecer o que fazer, saber como se conduzir são vistos como perigosos atalhos em direção ao poder pelo burocrata, inclusive ao questionamento de seu papel funcional.

Os papéis de mediação, ordem e execução controlada do discurso normativo são-lhe essenciais[15], porém, mais que isso, são muito importantes para a própria transparência desse discurso e de suas práticas. O que ocorre, no entanto, não é uma procedimentalização livre de excessos, pois o apego à marcha acaba se tornando uma âncora para a continuidade e para a solução dos pleitos.

Há, portanto, nas práticas de discurso burocráticas, *códigos de entrada* impostos, fórmulas de mediação, todas colocadas como condição de acesso aos resultados jurídicos da marcha burocrática. É certo que toda prática discursiva, inserida que está num universo de discurso particular qualquer (discurso jornalístico, religioso, político, publicitário...), exige

[15] E seria exatamente essa a sua teleologia, a eficácia procedimental: "Elle (la bureaucratie) vise à l'efficacité maximale, elle définit un ordre, elle satisfait globalement les besoins sociaux..." (Grandguillaume, *Théorie générale de la bureaucratie,* 1996, p. 27).

códigos; mas, o discurso burocrático é fundamentalmente um discurso que exige excessivos *códigos de entrada* do sujeito que com ele interage, dele necessita e com ele convive, para a realização de atos quaisquer que envolvam a burocracia jurídico-administrativa. É nesse sentido que constrange, que impede a circulação livre de práticas discursivas e a obtenção simplificada de resultados práticos de discurso; a interação burocrática é quase sempre truncada e a tecnologia vocabular comparece como instrumento de poder do jogo de relações semióticas.

Nesse sentido, ressalte-se o fato de que se trata de uma faixa de práticas onde impera o documento como forma de acessar *códigos de entrada*. O texto escrito é eleito à condição de essência das relações, de modo que sua *não presença* (ausência) importa na *não presença* (ausência) da relação, o que em outras palavras quer dizer o mesmo: a *não presença* do texto escrito representa a inexistência da relação. O texto escrito é interpretado, nesse universo de discurso, como a *ratio essendi* da relação (pedido, reclamação, interpelação). O texto escrito é mesmo o mediador formal e necessário entre a autoridade de discurso e o terceiro que instaura o procedimento.

O que se pode dizer é que o texto literal, na linha do que se vem dissertando neste trabalho, é apenas a superfície, a manifestação do discurso, e não o próprio discurso, pois este é mesmo produto de uma atividade exegética de busca do sentido. Se a letra da norma, se a sua conformação gramatical se tornarem empecilhos para o exercício de direitos pleiteados por meio de procedimentos, estar-se-á diante de uma situação típica de congelamento do movimento de sentido de um discurso normativo. Essas práticas redutoras da evolução de um texto se dão por uma fixação na *ideologia da isenção ideológica*[16] do discurso burocrático, o discurso que se pretende *não criativo*, ou seja, apenas *declaratório* da literalidade normativa. Seu falso caráter *declaratório* lhe permite o exercício do poder de manipulação.

Fica, pois, como referência, a ideia de que o texto burocrático é um derivativo do discurso normativo, prenhe de uma ideologia da neutralidade axiológico-hermenêutica, pretendendo fazer-se a declaração da norma no procedimento, dotado de poder, que se manifesta invariavelmente por meio

---

[16] Pode parecer tautologia do discurso utilizar a expressão "ideologia da isenção ideológica", mas o uso é proposital. Isso porque não se quer dizer outra coisa senão que a própria decisão de isentar-se de ideologia já corresponde a uma opção, a uma escolha de valores, e, portanto, a uma ideologia.

de peculiaridades elocutivas, exaurindo-se no próprio exercício circular do procedimento, pouco acrescentando ou pouco absorvendo das evoluções que se dão no universo de discurso jurídico.

Essa investigação, que se incumbiu fundamentalmente de apresentar as características de manifestação das práticas burocráticas, lançou não só a preocupação do discurso burocrático como prática isolada, mas, também, como prática inserida num contexto maior. Dessa forma, já se pôde perceber a dimensão que ocupa esse discurso em meio aos demais. Assim, ficam lançadas as principais noções distintivas dessa espécie de discurso jurídico, e isso para que se possa ora investigar como se dá a análise do percurso narrativo, a interação de destinador e destinatário, entre outros possíveis desenvolvimentos que poderá ganhar essa temática.

2.2.1 ENUNCIADOR, ENUNCIATÁRIO E MODALIDADE DO DISCURSO BUROCRÁTICO: A PRODUÇÃO SEMIÓTICA DO DISCURSO BUROCRÁTICO COMO DISCURSO SUBORDINADO

O discurso burocrático (*poder-fazer-fazer*) é um discurso duplamente coarctado, e isso porque, de um lado, está sempre sujeito à revisão da autoridade (judiciária ou administrativa) por se tratar de discurso público e oficial, à qual se submete, e, de outro lado, porque está sujeito aos ditames do discurso normativo que aplica. Então, o modo de produção semiótico desse discurso deve ser afetado por esses imperativos, assim como o desempenho do *sujeito-actante* dessa modalidade de discurso jurídico deve fazer-se, basicamente, no modo da subserviência, ou seja, em função desses dois impositivos castrantes da liberdade criativa do discurso. Isso porque o só fato de se colocar sob as injunções do *superiori permissu* constrange sua formação na base do poder e da vontade. São essas questões, entre outras, que cumpre sejam estudadas neste momento[17].

---

[17] Mais que isso, se a análise se utilizar do modelo triangular de Carnap, Ogden & Richards, poder-se-á detectar que: (a) sob o ponto de vista semântico: há manutenção semântica e não inovação, e o sentido jurídico permanece regelado antes de qualquer nova erupção modificativa das anteriores estruturas codificadas; (b) sob o ponto de vista sintático: há reprodução da sintática normativa, pois, se a função primordial desse discurso é a impulsão do procedimento, as fórmulas e as regras *preestabelecidas* imperam na ordem gramatical de apresentação desse discurso jurídico; (c) sob o ponto de vista pragmático: há subserviên-

O investimento do *actante-burocrata* se dá, geralmente, por meio de procedimentos formais de admissão nos quadros do serviço público. Num primeiro momento, investido o actante em sua função, em seu papel discursivo, tem-se um sujeito "lotado", "investido", "designado", nos termos do direito administrativo, nos quadros de uma Instituição Pública (Poder Judiciário, Poder Legislativo, Poder Executivo). Sua vinculação, sua competência, seu âmbito de atuação, sua posição hierárquica, sua função, a partir da investidura, estão já dados, preexistindo ao momento de investimento no poder; a instituição somente acolhe um novo actante como um novo sujeito capaz de manipular o *saber-fazer* preexistente. Num segundo momento, basta-lhe dar continuidade a uma multidão de tarefas preexistentes que são do âmbito de atribuição da esfera institucional onde atua.

De fato, o que se pode dizer é que o legislador age de modo a garantir o investimento de *sujeitos-actantes* por meio de discursos normativos inteiramente destinados a isso. Por estar dotado de poder para tanto em seu âmbito de atuação, também define a competência, as atribuições, as funções, os limites da atuação de determinada instituição, tudo com vistas a evitar o conflito de competência e a determinar com clareza e retidão as esferas de atuação do poder institucional, evitando-se o arbítrio, a inexecução de tarefas e políticas, a desordem, ou mesmo a invasão de atribuições.

A investidura do *actante-burocrático* em seu papel discursivo se dá em função dos interesses da coletividade, pois ali desempenha um *múnus público*. O desempenho desse múnus vem regrado por normas estatutárias, por normas de competência e de matéria jurídica, por normas ético-jurídicas, procedimentais, administrativas, hierárquico-funcionais... donde se destaca um agir comprometido com uma prática de legitimidade social previamente autorizada. O serviço prestado pelo burocrata em seu desempenho textual-procedimental é menos algo que releve a seus interesses de ator discursivo e mais algo que releve aos interesses de toda uma coletividade que dele depende.

Os papéis actanciais, exercidos pelos exercentes das funções jurídicas, definem o rol de pressões normativas que os investem nas condições de detentores do *poder-da-posição-discursiva*, sabendo-se que aquele *lugar--de-discurso* é sempre específico, especializado, pontualizado, revestido

cia do enunciador burocrático ao editor normativo, ou a outra autoridade que lhe sirva de sustentação, onde a subserviência está para a imobilidade pragmática e à inércia hermenêutico-criativa.

de atribuições, oportunidades procedimentais de fala, devendo atuar no exercício da representação de posturas-discursivas atinentes às próprias condições de exercício e investiduras próprias das carreiras jurídicas. Investido do poder funcional, cumpre àquele ator[18], que passa a ser desde sua investidura um *sujeito-actante*, adquirir os meios de realizar a sua *performance* burocrática, tudo isso tendo em vista sobretudo o fato de que quando atua não o faz simplesmente por querer, mas por dever funcional. Se o discurso burocrático é um *poder-fazer-fazer*, em sua base de estruturação se encontram seja o querer que motiva a *performance*, seja o dever que obriga ao desempenho funcional.

E esse dever está estritamente ligado ao procedimento, judicial ou administrativo; é em meio a um procedimento que o actante desempenha seu papel discursivo. O procedimento pode ser definido como uma compilação de discursos de diversos actantes diferenciados, organizados lógica, cronológica e normativamente, tendendo à obtenção de outro discurso, o decisório. Assim, toda a teleologia do discurso burocrático é ceifar um campo por vezes vasto e espinhoso, até que se alcancem, por estarem reunidos todos os pressupostos, as formalidades, as provas, ou mesmo, superadas fases de apreciação, o discurso decisório.

Em poucas palavras, neste tipo de análise semiótica onde se destacam as modalidades do discurso[19], podendo-se direcioná-las ao estudo do discurso em causa, a saber, o discurso jurídico-burocrático, pode-se dizer que este passa a ser definido como um *poder-fazer-fazer*[20]. Essa modalidade

---

[18] Já se disse em outra parte que os *actantes-sujeitos* cumprem tarefas, exercem atividades, realizam atos, interagem, enfim, "fazem" e "acontecem" em discurso; quando se fala de *actante-sujeito* não se há que pensar no(s) sujeito(s) que por detrás dele se encontra(m), mas sim em aparições textuais e papéis textuais desempenhados por esse(s) sujeito(s). Nesse sentido, e por sua vez, também se há que distinguir actante de ator (a respeito dessa diferença conceitual, consulte-se Greimas/Courtés, *Sémiotique*: dictionnaire raisonné de la théorie du langage, 1993, p. 7-8); este é o sujeito encarnado que exerce funções actanciais determináveis, que aliás podem ser inúmeras. Para um único ator corresponde uma infinidade, por vezes, de papéis actanciais no discurso.

[19] Essas modalidades exprimem a influência recíproca que os verbos (o ser exprimindo estado e o fazer exprimindo a transformação) podem causar entre si (*poder-ser*; *fazer-ser*...), de modo a se poderem alcançar descrições modelares da comunicação discursiva (cf. Greimas, *Du sens II*: essais sémiotiques, 1983, p. 76-78).

[20] É de remarcar que a modalidade do discurso burocrático é o *poder-fazer-fazer*, e seu efeito de sentido repousa na manipulação (cf. Pais, Aspectos de uma tipologia dos universos de discurso, *Revista Brasileira de Linguística*, n. 7, 1984, p. 43-66).

complexa que o exprime tem a peculiar característica de não admitir em sua estrutura a persuasão[21]. O processo do discurso burocrático é o da manipulação, e é remarcável que atua na ordem do poder, fixando a intimidação[22]; não produz sedução, porque não convence na ordem do saber.

E tudo isso, sucinta e esquematicamente analisado, do ponto de vista da gramática narrativa, permite a construção, com análises de desempenho do actante, do quadro que segue:

1. Se (*poder-fazer* + *dever-fazer* + *saber-fazer* + *querer-fazer*) Fazer = texto burocrático (despacho) válido, competente, apto a produzir efeitos regulares, aprovado pela autoridade superior, de acordo com os mandamentos funcionais e portarias internas de serviço. O que ocorre nessa situação é que houve investidura do *actante-burocrata* em seu papel discursivo do procedimento, e, no cumprimento de seu dever, tendo adquirido os meios corretos de execução, e passado pelas formas procedimentais adequadas, deu nascimento a um texto burocrático pertinente. Essa descrição modal e semiótica da *performance* burocrática é a que espelha o melhor programa narrativo possível. No percurso discursivo da burocracia o agente burocrático, que desempenha um papel actancial, recebe sim uma sanção, no sentido semiótico do termo (recompensa/avaliação). Para o burocrata sua *performance* é avaliada para fins de promoção funcional.

2. Se (*poder-fazer* + *dever-fazer* + *saber-fazer*) Fazer = apatia burocrática (*aboulia*). O que ocorre nessa situação é a não produção de texto burocrático pela ausência do *querer-fazer*, não obstante todas as condições do fazer estarem presentes. Assim, houve investidura, os meios corretos de execução são conhecidos e estão à disposição... O que há, nesse caso, é uma inércia semiótica, que resulta em uma *performance* nula em face do progra-

---

[21] Com Pais, pode-se dizer: "Nesses termos, o discurso burocrático seria o mais fraco, já que, como vimos, a modalidade complexa que o define não prevê a persuasão, quanto à coisa enunciada. No entanto, observa-se que o discurso burocrático frequentemente sobrepõe-se aos demais, sobredeterminando-os e tiranizando-os, em função do poder do enunciador, que se firma, dentro das práticas sociais, particularmente na relação enunciador/enunciatário" (Aspectos de uma tipologia dos universos de discurso, *Revista Brasileira de Linguística,* v. 7, 1984, p. 48).

[22] O mais grave problema surge quando o *poder-fazer-fazer* age sobre o *poder-fazer--dever*, sobredeterminando-o, e a burocracia passa a dominar os universos do discurso jurídico (decisório, normativo, científico), o que corresponde a um processo de degeneração, pois aquele universo de discurso passa a degradar as práticas dos universos de discurso jurídico.

ma narrativo previsto para ser realizado. Nesse sentido, a sanção ao burocrata poderá não ser positiva, visto que esta é a descrição da pior modalidade de legislador, sobretudo tendo-se em vista a possibilidade de cometimento de crime funcional (específico do funcionário público) pelo não cumprimento de seu múnus público. O que releva da análise é que o *querer-fazer* do burocrata, dentro de seu contexto hierárquico, nada significa, pois, mais que querer, ele deve fazer, "sob pena de".

3. Se (*poder-fazer* + *dever-fazer* + *querer-fazer*) Fazer = texto burocrático defeituoso, eivado de nulidade, atécnico, errôneo... Nessa hipótese descritiva está-se diante de um resultado ocorrido, mas eivado de vícios que comprometem sua aplicabilidade. E isso porque ao burocrata faltou o *saber-fazer.* O burocrata, em seu regime estatutário-funcional, não se resume a produzir textos quaisquer, mas deve também saber escolher os meios e o momento adequados para manifestar seus despachos, de acordo com a ordem do procedimento. Essa *performance* num programa narrativo importará provavelmente em resultados sancionatórios negativos.

4. Se (*saber-fazer* + *querer-fazer*) Fazer = texto burocrático inválido, dado que ao actante-burocrata faltava o *poder-fazer*, que engendra o *dever--fazer*. A esfera de competência, no quadro da hierarquia funcional, é algo de muito importante, e a quebra dessa ordem significa mesmo um atentado contra um mandamento normativo superior responsável pela divisão e adequação das funções. Sem investimento, o sujeito não pode falar como se fosse investido, ou, mesmo, um actante-burocrata de uma esfera de competência não pode falar por outro pertencente a esfera diversa. Enfim, não houve investidura do actante para falar naquela hipótese em que se pronunciou, seja contrariando normas constitucionais de organização de poderes, seja desrespeitando normas infraconstitucionais sobre a matéria. A sanção se diferencia conforme a hipótese, podendo-se incluir aqui hipóteses como represálias institucionais por invasão de competência, conflitos de atribuições, conflitos entre esferas de poder... Os males causados pelo discurso burocrático não são somente decorrentes da inércia, mas também do privilégio, do desmando, de influência e do desvio de conduta.

Vista a estrutura básica de distribuição das modalidades, pode-se dinamizar o modelo colocando-se o *sujeito-actante* em atuação em seu papel discursivo concreto. Então, estar-se-á diante do percurso de um sujeito (Se) em direção a um *objeto de valor* (Ov), sendo que esse sujeito (Se) o faz relacionando-se com outro(s) sujeito(s) (Sr). Cumpre seja estudado o modelo tendo-se em vista a produção semiótico-textual do chamado *actante--burocrático*, onde há instauração do sujeito burocrático a partir do *dever-*

-*fazer* (de executar, de proceder, de cumprir) → aquisição da competência para a realização do objetivo, ou seja, de um *saber-fazer* baseado num discurso normativo qualquer e de um *poder-fazer* baseado na autonomia de fazer em sua esfera de competência → desempenho funcional e realização do procedimento (Se>>Ov).

O percurso narrativo desse discurso é curioso, e, ao mesmo tempo, muito complexo. Seus entrelaçamentos e seus comprometimentos determinam sua formação de um modo todo peculiar, de forma que se bipartirá a análise para dois momentos: um primeiro, onde se verificará o engajamento do discurso burocrático no curso do procedimento, e um segundo, onde se verificará o comprometimento funcional nos quadros institucionais.

Assim, o discurso burocrático, como programa narrativo, naturalmente, funciona como programa auxiliar ao de um discurso decisório (decisão administrativa ou judiciária), como já se explorou anteriormente. Nesse sentido, pode-se descrevê-lo da seguinte forma: burocrata (Destinador) → sujeito interessado (Destinatário) → marcha do procedimento (Objeto de valor), onde oponentes são as partes, os sujeitos interessados, com seus interesses envolvidos, a todo tempo cobrando atitudes, desempenhos, celeridade... e adjuvante é a autoridade administrativa ou judiciária.

Mas, também, é curioso notar, ainda mais, que, no quadro dos desempenhos funcionais institucionais, o que há é que aquele que está a serviço de uma autoridade superior, não obstante esteja investido de poder para decidir, tenha um cargo, esteja "lotado" para este ou aquele programa narrativo, etc., representa para essa mesma autoridade uma *longa manus* de seu poder, de sua competência, de suas responsabilidades e atribuições. De fato, o que há é que o programa narrativo da autoridade é o próprio programa da instituição à qual se liga, e a qual representa perante a coletividade, de modo que todas as responsabilidades da instituição, como pessoa jurídica que é, terminam por se acumular na autoridade que por ela responde.

Desse modo, o programa do burocrata é de suma importância para o programa da autoridade, e as consequências de seu agir (satisfatório/insatisfatório) acabam repercutindo, positiva ou negativamente, para a autoridade institucional. Assim, tem-se que: programa narrativo do burocrata (PNb) ↔ programa narrativo da autoridade (Pna): autoridade superior (Destinador) → burocrata (Destinatário) → desempenho institucional satisfatório (Objeto de valor), onde as práticas textuais jurídico-burocráticas estão sob a avaliação da autoridade, que emitirá seus juízos a respeito do comportamento funcional do *actante-burocrata*. Assim, se a autoridade, perseguindo o Ov, ao final do percurso se vê em disjunção com ele ($S \cup Ov$), e é possível atribuir essa disjunção ao mau desempenho funcional, há a destituição do burocrata, ou a aplicação de sanção administrativa mediante procedimento técnico. Ao contrário, se ao final do percurso a autoridade se vê em conjunção com o objeto-de-valor ($S \cap Ov$), haverá sanção premial, promoção, assunção de chefia, ascensão na carreira.

Mas o discurso burocrático não é somente o *sujeito-destinador* que o elocuciona, mas é também a *comunidade-destinatária* que o recebe. Nesse contexto se destaca o fato de que, sendo o procedimento uma atividade discursiva e documental extraída de discursos normativos, a comunidade à qual se destina esse tipo de discurso é normalmente leiga, em face do tecnicismo que o reveste. Mais ainda além disso, o que há é que o poder que decorre da posse da informação permite ao burocrata ineficiente mascarar a improdutividade (pessoal ou institucional) na base da ignorância dos *sujeitos-destinadores* com os quais lida e aos quais se dirige.

Para a *comunidade-destinatária*, a eficiência é o que qualifica esse tipo de prática discursiva, visto que o procedimento com divisão de tarefas e multiplicação de funções existe com essa finalidade específica, a saber, a de aumentar os resultados produtivos, de modo que do procedimento se possam extrair: (a) trâmite célere; (b) segurança jurídica; (c) sigilo de dados que só podem ter vida *intra-autos*; (d) certeza na relação do procedimento com a norma que o institui; (e) eficácia e ausência de empecilhos; (f) formalidade regrada, ou moderada, atendendo-se sobretudo ao princípio da finalidade do procedimento; (g) transparência das decisões; (h) acesso às informações e aos dados procedimentais importantes e/ou necessários.

2.3 Discurso decisório

Em princípio, quando se trata do tema do discurso decisório, algumas definições são importantes. O discurso decisório[1] é uma das espécies do discurso jurídico, que possui peculiaridades que a fazem distanciar-se do sentido assumido pelas demais espécies. Do ponto de vista da *análise narrativa*, o discurso decisório é o ato pelo qual o(a) juiz(a) encerra o processo (especialmente considerada a modalidade da decisão terminativa), e, por isso, é buscado como sendo o *objeto de valor* (O) disputado e a ser obtido pelas partes do processo judicial[2]. O discurso decisório corresponde propriamente àquela prática textual jurídica de cunho performativo que é capaz de modificar a situação jurídica de um sujeito, pelo simples fato de sua enunciação com caráter de publicidade e oficialidade, mas isso só o faz por possuir um poder discursivo de elocução que deriva de outro discurso, o discurso normativo.

O discurso decisório é um discurso, a um só tempo, de um lado, derivado do discurso normativo, pois nele se sustenta, e dele extrai seus principais fundamentos, tendo por função básica sua individualização e sua concretização, e, de outro lado, terminal do discurso burocrático, ou seja, aquele para o qual tende toda a marcha procedimental com suas práticas burocráticas. Ainda, é ele base para reflexões científicas as mais variadas, pois é responsável, em grande parte, pela formação original da

---

[1] Com a expressão "discurso decisório" se procura recobrir o conjunto das práticas textuais que comportam decisão terminativa a procedimentos judiciais ou administrativos, tomadas por órgãos coletivos (Tribunais, instâncias de cassação, colegiados...) ou individuais (juiz, autoridade administrativa...), com investimento de função e cargo definitivos (magistrado vitalício, funcionário público efetivo...) ou temporários (jurados, juiz *ad hoc*...). Essa advertência sobre o sujeito que exerce tal tipo de discurso é elaborada por Gérard Cornu, *Linguistique juridique,* 1990, p. 335.

[2] "Por isso, aqui já se pode dizer, que a *decisão jurídica* é o *objeto-de-valor* (O) a ser obtido pelas partes, enquanto atores jurídicos investidos de papéis actanciais (S1; S2; Sjuiz), através do exercício *performático* de seus *percursos narrativos* (PN1; PN2; PNjuiz)" (Bittar, *Semiótica, Direito & Arte*: entre Teoria da Justiça e Teoria do Direito, 2020, p. 308).

significação jurídica e sua evolução. O discurso decisório torna realidade ativa e individualizada aquilo que se encontra apenas em hipótese de *dever-ser* na norma, e isso porque o discurso normativo normalmente se grafa na base de situações hipotéticas, abstratas e voltadas para o futuro, sem relação com situações concretas, existentes de fato e já ocorridas; faz-se fonte da significação e da inovação jurídicas, e isso porque é capaz de engendrar por meio da interpretação.

Nesse sentido, o discurso decisório pode ser o discurso exarado por uma autoridade administrativa, como pode ser o discurso produzido por um juiz de primeira instância, como pode ser o discurso de um colegiado de magistrados[3]. Não se prescindindo dos demais discursos decisórios, no entanto, favorecer-se-ão, em alguns pontos da discussão, o desenvolvimento e o desdobramento das reflexões em favor do discurso judiciário[4].

O discurso decisório, a par do que já se disse, possui uma característica interessante, qual seja, além de produzir seu sentido e de exercer uma ação jurídica (criando, modificando, extinguindo direitos, situações jurídicas...), é capaz de criar uma nova realidade de linguagem dentro do universo jurídico[5]. A consequência direta dessa nova formação de sentido jurídico no seio da *juridicidade* se sintetiza no que se pode chamar de *circularidade* do discurso decisório. A noção que se quer ter presente é a de que toda decisão pressupõe uma prática de linguagem, normalmente escrita, e que incorpora outras práticas de linguagem jurídicas.

---

3 Nesse sentido, não se quer reduzir a análise fazendo remissão apenas ao discurso judicial, e isso porque se sabe que: o Poder Judiciário não só julga judicialmente, mas também administrativamente, assim como executa e legisla; o Poder Legislativo não só legisla, mas também julga e executa; o Poder Executivo não só executa como também legisla e julga. Assim, fechar as fronteiras da análise poderia representar o próprio comprometimento da ótica adotada, pois estaria flagrante a miopia que viciaria a reflexão.

4 Sobre a querela da definição de ato de jurisdição, consultem-se as ideias de Bergel, *Théorie générale du droit,* 1989, p. 313-314.

5 Tanto maior será o poder da autoridade quanto maior for a fluidez das expressões e da linguagem normativas, pois se acaba conferindo ao discurso decisório o poder de individualização do sentido abstrato dos textos normativos vazios de sentido. Assim é que Lenoble adverte para o crescente papel do poder do juiz na apreciação dos casos concretos: "La transformation actuelle de notre fonction de juger en est un exemple symptomatique. Tout le monde s'accorde, aujourd'hui à relever, et souvent à dénoncer, l'extension croissante du pouvoir du juge à raison, notamment, de l'utilisation par le droit de notions de plus en plus larges et indéterminées" (Lenoble, *Droit et communication*: la transformation du droit contemporain, 1994, p. 17).

A circularidade é um fenômeno que se produz com nítida aparência no universo jurídico como um todo, consistindo na sustentação recíproca de diversos tipos de discursos sobre premissas de outros discursos; nessa interação de discursos jurídicos, cria-se um verdadeiro mutualismo semiótico, onde um discurso se sustenta em um texto, e este, por sua vez, em outra prática textual... Podem-se distinguir cadeias de discursos, sendo que, dentre estes, alguns são *primários*, servindo de premissas para o estabelecimento de conclusões ou para a formação de premissas em outros discursos ou argumentações jurídicas (discurso normativo), e outros são *sintéticos*, pois se encontram na dependência daqueles primeiros, ditos primários (discurso burocrático, discurso decisório, discurso científico).

Essa circularidade é notória na esfera jurídica, visto ter-se como *discurso primário* para a textualidade decisória a textualidade normativa, em casos de inexistência de lacuna legal, da qual se parte para a conexão demandada pela faticidade dos conflitos sociais, no sentido da aplicação, que não prescinde da interpretação para se exercer[6]. É certo que o discurso normativo é fundante para todos os demais discursos jurídicos, mas a noção que se explora, primário/sintético, é relativa, pois, se se pode alistar o discurso burocrático como sendo secundário com relação ao da norma, esse mesmo discurso pode ser dito primário com relação ao decisório. Não há decisão sem procedimento, portanto, não há discurso decisório sem discurso burocrático, seja ele judicial, seja ele administrativo.

Poder-se-á dizer, portanto, tendo em vista o que já se disse, que a decidibilidade se perfaz por meio de um novo discurso, o discurso decisório, tendo por intermédio o discurso burocrático. O meio para alcançar a decisão é o procedimento, o rito formal, mas a linguagem a utilizar para decidir deriva do discurso normativo, de modo que o discurso decisório poderá ser defi-

---

6 O discurso normativo é um discurso estanque. A abstração da lei é simplesmente discurso vinculativo enquanto não aplicada. A transformação do discurso normativo em discurso aplicado requer a interposição da autoridade executora e intérprete de seus mandamentos e comandos. Um texto só entra em movimento na presença de um intérprete, e, no caso do discurso normativo, a autoridade é intérprete-aplicadora. Portanto, reside na interdiscursividade a eficácia dos discursos normativos, pois o que ocorre quando da aplicação é uma *reafirmação* do valor da norma aplicada; de uma atitude pragmática, portanto, da autoridade discursiva intérprete, dependem a existência e o próprio conteúdo do discurso. Ainda que criativo, o *decisum* é sempre e necessariamente um *discurso secundum legem*, e, ao mesmo tempo, nunca *contra legem*, baseando-se, portanto, seja nas regras expressas na legislação ou em outras regras que são consentidas pela normatividade para a integração do direito.

nido como discurso *metassemiótico* de *terceiro nível* com relação à linguagem natural (linguagem natural >> linguagem normativa >> linguagem decisória).

Dessa forma, deve-se dizer que toda marcha no sentido da decisão se movimenta a partir de um ou vários interesses, que se colocam em jogo em função de um, de dois, ou de vários sujeitos. De qualquer forma, o que se tem, para efeitos de análise da formação do discurso decisório, é no mínimo uma estrutura que gira em torno de um, ou vários, interesse(s) envolvido(s), na base ritual de um discurso burocrático (administrativo ou judicial), em face de uma autoridade investida do *poder-fazer-dever* decisório.

Assim, há que se dizer, as forças que atuam no contexto do rito, provêm do interesse de um, de alguns ou de muitos sujeitos que podem ser afetados pelos resultados externos da decisão. Sejam quantos forem os interessados, normalmente os ritos lhes conferem um *locus* predeterminado de discurso, ou seja, uma posição procedimental de discurso (pleiteante/autoridade; autor/réu/autoridade)[7], a partir da qual se permite, respeitadas as condições para tanto, acessar por práticas de discurso a autoridade investida do *poder-fazer*, ou seja, do poder de decisão em face do interesse. Esse local de exercício de discurso dentro do procedimento não permite uma liberdade completa de desenvoltura de linguagem, pois se trata de um universo de discurso específico, pautado por regras e práticas. Assim, o *locus* de discurso de um sujeito fica determinado pela posição que ocupa, o que lhe confere a oportunidade de "falar" nos autos[8], dirigindo-se à autoridade, no prazo legal, pela forma legal, no momento processual exato, por meio de um representante (ou não) investido de poderes procuratórios. É exatamen-

---

[7] Num processo judicial tripartite é a relação que embasa a trilogia discursiva – discurso do autor (acusação), discurso do réu (defesa), discurso do juiz (decisão) – uma vez necessária a tradução do conflito fático em termos de um conflito institucionalizado. O terceiro adentra a relação para a administração do conflito, apresentando uma resposta prudencial. Mas: "Pôr-lhe um fim não quer dizer eliminar o *dubium* primitivo que ocorre na situação diádica, mas trazê-lo para a situação triádica, onde eles se tornam decidíveis" (Ferraz Junior, *Direito, retórica, comunicação*: subsídios para uma pragmática da comunicação do discurso jurídico, 1973, p. 70).

[8] O que é tamanhamente importante nesta análise é que se perceba de mais perto que o discurso é objeto de grande consideração no contexto processual. A par da nulidade de um ato realizado por um sujeito processual, a par do desentranhamento de um documento inoportuno ou inadequado dos autos, uma das piores sanções jurídico-processuais reside no fato da supressão do discurso, ou seja, do poder de falar nos autos. Esse recurso é utilizado pelo legislador quando diz que quem comete atentado contra ordem judicial na esfera civil (nunciação de obra nova) fica proibido de "falar" nos autos até que desfaça a obra ilícita.

te por esse motivo que se pode falar de actantes jurídicos e de percursos narrativos no contexto dos procedimentos.

Além do(s) interesse(s) envolvido(s), qualquer que seja o resultado decisório (acolhimento do pleito, indeferimento da petição inicial, extinção do processo por inépcia, inexistência jurídica do pedido...), o procedimento ritual se afigura como o *modus procedendi* para o alcance da decisão. O entremeio, as marchas e contramarchas do procedimento, a interação dos sujeitos de interesse, enfim, todo o percurso que antecede a decisão é altamente relevante para o estudo da própria formação do discurso decisório.

De fato, o discurso decisório só pode ser definido como um texto de alta complexidade, no seio de um procedimento, pois individualiza a norma na qual se baseia, além de se construir na base de embates textuais, provas, documentos, narrativas, contextos e dramas sociais, de modo que, além de receber essas práticas textuais imersas no seio do procedimento, também age no sentido de combater argumentos, narrar fatos, reestruturar o valor das provas, examinar e avaliar documentos, interpretar normas, definir e convencer.

A criação de uma *supratextualidade*, que incorpora tudo o que lhe precede, parece uma resultante necessária quando se trata de um discurso decisório, discurso, por excelência, de síntese e individualização. Ao se introduzir a ideia de *supratextualidade*, procuram-se traduzir características marcantes do discurso decisório, pois a ideia reenvia (a) tanto à noção de metalinguagem do discurso decisório com relação ao discurso normativo (b) quanto à noção de criação, pelo discurso decisório, de uma norma individual. O discurso decisório, portanto, constrói-se a partir da proposta textual normativa, mas não se basta no debruçar-se sobre esta, pois adapta seu sentido, conferindo-lhe atualidade em face de todo um universo de particularidades que se encontram dentro do procedimento e das evocações da situação concreta examinada *sub judice*.

De fato, o que há é que a decisão se extrai pela decodificação de uma massa de informações, textos, provas, documentos, identificações, ou seja, de todo um aparato que se liga à prática da decisão[9]. E o modelo que está a

---

9 Sobre a questão da documentação e da linguagem de documentação jurídica, tendo-se em vista a massa de documentos decisionais, doutrinais e normativos que circulam nos entremeios jurídicos, há uma longa investigação de Dubouchet, *Recherches pour une sémiotique juridique*: propédeutique à une philosophie des systèmes symboliques du Droit, thèse pour le Doctorat d'État en Droit soutenu publiquement, Lyon, Université Jean Moulin, Faculté de Droit, 1982, p. 485-556 (t. 2).

presidir esse tipo de vivência é derivado da comunicação indireta, objetiva, escrita e dependente de provas. Se a *comunicação dialógica direta* se realiza *in praesentia,* articulando-se entre si locutor e receptor da mensagem, por sua vez, a *comunicação indireta* se efetua *in absentia,* de modo que a relação se torna mediada por algo.

Na primeira, a própria presença das partes envolvidas estabelece a interação *hic et nunc* onde se definem – ou se podem definir – a extensão, o alcance e a intenção das mensagens transmitidas. Os aspectos *discursivos* e *não discursivos* estarão afetando os sujeitos envolvidos, de modo que o discurso obedece, nesse esquema, a ondulações dialéticas muito mais fortes, resultantes da interação viva de mensagens elocutivas. Aqui, o que preside a comunicação é a ideia de tensão que subsiste em toda *situação comunicacional* de caráter dialógico[10]; o *estar em comunicação* é propriamente uma mediação de elementos discursivos e metadiscursivos[11]. Na segunda, acentua-se o papel da mediação entre os sujeitos, pois a *absentia* avoca a presença do texto, e o texto, a presença da interpretação, pois a ausência do autor de uma mensagem faz do outro um intérprete, e não somente um receptor[12]. De fato, o que se tem é que nenhuma decisão se forma sem o intermédio de textos[13].

---

10 A audiência é o momento único em que, em termos processuais, constitui-se uma relação que implique a tensão dialógica da comunicação direta emissor/receptor, que pode configurar-se de diversas maneiras, entre as quais: juiz/partes/juiz (depoimento pessoal do autor; depoimento pessoal do réu), parte/parte (acordo judicial), juiz/testemunha/juiz (inquirição), testemunha/testemunha (acareação)... A situação comunicacional consente, dentro dos limites, e de acordo com a ordem dos atos a serem realizados, na dinâmica procedimental, o acesso do juiz à faticidade que se encontra subjacente à virtualidade da documentação processual, de modo que o discurso oral e a comunicação direta dinamizam a construção do sentido decisório no curso do procedimento instrutório.

11 Nesse sentido, remarque-se a sensata análise de Mirabete: "A palavra do acusado, circundada de sua atividade, de seus gestos, de seu tom de voz, de sua espontaneidade, pode dar ao juiz um elemento de convicção insubstituível por uma declaração escrita, morta, gélida, despida dos elementos de valor psicológico que acompanham a declaração falada" (Julio Frabbrini Mirabete, *Processo penal,* São Paulo: Malheiros, 1995, p. 278).

12 É com Paul Ricoeur que se pode dizer: "A hermenêutica começa onde o diálogo acaba" (Ricoeur, *Teoria da interpretação*: o discurso e o excesso de significação, p. 43).

13 O próprio conhecimento jurídico está inteiro permeado pela questão da expressão. Nesse sentido: "Um acto, na medida em que se expresse em palavras faladas ou escritas, pode ele próprio até dizer algo sobre a sua significação jurídica. Nisto reside uma parti-

Portanto, o que permite o intercâmbio de informações, o que permite a emissão e a recepção de textos, o que faculta a criação do discurso decisório é o procedimento. É nesse *locus*, ou seja, nos autos de um processo ou de um procedimento administrativo, que todo o intercâmbio é feito. A consequência dessa afirmação é que a análise se declara uma análise do movimento dos textos que influenciam a decisão e do próprio movimento criativo do texto decisório. Tudo se faz, nesse sentido, por uma dimensão precisa, marcadamente lastreada na linguagem escrita e na textualização formular[14], características próprias de uma cultura grafocêntrica[15]. A intermediação do texto permite que se fale em uma prevalência do modelo da comunicação indireta nos trâmites jurídicos que vertem os interessados no sentido da decisão. Tais práticas textuais assim constituídas se justificam pela necessidade de segurança jurídico-procedimental.

De fato, o discurso decisório, quando se constrói racionalmente na base de textos normativos, de provas trazidas aos autos, de argumentos técnicos de peritos e de argumentos acusatórios e defensivos, estrutura-se a partir de discursos de diversas naturezas e de experiências humanas de sentido jurídico. Na verdade, trata-se de uma prática que se faz na medida em que se busca sintetizar também textualmente um conjunto de informações, declarações, descrições, indícios, relatórios trazidos aos olhos da autoridade decisória sobretudo por intermédio da linguagem escrita[16].

Mas isso não significa que não estejam presentes nos autos de um procedimento, ou de um processo, linguagens outras que não a linguagem verbal[17].

---

cularidade do material oferecido ao conhecimento jurídico" (Kelsen, *Teoria pura do direito,* 1976, p. 19).

14 A forma é mesmo imprescindível; é a marca da existência documentada e oficial de algo. Assim também com a própria sentença judicial, pois: "... antes da publicação, as decisões não passam de mera criação intelectual do magistrado" (Mirabete, *Manual de direito penal,* São Paulo: Malheiros, 1995, p. 408). No mesmo sentido Magalhães Noronha, *Curso de direito processual penal,* São Paulo: Saraiva, 1990, p. 216.

15 O termo "grafocentrismo" recebe aqui a mesma utilização que dele faz Maurizio Gnerre em sua obra *Linguagem, escrita e poder*, 1994. Para um estudo da escrita, inclusive com suas injunções de poder, consulte-se, portanto, Gnerre, *Linguagem, escrita e poder*, 1994, p. 35-100.

16 "Na nossa legislação processual penal ainda se mantêm as regras do procedimento escrito, com pálidos episódios decorrentes da oralidade e concentração" (Mirabete, *Processo penal,* São Paulo: Malheiros, 1995, p. 45).

17 A *juridicidade* manipula fundamentalmente *signos linguísticos*, particularmente pelo fato de que as fontes do *ius scriptum* se expressam por meio da textualidade da linguagem escri-

De fato, o *não verbal* está presente nesse contexto de forma intensa quando se percebe que, a par do documento escrito, a fotografia, o fonograma, a cópia cinematográfica, são mais do que eles mesmos, ou seja, estão para uma significação além de sua própria natureza, trazendo um conteúdo global capaz de representar um outro algo, o que lhes confere o caráter de signo (*aliquid quod stat pro aliquo*)[18].

---

ta (jurisprudência, doutrina, costume escrito, lei em sentido amplo...), não obstante a participação de outros signos *não linguísticos* na composição de temáticas específicas. Assim, são exemplos os indícios e vestígios para a composição da prova delitual no Direito Penal, os sintomas na análise da Medicina Forense. Nesse sentido, Eco (*O signo,* 1990, p. 59) distingue os signos em grupos próprios categorizáveis no seguinte sentido: *naturais* e *artificiais.* Para o grupo dos *naturais* se destacam os *sintomas* (sintomas médicos, fumo para fogo) e os *índices*, sendo estes, os *índices*, vistos em duas subespécies, os *vestígios* (pegadas na areia, fotografia...) e os *indícios* (indícios criminais, um lenço abandonado, uma madeixa de cabelos). A distinção terminológica entre os campos semântico-extensionais das palavras "sintoma", "vestígio" e "indício" é muito fosca, e a equivocidade é banalizada no uso corrente e indiscriminado que desses termos faz a doutrina. No entanto, a natureza indicial destes é inequívoca, dada a sua ausência de intencionalidade comunicativa. Para a composição de um quadro referencial de distinções básicas propõe-se a seguinte conceituação: *vestígios*, de origem latina (*vestigium*), sinsignos indiciários remáticos da teoria peirceana dos signos (cf. *Collected papers of Charles Sanders Peirce,* 1965, p. 2264), como significando elemento que componha traços de algo que *a posteriori* se possa reconstituir tomando-se por base os restos detectados *in loco*; *sintomas*, do grego (*symptoma*), como fenômeno físico relacionado com um estado de saúde, seja alteração, agravamento ou melhora deste mesmo, tendo como ciência específica para o seu tratamento a sintomatologia; *indício*, como elemento que consente a inferência lógica de consequências jurídicas imputáveis a determinados problemas que se baseiam na *empeiría* da observação; *sinal* (*signum*), como elemento semântico genérico para designar tanto um sintoma quanto um vestígio, quanto um indício. Também, Jakobson assinala que "(...) a aceleração do pulso considerada como provável sintoma de febre é igualmente um índice, e, em casos desse gênero, (...)", e, ainda, que "(...) a Semiótica de Peirce coincide com o estudo médico das doenças, que traz o nome de semiótica, semiologia ou sintomatologia" (*Linguística e comunicação,* 1995, p. 101).

[18] Assim, encontrar-se-iam elementos suficientes para o debate mais aberto sobre a presença de signos diversos no universo das relações jurídicas, quais sejam: aqueles arquitetônicos, espaciais e disposicionais utilizados nos locais de sessões públicas de julgamento (espaço decisório de exercício de autoridade); aqueles relativos à vestimenta dos operadores do direito, tendo-se em vista a prevalência da apresentação formal àquela informal, no sentido da análise que faz Roland Barthes do fenômeno da semiose na vestimenta; aqueles relativos à entonação, e demais argumentos de caráter fonético, de voz do magistrado em uma relação com os sujeitos processuais; o sistema de provas inserto no contexto instrutório do processo, provas estas admitidas em lei, como fotos, objetos, títulos de crédito, certidões, recibos, exames e demais elementos probatórios que, antes de serem tomados por terem valor próprio, o são por serem designativos ou *indicativos, indiciais* portanto, de uma realidade significacional diversa da sua própria existência, o que acentua o caráter de *substitutividade* dos signos em

Assume-se, nas entranhas documentais do rito, um conjunto de elementos *não verbais* que formam o que se pode chamar de iconismo probatório. O iconismo que adentra o processo visa sobretudo a mitigar os efeitos idealizantes do conflito que se esterilizou como tal ao ser traduzido em linguagem verbal escrita; das cores do realismo fático ao branco e preto do papel escrito, passa-se por uma espécie de funil semiótico que, por vezes, é capaz de determinar novos sentidos ao acontecido. Os signos, nessa ordem de ideias, podem ou não ser fiéis reprodutores do referente ao qual se ligam, uma vez que os *ruídos* são de várias naturezas[19], inclusive aqueles do espectro semântico, produtores da ambiguidade, da polissemia e dos demais problemas envolventes do sentido jurídico[20]. A *recomposição* das cores do real, portanto, demanda uma proximidade maior entre a linguagem de representação e o referente de linguagem, pelo que o instrumento probatório icônico visa a suplantar os efeitos negativos da tradução dos fatos em linguagem verbal escrita[21].

De toda forma, seja *verbal*, seja *não verbal* a linguagem lançada nos autos, o que há é a presidência do procedimento por um princípio de grande relevância, pois determinante das práticas de significação jurídica no contexto do procedimento, a saber, o princípio de que aquele que alega deve

---

geral; aqueles relativos a um subsistema simbólico, e, portanto, de alto grau de convencionalismo, utilizado para a prescrição de normas viárias na circulação de veículos.

19 Um tipo de ruído de comunicação que pode causar graves distúrbios interpretativos ocorre com o erro de transcrição tipográfica, como este apontado por Theotonio Negrão, em comentário ao art. 21 da Lei n. 5.478/ 68 ("Nas mesmas penas incide quem, sendo solvente, frustra ou ilide (...) pagamento de pensão alimentícia (...)"): "No texto oficial, está 'ilide'; deve ser 'elide' (cfr. Pequeno Voc. Ortográfico da Língua Portuguesa: elidir = eliminar, e ilidir = refutar; Séguier: elidir = suprimir, eliminar, e ilidir = rebater, refutar; Aurélio: elidir = eliminar, suprimir, ilidir = rebater, contestar, refutar)" (*Código de Processo Civil*, 1991).

20 A questão da segurança jurídica permeia não só a *juridicidade* como um todo, mas especialmente a esfera processual, para a qual a redução de todos os documentos e demais atos processuais devem ser reduzidos a escrito ou consignados aos autos. Nesse sentido é que se considera hipótese de nulidade insanável o fato de não ser reduzida a termo a audiência (nota 1 ao art. 457 do CPC, *Código de Processo Civil*, Theotonio Negrão); v., também, *RJTJESP, 100*:46.

21 Esse é o cerne para as discussões da dicotomia verdade real/verdade formal para todo procedimento, e sobretudo para o processo judicial. Todo ato processual, uma vez necessariamente adstrito à realidade processual, o que se faz por meio dos signos verbais escritos (ou pela inclusão de provas que envolvam ícones, signos verbais oralizados magnetizados, objetos...), mostra-se adverso ao discurso oral, em virtude da necessidade de salvaguarda da axiologia da segurança jurídica, uma vez que *verba volant, scripta manent*.

provar. Trata-se de um filtro do excesso de linguagem que normalmente afeta o uso do discurso no procedimento, pois não se diz qualquer coisa, em qualquer momento, a partir de qualquer razão. Além do momento processual, além das exigências lógicas, além da observância de regras formais, deve-se observar sobretudo que o não provado é o *não existente*, algo incapaz de sustentar uma significação jurídica para o discurso decisório[22].

A prova jurídica, enquanto signo indicial[23], preside o embate textual no seio do procedimento, desembocando em reflexos profundos no universo do discurso decisório. As alegações são, num processo ou procedimento, um conjunto de assertivas e argumentos que não se lançam desabaladamente nos autos; existem critérios de pertinência, lógica, sustentabilidade, respaldo, veracidade e comprovabilidade que os limitam. Aquele que alega deve provar, se dele for o ônus da prova (*onus probandi incumbit eius qui assertit*). E, deve-se perceber, toda a teoria e a prática das provas (para as pré-constituídas ou não) é baseada na ideia de que *scripta manent verba volant*[24],

---

22 A prova de fatos ocorridos (narrados por testemunhas e reduzidos a termo), o laudo de instrumentos, locais, materiais e indumentárias envolvidas no interesse processual estão mediados por um recurso limitado de cognição: o discurso. O discurso aqui se recobre de aspectos vários, quais o do laudo descritivo, do exame de corpo de delito, do interrogatório, dos interrogatórios e dos depoimentos pessoais, mas não deixa de representar uma via transversa de acesso judicial aos elementos fáticos de que se recobre determinado conflito judicial. Fica mesmo condicionada a cognição jurisdicional aos elementos trazidos aos autos, de modo que todo juízo acerca de uma faticidade para a composição de uma deliberação em termos normativos avoca o problema do discurso.

23 "As provas jurídicas, na condição de articulações semióticas prescritas ou aceitas pelo sistema de Direito Positivo constituem os próprios fatos jurídicos; daí o seu caráter de signo indicial" (Araújo, *Semiótica do direito*, 2005, p. 134).

24 Pense-se sobretudo na diferença existente entre *delicta facti transeuntis* e *delicta facti permanentis*, de uso frequente na linguagem das ciências criminais e criminológicas. Nesse sentido, o relevo da questão se coloca nos seguintes termos: "As infrações penais, às vezes, deixam vestígios (*delicta facti permanentis*) e os não deixam (*delicta facti transeuntis*)". E ainda: "O corpo de delito será, então, o conjunto dos *vestígios* (grifo nosso) deixados pelo fato criminoso, ou seja, os elementos materiais, perceptíveis pelo nossos sentidos, resultantes da infração penal" (Pataro, *Medicina legal e prática forense,* São Paulo, 1976, p. 28). "Havendo luta, o agressor também trará *indícios* (grifo nosso) dela. No vestuário, rasgões, arrancamento, manchas. No corpo, traços de unhadas, de mordidas, de compressões" (Almeida Júnior, *Lições de medicina legal,* São Paulo, 1973, p. 342). Em termos de indícios podem ser feitas algumas distinções essenciais para a discriminação de diferenças para a criminologia e para a periciologia, segundo Pataro, distinções estas que se inscrevem na enumeração de indícios manifestos, próximos e afastados, tomando-se em consideração a possibilidade de inferência de consequências jurídicas diretas,

onde *scripta* não são somente os documentos, mas também as fotos, os objetos ligados aos fatos em exame, os indícios retirados do local de ocorrência dos fatos...[25].

Ora, é do confronto dialético de elementos discursivos normativos ou não, indiciários, probatórios, assertórios, vestigiais, fáticos que se produz o convencimento da autoridade investida do poder de "dizer" juridicamente a decisão nos casos concretos, inclusive considerando sua distância dos fatos e imparcialidade perante as partes[26].

A autoridade administrativa ou judiciária, enquanto sujeito de discurso, investida que está na qualidade de órgão julgador, será propriamente o sujeito autorizado a "falar" por decisões, onde, sobretudo, se manipulam, além de provas, textos e documentos, fatos e interpretações normativas. O discurso normativo, de sua abstração deontológico-textual, confrontado, de um lado, com fatos e situações concretas relevados discursivamente, onde a prova é de suma importância, resulta em decisões aplicativas que, de outro lado, não mascaram interpretações.

Assim, de um lado, os fatos (*tatsächlichkeit*, para Kelsen) representam, nesse contexto, o liame entre os sujeitos de discurso envolvidos no processo, o(s) interesse(s) destacado(s) e a necessidade da decisão. Na análise de fatos relevantes para a órbita jurídica, costuma-se aduzir que "os fatos falam por si..."; menciona-se mesmo o fato de que "a situação é autoexplicativa...", ou que, "da apuração realizada, restou claro que...". Tudo isso está a testemunhar

---

próximas, ou remotas a partir da detecção e exame de indícios criminais (*Medicina legal e prática forense,* São Paulo, 1976, p. 28-30).

25 É curiosa a reflexão proposta por um acórdão do STJ a esse respeito: "Diferentemente, no entanto, notadamente em jornal de grande circulação, narrar fatos desairosos e apontar qualificações menos nobres, de modo a atingir as chamadas honra objetiva e honra subjetiva. Não é verdadeiro que *verba volant.* Muito mais grave ainda, lançar palavras no papel, em periódico de primeira grandeza" (RE 26.620-1, Voto vencedor: Vicente Cernicchiaro, *DJU*, 24 maio 1993).

26 A análise peirceana dessa passagem do abstrato ao concreto pode ser expressa como uma passagem de um legissigno normativo a um sinsigno decisório. Se a norma é um legissigno para a lei, esta é um legissigno para um discurso decisório que a torna um evento particular. Tem-se, pois, aqui, uma cadeia de concretização da referência normativa primígena, em sua estrutura abstrata, à lei aplicada. Todo evento é uma manifestação individual de uma possibilidade geral, e, enquanto tal, é um sinsigno particularizante. Mas, também, é um índice que reenvia fisicamente ao seu objeto (cf. Peirce, *Collected papers of Charles Sanders Peirce,* 1965, p. 2299); está mais próximo ainda da vontade relacional contida na generalidade normativa.

a favor da importância dos fatos para a composição das relações jurídicas. Mais ainda, que os próprios fatos possuem certa significação, uma eloquência que escorre de suas entranhas históricas, além de serem suscetíveis de prova, verificação e interpretação. Os fatos não são isentos de certa carga de incerteza, o que traz à matéria sempre a contingência do que é perceptível aos sentidos humanos (vejam-se, por exemplo, as diferenças de testemunho sobre fatos...), e do que se submete a processos cognoscitivos acerca do apreensível.

Mas há que se precisar que a eloquência fática, no entanto, não reside no fato em si mesmo, como unidade ou entidade, mas sim nos efeitos jurídicos que decorrem de sua real existência/ocorrência. Um fato é sempre fonte inesgotável de consequências de diversas naturezas, entre as quais se alista a jurídica; o fato, ao ser contrastado com uma norma jurídica qualquer, ou seja, ao ser visualizado sob a ótica do discurso normativo, é capaz de engendrar sentido jurídico. Em outras palavras, o discurso legal confere ao fato esta(e) ou aquela(e) consequência/efeito. Está-se, então, a medir o grau de consequencialidade de um fato ao colocá-lo em análise jurídica, de modo que a situação fática conectada, após um processo de subsunção, interpretação e adequação, a uma previsão normativa, passa a significar isto ou aquilo. E o discurso judicial que aprecia a faticidade, para dela extrair consequências concretas, continuará na esteira das possibilidades, referindo-se a que isso dá direito a indenização... que aquilo dá direito a repactuação... a rescisão... que esta ou aquela conduta engendra prisão sumária...

Para a autoridade decisória cria-se uma dicotomia, fundamentalmente decorrente da estrutura do procedimento, qual seja, a existente entre *mundo dos signos/mundo dos fatos*. Essa dicotomia é propriamente aquela relativa ao paradigma de inscrição da faticidade que fundamenta a relação procedimental na base de textos verbais (é certo que existem outros elementos instrutórios *não verbais* no processo). Assim é que, por sua experiência e por processos mentais analógicos, a autoridade decisória descola o sentido não só decodificando, mas também interpretando as manifestações dos sujeitos envolvidos. É da literalidade textual que extrai os elementos para o julgamento e é através da literalidade textual que exporá sua decisão.

A decisão busca neutralidade ideológica[27], quando de sua aparição textual de superfície, quando de sua expressão, quando de sua publicação,

[27] Essa ideologia da neutralidade é derivada do pensamento da Revolução Francesa, desde quando se quis fazer do juiz uma autoridade investida de poder controlado, quase mecânica – "Boca da Lei" (*bouche de la loi*, na expressão de época). Perelman nos adverte nesse sentido: "La Révolution française a voulu que le rôle du juge devienne purement passif, qu'il

pois se utiliza de expressões como "a lei não permite", "não se excusa", "é imperativo o ressarcimento", "a lei é clara ao dizer", "não se pode ignorar o que diz o art. 81 da Lei...", "a parte ignorou o que prevê a lei a esse respeito", "houve infração legal", "o pleito deve ser negado", "o que narra o autor não corresponde à verdade", "a lei não ampara aquele que...", usadas no sentido de mascarar a existência de um actante que exerce um ato de vontade e de linguagem sobre condutas humanas[28]. Essa prática se acentua ainda mais no dispositivo da decisão, momento decisório em que, por meio de linguagem altamente técnica, abstrata e objetiva, determinam-se precisamente os resultados do juízo decisório de forma sucinta.

De qualquer modo, nenhuma decisão consegue distanciar-se da interpretação e da expressão da vontade (pragmaticamente localizada e narrativamente identificável) de um sujeito histórico, que opera o sentido normativo. A aplicação levada a efeito, portanto, não é uma mecânica neutra, mas um processo de construção do sentido normativo e de *readaptação* do texto normativo genérico aos fatos e ocorrências singulares.

Toda decisão importa em aplicação, mas também em interpretação, integração, valoração[29]. Já se disse que, ao aplicar o discurso normativo, a autoridade decisória lida, fundamentalmente, com duas espécies de discursos: o

---

se borne à appliquer la loi, expression claire de la volonté nationale, qu'il soit comme un instrument qui exécute d'une façon impersonnelle et uniforme la volonté du législateur" (Perelman, *Le champ de l'argumentation,* 1970, p. 140).

28 O que se há que dizer a esse respeito é sobretudo o fato de que se esconde, sob o manto de um discurso neutro, exercido através de uma rigorosa mecânica lógico-dedutiva, a verdadeira natureza da decisão, como evento de linguagem ligado ao exercício deliberativo da razão prática.

29 De fato, há que se dizer que aplicação (normas/fatos) e interpretação (modo de conferir sentido) se integram para a formação do texto decisório. Nesse mesmo contexto também desempenha papel fundamental a integração (princípios, costumes, analogia, equidade), em caso de lacuna, de modo que se possa distinguir em meio às fontes (lei, jurisprudência, costume, doutrina) o discurso decisório como formador das bases do próprio sentido jurídico. Ao discurso decisório, entre outras tarefas, incumbe também aquela de resolver as antinomias, quando se encontra a autoridade numa situação de indecidibilidade, em face de um confronto de valores, de sentidos ou de normas (cf. Perelman, *Le champ de l'argumentation,* 1970, p. 144-145). A própria calibração do sistema, tema este que foi abordado quando se tratou do sistema normativo, depende da atuação do intérprete-decisor para a dirimição da querela, pois em caso de conflito de normas aplica princípios (*lex specialis derrogat generalis...*), e, no caso de conflito entre os próprios princípios de calibração, aplica outros princípios diretivos (*lex specialis priori derrogat generalis posterior...*). A respeito de al-

discurso factual, ou seja, o discurso do(s) sujeito(s) a respeito dos fatos ocorridos normalmente extra-autos, e o discurso normativo. Nesse contexto, por sua vez, seu discurso é um terceiro, fruto não só da união mecânica dos dois primeiros, mas sobretudo da individualização, valoração e interpretação destes[30].

Em sistemas jurídicos que têm por base o discurso normativo como principal fonte jurídica, o reenvio da decisão à normatividade se faz necessário. Trata-se de um tipo de organização em que a norma não pode ser preterida, de modo que a criação jurídica pela autoridade não é absolutamente livre, devendo-se proceder à adequação dos fatos às normas. Portanto, o discurso decisório não pode deixar de apresentar respostas que se contenham no ordenamento jurídico, salvo hipótese de lacunas, as quais se superam mediante a aplicação de princípios gerais, assim como da analogia, da equidade e do costume, elementos estes previstos pelo próprio sistema (elementos de integração). Antes de uma abstenção da autoridade em face da ausência de normas, procede-se ao preenchimento do vazio discursivo-normativo, diante do comando do *non liquet* (dever de decidir), por meio de elementos de integração do sistema aplicativo.

Da textualidade normativa parte a autoridade decisória para a aplicação jurídica, mas aplicação e interpretação imbricam-se no ato de materialização[31]. Diante do corolário do *non liquet* e da impossibilidade de construção de um discurso judicial que se destaque do contexto descrito pela normatividade, a autoridade vê-se adstrita à aplicação do aparato normativo e à positividade em que se assenta a *juridicidade*.

Mas, ao contrário do que se pode pensar, essa adstrição não restringe a atividade prudencial da qual se vale a autoridade para decidir, pois o exercício

---

gumas dessas questões de base na teoria geral do direito, *vide* Bergel, *Théorie générale du droit,* 1989, p. 53-55 e 85-105.

[30] Nesse sentido, o erro das teorias formalistas do Direito está em que estas veem apenas o final do processo dialético da decisão, e não o processo em sua inteireza, pois este importa numa intensa revigoração do que foi feito no passado (fatos ocorridos, normas preexistentes) com o que virá no futuro (consequências jurídicas da decisão), de modo que não se trata simplesmente de se enquadrarem fatos e normas numa passagem do *ser* ao *dever-ser*, mas numa intensa dialética entre essas duas esferas (ser ↔ dever-ser ↔ ser). Trata-se de uma ideologia derivada da Revolução Francesa, aquela incumbida de conferir ao juiz o poder restrito de "dizer o direito". Sobre esta última questão, consulte-se Perelman, *Le champ de l'argumentation,* 1970, p. 130-145.

[31] "As normas jurídicas são interpretadas para, por regra, serem <<aplicadas>> a casos concretos" (Larenz, *Metodologia da ciência do direito,* 1989, p. 249).

de criatividade aplicativa demanda sempre, mesmo que restrita ao sistema positivo, uma adaptação deste à *diacronicidade* da fenomênica referente. Leis obsoletas, proposições jurídicas obscuras, casos não previstos, textos normativos expressos na linguística normativa... todas essas hipóteses e outras mais estão a responder à questão que insistentemente incomoda juristas e pensadores do fenômeno jurídico, qual seja, em que consiste o exercício da decisão.

Se a norma lastreia a decisão, se o procedimento aparece como base para o desenvolvimento do juízo decisório, se provas e documentos concorrem para a formação do texto decisório, tudo isso se deve fundamentalmente à dialogia procedimental jurídica, que tem por princípio reinante o do contraditório. É certo que determinados procedimentos administrativos e judiciais, muito específicos e peculiares, não possuem contraditório, mas isso não vem a macular esse princípio geral que governa o decisionismo jurídico. O contraditório[32] é o núcleo da isonomia jurídica das partes contendentes, em face do principal efeito que de sua aplicação resulta: proporcionar igual possibilidade de participação, ciência, argumentação ou oportunidade para praticar atos dentro do rito.

Assim é que se pode afirmar que o princípio do contraditório pode ser resumido – tendo-se por parâmetro a presente abordagem – a um único epicentro significacional: sua natureza é tal que faculta uma lealdade retórica no processo. De fato, é a paridade de condições que qualifica, em sua essência, o contraditório, de maneira que o exercício da argumentação – argumentação inclui a ideia de provas, assertivas, manifestações, ou seja, tudo o que concorre para o convencimento jurisdicional – seja garantido em igualdade de condições.

O procedimento, essa série concatenada de práticas textuais e oportunidades de "fala" jurídica, é o que consente, fundamentalmente, essa paridade de forças entre aqueles que se encontram em *disputatio* jurídica em torno de uma decisão. Trata-se de estudar, portanto, aquilo que se pode chamar de heterologia discursivo-dialética do contencioso judicial[33]. Nesse proceder, além da intervenção constante do agente burocrático que intermedeia a relação autoridade/interessado(s), há também a presença inesque-

---

[32] Nesse sentido é que se partilha do pensamento e da observação perspicaz de Ferraz Junior: "O *dubium* conflitivo do discurso judicial não se confunde com o conceito de *lide*, que a doutrina costuma ver como conflito de interesses em que uma parte *pretende* e outra *resiste*" (Ferraz Junior, *Direito, retórica e comunicação*, 1973, p. 83-84).

[33] Cf. Ferraz Junior, *Teoria da norma jurídica*: ensaio de pragmática da comunicação normativa, 1978, p. 28-29.

cível do sujeito normativo no procedimento, pois esse sujeito é o terceiro que se introduz entre as partes por intermédio da vontade decisória, atividade complexa de apreciação da faticidade e de aplicação-interpretativa do discurso normativo. Nesse sentido, na passagem da textualidade normativa à textualidade processual, há dupla atividade semiótica, onde se destacam as interpretações dos sujeitos envolvidos na complexa relação de ônus, direitos, faculdades, deveres e obrigações, e a interpretação decisória, interpretação autêntica na concepção kelseniana.

A estrutura comunicativa garantida pelo vínculo ritual não deixa de ter como essencial em seu contexto a noção de cometimento metacomunicativo. A situação de subordinação das partes perante o sujeito imparcial, que é a autoridade incumbida da decisão, admite mensagens não codificadas. De fato, para além das manifestações puramente *verbais* e *não verbais* lançadas nos autos para a cognição da autoridade, há estruturas de sentido que se encontram implícitas nas situações interacionais rituais, como por exemplo a autoridade do discurso decisório escrito proferido de conformidade com os rigorismos do sistema normativo vigente (discurso de poder)[34], ou ainda a autoridade de que se reveste a autoridade que inquire testemunhas, que "fala" e que consente que se "fale" numa audiência... A ideia de cometimento, como algo pressuposto no discurso (estrutura de poder implícita), possibilita seja a confirmação, seja a reação ao discurso de autoridade, mas exclui a desconfirmação, pois esta última hipótese afetaria a própria estrutura comunicacional subordinativa em que se funda o poder decisório instituído[35].

Mais ainda, pode-se mesmo dizer que todo ato decisório[36], ato inscrito nos quadros institucionais e procedimentais, praticado dentro de um universo de discurso preciso, exercido por meio de usos semióticos textuais, é um ato performativo. O ato performativo requer, para sua caracterização, a capacidade de fazer coisas por meio do discurso (o que os define como

[34] Alinhe-se que o simples *decisum* do juiz não constitui por si só preceito vinculativo às partes processuais, requerendo, também, aspectos formais de validade para tanto. Uma sentença inexistente é aquela proferida por pessoa não investida na qualidade judicante, por exemplo. Publicidade e formalidade lhe compõem também a essência.

[35] Cf. Ferraz Junior, *Teoria da norma jurídica*, 1997, p. 47-52.

[36] "(...) <<Je déclare que...>>, <<Je décide que...>>, <<Je tiens que...>>, <<Je date...>>. Si vous êtes juges et que vous disiez: <<Je décide que...>>, prononcer ces mots c'est décider" (Austin, *Quand dire c'est faire,* 1970, p. 105).

performatif acts), o que efetivamente se dá com a aparição de cada discurso decisório[37].

Esses atos performativos de linguagem resultam de uma enunciação contextual própria, o que é feito por meio da decisão, com a qual se manifesta a autoridade decisória. Nesse sentido, é exatamente o que faz, por exemplo, uma sentença judicial[38], *constituindo, desconstituindo, declarando, condenando,* pois encarna um conteúdo que tem um valor material concreto, socialmente engajado e que corresponde a uma prática que se sustenta institucionalmente. É a sentença o ato com o qual se decide o processo em instância judicial[39], que, como ato de linguagem, pode ser examinada sob essa perspectiva, segundo a pontuação que segue:

- toda sentença é um ato performativo de linguagem, e, mais que isso, exercício de concretização e atualização de estruturas semióticas;
- deve ser escrita para que se apresente em sua concretude (*saber-fazer*) – aqui a pena é a de inexistência jurídica;
- deve ser emitida por um órgão investido no poder de julgar, dotado de autoridade, assim como competente (*poder-fazer*) – esse requisito corresponde à esfera da existência jurídica;
- dotada de publicidade, o que representa a passagem para a esfera pública da decisão, antes ato de linguagem subjetivo da autoridade – esse requisito corresponde à esfera da existência jurídica;
- apresentar-se com três partes formais, a saber, o relatório, o fundamento e o dispositivo[40] – esse requisito corresponde à validade jurídica;

---

37 Tem-se claramente delineado o interesse da Semiótica Jurídica pelo estudo da aplicação dos chamados *speech acts* sobretudo no solo do discurso decisório, ou seja, no campo das decisões jurídicas. Nesse sentido segue a análise dos mesmos feita por Kevelson, *The law as a system of signs,* 1988, p. 103-111. Nessa obra se discute inclusive o problema do reconhecimento da prática de *speech acts* por pessoas incapazes juridicamente ou por criminosos convictos (p. 111).

38 Com Peirce: "Le juge qui prononce une sentence contre un criminel applique les lois à un cas individuel, mais sa sentence n'exerce pas plus de force *per se* que la loi générale. Mais l'effet de la sentence est d'en placer l'exécution dans le champ d'action du shériff dont les muscles brutaux – ou ceux du recors ou de l'exécuteur des hautes oeuvres sous ses ordres – exercent la contrainte réelle" (*Deuxième lettre à Lady Welby,* 1978, p. 40)

39 Consulte-se como referência o conceito trazido pelo art. 162, § 1º, do Código de Processo Civil.

40 Esses requisitos da sentença judicial vêm previstos no direito positivo no art. 458 do CPC, e são determinantes na sua formação e expressão. Quer-se que a autoridade demonstre co-

- apresentar-se linguística e juridicamente como aceitável – logicidade e correção linguística;
- encontrar-se inserida no contexto de um processo e de um conflito material existente na esfera jurisdicional – requisito correspondente à existência jurídica do ato;
- obedecer aos trâmites processuais, a um procedimento prefixado em lei, segundo o qual existe um momento preciso para a enunciação desse ato – requisito este correspondente à validade do ato;
- ter como resultado a formação de uma norma individual (individualização da norma genérica contida na proposição jurídica);
- ter como teleologia a apresentação da opinião conclusiva do juiz acerca de todos os elementos formadores do processo, com o qual se conclui uma fase de procedimento jurisdicional, apresentando um julgamento com ou sem a resolução do conflito material.

Além de se dizer que todo *ato de linguagem* decisório constrói, faz, constitui, realiza, é de dizer também que o faz por força de que não se trata de um discurso que se encerra em sua mera atividade de fazer discursivo. Sua primordial função é a de produzir efeitos *não discursivos*, ou seja, de produzir efeitos extra-autos, modificando *coisas do mundo* e *estados do mundo*. Trata-se de um discurso que se impõe, por derivar de uma estrutura de poder, sobre a qual se assenta, e a qual faz funcionar.

O que se quer determinar é o que há de peculiar a esse discurso que lhe permita realmente atuar sobre *estados do mundo* e *coisas do mundo*. O discurso normativo, cujo conteúdo jurídico aplica, possui mera existência lógico-semântica, e em si, e por si, nada possui de concreto; sua parte mais concreta, o texto normativo, é mesmo apenas parte superficial de sua existência. Assim, em síntese, quer-se tentar determinar se são as palavras enunciadas, noção esta que corresponde aos *enunciados linguísticos performativos explícitos* apresentados por Austin (*Quand dire c'est faire*, 1970, p. 41), ou se são outros fatores convencionais que possuem essa capacidade específica de produzir efeitos mais que discursivos[41].

---

nhecimento dos argumentos das partes, das provas e textos trazidos aos autos, que demonstre o fundamento normativo que faz com que sua decisão se insira no contexto do sistema (lei, costume, jurisprudência, analogia...), assim como o raciocínio perseguido (fundamentado, arrazoado, argumentado, logicamente compatível e razoável...) para que se chegue à decisão explicitada de forma concisa e formular por meio do dispositivo.

[41] Cf. Amselek, *Théorie des actes de langage, éthique et droit*, 1986.

Se se pode dizer que existem enunciados que com o fato de serem proferidos se faz alguma coisa, esse fazer alguma coisa é construir algo na ordem empírica onde se inserem as relações sociais humanas. Todo ato performativo de linguagem é um ato que, mais que simplesmente *dizer*, também *faz*[42]. O discurso decisório é, entre os vários discursos jurídicos elencáveis[43], um discurso que, para além de simplesmente dizer relações jurídicas, fatos jurídicos, ou, mesmo, reconhecer a existência de provas, reconhecer este ou aquele argumento como prevalecente, *faz*.

---

[42] Os atos de linguagem aptos à formação de enunciados performativos jurídicos, além de dizerem algo em linguagem jurídica ou em linguagem natural, fazem algo, ou seja, *vinculam, casam, aceitam obrigações, votam, desconstituem relações, encerram vínculos, renunciam direitos*... Porém, a esses atos devem estar ligados comandos normativos que lhes atribuam a capacidade de engendrar tais consequências. Em terreno de criminologia, calúnia e difamação são pronunciações injustas feitas em público, a respeito de uma outra personalidade, à qual se dirigem palavras injuriosas. O fato de se pronunciarem essas palavras traz como consequência a atribuição de autoria de um crime no qual será imputado o sujeito do crime, ou seja, o locutor das palavras. Porém, só existe tal crime se previsto pela legislação, de acordo com o princípio *nullum crimen sine lege*. Tais palavras não só dizem como constituem um ato de desvalor normativo. Trata-se da linguagem que em ato (ato de fala) realiza uma *performance* jurídica, da qual automaticamente decorrem consequências jurídicas. O ato de fala aqui não é constatativo (descrição), mas performativo. Na verdade, a maioria dos atos de fala do mundo jurídico é de caráter performativo (realizativo), pois fazem algo, produzem efeitos. Pense-se na ideia de um crime unissubsistente: com a própria ação em si, que é um ato único e determinante para a própria realização do ilícito criminal, que é realizativa, decorrem consequências jurídicas de efetivação como antijuridicidade criminal. O simples fato da enunciação de uma injúria, espécie de crime unissubsistente, caracteriza o crime, incorre-se em conduta ilícita, recriminada. Não se admite tentativa do ato porque é ele em si o próprio ilícito penal.

[43] A análise poderia deter-se, por exemplo, no estudo dos atos jurídicos. Estes são, por excelência, atos que, expressos em sua generalidade por meio dos recursos linguísticos, vinculam as pessoas entre si, seja porque estas pactuam por acordo de vontade o alcance de objetivos quaisquer, seja porque normas jurídicas impõem a observação de alguns valores jurídicos considerados de relevo para a sociedade (tenham-se presentes as palavras pronunciadas num matrimônio, as palavras pronunciadas como resposta a uma proposta contratual, as palavras pronunciadas como bastantes para a formação de atos jurídicos em geral). Duas ordens de atos jurídicos devem ser nuançadas, desde que existem, para efeitos jurídicos, uma primeira ordem de atos, formada por todos aqueles dos quais automaticamente, uma vez realizados, descolam-se consequências jurídicas a partir da vinculação das partes, e uma outra ordem de atos, formada por todos aqueles em que as consequências jurídicas são buscadas intencionalmente pelas partes. Essa é a diferença nuclear entre as categorias do *ato* e do *negócio jurídicos* (cf. Custódio da Piedade Ubaldino Miranda, *Teoria geral do negócio jurídico,* 1991, p. 20-21).

Assim, se a decisão declara tombado o imóvel, desde o momento do tombamento o imóvel torna-se patrimônio público, o que impede o uso particular, acarreta a inalienabilidade do bem, torna-o insuscetível de usucapião, vincula o Poder Público ao uso determinado na decisão, entre outros efeitos jurídicos. Se a decisão declara existente uma relação jurídica, a partir do momento em que passa a produzir efeitos jurídicos, essa decisão conferiu existência jurídica a algo anteriormente inexistente. Se a decisão declara falido o réu, inúmeras consequências decorrem do só ato decisório (impedimentos, incapacidade, abertura do concurso de credores...); trata-se de um ato jurídico. Se a decisão impõe prisão ao réu, deverá ser cumprida por uma autoridade incumbida da persecução penal, mas a partir daquele momento o direito de liberdade (direito de ir e vir) do réu já não existe mais; desconstituiu-se juridicamente algo que anteriormente existia. Há nisso tudo grande poder transformacional.

O discurso jurídico, de modo geral, está carregado de elementos linguísticos e extralinguísticos, que podem ser resumidos nas seguintes categorias[44]: categoria da locução (*locution*), correspondendo ao que se locuciona linguisticamente com o discurso, por meio de palavras; categoria da ilocução (*illocution*), que se resume ao que se intenciona com o discurso; categoria da perlocução (*perlocution*), ou seja, o que se provoca com o discurso[45]. O discurso decisório jurídico, pondo fim a um procedimento, pronunciando-se sobre uma demanda, um pedido, uma reclamação ou um conflito, elocuciona-se apresentando-se como discurso, como texto escrito, normalmente, no corpo dos autos. Mais que isso, age ilocutoriamente por meio da vontade decisória da autoridade, que movimenta a letra morta do discurso normativo, conferindo-lhe atualidade e teleologia, numa atitude pragmática da autoridade[46]. Por último, produz efeitos mundanos e não

---

[44] Outras categorias austinianas poderiam ser enunciadas no contexto da teoria dos atos de linguagem, entre as quais aquelas que discriminam as expressões em *performatives, expositives, constatives, comportatifs (behavitives), exercitives, verdictives, promissifs (commisives)*. Porém, a oposição central entre *enunciados performativos* e *enunciados constatativos* aparece-nos como de maior relevo para fins de análise em sede jurídica; os outros fenômenos são essencialmente elementos para a composição de uma análise da linguagem natural, exceção feita dos enunciados de veredictos, que têm pleno cabimento na esfera jurídica.

[45] Cf. Austin, *Quand dire c'est faire,* 1970, p. 112-120.

[46] "La fonction des énoncés de règles juridiques ne leur est pas immanente: elle leur est imprimée au niveau des actes mêmes d'édiction des autorités juridiques" (Amselek, *Théorie des actes de langage, éthique et droit,* 1986, p. 120).

discursivos ao pronunciar-se e publicar-se, ou seja, age sobre condutas sociais, enfim, perlocuciona.

Estar apto a vincular sujeitos interessados, partes, reclamantes... não lhe é suficiente para que seja efetivamente vinculante; essa é a natureza do *ato de linguagem jurídica*. Faltam-lhe condições outras para que preencha as características essenciais para a conformação de um *ato jurídico de linguagem*, que é um *plus* com relação àquele.

Essa distinção, não só indispensável, também é fundamental para que se possam localizar atos linguísticos enunciados por sujeitos que, apesar de conterem expressões de cunho jurídico, não são bastantes para a fixação do vínculo jurídico. Para que se fixem essas noções são suficientes as seguintes equivalências: um *ato jurídico de linguagem* é um ato de acordo com as prescrições de um sistema linguístico e jurídico para a efetivação de uma vinculação entre sujeitos e para o aporte de resultados e consequências jurídicas – um ato válido, na acepção jurídica de *validade*, é um ato que, uma vez que se valha de um sistema linguístico, pode ser dito ato jurídico de linguagem; um *ato de linguagem jurídica* é aquele que, apesar de servir de um sistema linguístico e sobre expressões jurídicas basear suas locuções, não alcança capacidade vinculativa, pois seus constituintes jurídicos não são suficientes para o perfazimento do ato, o que engendra a impossibilidade de se perquirir a respeito de suas consequências jurídicas, pois são, via de regra, consideradas nulas[47]. A observância do trâmite, nesse sentido, é algo de extrema importância[48].

---

[47] A nulidade geralmente deriva da não observância de formas jurídicas. Mas não necessariamente todo ato que é jurídico se vincula à ideia de fórmulas públicas de enunciação do conteúdo relacional, bilateral do ato. Para que uma promessa de recompensa (art. 1.512 do Código Civil de 1916) seja considerada hábil a vincular o sujeito promitente da recompensa não existem fórmulas linguísticas previstas ou prescritas em lei, pois essa recompensa passa a ser devida desde que a mensagem se torne pública ou chegue ao conhecimento de outros que a satisfaçam. Neste caso, a juridicidade dessa categoria de atos deriva-se mais propriamente do fato de que se encontram previstos como atos jurídicos em contextos legislativos próprios. Isso equivale a dizer que existe um *a priori* jurídico – *a priori* com relação à apresentação jurídico-discursiva do vínculo – definindo determinada realidade como formadora de uma relação jurídica.

[48] O discurso supratextual decisório pressupõe, para seu exercício válido e apto a produzir efeitos jurídicos: (a) a investidura do sujeito que profere a decisão; (b) a competência para a apreciação do caso em particular; (c) a existência de legalidade da decisão; (d) a observância da forma a ser apresentada pela decisão; (e) o atendimento a requisitos outros formais,

Os atos de procedimento chamados decisórios são performativos porque atuam sobre a esfera do ser (*Sein*), desde que haja a previsão na esfera do *dever-ser* (*Sollen*). Ainda mais do que essa exigência jurídica, na teoria de Austin, para que um ato possa ser considerado como suficiente para a sua plena integração em um sistema *performativo,* necessária é a obediência às seguintes regras, sem as quais o ato pode não alcançar os seus fins: existência de um procedimento convencionalizado entre as partes para a significação de uma situação de engajamento performativo; que as circunstâncias e as pessoas envolvidas sejam aquelas próprias para a identificação da convenção a um estado de fato verídico e válido de perlocução; o procedimento deve ser observado por todos os sujeitos envolvidos corretamente; o procedimento deve ser cumprido em sua integralidade[49].

Se tomada em consideração apenas a ordem locucional ou enunciativa do discurso, desta não se poderá extrair o necessário para a composição de situações tais que se possam figurar como vinculativas juridicamente aos sujeitos nelas envolvidos. A locução sintaticamente estruturada não é razão bastante para a criação de vínculos e consequências jurídicas. Porém, se tomada a função contextual – contexto ofertado pelo universo de discurso em discussão, aliado ao contexto social em que se inserem essas práticas textuais jurídico-institucionais[50] –, ter-se-á caracterizada a figura categorial referida por Austin.

Dessa forma, atuarão em conjunto a locução (*locution*), a ilocução (*illocution*) e a perlocução (*perlocution*). O ato discursivo decisório será capaz de engendrar situações fáticas por sua própria natureza performativa[51].

---

que, se não são causa de nulidade absoluta, o são de nulidade relativa, tornando sem efeito o *decisum*.

49 Cf. Austin, *Quand dire c'est faire,* 1970, p. 49.

50 É o caso de uma decisão do Tribunal do Júri, por exemplo: "En revanche, le prononcé d'un verdict de culpabilité pour meurtre à la fin d'un procès pénal est totalement différent. Seule, une personne spécialement désignée pour être jurée et ensuite élue par les autres membres du jury pour en être le président, est en état de dire que quelqu'un est coupable *avec pour effet de rendre ainsi un verdict*; la forme des mots utilisés est précisée par (au moins) la coutume et l'usage; et les mots sont prononcés dans un dialogue standardisé entre le magistrat et le président du jury; le contexte doit être celui d'une étape particulière dans une procédure particulière et hautement formalisée, à savoir celle d'un procès criminel. Le verdict doit être prononcé uniquement à l'encontre d'une personne formellement accusée, après qu'elle ait obtenu un juste procès et que le jury ait été dûment éclairé par le magistrat quant à la loi applicable en l'espèce" (Amselek, *Théorie des actes de langage, éthique et droit,* 1986, p. 204).

51 É este o esquema teórico que permitirá distinguir um ato jurídico verdadeiro de um ato simulado, ou de um ato pronunciado não importa como: "(...) je peux *dire* que Macbeth est

A partir do que se disse e se investigou a respeito do discurso decisório e sua produção de efeitos, a conclusão não pode ser outra senão aquela mesma que se vem sustentando desde o início deste estudo de Semiótica Jurídica, qual seja, a de que o discurso jurídico, nesse caso o discurso decisório, só está apto a produzir efeitos, ou seja, só é capaz de lançar realizações extradiscursivas[52], a partir do momento em que faz funcionar um aparato concreto que lhe dá suporte. Isso é ainda mais evidente quando se pesquisam as expressões e palavras que se utilizam para construir o dispositivo das decisões (*decisum*)[53].

De acordo com o que se disse, deve-se reafirmar que a decisão (administrativa ou judicial) somente produzirá efeitos a partir do momento em que intervier como *ação no mundo*, ou seja, a partir do momento em que outro sujeito passar a operacionalizar o sentido contido no discurso decisório. Esse *sujeito da ação*, como sujeito vinculado ao poder decisório, faz funcionar a ordenação do *decisum* por meio da "força bruta" (interdição do prédio que se encontra fora de condições de habitabilidade; lacração do imóvel de empresa falida; cassação da carteira de habilitação; prisão do réu...), na expressão peirceana[54]. Até então, poder-se-ia tomar a decisão – e, com ela, seu discurso, seus pressupostos, seu contexto de práticas, suas

---

coupable d'un certain meurtre sans prendre une quelconque position officielle; je peux dire cela en utilisant une formule à ma guise, et au moment où j'ai choisi de le dire; aucune situation, aucune formule, aucune procédure d'énonciation n'est particulièrement exigée" (Amselek, *Théorie des actes de langage, éthique et droit,* 1986, p. 203).

52 A linguagem jurídica é fundamentalmente ilocutória. Nada possui a decisão judicial que dela possa fazer mera linguagem descritiva de um referente, ou seja, com Austin, não se trata de se considerar a linguagem das decisões judiciais como constativa, mas sim como ilocutória, pela capacidade que possui de gerar efeitos para além do discurso. Sobre essa análise e essas conclusões, a partir da obra de Austin e suas injunções, consulte-se Paychère, *Actes de langage, éthique et droit,* 1983, p. 73-76.

53 "Les verbes du dispositif (<<dit>>, <<déclare>>, <<prononce...>>, <<condamne...>>) sont des prototypes de performatif" (Cornu, *Linguistique juridique,* 1990, p. 352).

54 "Un tribunal peut prononcer des arrêts et des sentences contre moi et, moi, je peux m'en soucier comme d'une guigne. Je peux penser que ces ont des paroles en l'air. Mais quand je sentirai la main du sheriff sur mon éppaule je commencerai à avoir le sentiment de leur actualité. L'actualité a quelque chose de la brute" (Peirce, *Écrits sur le signe,* 1978, p. 124). Da mesma forma como na teoria peirceana a força aparece como forma de imposição da justiça e das decisões jurídicas, Perelman apresenta uma figura textual baseada no símbolo da justiça para clarificar a forma do exercício da justiça. Assim: "... la justice est représentée par une femme aux yeux ceitns d'un bandeau, avec une balance dans la main gauche et un glaive dans la main droite. Le glaive indique sa détermination à exécuter la sentence, mais

justificativas racionais – como mero *flatus vocis*. A atualidade do discurso se faz sentir quando, de puro sentido, ele se transforma em poder de fazer, de conduzir, de realizar, de operacionalizar e de engendrar práticas.

2.3.1 ENUNCIADOR, ENUNCIATÁRIO E MODALIDADE DO DISCURSO DECISÓRIO

Dados os principais traços do discurso decisório, sua presença interna a um procedimento, sua formação, sua dependência de outros discursos, sua derivação do discurso normativo, sua aparição formular, seu papel interpretativo e criativo, além de aplicativo, suas consequências, seu poder extradiscursivo, deve-se passar ao estudo dos aspectos estruturais semióticos dessa textualidade jurídica. Passa-se, portanto, da mera análise de contexto e de situação, de superfície e aparição, para a investigação das estruturas narrativas (sintática), e das profundidades de sentido desse discurso. Em princípio, estudar-se-á o meio narrativo em que se insere o discurso decisório, para em seguida passar para o estudo da modalidade do discurso decisório, quando se apresentarão também os conceitos de enunciador e enunciatário desse discurso.

O procedimento e o processo são relações institucionais que envolvem sujeitos em torno de discussões de interesse que demandam a aplicação de normas jurídicas. A corporeidade do procedimento e do processo são os autos, onde as práticas e os fluxos textuais acontecem. Não se trata exclusivamente de dizer que os autos constituam o *corpus* para os acontecimentos de discurso e de linguagem, mas sim de dizer que os autos narram e documentam um espetáculo semiótico, onde se podem distinguir vários percursos narrativos em ocorrência simultânea.

Nesse sentido, os autos revelam de um processo ou de um procedimento um *récit,* que envolve sujeitos, sendo que se desenvolve por práticas ritualizadas, e que se finda com um ou outro resultado dado pelo discurso decisório, mas que, de qualquer forma, plasma sempre uma relação de sujeitos à busca de valores. Assim, das práticas textuais se pode distinguir com nitidez a existência de *destinador* (enunciador), *destinatário* (enunciatário) e *objetos de valor* bem determinados e contextualizados. A deci-

---

ce sont la balance et le bandeau qui symbolisent la manière dont la justice doit être rendue" (Perelman, *Le champ de l'argumentation,* 1970, p. 139).

são[55] é que definirá, ao final de todo o percurso narrativo, quem perde, quem vence, quais são os benefícios hauridos, quais são os resultados negativos oriundos da tomada de decisão, de modo que se vê que, às vezes, se perde, dando-se origem à disjunção do sujeito com relação ao *objeto de valor*, enquanto a outra parte ganha, dando-se origem à conjunção desse outro sujeito com o *objeto de valor*, ou, mesmo, pode-se ainda ver, ambos perdem e ganham, quando ocorre de serem recíprocas e simultâneas a disjunção e a conjunção.

Pode-se falar que um processo ou um procedimento constitui um grande espetáculo narrativo, pois, ao mesmo tempo, num único local (autos), a partir dos mesmos fatos, mas com competências, funções e interesses diversos, constatam-se inúmeros *actantes-sujeitos* em funcionamento narrativo. Num único *locus* jurídico reúnem-se diversas competências actanciais; num único acervo documental se entrelaçam práticas discursivas de diversas naturezas. Isso tudo sugere a existência de inúmeros programas narrativos concomitantes, que se passam no interior velado dos entremeios documentais dos autos. Cumpre, portanto, como parte deste estudo, sejam estudados os possíveis programas narrativos a serem constatados no seio dos procedimentos jurídicos.

O primeiro dos programas narrativos (PN) a ser destacado é o da autoridade decisória, que figura no discurso como dirigente das práticas e fiscal da legalidade do procedimento, autoridade investida no poder de "dizer a letra da lei" nos casos concretos. Assim, tem-se: PNaut: Autoridade (Dor) → Parte(s) interessada(s) (Dários primários) → Sociedade, Tribunal, Instância Superior, Autoridades submetidas (Dários secundários) → Justiça decisória concreta (Ov).

O segundo dos programas narrativos (PN) a ser destacado é o do próprio burocrata, anteriormente já estudado, onde o seu desempenho funcional é de fulcral importância para o próprio andamento do procedimento e para a realização da decisão, pois o controle dos autos e dos atos rituais, verdadeiramente, o impulso oficial, se dá com suas práticas sacramentadas e textualizadas nos autos. Assim, tem-se (PNb): Burocrata (Dor) → Sujeito

[55] Para um estudo semiótico detalhado do veredicto da culpabilidade no processo judicial, que se apresenta de forma dicotômica (*guilty/not guilty*), e suas relações com a questão da verdade (*truth*), consulte-se Jackson, Truth or proof: the criminal verdict, *Revue Internationale de Sémiotique Juridique*, v. 11, n. 33, 1998, p. 227-273.

Interessado (Dário primário) → Autoridades superiores, Autoridade decisória, Sociedade (Dários secundários) → Marcha do procedimento (Ov).

Em terceiro lugar, pode-se visualizar, num procedimento triangular processual, onde interagem geralmente duas partes em oposição discursiva, diante da impassividade da autoridade decisória, de um lado, o programa narrativo de uma parte (PN1), e, de outro, o programa narrativo de outra parte (PN2), que se pode fazer figurativizar[56] discursivamente por meio dos actantes investidos no processo criminal. Assim, tem-se (PN1): Réu (Dor) → Autoridade decisória (Dário primário) → Burocrata, Parte contrária, Sociedade, Jornalistas (Dários secundários) → Liberdade e convencimento da autoridade de sua inocência (Ov), onde figura o antiprograma do Ministério Público. Por outro lado, tem-se também (PNMinP): Ministério Público (Dor) → Autoridade decisória (Dário primário) → Burocrata, Parte contrária, Sociedade, Jornalistas (Dários secundários) → Condenação do réu e convencimento da autoridade decisória (Ov), onde figura o antiprograma do advogado de defesa, em nome de seu cliente.

Por meio dessas complexas cadeias de entrelaçamentos de atividades textuais se pode partir, passo a passo, após vencidas as etapas necessárias do procedimento normativo, para a conquista da decisão. Nesse ponto, poder-se-ão ver várias espécies de sanções (positivas, negativas) para cada programa narrativo e para cada atuação discursiva nos autos do procedimento (judicial ou administrativo). Supondo-se que se está diante de um processo judicial criminal, alcançada a decisão, se se constatar de sua leitura que "O réu perdeu a liberdade", estar-se-á diante de uma situação de disjunção do sujeito com relação ao seu específico *objeto de valor* (S∪O), não obstante a busca e o empenho de forças e competência para tanto.

Pode-se mesmo, mantida essa hipótese, figurar o tratamento da história jurídica de um sujeito por meio dos autos de um processo ou procedimento. Partindo-se de um estado inicial (E1), uma pessoa mata outra por

---

[56] Esse termo "figurativização" possui acepção técnica no contexto dos estudos semióticos e significa o investimento de sujeitos, espaço e tempo de uma estrutura sintática *a priori* abstrata e vazia. Assim: "Il existe toutefois mille façons de raconter une telle histoire. On dira que le discours sera figurativisé au moment où l'objet syntaxique (O) recevra un investissement sémantique qui permettra à l'énonciataire de le reconnaître comme une figure, comme une 'automobile' par exemple: S(automobile)∪O(puissance)" (Greimas/Courtés, *Sémiotique*: dictionnaire raisonné de la théorie du langage, 1993, p. 146-148). É nesse sentido que investimos a descrição do percurso narrativo das partes num processo penal, exatamente no sentido de facilitar a intelecção da atuação dos sujeitos em um discurso determinado.

vingança, alcançando, após longo processo de procura dos meios e investigação das formas, conjunção com o *objeto de valor* "vingança" do percurso narrativo que descreve o assassinato. Nesse estado (E1) pretende permanecer o criminoso, estando em conjunção com sua liberdade ainda preservada, de modo que seu projeto é manter sua liberdade, e para isso irá desempenhar esforços no sentido de não ser encontrado pela polícia, de desaparecer com os vestígios que poderiam incriminá-lo... Em verdade, sua expectativa é a de vencer o processo criminal, que sabe que será inevitável, diante do postulado da iniciativa pública da acusação nessas hipóteses. Após o início da persecução penal, e com o surgimento do processo, o assassino torna-se *réu* (termo técnico-jurídico), modificando-se, portanto, sua situação de desconhecido e ignorado ante os olhos da justiça criminal persecutória. Tal estado (E2) corresponde a uma modificação de seu *status*. Após os cursos e trâmites convencionais, advindo a decisão condenatória, o assassino perde a liberdade definitivamente por um tempo determinado na decisão, de modo que, em disjunção com o *objeto de valor* "liberdade", passa do estado (E2) em que se encontrava como réu para a este outro final (E3), de condenado.

Perceba-se, portanto, que, no percurso grafado como (E1)→(E2)→(E3), houve transformação do *sujeito de estado*, e o *sujeito de discurso* responsável pela sua transformação de estado foi a autoridade decisória, investida do poder de "dizer o direito" nos casos concretos, modificando *estados-de--coisas*, *estados-do-mundo*, situações jurídicas, criando relações, desfazendo outras, declarando isto ou aquilo... Isso porque o discurso decisório pode ser definido semioticamente pelo sistema das modalidades como um *poder--fazer-dever-fazer*, ou seja, um discurso que tem a capacidade de se fazer impor (*poder-fazer*) e de impor condutas a outros sujeitos (*dever-fazer*). Em nada se distingue do discurso normativo, salvo pelo fato de que o decisório se incumbe de interpretar e aplicar o preexistente e genérico discurso normativo, mas, em verdade, não deixa ele mesmo de ser um discurso normativo, só que individualizante.

Mas, há que se dizer, a autoridade decisória, esse *actante-de-discurso* no curso do procedimento, é, portanto, o *actante do fazer*, pois transforma as situações aplicando e interpretando discursos normativos[57].

---

[57] Nesse sentido, a distinção Poder Executivo/Poder Legislativo/Poder Judiciário é uma tripartição de papéis actoriais definidos (cf. Landowski, Pour une approche sémiotique et narrative du droit, *Droit Prospectif, Revue de Recherche Juridique*, 1986, p. 63).

Não por outro motivo não se pode ser autoridade decisória e parte a um só tempo, pois, além das obviedades que cercam essa afirmação, opõe-se narrativamente, na estrutura descritiva dos percursos procedimentais, o *sujeito do fazer* e o *sujeito de estado*[58]. Há que se dizer, no entanto, que a autoridade decisória não é só destinadora de discursos, mas também apresenta uma posição de submissão no papel que encarna (submissão às regras de carreira e aos mandamentos superiores...), preservando, porém, sua autonomia como destinadora de opiniões discursivas (para as partes)[59].

Assim sendo, pode-se precisar melhor, a partir da estrutura modal do discurso em análise, a expressividade da autoridade decisória (Se) em sua atuação, em seu fazer (Fazer):

1. Se (*poder-fazer* + *dever-fazer* + *saber-fazer* + *querer-fazer*) Fazer = texto decisório válido, competente... pois nessa situação a autoridade agiu no cumprimento de seu dever, sendo competente para tanto, tendo adquirido os meios corretos de execução, utilizando-se das formas procedimentais adequadas, de modo que deu nascimento a um texto decisório aplicável. Essa é a *performance* completa da autoridade decisória num programa narrativo. A sanção (recompensa, punição) estimada, nessa hipótese, será a melhor possível.

2. Se (*poder-fazer* + *dever-fazer* + *saber-fazer*) Fazer = apatia decisória. Aqui se está diante de uma situação que descreve a inércia e a morosidade das autoridades que receberam delegação para agir, fazer e decidir. No lugar da produção de texto decisório, há inércia completa, uma vez que todas as condições do fazer estão presentes, salvo o querer. Essa *performance* nula em face do programa narrativo previsto para ser realizado é um contrassenso diante do mandamento do *dever-fazer*. Nesse sentido, a sanção tende a não ser positiva.

3. Se (*poder-fazer* + *dever-fazer* + *querer-fazer*) Fazer = texto aplicativo-decisório eivado de problemas, inválido, atécnico, nulo... Houve produção, mas desta feita de um texto decisório inaplicável. E isso porque a ele faltou o *saber-fazer*, que é a alma dos procederes técnicos de lingua-

---

[58] Cf. Landowski, Pour une approche sémiotique et narrative du droit, *Droit Prospectif, Revue de Recherche Juridique*, 1986, p. 54-55.

[59] Cf. Landowski, Verité et veridiction en droit, *Le Discours Juridique*: *Langage, Signification et Valeurs, Droit et Societé*: *Revue Internationale de Théorie du Droit et de Sociologie Juridique*, n. 8, 1988, p. 47.

gem e discurso no universo decisório. Pode ter havido quebra de rito procedimental, como pode ter havido desrespeito a direito inalienável da parte, como pode ter havido desrespeito a mandamentos normativos de nível constitucional... A decisão demanda um bom estudo da prudente forma de adequar a letra fria do texto normativo à realidade vibrante dos acontecimentos sociais. Essa *performance* num programa narrativo importará sanção negativa.

4. Se (*saber-fazer* + *querer-fazer*) Fazer = texto decisório inexistente para o sistema jurídico. Aqui se está diante de uma pseudoautoridade. Ela, destituída de *poder-fazer*, nada é, e, portanto, sua decisão, qualquer que seja ela, desrespeita normas rígidas que estabelecem competência aos órgãos decisórios, de modo que sua decisão não pode significar nada juridicamente, e, ainda, ser incapaz de produzir efeitos *ultra* autos. Sem *poder-fazer*, consequentemente, inexiste o dever de agir. O órgão decisório, administrativo ou judiciário, vive em meio a uma estrutura institucional com competências divididas legalmente em favor da proteção dos próprios súditos das normas jurídicas, de modo que não se pode invadir a esfera de competência normativa e "falar" por outro pertencente a esfera normativa diversa. Essa equação resume os casos de inexistência do ato normativo (não entrada no sistema) e de nulidade (relativa ou absoluta) por incompetência. A sanção pode ser um conflito de instâncias administrativas ou judiciárias, assim como a invalidação do ato decisório e de todo o procedimento que o sustentou *ultra vires*...

Os padrões regulares de instauração do *actante-decisório* pelo *dever-fazer*[60] favorecem a que fique obrigado a decidir (*non liquet*), sem poder excusar-se por falta de existência de normas para o caso concreto, salvo os casos de incompetência, impedimento e suspeição previstos na legislação.

---

[60] O que não se pode deixar de dizer é que ator e actante, não obstante não se confundirem conceitualmente, possuem relações muito interessantes na prática do investimento discursivo. O actante é esse lugar do discurso sintaticamente previsto, gramaticalmente estruturado e que possui funções, atribuições, atividades, tarefas, expectativas, deveres... Mas, se o ator não corresponde ao programa narrativo previsto para o *actante-modelo*, este logo é destituído de seu lugar, ficando então impedido de exercer essa função discursiva (v.g., autoridade corrupta). Isso porque essa não correspondência do ator com relação ao programa narrativo engendra a própria perda de sentido da operação narrativa. Se o legislador investe o *actante-decisório* para se valer da lei, dirimir conflitos, exercer jurisdição... é do actante que se está a falar, de um *locus* discursivo, ao qual o ator deverá corresponder. Se um eventual ator desbordar do uso da lei, praticar jurisdição alienadamente... a sua atuação deixa de corresponder à do programa narrativo previsto, e então sua exclusão do papel é consequência direta e necessária.

Ainda, para cumprir seu *dever-fazer*, a autoridade decisória possui *saber--fazer*, e adquirirá os meios para o alcance da decisão. Se os conhecimentos existentes em pendência de julgamento exigem uma técnica que se lhe não é exigida, então, se socorrerá de sujeitos autorizados e neutros (com relação ao litígio e às partes) para opinar tecnicamente nos autos, os peritos, que, por possuírem *saber-fazer* específico, são capazes de auxiliar no juízo decisório.

Porém, há que se dizer, com relação ao *sujeito do fazer*, para além de seu reduzido papel intra-autos em cada caso concreto, dentro de sua competência de apreciação, atua de modo a intervir diretamente na vida da *juridicidade*, da seguinte forma: Convívio humano → Conflitos sócio-humanos → Instituição do poder de gerenciamento dos conflitos por meio do modelo jurídico-normativo → Regulamentação das condutas → Investimento de terceiro imparcial para decisão → Aplicação normativa conjugada com interpretação → Influenciação da decisão sobre a sociedade → Convívio humano → Novas demandas e instauração de nova escala de valores → Necessidade de novas decisões... e assim circularmente, num movimento de *alimentação* e *realimentação* constantes do sistema jurídico como um todo. É nesse emaranhado de relações que se encontra a actância decisória, de modo que o papel do *actante-decisório* é de grande importância no contexto da formação da significação jurídica[61].

Por sua vez, a(s) parte(s) interessada(s), ou seja, o *actante-de-estado* no esquema narrativo do discurso decisório, geralmente não possui *poder--fazer* para se manifestar validamente nos autos do procedimento, sobretudo no judicial. Isso significa que necessita de outro *sujeito-actante* que intervenha em seu interesse, de modo que sua intervenção no procedimento, e sobretudo no processo judicial, é sempre mediada. Não pode falar sem advogado[62], pois este é actante técnico, ele "fala por", e tudo porque possui

---

[61] Ainda mais se se pensar no papel do juiz no sistema anglo-saxão, que é, a um só tempo, juiz e legislador (cf. Landowski, Pour une approche sémiotique et narrative du droit, *Droit Prospectif, Revue de Recherche Juridique*, 1986, p. 61).

[62] O advogado é um *actante-do-fazer*, mas, por sua vez, também possui um percurso narrativo peculiar, com função perante o cliente (no caso um cliente-contribuinte com problemas fiscais), com sanção profissional, etc., tudo como vem descrito com lucidez por Paychère: "Quant au juriste, il est manipulé – au sens sémiotique du terme – par son client, c'est-à-dire doit exercer une certaine performance en fonction du programme qui lui a été donné par celui qui le manipule, le contribuable. La tâche que l'avocat doit accomplir consistera – d'un point de vue juridique – à demonstrer aux autorités compétentes que le classement de son client dans une catégorie de contribuables dont les revenus de la fortune seraient taxés aux

o *poder-fazer*, autorizado normativamente para tanto, conjugado com o *saber-fazer*, a técnica de se manifestar oportunamente e da forma necessária nos autos. Assim ocorre na generalidade das instâncias judiciais[63]. Nesse sentido é que se pode dizer que o "falar" juridicamente nos autos não é um simples "falar", mas um falar autorizado, um falar respaldado por um poder primário que instaurou o *locus* seja da defesa, seja da acusação, seja do autor, seja do réu, seja do(s) interessado(s). A espontaneidade aqui é tolhida por regras de *saber-fazer*, o que envolve *saber-quando*, *saber-por-quê*, *saber-para-quê*, *saber-como*, *saber-onde*...

E como já se viu, toda essa dimensão do dizer e do argumentar intra-autos está submetida a regras estritas que, por sua vez, garantem a finitude dos discursos no curso dos procedimentos, qual aquela do *onus probandi*. A argumentação que sustenta as razões de uma parte interessada na solução do litígio é a mesma que permite à autoridade construir racionalmente o discurso decisório. Tudo isso permite à autoridade decidir independente de se ter dito, por uma das partes (ou por ambas), o contrário do que sustenta em sua decisão, desde que se conclua que o ônus da prova não foi satisfeito[64]. Essa regra do provar em direito[65] corresponde, portanto, a uma imposição do *actante-decisório*, sempre respaldado por pressupostos discursivos de natureza normativa, que estabelece o *dever-fazer*. O *actante-destinador* (advogado – *actante-técnico*) possui o *saber-fazer*, de modo que dele se vale

---

taux spécial serait une décision conforme à la loi. La sanction de son travail sera donc la reconnaissance par des tiers qualifiés du fait que le contribuable qu'il représente, au regard de sa situation propre *c*, doit être classé *q* dans cette catégorie de contribuables. Il s'astiendra à donner à la déclaration d'impôts de son client la forme la plus adéquate en respectant un certain nombre de conditions, une procédure *p*, dans l'accomplissement de cet acte en vue de cette fin-là" (Paychère, *Théorie du discours juridique*, thèse de Doctorat de l'Université de Paris-II, 1990, p. 265).

63 Cf. Landowski, Vérité et veridiction en droit, *Le Discours Juridique: Langage, Signification et Valeurs, Droit et Société: Revue Internationale de Théorie du Droit et de Sociologie Juridique*, n. 8, 1988, p. 45-59.

64 Nesse sentido, a presunção passa a representar uma suspensão do dever de prova para um actante (cf. Landowski, Vérité et veridiction en droit, *Le Discours Juridique: Langage, Signification et Valeurs, Droit et Société: Revue Internationale de Théorie du Droit et de Sociologie Juridique*, n. 8, 1988, p. 47).

65 O juridicamente provado ou dito verdadeiro pode ser uma grande mentira/falsidade (cf. Landowski, Vérité et veridiction en droit, *Le Discours Juridique: Langage, Signification et Valeurs, Droit et Société: Revue Internationale de Théorie du Droit et de Sociologie Juridique*, n. 8, 1988, p. 49).

para superar as exigências probatórias do procedimento[66]. Esta, dentre as demais expostas, é uma característica determinante desse universo de discurso jurídico.

2.3.2 A PARTICIPAÇÃO DA DIALOGIA NA FORMAÇÃO DO DISCURSO DECISÓRIO JUDICIAL

O discurso decisório judicial é a principal mostra da participação da dialogia na formação do juízo decisório. Não por outro motivo, as tendências atuais da *Teoria do Direito* apontam francamente na direção da *Teoria da Argumentação*, considerando-a um caminho necessário para a discussão acerca da forma pela qual se alcançam, em meio a graus relativos de certeza, decisões de justiça[67]. Se é verdade que nenhum discurso se forma *ex nihilo*, é porque existem regras e coerções que impedem o arbitrário da decisão unilateral, de modo a evitar-se a arbitrariedade judicial[68]. Se nenhum discurso se forma *ex nihilo*, é porque existem regras e coerções que impedem o arbitrário da decisão unilateral, de modo que se avoca, para perto de toda decisão, uma conjuntura de elementos que passa a caracterizar sua própria corporeidade. Provas, escritos, documentos, textos, interpretações de normas e fatos se encontram para formar o conjunto de instrumentos pelos quais se decide, e isso dentro de regras (procedimentais e processuais) que disciplinam os meios, os momentos, os modos, as técnicas... de influir na persuasão racional do juiz[69]. Outras regras presidem, também, os meios de valoração

[66] Cf. Landowski, Vérité et veridiction en droit, *Le Discours Juridique: Langage, Signification et Valeurs, Droit et Société: Revue Internationale de Théorie du Droit et de Sociologie Juridique*, n. 8, 1988, p. 46.

[67] "Por isso, a *Teoria do Direito* vem recorrendo constantemente à *Teoria da Argumentação* para explicar a *forma* como o processo judicial se *estrutura*, mas ainda sem a capacidade de *afirmar* como o resultado processual se torna passível de produzir, sabendo-se do *relativo grau de certezas* obtidas nos deslindes processuais" (Bittar, *Semiótica, Direito & Arte*: entre Teoria da Justiça e Teoria do Direito, 2020, p. 304).

[68] A esse respeito, consulte-se Oliveira, *Semiótica Jurídica, Processo e Decisão Judicial*: uma análise do discurso jurídico, Dissertação de Mestrado, USP, 2020.

[69] É clara a evidência de que: "*Le discours juridictionnel est plein de discours incorporés*" (Cornu, *Linguistique juridique,* 1990, p. 338). Assim sendo, o discurso decisório, em específico o jurisdicional tratado por Cornu, apreende dos demais discursos, com os quais interage, argumentos, provas, sugestões de sentido... aperfeiçoando-se dialeticamente no seio de um procedimento. Essas coerções probatórias e racionais a que se submete, para não se

das provas, textos, normas... pelo julgador, a partir do momento em que, dos entremeios dessa textualidade, extrai o discurso decisório judicial.

Essa temática reclama, portanto, um delicado estudo da pragmática judicial[70], forma relacional que se destaca do conjunto das práticas textuais no processo. De fato, está-se diante de uma pesquisa que se embrenha nos domínios relacionais que se estabelecem por meio de textos, onde *sujeitos--actantes* exercem discursos bem caracterizados por seus papéis no contexto processual, no sentido da defesa de interesses racionalmente defensáveis. A própria fluidez semântica, dos textos normativos e das expressões textuais normativas que são colocados *sub examine* nos debates judiciais, acaba sendo preenchida por práticas argumentativas que acentuam o papel da relação intersubjetiva no seio da textualidade jurídica. Quer-se dizer que a

---

tornar um solilóquio, refletem-se na justificação provada da decisão: "Cette vérification introduit dans la motivation tout le vocabulaire technique de la preuve juridique: pièces, documents, actes, titres, modes de preuve, mesures d'instruction, constat, rapport, avis, déclarations, attestations, témoin, enquête, expertise, aveu, etc." (p. 347).

[70] "Não é este sentido que utilizamos, no quadro desta disciplina, o termo na expressão pragmática da comunicação. O termo pragmática é aqui entendido como um substantivo criado a partir do termo grego *h pragma* (*he pragma*), que na origem significava assunto, negócio. Os gregos utilizavam a expressão *ta twn ellhnwn pragmata* (*ta ton Hellenon pragmata*): os negócios ou os assuntos que dizem respeito aos gregos. Daí o termo *h pragmatia* (*he pragmatia*), que significava o cuidado que se põe na confecção ou no fabrico de uma coisa, o trabalho, a aplicação. O verbo *pragmateuomai* (*pragmateuomai*) significava esforçar-se, trabalhar, ocupar-se de alguma coisa, maquinar, tramar, propor-se um ganho numa operação, especular, fazer de uma coisa um meio para obter fortuna. Um negociante ou um traficante era chamado *o pragmateu* (*hos pragmateus*) e a alguém que era entendido nos negócios ou hábil na maneira de os conduzir era aplicado o adjetivo de *pragmatiko* (*pragmatikos*). Daí que também fosse utilizado o substantivo *pragmatiko* (*hos pragmatikos*) para designar aquilo que é real ou verdadeiro. Para Dinis o Areopagita, *h pragmatikh alhqeia* (*he pragmatike aletheia*) significava uma verdade real, e para Plutarco, na *Vida de Galba, ta pragmaktikh istoria* (*ta pragmatike historia*) era uma história verdadeira, contada com toda a riqueza de pormenores concretos, tirados da vida real. Foi deste último sentido que o termo passou para o direito e para a filosofia" (Rodrigues, *As dimensões da pragmática na comunicação,* 1995, p. 24). Por sua vez, no contexto da filosofia peirceana se encontra esta preocupação pragmática como parte do estudo semiótico e como questão fundamental sobre o signo: "No contexto da filosofia pragmatista americana, Charles Sanders Peirce distinguia três dimensões do signo, a que Charles William Morris daria o nome dimensões semântica, sintática e pragmática. Enquanto a semântica diz respeito à relação dos signos com os objetos para que remetem e a sintática à relação dos signos entre si, a pragmática diz respeito à relação de um signo com os seus interpretantes" (Rodrigues, *As dimensões da pragmática na comunicação,* 1995, p. 25).

tensão de sentido jurídico, na disputa empreendida pelas partes envolvidas, é a fábrica do sentido decisório judicial.

A abordagem discursiva se coloca em termos de uma *pragmática*[71], visto acentuar-se o caráter *inter homines* dos *dialógos*[72], ou da discursividade dialógica, que pressupõe a *interação* e, também, a *manipulação* recíproca nas trocas enunciativas, e, com isso, a coexistência de no mínimo dois sujeitos, com pontos de vista antagônicos, diferentes e em estado de *disputa narrativa*[73]. Assim, como divisão primígena, devem-se repartir as esferas em que se manifesta o sujeito pela discursividade, seja sem a participação do *alter* na enunciação, hipótese que caracteriza a monologia, seja com a participação do correspondente subjetivo que vincula as mensagens, formando-se o que aqui se convenciona chamar de *discussões-contra* ou ainda de *discussões-com*[74], duas espécies diversas de dialogia, condicionando o debate discursivo simplesmente pela sua presença. Assim, de um lado, a monologia[75] figura como sendo o "(...) discurso onde o ouvinte aparece

---

71 É a pragmática do discurso que assinala o papel centralizante do sujeito no condicionamento de suas estruturas de produção. O interlocutor discursivo é um auditório, auditório este particular, universal ou coletivo, que participa da formação do discurso, determinando sua forma e seu conteúdo, seus fins e seus meios. Assim: "La force des arguments variera donc selon les auditoires et selon le but de l'argumentation" (Perelman, *Traité de l'argumentation*: la nouvelle rhétorique, 1976, p. 611).

72 "Le terme de dialogue désigne l'unité discursive, de caractère enonciatif, obtenu par la projection à l'intérieur du discours-énoncé, de la structure de la communication. Ses actants – destinateur et destinataire – sont alors appelés ensemble des interlocuteurs ou, séparément, interlocuteur et interlocutaire..." (Greimas/Courtés, *Sémiotique*: *dictionnaire raisonné de la théorie du langage,* 1993, p. 98).

73 "Uma teoria da argumentação, assim concebida, deve ocupar-se dos diversos aspectos do discurso relacionados à intenção do enunciador, aos efeitos a que este visa, ao produzir seu discurso, e à manipulação que pretende exercer sobre seu enunciatário" (Barros, *Teoria do discurso*: fundamentos semióticos, 1988, p. 98).

74 Segundo as funções pragmáticas do discurso apresentadas por Ferraz Junior, *Direito, retórica e comunicação*, 1973, p. 4-25.

75 Não obstante a monologia constituir-se enquanto discurso diverso daquele em que a presença de um *alter* é necessária e fisicamente constatável, não se pode compreendê-la como esfera sem relação qualquer com a alteridade, uma vez que mesmo pela existência virtual desta na consciência do sujeito-elocutor tem-se a vinculação do seu discurso a critérios mínimos de convencimento e coerência. Aqui se esposa a opinião e se utiliza a literalidade com a qual apresenta a questão Ferraz Junior, a saber: "(...) mesmo no caso de um livro ou de uma conferência, existe aquela situação, de que se queixa Platão, onde 'ninguém responde', mas em que o escritor se vê obrigado, na esperança da adesão do leitor, a apre-

como *não* habilitado para uma intervenção ou como não interessado ativamente nela (...)", e, por outro lado, a *dialogia* é propriamente a esfera discursiva por meio da qual "(...) o ouvinte aparece como habilitado para uma intervenção ou como interessado ativamente nela (...)"[76].

O que se quer extrair desse tipo de reflexão é que a *discursividade-contra*[77] é propriamente aquela que releva para uma análise do discurso jurídico-decisório, uma vez que esta aponta para a linguagem da conflituosidade, que, de uma forma ou de outra, é a matéria-prima do discurso decisório judicial contencioso[78]. Definir os meandros do *discurso-contra* é falar de contraditório, o que é útil sobretudo para fins de análise do discurso processual.

Aqui, é o *lógos* que releva como instrumento de interação dialógica. Nesse enfoque, o que se faz é acentuar o papel do discurso como *percurso racional* e *argumentativo* de caráter *persuasivo, perscrutativo*[79]. Dizer que essa modalidade de discurso jurídico está marcada pela *dinâmica argumentativa* significa dizer – seguindo-se de perto o que a este respeito afirma o

---

sentar suas propostas tão cautelosamente quanto possível. Por isso, não vemos o discurso monológico nem como fixação unilateral de uma estrutura, nem como discurso sem interlocutor" (id. ibid., p. 27-28).

76 Ferraz Junior, *Direito, retórica e comunicação*: subsídios para uma pragmática do discurso jurídico, 1973, p. 16 e 23.

77 A presença de um interlocutor de ideias é o estímulo próprio para o aperfeiçoamento da *ars inveniendi,* ou seja, à invenção de problemas e propostas problemáticas a serem dialogicizadas no espaço retórico dos argumentos. Já foi afirmado que um novo modelo de comunicação deposita o estímulo comunicacional não tanto no ato elocutivo do sujeito ativo da mensagem discursiva, mas no estímulo provocado neste pela presença de um interlocutor, que, com aquele, estabelece uma *dialética intercambial* que determina o *cursus* do diálogo.

78 É certo que não se está pensando aqui na jurisdição voluntária, onde atuam interessados, e onde sobretudo as relações não se estabelecem contra o outro, mas com o outro em face do Estado, de acordo com o que afirma a doutrina processual a respeito. Sublinha-se, pois, o que é evidente, a principal atividade processual, ou seja, aquela contenciosa.

79 "Uma questão é clara quanto ao discurso jurídico, quer se trate de elaboração, de interpretação ou aplicação do direito: trata-se de um discurso argumentado, organizado tendo em vista um propósito e negociando este propósito diante de uma audiência particular ou geral, à luz de valores que lhe são pretextos para fundamentar enunciados normativos. É um discurso constituído de estratégias, tomando aparência de lógico, tendo em vista induzir ou regular o julgamento coletivo sobre uma situação ou um objeto" (Petri, *Argumentação linguística e discurso jurídico,* 1994, p. 95).

semioticista José Luiz Fiorin – que existe no mínimo dois pontos de vista a serem levados em consideração, e que irão permitir o encadeamento de argumentos reciprocamente considerados, seja para afirmar, seja para negar, seja para contestar, seja para provar, seja para contestar o valor da prova: há nessa dinâmica um *caráter responsivo*[80].

A *juridicidade* se manifesta por várias vias, pois possui múltiplos universos de discurso inseridos em seu conjunto. Aqui, no entanto, colocam-se sob análise apenas aspectos importantes do discurso decisório como discurso que pressupõe disputas discursivas, tensões de sentido, o que não se faz sem exercícios persuasivos e desempenhos pragmático-textuais bem determinados.

Pode-se mesmo dizer que o discurso jurídico em geral, compreendida nessa expressão a amplitude de discursos que se produzem para a codificação normativa, para a desenvoltura procedimental, para a exegese científica, para a aplicação decisória, tem como característica fundamental o fato de ser um discurso do tipo heterológico[81]. Essa conotação heterológica é aquela mesma que lhe confere um aspecto de polemicidade, dada a possibilidade de contra-argumentação ínsita ao exercício da linguagem jurídica[82].

Discurso é muito mais dialética interativa *elocutor/auditório* e muito menos ato individual de criação do elocutor. Decorre, portanto, que a *inventio*[83]

---

80 "Ora, se a argumentação é a tomada de posição contra outra posição, a natureza dialógica do discurso implica que os dois pontos de vista não precisam ser explicitamente formulados. Na medida em que um discurso é sempre um discurso sobre outro discurso, todos os discursos são argumentativos, pois todos eles fazem parte de uma controvérsia, refutando, apoiando, contestando, sustentando, contradizendo um dado posicionamento. Todos os discursos são argumentativos, pois são uma reação responsiva a outro discurso" (Fiorin, *Argumentação*, 2018, p. 29).

81 Cf. Ferraz Junior, *Teoria da norma jurídica*: ensaio de pragmática da comunicação normativa, 1978, p. 113.

82 Nesse sentido é que se pode dizer que há "(...) uma ação linguística dirigida a outrem, donde o seu caráter de discussão, onde alguém fala, alguém ouve e algo é dito" (Ferraz Junior, *Direito, retórica e comunicação*: subsídios para uma pragmática do discurso jurídico, 1973, p. 61).

83 A linguagem utilizada deriva da tradição ciceroniana de apresentação do discurso, pois traça o *cursus* a ser seguido pelo elocutor retórico. Esse modelo retórico parte da *invenção* (*inventio*), passa pela *disposição* (*dispositio*), *elocucionando-se* (*elocutio*) o discurso por meio da *ação* (*actio*) e da *memória* (*memoria*). O caminho retórico corresponde, portanto, ao paradigma da enunciação, desde a propositura de uma questão, de um problema, sua

não pode corresponder unicamente a um ato subjetivo de criação do sentido, pois antes de tudo releva o constante estímulo das *contrapropostas*, potenciais ou atuais, opinativas do auditório e da *antítese* que sempre aparece como subliminarmente proposta pela própria apresentação de uma tese.

Pragmaticamente, o condicionamento da própria *inventio* à existência de um sujeito opositor na dialogia relacional conduz à enunciação de um modelo de retórica[84] ainda mais dedicado ao estudo da interação dos interlocutores discursivos. Passam a relevar, sobretudo, a necessidade contextual de significar e a presença do auditório como agente tácito do sentido. A manipulação das estruturas semióticas de acordo com os interesses de um auditório mediatiza-se conforme um manancial de recursos retóricos de que dispõe o articulador discursivo diante de cada situação comunicativa.

De fato, a constatação da presença de discursos persuasórios e sedutores no espaço jurídico, diante da ideia da argumentatividade, esta sub-rogadora da ideia de verdade, só vem a estreitar o inter-relacionamento existente entre os problemas jurídico e semiótico. De fato, o debate jurídico não é só o debate que se aplica a uma lógica normativa, mas que também é produtivo de sentido, o que se verifica tanto na atribuição de sentido às normas pela atividade interpretativa quanto no conteúdo decisório de todo ato de exercício do poder jurisdicional[85]. Muito mais que por detrás de um universo do *falso* e do *correto*, a *juridicidade* encontra-se sob o manto da

---

discussão – no sentido de oposição dialética de ideias dentro da teoria platônica acerca do ato noético – e sua apresentação, exposição e defesa em face de outras ideias contrapostas.

[84] Quando se procura estabelecer este tipo de investigação, em que retórica e semiótica se colocam lado a lado, podem surgir algumas dúvidas acerca da possibilidade desse estudo paralelo, e a respeito disso há que se dizer, com Greimas/Courtés, que: "Bien qu'ils ne puissent, pour des raisons évidentes, être intégrés tels quels dans la sémiotique discursive, certains champs théoriques de l'ancienne rhétorique correspondent aux préoccupations actuelles et méritent d'être explorés". Assim, em continuação: "Une partie de la rhétorique, appellé *inventio,* négligée jusqu'à maintenant, mériterait une étude approfondie. Dépréciée comme recueil de lieux communs, elle pourrait être réexaminée comme un dépôt en langue et des principaux thèmes discursifs et des configurations discursives les plus générales, c'est-à-dire comme une topique, comme une taxinomie sémantique fondamentale". Ainda: "Quant à l'*elocutio*, elle est comme le lieu d'une taxionomie possible des figures de rhétorique, aux dimensions, non plus du discours, mais de la phrase ou du mot" (Greimas/Courtés, *Sémiotique*: dictionnaire raisonné de la théorie du langage, 1993, p. 317-318).

[85] Da *dialogicidade* presente na construção de sentido jurídico que se faz por meio das práticas textuais do processo, destaca-se a postura de uma retórica combativa na definição de problemas jurídicos. Por meio dos argumentos discursos normativos diversos sustentam pretensões antagônicas, ou, ainda, pretensões antagônicas se sustentam em discursos nor-

sustentabilidade de sua argumentação, de modo que a dialogia racional se perfaz senão em termos de um discurso acerca do verdadeiro ou do falso, do justo ou do injusto, ao menos acerca do válido ou do inválido, do justificável e do injustificável, onde a razoabilidade ocupa importante papel para o sucesso do discurso[86].

Assim, para a afirmação de uma decisão, para a defesa de uma argumentação, para a qualificação de um estado fático, para a prova de uma situação... servem-se os sujeitos investidos de funções textuais de linguagens *verbais* e *não verbais* como ingredientes dessa operacionalização subliminar das estruturas discursivas jurídicas. A argumentação é imprescindível no contexto jurídico, com acentuado relevo para os domínios processuais, o que releva ainda mais a revigoração do estudo dos meios pelos quais pragmaticamente ela se exerce[87].

A existência ou não de um fato, uma vez que estes se reconstroem através dos argumentos da *dialogia-contra,* fica condicionada à própria argumentação, assim como aos demais recursos de que se valem as partes para a prevalência de suas versões a serem sopesadas pelo julgador, em seu discurso decisório. Nesse sentido, o próprio discurso normativo prevê expressamente que, se o réu não se manifestar sobre os fatos declinados pelo autor de uma demanda, presumir-se-ão verdadeiros os fatos narrados na petição inicial. É a argumentação que constitui ou desconstitui fatos, por exemplo. Tudo se transfere da esfera do ser para a esfera da literalidade; se

---

mativos idênticos, o que equivale a dizer a mesma coisa, relevando-se, no entanto, a participação do sujeito na formação do sentido da norma.

86 Veja-se, quanto à importância deste estudo, em específico, Ferraz Junior, *Direito, retórica e comunicação,* 1973.

87 Em sede jurídica a deliberação abre espaço para a retórica e para a argumentação como fundamentação do discurso, dentro da ideia de que aquela pode representar a legitimação deste. Tal se destaca tendo-se presente que "... dans les domaines où il s'agit d'établir ce qui est préférable, ce qui est acceptable et raisonnable, les raisonnements ne sont ni des déductions formellement correctes, ni des inductions, allant du particulier au général, mais des argumentations de toutes espèce, visant à gagner l'adhésion des esprits aux thèses qu'on présente à leur assentiment" (Perelman, *L'empire rhétorique*: rhétorique et argumentation, 1977, p. 9-10). De fato, antes de ser um simples logicismo, o espaço jurídico é antes de tudo um espaço de argumentos, argumentos estes que nem em sede jurisdicional nem em sede postulatória podem ser predicados como lógicos; o discurso jurídico em termos gerais é antes criador de um espaço de persuasão, muito mais que descritivo de verdades conceituais ou valorativas.

existiram ou não fatos ou ocorrências, juridicamente, tudo dependerá da argumentação das partes. O desempenho jurídico-processual é sobretudo um desempenho textual, e a narrativa processual obedece sobretudo a programas narrativos bem definidos, onde actantes desempenham funções previamente determinadas em outro discurso, o normativo.

A retórica, nesse sentido, está presente no discurso não propriamente como uma qualidade exterior das enunciações (como se a retórica adornasse o discurso), pois, numa perspectiva greimasiana – como, aliás, afirma o semiotiocista inglês Bernard Jackson – ela corresponde a todo o processo de construção estrutural do discurso, dos níveis profundos aos níveis superficiais[88]. Assim, a retórica[89], instaurada nos veios do discurso jurídico,

---

[88] "Greimasian semiotics would see such relationships quite differently. Rhetoric, justification, is not a particular level of the text, nor is it to be regarded in pragmatic terms, as a particular perlocucionary effect. It is part of the message of the text itself, and the whole apparatus of narrative grammar, with its syntagmatic and paradigmatic levels, is to be applied to it. The message is conveyed through the transference of moral values, with their particular semantic investments. What rhetorical analysis might regard as a stylistic device to persuade (in opposition to the 'content' of the text) might thus appear as a particular mode of transfer of a 'making-to-believe'. Such a rhetoric or justificatory text certainly has its 'deep' structure, according to Greimasin analysis" (Jackson, *Semiotics and legal theory*, 1985, p. 303-304).

[89] O termo "retórica" aqui inserido participa da ideia perelmaniana de formação de uma teoria da argumentação que tenha por objeto "(...) l'étude du discours non démonstratif, l'analyse des raisonnements qui ne se bornent pas à des inférences formellements correctes (...)", mas que "(...) couvre tout le champ du discours vivant à convaincre ou à persuader, *quel que soit l'auditoire auquel il s'adresse, et quelle que soit la matière sur laquelle il porte*" (Perelman, *L'empire rhétorique*: rhétorique et argumentation, 1977, p. 19). A ideia é a de fazer vir em substituição à verdade como fundante da busca processual, e mesmo da busca jurídica de modo geral, aquela outra de verossimilhança, da qual participa a retórica, enquanto proposta menos apegada a um compromisso com a verdade e mais interligada com uma linha de pensamento de caráter argumentativo. A dialética argumentativa, fundada que está na disposição de argumentos de acordo com a circunstancialidade das necessidades de prova, com a pertinência destas, com o estímulo da *anti-tese* e do argumento contra, da persuasividade e com o estímulo oferecido pela parte contendente, enseja uma análise da argumentatividade a que se procede na prática judicial. O procedimento de embasamento teórico de uma ideia de retórica, nos termos em que se vem inscrevendo a temática, passa necessariamente pelo crivo de um esclarecimento prévio acerca de suas dimensões definicionais, presentemente instrumentalizadas pelas palavras de Eco (*Lector in fabula,* 1989, p. 87). Assim: "1) La retorica come *studio delle condizioni generali del discorso persuasivo* (ed è argomento che riguarda la semiologia perché, come vedremo, è in gioco ancora una volta la dialettica tra codici e messaggi); 2) La retorica comme *tecnica generativa,* e cioè come possesso di meccanismi argomentativi che permettono di generare argomentazioni persuasive basate su

reflete-se para a desconstrução da falácia (*sykophantía*) paradigmática da busca da verdade. Entre verdade e falsidade, o discurso interfere na criação do convencimento e na operacionalidade pragmática da vida social. O tratamento textual de fatos e normas, onde a interpretação e o juízo do razoável desempenham funções determinantes, colocam em jogo o espaço da verdade jurídica[90].

Neste passo, constitui-se a esfera da argumentação como fundante das práticas processuais, visto que a argumentação processual se espraia por meio do uso de recursos dissuasórios, tendentes a aproximar o magistrado de certo entendimento sobre fatos ou normas[91]. Da oposição de dois polos opostos, de duas posturas contraditórias, e de duas propostas dissemelhantes é que se forma o discurso decisório judicial[92].

Por meio do uso de estruturas lógico-retóricas concatenam-se estratégias textuais; recolher, dispor, apresentar e elaborar provas de fato e de direito é o trabalho de manutenção de um universo de sentido em harmonia retórica (para provar a inocência, para determinar a extinção do processo,

---

una moderata dialettica tra informazione e ridondanza (ed è campo che riguarda varie discipline che studiano le stessi meccanismi del pensiero e dell'emozione); 3) La retorica come *deposito di tecniche argomentative già provate* e assimilate dal corpo sociale. In quest'ultima accezione la retorica è un deposito di *soluzioni codificate* attenendosi alle quali la persuasione riconferma, con una ridondanza finale, i codici da cui parte".

90 Sobre o papel pragmático da teoria de Chaïm Perelman, consulte-se Dubouchet, *Recherches pour une sémiotique juridique*: propédeutique à une philosophie des systèmes symboliques du Droit, thèse pour le Doctorat d'État en Droit soutenu publiquement, t. 1, 2 e 3, Lyon, Université Jean Moulin, Faculté de Droit, 1982, p. 945-70. Mais longe ainda se pode dizer que uma nova retórica tem seu espaço obrigatório em qualquer teoria jurídica que se proponha a estudar o elemento "discurso", desde que se apreenda que esse mesmo discurso tem por objeto de referência a *juridicidade*.

91 A afirmação de Perelman acerca da proposta discursiva judicial é: "En fixant les points à debattre, le droit favorise cette attitude unilatérale, ces prises de position, que le plaideur n'a plus à soutenir avec constance contre son adversaire" (Perelman/Tyteca, *Traité de l'argumentation*: la nouvelle rhétorique, 1976, p. 50).

92 Se o discurso, para que seja compreendido, deve produzir-se, e se reproduzir, de acordo com as normas e regras de uma estrutura linguística – objeto de estudos sintáticos –, para que seja persuasivo, ou alcance finalidades comunicativas outras, deve não simplesmente ser elocucionado, mas ser elocucionado de uma forma em que seus argumentos sejam *autodefensivos* de suas próprias propostas, assim como combativo com relação a outras possíveis propostas antagônicas. Essa possibilidade de antagonismo, característica da *dialogicidade opositiva*, ou da existência de um *discurso-contra*, assinala a teoria retórica como sendo um *stilus pugnax*, ou seja, de uma forma característica de produção do discurso, de modo que este se faça incisivo sobre a discursividade alheia, atual ou potencial.

para desmascarar a falsidade documental...). Assim, o que se tem é uma preocupação com as técnicas de persuasão, o que importa numa devida manipulação dos elementos sígnicos de que dispõe o sujeito textual, por intermédio dos recursos de que dispõe o intérprete do sistema.

A própria constituição do processo, sobretudo nas bases da linguagem verbal, não excluídos, na classificação peircenana, os *ícones* e demais *índices* probatórios (fotografias, amostras, documentos, reprografias, testemunhos, laudos periciais...), tornam o objeto de discussão um objeto complexo, sujeito à interpretação semiótica, comandando-se à orientação da dialogia a apresentação de respostas prudenciais.

A relação processual, enquanto discurso jurídico formalizado acerca de contendas fáticas, envolve uma argumentação jurídica que vislumbra horizontes limitados. Os discursos argumentativos, portanto, constituir-se-ão no sentido: a) da persuasão do juiz da posição defendida e dos interesses particulares almejados; b) da apresentação enfática da postura defendida; c) da defesa dos argumentos levantados pela outra parte; d) do ataque dos argumentos levantados.

Toda argumentação retórica é necessariamente temporal e situacional, dado o envolvimento do discurso elocucionado aos aspectos da circunstancialidade elocutiva, pois o ataque e a defesa se constroem em situação comunicativa, no estar em discurso. Nesse sentido, todo exercício textual está engajado com uma persuasividade específica, voltada para um auditório restrito, ou particular[93]. O espaço argumentativo caracteriza o espaço do convencimento mútuo, trazendo um apelo à *razoabilidade* do convívio. A escolha, ou a possibilidade de escolha e de opção, é um exercício racional que não só pressupõe a liberdade de elaboração de um juízo deliberativo acerca dessa escolha, mas, também, uma liberdade de convencer acerca dessa escolha e de estatuir elementos racionais de convencimento a respeito da tomada de posição e de seus fundamentos. Exercício *deliberativo* e exercício *discursivo-argumentativo* fundam uma ordem de liberdade de

---

[93] Acerca das diversas espécies de auditórios manifesta-se Perelman na orientação conceitual de cada qual nos seguintes termos: "Nous trouvons trois espèces d'auditoires, considérés comme privilegiés à cet égard, tant dans la pratique courante que dans la pensée philosophique. Le premier, constitué par l'humanité tout entière, ou du moins par tous les hommes adultes et normaux et que nous appellerons l'auditoire *universel*; le second formé, dans le dialogue, par le seul *interlocuteur* auquel on s'adresse; le troisième, enfin, constitué par *le sujet lui-même*, quand il delibère ou se représente les raisons de ses actes" (Perelman, *Traité de l'argumentation*: la nouvelle rhétorique, 1976, p. 39-40).

interação entre os sujeitos em que impera a estrutura do convencimento para a orientação do espaço público. Aqui, portanto, encontra-se a importância de um modelo teórico que radique suas premissas discursivas não propriamente na arbitrariedade da elocução individual, mas propriamente na fundação do racional como convencimento recíproco que decorra da interação dos sujeitos em sistemas sociais diversos, entre os quais o jurídico.

Em face dos argumentos e demais elementos que instruem um processo, ou seja, a controvérsia fática formalizada, todo um conjunto argumentativo, que se vale de recursos retóricos, lógicos, sentimentais, normativos, prudenciais, sociais, valorativos, idiossincráticos, interpretativos, funcionais, comunicacionais, teleológicos, os agentes de sentido, que são sujeitos engajados em discurso (Delegado, Defensor, Advogado, Autor/Réu, Juiz, Ministério Público), atuam no sentido da formação de um conjunto repertorial capaz de satisfazer as exigências de sustentação de um interesse processual colocado em relevo pela faticidade da contenda apresentada em juízo. Para a formação da solução, e para o devido encaminhamento da problemática fático-jurídica, a retórica aponta a tecnicidade em que se devem desenvolver as fronteiras da argumentação[94].

Assim, a linguagem jurídica se constrói dirigida por necessidades contextuais muito características, donde se destacam as necessidades de apelo à norma e sua interpretação, ao alcance de um resultado favorável de decisão[95], à desconstituição do argumento alheio... sobretudo tendo-se em vista os meios procedimentais e as diversas oportunidades oferecidas por estes para o exercício da argumentação. É certo que sua vivacidade

---

[94] "Seule l'existence d'une argumentation, qui ne soit contraignante ni arbitraire, accorde un sens à la liberté humaine, condition d'exercice d'un choix raisonnable. Si la liberté n'était qu'adhésion nécessaire à un ordre naturel préalablement donné, elle exclurait toute possibilité de choix; si l'exercice de la liberté n'était pas fondé sur des raisons, tout choix serait irrationnel et se réduirait à une décision arbitraire agissant dans un vide intellectuel" (Perelman/Tyteca, *Traité de l'argumentation*: rhétorique et argumentation, 1976, p. 682).

[95] A simples argumentação não é por si convincente; é potencialmente convincente, dependendo sua *eficácia* da correta manipulação das estruturas discursivas e do auditório ao qual se destinam os argumentos para a produção de seus resultados. Sua finalidade é clara e sua elocução não desmitifica o poder de condução da palavra, dado que: "Le but de l'argumentation, avons-nous dit, est de provoquer ou d'accroître l'adhésion des esprits aux thèses qu'on présente à leur assentiment (...)", de modo que, tendo esse *télos*, a discursividade poderá ser definida como eficaz se se constitui de forma que "(...) réussit à accroître cette intensité d'adhésion de façon à declencher chez les auditeurs l'action envisagée (...)" (Perelman/Tyteca, *Traité de l'argumentation*: rhétorique et argumentation, 1976, p. 59).

releva na disputa oratória do júri[96] e enfraquece nas práticas puramente textuais[97]. Mas, de toda forma, o contraditório e a dialética estão sempre presentes na formação do discurso decisório judicial.

[96] Evidencia-se ainda mais fortemente o caráter complexo da retórica judicial ao se examinar o modelo do *discurso-contra* construído no sistema do júri. Para a elocução de um discurso, de defesa ou de acusação, nesse sentido, relevam-se todos os elementos sígnicos possíveis tendentes à persuasão do auditório particular dos jurados, sujeitos que, além de dotados do *munus* da decidibilidade, são decodificadores das mensagens apelativas, carregadas de força argumentativa e emotiva. Assim é que, da fonologia à utilização de uma linguagem gestual – não se prescindindo dos demais recursos de oratória válidos para o convencimento dos jurados acerca de uma postura e de um pronunciamento em torno dos fatos e dos direitos que se discutem em sede de juízo criminal –, deve-se ter presente que a tecnicidade das posturas jurídicas desaparece diante da possibilidade de articulação de um discurso judicial tendente ao convencimento de um auditório particular ao qual se volta o locutor das mensagens retóricas. A esse respeito, escreve Streck: "O processo persuasivo é entendido, nesse contexto, como algo que objetiva a produção da relação de verossimilhança, bem como gerador de efeito de realidade que seja crível no imaginário social, no qual estão inseridos os jurados e os atores jurídicos" (Streck, *Tribunal do júri*: símbolos e rituais, 1994, p. 84).

[97] A fundamentação escrita, neste ponto, figura como recurso impróprio e limitado para a formação de uma esfera de persuasão; o ato de *estar em situação de comunicação* demanda novas posturas por parte do elocutor do discurso, que deve explorar uma vastidão de outros signos que o invistam na condição de persuasor. A comunicação em sede de tribunal do júri se perfaz por meio de relações complexas de comunicação. Com Eco: "Nella comunicazione faccia a faccia intervengono infinite forme di rafforzamento extralinguistico (gestuale, ostensivo e così via) e infiniti procedimenti di ridindinza e *feed back*, l'un in sostengo dellà altro" (Eco, *Lector in fabula*, 1989, p. 53). Tendo-se o jurado como ponto centrípeto de referência subjetiva da comunicação oral, destaca-se que este responde às investidas dos discursos da acusação e da defesa em termos de decisão. Para um *discurso persuasivo*, uma *decisão positiva*. A equivalência bipolar *discurso-decisão*, portanto, recebe sua legitimidade muito mais da sustentabilidade de elementos de um conjunto sígnico-retórico e muito menos de uma referência necessária aos elementos pertinentes à esfera *verdade-falsidade*.

2.4 Discurso científico

O discurso científico jurídico[1], suas injunções e seus principais problemas ganham tratamento neste espaço[2]. Nesta ocasião, já se têm por investigados os discursos normativo, burocrático e decisório. Assim, a posição de tal estudo no *corpus* deste escrito não é fruto de uma opção inocente, pois se quer fazer da apresentação dos discursos neste trabalho uma forma de demonstração do *modus* pelo qual se estruturam e se relacionam entre si os discursos jurídicos na prática sistêmica. Em sua tarefa teórica de perseguir os processos de significação jurídica, deve a Semiótica Jurídica se deter na análise das práticas textuais da metodologia científica jurídica[3].

---

1 Reflexões importantes sobre o tema estão inseridas no volume intitulado *Théorie du droit et science,* sous la diréction de Paul Amselek, 1994, de onde se extraem considerações para a discussão da temática ora encetada.

2 Uma possível definição de discurso científico poderia ser aqui compartilhada com Warat (*Semiótica y derecho,* p. 50) nos seguintes termos: "... la *proposición* describe un estado de cosas. Un conjunto de proposiciones forma un discurso científico". Ou, ainda, a respeito do discurso como *saber-fazer*: "La recherche scientifique s'exprime sous la forme du discours scientifique, peu importe que ce soit un discours intérieur ou manifesté (oralement ou par écrit). En tant que tel, il peut être soumis à l'analyse sémiotique qui cherchera à en réconnaître la spécificité. On remarquera alors que si, en tant que faire cognitif, il se définit comme un procès producteur de savoir, en tant que faire-savoir il sera soumis à un éventuel énonciataire et changera, de ce fait, de statut pour se présenter comme discours référenciel (qui, après évaluation épistémique, pourra servir de support à un nouveau discours cognitif, et ainsi de suite). Le sujet individuel de la recherche s'insère ainsi dans un enchaînement syntagmatique qui le transcende et qui se présente comme un discours scientifique social. Pour autant, ce dernier ne se définit pas comme un parcours historique (ce serait son interprétation génétique), mais comme un algorithme finalisé a posteriori, le référentiel collectif étant la reconstruction d'une démarche idéale" (Greimas/Courtés, *Sémiotique*: dictionnaire raisonné de la théorie du langage, 1993, p. 322-323, *scientificité*).

3 Em seu artigo, Sciences du droit: quelle science? Le droit en tant que science: une question de méthode, *Droit et Science*: *Archives de Philosophie du Droit*, n. 36, Sirey/CNRS, 1991, p. 183-184, Enrique P. Haba apresenta a vocação da semiótica, ao lado da sociologia empírica, para o debate acerca da ciência jurídica e do discurso jurídico. Transcreve-se seu raciocínio para que se possam visualizar de mais perto seus argumentos: "L'objet droit

Na sequência dos estudos empreendidos até o momento percebeu-se que o discurso normativo funda o sentido jurídico, conferindo ao *não jurídico* o estatuto de *jurídico,* e que, por sua vez, o discurso burocrático o procedimentaliza, fazendo com que o discurso normativo possa ser aplicado pelo discurso decisório, que os incorpora a ambos, em viva dialética argumentativa e participativa no seio de um rito, situando-os no texto decisório, voltado que está para a solução de questões fáticas a partir da interpretação de textos normativos. A seguinte discussão será vertida no sentido de se determinar a função, a atividade e o desempenho das práticas discursivas científicas em meio às demais já apresentadas.

O discurso da *epistéme* jurídica (dogmática e teoria do direito), por sua vez, não decide, não procedimentaliza, não normativiza, mas constrói sentido jurídico[4]. A busca do sentido nesse tipo de discurso jurídico releva o papel da própria busca em si, da própria atividade de exegese e apresentação do sentido. De fato, o que o caracteriza é que possui uma linguagem

---

admet un pluralisme de méthodes, le choix entre elles relevant de la façon dont cet objet est conçu et selon le *type* de science envisagé; si l'on veut que les disciplines juridiques deviennent de la science dans un sens exigeant qu'aujourd'hui, on devrait tout d'abord prendre connaissance des alternatives méthodologiques, sans exclure les options scientifiques plus rigoureuses. Alors, il faudrait choisir, parmi ces alternatives, des méthodes au sens strict, ou en tout cas les moins faibles disponibles, pourvu que ces méthodes soient vraiment à même d'atteindre les buts de connaissance et sociaux visés; étant donné que le discours juridique relève foncièrement du cadre du langage ordinaire, ce sont peut-être la *sémiotique* (mais non celle essentiellement formaliste) de ce langage et la *sociologie empirique* les sciences les plus proches desquelles devrait s'inspirer une fructueuse métathéorie du raisonnement juridique (...)".

4 Esse papel construtivo se dá da seguinte forma: "Le cadre de toute connaissance juridique – dogmatique ainsi que théorique – est la réalité sociale qui n'est pas amorphe mais structurée par des institutions. Ici il s'agit d'organiser l'interaction sociale. Les connaissances requises ne sont ni empiriques ni analytiques. Ce qui est éxigé est plutôt une cognition pragmatique, instrumentale, de la réalité juridique. Le fait le plus remarquable, dans ce processus cognitif, est que les actes efectués par les participants à l'interaction sociale sont à la fois cognitifs et constitutifs de la réalité politico-juridique. Les actes cognitifs sont en même temps communicationnels. Les formes organisationnelles de la communication sont celles du discours pratique (politico-juridique). À ce discours participe aussi la théorie générale du droit; sur le plan de l'interprétation et de l'application du droit, elle se présente comme une logique et une méthodologie du droit qui aide les sciences juridiques dogmatiques; sur le plan de l'élaboration des normes juridiques, elle prend les formes d'une science législative et d'une éthique politico-juridique dont l'objectif principal est la justification des normes juridiques" (Petev, Hans Kelsen et le Cercle de Vienne: a quel point la théorie du droit est-elle scientifique?, in *Théorie du droit et science*, dirigé par Paul Amselek, 1994, p. 246-247).

não performativa, no sentido de que não opera com realidades exteriores àquelas do próprio discurso, mas que, não obstante isso, é transformadora de consciências, formadora de opinião e construtiva do sentido jurídico. Ao mesmo tempo, pode-se dizer que se trata de uma linguagem jurídica *não prescritiva*, o que a faz diferir da linguagem dos discursos burocrático, normativo e decisório; de fato, sua natureza é fundamentalmente exegética, e é isso que a peculiariza diante das demais produções textuais jurídicas. Mas, há que se advertir, sua lógica não pode ser meramente a de aclarar *textos normativos* ou *não normativos*, mas de lhes conferir sentidos e possibilidades exegéticas.

O que se quer dizer, com mais precisão, é que o universo de discurso da ciência jurídica está acentuadamente vertido para a produção de sentidos. O discurso científico não atribui existência às ocorrências jurídicas, não atribui validade às imposições jurídico-normativas ou decisórias ou burocráticas, mas sim avalia as textualidades produzidas por esses microuniversos de discurso jurídico com os quais interage. Mais que isso, avalia e *reavalia* suas próprias produções textuais, num processo de constante crítica de suas produções, interação esta sobremaneira importante nas relações entre dogmática e zetética[5]. O cuidado que se tem de ter, neste ponto, é o de não considerar exclusividade do discurso científico o direito de interpretar. O discurso normativo, para ser construído, vem prenhe de interpretações (a dos juristas, que elaboram as leis, a das comunidades, minorias, grupos... que participam da formação da lei, a do legislador em sua opção de valores e conjugação de interesses...); o discurso burocrático, apesar de deter-se na interpretação literal da norma jurídica, ainda assim corresponde a uma prática exegética mínima; o discurso decisório vivencia o problema exegético, seja enfrentando conflitos normativos para decidir, seja dirimindo litígios, opiniões contrapostas, teses jurídicas divergentes, fluxos jurisprudenciais diferenciados, orientações antagônicas... Enfim, o exercício exegético participa da *juridicidade* como um todo, não se excluindo nenhum setor de práticas de sentido dessa consideração.

Porém, o que há que ser ressaltado é o fato de que a função do discurso científico não é outra senão a de produzir sentido jurídico, e não prescrever condutas (discurso normativo), e não procedimentalizar (discurso burocrático), e não decidir (discurso decisório). Nestes, o exercício de in-

[5] A nomenclatura remonta a Ferraz Junior, *Introdução ao estudo do direito*: técnica, decisão, dominação, 1988, p. 40-52.

terpretação é lateral. Ao contrário, para o discurso científico, é a função primordial, o *télos* discursivo. É em função da necessidade de construir sentido sobre normas, decisões e atos administrativos que se constroem teses, teorias e interpretações científico-jurídicas.

É com essas notas que se deve entender que o discurso científico é, fundamentalmente, um discurso voltado para a compreensão, crítica e interpretação dos discursos jurídicos.

O que se quer dizer com a dicção de que a ciência jurídica é um discurso exegético é que não corresponde a uma atividade que se faz fora do discurso e das práticas jurídicas, e, mais do que isso, que não corresponde à mera descrição do objeto estudado ou que se constitui como mera ciência das leis positivas[6], que se destina à apresentação da verdade proposicional, ou que se confunde com a atividade aplicativa, ou que se destina à previsão[7], ou que se confunde com o método ou que pende para a empresa analítica[8]. Excluídas essas hipóteses, deve-se afirmar que se concebe sua atividade como prática voltada para a interpretação e construção crítica dos sentidos jurídicos[9].

---

[6] Essa foi a concepção pós-napoleônica da Escola da Exegese, com sua pretensão de reduzir a ciência jurídica à leitura descritivista, classificatória e limitada aos quadrantes do texto positivo. Esse tipo de reflexão pode encontrar-se em Demolombe (*Cours du Code de Napoléon*). A respeito da Escola e sua postura teórica, *vide* Grzegorczyk/Michaud/Troper, *Le positivisme juridique,* 1992, p. 83-87.

[7] Essa é a concepção do realismo americano, de acordo com o qual a atividade da ciência jurídica seria aquela de prever as possibilidades decisórias da jurisprudência. Não só essa discussão conduz à negação da autonomia da ciência jurídica, como reduz seu papel a uma atividade acessória à jurisprudência, além de não vincar a diferença entre a atividade do jurista prático (advogado, procurador, promotor...) e do jurista teórico. Essa discussão aparece em Troper, Entre science et dogmatique, la voie étroite de la neutralité, in *Théorie du droit et science*, dirigé par Paul Amselek, 1994, p. 317.

[8] Utiliza-se a expressão "teoria analítica" para expressar o conjunto das reflexões que põem em jogo a relação da ciência jurídica com a lei e com a justiça, e nesse sentido se alistam inúmeros autores com as mais variadas tendências e diferenças entre si (Hart, Ross, Bobbio, Von Wright...). A esse respeito, consulte-se Grzegorczyk/Michaud/Troper, *Le positivisme juridique,* 1992, p. 43-44.

[9] De qualquer forma, a própria posição de Norberto Bobbio, tendo fundamentalmente suas matrizes teóricas radicadas na filosofia política, no normativismo kelseniano, na analítica jurídica, sobre a questão de se a ciência jurídica consiste numa ciência empírica (sujeita à experimentação) ou numa ciência formal (sujeita às abstrações e às universalizações), é bem outra, a saber, a análise de linguagem, e sobretudo a interpretação da lei (essa posição não aparece no conjunto de sua obra, mas sobretudo num artigo intitulado Scienza del diritto e analisi del linguaggio,

A interpretação metodicamente fundada é sua atividade, o que significa que esse discurso parte de textos jurídicos e formula, por sua vez, textos jurídicos. De fato, a atividade científico-jurídica não estaciona na etapa do conhecimento jurídico, de modo a não se reduzir a uma atividade cognitiva; o que faz é conhecer para construir sentido jurídico, tendo por pressuposto dessa atividade, do conhecimento à produção, a exegese[10]. Não se trata de fazer aqui do discurso jurídico-científico *la bouche de la vérité,* e sim, bem pelo contrário, um discurso persuasivo, que elabora conceitos, ideias, que formula experiências jurídico-conceptuais plausíveis, soluções decisórias, ou seja, um discurso tendente à verossimilhança e à aceitação geral, seja para a aplicação decisória, seja para a formação do espírito do legislador. Possui, portanto, uma lógica argumentativa, e não puramente dedutiva ou experimental, calcada que está sobre a possibilidade de fazer imperar sua criação de sentido.

A operação hermenêutica permite à ciência jurídica vislumbrar o funcionamento dos demais discursos jurídicos – e não se exclua das possibilidades exegéticas a análise do discurso científico pelo próprio discurso científico –, investigando-lhes a manifestação textual. Portanto, essa exegese se detém nas produções textuais normativas (Leis, Regulamentos, Portarias, Constituições, Resoluções), nas práticas textuais burocráticas (procedimentos, técnicas, despachos, utensílios de marcha e decisão interlocutória), nas criações decisórias (jurisprudência, interpretação autêntica das normas, derrogação, aplicação da equidade), bem como nas próprias produções e formações de sentido fornecidas pela própria ciência jurídica (teorias e métodos filosóficos, enunciados doutrinais, propostas científicas, críticas de discursos).

A principal noção a reter é a de que a ciência jurídica constrói sentido ao construir a coesão e a lógica do ordenamento jurídico[11]. E é nesse senti-

---

Rivista Trimestrale di Diritto i Procedura Civile, 2, 1950, p. 342-367). A esse respeito o estudo de Grzegorczyk/Michaud/Troper, *Le positivisme juridique,* 1992, p. 267-269.

[10] Aprofundada reflexão sobre a especificidade do conhecimento científico-jurídico vem dada por Villa, La science juridique: entre descriptivisme et constructivisme, in *Théorie du droit et science*, dirigé par Paul Amselek, 1994, p. 281-91, onde o conhecimento jurídico se divide em: conhecimento laico (não iniciados); conhecimento técnico (operadores); conhecimento científico (juristas).

[11] "A missão do sistema científico é tornar visível e mostrar a conexão de sentido inerente ao ordenamento jurídico como um todo coerente" (Larenz, *Metodologia da ciência do direito,* 1989, p. 593).

do que se pode dizer que a ciência jurídica não se constitui em mera apreciação opinativa sobre fatos ou normas (*dóxa*), muito menos que é capaz de vincular por suas conclusões (deôntica). Estas as temáticas, pois, que serão detidamente colocadas em análise nas páginas que seguem.

É certo que o próprio conceito de ciência não é unívoco[12], muito menos o conceito que se tem de ciência jurídica[13], mas, de qualquer forma, esta investigação não se vê afetada por tais deficiências, pois sua proposta é a de investigar a produção do sentido jurídico pelos juristas, qualquer que seja a disciplina à qual se vinculem, se àquelas zetéticas[14] (Filosofia jurídica, Sociologia jurídica, Ética profissional, Antropologia jurídica, História do Direito, Lógica jurídica), se àquelas dogmáticas (Direito Constitucional, Direito Administrativo, Direito Tributário, entre outras).

Ambas as atividades científicas compõem o grande *écran* de movimento textual das práticas científicas de sentido jurídico, e devem ser estudadas lado a lado. Porém, as diferenças de finalidade entre ambos os campos de estudo devem ser feitas, pois: a dogmática se constrói no sentido da aplicação, operando sobretudo com os discursos normativo, burocrático e decisório, preocupando-se com os problemas da validade, da calibração do sistema, do preenchimento de lacunas, e com a manipulação das fontes jurídicas (costumes, normas, jurisprudência, doutrina); pois, também: a teoria do direito opera sobretudo com a generalidade do discurso *jurídico* e suas relações com outros discursos *não jurídicos*, propondo a reflexão das

---

[12] A plurivocidade do termo "ciência" (*scientia*) atesta, assim, o estado prévio de dificuldade em que se encontram tanto o elocutor quanto o intérprete textual ao se referirem a um conceito, no seio dos estudos jurídicos, de "Direito". Sobre a plurivocidade do termo "ciência", consulte-se Ferraz Junior, *A ciência do direito,* 1980. A respeito ainda da questão consultem-se do mesmo autor as obras *Função social da dogmática jurídica,* 1978, e *Introdução ao estudo do direito*: técnica, decisão, dominação, 1988.

[13] A própria diferenciação entre ciências do espírito e ciências naturais guarda seu conteúdo de arbitrariedade. Um discurso em ciências do espírito é um discurso coerente e sustentável, ou seja, não verificável, porém, decomponível e analisável racionalmente no contexto de todos os demais fatos brutos que se sistematizam racionalmente. O que se admite é que a não verificabilidade das ciências do espírito, no entanto, não pode ser concebida como questão que impeça a qualificação destas em meio às ciências em geral. Ter-se-ia, nesta só hipótese de redução do conceito de ciência ao de ciência verificável, de "...excluir em ampla medida as ciências sociais do campo das ciências, pois que nelas se não trata somente de explicação causal de fatos ou da sua apreensão mediante regras de probabilidade estatisticamente obtidas" (Larenz, *Metodologia da ciência do direito,* 1989, p. 232).

[14] A expressão vem empregada no sentido em que a concebe Ferraz Junior, *Introdução ao estudo do direito*: técnica, decisão, dominação, 1988.

práticas jurídicas em face das transformações sociais e dos debates antropológicos, filosóficos, sociológicos... tudo com vistas à crítica do próprio *fazer* jurídico, desvinculando-se diretamente das pretensões da aplicação jurídica, operando muitas vezes como a própria epistemologia da dogmática jurídica (discurso científico sobre discurso científico).

Justifica-se mesmo que não se fale em análise da ciência jurídica[15], no singular, mas em análise das ciências jurídicas, no plural, na medida em que a busca de unidade, entre essas práticas científicas de naturezas diversas, aproxima-se mais da utopia que da realidade. A vocação da ciência jurídica dogmática (ciência normativa) é propriamente a aplicação, e a vocação da teoria do direito é a crítica, a metadiscursividade (ciência metanormativa)[16].

Porém, o que releva saber é que o próprio fazer textual dessa espécie de discurso está tão presente e tão influente na circulação de valores, saberes e informações no seio da *juridicidade* que seus vínculos com os demais discursos jurídicos são de difícil apreensão. Ainda mais, seja para a teoria jurídica, seja para a dogmática jurídica, em ambas as hipóteses se constatam práticas textuais onde o sentido é visto como sentido, ou seja, trata-se de uma atividade em que o sentido (científico) consiste em extrinsecar o sentido (normativo, fundamentalmente).

Deve-se dizer que um sistema teórico nada mais é senão a construção (semiótica) de um espaço de sentido, acerca de um referente determinado

---

15 Nesse sentido, reserva-se a expressão "ciência jurídica" para o entendimento das práticas jurídico-científicas em geral, assim como a expressão "ciência dogmática jurídica" para o entendimento das práticas que possuem atividade exegética restrita às manifestações jurídicas de sentido que possuam caráter normativo de base (discurso decisório, discurso normativo, discurso burocrático). Fica claro, portanto, que o uso da expressão "ciência do direito" abrange o campo da dogmática e também o das ciências *paranormativas* ou *não aplicativas*.

16 Essa distinção também se encontra na teoria analítica da ciência jurídica de R. Guastini (*Lezzioni di teoria analitica del diritto*), onde a ciência dogmática aparece como análise do discurso do legislador e a teoria do direito como metateoria com relação àquela. Cf. Grzegorczyk/Michaud/Troper, *Le positivisme juridique,* 1992, p. 98-102. Consulte-se também Sériaux, La notion de doctrine juridique, *Droits*: *Revue Française de Théorie Juridique*: *Doctrine et Recherche en Droit*, n. 20, 1995, p. 65-74. Uma excelente discussão entre as duas principais vertentes acerca da questão se encontra em Troper, Entre science et dogmatique, la voie étroite de la neutralité, in *Théorie du droit et science*, dirigé par Paul Amselek, 1994, p. 312-324, que apresenta as teorias da seguinte forma: 1) monistas, como aquelas que não aceitam a divisão das ciências jurídicas entre si; 2) dualistas, como aquelas que distinguem entre a teoria (zetética) e a prática (dogmática) científicas. É certo que as reflexões deste trabalho conduzem à melhor aceitação das teorias dualistas.

(*juridicidade*), ao qual se reporta no sentido de explicá-lo, o que não se faz sem que se obedeça a procedimentos consagrados de pesquisa e transmissão, por práticas de linguagem, do referente, ou parte dele, colocado em exame[17]. Daí a necessária referência, em sede de discussão acerca da ciência jurídica e de seu discurso, à questão das metodologias. Isso porque, não sendo o objeto material referente ao qual se reporta uma ciência aquilo que a difere das demais ciências, deve-se atribuir, portanto, essa possibilidade de repartição de competência diferenciada do referente entre ciências ao método, que singulariza cada espécie de pesquisa científica. É, portanto, sua linguagem formal algo de decisiva importância em sua constituição.

A ciência jurídica, portanto, se não pode ser definida, ao menos pode ser identificada com uma atribuição de sentido (jurídico) ao seu referente, o conjunto das práticas *textuais* e *não textuais* jurídicas. Daí surge um novo problema, ou seja, definir o que seja o *jurídico* com relação ao *não jurídico*, ao que se pode responder dizendo que não há ontologia alguma no seio da *juridicidade*, pois quem define os limites entre o *jurídico* e o *não jurídico* é o legislador, como instância de validação, dentro do diálogo social e democrático pelos conteúdos dos legais.

O fato jurídico não merece vida própria; trata-se de um fato banal vivido, interpretado, construído, convencionado como sendo jurídico, e tudo a partir de sua aptidão para produzir resultados jurídicos previstos por discursos normativos. A ciência jurídica, construindo seu discurso sobre os fatos jurídicos, que antes de serem jurídicos são fatos fisiobiológicos (por exemplo, "cão não vacinado contra a raiva mutila membro de transeunte"), físicos (por exemplo, "a derrapagem de um automóvel engendrando acidente automobilístico"), psicológicos (por exemplo, "a loucura como causa de interdição civil"), culturais (por exemplo, "a admissão da pena de morte para determinados crimes"), sociais (por exemplo, "a manifestação de greve"), de linguagem (por exemplo, "a promessa", "o contrato" ou mesmo "a ofensa verbal") ... não pode deixar de tornar claro que, não obstante possuir metodologia, teleologia e objeto precisamente identificados, trata com uma matéria o que é a uma só vez anterior e exterior ao universo jurídico. É essa

---

17 "As teorias científicas são enunciados universais. Como todas as representações linguísticas, são sistemas de signos ou símbolos. Não me parece conveniente expressar a diferença entre teorias universais e enunciados singulares, dizendo que estes últimos são 'concretos', ao passo que as teorias são simplesmente fórmulas simbólicas ou esquemas simbólicos, pois pode-se dizer exatamente o mesmo inclusive dos enunciados mais 'concretos'" (Popper, *A lógica da pesquisa científica,* 1993, p. 61).

matéria que forma o corpo do próprio universo jurídico. Assim, a frágil constituição do que é jurídico deve ser tratada por meio de olhares atentos.

O que o método permite, portanto, é uma tomada de posição específica, a partir da qual as decisões e as interpretações de sentido se fazem em função de um conjunto de premissas eleito como necessário e imperativo da pesquisa. Ainda mais que isso, o método também permite uma passagem da linguagem natural à linguagem científica[18], de modo que nessa passagem fiquem marcadas as atividades de depuração, de conceitualização, de terminologização, de definição[19], de classificação, de distinção, de tecnicização, de rigorosidade, de reflexão. Nessa passagem da linguagem natural à linguagem científica há uma superação, pois se passa do domínio do uso ambíguo, indeterminado, enfim, do uso livre da linguagem, ao domínio do uso rigoroso, determinado, conceitual, o que é operacionalizado por um *saber-fazer*[20].

Assim, as práticas científicas de linguagem, os textos jurídico-científicos, estão prenhes de um tratamento não só metodológico, de uma tecnologia do saber e de sua apresentação, mas também de uma ideologia de sentido[21], que aparece desde o momento em que se faz necessária a opção

---

[18] Enrique P. Haba (Sciences du droit: quelle science? Le droit en tant que science: une question de méthode, *Droit et Science*: *Archives de Philosophie du Droit*, n. 36, Sirey/CNRS, 1991, p. 165-6) estabelece essa mesma distinção ao procurar detalhar o que seja o método para a ciência e que papel possua diante da linguagem natural e do conhecimento vulgar. Para o autor, o método científico, ou o método *stricto sensu*, é caracterizado pela intersubjetividade forte, pelo convencionalismo e pela racionalidade (p. 171-172).

[19] O que se costuma afirmar a respeito da definição jurídica é que não é tarefa do legislador definir, e isso parece ser unanimemente aceito pela doutrina: "O nosso Código Civil escusou-se em definir obrigação, no que andou bem, pois definir não é tarefa do legislador, mas da doutrina" (Maria Helena Diniz, *Curso de direito civil brasileiro,* 1994, v. 2, p. 27). Se assim é, resulta disso então uma importante função de sentido especificamente delegada aos juristas teóricos.

[20] "Assim, admitindo que – a partir da língua considerada como o resultado de uma caracterização anterior e ingênua do mundo – o discurso cotidiano nada mais faz do que programar certas partes desse mundo que ela recobre, deve-se reconhecer que o discurso científico se define, no componente que estamos examinando, como o lugar de um fazer taxinômico e que a organização do universo semântico localizado que ele explora, longe de ser um dado, é pelo contrário o projeto científico desse fazer. Mesmo que seja por esse único traço, o discurso científico distingue-se desde logo dos outros discursos que se podem fazer sobre o mundo" (Greimas, *Semiótica e ciências sociais,* p. 8).

[21] Para uma discussão acerca do problema da neutralidade da dogmática jurídica, em específico, deve-se consultar a excelente análise de Troper, Entre science et dogmatique, la voie étroite de la neutralité, in *Théorie du droit et science*, dirigé par Paul Amselek, 1994, p. 310-311.

metodológica. O discurso jurídico-científico não é neutro, mas sim ideológico; a própria complexidade ideológica da *juridicidade* não pode ser descolorida pelo discurso que a estuda.

E essa ideologia que perpassa toda prática textual, e inclusive a prática científica, é marcante na eleição dos meios pelos quais se pode declarar algo como *jurídico* ou *não jurídico*, ou mesmo fazer esta ou aquela interpretação do mesmo fenômeno analisado. Se a eleição metodológica é a de uma ideologia purista, então, haverá a renúncia a uma análise que se detenha em aspectos políticos, sociológicos, antropológicos, culturais, contingenciais da formação do fenômeno jurídico[22]. Essa é a perspectiva de Hans Kelsen em sua obra *Teoria Pura do Direito*[23].

---

[22] Para o purismo desta ciência, foi necessário dela extrair a história, a economia, a moral, a política, a sociologia, a antropologia... Cf. Dubouchet, *La pensée juridique avant et après le Code Civil,* 1994, p. 259.

[23] Essa é a opção purista kelseniana, que, para a construção e o acabamento da ciência pura do direito, tomou como modelo o empreendimento kantiano no campo da moral (moral heteronômica à moral homogênea e integral). Sobre esse comprometimento, *vide* Dubouchet, *La pensée juridique avant et après le Code Civil,* 1994, p. 257-259. A respeito da insuficiência do positivismo científico-jurídico, *vide* Timsit, *Le nom de la loi,* 1991, p. 42. O prefácio à edição portuguesa da *Teoria pura do direito*, 1976, contém reflexões metodológicas curiosas a respeito. A tentativa de construção de uma ciência jurídica pura, autônoma, independente e sólida trouxe consigo conquistas e prejuízos. Isso porque se alcançou um modelo estrutural e total que explica o *mundus iuris*, mas, ao mesmo tempo, condena-o a um hermetismo que não lhe é característico. Imperou, nessa modalidade de construção, a razão especulativa (Kelsen). De fato, é aqui que se constata a dificuldade que motiva a presente reflexão, onde se procura perceber a diferença entre a lógica analítica (demonstrativa, purista, dedutiva...) e a lógica material (humana, situada, persuasiva, lúdica...), a primeira partindo para a certeza e a veridicção, a segunda partindo de premissas verossimilhantes e de opiniões aceitáveis para estabelecer raciocínios plausíveis. Segundo o entendimento de alguns teóricos, a lógica somente poderia ser dita se se a aceitasse como lógica formal-matemática. Partindo-se desse *pré-conceito*, ter-se-ia, em verdade, a impossibilidade de uma lógica jurídica não formal. Não parece sustentável tal linha de pensamento, pois se incorre num reducionismo, desconsiderando-se o fluxo prático das ocorrências jurídicas e sociais. Em verdade, abandona-se tal modelo para erigir um novo conceito, o de que a lógica jurídica é a da argumentação (Perelman). Para maiores estudos sobre o normativismo kelseniano, o projeto de ciência pura e a equiparação da teoria geral do direito a uma teoria geral do direito positivo, consulte-se Grzegorczyk/Michaud/Troper, *Le positivisme juridique,* 1992, p. 138-143. A metodologia jurídico-normativista aplicada à ciência, sem dúvida alguma, resulta na aceitação do postulado da verdade/falsidade das proposições científicas com relação aos ditados normativos nos quais se baseia. A respeito, *vide* Máynez, *Algunos aspectos de la doctrina kelseniana,* 1978, p. 9-27.

Não se pode desconsiderar a participação dos elementos axiologia e ideologia na formação dos conceitos, máximas e juízos interpretativos elaborados em sede científica[24], pois a esterilização de seu aspecto diacrônico consistiria propriamente na tentativa de construção de modelos sustentáveis *ad aeternum*, o que por si só seria incoerente em face da mutabilidade da própria legislação, em face da dinâmica das próprias ideias, em face das variações axiológicas da comunidade semiótica, científica e social à qual destina os produtos de seu intelecto. Nenhum discurso está isento do relativismo[25].

De qualquer forma, qualquer que seja essa ideologia eleita, que seja consciente ou inconsciente, o processo de axiomatização, formalização e universalização de um sistema teórico responde a uma necessidade interna de autoconsistência deste e apela ao papel do leitor como ativo colaborador de seu papel actancial[26]. Nessa abordagem, a ciência jurídica como prática de discurso exerce um papel actancial formativo.

De fato, o que ocorre é que, na investigação científica, existe uma sucessão de premissas científicas que passam a sustentar outras premissas

---

[24] Na lição de Troper, Entre science et dogmatique, la voie étroite de la neutralité, in *Théorie du droit et science*, dirigé par Paul Amselek, 1994, p. 320, a respeito da ciência dogmática: "Pour ce qui concerne la dogmatique, il apparait à l'évidence qu'elle n'est pas et ne peut prétendre être neutre, puisqu'elle se définit par la mise en œuvre d'évaluations".

[25] Nesse sentido, mero descompasso entre a legislação e a produção dogmática a esse respeito poderia significar uma catástrofe científica. Então, de acordo com Kirchmann, citado por Larenz na problematização desse aspecto (*Metodologia da ciência do direito,* 1989, p. 286): "Bastam três palavras retificadoras do legislador para bibliotecas inteiras se transformarem em papel de embrulho". É claro que o exagero cético dessa afirmação está a desconsiderar a participação do discurso científico no seio da *juridicidade,* e Larenz, logo em seguida, ao citar Kirchmann, discorda de sua afirmação.

[26] Desde a tradição grega, sobretudo aquela radicada nos estudos platônicos e aristotélicos, tem-se como ponto de partida da ciência (*epistéme*) a necessidade de reconstrução abstrata de seus objetos de estudo, o que furta a construção científica da fugacidade e da perecibilidade dos fenômenos particulares. Assim, a formação de gêneros e de grupos de classificação dos individuais nada mais é que fruto de um processo de comparação e de abstração procedido de forma a se confrontarem os seres em análise, retirando-lhes os elementos que possibilitam a identificação das características do indivíduo naquelas formadoras do gênero. Trata-se de uma dialética ascendente e descendente, de modo que a abstração se faz a partir da concretude fenomênica, assim como a visualização do particular no universal se faz a partir da concretização do abstrato. É mesmo, em essência, essa a diferença que denunciou o pensamento grego, apresentando o conhecimento empírico como pura opinião (*dóxa*), em oposição à construção, ou *re-construção*, da realidade pela razão (*epistéme*).

científicas, de modo a que se obtenham regularidades sistêmicas[27] e formas internas de autorreferência entre as premissas, que podem, em seu todo, resultar em um conjunto interpretável como orgânico e sistemático. Tem-se que um sistema científico, para que seja dotado de rigorismo e objetividade, aponta muito menos para a característica da imutabilidade, e muito mais para a característica da redução do espaço de relativismo conceitual[28].

O que se há que dizer ainda mais é que a produção científica está calcada num processo contínuo de *autoconstrução* do referente que procura investigar. Trata-se de um fazer contínuo que perpassa o referente, dotando-lhe de sempre renovadas perspectivas de sentido. A ciência se incumbe, com relação ao senso comum[29], da apreensão tendente a uma explicação, que não seja necessariamente verdadeira, mas que seja ao menos racional/verossimilhante. Essa sustentabilidade pode ser coerente e se manter viva por longo tempo, como pode tornar-se rapidamente obsoleta, fazendo-se, então, substituir por outras razões explicativas[30].

---

[27] A noção de sistema teórico é intrínseca à ideia de racionalidade, uma vez que implica o estabelecimento de uma coerência interna, a formulação de princípios, o partilhar para compreender, o que justifica a dissecação, a classificação, a subclassificação, a medição, a comparação, tendo o inter-relacionamento das ideias como parâmetro de coesão e de sustentação do sistema.

[28] Com Karl Popper (*A lógica da pesquisa científica,* 1993, p. 75) pode-se dizer que: 1) "(a) o sistema teórico deve estar livre de contradição (...); 2) "(b) o sistema deve ser independente, isto é, não conter qualquer axioma deduzível dos demais axiomas (...); 3) os axiomas que o compõem devem ser (c) suficientes para a dedução de todos os enunciados pertencentes à teoria a ser axiomatizada (...); 4) os axiomas internos devem ser (d) necessários, para o mesmo propósito; o que significa dizer que eles não devem incluir pressupostos supérfluos".

[29] O fazer científico é um fazer eminentemente taxinômico, classificatório, operação esta instrumentalizada pelo discurso. Sistematicidade, logicidade, método, objetividade, completude, abstração; a esses termos normalmente se encontra ligado um saber humano que se diferencia do senso comum, esfera de conhecimento fundada exclusivamente no empírico. O que diferencia propriamente a experiência do senso comum daquela dita científica é não só a existência de discursos diversos, um doxológico ou empírico, e outro científico ou epistemológico; para um campo o discurso é fundado em procedimentos formais que o legitimam – procedimentos estes que designam o método que se apresenta como bastante para a compreensão da realidade; para o outro campo o discurso funda-se na fragilidade da *dóxa*. Ciência e método, nesse sentido, significam a mesma coisa. Nesta escala de partida do referencial objetivo até a situação comunicacional da ciência, tem-se uma miríade de implicações, de processos internos e de problemas que tangenciam a problemática da teoria do conhecimento.

[30] É certo que as "(...) teorias científicas estão em perpétua mutação" (Popper, *A lógica da pesquisa científica,* 1993, p. 73).

Para se construírem e para se manterem postulados científicos o concurso da argumentação é de fundamental importância. O que se busca por meio do discurso científico sustentado, razoável e explicativo é o consenso geral, que nada mais é que uma recorrência à ideia de convencimento, assim como o define Chaïm Perelman, que se produz em face de uma comunidade científica[31].

A comunidade científica, em seu papel de pesquisa, incumbe-se da apresentação de respostas aos questionamentos universais, caso em que desempenha o papel de um fictício auditório universal, dentro da ideia de representatividade do auditório universal pelo auditório particular dos cientistas. Tal comunidade está autorizada, pela legitimidade do saber, a apresentar respostas ao conjunto de questionamentos que procuram dar sentido a questões que assaltam o espírito humano, a solucionar problemas empíricos, técnicos e teóricos, a tornar mais acessível o mundo dos fenômenos à racionalidade.

Assim, abandonando-se a ideia da busca da verdade pela ciência, deve-se contabilizar que o discurso científico, antes de pretender ser um discurso sobre as cores da verdade, é um discurso que, fundado na persuasão, busca o consentimento[32], assentando-se no seio de uma comunidade científica, uma vez emancipada a tese esposada[33]. E é por meio de um exercício de linguagem, portanto, que se arquiteta o saber, dando-lhe expressividade,

---

31 Consulte-se a respeito Perelman/Tyteca, *Traité de l'argumentation*: la nouvelle rhétorique, 1976.

32 O simples fato de exigir argumentação e prudência para sua construção não faz da ciência jurídica uma arte prática. A crítica se dirige, portanto, à seguinte afirmação de Haba, interpretando a teoria de Perelman: "Par conséquent, le raisonnement du juriste s'avère etre plutôt un art qu'une science: affaire de prudence (*phronesis*), de dialectique (au sens aristotélicien), un échange raisonnable d'opinions..." (Sciences du droit: quelle science? Le droit en tant que science: une question de méthode, *Droit et Science*: *Archives de Philosophie du Droit*, n. 36, Sirey/CNRS, 1991, p. 177).

33 A referência neste ponto à ideia de convencimento destaca-se da teoria da argumentação e dos aspectos sobre a nova retórica lançados por Perelman, para quem os tipos de auditório definem as diferenças entre persuasão e convencimento. Este se encontra ligado muito à ideia de racionalidade e muito menos à ideia de persuasão, e direciona-se a um auditório universal, qual seja, aquele auditório formado pelo conjunto dos cientistas que definem os limites de um conhecimento científico. Tal entendimento decorre de uma noção própria de auditório universal diante das seguintes palavras de Perelman: "Certains auditoires spécilisés sont volontiers assimilés à l'auditoire universel, tel l'auditoire du savant s'adressant à ses pairs. Le savant s'adresse à certains hommes particulièrement compétents et qui admettent les données d'un système bien défini, constitué par la science dans laquelle ils sont spécialisés" (Perelman, *Traité de l'argumentation*: la nouvelle rhétorique, 1976, p. 44-45).

forma, exteriorização, envolvendo-o pelos aspectos culturais da comunidade semiótica à qual está destinado, axiologizando-o e ideologizando-o a partir das demais condicionantes que participam da dinâmica dos saberes.

O mais importante que se retenha com relação à ciência jurídica, sobretudo a dogmática, é o fato de que desta se destaca uma função social própria: a solução de conflitos[34]. Então, as discussões sobre a verdade deixam de se colocar em primeiro plano, destacando-se, em oposição à noção de verdade, essa outra noção de função social. De fato, cumprindo seu papel científico, a dogmática apresenta respostas, reduzindo com isso a polissemia, definindo contornos, ordenando pensamentos, classificando, concatenando, impondo à variabilidade certa conotação de durabilidade/universalidade. É nítido que assim age com vistas à decidibilidade, sobressaindo o aspecto resposta na apresentação e definição de problemas[35].

A dogmática jurídica se apresenta, aqui, como ciência de mediação entre a pura prática textual aplicativa e as referências textuais normativas que figuram em sua generalidade, propondo-se, para tanto, à elaboração de juízos de interpretação e sistematização coerente das máximas jurídicas vigentes[36].

---

[34] A esse respeito ainda diz Ferraz Junior: "A técnica é um dado importante, mas não é a própria dogmática" (*A ciência do direito,* 1980, p. 124). Isso significa que se trata sobretudo de um discurso científico não simplesmente voltado para o seu próprio método ou para sua forma de apresentação, mas sim voltado para a resolução de conflitos sociais, conferindo sentidos razoáveis a normas jurídicas nem sempre razoáveis. Ainda, com Warat: "En esta dimensión, podrá distinguirse así con nitidez dos áreas diferentes de actividades: una, que podríamos denominar epistémica, de genuína búsqueda del conocimiento y la reflexión, y otra en que estos factores pasarían a segundo plano, reemplazados por ciertas necesidades de argumentación y retórica. En este segundo nivel de búsqueda de criterios de ordenación es solo una caparazón con la que se cubren ciertas necesidades de equidad" (Warat, *Semiótica y derecho*, p. 131).

[35] A dogmática é o ramo da ciência jurídica que não tem por fim única e exclusivamente a investigação. Seu fim, sua teleologia é a aplicação; seu conhecimento, portanto, é instrumental para a *práxis*. É com Aristóteles que se pode defini-la como sendo uma *praktiké epistéme.* Diferentemente, o conhecimento filosófico do direito, e aqui se procura abranger toda a epistemologia e a zetética do saber jurídico, é *não aplicativo* por excelência. Pode surtir seus reflexos sobre a realidade prática realizando, por meio de seu discurso, uma interferência na esfera de atuação. Mas este não é o seu fim ou muito menos a sua essência. Esta, aristotelicamente, é chamada uma *epistéme theoretiké*, pois a *theoría* é seu fulcro.

[36] Nesse sentido "(...) problematiza textos jurídicos, quer dizer, questiona-os em relação com diferentes possibilidades de interpretação", e isso só se dá porque "(...) todos os textos jurídicos são susceptíveis e carecem de interpretação" (Larenz, *Metodologia da ciência do direito,* 1989, p. 240).

Semioticamente, pela via interpretativa, a função da dogmática é proporcionar uma redução significativa do campo extensional ou da base semântica sobre a qual se assentam termos técnicos, sentenças, dispositivos legais, períodos frásticos jurídicos e demais conceitos que se destacam do ordenamento jurídico. Em proporcionando uma redução desse espectro hermenêutico do intérprete, faculta a este a instrumentação do material conceitual jurídico, predispondo-o ao alcance da sua função social: a decisão, com a solução de conflitos sociais. Sua atuação, portanto, poderá construir-se de modo a destacar-se das referências apresentadas pela legislação, do sistema positivo[37], construindo sentidos *de lege ferenda* como auxílio à legiferação e à formação de futuros conteúdos de disposições normativas, assim como de decisões administrativas ou judiciais.

O que há é que, não obstante todo o condicionamento a que estão jungidos os diversos ramos científicos, uma razão norteia o processo semiótico-constitutivo de todos: a redução da polissemia e a especialização técnica do vocabulário. Ter-se-ia, aqui, também, uma teleologia semiótico-científica, ou seja, uma procura de unicidade no universo semântico-definicional.

Portanto, o conceito de ciência jurídica está estreitamente relacionado à problemática hermenêutica, de modo a se circunscrever este à esfera da atribuição de sentido a normas e demais preceitos do sistema que demandem a participação ativa do sujeito semiótico na decodificação de uma mensagem jurídica. Tendo a linguagem como corolário central de manifestação da *juridicidade*, a interpretação desta se descola a partir do labor interpretativo com esta, onde interagem sujeito, texto, sentido do texto e referente. A *juridicidade* ela mesma é definida pelo conjunto de práticas que engloba, sejam estas normativas, burocráticas, decisórias ou científicas.

A par as questões da interpretação e da participação da ideologia no interior dos textos epistêmicos, há que se dizer que o discurso científico, enquanto discurso fundamentalmente exegético, faz-se prática textual, com a necessidade quase que imperativa de comunicar, de expressar seus resul-

---

[37] Assim, pode-se mesmo dizer que: "Direito positivo (...) é o que vale em virtude de uma decisão e só por força de uma nova decisão pode ser revogado" (Ferraz Junior, *A ciência do direito,* 1980, p. 41). Se antes da lei existiam inúmeras formas de apresentação e de abordagem normativa da problemática fenomênico-social, por meio da textualidade normativa, a partir de sua promulgação, a resposta passa a ser num único sentido, ou seja, no sentido pelo legislador escolhido.

tados de pesquisa. O discurso científico, portanto, aqui é menos conquista de sentido e mais apresentação justificada, fundamentada, argumentada de resultados reflexivos. Dessa forma, não pode prescindir da comunicação para se exteriorizar. O fazer científico, nesse sentido, ao mesmo tempo em que se constrói para a realização investigativa a que se propõe, também se volta para a comunicação das conquistas já alcançadas.

O convencimento, nesse sentido, é aliado da apresentação e da aparição do discurso científico[38]. É assim que se corrobora a proposta de estreitamento entre discurso científico e prática semiótica de sentido. A conexão é necessária, assim como relevante, visto que todo discurso vive uma ambivalência semântica ampla, sobretudo quando se procuram apresentar os resultados das conquistas científicas. Ao mesmo tempo, é o discurso científico aquele discurso incumbido de definir, classificar, nomear, esterilizar sentidos, regulamentar o uso de expressões... reduzindo-se as margens de multivocidade significativa das palavras e dos signos[39].

---

[38] Esse discurso sígnico é a aplicação de conhecimentos adquiridos na comunicação de conhecimentos exteriorizáveis à coletividade, sobre o respaldo da *juridicidade*, convencendo por meio da sustentabilidade de suas proposições e pela coerência, verificável ou não, de suas premissas. A verificabilidade não é padrão de referência para o universo jurídico, universo, por excelência, do *dever-ser*, de modo que a sustentabilidade coaduna-se com o caráter persuasivo desempenhado pela cientificidade no construir de sentido interpretativo e *reavaliativo* da prática, da teoria, do uso, dos fins e da significância jurídica.

[39] Não raro, as dificuldades classificatórias, bem como as dificuldades de classificação ou de enunciação da "natureza jurídica" de um instituto, ou seja, a demonstração do *locus* teórico ocupado por este em meio às tramas do sentido jurídico, ocasionam incoerências que conduzem a teorética jurídica a declarar a existência de um *monstrum iuris*, às vezes multifacetado, às vezes poliforme, às vezes mutante, de natureza controvertida ou de situação incerta. Sabe-se que o estudo da "natureza jurídica", como propugnado pela discursividade dogmática, corresponde sobretudo a um argumento tópico do discurso científico, técnica de que se valem os juristas para a manipulação de um vocabulário e de um universo semiótico determinado. Discutir a *natureza jurídica* de um instituto, para Luis Alberto Warat, pode representar não só uma atividade de localização dentro da galáxia jurídico-estrutural, problema de hierarquização e de delimitação ligado à própria razão de ser da ciência, mas também: a) apresentar uma definição persuasiva, justificadora de interesses, secretando-se uma opção ideológica dentro da amplitude interpretativa a que se sujeita a esfera da *juridicidade*; b) encobrir um conflito sugerido pela lei, apresentando-se, a título de solução equitativa, uma resposta calcada na natureza jurídica do instituto; c) aplicar a analogia, estendendo-se o universo abarcado pela hipótese prevista; d) classificar para fins científicos ou epistemológicos; e) implicar segurança sistemática e coerência estrutural do ordenamento jurídico; f) funcionar como mito; g) atuar como definição aclaratória da significância muitas vezes inextricável de termos jurídicos; h) denotar significação inefável, ou seja, significação inenarrável, dentro da essencialidade terminológica (cf. Warat, *Semiótica y derecho,* p. 146-148).

A pesquisa científica, que normalmente se desenvolve em torno de problemas de linguagem, constrói-se com linguagem, para explicitar sentidos, desenvolver conceitos, tudo por meio de argumentos especializados de linguagem ou por técnicas de linguagem. O que se há que destacar nesse empreendimento é a ideologia da purificação da linguagem por meio das definições científicas[40]. A própria metodologia da definição pode ser vista como força avançada de estratégia textual desenvolvida pelo discurso científico no sentido da redução das ambiguidades que avassalam as fronteiras da linguagem natural.

As estratégias de definição[41] fazem parte intrínseca das práticas textuais científicas, e seria mesmo de difícil visualização a possibilidade de se armarem remarcas científicas sem recurso à definição, que muito se liga à questão da expressão da verdade[42]. A definição aparece como algo ao que

---

40 Para a enunciação e o tratamento de qualquer instituto jurídico, seja jurisprudencial, seja doutrinariamente, procede-se geralmente pela sua determinação definicional, partindo-se, em seguida, a um questionamento acerca da natureza jurídica adequada ao instituto. "Al preguntarse por la 'naturaleza jurídica' de una institución cualquiera los juristas persiguen este imposible: una justificación única para la solución de todos los casos que, ya en forma clara, ya en forma imprecisa, caen bajo un determinado conjunto de regras" (Carrió, *Notas sobre derecho y lenguaje,* 1976, p. 101). Ambas as atividades não se distanciam muito de se fundarem quase que integralmente num critério de determinação semântica do termo jurídico empregado no contexto de uma lei, de um contrato, de uma decisão judicial ou outra hipótese qualquer que exija um esclarecimento conceitual. "En síntesis, definir es intentar asumir una significación" (Warat, *Semiótica y derecho,* p. 104). Se um termo não encontra seu sentido senão se contextualizado, a interpretação é a procura do sentido do termo em determinado uso legal, sentencial, contratual...

41 "El significado inmutable de los términos es también pensado por algunos juristas, de suerte que los códigos son vistos por ellos como 'una tabla de significaciones inmutables' (...)" (Warat, *Semiótica y derecho,* p. 95). A clausura da definição jurídica é construída como sendo a resposta exaustiva a determinado problema de sentido. A interpretação, nesse esquema, não desempenha qualquer importância considerável, em termos filosóficos, estando tudo na dependência de naturezas imanentes a serem descobertas pelos juristas que se embrenham na floresta espessa das intenções do legislador...

42 Quando, em termos científicos, se intenta apresentar uma definição a um significante, procede-se à clarificação da relação *significante-significado,* o que verdadeiramente constitui um problema de deslinde da própria estrutura bifacial do signo, dentro da orientação saussuriana. Isso se evidencia uma vez que, muito mais que comunicar, a ciência deseja explicar e determinar, dentro de uma perspectiva sobretudo analítica. Assim é que a atribuição de sentido visa a estabelecer liame entre a realidade referencial e o universo cultural e axiológico da linguagem convencional humana. Portanto, a comprovação de equivalência entre ambos os mundos far-se-ia critério de verdade ou inverdade definicional. Em havendo

se destina a própria depuração de linguagem operada no seio das conquistas técnicas de lógica e de ciência em seu discurso[43]. Definição, lógica, linguagem e ciência parecem fazer parte de uma mesma família.

Nesse sentido se deve perceber que, como as práticas textuais científicas se encontram dentro de um universo de discurso carregado de normas de uso de linguagem, editadas tácita ou explicitamente pela comunidade científica, tanto a definição como a classificação passam a obedecer a exigências internas desse campo de discurso. Se a definição pode significar técnica textual, também a classificação pode possuir papel estratégico específico[44].

Assim, a formação da linguagem científica[45], persuasiva e técnica que é, importa em um processo complexo de emancipação com relação à lin-

---

um correspondente real ao significante examinado, e devidamente apresentado em termos precisos, ter-se-ia senão uma verdade, ao menos uma verossimilhança. No entanto, diante de termos ou significantes metafísicos, ou seja, de termos que não encontram correspondentes empíricos na realidade, em se aceitando a hipótese da correspondência com a realidade, estar-se-ia diante de uma falácia definicional, uma vez que não se podem tangenciar as entidades referidas pela terminologia metafísica. O universo jurídico é pleno de termos que exprimem ideias abstratas e intangíveis, não existentes materialmente – são os termos conceituais –, o que nos faria admitir que boa parte dos significantes que cotidianamente se utilizam na linguagem corrente da juridicidade restaria sem qualquer possibilidade de atribuição significacional por meio de definições, e, em existindo estas, seriam tidas como inverossímeis ou falsas. É fato que a verdade e a inverdade conceptuais não se posicionam neste campo como os melhores critérios de avaliação da plausibilidade definicional. Para a juridicidade tem cabimento uma noção outra, qual a da argumentação, com os respectivos recursos retóricos, que forçam à substituição da ideia de verdade à de plausibilidade conceitual de um termo.

43 Em Peirce mesmo se encontra esta referência que expressa o sentido teleológico da pesquisa científica: "(...) é desejável que qualquer ramo da ciência tenha um vocabulário que forneça uma família de palavras cognatas para um conceito científico, e que cada palavra tenha um único e exato significado, a menos que seus diferentes significados se refiram a objetos de diferentes categorias que nunca poderão ser confundidas umas com as outras" (Peirce, *Semiótica,* 1995, § 222, p. 40).

44 O objeto de estudo é partilhado e desmembrado para a obtenção de uma versão mais didática ou mais clarificante dos emaranhados conceituais da linguagem formal. Mas há que se destacar que: "La clasificación no es ni verdadera ni falsa" (Warat/Martino, *Lenguaje y definición jurídica,* 1973, p. 75). Dessa forma, a classificação pode ser julgada exclusivamente útil ou inútil.

45 Sobre a recíproca da linguagem verbal nos meandros científicos há que se dizer que não se tem, e verdadeiramente não se pode ter, única e exclusivamente em conta que a *linguagem verbal* seja uma singular fonte de expressão do pensamento humano. Mas "(...) a linguagem

guagem natural que lhe deu origem[46], circunscrevendo um universo semântico próprio, construindo conotações e denotações próprias, o que, em suma, resguarda o universo da linguagem formal de processos transformacionais, que se operam comumente na esfera da língua natural, de atribuição de significados no ritmo das mutações socioculturais do universo fenomênico. A linguagem natural e a linguagem científica variam, se modificam, se alteram, se enriquecem, enfim, mudam, mas aquela com muito maior velocidade e liberdade que esta.

A utopia das ciências modernas é a do controle de realidade descrita, donde decorreria a depuração total do campo semântico sobre o qual se assentam as diversas ciências[47]. Porém, a univocidade continua a ser uma problemática não resolvida, ainda que desejada, pois, mesmo dentro do espaço científico, além da existência de uma pluralidade de sentidos para termos, inclusive técnicos e precisos, a pragmática da linguagem, ou seja,

---

verbal poderia ser definida como o SISTEMA MODELIZANTE PRIMÁRIO de que os demais são derivações. Ou ainda poderia ser definida como a maneira mais própria pela qual o homem traduz especularmente os seus pensamentos" (Eco, *Tratado geral de semiótica,* 1991, p. 152). Então, é a verbalidade, em resumo, a essência da transmissão das mensagens jurídicas, uma vez que "(...) a linguagem verbal é o *artifício semiótico* mais poderoso que o homem conhece; mas que existem, não obstante, outros artifícios capazes de cobrir porção do espaço semântico geral que a língua falada nem sempre consegue tocar" (Eco, *Tratado geral de semiótica,* 1991, p. 154). Mas não só a legislação é exprimida pela textualidade, sendo que "(...) o jurista, em todas as suas atividades (legislação, jurisdição, teorização) não transcende jamais os limites da língua" (Ferraz Junior, *Função social da dogmática jurídica,* 1978, p. 6).

[46] Frise-se, entretanto, não haver uniformidade no entendimento de que se possa falar em uma comunidade linguística autônoma no que tange à comunicação jurídica de modo geral e, mais especialmente, no que tange à linguagem normativa. Nesse sentido, tratar-se-ia de um uso menos impreciso da linguagem natural, não havendo ingerência da tecnologia terminológica característica de um vocabulário científico. Essa é a opinião de Genaro Carrió, *Notas sobre derecho y lengaje,* 1976.

[47] O erro na tentativa de expurgar a interpretação e a aplicação nas considerações especulativas pôde fazer da *juridicidade* um universo isolado da realidade social em que ocorre. O purismo optou por fazer da ciência um setor isolado de qualquer influência que não a simples e clara lógica proposicional. Na verdade, a recuperação do pensamento argumentativo *ressitua* o Direito em seu *locus.* O purismo, em verdade, é o que menos se assemelha à realidade. A razão jurídica não é apenas a demonstrativa e admite um apelo à *phrónesis* para o seu perfazimento; calcular resultados a partir do que é dado circunstancial e contextualmente é sua função. Daí que se deve dizer que o método deve fazer apelo ao contexto (Ross), ao uso linguístico e à pragmática (Viehweg). Tudo induz à ideia de razoabilidade (Siches).

o uso que é feito desses termos, nem sempre obedece ao rigorismo e à depuração linguístico-semântica desejados[48].

A linguagem jurídica, enquanto linguagem formal, que se constrói dentro do condicionamento dos progressos científicos que lhe são inerentes, é uma linguagem que parte do universo da língua natural, construindo-se sobre ela em um crescente de complexidade científica. A ciência jurídica, ao trabalhar essencialmente com a linguagem e com as dificuldades semânticas decorrentes da ambiguidade e da plurivalência das expressões jurídicas (*normativas* e *não normativas*), procede principalmente a expurgos de imprecisões e a inclusões técnico-semânticas, conforme já se disse. A eliminação de ambiguidades é-lhe tarefa primordial.

Termos de linguagem natural (por exemplo, "fato"), termos da linguagem natural com significância jurídica (por exemplo, "órgão"), termos de linguagem jurídico-formal (por exemplo, "divórcio"), termos de linguagem formal de ciências outras afins aos diversos tipos de regulamentação demandados pela sociedade (por exemplo, "saúde"), termos precisos e termos imprecisos, termos e expressões abertos (por exemplo, "bem comum") e fechados (por exemplo, "licitação"), todos em conjunto compõem uma teia de significância a que se pode denominar significância jurídica. É sobre essa grande cadência, no fluxo dos textos jurídicos (normativos, burocráticos, decisórios, científicos), que se desenvolvem as pesquisas e as análises exegéticas da ciência jurídica.

De qualquer forma, é mister vislumbrar na linguagem da ciência jurídica uma linguagem técnica, formal, diferenciada da linguagem natural, e, no entanto, imersa em profundo e dialético processo de evolução. É certo que essa linguagem que se especializa, perfeccionando-se em sua finalidade de servir de suporte para a evolução dos próprios conceitos científicos e técnicos que suporta, distancia-se também da linguagem comum, purificando seus meandros e suas formas *verbais* ou *não verbais*.

O que há, em verdade, é um processo de intrínseco relacionamento com as linguagens do círculo jurídico (termos jurídicos *lato sensu*, ou seja, processuais, administrativos, civis, filosóficos...), bem como dos círculos

---

[48] A própria estratégia da definição vem nesse sentido, como vem explicado no seguinte texto: "El dogmatismo jurídico presenta una actitud específica frente a las definiciones. Al aceptar la inalterabilidad definitoria de los términos del lenguaje jurídico, apoya la postura de una interpretación rígida y el principio de que los jueces no crean derecho y que la maior garantía de seguridad está en la predeterminación de los contenidos definitorios" (Warat/Martino, *Lenguaje y definición jurídica,* 1973, p. 44).

de outras ciências (termos científicos, ou seja, sociológicos, biomédicos, matemáticos...) e da própria linguagem comum (vocabulário ordinário). De termos a vocábulos e de vocábulos a termos, percebe-se uma movimentação constante de linguagem. Nesse sentido, detectam-se processos específicos de banalização ou cientifização de palavras e usos semânticos, e assim da ciência para a linguagem comum (de termo para vocábulo: T>V), daquela para outra ciência (de termo para termo: T>T), ou da linguagem comum para a ciência (de vocábulo para termo: V>T). Estão aqui descritas, respectivamente, as passagens e transmutações de linguagem intituladas "vocabularização" (de termo para vocábulo: T>V), metaterminologização (de termo para termo: T>T), terminologização (de vocábulo para termo: V>T).

Esses processos garantem a perene mutação dos universos de linguagem, *científicos* e *não científicos*, em cujas imediações se constatam enraizamentos recíprocos de processos terminológicos e de relações semânticas entre palavras e signos, tudo sob a tutela eficaz e sempre presente da dinâmica dos conhecimentos e experiências humanas[49].

Os exemplos desses processos são inúmeros, tendo-se em vista o progresso das técnicas e das ciências e sua incorporação pela linguagem jurídica, que mais e mais se atualiza de acordo com esses fluxos de modificações.

A linguagem jurídica é, inegavelmente, uma linguagem técnica, especializada a partir da linguagem comum, e, dela tendo partido, dela cada vez mais se distancia[50]. Importações e exportações de termos e vocábulos são operações comuns, e aliás indispensáveis para a manutenção, a sobrevivência e o aperfeiçoamento das instituições semióticas de determinada comunidade.

---

[49] Cf. Barbosa, Terminologização, vocabularização, cientificidade, banalização: relações, *Acta Semiotica et linguistica*, SBPL, São Paulo, v. 7, 1998, p. 25-44, reafirmando, ao final, a tese da semiose ilimitada.

[50] Estando a linguagem jurídica em grau técnico mais apurado e especializado que o da linguagem natural, necessariamente tendo desta partido para a sua constituição, explica-se o modo tradicional definição-natureza de abordagem pela seguinte elucidação, a saber: a) em um primeiro momento procede-se à detecção semântica do termo empregado e sua ligação com o mundo extensional, ou seja, busca-se saber o que é o instituto dentro da galáxia de objetos existentes, determinando-se a sua forma, a sua extensão, a sua abrangência, atividade esta que parte de um conceito predeterminado e comungado pela alteridade; b) parte-se, em seguida, no sentido do enquadramento do objeto, depurado por uma análise definicional, na sistemática jurídica na qual está inserido, ou seja, retoma-se o caminho de formação do instituto indutivamente para a sua inserção no ramo jurídico genérico ao qual pertence, como parte de uma instituição referente a uma problemática precisa. Ambas as etapas (a) e (b) correspondem a uma única atividade de atribuição de clareza a um significante determinado.

Seu tecnicismo advém, sem dúvida nenhuma, das burilações teóricas dos cientistas, dos juristas e dos especialistas da linguagem jurídica, que, do convívio com a própria *juridicidade* (conjunto de textos e práticas de sentido) tal qual é, contribuem para a sua *reconstrução* constante com críticas, teses, acertos de linguagem, correções terminológicas, formulações dogmáticas, propostas *de lege ferenda*, inovações hermenêuticas, pareceres críticos, etc. Nos entremeios de toda a construção de direitos, deveres, faculdades, obrigações e proibições, muitas vezes se encontram os operadores adstritos a problemas de linguagem, o que, sem dúvida nenhuma, compromete a própria atividade jurídica prestada a uma comunidade. O que se quer exatamente dizer é que a comunidade à qual se destinam os comandos jurídicos se encontra na dependência de atividades de sentido empreendidas pelos usuários da linguagem jurídica. Essa dependência se percebe pelo próprio resultado das operações jurídicas sobre direitos, obrigações e convenções humanas[51].

[51] Muitas vezes, a aplicação jurídica depende diretamente de um prévio esclarecimento vocabular dos termos referidos textualmente pela legislação. Ilustre-se, por exemplo, a discussão da questão suscitada acerca da aplicação do instituto da imunidade tributária em sede jurisprudencial (*RTJ*, *84*:271-2): "No RE 77867 ficou acentuado pelo eminente relator: 'No que toca ao texto constitucional que refere a imunidade tributária ao livro, aos jornais e aos periódicos, assim como ao papel destinado à sua impressão, importa saber se revista, no caso revista técnica, se compreende entre os periódicos, a que alude a cláusula que outorga a imunidade. A regra hermenêutica, para determinar, na espécie, a acepção do vocábulo periódico, no texto constitucional, é a regra comum: cumpre perquirir se o legislador constituinte usou esse termo no seu significado usual, comum, ou se quis atribuir-lhe sentido peculiar, que a ciência ou a técnica lhe empresta. Parece evidente que o sentido desse vocábulo, no caso vertente, deve ser pedido ao uso comum, ao significado usual que a língua corrente lhe confere. Ora, no seu significado comum, ligado à ideia de publicação, periódico é termo que indica 'publicação que aparece a intervalos iguais' (Laudelino Freire – *Dicionário da Língua Portuguesa* – Verbete: periódico. Caldas Aulete – *Dicionário Contemporâneo da Língua Portuguesa* – quanto à mesma palavra, registra este sentido: 'jornal, revista, almanaque, etc. que se publica em dias fixos e determinados.' Assinala, por sua vez, Aurélio Buarque de Holanda, no Pequeno Dicionário Brasileiro da Língua Portuguesa, acerca também, do termo periódico: 'designativo da obra ou publicação que aparece em tempos determinados; jornal com dias fixos para a sua publicação'". O presente texto salienta a perplexidade jurisprudencial no estabelecimento do significado de determinados termos e expressões, recorrendo-se inclusive aos próprios recursos dicionarísticos para a busca de respostas às questões suscitadas na aplicação do direito. A questão refere-se ao fato de que, sob a égide de um texto constitucional recente, ampliou-se o debate em torno da perquirição da extensão da abrangência dos vocábulos empregados na norma jurídica, se proveniente da linguagem natural ou se adquiria uma significação própria e técnica para

Parte-se, portanto, da ideia unigênita da linguagem natural como constitutiva de uma premissa essencial de toda e qualquer outra linguagem científica, enquanto linguagem formal. Não se prescindindo de se ter o discurso científico como mecanismo prático atuante no mundo da fenomênica real, mesmo porque o saber científico e epistemológico é um saber *a posteriori* da existência de seu referente, retenha-se que ele se constrói sobre o supedâneo da linguagem natural. No entanto, o *perpertuum* científico cuidou de uma depuração interna, operada nos níveis gramatical e enciclopédico da língua, o que foi bastante para engendrar um processo de autonomização da linguagem jurídica no contexto de uma semiótica das linguagens formais.

A linguagem jurídica constitui, em verdade, uma comunidade semiótica própria, sustentada pelas regras de comunicação que se extraem da coerência das regras internas desse grupo comunicativo. Se se pode caracterizar a existência de uma linguagem jurídica, com *léxico* e *gramática* próprios[52], é porque a partir da experiência fática e do discurso mais simples da comunicação social construiu-se historicamente um saber autônomo dotado de cânones e normas, inclusive do ponto de vista linguístico[53]. Dois aspectos da abordagem, no entanto, devem ser distinguidos: um voltado para a compreensão evolutiva da ciência enquanto conteúdo, visão *interna* das conquistas do saber; outro voltado para a captação das evoluções operadas no âmbito da *expressão* do conhecimento científico, portanto da exteriorização das conquistas científicas.

---

critérios de aplicação jurídica. O deslinde da questão não encontrou outro motivo senão a gradativa pacificação da matéria na jurisprudência, reiterando e solidificando uma postura. Portanto, a determinação terminológica destaca-se como critério inclusive, e, sobretudo, aplicativo do direito, buscando-se determinar o alcance da aplicação da própria norma, o que não se faz sem certa arbitrariedade; se a norma determina o sentido do termo ou da expressão empregada textualmente, tem-se aí uma referência legislativa para que se dirimam as controvérsias, caso contrário, e, nesta hipótese, está-se diante de uma omissão do legislador em pronunciar-se acerca do problema vocabular.

52 Então: "... se o discurso jurídico remete a uma gramática e a um dicionário jurídicos (sendo gramática e dicionário os dois componentes da linguagem), pode-se dizer que ele é a manifestação, sob a forma de mensagens-discurso, de uma *linguagem,* de uma *semiótica jurídica*" (Greimas, *Semiótica e ciências sociais,* 1976, p. 76).

53 "É por isso que alguns pensadores modernos ponderam que a ciência é a linguagem mesma, porque na linguagem se expressam os dados e valores comunicáveis" (Miguel Reale, *Lições preliminares de direito,* Saraiva, 1995, p. 8).

Mas a especialização da linguagem jurídica se opera não só dentro de seus círculos internos, oferecendo alguns reflexos externos tecnicizantes da própria linguagem natural – isso ocorre quando a sociedade incorpora termos cunhados dentro do rigor definicional de uma ciência. A dialética entre os sistemas semióticos reside propriamente no fato de que elementos alienígenas podem vir a compor o sistema semiótico jurídico, uma vez que o purismo é em essência sua última característica[54]. Assim, elementos semânticos de sociologia, de economia, de política... também compõem sua contextura. Daí a problemática sempre constante e referente em torno das definições e dos conceitos que escapam ao âmbito estritamente das ciências jurídicas. Enquanto produção cultural, o Direito encontra-se em comunicação com os diversos outros ramos do saber humano.

A ideia de evolucionismo da ciência e do discurso que lhe é pertinente decorre como necessária conclusão desde o momento em que se constata que a diacrônica semiótica demonstra o processo de expansão e retração semânticas dos termos, o que não deixa de ser relevante para a ciência que lida com discursos e textos. Uma ciência jurídica elabora: a) um vocabulário interno, este mesmo submetido não só a uma evolução interna de seus sentidos, mas também aos influxos externos ao seu sistema, incorporando novos significantes ao conjunto de seus preexistentes, modificando o sentido de outros retirados da linguagem natural, readaptando conceitos e definições técnicas de seu vocabulário em face da desconstrução de paradigmas e da defasagem da significância anteriormente adotada; b) um vocabulário externo, pertencente à linguagem natural – que se encontra em perene dialética com as linguagens formais ou científicas que dela se originaram –, que passa a se introduzir em toda a sua diacronia à esfera terminológica do sistema denominado conceitual jurídico.

O trabalho científico que se funda na apresentação de interpretações particulares das propostas legislativas, e demais propostas do sistema, não obstante setorial e submetido ao império da mutação, do *diacronismo* legis-

[54] O purismo, na cientificização das práticas jurídicas, não pode significar outra coisa senão uma tentativa de uniformização fenomênica em dados dogmáticos, sua regularização e canonização aos ditames de uma *ratio* científica formada *ex cathedra,* fruto de uma mentalidade escravocrata que procura domesticar a imprevisibilidade natural do mutável fenômeno jurídico. Ao contrário, a interpretação, como parte de toda operação jurídica, está a indicar que o jurídico, em parte, participa da liberdade e da arte prática de construir o direito com os olhos de uma sabedoria que atende aos reclamos do caso prático.

lativo, da superação das leis, do fluxo da principiologia que as envolve, é sempre a apresentação de novos rumos legislativos, dada a referência a opiniões constantes de discursos não descritivos da realidade individualizada em seu tempo, mas sim constitutivos de valores *de lege ferenda*, ou seja, discursos probabilísticos e potenciais que se encontram condicionados a um posterior acatamento de suas propostas.

Nesse sentido é que se pode apresentar a *doutrina* como discurso capaz de formar a *voluntas legislatoris*, na medida em que contribui para a formação de um patrimônio de reflexões acerca de uma temática que, circunscrita ou não no tempo, se torna uma interpretação, e, portanto, enquanto interpretação, uma nova perspectiva de entendimento cultural do fenômeno descrito na textualidade normativa. A ideia da *doutrina* como fonte do direito não é outra.

O estudo da objetividade e da coerência, cadenciado em termos tradicionalmente tomados como científicos, informa um conjunto proposicional que tem como *télos* o fazer persuasivo e racional, e, portanto, componente de um *discurso-com*, que tem a comunidade científica como alvo, e a superação do saber como fulcro. O construir científico-dogmático não se aparta da ideia de convencimento e construtivismo discursivo, produzindo o convencimento e o consenso em torno de suas proposições e assertivas comprometidas com um entendimento da realidade referencial a qual se propõe analisar.

Visto que cada ciência é uma visão diversa do mesmo fenômeno, a ciência jurídica, sobretudo a dogmática, é uma visão fundamentalmente normativa dos fenômenos. Trata-se, portanto, de uma ótica prevalecente em que se impõe a visão transversa, tendo por anteparo visual a norma jurídica. Nesse sentido, enxergar "juridicamente" a realidade é algo bem diverso de enxergar "puramente" a realidade; é, isto sim, enxergar a realidade através das normas.

Trata-se de uma liberdade e desenvoltura geral no contato, na formação e na manipulação de um vocabulário, de um dicionário de linguagem formal específico de acordo com um estatuto semiótico que o precede. Um volume de contribuições eidéticas, conceituais e linguísticas pode ser manipulado na manutenção ou na quebra de uma ordem científica estabelecida, e, em sendo assim, toda ruptura é uma admissão da condição absoluta do passado e do presente científicos, ou seja, é a adoção de uma postura reestruturante dos construtos explicativos da realidade sobre a qual incide discursivamente.

O papel hermenêutico das ciências jurídicas (zetéticas ou dogmáticas) é, portanto, de todo importante para a própria vivência da *juridicidade,* e isso pela simples capacidade que esse discurso jurídico possui de produzir sentido, influenciar decisões, optar por valores, raciocinar sobre comportamentos semióticos, formular interpretações, extrair argumentos que apontem para a correção, emenda, aperfeiçoamento ou modificação de textos jurídicos, *normativos* ou *não normativos.* Da construção do sentido jurídico participa toda prática textual científica, pela só faculdade que possui de influenciar a formação de novos sentidos, e, por conseguinte, de novos textos jurídicos. Nesse sentido, o que se destaca é a capacidade que tal discurso possui de gerar influência, sobretudo, sobre o legislador, o actante do discurso normativo, bem como sobre a autoridade decisória, actante do discurso decisório.

2.4.1 ENUNCIADOR, ENUNCIATÁRIO E MODALIDADE DO DISCURSO CIENTÍFICO

Agir sobre textos, com textos e através de textos é o ofício do jurista, na reelaboração das necessidades sociais e concretas de justiça veiculadas pelo direito. De fato, é dada essa tarefa ao cientista, que se ocupa do sentido jurídico[55], devendo decifrá-lo em meio às tramas em que se produz. A lógica dessa atividade, eminentemente exegética, reside exatamente na circularidade do sentido e busca alento em sua capacidade de influenciar novas práticas jurídico-semióticas. A textualidade epistêmica não se produz com vistas a qualquer resultado de sentido, mas sim com vistas à influenciação do legislador, do aplicador, dos Tribunais, dos operadores da *juridicidade*, ou seja, daqueles que direta ou indiretamente convivem com as práticas jurídico-textuais.

[55] O que seja o sentido jurídico é por si só questão suficientemente complexa para ser discutida neste *locus.* Pode-se dizer que a reciprocidade relacional entre a realidade designada (referente semântico) e a realidade da literalidade designativa define o caráter intermédio da constelação significacional; entre *palavras* e *objetos* – objetos estes concretos (bem jurídico) ou abstratos (contratos) –, são os conceitos os elementos psíquicos que significam. É o significado aquela presença espiritual preenchida por determinado termo que se refere a um terceiro para um sujeito que o detém em referência e em ligação a esse terceiro. Sobre a polêmica em torno da palavra "sentido" e de seus usos, *vide* Ulmann, *Semântica*: uma introdução à ciência do significado, 1987, p. 113-133.

O discurso jurídico-científico, como todo discurso, inscreve-se como atividade de sentido e de linguagem[56], que opera sobre práticas de sentido e de linguagem (verbal, não verbal, sincrética), realiza-se na teia das inflexões semióticas[57]. Essa natureza indeclinável do fenômeno fortalece ainda mais o entendimento de que se devem perscrutar as formas com as quais se organizam suas estruturas pré-textuais. Quando de sua manifestação de superfície, sabe-se que se exprime semioticamente por uma modalidade complexa, e possui, sem dúvida, enunciador característico, assim como enunciatário determinado. Assim sendo, ao se proceder ao estudo desses aspectos, cumpre determinar nessa investigação o exato estatuto de cada um.

O discurso científico é a um só tempo percurso em direção ao conhecimento e percurso destinado à transmissão do conhecimento. Em se tratando de um discurso que, além de interpretar, transmite o conhecimento e o modelo desenvolvidos, deve-se dizer que sua modalidade é a do *poder--querer-dever-fazer-saber*[58], de um lado, em função da produção textual, de outro lado, em função da comunicação textual[59].

---

[56] Na leitura dos *Ensaios linguísticos* e dos *Prolegomena*, percebe-se um comprometimento de Louis Hjelmslev com as linguagens no sentido geral do termo, que se adota neste trabalho. A respeito, consulte-se Metz, *Essais sémiotiques,* 1977, p. 11-24.

[57] "La science est un discours; qui passe cette condition sous silence risque fort de ne s'y plus retrouver. Si l'on néglige en effet cet aspect de la science, il ne reste plus qu'un ensemble de techniques, ou plus exactement que des suites de gestes mal liés, efficaces peut-être, mais stationnaires, ne proposant rien à l'esprit qu'une imitation exacte et servile, ne portant en eux-mêmes aucune force d'expansion et de progrès" (Granger, *Pensée formelle et sciences de l'homme,* 1967, p. 21). As premissas de tratamento do problema por Granger são estruturalistas, mas sua advertência é de todo bem acertada, e, nesse sentido, convém aos termos desta pesquisa que desnuda a discursividade jurídico-científica.

[58] O destinador das mensagens científicas está dotado, por mais que se considere estranha a ideia, de *dever-fazer*: "La recherche scientifique est une forme particulière d'activité cognitive, caractérisée par un certain nombre de précautions déontiques – qu'on appelle conditions de scientificité – dont s'entoure le sujet connaissant pour l'exercer et, plus spécialement, pour réaliser le programme qu'il s'est fixé. L'attitude scientifique est à considérer, par conséquent comme une idéologie, c'est-à-dire, comme une quête du savoir, suivi du don de cet objet de valeur, ou, plutôt, de la renonciation à cet objet au profit du Destinateur social. Le sujet de cette quête – comme de toute quête idéologique – est doté des modalités du *vouloir-faire* et du *devoir-faire,* celle-ci prenant la forme d'une déontologie scientifique. Ce qui distingue la recherche scientifique des autres activités cognitives, ce n'est pas tant sa soumission à une déontique, mais le contenu spécifique du *devoir-faire*" (Greimas/Courtés, *Sémiotique*: dictionnaire raisonné de la théorie du langage, 1993, p. 322, *scientificité*).

[59] Cf. Pais, Elementos para uma tipologia dos sistemas semióticos, *Revista Brasileira de Linguística*, v. 6, São Paulo, 1982, p. 45-60.

De fato, assim é porque se trata de um *saber-fazer*, de um exercício textual que parte da linguagem natural para construir um universo de referências científicas, que acabam por formar uma linguagem formal[60]. Além de se exercer na base de um *saber-fazer,* toda a atividade científica se apresenta, após a depuração de linguagem, após o estabelecimento de premissas rigorosas, após a construção de um conjunto metodológico, após a redução da ambiguidade de palavras e expressões para a criação de termos... como atividade prenhe da ideologia do *poder do saber*. Trata-se, portanto, de um *poder-fazer*, e isso porque o saber também cria, também gera crenças, também modifica comportamentos, também determina conteúdos exegéticos, também influencia a formação de nova legislação... e tudo tendo-se em vista a autoridade de que se reveste aquele que lida com essa linguagem. O ato de linguagem da ciência é um ato de autoridade. Mas o só dizer isso daria de tal espécie de discurso jurídico uma visão incompleta, pois esse discurso é ainda uma prática de linguagem que se dirige no sentido de um auditório determinado, e, portanto, que envia mensagens, que comunica resultados, enfim, que informa, de modo que corresponde a um *fazer-saber*[61].

O que se pode dizer é que o cientista age por estar dotado de poder decorrente do saber, devendo adquirir os meios de realizar a sua *performance* discursiva, com o imperativo do dever de conservação de estruturas discursivas rigorosas baseadas no diferencial do método... Estudando-se tais estruturas na base da gramática narrativa vê-se que:

1) Se (*poder-fazer* + *dever-fazer* + *saber-fazer* + *querer-fazer* + *fazer-saber*) Fazer = texto científico dotado de todas as qualidades possíveis, uma vez que se trata de um texto que reúne em seu interior a vontade de pesquisa (querer), o rigor do método científico (dever), e que se exprime

---

[60] A proposta de Gilles-Gaston Granger, em seu estudo da linguagem das ciências humanas, é esta de vislumbrar na linguagem científica não somente uma linguagem formal, mas uma linguagem entre formal e vulgar, espécie de junção de ambas, pois a formalização absoluta parece corresponder a mera hipótese. Consulte-se, a respeito, Granger, *Pensée formelle et sciences de l'homme,* 1967, p. 44.

[61] Esse discurso funciona na ordem do saber, como persuasão. Então a sua atividade primordial de fazer é a do persuadir. Necessita de um *querer-persuadir*, que se alia a um *saber-persuadir* e a um *poder-persuadir*, a tudo correspondendo um *querer-interpretar*, um *saber-interpretar* e um *poder-interpretar*, para que se tenham satisfeitas as condições mínimas para a produção de textos científicos. Essa reflexão é realizada com base nos estudos de Pais, Aspectos de uma tipologia dos universos de discurso, *Revista Brasileira de Linguística*, n. 7, p. 43-66.

na base de uma linguagem adequada (saber), exercendo-se, então, o poder especializado e criterioso do saber, de modo que a decorrência de tudo é a consagração da teoria, a respeitabilidade, a aplicação, a incorporação das ideias em textos legislativos[62], a influenciação das práticas decisionais... A sanção para o jurista, nesse caso, será a melhor possível, obtendo-se vastos resultados a partir da enunciação que segue esse programa narrativo. Em verdade, isso é o que se espera de todo cientista, pois, este "fala" por toda a comunidade que o cerca. Ao final do percurso científico, há sempre a avaliação da *performance* do jurista, isso porque o jurista se endereça a um auditório, do qual espera uma resposta, de modo que acaba sendo visualizado em seu *fazer-saber*; seu bom sucesso corresponde à fama, à respeitabilidade da comunidade científica, à aceitação e à adoção de suas premissas nas decisões de tribunais, na utilização e expansão de sua lógica de pensamento por entre seus leitores...;

2) Se (*poder-fazer* + *dever-fazer* + *saber-fazer*) Fazer = apatia científica. O que ocorre nessa situação é a não produção de texto científico, pois todas as condições do fazer estão presentes, menos o querer[63]. Ausente o *querer-fazer*, impossível o *fazer-saber*. Não obstante a presença das condições para a produção científica, o que há é uma inércia semiótica, que resulta em uma *performance* nula em face do programa narrativo previsto para ser realizado. O ator que investe e figurativiza o discurso jurídico-científico, nesse caso, não corresponde ao papel previsto para o actante ideal do discurso. A sanção, sem dúvida nenhuma, não pode ser positiva, visto que esta é a descrição de uma *performance* inexistente do ponto de vista da

[62] É de remarcar que a modalidade do discurso científico é o *poder-fazer-saber-fazer*, e seu efeito de sentido reside na persuasão. Mas, quando se trata da interpretação científica sobre discursos de cunho deontológico, o que se tem é um *poder-fazer-saber-fazer* sobre um *poder-fazer-dever-fazer*, o que equivale a dizer que se trata de uma sobremodalização, onde se exerce um discurso científico não sobre qualquer coisa, mas sim sobre discursos jurídicos. Nesse sentido, consulte-se Pais, Aspectos de uma tipologia dos universos de discurso, *Revista Brasileira de Linguística*, n. 7, 1984, p. 43-66.

[63] O querer aqui desempenha um papel de suma importância. De fato: "... o sujeito do fazer científico acha-se dotado de um *querer-fazer* que é seu desejo de conjunção com o objeto de valor. Em suma, portanto, e na medida em que o sujeito se define pelas atribuições que possui, o sujeito científico, no fim de sua busca, irá juntar-se e confundir-se com seu objeto. Em outras palavras, o advento da ciência significa ao mesmo tempo o fim do fazer científico. Enquanto isso, o sujeito científico não passa de um sujeito incompleto, um sujeito que se constrói, que procura operar uma bucha discursiva que o leve a seu objeto" (Greimas, *Semiótica e ciências sociais*, p. 24).

enunciação do discurso. O discurso científico sem a sua comunicação ao público, ou mesmo à comunidade de cientistas, é um inexistente discursivo;

3) Se (*poder-fazer* + *dever-fazer* + *querer-fazer* + *fazer-saber*) Fazer = produção de um texto científico que desrespeita as regras usuais de sua produção, ou seja, destituído de técnica de linguagem e de lógica. Nesse caso, faltou o *saber-fazer*, elemento que parece imprescindível para a produção científica, de modo que a produção de um texto defeituoso nas definições, nos conceitos que elabora, na pesquisa que efetua, na linguagem que utiliza... enseja críticas, mas não só, pois se torna um texto de pouco relevo científico, ficando sujeito ao esquecimento. Existem burocratas revestidos de intelectuais; esses são os incapazes de fazer da escrita uma *poiésis*. Compilam, copiam e recompilam, reproduzem sem possuir técnica que se alie a conhecimentos de conteúdo e de forma. Se lhes falta *saber-fazer*, estarão exercendo pura *dóxa*. A sanção negativa será o descrédito científico, seguido de desaprovação da opinião pública. Essa *performance* num programa narrativo importará provavelmente em resultados sancionatórios negativos para o próprio cientista, que visa à gradativa expansão de seu auditório e dos resultados de suas pesquisas;

4) Se (*saber-fazer* + *querer-fazer* + *fazer-saber*) Fazer = texto científico ao qual faltam o *dever-fazer*, que engendra o *poder-fazer*. O *dever-fazer* para o discurso científico corresponde à observância das exigências normalmente vigentes num universo de discurso científico; a ausência do *dever-fazer* engendra necessariamente a ausência também do *poder-fazer*, pois só vem autorizado a "falar" tecnicamente para a comunidade científica aquele que pertence aos seus meandros e observa seus trâmites de saber. Sem investimento, sem assentimento, sem reconhecimento, o sujeito não pode falar como se fosse aceito. Essa equação resume hipóteses várias de desqualificação de um cientista.

Nessa esquemática se pôde perceber a complexidade do tema do discurso científico enquanto prática de sentido em meio a práticas de sentido. Tudo, pois o discurso científico se utiliza da linguagem para avaliar a própria linguagem. Nesse percurso, do ponto de vista do destinador, o que se destaca é uma relação que se baseia nos seguintes moldes: Jurista (Dor) → Comunidade jurídico-científica (Dário primário)/Coletividade, Legislador, Autoridades decisórias (Dário secundário) → Boa avaliação e interpretação de textos jurídicos (normativos ou não), que induzam à aceitação das teses expostas, bem como ao reconhecimento, à fama... (Ov). E é certo também que, nesse percurso, como em outro qualquer, podem-se detectar oponentes e adjuvantes.

Assim, é claro que o jurista, eleito o *objeto de valor* a ser perseguido (*querer-fazer*), deverá buscar a aquisição do *saber-fazer*... que se encontra não só na capacidade de exercer o convencimento sobre suas teses (retórica do discurso científico), mas também, e sobretudo, no conhecimento sobre a matéria que procura enfocar em sua interpretação textual (conteúdo do discurso científico). O desempenho do jurista corresponderá, nessa hipótese, ao exercício textual, elaborando-se críticas, descrições, análises, explicações, interpretações de discursos normativos, jurisprudenciais...

Tem-se que, no âmbito da expressão semiótica da ciência, onde impera normalmente a linguagem verbal, o sujeito produtivo das mensagens discursivas é um sujeito hermético, que opera as mensagens enunciadas mantendo a sua condição de sujeito mascarado no discurso. Se o ato criativo do sujeito que se expressa é essencialmente idiossincrático, ao mesmo tempo, o postular científico exige certa objetividade, que se consegue pelo uso da linguagem. Se se trata de um texto que se exterioriza, não pode apenas demonstrar resultados de pesquisa, mas fazer com que tais resultados se erijam à condição de universais[64].

O texto científico, que está baseado, para a sua construção, em plataformas de sentido de existência prévia à sua própria (discursos normativo, burocrático, decisório, científico), não se constrói *ex nihilo* nem arbitrariamente. O progresso científico está na razão direta da ruptura de isotopias[65]

---

[64] A esse respeito se expressam Greimas e Courtés: "Une de ces conditions consiste à donner au discours scientifique une forme telle que le sujet scientifique, installé dans le discours-énoncé, puisse fonctionner comme un sujet quelconque (qui, comme actant, recouvre une classe indéfinie d'acteurs substituables), susceptible, à la limite, d'être remplacé par un automate. Pour ce faire, il doit mettre en œuvre un langage 'propre' (ou un métalangage) dont les termes soient bien définis et univoques; en outre, il doit être doté d'un savoir-faire formulé en termes de procédures et/ou de règles susceptibles d'être ordonnées en suites algorithmiques etc." (Greimas/Courtés, *Sémiotique*: dictionnaire raisonné de la théorie du langage, 1993, p. 323, *scientificité*). Sobre o mesmo problema no seio do discurso científico opina Pais: "Daí decorre, inclusive, a possibilidade de um tipo de manipulação, a camuflagem objetivante, que se traduz pelo apagamento do sujeito da enunciação de codificação, na verdade uma simulação, tendo em vista acentuar o caráter objetivo, impessoal e universal da verdade enunciada" (Pais, Aspectos de uma tipologia dos universos de discurso, *Revista Brasileira de Linguística*, v. 7, 1984, p. 61).

[65] Ademais, todo texto possui um sentido mais genérico, que é aquele próprio do todo de estruturas semânticas colocadas em conjunto, e um sentido mais setorial, próprio de parcelas textuais. As isotopias ("... uma sequência discursiva qualquer será considerada isotópica se possuir um ou vários classemas recorrentes...", na mesma medida em que o discurso é plurisotópico na medida em que se exploram as várias dimensões de um lexema em isotopias diversas (Courtés, *Introdução à semiótica narrativa e discursiva*, 1979, p. 63 e 116-118) de

e de consensos de sentido formados em torno de uma palavra, de uma expressão, de uma frase, de um complexo textual...[66]. Esse fazer textual que irrompe com vistas a estabelecer novas conexões de sentido a textos previamente existentes corresponde à atuação do cientista que analisa textos jurídicos, o que se faz de forma limitada; não é arbitrariamente que se analisa o texto de uma norma, ou a decisão de um Tribunal, mas dentro de certos parâmetros mínimos que se radicam em questões de natureza lógica, semântica, socioaxiológica...

Se o próprio exercício dos juristas consiste numa prática textual sobre práticas textuais (discurso normativo, discurso burocrático, discurso decisório, discurso científico), percebe-se que a noção de texto aqui é fundamental. Porém, não deve a análise se restringir em sua superfície, mas sim tomar o texto como mera manifestação do sentido, e fazer dele um ponto de partida para o debruçar semiótico. Acentuar o nível do conteúdo e desprezar o nível do texto, do mero fenômeno, da aparição, parece ser a tarefa da semiótica, na busca de profundidade. O estudo da pura superfície é o que a tradição tem feito, e parece atualmente insatisfatório[67].

Para se formar um texto científico é necessário um conjunto de sintaxe narrativa, seguido do processo de figurativização, onde "figura", em semiótica, é entendida como uma unidade do conteúdo. A palavra (por exemplo, prescrição), quando aparece num texto qualquer, não é propriamente uma palavra, mas uma unidade de sentido e conteúdo do discurso. É reconhecível na medida em que há textos já reconhecidos e prévios (normativos, burocráticos, decisórios, científicos) que incorporam a mesma palavra com usos semelhantes ou idênticos. Quando as figuras em discurso se atualizam, operam praticamente no percurso figurativo. Dessa forma, outros textos e toda a tradição das práticas semióticas estão implicadas no texto atualizado (intertextualizado).

---

sentido dentro desse todo que é um discurso científico, por exemplo, serão a *reafirmação* constante dos mesmos reforços teóricos que motivam o autor a escrever, a criticar, a propor novos modelos de análise, a se ater a este ou aquele aspecto de um discurso qualquer...

[66] "Entretanto, se admitirmos, como no nosso caso, que o discurso científico é essencialmente um fazer que constrói seu próprio objeto, que se constitui como progressão do saber e não como asserção peremptória, então a anaforização cognitiva do discurso aparece como segmentação do fazer científico ligada a uma estratégia geral do *querer-saber*: programas científicos parciais, resultados de um fazer dinâmico e agressivo, acham-se assim consolidados um após outro em instâncias de um *saber-ser* que permite lançar novas ofensivas" (Greimas, *Semiótica e ciências sociais,* p. 16).

[67] Cf. Courtés, *Introdução à semiótica narrativa e discursiva*, 1979, p. 50.

Assim, a *mise en scène* de práticas discursivas é o último passo para a exposição de um texto científico. Parte-se da interpretação para o estabelecimento de raciocínios e métodos próprios de análise, e assim por diante, até o momento em que convergentes as diversas informações acerca de um texto colocado *sub examinem*; este pode aparecer na superfície com aspecto lógico, coerente, sistemático, dotado de forma adequada... O texto feito coisa entre coisas, o texto feito aparição, é uma fluência de práticas socioculturais renovadas na *reaparição* do sentido, e corresponde ao momento culminante da produção e apresentação científicas.

O que se quer dizer é que todo ato de discurso (científico), todo texto manifestado, representa uma passagem da configuração discursiva (virtual) ao percurso figurativo (atual). Isso é um apelo ao problema da manifestação da linguagem, ou seja, ao uso, porque o uso é muito mais o sentido contextualizado que o sentido ontológico e virtual das coisas. É certo que uma palavra não significa qualquer coisa (por exemplo, a palavra "prescrição" possui um leque delimitável de possíveis sentidos), mas que uma *figura-palavra* é um grande *panneaux* de escolhas para a manifestação discursiva e o uso semiótico.

Assim, do virtual ao atual, pode-se dizer que, alcançado o texto (científico), neste se identificam sempre três eixos (figuras dos textos), que são: atores (1), lugar (2), tempo (3). No momento em que o discurso se produz, atores se operacionalizam, um lugar se faz presente, assim como o tempo situa. Essa é a forma necessária do conteúdo. O movimento construtivo do discurso, da profundidade em direção à superfície, exige esse processo. A conclusão não pode ser outra senão a historicidade de toda construção científica. De fato, se esse discurso é exegético, pois estuda determinado objeto (material ou imaterial), e se também é informativo, pois se exterioriza a fim de comunicar os resultados de sua pesquisa, utilizando-se de técnicas argumentativas para tanto, sobretudo, esse discurso é um *fazer* que se exprime por meio de um *corpus* sobre o qual se imprime, no qual se concentra para se divulgar, e através do qual se permite a manipulação e a divulgação dos sentidos alcançados com o trabalho reflexivo. Isto dito, sempre nesse *corpus* estarão traduzidos visivelmente todos os elementos contingenciais que circunscrevem sujeito (necessário para a elocução), tempo (necessário para a ocorrência histórica) e lugar (necessário para a delimitação axiológico-cultural-espacial).

O discurso científico, não raro, procura romper com tais injunções que o prendem no passado em que se construiu e no qual se solidificou por meio de um *corpus,* e isso valendo-se de técnicas de maquiagem do elocutor (linguagem formal), de expressões verbais adequadas para a eliminação do tempo e do momento histórico, generalizando-se o discurso para conclusões universalizantes. Ademais, erige-se no sentido de se destinar a um auditório universal, e não a um auditório regional, localizado, circunscrito. Não obstante essas técnicas, tal discurso não persiste *ad aeternum* como pretende, mas se faz modelo e inspiração para os que o sucedem. Seu poder de determinar a reflexão e o sentido semiótico após sua intervenção nos meandros científicos[68], e não científicos, é que o faz integrar-se ao movimento e à circulação jurídico-discursiva.

Do ponto de vista do destinatário, deve-se dizer que sua presença é sempre uma constante no discurso científico. Isso porque é o destinatário o julgador final, o observador rigoroso, que estará a apreciar os resultados de toda a operação científica, muitas vezes conhecendo toda a operação apenas pela sua exteriorização, ou seja, pelo texto científico manifestado. Então, o esforço do destinador é o de construir não só a pesquisa científica, a teoria científica, a interpretação científica, e sim aliar isso à expressão correta das conquistas operadas, quando se vale então de argumentos, de sugestões de sentido, enfim, da persuasão para aproximar de si o auditório ao qual destina sua textualidade[69]. Dessa forma, as técnicas persuasivas variarão de acordo com o auditório envolvido, adequando-se discurso e destinatário numa só pretensão de aproximação entre a realidade textual da produção e a realidade textual da interpretação.

---

[68] O exercício do *saber* no sentido de estimular o *fazer* epistêmico sempre renovado parece ser altamente salutar para a construção e a edificação constantes dos limites entre o desconhecido e o conhecido. É nesse sentido que se admite o exercício de um poder (decorrente do saber) capaz de contribuir e não simplesmente de constranger, ou impor, ou, ainda, fazer-se impor. Normalmente, os textos jurídicos fazem-se impor pela só citação deste ou daquele texto de lei, deste ou daquele precedente jurisprudencial, desta ou daquela decisão judicial, a partir de quando surge o nocivo silêncio hermenêutico do autor, e dos que o leem, calando-se ante a verdade límpida do sentido claro e acessível... Sobre a utilização da citação normativa como forma de imposição do texto ao leitor, *vide* Timsit, *Les noms de la loi,* 1991, p. 132-134.

[69] "A estrutura da comunicação comporta, como sabemos, um destinador e um destinatário, intercambiáveis, cada um dos quais dotado por isso mesmo de uma competência ao mesmo tempo emissiva e receptiva. Todavia, uma vez que os papéis sintáticos de destinador e destinatário são assumidos por dois sujeitos semânticos distintos, possuindo cada um seu próprio universo semântico e seu código de redação e leitura, a comunicação interindividual não é evidente e nem fácil. Por conseguinte, na medida em que a comunicação é suportada por um *querer-comunicar* bilateral, é normal que um fazer persuasivo se desenvolva do lado do destinador e que um fazer interpretativo, que lhe é paralelo, se instale em outra extremidade da cadeia. Eis aí duas grandes classes de discurso, duas formas também, que pode assumir, e frequentemente assume, o discurso científico que enfrenta a necessidade de ser comunicado" (Greimas, *Semiótica e ciências sociais,* p. 16).

3. Semiótica, Discurso Jurídico e Sistema Jurídico

3.1 As características do sistema jurídico

Ao longo do item 2 (*Discurso jurídico*) desta obra, foi possível analisar os tipos do discurso jurídico, observando-se a enunciação, a modalidade e a formação do discurso normativo, do discurso burocrático, do discurso decisório e do discurso científico. Cada um desses tipos de discurso exerce uma função no interior do sistema jurídico: função regulatória; função procedimental; função decisória; função científica. Agora, neste item 3 (*Semiótica, Discurso Jurídico e Sistema Jurídico*), se trata de colocar esses discursos em relação entre si, a partir da ideia geral de *juridicidade*, considerando-se a circulação dos discursos no interior do *sistema jurídico*.

O conceito de *juridicidade*, adotado como orientador desta obra, vem permitindo inúmeros avanços no campo dos estudos semióticos e, também, no campo da *Teoria do Direito*. Neste item, o conceito de *juridicidade* permite ir adiante e, com base em estudos e publicações anteriores – que vieram permitindo o desenvolvimento e o amadurecimento das categorias afloradas neste item[1] –, desembocar na elaboração de um conceito *semiótico* de *sistema jurídico*.

---

[1] Para a formação deste item, somam-se os esforços contidos em livros e artigos anteriormente publicados. Em particular, devem-se ressaltar as discussões contidas no Capítulo XVI, item 6.4., do livro Bittar, *Introdução ao Estudo do Direito*: humanismo, democracia e justiça, 2. ed., 2019, p. 439 e s. Ademais, a publicação do artigo, em Portugal, Bittar, O conceito de direito e o conceito de sistema jurídico, *Boletim da Faculdade de Direito da Universidade de Coimbra*, v. XCIV, Coimbra, 2018, p. 423-455. Além desses, este item se baseia numa versão modificada e alterada, além de traduzida, do artigo, na versão inglesa,

O termo *juridicidade* não é de uso corrente na literatura jurídica, mas, no campo da *Semiótica Jurídica*, Algirdas Julien Greimas e Eric Landowski utilizam-se desse termo, no interior da obra intitulada *Sémiotique et Sciences Sociales*[2]. É possível, ainda, notar que o teórico francês Gérard Timsit diferencia *Ciência do Direito* e *Juridicidade*, para relacionar a *juridicidade* ao campo da *escritura* (*écriture*) e da *textualidade* (*textualité*) do Direito[3]. Assim, o conceito de *juridicidade* aparece como sendo um conceito de enorme importância para a configuração do campo de trabalho da *Semiótica do Direito,* na medida em que se poderá afirmar que o *sistema jurídico* irá se traduzir na visão de conjunto das relações *intertextuais* que conformam as práticas discursivas do Direito.

Assim, antes de se analisarem as características do sistema jurídico, vale defini-lo, a partir da matriz teórica da École de Paris[4], dela derivando-se conceitos e concepções, de modo mais explícito: *o sistema jurídico é um conjunto de textos em troca intersemiótica, encadeados por práticas argumentativas, que funcionam segundo dinâmicas contextuais, em torno de um ponto de partida discursivo comum, formando uma trama de relações e práticas de significação.*

Esse conceito demonstra que a *linguagem-mediação*[5], a *forma-institucional* e a *sociedade-destinatária* estão correlacionadas, num triângulo intrincado de conexões, o que impede que o *sistema jurídico* tenha vida isolada, em desconexão com a atualidade das práticas socioculturais. E é exatamente essa percepção que faz da *Semiótica do Direito* uma compreen-

---

Bittar, Semiotics of Law, Juridicity and Legal System: some observations and clarifications of a theoretical concept, *International Journal for the Semiotics of Law*, Special Issue, Springer, 35 (1), 2022, p. 93-116.

2 O termo *juridicidade* aparece empregado também com outro sentido em Greimas, Landowski, *Semiótica e ciências sociais*, 1976, p. 75.

3 "Science du droit? Je préfèrerais dire: de la juridicité. Car il n'y a pas de droit en soi. Il y a en revanche une juridicité, un mécanisme d'accession de la norme à la juridicité par la combinaison des phénomènes de pré- de co- et de sur-détermination, chacun d'eux lié à l'un des noms de la loi – parole, écriture et silence" (Timsit, La science juridique, science du texte, in *Lire le droit*: langue, texte, cognition, n. 9, 1992, p. 462.

4 *Vide* Courtés, *Introdução à semiótica narrativa e discursiva,* 1979, p. 43.

5 "L´usage d´une langue est par excellence une activité sociale, si bien que toute situation de communication est déterminée par une pratique sociale qui l´instaure et la contraint" (Rastier, *Sens et textualité*, 1989, p. 39).

são profundamente inspirada numa *Sociossemiótica*, a propósito das advertências de Eric Landowski[6].

Assim, partindo-se do conceito semiótico de *sistema jurídico* – entendido como sistema sociossemiótico de *práticas textuais jurídicas* –, agora é possível avançar, de modo mais descritivo, para então considerar os elementos e as características centrais de *sistema jurídico*, o que se fará no conjunto de itens a seguir.

---

[6] *Vide* Landowski, *La sociedad figurada*: ensayos de sociosemiótica, 1993, p. 15-65.

3.2 O sistema jurídico: o modelo de malha semiótica

O *sistema jurídico*, numa abordagem semiótico-jurídica[1], é uma *trama de textos e significações juridicamente relevantes.* Dizer que o *sistema jurídico* obedece a um *Modelo de Malha Semiótica* é dizer que os *textos jurídicos* se conectam entre si, seja por uma ligação *sintática,* seja por uma ligação *semântica,* seja pelas trocas operadas pelos atores jurídicos. É importante enfatizar, como o faz o jurista suíço Pierre Moor, que o conjunto de textos é sempre mobilizado pela ação dos atores jurídicos, o que faz da *comunidade dos atores jurídicos* a responsável pela movimentação contínua do *sistema jurídico*[2].

Aqui, a ideia de *malha semiótica* se expressa como uma *malha intertextual*, em que o enredamento define o condicionamento recíproco entre os elementos sistêmicos, de modo que cada *elemento singular* está interconectado ao *conjunto* dos *demais elementos.* Nada existe, solitariamente, dentro do *sistema jurídico*[3]. Assim, chega-se a esta representação, na qual o *sistema jurídico*, na visão da *Semiótica do Direito*, pode ser apresentado da seguinte forma[4]:

---

[1] *Vide* Eco, *Tratado geral de semiótica*, 2. ed., 1991, p. 183.

[2] "...le système juridique est un ensemble formé de normes – l´ordre juridique – et géré par des acteurs – les autorités, les corporations de juristes" (Moor, *Dynamique du système juridique*: une théorie générale du droit, 2010, p. 51).

[3] *Vide* Eco, *Tratado geral de semiótica*, 2. ed., 1991, p. 132 e 166-220.

[4] Essa figura aparece, pela primeira vez, no livro Bittar, *Introdução ao Estudo do Direito*: humanismo, democracia e justiça, 2019, p. 450. Ela é aqui reproduzida não somente para conferir representação visual à concepção de sistema jurídico, mas, sobretudo, para guardar coerência intelectual, na manutenção e na exposição do modelo teórico desenvolvido com base na *Teoria Semiótica.*

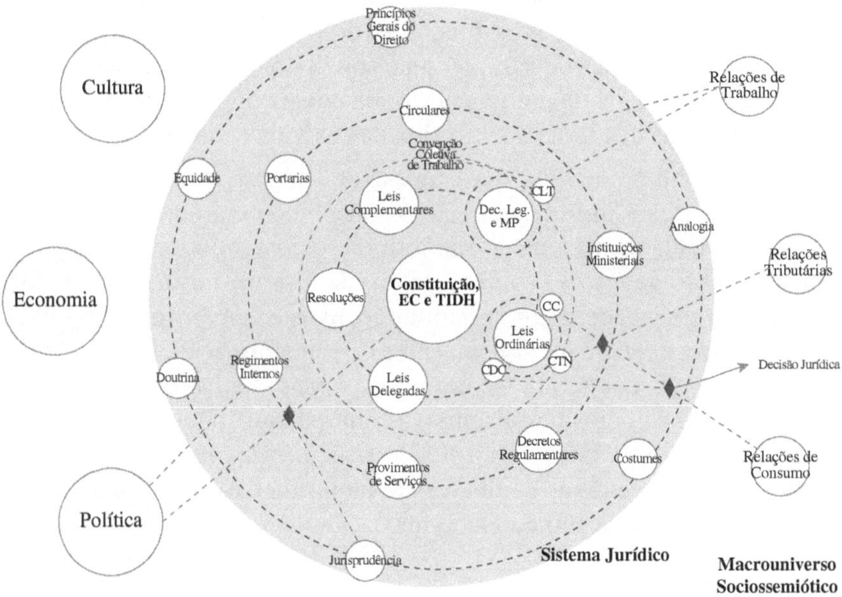

De acordo com esse modelo teórico, a leitura do sistema jurídico se dá do *centro* (interior) para a *periferia* (extremidade), numa relação de gradação hierárquica entre fontes jurídicas de maior e de menor força sistêmica, segundo as exigências formais-estruturais impostas pelo próprio sistema jurídico para o seu funcionamento. Esse movimento centro-periferia segue uma lógica orbital, em que todo o conjunto de elementos do sistema segue a regência imposta pelo centro (interior), em direção à periferia (extremidade).

Assim, vê-se um movimento de órbita concêntrica, a partir do texto de maior significação para o sistema jurídico, a Constituição[5], esta que é o elemento central de todas as fontes do Direito, contendo em seu interior o reconhecimento expresso à *dignidade da pessoa humana*. Por isso, ela fornece *unidade* e *centralidade*, pois se trata do *discurso-fonte* do sistema jurídico *irradiador discursivo de sentido* sobre os demais *microuniversos de discurso*.

---

[5] "Dans la plupart des États de droit, cette souvernaité se manifeste dans un texte spécial, la Constitution, qui formalize le sommet de la hiérarchie" (Moor, *Dynamique du système juridique*: une théorie générale du droit, 2010, p. 70).

Nessa concepção, cada anel do sistema jurídico forma um grau hierárquico, sabendo-se que todas as dimensões do sistema estão interconectadas com as relações sociais de base, ou seja, aquelas que estruturam os processos sociossemióticos de comunicação, das quais originam demandas de justiça derivadas das ações sociais situadas na vida cotidiana.

Isso permite perceber que, apesar de ser possível uma *descrição teórica* do sistema jurídico, ele não é concebido como uma *prática discursiva* alienada da sociedade. Em termos sociossemióticos, somente há movimentação de *textos jurídicos* dentro do sistema jurídico, na medida em que, em sociedade, as trocas comunicativas e demais interesses estão em contínuo estado de movimentação e de transformação. Então, o sistema jurídico se encontra imerso em meio ao *macrouniverso sociossemiótico*, por meio de conexões discursivas em rede que interligam suas práticas às *relações sociais* e aos *processos sociais de produção de significação*, na medida em que nenhum sistema jurídico existe voltado para si mesmo, como afirma Jürgen Habermas[6].

---

[6] A respeito, *vide* Habermas, *Direito e democracia*: entre facticidade e validade, 2. ed., 2003, p. 22 e 247.

3.3 O sistema jurídico: a centralidade da dignidade da pessoa humana

O sistema jurídico, numa abordagem semiótico-jurídica, tem na Constituição o *documento-texto* irradiador de sentido para as práticas jurídicas.

Assim, se a Constituição é o *centro irradiador* de sentido do sistema jurídico, deve-se reconhecer que no *centro da Constituição* está a importância do *reconhecimento da dignidade da pessoa humana,* enquanto derivação de uma exigência universal proveniente da *Declaração Universal dos Direitos Humanos*, de 1948. E esta se torna uma exigência universal muito presente nos *sistemas jurídicos* contemporâneos.

Por isso, a *dignidade da pessoa humana* é o centro das preocupações do *sistema jurídico*, que a identifica por meio de *dimensões de direitos* dela derivados[1], fazendo com que a própria Constituição seja tecida em sua malha normativo-textual interna como uma *enervação discursiva* e *interconectada* de várias *dimensões de direitos fundamentais*[2].

---

1 Cf. Sarlet, *Dignidade da pessoa humana e direitos fundamentais na Constituição de 1988*, 9. ed., 2011, p. 101-102.

2 Cf. Wolkmer, Introdução aos fundamentos de uma Teoria Geral dos Novos Direitos, in *Os novos direitos no Brasil* (org. Antonio Carlos Wolkmer; José Rubens Morato Leite), 2016, p. 30.

3.4 O sistema jurídico: as práticas dialógicas e comunicativas

O *sistema jurídico*, em suas tarefas diárias de funcionamento, depende de *práticas discursivas*. As *práticas discursivas* são ativadas pelos *atores jurídicos*, que, por sua necessidade de discussão de teses, defesa de direitos, tomadas de decisão, publicação de atos oficiais, mantêm o sistema jurídico em estado de permanente *intercâmbio intertextual*. Assim, o sistema jurídico não é estático.

O sistema jurídico tem como uma de suas qualidades a *dinâmica intertextual*, sabendo-se que o *diálogo*, a mobilização de *fontes jurídicas* como fundamentos para as *razões jurídicas*, a *intertextualidade*[1] como conexão e movimentação em conjunto dos *textos jurídicos*, bem como a *troca contínua de informações* fornecem as condições práticas para uma constante *transformação discursiva* do *sistema jurídico*.

A qualquer tempo que se tome o *sistema jurídico*, a paisagem jurídica será, portanto, sempre uma cena em movimento. Ela terá mudado, na medida do recambiamento de seus componentes. Assim, não é possível contemplar o sistema jurídico duas vezes e ver a mesma cena.

Quando apenas um elemento do sistema é alterado, as *reconexões* desse elemento passam a gerar novas *recombinatórias*, e o resultado é um estado de transformação permanente de *textos jurídicos*, individual e grupalmente em movimento.

Há, por isso, alteração das *unidades de sentido*, dos *microuniversos de discurso*, em função das próprias práticas discursivas sociais, dentro do *macrossistema sociossemiótico,* ao qual o sistema jurídico se liga e se conecta ao modo de um campo especializado de manifestação de práticas sociais.

---

[1] "Essa dimensão contextual dos textos é muito importante e em geral determina profundamente o seu funcionamento. Vamos chamá-la de *intertextualidade*" (Volli, *Manual de Semiótica*, 3. ed., 2015, p. 80).

As mudanças da sociedade, da cultura, da economia, dos costumes afetam, portanto, diretamente a dinâmica do sistema jurídico, na medida em que as *práticas sociais* são reveladoras de necessidades, realidades, demandas, pleitos, fatos e interesses socialmente situados.

3.5 O sistema jurídico: os textos jurídicos

O *sistema jurídico* é formado de *textos jurídicos,* que oferecem a visão mais empírica, concreta e material possível do que seja o Direito como *prática textual.* A tradição teórica do positivismo jurídico valorizou sobremodo o papel das *normas jurídicas*, na concepção de uma visão acerca do *sistema jurídico.* Numa visão semiótico-jurídica, transcende-se a visão tradicional herdada do positivismo jurídico, em direção a uma concepção teórica na qual os *textos jurídicos*[1] são o centro da análise teórica acerca do sistema jurídico.

Aqui, o *texto jurídico* é tomado como *unidade de significação,* que assume definitiva importância para os processos de construção do *sentido jurídico*; sem os textos, o sistema perde a capacidade de estabelecer os mínimos pontos de partida para a construção das *práticas discursivas.* Os *textos jurídicos* são o *ponto de partida* de todo o processo de desencadeamento de práticas discursivas, e são importantes exatamente pelo fato de que representam um *corpus materializado de signos,* como afirma o teórico suíço Pierre Moor[2].

A partir daqui, se o *texto jurídico* é tomado como sendo a *unidade-texto,* deve-se, então, correlacioná-lo a um *todo intrincado de textos,* pois os

---

1 "À chaque type de pratrique sociale est associe um type d´usage linguistique que l´on peut appeler *discours*: ainsi des discours juridique, politique, médical, etc." (Rastier, *Sens et textualité*, 1989, p. 39).

2 "Nous pouvons dire que le texte est un ensemble de mots – ou de signes – qu´il articule les uns aux autres lexicalement et syntaxiquement afin qu´um sens leur sot conféré dans l´enemble qu´ils forment: autrement dit: une proposition. Le texte revêt dont une matérialité parce que les signes s´incrivent nécessairement (...)"(Moor, *Dynamique du système juridique*: une théorie générale du droit, 2010, p. 55).

textos se reportam entre si, em *cadeias de codependência,* seja formal (hierárquica), seja semântica (conteúdo)[3].

Se a visão semiótico-jurídica enfatiza a importância de deslocamento da leitura do *sistema jurídico* da *norma jurídica* para o *texto jurídico*, é porque se quer destacar que o *sistema jurídico* não é composto apenas por *normas jurídicas.* Uma grande parte dos teóricos do Direito se dedicou a compreender o *sistema jurídico* apenas concebendo-o como conjunto de *normas jurídicas*, a exemplo de Hans Kelsen[4]. E nisso há grande diferença entre as abordagens semióticas e a abordagem tradicional elaborada por Hans Kelsen[5].

Mas, aqui, se amplia o horizonte de análise para destacar que os *textos jurídicos* são distribuídos em modalidades mais amplas do que a *norma jurídica*, encontrando-se conectados entre si, em movimento de *trânsito discursivo*, considerando-se uma *constelação de textos jurídicos*, identificados em quatro categorias, a saber: (i) *textos normativos*, para o conjunto dos discursos normativos; (ii) *textos decisórios,* para o conjunto dos discursos decisórios; (iii) *textos burocráticos*, para o conjunto dos discursos burocráticos e de rotina procedimental; (iv) *textos científicos*, para o conjunto dos discursos científicos.

---

3 "Los juristas saben que la significación de un texto legal, de un reglamento o de una circular, de una sentencia o hasta los términos de un contrato está lejos de ser siempre clara, imediata y unívoca" (Landowski, *La sociedad figurada*: ensayos de sociosemiótica, 1993, p. 78).

4 *Vide* Kelsen, *Teoria pura do direito,* 4. ed., 1976, p. 310.

5 "One does not to have to ascend to the level of the *Grundnorm* in order to see the difference between Kelsen and the semioticians" (Jackson, *Semiotics and legal theory*, 1985, p. 129).

3.6 O sistema jurídico: as fontes do direito

A marca mais tradicional da concepção do positivismo jurídico é aquela identificada com o *normativismo* de Hans Kelsen[1]. Nessa visão, o *sistema jurídico* é um conjunto de *normas jurídicas* postas pelo Estado. Ainda, essa visão sobrevaloriza a *estatalidade* e a *normatividade* do sistema jurídico. A abordagem da *Semiótica do Direito*, ao contrário, procura entender a *complexidade*, para dela retirar as condições de *operatividade* dos sistemas jurídicos contemporâneos.

Nesse sentido, a primeira coisa a observar é que as fontes do Direito que compõem o *sistema jurídico* não são apenas as *fontes formais estatais*. Em verdade, o *sistema jurídico*, ao absorver fontes de informações plurais, geradas em ambiente social, não se alimenta apenas de *normas jurídicas*. O sistema jurídico transforma as *informações* em *normas jurídicas*. Assim, há uma pluralidade de *informações* que devem ser lidas dentro de uma *lógica pluralista*, que enxerga o sistema jurídico mergulhado em ambiente social, cultural, econômico, em constante transformação.

As fontes de retroalimentação do sistema são sempre parciais, por meio dos *microuniversos de discurso*, pois estes estão densamente emaranhados às práticas setoriais, diante das interfaces do sistema jurídico enquanto direito civil, direito do consumidor, direito do trabalho, direito econômico, direito digital etc. Os campos de regulação estão em atrito constante com as dinâmicas sociais, e, por isso, integram conteúdos informacionais ao sistema jurídico, sendo seu ponto de entrada as próprias *práticas discursivas*.

Dessa forma, o *sistema jurídico* deve ser capaz de lidar de forma aberta, plural e democrática com várias fontes de retroalimentação, extraídas da vida social. Nesse sentido, em seu interior, devem conviver *fontes jurídicas estatais* e *fontes jurídicas não estatais*, originárias de sistemas de significação socialmente válidos, existentes e reconhecíveis, e sempre muito diversificados entre si.

---

[1] *Vide* Kelsen, *Teoria pura do direito,* 4. ed., 1976, p. 310-315.

3.7 O sistema jurídico: as operações semióticas

O *sistema jurídico*, numa abordagem semiótico-jurídica, tem uma lógica segundo a qual opera permanente *intercâmbio textual*. Assim, há uma gramática de *troca informacional* ocorrendo nos *microespaços de práticas discursivas,* favorecendo-se centenas, milhares e milhões de operações cotidianas exercidas *dentro* do sistema por meio dos *atores jurídicos*. Nessa medida, a visão que se passa a ter do *sistema jurídico*, do ponto de vista semiótico-jurídico, é a de uma *máquina semiótica*[1]. Numa visão de *semiótica jurídica greimasiana pancrônica* – seguindo-se a contribuição do semioticista Cidmar Teodoro Pais –, a imagem da *máquina semiótica* é uma constante[2].

As operações semiótico-jurídicas são constantes e transformam a paisagem do sistema jurídico com grande dinamismo, o que não significa que todos os *espaços semânticos* estejam preenchidos e plenos de sentido. E isso porque a produção do *sentido jurídico* é feita por processos semióticos de *construção sociossemiótica*[3], sabendo-se que os atores jurídicos estão, antes de tudo, inseridos nas dinâmicas da vida social, e não suspensos no espaço, ou em atuação especializada e diferenciada apenas dentro do *sistema jurídico*.

1 "En métasémiotique scientifique, on donne le nom d'automate ou sujet opérateur quelconque (ou "neutre") en possession d'un ensemble de règles explicites et d'un ordre contraignant d'application des règles (ou d'exécution des instructions)" (Greimas, Courtés, *Sémiotique*: dictionnaire raisonné de la théorie du langage, 1993, p. 24).

2 A esse respeito, *vide* Pais, Aspectos de uma tipologia dos universos de discurso, *Revista Brasileira de Linguística,* v. 7, 1984, p. 43-65.

3 "... on peut identifier le concept de discours avec celui de procès sémiotique, et considérer comme relevant de la théorie du discours la totalité des faits sémiotiques (rélations, unités, opérations, etc.) situés sur l'axe syntagmatique du langage" (Greimas, Courtés, *Sémiotique*: dictionnaire raisonné de la théorie du langage, 1993, p. 102).

A dinâmica dos processos de produção de *sentidos jurídicos*, dentro do *sistema jurídico*, sempre dependerá de um ato posterior à criação das regras jurídicas, qual seja o *ato de interpretação* e, também, da capacidade dos atores jurídicos atenderem às demandas constantes de disputa pelo sentido jurídico no interior do *sistema jurídico*. Assim, o sistema jurídico não é pleno e completo, desde o seu surgimento. E isso porque o *sentido jurídico* é algo que se *constrói,* e não se *deduz*.

Aqui se expõe, portanto, a ideia de que a complexidade do *sistema jurídico* é derivante da própria atividade de uso dos *sentidos jurídicos* em movimento, de modo que, quanto mais atividade, maior a complexidade e maior o enredamento *intertextual* dentro do sistema jurídico. Se o sistema jurídico não é pleno e completo, é importante ressaltar que está em constante movimento de busca por plenitude, nunca alcançada.

Isso permite afirmar que o sistema jurídico é um *sistema dinâmico e não perfeito*, ou seja, é um *sistema antinômico* e *lacunoso*, cobrando a autonomia dos atores jurídicos na mobilização dos *recursos textuais* para lidarem com sua *incompletude*, com sua *imperfeição* e com sua *dinâmica* interconectada às necessidades sociais.

3.8 O sistema jurídico: os microuniversos de sentido

O *sistema jurídico*, em sua dinâmica interna, não funciona de forma unitária para todos os campos de aplicação do Direito. É importante ressaltar que cada área do Direito procura estudar um certo conjunto de *práticas discursivas* de modo especializado e ramificado. Isso é válido para o *Direito Civil*, para o *Direito do Trabalho*, para o *Direito Ambiental*. O *Direito Civil* está ligado a *práticas discursivas* do campo da atividade civil em sociedade, e procura estudar as formas pelas quais o Direito regula, com a maior eficiência e justiça, esse perfil de *relações sociais*. Aqui, se forma um *microuniverso de sentido*, com *práticas* que são especializadas, ramificadas e imersas no universo de conhecimento daqueles atores jurídicos que se inserem em contextos culturais, sociais, econômicos e políticos marcados pelo perfil de *relações sociais*.

Assim, o Direito não se organiza como *unidade*. Em verdade, se organiza como *pluralidade* de setores que recebem *regulações* e mantém *interconexões* de interesse cognitivo, científico e prático-operativo. O resultado não é outro, quando se volta o olhar ao sistema jurídico, para enxergar que este funciona com base na lógica de uma *rede de tensões intersemióticas*, considerada a conexão existente entre os *textos jurídicos* e seu uso aplicado, a partir de *microuniversos de sentido*.

Assim, as *práticas discursivas* que giram em torno do *Código Civil* (e seu campo gravitacional), estão marcadas por uma *lógica discursiva* não intercambiável com outros setores do funcionamento do *sistema jurídico*. Igualmente, as *práticas discursivas* que giram em torno da *CLT* (e seu campo gravitacional) estão marcadas por uma *lógica especializada*, de conhecimento de uma parcela dos atores jurídicos.

Isso permite afirmar, em caráter conclusivo, que a *Linguagem Jurídica* é um campo de *linguagem especializada e técnica*, comum a uma comunidade de atores jurídicos, que apenas compartilham conceitos gerais comuns, passíveis de serem compreendidos a partir de uma *Teoria Geral do Direito*.

No entanto, quando os atores jurídicos iniciam seus percursos dentro do *sistema jurídico*, por meio de suas histórias profissionais, irão se especializar, e de sua especialidade decorrerá a capacidade de falar apenas um *socioleto*[1] que é característico de seu campo de atuação. Isso faz com que a *Linguagem Jurídica* genérica tenha de se combinar com a *Linguagem Jurídica* setorial. Assim, cada ator jurídico fala a *Linguagem Jurídica genérica* e, também, a *Linguagem Jurídica setorial,* que é específica de cada *microuniverso de práticas de sentido.*

[1] "Plusieurs types de systems sont à l´oeuvre dans tout text: (i) la langue fonctionnelle (...); (ii) un sociolecte (...); (iii) l´idiolecte (...)" (Rastier, *Sens et textualité*, 1989, p. 39).

3.9 O sistema jurídico: a hierarquia e o caráter concêntrico

A visão semiótica do sistema jurídico não destrona a importância da *hierarquia* como um valor agregador da relação estruturante entre as *fontes do Direito*. Por isso, o *sistema jurídico* consegue operar como uma *máquina semiótica*, coerente e dotada de *unidade* e *hierarquia*, em que os discursos vão *tecendo* as mudanças diárias do *sentido jurídico*.

Assim, dilui-se a ideia de que se convive com o *caos*, quando se quer admirar a paisagem do Direito. Antes de ser *caos*, as relações sociais já pré-organizaram e distribuíram relações e práticas discursivas, em informações setorialmente relevantes, fazendo com que o *sistema jurídico* implique *ordem*.

Um passo adiante e o *filtro textual* imposto pelas normas jurídicas *reorganiza* o encontro do ambiente discursivo *externo* com o ambiente discursivo *interno*, possibilitando um *uso discursivo* racional, sistêmico, organizado e ordenado.

De qualquer forma, é importante ressaltar que a *Semiótica do Direito* não procura deslocar a importância que a tradição do positivismo jurídico conferiu às ideias de *unidade*[1], de *segurança* e *certeza* como definidoras do *modus* de funcionamento do *sistema jurídico*. Em contraparte, a visão semiótica oferece a ideia de uma *unidade dinâmica*, formada em caráter de uma lógica *concêntrica*, a partir do papel *irradiador* que a Constituição exerce nos sistemas jurídicos contemporâneos.

Os sistemas jurídicos modernos foram lidos muito à carreira do *Modelo Pirâmide*, derivado do pensamento de Hans Kelsen[2].

---

[1] "The image of the unitary legal system remains part of the message, not of the reality" (Jackson, *Semiotics and legal theory*, 1985, p. 296).

[2] *Cf.* Kelsen, *Teoria pura do direito*, 4. ed., 1976, p. 310.

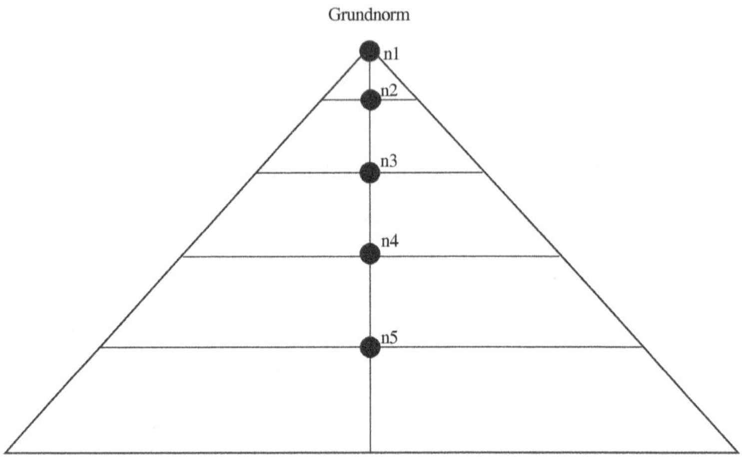

Mas a complexidade dos ordenamentos jurídicos contemporâneos – como constata a jurista francesa Delmas-Marty (2004)[3] –, impõe que se migre do *Modelo Pirâmide*, organizado formalmente em degraus escalonados, para o *Modelo Malha*, organizado de acordo com a complexidade contemporânea.

Assim, à abordagem semiótica não é necessário recorrer ao âmbito da *validade* como correspondendo ao âmbito da existência ou ao âmbito da verdade[4]. Numa abordagem semiótica, a Constituição é a *matriz discursiva de sentido*, a saber, o *texto-base para outros textos*, que tem *poder de irradiação* sobre todos os elementos do sistema jurídico[5]. Por sua vez, em torno da Constituição se desenrolam *anéis semióticos* em torno da *matriz discursiva,* seguindo a relação *centralidade-periferia*, conforme a força atribuída pelo *sistema jurídico* aos seus elementos normativos e não normativos, de forma a se acolher em seu interior todas as fontes do Direito.

[3] *Vide* Delmas-Marty, *Por um direito comum*, 2004, p. 46.

[4] "We find a similar skepticism about the ontological claims of positivism, the existence of a separate 'normative' universe, characterized by its own particular form of truth – legal validity" (Jackson, *Semiotics and legal theory*, 1985, p. 139).

[5] Cf. Barroso, *Curso de direito constitucional contemporâneo*, 4. ed., 2013, p. 108-109.

3.10 O sistema jurídico: o sentido jurídico e a interpretação jurídica

A norma jurídica não contém todo o *sentido jurídico* pelo só fato de ter sido *promulgada* e *publicada.* Do ponto de vista de uma análise semiótico-jurídica, a mera *oficialidade* da norma jurídica não define a sua *plenitude semântica.* Assim, uma existência como *texto jurídico* ainda não é suficiente para a formação da norma jurídica, que deverá ser interpretada e aplicada, para ganhar seu *sentido jurídico.*

Em verdade, tem-se apenas o *texto jurídico,* que funciona como *projeto de sentido,* em direção à sua plenitude, no momento do processo de aplicação e interpretação do Direito. Para que a norma jurídica exista, ainda é necessária a intervenção do ato de interpretação exercido pelo aplicador do Direito[1]. Assim, para que se perceba que os *textos jurídicos,* apesar de *oficializados,* ainda carecem de *definição semântica,* vale recorrer à ideia de que existe um *processo de duas mãos* de produção de significações jurídicas, que implica a relação *autor e intérprete* dos *textos jurídicos,* em que o *legislador* está numa ponta e o *intérprete* está na outra ponta.

O jurista suíço Pierre Moor, em sua *Teoria do Direito*, contida na obra *Dynamique du système juridique*, revela essa mesma concepção ao visualizar um *projeto fundador* (*projet fondateur*)[2], contido no *texto jurídico* (ato próprio do legislador), e, simetricamente, um *ato de leitura* (ato próprio do intérprete)[3]. A interpretação somente é possível com a fusão desses dois

---

1 "Mais la norme? On dirá que c´est le sens du texte" (Moor, *Dynamique du système juridique*: une théorie générale du droit, 2010, p. 71).

2 "Dans une analyse herméneutique, on dira que le texte avait pour origine un projet fondateur qui a animé son auteur à vouloir l´émettre" (Moor, *Dynamique du système juridique*: une théorie générale du droit, 2010, p. 59).

3 "Il y a, symétriquement, un projet de l´acte de lecture, élément du contexte de la réception" (Moor, *Dynamique du système juridique*: une théorie générale du droit, 2010, p. 59).

horizontes, de um lado o *projeto fundador* do legislador e, de outro, o *ato de leitura* do intérprete[4].

Na dinâmica *autor e intérprete,* nenhum dos atores jurídicos possui o *monopólio do sentido jurídico.* Também, nenhum dos atores jurídicos é capaz de *definir* com total capacidade os conteúdos semânticos que haverão de preencher as normas jurídicas. Nessa visão, seria arbitrário afirmar que o *sentido jurídico* está pronto pela atitude do *legislador.* O que o *legislador* faz é estabelecer um *projeto de sentido,* que será posteriormente complementado pela atuação do *intérprete.* Seria, igualmente, arbitrário afirmar que o *sentido jurídico* é uma criação do *intérprete.* O que o *intérprete* pratica é a *interpretação jurídica*[5], ou seja, ele exerce a atividade produtora de *sentido jurídico*[6].

Ao final do processo, o *sentido jurídico* depende da colaboração de ambos os atores jurídicos para se plenificar, pois o *legislador* apresenta um *projeto de sentido,* que, posteriormente, encontra no *intérprete* a atividade complementar da interpretação, quando *texto* e *contexto* se enredam para ganhar vida diante de desafios presentes no momento do *uso dos textos jurídicos*[7].

---

[4] "Il y a lieu alors à confrontation entre le texte originaire (l´objet de la première lecture) et le texte second (le produit de cette lecture)" (Moor, *Dynamique du système juridique*: une théorie générale du droit, 2010, p. 75).

[5] "L'herméneutique désigne généralement l'interprétation, ou sens courant et non pas sémiotique, de textes essentiellement philosophiques et réligieux. Il s'agit d'une discipline relativement voisine de la sémiotique..." (Greimas, Courtés, *Sémiotique*: dictionnaire raisonné de la théorie du langage, 1993, p. 171).

[6] A respeito, *vide* Eco, *Os limites da interpretação,* 1995.

[7] "On appelle contexte l'ensemble du texte qui précède et/ou qui accompagne l'unité syntagmatique considérée, et dont dépend la signification" (Greimas, Courtés, *Sémiotique*: dictionnaire raisonné de la théorie du langage, 1993, p. 66).

3.11 O sistema jurídico: a justiça textual

A noção de justiça é uma noção complexa, cujas significações não podem ser imediatamente retomadas neste item. No tocante à questão da simbólica da justiça, há toda uma preocupação no campo do estudo da iconologia da justiça que não deve ser desconsiderada[1].

No entanto, aqui, para efeitos da análise da justiça como prática textual, o que se quer enfatizar é que não há *narrativa jurídica* sem uma *trama* que enrede, previamente, os atores sociais dentro das intrincadas *relações sociais* nas quais se produzem os conflitos sociais. Afinal, o Direito é uma resposta à vida em sociedade. Assim, toda *narrativa jurídica* (em busca de justiça) é, antes, marcada por discursos sobre o *justo* e o *injusto*. Não por outro motivo, o *teatro da justiça* forma as condições pelas quais as partes processuais se envolvem em atividades narrativas, debatendo de forma heurística os aspectos de um conflito social que é tornado algo de uma decisão[2].

Os enredos processuais aos quais os atores sociais acabam por se entregar, ao atuarem procedimentalmente diante do *sistema jurídico*, faz com que assumam *papéis discursivos*, para os quais as estratégias de defesa (advocacia), acusação (promotoria) e julgamento (magistratura) estão dadas pela trilogia dos atores jurídicos. Por isso, a concepção de *sistema jurídico*

---

1 Sobre a iconologia da justiça, consulte-se Bittar, *Semiótica, Direito & Arte*: entre Teoria da Justiça e Teoria do Direito, 2020, p. 137-231.

2 "O *espaço da justiça* é o *espaço da heurística*, ou seja, ali onde o *debate judiciário* – o diálogo contraditório de posição – irá se desenrolar, e onde a atividade de constituição de argumentos, a apresentação de versões dos fatos, a produção de provas e a expurgação das dúvidas constituídas ao longo de um processo irão ganhar a possibilidade de se esclarecerem e chegarem a decisões de justiça" (Bittar, *Semiótica, Direito & Arte*: entre Teoria da Justiça e Teoria do Direito, 2020, p. 284-285).

sob a análise semiótico-jurídica trabalha com a ideia de *atores discursivos*[3], investidos em *papéis actanciais* de discurso[4], desempenhando *percursos discursivos*, atuando em processos de *significação jurídica*[5]. A justiça será alcançada como resultante dos atos procedimentais e dos limites do *sistema jurídico*.

A ativação do *sentido jurídico* se faz pelos atores discursivos (advogado(a), promotor(a) de justiça, magistrado(a)), sabendo-se que seus papéis são complementares, diferenciáveis[6] e igualmente necessários para a completude das *práticas de justiça*, para o funcionamento das *instituições de justiça* e para a realização ativa das atividades que fazem do sistema uma *máquina semiótica* em plena dependência dos *atos discursivos* da *comunidade jurídica* que o integra.

Nesse sentido, atuar *discursivamente* dentro do *sistema jurídico* significa que nenhum ator discursivo detém "*a verdade*", mas que *argumentos* e *discursos* estão em circulação, conectados a universos reais de *significação social*, em interação com necessidades e interesses reais provenientes da vida social, e formam a atmosfera comum das *práticas textuais* intrassistêmicas.

Assim, não há a *verdade-justiça* como conteúdo a ser antecipado pela *razão filosófica* (*Filosofia do Direito*), ou, ainda, a ser deduzido a partir da *norma jurídica* (*Lógica Jurídica*). Numa visão da *Semiótica do Direito*, a justiça é a *resultante semântica* de uma *narrativa discursiva,* dentro de expectativas almejadas por *actantes discursivos* investidos em papéis delimitados. Por isso, aqui, a justiça apela à forma de estrutura narrativa em que *papéis actanciais* estão dados para possibilitarem o exercício do discurso que aduz razões fundadas nas fontes do Direito[7], em direção a decisões

---

3 Cf. Greimas, Courtés, *Sémiotique*: dictionnaire raisonné de la théorie du langage, 1993, p. 7.

4 "Esta instancia, a diferencia de los actantes *sujeots* propriamente dichos, no tende diretamente hacia la acción sino a calificar (y por ello a orientar y sancionar) las acciones, reales o posibles, de los Sujetos" (Landowski, *La sociedad figurada*: ensayos de sociosemiótica, 1993, p. 92).

5 *Vide* Cornu, *Linguistique juridique*, 1990, p. 216-217.

6 Landowski, *La sociedad figurada*: ensayos de sociosemiótica, 1993, p. 103.

7 "La justice peut désigner la compétence du Destinateur social, doté de la modalité du pouvoir-faire absolu: chargé d'exercer la sanction, un tel Destinateur sera dit alors judicateur. On entend également par justice une forme de la rétribution negative (ou punition), exercée,

racionais, em que a argumentação permite a realização dos ideais do *Estado Democrático de Direito*[8].

Assim, se destaca o papel do *destinador social*, exercente do *discurso decisório*, dotado de *poder-fazer*, culminância dos esforços da atuação judiciária, em que comparecem os diversos atores jurídicos disputando o *sentido jurídico*. A *justiça* não é, assim, fruto da *atividade isolada* do *legislador*. A *justiça* é fruto da *atividade sistêmica* do Direito, um encontro complexo e miscigenado de textos jurídicos, para a satisfação de objetivos reais dos atores sociais. A *justiça* apela a todas as conexões internas e externas do *sistema jurídico* para se realizar, a cada caso concreto, realizando a *melhor resposta possível* a ser dada em Direito, para situações discursivamente situadas. Dentro de um *contexto semiótico*, a justiça é a melhor resposta possível, *enquanto texto-decisão*. Não por outro motivo, a *justiça* aparece aqui como um *ponto de encontro sistêmico* adequado/justificado/racionalizado à situação-problema, envolvendo uma multidão de *textos jurídicos* que encontram a possibilidade de realizar os casos concretos, nos termos do *Estado Democrático de Direito*.

---

sur la dimension pragmatique, par le Destinateur social, par opposition à la vengeance qui est réalisée par un Destinateur individuel" (Greimas, Courtés, *Sémiotique*: dictionnaire raisonné de la théorie du langage, 1993, p. 201).

[8] A respeito, *vide* Habermas, *Direito e democracia*: entre facticidade e validade, 2. ed., 2003, p. 203.

Parte III
LINGUAGEM E PRÁTICA TEXTUAL

1 A prática do discurso jurídico

Assumindo-se a leitura, a interpretação e a escrita de textos como a vida e o funcionalismo das atividades dos operadores do direito, há que se admitir que o domínio das técnicas textuais se inscreve entre os capítulos de maior importância para a operacionalização de informações jurídicas.

Ora, nessa medida, justifica-se a necessidade de estudo das técnicas de uso, manipulação e emprego da linguagem jurídica. O discurso das práticas jurídicas (normativas, burocráticas, decisórias, científicas) demanda conhecimentos específicos, formas de locução, técnicas de redação, estilos e medidas próprios. Quando se esteve a discutir a questão dos discursos jurídicos em espécie, nesta obra, esteve-se a mencionar a existência de universos de discurso que os sustentam em sua autonomia, sendo cada qual bem circunscrito por características inconfundíveis. Quer-se dizer que existem peculiaridades a serem examinadas dentro de cada dimensão em que se manifesta o discurso jurídico, a saber: o universo de discurso normativo, com sua peculiar construção imperativa; o universo de discurso burocrático, com sua peculiar construção formular; o universo de discurso decisório, com sua peculiar estrutura persuasiva e dialética; o universo de discurso científico, com sua peculiar constituição epistemológica.

Assim, sabendo-se que alguns instrumentos técnicos são imprescindíveis para a vivência do discurso em suas peculiares manifestações, é mister o estudo da articulação prática do discurso, tendo-se em vista o domínio dos elementos indispensáveis para a apresentação (*construção*) e dissecação (*desconstrução*) de todo discurso jurídico.

2. A coerência textual

Em primeiro lugar, quando se está a partir para uma preocupação prática no trato com o discurso jurídico, há que se ressaltar que todo discurso se manifesta como *enunciado discursivo*[1]. A *enunciação* é, portanto, a atividade de produção de atos discursivos, que fazem revelar a reunião entre *conteúdo* e *expressão*[2]. Das operações lógicas do início do percurso gerativo do sentido, do nível fundamental, à disposição para a transformação e à interação, no nível narrativo, até alcançar o nível discursivo, a *enunciação* corresponde ao último passo na constituição do *texto manifestado*[3]. A partir dessa visão, percebe-se que a *organização narrativa*[4] é de decisiva importância para a constituição do discurso, pois todo discurso visa alcançar algo (objeto de valor), diante de relações intersubjetivas (actantes discursivos), a partir de estratégias (narrativas e discursivas), considerando-se a preocupação com efeitos discursivos (persuasão e convencimento).

Considerando-se, então, o caráter *narrativo*[5] de uma enorme parte das *práticas discursivas* da área do Direito – aliás, uma área do conhecimento

---

1 "A terceira e última etapa do percurso gerativo, a mais próxima da manifestação, é a das estruturas discursivas. Examina-se o texto como resultado da enunciação, como discurso, enfim" (Barros, *Teoria do discurso*: fundamentos semióticos, 1988, p. 19).

2 "Cada ato comunicativo compreende um conteúdo, um *enunciado* e é realizado por uma *enunciação*, pelo ato que produz concretamente o texto" (Volli, *Manual de Semiótica*, 3. ed., 2015, p. 81).

3 "São lugares diferentes de articulação do sentido, que pedem a construção, no interior da gramática semiótica, de três gramáticas – fundamental, narrativa e discursiva –, cada qual com dois componentes, ou seja, uma sintaxe e uma semântica" (Barros, *Teoria do discurso*: fundamentos semióticos, 1988, p. 15).

4 "Os actantes são, por conseguinte, concebidos como entidades narrativas. Só é possível pensar em actantes do discurso se uma perspectiva narratológica for adotada no exame da enunciação, ou seja, se a enunciação for abordada do ponto de vista de sua organização narrativa ou espetacular" (Barros, *Teoria do discurso*: fundamentos semióticos, 1988, p. 80).

5 "Para evitar um mal-entendido possível, devido ao caráter insuficientemente unívoco da terminologia, sublinhamos que a teoria semiótica da narratividade não é uma teoria da

humano marcada por forte cultura versal e escrita (signos verbais escritos) –, o cuidado com o uso e a mobilização da *palavra* deve cobrar dos profissionais da área uma atenção muito particular. Isso significa que os cuidados com a linguagem e a expressividade jurídica são infinitamente maiores que em outras áreas, sendo que, por vezes, a competência profissional, o desempenho judicial, a liberdade de um cliente, são medidos a partir do desempenho locutório do operador do direito. Nesse aspecto, as técnicas de escrita são imprescindíveis para que se alcancem os resultados profissionais desejados. As técnicas de análise e construção textual são também determinantes para o desenlace profissional. Nesse meandro impera um dado incontornável: o operador do direito está adstrito à gramaticalidade e ao formalismo do discurso escrito, que, necessariamente, é mais determinado pelas regras da língua que o discurso oral, para o qual impera certa margem de liberdade.

Então, tem-se que a coerência de um texto jurídico não se dá pela mera ligação de locuções técnico-jurídicas entre si (ex.: prescrição – crime prescrito – carência de ação – improcedência da denúncia – julgamento extinto do processo), ou, ainda, pelo simples uso indiscriminado de uma linguagem rebuscada (ex.: "A prescrição intercorrente no âmago do *iter* procedimental atravanca e atabalhoa a escorreita marcha da venerada e decantada valoração social que nos une em vivência social"), prenhe de estilísticas construções barrocas, ou mesmo de expressões latinas (ex.: "*Data venia,* há que se considerar desprovido de *ratio iuris* aquele que discute por meio de argumentos *ad terrorem*, contribuindo para a produção da *summa iniuria*"). A coerência do texto jurídico se constata quando meios e fins são atingidos, e nisso existe consciência de quem são os operadores envolvidos, qual o auditório a que se destina o discurso, quais as técnicas envolvidas para a maximização dos resultados...

Cada vez mais, atualmente, se verificam esforços, do ponto de vista das investigações acadêmicas e dos debates entre os operadores do direito,

---

'narração' – ou que, de qualquer modo, ela não se reduz a isso. Seu escopo não se limita à descrição dos textos que *contam histórias*, quer dizer às narrativas *stricto sensu*, classe específica de discursos que, em contrapartida, constituem, sim, o objeto específico de uma abordagem diferente embora próxima, a 'narratologia' desenvolvida por Gérard Genette. Muito mais ambiciosamente, trata-se de definir um conjunto de princípios organizadores, de alcance geral, que permitam descrever o processo de produção e de apreensão do sentido em qualquer discurso (...)" (Landowski, *Com Greimas*: interações semióticas, 2017, p. 86).

a respeito da simplificação da linguagem jurídica. De fato, esse tema tem alcançado muito maior repercussão e tem motivado iniciativas de todo louváveis por parte de juristas e aplicadores do sistema jurídico. No entanto, algumas distinções precisam ser feitas com maior apuro quando se trata de falar de uma *simplificação* da linguagem do direito, especialmente da linguagem decisória. *Simplificação* não significa perda de técnica e nem insatisfação no aspecto precisão. Os excessos barrocos de linguagem, que são típicos da conformação retórica do direito, podem ser abolidos sem perda de critérios, mais no sentido da alcançar maior *democratização* do direito. A ideia da *simplificação* tem um sentido político, o da *democratização* do acesso ao direito, de um modo geral, na medida em que o direito não é um acervo de seus especialistas, um privilégio de alquimistas e iniciados, pois o direito opera na sociedade e para o povo. Isso significa que o alijamento do povo da participação no processo de *uso* e *inteligibilidade,* principalmente das decisões judiciárias, prejudica o próprio processo de *democratização* do direito. Daí a ideia de que a *simplificação* não implica em uma *vulgarização* da linguagem ordinária, nem em uma *corrupção* da língua culta, ou, mesmo, em uma *redução* da beleza estética e harmônica da língua portuguesa. A democratização implica numa aproximação do direito da realidade que procura representar e sobre a qual pretende agir, implica na adoção de uma postura que não cria divisões e separações entre universos discursivos, quando a síntese e a simplicidade podem significar mais. Nesta medida, no lugar de representar uma ameaça ao tema da coerência textual, a ideia da democratização do direito vem a se somar com o caráter sintético e preciso do uso da linguagem para produzir formas de significação e integração da vida social cada vez mais capazes de representar os próprios fins que pretende realizar.

Então, deter-se na análise da questão da coerência textual parece ser um item fundamental na constituição de toda elocução discursiva na área do Direito. Isso porque se pode medir com maior propriedade a adequação do meio (discurso) para o alcance de fins determinados (persuasão, convencimento, intimidação, eliminação da ambiguidade, ganho de causa...).

Nessa linha, devem-se listar alguns fatores que determinam a coerência de um texto, quais sejam:

- elementos linguísticos, com sua adequada distribuição no curso do texto; informações, que retratam um conhecimento de mundo posto no texto e que devem distribuir-se de modo harmônico;

- conhecimento partilhado, que permite que o outro adentre o seu texto, que representa sua leitura do mundo;
- inferências, que impõem ligação entre elementos presentes no texto, sejam técnicos, sejam não técnicos; contextualização, que mantém a sustentação das ideias dentro de setores do conhecimento, momentos históricos, pontos da discussão;
- focalização, tendo em vista a adequação do texto a um eixo de tratamento do tema;
- intertextualidade, em função da relação que o texto mantém, ou pode manter, com outras realidades textuais que o circundam;
- intencionalidade, figurando como o direcionamento ideológico e intencional do narrador claramente posicionado no texto;
- consistência, dada pela substância do problema posto em pauta de discussão, adequadamente tratado;
- relevância, em face da devida justificação da importância do assunto em tela, bem como da argumentação que a sustenta[6].

---

[6] Cf. Koch/Travaglia, *A coerência textual,* 1990, p. 59-81. Consulte-se a respeito, também, Damião/Henriques, *Curso de português jurídico,* 2000, p. 112-125.

2.1 Elementos que determinam a coerência textual

A arte da produção de um texto tem a ver com a sua coerência. E a sua coerência é uma construção atinente aos processos de enunciação discursiva. Para que a coerência seja alcançada, é necessário o desenvolvimento da *isotopia discursiva*. O semioticista José Luiz Fiorin entende que a *isotopia discursiva* é responsável pela *unidade discursiva*, e, por isso, capaz de conferir regularidades semânticas (recorrência; repetição de traços semânticos) ao texto[1]. Por isso, a *isotopia discursiva* tem a ver com o *arranjo de elementos discursivos*. Mas, para que isso se produza, é necessário que o(s) enunciador(es) do texto reúna(m) a competência necessária (conjunto de informações, bases e fundamentos) para que a *performance* (e atualização discursiva na mobilização do ato de fala do sistema-língua) seja capaz de gerar compreensibilidade ao(s) enunciatário(s), atendendo à finalidade comunicativa daquele gênero específico de *discurso jurídico* (burocrático; decisório; científico; normativo) e possa ter eficácia persuasória (enquanto *fazer-persuasivo*) no tocante aos seus objetivos. Assim, não basta atender às regras da língua culta, sendo necessário conhecer as técnicas e as práticas de enunciação, setorialmente definidas pelo universo de sentido do campo discursivo em que se move, sendo igualmente necessário conhecer as expectativas do(s) auditório(s) ao(s) qual(is) se dirige(m).

Assim, coerência e coesão são duas faces do mesmo problema para um texto. O texto emana coerência ao seu leitor, desde que possua coesão de elementos em sua estrutura manifestada (sujeito, verbo, predicado, ideias logicamente interligadas, pronomes, advérbios devidamente distribuídos...). Assim, está-se diante de uma parelha muito importante para a constituição

---

1 "O que dá coerência semântica a um texto e que faz dele uma unidade é a reiteração, a redundância, a repetição, a recorrência de traços semânticos ao longo do discurso. Esse fenômeno recebe o nome de isotopia" (Fiorin, *Elementos de análise do discurso*, 15. ed., 2018, p. 112).

de um discurso escrito de modo linear na transmissão da mensagem, que deve ser clara, direta, objetiva e, ao mesmo tempo, explícita, contundente e convincente[2].

Essas ideias remetem à discussão da função contextual do discurso, que é aquela função de *composição* (*sýnthesis* – síntese) e de *disposição* (*diasthesis* – distensão) dos elementos que o estruturam; segundo essa função, só se pode aceitar que os elementos que sob a sua rubrica se reúnem estejam muito mais *coligados*, coligidos, de acordo com uma regra predeterminada, e muito menos em dispersão ou em disjunção atômica.

Não há texto coerente se as partes que o compuserem forem absolutamente assintônicas. Então, seguindo-se a advertência da semioticista Diana Luz Pessoa de Barros, deve-se sempre pensar o quanto todo *texto* é dependente do *contexto*[3]. Em seu interior, as unidades do discurso devem se reunir num *contexto* (do latim, *contexere*), e, nesse sentido primeiro, pode-se "compor um discurso" (*Contexere orationes*). Assim, todo texto deve ser observado no âmbito maior de suas projeções no campo da cultura e das práticas de sentido às quais se reporta, e é exatamente aí que as enunciações discursivas ganham o seu melhor suporte para se expressar, na medida em que a *rede de relações contextuais* infirma a possibilidade de *ambientação situacional* de cada *ato discursivo*.

Veja-se num exemplo contextual a distensão de uma única lógica, a lógica da insatisfação, por meio da palavra "recurso", que comporta traços semânticos que podem distribuir-se em vários contextos:

---

2 "Como vimos, a coerência é subjacente, tentacular, reticulada, não linear, mas, como bem observa Charolles – 1978, ela se relaciona com a linearidade do texto. Isto quer dizer que a coerência se relaciona com a coesão do texto, pois por coesão se entende a ligação, a relação, os nexos que se estabelecem entre os elementos que constituem a superfície textual. Ao contrário da coerência, que é subjacente, a coesão é explicitamente revelada através de marcas linguísticas, índices formais na estrutura da sequência linguística e superficial do texto, o que lhe dá um caráter linear, uma vez que se manifesta na organização sequencial do texto" (Koch/Travaglia, *A coerência textual,* 1999, p. 40).

3 "Assim entendido, o contexto não se confunde com o 'mundo das coisas'. É antes considerado como um texto maior, uma totalidade de significação, no interior da qual cada texto cobra sentido. O sentido do texto depende do sentido do texto-contexto em que se integra. Essa concepção de contexto faz supor, em última instância, uma Semiótica da cultura que estabeleça os papéis narrativo-discursivos devidas a cada texto no macrotexto da cultura" (Barros, *Teoria do discurso*: fundamentos semióticos, 1988, p. 142).

"Recorrerei ao STF"; "Recorri da decisão de primeiro grau"; "Não contente, o réu recorreu da decisão"; "Para sustar a decisão, o autor recorreu tempestivamente"; "O recurso foi indeferido pela autoridade administrativa", de onde provêm os seguintes traços característicos: /inconformismo/, /decisão prévia/, /expediente técnico/, /procedimento/, /autoridade superior/, /expectativa e possibilidade de inversão da decisão/, /procrastinação da decisão/. Ora, o texto a ser construído em nível recursal deverá o tempo todo retomar a insatisfação como tema central, verificando na decisão da autoridade inferior suas impropriedades que geram inconformismo e apontando para a autoridade superior as possíveis soluções e modificações a serem efetuadas sobre a mesma.

Sempre, quando se produz um texto em sua inteireza, o resultado dessa atividade produtiva deve ser a presença constante no texto produzido do "fio do discurso", algo que funciona como uma linha interna imaginária sobre a qual aquele se assenta. Dizer que um texto possui essa coesão de princípio, meio e fim significa dizer que houve a devida distribuição dos signos linguísticos na ordem racional e argumentativa em que devem ser dispostos. Trata-se, em suma, de uma adequada *mise en scène* dos signos, de maneira a dispô-los segundo uma tecitura semântica a ser alcançada pelo sujeito discursivo.

Unir esses ingredientes é alcançar a virtude do texto. Para isso, a prática e a devida manipulação dos elementos que são adicionados ao texto é fundamental. Em poucas palavras:

- somente conhecer o texto de lei não basta para manter uma linha de argumentação favorável para si, pois a lei pode ser considerada inválida, derrogada, revogada ou inconstitucional;
- somente ter bom domínio do vernáculo não basta, pois sem argumentos técnicos não se pode abalar a estrutura do discurso de um eventual contraditor;
- somente ter teses originais e notórias para a defesa de direitos não basta, pois a adequada colocação desta, assim como sua oportuna manifestação por termos convincentes, por vezes é mais importante que a própria tese ventilada e assinalada como hábil para a solução de um problema jurídico, prático ou teórico.

Dentro desse raciocínio, pode-se dizer que a formulação de um texto consistente requer[4]:

4 Cf. Sayeg-Siqueira, *O texto,* 1990, p. 10-62.

1) unidade/completude: a proposta do texto deve ser clara desde o início, de modo que determinar o assunto, a área de discussão, o enfoque, o impositivo, a mensagem... é de extrema importância;

2) objetivo: guiar o leitor para a mensagem do texto, do início ao fim, conduzindo-o através de um embalo de argumentação que reitere o tempo todo a defesa do eixo central da discussão;

3) assunto/enfoque: deve-se traduzir ao leitor o enfoque de abordagem do tema enunciado, e isso ao mesmo tempo em que se excluem e se justifica a exclusão de outros possíveis enfoques para o mesmo, de modo a tornar claro aos olhos do leitor a direção a ser *seguida* e *perseguida* pelo enunciador;

4) estrutura: a definição da estrutura do texto se dá pela sua montagem formal e lógica; deve-se, posto o problema, opinar sobre ele, justificar a assunção de uma opinião ou posição em face do problema, para que ao final se possa concluir retomando a afirmação da tese fundamental do texto, de modo que fique gritantemente enunciada a postura assumida;

5) macroestrutura: deve-se grifar a importância da lógica contextual de que se reveste toda a enunciação do discurso textual, dentro de sua cadência global; quando se está a falar de uma visão geral do texto, deve-se dizer que o enunciador deve preocupar-se em colocar-se na posição de leitor, e verificar se, com uma leitura externa e genérica do texto, dele se convenceria a retirar as mesmas conclusões;

6) microestrutura: atentar para a morfologia e para a sintaxe na constituição de cada frase, de cada oração, de cada período do discurso é menos um detalhe e mais um dado essencial no domínio da enunciação discursiva; as regras gramaticais, desenvolvidas com propriedade, conferem ao texto, além de sua credibilidade de conteúdo (tese exposta), credibilidade formal (forma pela qual se expõe).

3 A análise e a enunciação do texto normativo

O texto normativo também possui sua coerência, sua lógica, e, por sua forma imperativa e objetiva, além de técnica e precisa, de exprimir comandos jurídicos, deve expressar com todas as letras o mandamento legislativo que visa a transmitir, seja permitindo, seja obrigando, seja proibindo.

O texto normativo, além de transmitir de modo direto uma mensagem que deve ser retratada na sociedade, e que deve ecoar no comportamento de seus cidadãos, deve traduzir claramente o grau potestativo que encarna. Assim, o uso de ferramentas específicas permite que da simples leitura do texto de lei se perceba o grau de cogência contido no dispositivo. São expressões como "fica instituída", "é vedada qualquer", "é defeso à parte", "deverá o órgão expedir em 30 dias ato que regulamenta", "fica proibida", "qualquer que seja o fundamento, far-se-á", "qualquer alteração será comunicada", "não se configura crime", "está obrigado a cumprir esta obrigação quem", "é assegurado", "é proibida", que cumprem esse papel.

Deve-se atentar, na construção de um texto normativo, para as exclusões que a proibição ocasiona, com os conceitos vulgares e científicos de termos específicos empregados na elocução do prescritivo, para a abrangência que se deseja conferir ao texto de lei, e seu alcance, bem como para a liberdade de aferição do sentido dos termos normativos a ser dada, por meio da interpretação, pelo juiz. Veja-se a seguinte hipótese:

> "É proibida a entrada (e a permanência temporária?) de animais (domésticos, selvagens, do proprietário, de visitantes?) neste recinto".

Pode-se observar que a clareza na enunciação normativa é influenciada pela objetividade com que se manifesta o legislador, como na dicção objetiva e direta do Código de Processo Penal, em seu art. 118:

> "Antes de transitar em julgado a sentença final, as coisas apreendidas não poderão ser restituídas enquanto interessarem ao processo".

O prolongamento da elocução normativa, por vezes, prejudica a própria compreensão do intento do legislador ao impor este ou aquele artigo de lei. Veja-se o seguinte caso, extraído do parágrafo único do art. 22 da Lei n. 7.542/86:

> "Nenhum pagamento será devido ao autorizado pelo cancelamento da autorização, salvo quando já tenha havido coisas ou bens, desprovidos de valor artístico e de interesse histórico ou arqueológico, recuperados, situação em que tais coisas ou bens poderão ser adjudicados ou entregue o produto de sua venda, mesmo que em proporção inferior ao previsto no contrato ou ato de autorização, para pagamento e compensação do autorizado".

O legislador, por vezes, agindo com afã na construção do discurso normativo, peca: pela carência de previsões; pela construção errônea do discurso normativo (sintática, semântica, ortográfica...); pela carência de informações básicas que tornariam o texto mais abrangente ou mais específico, que ampliariam seu alcance no tempo ou no espaço; pela omissão de dados necessários para a sua aplicação e para a sua conexão com o sistema de normas com que irá interagir.

Assim, mero erro de linguagem pode ter efeitos catastróficos para milhões de cidadãos. Simples erro técnico sobre início de vigência pode prejudicar/beneficiar milhões de cidadãos. Os cuidados na elaboração legislativa devem ser redobrados, tendo em vista os efeitos das normas, seu alcance e as dificuldades para a retificação de seus textos.

A linguagem normativa deve ser o resultado de um amplo trabalho de diálogo e interação democrática com as comunidades, com os grupos afetados pelas medidas normativas, com os técnicos em linguagem e semiótica, com as instâncias de poder envolvidas e com as comissões de redação e elaboração do relatório de um projeto de lei. Assim, o conteúdo e a forma das leis passam a respeitar as expectativas nelas depositadas.

3.1 Estudo de caso: texto legal

LEI COMPLEMENTAR N. 95, DE 26 DE FEVEREIRO DE 1998

Dispõe sobre a elaboração, a redação, a alteração e a consolidação das leis, conforme determina o parágrafo único do art. 59 da Constituição Federal, e estabelece normas para a consolidação dos atos normativos que menciona.

O PRESIDENTE DA REPÚBLICA

Faço saber que o Congresso Nacional decreta e eu sanciono a seguinte Lei Complementar:

CAPÍTULO I
DISPOSIÇÕES PRELIMINARES

Art. 1º A elaboração, a redação, a alteração e a consolidação das leis obedecerão ao disposto nesta Lei Complementar.

Parágrafo único. As disposições desta Lei Complementar aplicam-se, ainda, às medidas provisórias e demais atos normativos referidos no art. 59 da Constituição Federal, bem como, no que couber, aos decretos e aos demais atos de regulamentação expedidos por órgãos do Poder Executivo.

Art. 2º (VETADO).

§ 1º (VETADO).

§ 2º Na numeração das leis serão observados, ainda, os seguintes critérios:

I – as emendas à Constituição Federal terão sua numeração iniciada a partir da promulgação da Constituição;

II – as leis complementares, as leis ordinárias e as leis delegadas terão numeração sequencial em continuidade às séries iniciadas em 1946.

CAPÍTULO II

DAS TÉCNICAS DE ELABORAÇÃO, REDAÇÃO E ALTERAÇÃO DAS LEIS

Seção I

Da Estruturação das Leis

Art. 3º A lei será estruturada em três partes básicas:

I – parte preliminar, compreendendo a epígrafe, a ementa, o preâmbulo, o enunciado do objeto e a indicação do âmbito de aplicação das disposições normativas;

II – parte normativa, compreendendo o texto das normas de conteúdo substantivo relacionadas com a matéria regulada;

III – parte final, compreendendo as disposições pertinentes às medidas necessárias à implementação das normas de conteúdo substantivo, às disposições transitórias, se for o caso, a cláusula de vigência e a cláusula de revogação, quando couber.

Art. 4º A epígrafe, grafada em caracteres maiúsculos, propiciará identificação numérica singular à lei e será formada pelo título designativo da espécie normativa, pelo número respectivo e pelo ano de promulgação.

Art. 5º A ementa será grafada por meio de caracteres que a realcem e explicitará, de modo conciso e sob a forma de título, o objeto da lei.

Art. 6º O preâmbulo indicará o órgão ou instituição competente para a prática do ato e sua base legal.

Art. 7º O primeiro artigo do texto indicará o objeto da lei e o respectivo âmbito de aplicação, observados os seguintes princípios:

I – excetuadas as codificações, cada lei tratará de um único objeto;

II – a lei não conterá matéria estranha a seu objeto ou a este não vinculada por afinidade, pertinência ou conexão;

III – o âmbito de aplicação da lei será estabelecido de forma tão específica quanto o possibilite o conhecimento técnico ou científico da área respectiva;

IV – o mesmo assunto não poderá ser disciplinado por mais de uma lei, exceto quando a subsequente se destine a complementar lei considerada básica, vinculando-se a esta por remissão expressa.

Art. 8º A vigência da lei será indicada de forma expressa e de modo a contemplar prazo razoável para que dela se tenha amplo conhecimento, reservada a cláusula "entra em vigor na data de sua publicação" para as leis de pequena repercussão.

§ 1º A contagem do prazo para entrada em vigor das leis que estabeleçam período de vacância far-se-á com a inclusão da data da publicação e do último dia do prazo, entrando em vigor no dia subsequente à sua consumação integral. (Incluído pela Lei Complementar n. 107, de 26-4-2001)

§ 2º As leis que estabeleçam período de vacância deverão utilizar a cláusula "esta lei entra em vigor após decorridos (o número de) dias de sua publicação oficial". (Incluído pela Lei Complementar n. 107, de 26-4-2001)

Art. 9º A cláusula de revogação deverá enumerar, expressamente, as leis ou disposições legais revogadas. (Redação dada pela Lei Complementar n. 107, de 26-4-2001)

Parágrafo único. (VETADO). (Incluído pela Lei Complementar n. 107, de 26-4-2001)

Seção II

Da Articulação e da Redação das Leis

Art. 10. Os textos legais serão articulados com observância dos seguintes princípios:

I – a unidade básica de articulação será o artigo, indicado pela abreviatura "Art.", seguida de numeração ordinal até o nono e cardinal a partir deste;

II – os artigos desdobrar-se-ão em parágrafos ou em incisos; os parágrafos em incisos, os incisos em alíneas e as alíneas em itens;

III – os parágrafos serão representados pelo sinal gráfico "§", seguido de numeração ordinal até o nono e cardinal a partir deste, utilizando-se, quando existente apenas um, a expressão "Parágrafo único" por extenso;

IV – os incisos serão representados por algarismos romanos, as alíneas por letras minúsculas e os itens por algarismos arábicos;

V – o agrupamento de artigos poderá constituir Subseções; o de Subseções, a Seção; o de Seções, o Capítulo; o de Capítulos, o Título; o de Títulos, o Livro e o de Livros, a Parte;

VI – os Capítulos, Títulos, Livros e Partes serão grafados em letras maiúsculas e identificados por algarismos romanos, podendo estas últimas desdobrar-se em Parte Geral e Parte Especial ou ser subdivididas em partes expressas em numeral ordinal, por extenso;

VII – as Subseções e Seções serão identificadas em algarismos romanos, grafadas em letras minúsculas e postas em negrito ou caracteres que as coloquem em realce;

VIII – a composição prevista no inciso V poderá também compreender agrupamentos em Disposições Preliminares, Gerais, Finais ou Transitórias, conforme necessário.

Art. 11. As disposições normativas serão redigidas com clareza, precisão e ordem lógica, observadas, para esse propósito, as seguintes normas:

I – para a obtenção de clareza:

a) usar as palavras e as expressões em seu sentido comum, salvo quando a norma versar sobre assunto técnico, hipótese em que se empregará a nomenclatura própria da área em que se esteja legislando;

b) usar frases curtas e concisas;

c) construir as orações na ordem direta, evitando preciosismo, neologismo e adjetivações dispensáveis;

d) buscar a uniformidade do tempo verbal em todo o texto das normas legais, dando preferência ao tempo presente ou ao futuro simples do presente;

e) usar os recursos de pontuação de forma judiciosa, evitando os abusos de caráter estilístico;

II – para a obtenção de precisão:

a) articular a linguagem, técnica ou comum, de modo a ensejar perfeita compreensão do objetivo da lei e a permitir que seu texto evidencie com clareza o conteúdo e o alcance que o legislador pretende dar à norma;

b) expressar a ideia, quando repetida no texto, por meio das mesmas palavras, evitando o emprego de sinonímia com propósito meramente estilístico;

c) evitar o emprego de expressão ou palavra que confira duplo sentido ao texto;

d) escolher termos que tenham o mesmo sentido e significado na maior parte do território nacional, evitando o uso de expressões locais ou regionais;

e) usar apenas siglas consagradas pelo uso, observado o princípio de que a primeira referência no texto seja acompanhada de explicitação de seu significado;

f) grafar por extenso quaisquer referências a números e percentuais, exceto data, número de lei e nos casos em que houver prejuízo para a compreensão do texto; (Redação dada pela Lei Complementar n. 107, de 26-4-2001)

g) indicar, expressamente o dispositivo objeto de remissão, em vez de usar as expressões "anterior", "seguinte" ou equivalentes; (Incluída pela Lei Complementar n. 107, de 26-4-2001)

III – para a obtenção de ordem lógica:

a) reunir sob as categorias de agregação – subseção, seção, capítulo, título e livro – apenas as disposições relacionadas com o objeto da lei;

b) restringir o conteúdo de cada artigo da lei a um único assunto ou princípio;

c) expressar por meio dos parágrafos os aspectos complementares à norma enunciada no *caput* do artigo e as exceções à regra por este estabelecida;

d) promover as discriminações e enumerações por meio dos incisos, alíneas e itens.

Seção III
Da Alteração das Leis

Art. 12. A alteração da lei será feita:

I – mediante reprodução integral em novo texto, quando se tratar de alteração considerável;

II – mediante revogação parcial; (Redação dada pela Lei Complementar n. 107, de 26-4-2001)

III – nos demais casos, por meio de substituição, no próprio texto, do dispositivo alterado, ou acréscimo de dispositivo novo, observadas as seguintes regras:

a) (revogada); (Redação dada pela Lei Complementar n. 107, de 26-4-2001)

b) é vedada, mesmo quando recomendável, qualquer renumeração de artigos e de unidades superiores ao artigo, referidas no inciso V do art. 10, devendo ser utilizado o mesmo número do artigo ou unidade imediatamente anterior, seguido de letras maiúsculas, em ordem alfabética, tantas quantas forem suficientes para identificar os acréscimos; (Redação dada pela Lei Complementar n. 107, de 26-4-2001) *c)* é vedado o aproveitamento do número de dispositivo revogado, vetado, declarado inconstitucional pelo Supremo Tribunal Federal ou de execução suspensa pelo Senado Federal em face de decisão do Supremo Tribunal Federal, devendo a lei alterada manter essa indicação, seguida da expressão "revogado", "vetado", "declarado inconstitucional, em controle concentrado, pelo Supremo Tribunal Federal", ou "execução suspensa pelo Senado Federal, na forma do art. 52, X, da Constituição Federal"; (Redação dada pela Lei Complementar n. 107, de 26-4-2001)

d) é admissível a reordenação interna das unidades em que se desdobra o artigo, identificando-se o artigo assim modificado por alteração de redação, supressão ou acréscimo com as letras "NR" maiúsculas, entre parênteses, uma única vez ao seu final, obedecidas, quando for o caso, as prescrições da alínea *c*. (Redação dada pela Lei Complementar n. 107, de 26-4-2001)

Parágrafo único. O termo "dispositivo" mencionado nesta Lei refere-se a artigos, parágrafos, incisos, alíneas ou itens. (Inciso incluído pela Lei Complementar n. 107, de 26-4-2001)

CAPÍTULO III
DA CONSOLIDAÇÃO DAS LEIS E OUTROS ATOS NORMATIVOS

Seção I
Da Consolidação das Leis

Art. 13. As leis federais serão reunidas em codificações e consolidações, integradas por volumes contendo matérias conexas ou afins, constituindo em seu todo a Consolidação da Legislação Federal. (Redação dada pela Lei Complementar n. 107, de 26-4-2001)

§ 1º A consolidação consistirá na integração de todas as leis pertinentes a determinada matéria num único diploma legal, revogando-se formalmente as leis incorporadas à consolidação, sem modificação do alcance nem interrupção da força normativa dos dispositivos consolidados. (Inciso incluído pela Lei Complementar n. 107, de 26-4-2001)

§ 2º Preservando-se o conteúdo normativo original dos dispositivos consolidados, poderão ser feitas as seguintes alterações nos projetos de lei de consolidação: (Inciso incluído pela Lei Complementar n. 107, de 26-4-2001)

I – introdução de novas divisões do texto legal base; (Inciso incluído pela Lei Complementar n. 107, de 26-4-2001)

II – diferente colocação e numeração dos artigos consolidados; (Inciso incluído pela Lei Complementar n. 107, de 26-4-2001)

III – fusão de disposições repetitivas ou de valor normativo idêntico; (Inciso incluído pela Lei Complementar n. 107, de 26-4-2001)

IV – atualização da denominação de órgãos e entidades da administração pública; (Inciso incluído pela Lei Complementar n. 107, de 26-4-2001)

V – atualização de termos antiquados e modos de escrita ultrapassados; (Inciso incluído pela Lei Complementar n. 107, de 26-4-2001)

VI – atualização do valor de penas pecuniárias, com base em indexação padrão; (Inciso incluído pela Lei Complementar n. 107, de 26-4-2001)

VII – eliminação de ambiguidades decorrentes do mau uso do vernáculo; (Inciso incluído pela Lei Complementar n. 107, de 26-4-2001)

VIII – homogeneização terminológica do texto; (Inciso incluído pela Lei Complementar n. 107, de 26-4-2001)

IX – supressão de dispositivos declarados inconstitucionais pelo Supremo Tribunal Federal, observada, no que couber, a suspensão pelo Senado Federal de execução de dispositivos, na forma do art. 52, X, da Constituição Federal; (Inciso incluído pela Lei Complementar n. 107, de 26-4-2001)

X – indicação de dispositivos não recepcionados pela Constituição Federal; (Inciso incluído pela Lei Complementar n. 107, de 26-4-2001)

XI – declaração expressa de revogação de dispositivos implicitamente revogados por leis posteriores. (Inciso incluído pela Lei Complementar n. 107, de 26-4-2001)

§ 3º As providências a que se referem os incisos IX, X e XI do § 2º deverão ser expressa e fundadamente justificadas, com indicação precisa das fontes de informação que lhes serviram de base. (Inciso incluído pela Lei Complementar n. 107, de 26-4-2001)

Art. 14. Para a consolidação de que trata o art. 13 serão observados os seguintes procedimentos: (Redação dada pela Lei Complementar n. 107, de 26-4-2001)

I – O Poder Executivo ou o Poder Legislativo procederá ao levantamento da legislação federal em vigor e formulará projeto de lei de consolidação de normas que tratem da mesma matéria ou de assuntos a ela vinculados, com a indicação precisa dos diplomas legais expressa ou implicitamente revogados; (Redação dada pela Lei Complementar n. 107, de 26-4-2001)

II – a apreciação dos projetos de lei de consolidação pelo Poder Legislativo será feita na forma do Regimento Interno de cada uma de suas Casas, em procedimento simplificado, visando a dar celeridade aos trabalhos; (Redação dada pela Lei Complementar n. 107, de 26-4-2001)

III – (REVOGADO). (Redação dada pela Lei Complementar n. 107, de 26-4-2001)

§ 1º Não serão objeto de consolidação as medidas provisórias ainda não convertidas em lei. (Inciso incluído pela Lei Complementar n. 107, de 26-4-2001)

§ 2º A Mesa Diretora do Congresso Nacional, de qualquer de suas Casas e qualquer membro ou Comissão da Câmara dos Deputados, do Senado Federal ou do Congresso Nacional poderá formular projeto de lei de consolidação. (Inciso incluído pela Lei Complementar n. 107, de 26-4-2001)

§ 3º Observado o disposto no inciso II do *caput*, será também admitido projeto de lei de consolidação destinado exclusivamente à: (Inciso incluído pela Lei Complementar n. 107, de 26-4-2001)

I – declaração de revogação de leis e dispositivos implicitamente revogados ou cuja eficácia ou validade encontre-se completamente prejudicada; (Inciso incluído pela Lei Complementar n. 107, de 26-4-2001)

II – inclusão de dispositivos ou diplomas esparsos em leis preexistentes, revogando-se as disposições assim consolidadas nos mesmos termos do § 1º do art. 13. (Inciso incluído pela Lei Complementar n. 107, de 26-4-2001)

§ 4º (VETADO). (Incluído pela Lei Complementar n. 107, de 26-4-2001)

Art. 15. Na primeira sessão legislativa de cada legislatura, a Mesa do Congresso Nacional promoverá a atualização da Consolidação das Leis Federais Brasileiras, incorporando às coletâneas que a integram as emendas constitucionais, leis, decretos legislativos e resoluções promulgadas durante a legislatura imediatamente anterior, ordenados e indexados sistematicamente.

Seção II

Da Consolidação de Outros Atos Normativos

Art. 16. Os órgãos diretamente subordinados à Presidência da República e os Ministérios, assim como as entidades da administração indireta, adotarão, em prazo estabelecido em decreto, as providências necessárias para, observado, no que couber, o procedimento a que se refere o art. 14, ser efetuada a triagem, o exame e a consolidação dos decretos de conteúdo normativo e geral e demais atos normativos inferiores em vigor, vinculados às respectivas áreas de competência, remetendo os textos consolidados à Presidência da República, que os examinará e reunirá em coletâneas, para posterior publicação.

Art. 17. O Poder Executivo, até cento e oitenta dias do início do primeiro ano do mandato presidencial, promoverá a atualização das coletâneas a que se refere o artigo anterior, incorporando aos textos que as integram os decretos e atos de conteúdo normativo e geral editados no último quadriênio.

CAPÍTULO IV
DISPOSIÇÕES FINAIS

Art. 18. Eventual inexatidão formal de norma elaborada mediante processo legislativo regular não constitui escusa válida para o seu descumprimento.

Art. 18-A. (VETADO). (Incluído pela Lei Complementar n. 107, de 26-4-2001)

Art. 19. Esta Lei Complementar entra em vigor no prazo de noventa dias, a partir da data de sua publicação.

Brasília, 26 de fevereiro de 1998; 177º da Independência e 110º da República.

FERNANDO HENRIQUE CARDOSO

Iris Rezende

4 A análise e a enunciação do texto burocrático

O texto burocrático é eminentemente um texto lacunar, técnico, padronizado. Isso é dito em função de seu aspecto pontual nas aparições dentro de um processo ou procedimento, como mero ato administrativo que dá curso ou andamento no sentido da realização de decisões. O uso de expressões e fórmulas preconcebidas é o que impera como prática do *bureau*, de modo a se perpetuarem as estruturas de discurso consagradas no ambiente burocrático. São exemplos típicos do texto burocrático:

> "Cumpra-se a medida determinada", "À parte de pleitear o que de direito", "Retornem os autos à instância de origem", "Dê-se andamento ao despacho de fls.", "Providencie o pleiteante a regularização de sua representação processual", "Cumpra-se o estatuído na Resolução de n. xx", "Faço estes autos conclusos ao Sr. Juiz de Direito", "Junte-se o documento determinado, sob pena de extinção".

No entanto, deve-se acentuar que a repetição de locuções vazias e a frieza das expressões formulares do discurso burocrático servem somente a expedientes ideológicos, mascarando realidades presentes e indisfarçáveis aos olhos de todos, a saber, a de que o burocrata também decide, e que, para decidir, também interpreta.

Acima de qualquer coisa, a eficiência desse discurso é o que deve ser priorizado. Eficiência significa transmissão completa e rápida de informações, e não é poupando palavras que se consegue esse tipo de eficiência demandada pelo pouco espaço procedimental para manifestações de discurso burocrático. Os exemplos que seguem ilustram a possibilidade de completude nos despachos de expedientes e nas manifestações procedimentais:

> No lugar de uma frase lacunar como "Instrua-se o processo com as peças pertinentes, sob pena de extinção do processo", pode-se utilizar: "Instrua-se o processo com as seguintes e indispensáveis peças faltantes: 1. documento

comprobatório da propriedade do imóvel; 2. contrato de locação do imóvel. A não juntada de tais documentos acarretará a extinção do processo".

No lugar de despacho incompleto – "Juntem as partes os documentos pertinentes em 15 dias" –, pode-se utilizar a seguinte formulação: "Encerrada a instrução, fica determinado o prazo de 15 dias para a juntada de qualquer documento pelas partes interessadas".

No lugar do discurso "Indefiro, porque ausentes o *fumus boni iuris* e o *periculum in mora*", pode-se utilizar a seguinte construção: "O pedido fica indeferido, tendo em vista que o autor não provou existirem condições fáticas que manifestassem o perigo na demora da prestação judicial e a verossimilhança do pedido".

No lugar de despacho incompleto – "Indefiro, por não ser o autor possuidor do direito reclamado" –, pode-se utilizar a seguinte formulação: "Não obstante o justificado pedido do autor, na hipótese *sub judice,* não se encontram reunidos os pressupostos para que o autor seja reconhecido titular do direito mencionado na petição inicial. Em face disso, fica indeferido o pedido".

Assim, quando se está a tratar do discurso burocrático, deve-se relevar o fato de que também transmite direitos, também avalia situações frágeis e emergenciais, transmite informações, comunica sentidos e decisões, e não somente defere ou indefere pleitos administrativos ou judiciais, ou mesmo, simplesmente, demanda algo da parte interessada. Ora, as aparições do discurso burocrático devem ser:

- rápidas, completas e objetivas, assim como transparentes na transmissão da mensagem;
- precisas, satisfatórias do ponto de vista de sua compreensão e decodificação pelo leitor técnico e não técnico;
- escritas e localizadas no momento oportuno;
- exteriorizadas com a simplicidade locutória necessária;
- demonstradas com todas as informações demandadas pelo leitor do discurso;
- publicadas e cientificadas ao auditório interessado;
- transparentes e acessíveis ao público;
- manifestadas com todas as orientações para que o destinatário da informação possa, a partir da mensagem, agir;
- suficientemente técnicas e precisas na referência a algum tipo de palavra ou expressão de cunho jurídico, que seja de fácil compreensão, ou, ainda, que possa ser diluída em breve explicação que se faça na sequência do próprio texto.

4.1 Estudo de caso: textos de despachos administrativos

PROCESSO: XXXXXXXXXX
DIVISÃO TÉCNICA DE SUPRIMENTOS – SMS.3
DESPACHO DA DIRETORA
ATA DE REGISTRO DE PREÇO XXX/XX-SMS.G
PENALIDADE

I. À vista dos elementos constantes nestes autos, em especial a manifestação da Assessoria Jurídica desta Pasta, que acolho como razão de decidir, APLICO, nos termos da competência delegada pela Portaria n. 168/09-SMS, à empresa XXXXX, detentora da ATA RP n. XX/2012/SMS.G, a penalidade de multa correspondente a 6% (seis por cento) sobre o valor da Nota Fiscal n. XXXXX, em razão do atraso na entrega do objeto do ajuste consubstanciado na Nota de Empenho n. XXX.XXX/2010 e na Ordem de Fornecimento n. XXXXXXX, com fundamento no art. 86 da Lei Federal n. 8.666/93.

II. Outrossim, fica a contratada NOTIFICADA do prazo de 5 (cinco) dias úteis para interposição de eventual recurso, a contar da publicação deste despacho, mediante o recolhimento das respectivas custas.

PROCESSO: XXXXXXXXXXXX
DIVISÃO TÉCNICA DE SUPRIMENTOS – SMS.3
DESPACHO DA DIRETORA
PREGÃO ELETRÔNICO XXXX/XX-SMS.G
PENALIDADE

I. À vista dos elementos noticiados no presente, em especial da manifestação da Assessoria Jurídica desta Secretaria, que acolho e pela competência conferida pela portaria 168/09-SMS, APLICO ao XXXX, pelo atraso decorrido na entrega dos produtos pactuados através da ATA de Registro de

Preço XXX/XXX-SMS.G, a multa de 6% (seis por cento) sobre o valor da nota fiscal n. XXXX, em razão do atraso na entrega do objeto do ajuste, consubstanciado na nota de empenho n. XXXX/2010, com fundamento no art. 86 da Lei Federal 8.666/93.

II. Outrossim, fica a empresa NOTIFICADA do prazo de cinco dias úteis para interposição de eventual recurso, a contar da publicação deste despacho, mediante recolhimento das respectivas custas.

CONVÊNIO PARA REALIZAÇÃO DE PROJETO SELECIONADO NOS TERMOS DO EDITAL N. XX/XXXX SMC-NFC – SELEÇÃO E APOIO A PROJETOS DE CIRCO PARA A CIDADE DE SÃO PAULO

I. À vista dos elementos constantes do presente, em especial da homologação do resultado da seleção realizada nos termos do edital n. XX/XXXX/ SMC-NFC – Seleção e apoio a projetos de circo para a cidade de São Paulo, publicada no DOC em XX/XX/XXXX, bem como do parecer da Assessoria Jurídica desta Pasta, pela competência a mim delegada nos termos da Portaria n. XX/2010/SMC e com fundamento no Decreto Municipal n. 51300/2010 e alterações, AUTORIZO a formalização do convênio com XXXX, para execução do projeto "XXXXXXXX" pelo XXXXXXXXXX, aprovado conforme fls. 39/147 do presente, mediante aporte financeiro no valor total de R$ XXXX, a ser recebido em 2 parcelas.

II. Autorizo a emissão de nota de empenho no valor de R$ XXXXX, que deverá onerar a dotação orçamentária n. XXXXXXXXXXXXXXXXXX, conforme nota de reserva à fls.176, observadas as disposições do Decreto Municipal n. 54.768/2014.

CONVOCAÇÃO

CADASTRO DE GRANDE GERADOR DE RESÍDUOS SÓLIDOS

Convocamos as empresas abaixo relacionadas para no prazo de 5 (cinco) dias a contar da data da publicação comparecer no Setor de Cadastro da XXXXXXX, sito à XXXXXXX, para prestar esclarecimento em face do que dispõe a Lei n. 13.478/2002 e Decreto n. 45.668/2004, alterado pelos Decretos n. 46.004/2005 e 51.907/2010.

Protocolo Razão Social

PG XXXX Ltda. – Apresentar Contrato de Prestação de Serviços de Coleta.

O não atendimento a presente implicará no indeferimento do pedido.

5 A análise e a enunciação do texto decisório

Todo texto possui sua coerência, determinada não somente pela conjugação de seus elementos internos, de sua estrutura, de sua forma, de suas regras de raciocínio. A coerência é também determinada por elementos contextuais, por forças normativas, por injunções próprias do universo de discurso ao qual pertence o texto jurídico.

Então, a coerência de uma decisão judicial advirá propriamente da conjugação, além dos elementos formais, gramaticais, linguísticos, argumentativos... dos seguintes elementos sequenciais com que se estrutura, conforme os próprios mandamentos da lei processual:

– relatório descrevendo as ocorrências processuais, os atos decisórios interlocutórios, as provas produzidas e os argumentos jurídicos e persuasivos produzidos pelas partes contendentes envolvidas no processo, além de eventual intervenção de terceiro;

– fundamentação, que justifica o não acolhimento de argumentos das partes, a assunção de uma linha de raciocínio, a demonstração da lógica da decisão e de sua validação nas provas dos autos, na legislação vigente, na jurisprudência...;

– *decisum,* contendo a suma decisória e o mandamento final da sentença, traduzindo-se em poucas e técnicas palavras a decisão tomada judicialmente e as condições operacionais para sua efetivação.

Um dos elementos mais importantes na composição da decisão judicial é a conjuntura de fatos envolvidos. Fatos que se submetem à apreciação por meio de decisão judicial não são simplesmente ocorrências do mundo, mas sim ocorrências vividas, sentidas e, sobretudo, interpretadas por diversos sujeitos.

Na análise de fatos relevantes para a órbita jurídica, costuma-se aduzir que "os fatos falam por si..."; menciona-se mesmo o fato de que "a situação é autoexplicativa...", ou de que, "da apuração realizada, restou claro que...". Tudo isso está a testemunhar a favor da importância dos fatos para a composição das relações jurídicas. Mais ainda, que os próprios fatos possuem certa significação, uma eloquência que escorre de suas entranhas históricas, além de serem suscetíveis de prova, verificação e interpretação.

Os fatos não são isentos de certa carga de incerteza, o que traz à matéria sempre a contingência do que é perceptível aos sentidos humanos (vejam-se as diferenças de testemunho sobre fatos), e do que se submete a processos cognoscitivos acerca do apreensível.

A eloquência fática, no entanto, não reside no fato em si mesmo, como unidade ou entidade, mas sim nos efeitos jurídicos que decorrem de sua real existência/ocorrência. Um fato é sempre uma fonte inesgotável de consequências, entre muitas, jurídicas; ao ser visualizado sob a ótica do discurso legal, torna-se visível que aquele discurso legal possui esta(e) ou aquela(e) consequência/efeito. E o discurso judicial que aprecia a faticidade para dela extrair consequências concretas continuará na esteira das possibilidades, referindo-se a que isso dá direito à indenização, a que aquilo dá direito à anulação do contrato, à rescisão, que pode engendrar prisão...

Ademais da descrição e caracterização dos fatos, há que se dizer que grande parte da recomposição das ocorrências havidas para serem apuradas no processo depende de relatos. Ora, no contexto judicial, as provas e sua produção são itens importantes na formação do convencimento do juiz acerca da veracidade de fatos, da verossimilhança de alegações e da lógica do caso. Na hipótese do relato testemunhal, particularmente, essa questão se torna ainda mais importante.

O relato testemunhal é muito importante em juízo para a documentação de fatos ligados à causa em julgamento. Quando um relato testemunhal é convertido, pela reprodução e interpretação das palavras da testemunha, em texto escrito, muitas informações podem perder-se, muita carga semiótica pode esvanecer-se, muitos sentidos podem ser corrompidos ou invertidos, dependendo do tipo de narratividade assumida pelo transcritor (geralmente, delegado ou escrevente de polícia, juiz ou escrevente judicial).

Esse texto, portanto, uma vez transcrito, deve respeitar integralmente o conjunto de ideias relatadas pelo depoente, procurando-se, inclusive, a fidelidade aos seus termos, à sua literalidade, à forma da qual se utiliza para demonstrar espanto, angústia, revolta, dor, sacrifício, medo... Veja-se como o texto a seguir traduz com completude a ordem de ideias de um depoimento, permitindo a completa recuperação das informações alojadas no texto:

Vi quando a vítima permanecia imóvel. Tendo sido induzida a transe profundo pelo seu agressor, em situação de espanto completo, deu-se sequência ao conjunto de atos criminosos, onde vários acontecimentos se sucediam muito rapidamente para que fossem contados. Mas, pôde-se perceber vários movimentos que provam o deslocamento de objetos, a corrida para um automóvel estacionado logo diante da casa, a chegada de outros sujeitos criminosos. Semiconsciente, ela não se movia, com medo de ser novamente agredida, de modo que se fez silente, observando passivamente a cena do roubo, até que fossem embora e deixassem tudo de pernas para o ar.

Saber retornar, por meio de palavras, ao calor do momento de acontecimentos, às cores do local do evento, à agitação dos movimentos encetados nas circunstâncias do evento... são ingredientes que, se presentes no bojo do discurso, potencializam os resultados desejados de convencimento do juiz. Deve-se atentar para o que diz Mirabete, com muita propriedade, ao se referir ao tema da prova testemunhal com as seguintes palavras:

> A palavra do acusado, circundada de sua atividade, de seus gestos, de seu tom de voz, de sua espontaneidade, pode dar ao juiz um elemento de convicção insubstituível por uma declaração escrita, morta, gélida, despida dos elementos de valor psicológico que acompanham a declaração falada[1].

A capacidade de síntese, além da capacidade de descrição, por vezes, é uma virtude textual a se enunciar nas reconstruções de longos percursos judiciais prolongados nas barras dos tribunais. Por isso, releva-se a enunciação de formulações objetivas e prenhes de informações indispensáveis, sobretudo em grau recursal, momento em que todo processo se avoluma nas prateleiras dos prédios públicos com alguns volumes de informações, documentos e numerosas petições. Veja o seguinte texto, que ilustra a síntese do percurso de um processo:

> O juiz de primeira instância julgou improcedente a demanda indenizatória por danos morais formulada pelo autor. Insatisfeito com a decisão, o processo foi levado à segunda instância, através de recurso de apelação, quando então houve ganho de causa para o autor. O provimento do pedido em segunda instância importou no pagamento, pela parte vencida, de umas centenas de milhares de reais.

Este pequeno texto possui todos os elementos, ainda que sucintamente condensados, para descrever a realidade de um processo indenizatório,

---

1 Mirabete, *Processo penal,* 1995, p. 278.

pois identifica a parte vitoriosa, a parte derrotada, o motivo da demanda, a estimativa do *quantum* condenatório, e alguns percalços básicos do processo. Eis aí um texto que, em sua simplicidade, dá conta da completude textual necessária para descrever ocorrência e fatos jurídicos.

Essa capacidade de síntese é importante nas práticas dos tribunais, sobretudo quando se trata da elaboração de ementas para acórdãos. Ora, os textos das ementas se caracterizam por possuírem informações taquigráficas, de rápida recuperação para pesquisa de dados, inclusive informatizados, e devem possuir as principais *nuances* de um caso decidido pela Câmara do Tribunal. Veja-se o seguinte exemplo:

> EMENTA: Compromisso de compra e venda. Devolução de quantias pagas c.c. indenização por perdas e danos. Cumprimento parcial da obrigação. Cláusula penal compensatória que prevê a perda das prestações pagas. Não cabimento. Restituição devida. Cláusula esta que pode ser reduzida pelo juiz, após rescindido o contrato. Recursos parcialmente providos[2].

Ou, ainda, esta outra ementa, que traduz com completude as ideias contidas no acórdão:

> PENHORA – Táxi utilizado pelo devedor para o exercício de sua profissão – Impenhorabilidade – Inteligência e aplicação do art. 649, VI, do CPC[3].

---

2 Acórdão – Tribunal de Justiça, Voto n. 10.202, Apelação Cível n. 058.309.4/4 – São Paulo – Aptes. e Apdos.: C. R. de S. e sua mulher/E. S/A Engenharia, Comércio e Indústria – Relator: Reis Kuntz.

3 *RT, 719*:159.

5.1 Estudo de caso: texto de acórdão

ADI 1127/DF – DISTRITO FEDERAL
AÇÃO DIRETA DE INCONSTITUCIONALIDADE
Relator(a): Min. MARCO AURÉLIO
Relator(a) p/ Acórdão: Min. RICARDO LEWANDOWSKI
Julgamento: 17-5-2006 Órgão Julgador: Tribunal Pleno
Publicação

DJe-105 DIVULG 10-6-2010 PUBLIC 11-6-2010
EMENT VOL-02405-01 PP-00040
RTJ VOL-00215 PP-00528
Ementa

AÇÃO DIRETA DE INCONSTITUCIONALIDADE. LEI 8.906, DE 4 DE JULHO DE 1994. ESTATUTO DA ADVOCACIA E A ORDEM DOS ADVOGADOS DO BRASIL. DISPOSITIVOS IMPUGNADOS PELA AMB. PREJUDICADO O PEDIDO QUANTO À EXPRESSÃO "JUIZADOS ESPECIAIS", EM RAZÃO DA SUPERVENIÊNCIA DA LEI 9.099/1995. AÇÃO DIRETA CONHECIDA EM PARTE E, NESSA PARTE, JULGADA PARCIALMENTE PROCEDENTE. I – O advogado é indispensável à administração da Justiça. Sua presença, contudo, pode ser dispensada em certos atos jurisdicionais. II – A imunidade profissional é indispensável para que o advogado possa exercer condigna e amplamente seu múnus público. III – A inviolabilidade do escritório ou do local de trabalho é consectário da inviolabilidade assegurada ao advogado no exercício profissional. IV – A presença de representante da OAB em caso de prisão em flagrante de advogado constitui garantia da inviolabilidade da atuação profissional. A cominação de nulidade da prisão, caso não se faça a comunicação, configura sanção para tornar efetiva a norma. V – A prisão do advogado em sala de Estado Maior é garantia suficiente para que fique provisoriamente detido em condições compatíveis com o seu múnus público. VI – A administração de estabelecimentos prisionais e congêneres constitui uma prerrogativa indelegável do Estado. VII – A sustentação oral pelo advogado, após o voto do Relator, afronta o devido processo legal, além de poder causar tumulto processual, uma vez que o contraditório se estabelece entre as partes. VIII – A imunidade profissional do advogado não compreende o desacato, pois conflita com a autoridade do magistrado na condução da atividade jurisdicional. IX – O múnus constitucional exercido pelo advogado justifica a garantia de somente ser preso em flagrante e na hipótese de crime inafiançável. X – O controle das salas especiais para advogados é prerrogativa da Administração forense. XI – A incompatibilidade com o exercício da advocacia não alcança os juízes eleitorais e seus suplentes, em face da composição da Justiça eleitoral estabelecida na Constituição. XII – A requisição de cópias de peças e documentos a qualquer tribunal, magistrado, cartório ou órgão da Administração Pública direta, indireta ou fundacional pelos Presidentes do Conselho da OAB e das Subseções deve ser motivada, compatível com as finalidades da lei e precedida, ainda, do recolhimento dos respectivos custos, não sendo possível a requisição de documentos cobertos pelo sigilo. XIII – Ação direta de inconstitucionalidade julgada parcialmente procedente.

Decisão

O Tribunal, examinando os dispositivos impugnados na Lei n. 8.906, de 4 de julho de 1994: a) por unanimidade, em relação ao inciso I do artigo 1º, julgou prejudicada a alegação de inconstitucionalidade relativamente à expressão "juizados especiais", e, por maioria, quanto à expressão "qualquer", julgou procedente a ação direta, vencidos os Senhores Ministros Relator e Carlos Britto; b) por unanimidade, julgou improcedente a ação direta, quanto ao § 3º do artigo 2º, nos termos do voto do Relator; c) por maioria, julgou parcialmente procedente a ação para declarar a inconstitucionalidade da expressão "ou desacato", contida no § 2º do artigo 7º, vencidos os Senhores Ministros Relator e Ricardo Lewandowski; d) por unanimidade, julgou improcedente a ação direta, quanto ao inciso II do artigo 7º, nos termos do voto do Relator; e) por unanimidade, julgou improcedente a ação direta, quanto ao inciso IV do artigo 7º, nos termos do voto do Relator; f) por maioria, entendeu não estar prejudicada a ação relativamente ao inciso V do artigo 7º, vencidos os Senhores Ministros Joaquim Barbosa e Cezar Peluso. No mérito, também por maioria, declarou a inconstitucionalidade da expressão "assim reconhecidas pela OAB", vencidos os Senhores Ministros Relator, Eros Grau e Carlos Britto; g) por maioria, declarou a inconstitucionalidade relativamente ao inciso IX do artigo 7º, vencidos os Senhores Ministros Relator e Sepúlveda Pertence; h) por unanimidade, julgou improcedente a ação direta quanto ao § 3º do artigo 7º; i) por votação majoritária, deu pela procedência parcial da ação para declarar a inconstitucionalidade da expressão "e controle", contida no § 4º do artigo 7º, vencidos os Senhores Ministros Relator, Ricardo Lewandowski, Carlos Britto e Sepúlveda Pertence, sendo que este último também declarava a inconstitucionalidade da expressão "e presídios", no que foi acompanhado pelo Senhor Ministro Celso de Mello; j) por maioria, julgou parcialmente procedente a ação, quanto ao inciso II do artigo 28, para excluir apenas os juízes eleitorais e seus suplentes, vencido o Senhor Ministro Marco Aurélio; k) e, por votação majoritária, quanto ao artigo 50, julgou parcialmente procedente a ação para, sem redução de texto, dar interpretação conforme ao dispositivo, de modo a fazer compreender a palavra "requisitar" como dependente de motivação, compatibilização com as finalidades da lei e atendimento de custos desta requisição. Ficam ressalvados, desde já, os documentos cobertos por sigilo. Vencidos os Senhores Ministros Relator, Eros Grau, Carlos Britto e Sepúlveda Pertence. Votou a Presidente, Ministra Ellen Gracie. Redigirá o acórdão o Senhor Ministro Ricardo Lewandowski. Falaram, pelo Ministério Público Federal, o Dr. Antônio Fernando Barros e Silva de Souza, Procurador-Geral da República, requerente, Associação dos Magistrados Brasileiros – AMB, o Dr. Sérgio Bermudes e, pelo interessado, Conselho Federal da Ordem dos Advogados do Brasil, o Dr. José Guilherme Vilela. Plenário, 17-5-2006.

Indexação

- *VIDE* EMENTA.

- FUNDAMENTAÇÃO COMPLEMENTAR, MIN. CEZAR PELUSO: NORMA CONSTITUCIONAL, INDISPENSABILIDADE, ADVOGADO, RELATIVIZAÇÃO. IMUNIDADE PROFISSIONAL, ADVOGADO, AUSÊNCIA, ABRANGÊNCIA, DESACATO, INCOMPATIBILIDADE, AUTORIDADE, JUIZ, FUNÇÃO JURISDICIONAL. AUSÊNCIA, RAZOABILIDADE, NORMA, PREVISÃO, SUSTENTAÇÃO ORAL, MOMENTO POSTERIOR, VOTO, RELATOR, FUNDAMENTO, MAGISTRADO, ACESSO, AUTOS, DESNECESSIDADE, ESCLARECIMENTO, ADVOGADO, POSSIBILIDADE, ADIAMENTO, HIPÓTESE, SUSTENTAÇÃO ORAL, APRESENTAÇÃO, FATO NOVO. PRINCÍPIO DO CONTRADITÓRIO, OBJETIVO, JUSTIFICATIVA, EFEITO, COISA JULGADA, PREPARAÇÃO, JULGAMENTO.

– FUNDAMENTAÇÃO COMPLEMENTAR, MIN. MARCO AURÉLIO: CONSTITUCIONALIDADE, NORMA, EXIGÊNCIA, REPRESENTANTE, ORDEM DOS ADVOGADOS DO BRASIL (OAB), ACOMPANHAMENTO, BUSCA E APREENSÃO, ESCRITÓRIO, RESIDÊNCIA, ADVOGADO. CONFIGURAÇÃO, ATENDIMENTO, FORMALIDADE, MOMENTO, PEDIDO, ORDEM DOS ADVOGADOS DO BRASIL (OAB), INDICAÇÃO, PROFISSIONAL, ACOMPANHAMENTO, DILIGÊNCIA. ASSEGURAMENTO, SIGILO, OBJETIVO, EFICÁCIA, BUSCA E APREENSÃO.

– FUNDAMENTAÇÃO COMPLEMENTAR, MIN. JOAQUIM BARBOSA: ATRIBUIÇÃO, ORDEM DOS ADVOGADOS DO BRASIL (OAB), CONTROLE, SALA, PERMANÊNCIA, INSTALAÇÃO, PODER JUDICIÁRIO, PRESÍDIO, DELEGACIA DE POLÍCIA, USO, ADVOGADO, OFENSA, PROIBIÇÃO, DISPONIBILIDADE, BEM PÚBLICO.

– VOTO VENCIDO, MIN. MARCO AURÉLIO: CONSTITUCIONALIDADE, NORMA, ESTATUTO DA ORDEM DOS ADVOGADOS DO BRASIL (EOAB), PREVISÃO, IMUNIDADE, ADVOGADO, CONSIDERAÇÃO, PODER DE POLÍCIA, EXERCÍCIO, JUIZ, POSSIBILIDADE, EXCLUSÃO, EXPRESSÃO, INJÚRIA, PREVISÃO, PENA DISCIPLINAR, HIPÓTESE, EXCESSO. CABIMENTO, ORDEM DOS ADVOGADOS DO BRASIL (OAB), RECONHECIMENTO, INSTALAÇÃO, ENQUADRAMENTO, SALA DE ESTADO-MAIOR. INSTALAÇÃO, SALA, PERMANÊNCIA, TRIBUNAL, DELEGACIA DE POLÍCIA, PRESÍDIO, CONTROLE, USO, ORDEM DOS ADVOGADOS DO BRASIL (OAB), VIABILIZAÇÃO, ASSISTÊNCIA JURÍDICA. CONTROLE, RESTRIÇÃO, USO, SALA, ORDEM DOS ADVOGADOS DO BRASIL (OAB). ATUAÇÃO, ADVOCACIA, INCOMPATIBILIDADE, QUALIDADE, MEMBRO, PODER JUDICIÁRIO, MINISTÉRIO PÚBLICO, TRIBUNAL DE CONTAS, JUIZADO ESPECIAL CÍVEL, JUIZADO ESPECIAL CRIMINAL, JUSTIÇA DE PAZ, JUIZ CLASSISTA. INEXISTÊNCIA, VÍCIO, FORMA, INCISO, ESTATUTO DA ORDEM DOS ADVOGADOS DO BRASIL (EOAB), PREVISÃO, SUSTENTAÇÃO ORAL, MOMENTO POSTERIOR, VOTO, RELATOR, OBJETIVO, CONCRETIZAÇÃO, GARANTIA À AMPLA DEFESA, AUSÊNCIA, CONFIGURAÇÃO, NORMA, REGIMENTO INTERNO.

– VOTO VENCIDO, MIN. JOAQUIM BARBOSA: PREJUDICIALIDADE, NORMA, PREVISÃO, ADVOGADO, RECOLHIMENTO, SALA DE ESTADO-MAIOR, PRISÃO DOMICILIAR, DECORRÊNCIA, NORMA, PREVISÃO, PRISÃO ESPECIAL, CÓDIGO DE PROCESSO PENAL.

- VOTO VENCIDO, MIN. RICARDO LEWANDOWSKI: CONTROLE, SALA, INSTALAÇÃO, TRIBUNAL, DELEGACIA DE POLÍCIA, PRESÍDIO, USO, ORDEM DOS ADVOGADOS DO BRASIL (OAB), COMPATIBILIDADE, INVIOLABILIDADE, ADVOGADO, EXTENSÃO, LOCAL, TRABALHO, CONFIGURAÇÃO, COLABORAÇÃO, ADMINISTRAÇÃO, PODER JUDICIÁRIO.

- VOTO VENCIDO, MIN. AYRES BRITTO: CONTROLE, SALA, INSTALAÇÃO, TRIBUNAL, DELEGACIA DE POLÍCIA, PRESÍDIO, USO, ORDEM DOS ADVOGADOS DO BRASIL (OAB), AUSÊNCIA, EXCLUSÃO, PODER DISCIPLINAR, PODER JUDICIÁRIO.

- VOTO VENCIDO, MIN. SEPÚLVEDA PERTENCE: INEXISTÊNCIA, CONTRARIEDADE, NORMA, ESTATUTO DA ORDEM DOS ADVOGADOS DO BRASIL (EOAB), PREVISÃO, SUSTENTAÇÃO ORAL, ADVOGADO, MOMENTO POSTERIOR, VOTO, RELATOR, PRINCÍPIO DO CONTRADITÓRIO, DEVIDO PROCESSO LEGAL. NORMA, IMPUGNAÇÃO, DEFINIÇÃO, GARANTIA AO CONTRADITÓRIO, AUSÊNCIA, CARACTERIZAÇÃO, NORMA REGIMENTAL.

Legislação

LEG-FED CF ANO-1988
ART-00005 INC-00011 INC-00012 INC-00024
INC-00033 INC-00034 LET-B INC-00061
ART-00053 PAR-00002 ART-00098 INC-00001
ART-00099 ART-00133
CF-1988 CONSTITUIÇÃO FEDERAL

LEG-FED DEL-002848 ANO-1940
ART-00330
CP-1940 CÓDIGO PENAL

LEG-FED DEL-003689 ANO-1941
ART-00295 PAR-00002 PAR-00003 PAR-00005
CPP-1941 CÓDIGO DE PROCESSO PENAL

LEG-FED DEL-005452 ANO-1943
ART-00791
CLT-1943 CONSOLIDAÇÃO DAS LEIS DO TRABALHO

LEG-FED LEI-008906 ANO-1994
ART-00001 INC-00001 PAR-00002 ART-00002
PAR-00003 ART-00004 PAR-00003 ART-00007
INC-00002 INC-00004 INC-00005 INC-00009
PAR-00002 PAR-00003 PAR-00004 ART-00010
ART-00028 INC-00002 ART-00050
EOAB-1994 ESTATUTO DA ADVOCACIA E ORDEM DOS ADVOGADOS DO BRASIL
LEG-FED LEI-009099 ANO-1995
ART-00009
LJE-1995 LEI DOS JUIZADOS ESPECIAIS CÍVEIS E CRIMINAIS
LEG-FED LEI-010059 ANO-2001
LEI ORDINÁRIA
LEG-FED LEI-010258 ANO-2001
LEI ORDINÁRIA

Observação

– Acórdãos citados: ADI 1105, ADI 1539, Inq 1674, HC 67390, HC 72981, RHC 80536.

Número de páginas: 201.

Análise: 28/06/2010, KBP.

Revisão: 16/08/2010, SOF.

6 A análise e a enunciação do texto científico

O texto científico, por sua vez, deve exprimir a existência de uma tese, ou de um *modus interpretandi*, que seja o seu diferencial de análise. Destarte, há que se identificar no texto científico o compromisso de exegese completa, séria, sistemática e metodológica de sentidos jurídicos extraídos de normas, decisões administrativas, jurisprudência, fatos sociais, contextos jurídico-políticos, etc. Assim, a coerência discursivo-científica está na assertiva analítica que extrai de outros discursos, de outros textos, a eles facultando a possibilidade de se abrirem em novos horizontes de sentido, dentro das aberturas exegéticas fornecidas pelos textos analisados. Assim, o texto científico, exprimindo coerência, requer:

– reportar-se a um outro texto, que comenta e ao qual atribui significados;

– precisão terminológica e apuro investigativo na execução da pesquisa;

– assumir uma tese e uma metodologia de análise dessa tese;

– solidificar a certeza da tese conforme possíveis argumentos que se alistem como prováveis para a sua defesa, com amplo repertório de fontes consultadas;

– seja justificado o afastamento dos argumentos contrários à tese fundamental sustentada;

– propiciar uma possível e razoável solução para um problema jurídico.

Veja-se o seguinte exemplo, que traduz a ideia de completude que se requer de um texto científico, por agregar elementos suficientes para informar o leitor, ao mesmo tempo em que extravasa a coerência da linha de raciocínio assumida, em face do tema proposto para análise (alcance atual da teoria do dano moral):

> Em seu estágio atual, mostra-se a teoria da reparação civil por danos morais afinada com a evolução das técnicas e do pensamento científico, permitindo,

se realize, através de seus termos, a devida justiça aos casos levados aos tribunais, como na amostragem oferecida se pôde depreender. Resultam claras, ainda, dos estudos efetivados, certas orientações e tendências que a doutrina e a jurisprudência vêm firmando e que evidenciam o estado atual da matéria, tanto no direito comparado, como no nacional, influenciando, em especial, a sorte de relações mantidas com empresas da área de comunicações, quanto a direitos autorais e de personalidade em geral.

Com efeito, podem ora ser traçadas certas linhas básicas por onde caminham os tribunais na apreciação dos casos submetidos a julgamento, que, reunidas, evidenciam a existência de um sistema coerente e eficaz para a proteção dos valores referidos, que adiante discutiremos. Constituem, portanto, técnicas e instrumentos jurídicos identificados pela experiência prática e que possibilitam aos julgadores, à vista das circunstâncias de cada hipótese, a ministração da justiça aos lesados. Enunciaremos as diretrizes que, nessa progressão, se nos afiguram de maior importância na compreensão do alcance atual da matéria, a saber: a da responsabilização pelo simples fato da violação; a da desnecessidade de prova de prejuízo; a do dimensionamento pelo juiz, da reparação devida; a da definição de certos parâmetros para a reparação; a da atribuição à indenização de valor de desestímulo a novas práticas lesivas; a da adoção de sancionamentos não pecuniários; a da submissão da pessoa do lesante à satisfação do dano produzido; e a da cumulatividade das indenizações por danos morais e patrimoniais[1].

Quando a especificidade da linguagem científica se torna um óbice para o acesso e a compreensão do sentido do texto, deve-se verificar sua pertinência ao auditório ao qual se destina. Sem dúvida, o texto que se destina à disseminação de ideias a ambientes não acadêmicos deve possuir a capacidade de atingir auditórios variados, compostos de especialistas e leigos.

Mas, em qualquer ocasião, não é o barroco da linguagem que define a cientificidade do texto elaborado, mas sim um conjunto de fatores específicos: método por meio do qual se alcançam os resultados de pesquisa; pesquisa levada a efeito para a produção dos resultados descritos no texto; uso adequado da língua para expressar a tese científica; respeito às normas técnicas e referenciais para a elaboração de estudos; documentação consultada e reportada no texto; fontes de estudo citadas e consultadas para, em diálogo com o pensamento da comunidade científica (heurística), alcançou

[1] Bittar, Reparação civil por danos morais, 3. ed., 1999, p. 208-10.

as conclusões textuais; a seriedade no tratamento da tese, com vistas ao aperfeiçoamento dos conhecimentos humanos; a ética científica e o respeito a valores envolvidos na discussão da tese; a lógica de todo imprimida ao texto; a ausência de conflitos lógicos entre partes diferentes do texto, de modo a constituir-se um sistema de ideias coerentes; a utilização de palavras bem definidas semanticamente, evitando-se o uso de jargões ou noções de senso comum, normalmente indefinidas e de múltiplos sentidos.

6.1 Estudo de caso: texto de doutrina em matéria cível

"No ordenamento jurídico brasileiro não há dispositivo específico que trate da reparação por dano moral nas relações familiares.

A reparação por danos morais no âmbito familiar fundamenta-se na teoria da responsabilidade civil extracontratual por ato ilícito, prevista no art. 186 do Código Civil.

Antonio Jeová Santos esclarece:

'E não são poucos os casos em que, no recesso do lar, um dos cônjuges impinge ao outro uma série de graves humilhações. Não pode o cônjuge morigerado suportar todas as ofensas sem uma compensação que pode ser outorgada em ação de indenização por dano moral'.

Ressalte-se que o direito alienígena (v.g., suíço, argentino e português) admite a possibilidade de tal reparação com base nas regras gerais da responsabilidade civil.

Para Rolf Madaleno, é perfeitamente possível a reparação pelos danos morais quando do término do casamento.

Apesar de tímida, a jurisprudência pátria admitia antes da Emenda Constitucional n. 66/2010 a indenização por danos morais e materiais no âmbito familiar, não apenas em decorrência da dissolução e da ruptura do vínculo matrimonial, mas também, por exemplo, em decorrência da recusa injustificada na investigação de paternidade ou da quebra de dever paternal ou filial.

Já a infração dos deveres conjugais ou as condutas previstas nos arts. 1.572 e 1.573 do Código Civil podem configurar um ilícito cível ensejador de reparação por danos morais quando provocar lesão aos direitos personalíssimos do outro cônjuge, causando-lhe dor, sofrimento, humilhação, vexame, afronta, ultraje ou pela prática de qualquer ato que ocasione prejuízos. Contudo, faz-se necessário que os requisitos da responsabilidade civil estejam presentes para que haja ressarcimento, ou seja, ato ilícito, o nexo de causalidade e a ocorrência do dano.

Flávio Tartuce ressalta que é preciso atentar para o conceito de culpa, que deve ser concebida como o desrespeito a um dever preexistente, seja ele decorrente de lei, da convenção das partes, ou do senso comum e a Emenda n. 66/2010 não suprimiu os deveres oriundos do casamento.

A indenização por danos morais entre os cônjuges pode fundar-se não só nos motivos acima elencados, mas também em procedimentos vexatórios durante o trâmite da ação de divórcio."

(Valéria Silva Galdino Cardin, *Dano moral no direito de família*, São Paulo, Saraiva, 2012, p. 157-159.)

Conclusões

A *juridicidade*, conjunto de práticas jurídico-textuais, e, portanto, retículo semiótico e construto cultural, investigada com a mesma febre de sua própria complexidade, recebe, portanto, nesta parte, um tratamento pontual, circunscrito, enfim, frágil. Isso pois a preocupação do texto foi a de lançar o debate em torno de sua conceituação e compreensão durante todo o estudo, não se deixando para a parte terminal senão uma tarefa de sintetização de ideias.

Com isso se quer dizer que não se pretende incinerar o extenso discurso acerca do *quê*, do *porquê* e do *como* da *juridicidade*. Pelo contrário, pretende-se, nesta parte, apenas compor um discurso que *reafirma* a sua natureza de objeto complexo, e que não pode ser tratado com toda a simplicidade que demanda um capítulo exordial. A atitude expositiva aqui não é cética, mas sim coerente com as outras atitudes que a esta precederam, e que constituem sua própria razão de ser neste momento do texto.

Assim, deve-se compreender que a apreensão da *juridicidade* enquanto prática textual *sociossemiótica* consente se acentue que seu papel de *ser* deontológico só se cumpre sob a condição de que a essa sua natureza potencial corresponda um *estar* cultural, um desenvolver-se como produto de instâncias sociais. Acentue-se que a um *ser deontológico* corresponde um *estar semiótico* que permite não se entenda a prática jurídico-textual como nada diverso daquilo que *é*, enquanto se faz ao lado de outros sistemas sociais.

Se o sistema social se diferencia por ser um sistema globalizante da esfera do relacionamento *inter homines,* o sistema jurídico se inscreve no todo social como sendo uma parte entre partes. Sistema entre sistemas, o sistema jurídico se amalgama e se aperfeiçoa na medida da evolução e da involução das demais inflexões sociais que sofre. Opera-se em dialética com os universos de discurso que o cercam, também por estes é operado. Releva-se aqui a dialética que rege esse processo de interação entre a esfera dos valores jurídicos e a esfera existencial dos fatos. Sendo um sistema intertextual, a juridicidade vive em dinâmica interação com valores, ideias, informações, princípios, dados culturais... todos advindos dos sistemas que, de modo periférico, tocam o sistema jurídico. Este não pode ser concebido como um sistema hermético, fechado, pois está ladeado e vive influenciado por outros sistemas que ambientalizam e contextualizam seu próprio existir.

Enfocada a realidade de discurso e de linguagem com a qual se forma o sistema jurídico, surge a necessidade da discussão da noção de texto. De fato, a atenção à noção de texto aparece claramente como preocupação recorrente durante toda a investigação. Mas isso não no sentido de se erigir o texto à condição de entidade intangível, e sim para, a partir dele, poder fazer crescer a consciência crítica de suas limitações e dos problemas que engendra.

De princípio, o texto aparece como questão incontornável para a presentificação da *juridicidade*; sua necessidade para a manifestação do sentido coloca-se mesmo como obstáculo para o progresso da própria investigação. Porém, se sua presença é incontornável, seus limites conceituais não são os limites da própria pesquisa semiótico-jurídica, que se lança em direção às entranhas do discurso, à busca de suas mais recônditas estruturas e implicações sintáticas, semânticas e pragmáticas.

Se a *juridicidade* é esse horizonte onde circulam textos entre textos, onde se avultam práticas de sentido de toda natureza, então se procurou dividir a análise do discurso jurídico, esse monolito indecifrável, em quatro principais momentos, a respeito dos quais se traçaram alguns aspectos que pareciam corresponder aos mais interessantes para uma Semiótica Jurídica, em seu empreendimento de compreensão da significação jurídica e dos processos sistêmicos de produção e intercâmbio do sentido. Tipos diversos de discurso jurídico (discurso normativo, discurso burocrático, discurso decisório, discurso científico) avocam a ideia da existência de valores diversos, que se destacam por possuírem cargas e incumbências textuais diferentes dentro do universo das práticas jurídico-textuais. Se a cada discurso corresponde um universo de valor, a cada universo de valor, um conjunto de práticas específicas, com regras, modos e limites.

Assim, procuraram-se centralizar alguns pontos do tratamento da temática às raízes de cada forma discursiva com a qual se apresenta a *juridicidade*, seja de um valor de caráter prescritivo e enunciativo das vias legislativas – o que constitui a esfera do discurso jurídico-normativo –, seja de um valor de caráter procedimental, ritual – o que constitui a esfera do discurso jurídico-burocrático –, seja de um valor que se centraliza na dialogicidade processual, textualidade concretizante, aplicativa e decisória das vias administrativas e jurisdicionais – aqui se retém a ideia de discurso jurídico-decisório –, seja de um valor teórico, exegético, crítico e avaliativo – o que corresponde ao discurso jurídico-científico.

Da superfície, portanto, da aparição textual às profundidades da construção do sentido jurídico, destacou-se o fato de que o texto é imprescindível como ponto de partida para toda prática de interpretação que se realiza em meio às atividades jurídicas, sejam normativas, sejam decisórias, sejam burocráticas, sejam epistêmicas, excetuadas as diferenças entre os universos de discurso e as formas práticas de utilização da interpretação discursiva. Procurou-se, sobretudo, vislumbrar quais os exageros praticados pelo legislador no uso do *discurso normativo* como forma de contenção de conflitos sociais e exigências sistêmicas, dentro dos atuais quadros da democracia jurídico-textual. Mais ainda, a análise deteve-se no discurso burocrático para desvelar-lhes o apego textual e documental que cadencia o ritmo do procedimento jurídico e que cerceia a abertura do sentido dentro desse espectro do discurso jurídico. Mesmo assim, quando a investigação se deteve no *discurso decisório*, o texto aí apareceu como figura fundamental para a formação da dialética argumentativa e documental que lastreia o juízo da autoridade decisória. Por fim, o texto é visto como *locus* a partir do qual parte o discurso científico, e *locus* onde toda prática metódica desenvolve a crítica e a construção dos saberes jurídicos.

De qualquer forma, apagadas as luzes dos deslumbres causados pela noção de texto, assim como exaltada a incitação à exploração de seu papel funcional, aparece o texto como o intermediário necessário de toda prática textual e de sentido, figurando, pois, como dimensão que separa o *enunciador-autor* e o *enunciatário-leitor*.

A *juridicidade*, que se atualiza em cadeias dinâmicas de atuação discursiva, só pode ser definida como conjunto de práticas intersubjetivas de sentido jurídico, por meio do qual se *faz*, assim como se *desfaz*, por meio do qual se *age* e *reage*, por meio do qual se *impera* e se *revoga*, com o qual se *apura* e *altera*, se *estatui* e se *modifica*, enfim, por meio do qual se transforma. Se assim é, a *juridicidade*, como um todo, por sua capacidade de realizar coisas por meio do discurso, pode ser apreendida como discurso performativo, que faz e que produz um algo diferente de si por meio dos sentidos jurídicos que textualiza.

Nessa visão, o discurso deixa de possuir mera existência sígnica para fazer-se, a serviço da *juridicidade*, prática de linguagem aliada à prática social. Discurso entre discursos, os enunciados com os quais se expressa a *juridicidade* se singularizam por poderem ser definidos como *transformacionais* ou *realizativos*. Mais uma vez, corrobora-se a noção de que o *ser deontológico* (*in potentia*) se perfaz pelo seu *estar textual* (*in actu*), sendo este último um estar entre fenômenos sociais.

Se assim se pode detectar a atuação da *juridicidade*, destacando-se o contexto maior dentro do qual se afigura, tomando-se como fonte de análise um método de identificação macroscópico da operação jurídica, também se deve reter a ideia de que ao macrocosmo das malhas relacionais de caráter jurídico corresponde um microcosmo, estrutura mínima para a implantação, para o soerguimento e para a recamação da arquitetônica do espaço jurídico. O núcleo desse microcosmo é o texto jurídico.

A *juridicidade*, complexo de práticas textuais, *mutatis mutandis*, assimilada a um fruto social, aparece como produto de práticas (semióticas, intersubjetivas, institucionais, políticas, econômicas...) previamente constituídas no quadro das experiências históricas humanas. Trata-se, em poucas palavras, de uma interação dinâmica entre o que *é* e o que *deve-ser*. Quer-se não outra coisa senão vislumbrá-la como resultante da própria interação espaço-temporal intersubjetiva, e, enquanto tal, como prática que perenemente se reconstrói, portadora que é do gérmen sincrético, hermético e sempre pluralizável que é a ação criativa de sentido, que é a prática semiótica do homem no mundo.

Eis os principais dados teóricos relativos à interpretação do Direito como realidade de linguagem. A essa investigação se dedicaram as Partes I e II do trabalho. Com vistas à prática do discurso, à abordagem que prioriza o aspecto funcional do texto, tornou-se necessário o preparo da Parte III da obra. Isso porque se entende que ao conhecimento aprofundado, teórico, científico, crítico se deve aliar também a consciência aplicativa. Com uma visão mais pragmática procurou-se adentrar as entranhas do texto para torná-lo uma realidade palpável, do ponto de vista daquele que o escreve, assim como do ponto de vista daquele que o lê. Ora, a importância desse tipo de preocupação se justifica pelo fato de que as operações jurídicas giram sempre em torno da leitura, compreensão, interpretação e escrita de textos. A juridicidade, como universo de textos jurídicos, torna esse tipo de consciência prática um mister para todo operador do direito.

Aliando-se, então, teoria e prática, tornou-se possível ao leitor uma visão global do sistema jurídico a partir de suas práticas de linguagem. Acredita-se ser esta uma importante vertente para que se possa abordar o universo jurídico, podendo-se, com isso, contribuir para o aperfeiçoamento dos saberes a respeito dele.

Bibliografia

ADEODATO, João Maurício Adeodato. *Uma teoria retórica da norma jurídica e dos direitos subjetivo*. São Paulo: Noeses, 2011.

AKABANE, Heloisa Virnes. *Direito e narratividade*: a semiótica de Bernard Jackson. Dissertação de Mestrado. Departamento de Filosofia e Teoria Geral do Direito da Faculdade de Direito. São Paulo: USP, 2020.

ALMEIDA, Ivan. L'interprétation en sémiotique et en herméneutique. *Le Bulletin du Groupe de Recherches Sémio-linguistiques*: la dimension cognitive du discours, dirigé par Jacques Fontanilles, Paris: EHESS/ CNRS, n. 15, septembre 1980, p. 58-64.

ALSTON, P. W. *Filosofia da linguagem*. 2. ed. Tradução de Álvaro Cabral. Rio de Janeiro: Zahar, 1977.

ALVES, Alaôr Caffé. *Lógica: pensamento formal e argumentação*: elementos para o discurso jurídico. São Paulo: Edipro, 2000.

_______. *Linguagem, sentido e realidade da norma jurídica*: dialética da norma jurídica. 1996. Tese (Livre-Docência) – Departamento de Filosofia e Teoria Geral do Direito da Universidade de São Paulo, São Paulo.

AMÉRICO, Ekaterina Vólkova. A linguagem da escola semiótica de Tártu-Moscou e das traduções de Iuri Lotman no Brasil. *Bakhtiniana – Revista de Estudos do Discurso*, São Paulo, v. 14, n. 4, out./dez. 2019, p.42-61.

AMSELEK, Paul (org.). *Théorie des actes de langage, éthique et droit*. Publié sous la diréction de Paul Amselek. Paris: PUF, 1986.

ANDRADE, Marcus Vinicius dos Santos. *Processo e pragmática*: norma, efetividade, legitimidade, justiça. 1994. Tese (Mestrado) – Pontifícia Universidade Católica de São Paulo, São Paulo.

ANDRADE, Maria Margarida de. Traços sociossemióticos e culturais na análise de um texto. *Revista Brasileira de Linguística*, São Paulo: Plêiade, SBPL, ano 9, v. 9, n. 1, 1997, p. 5-21.

APEL, Karl-Otto. Ética do discurso como ética da responsabilidade. *Cadernos de Tradução*, n. 3, Universidade de São Paulo (Departamento de Filosofia), 1998, p. 8-37.

ARAÚJO, Clarice von Oertzen de. *Semiótica do direito*. São Paulo: Quartier Latin, 2005.

ARNAUD, A.-J. Du bon usage du discours juridique. In: *Le Discours Juridique: Analyse et Méthodes, Langages: Revue Trimestrelle* (par D. Bourcier), Paris: Didier/Larousse, n. 53, mars 1979, p. 117-24.

AUSTIN, J. L. *Quand dire c'est faire*. Tradução de Gilles Lane. Paris: Éditions du Seuil, 1970.

AYER, A. J. *Lenguaje, verdad y lógica.* Tradução de Marcial Suárez. Barcelona: Ediciones Marínez Roca, 1977.

AZAMBUJA, Deodato Curvo de; NETO, Gontran Guanaes. Representação, expressão, arte e psicanálise. *Ciência e Cultura,* São Paulo, SBPC/FAPESP, 2009, p. 32-33.

BÁEZ, Fernando. *História universal da destruição dos livros*: das tábuas suméricas à guerra do Iraque. Tradução de Léo Schlafman. Rio de Janeiro: Ediouro, 2006.

BALIAN, Serge. Néologismes législatifs pour la forme? In: *Droit civil, procédure, linguistique juridique*: écrits en hommage à Gérard Cornu, textes réunis et publiés par Jean Beauchard et Pierre Couvrat. Paris: PUF, 1994, p. 1-8.

BARBOSA, Maria Aparecida. *Léxico, produção e criatividade*: processos de neologismo. 3. ed. São Paulo: Plêiade, 1996.

_______. Terminologização, vocabularização, cientificidade, banalização: relações. *Acta Semiotica et Linguistica*, São Paulo: SBPL, v. 7, 1998, p. 25-44.

BARBOSA, Ana Mae. *Arte-educação no Brasil.* 7. ed. São Paulo: Perspectiva, 2012.

_______ (org.). *Arte-educação:* leitura no subsolo. 9. ed. São Paulo: Cortez, 2013.

BARROS, Diana Luz Pessoa de. *Teoria do discurso*: fundamentos semióticos. São Paulo: Atual, 1988.

_______. Directions et rôles de la sémiotique em Amérique du sud: premières réflexions. *Signata – annales des sémiotiques* [En ligne], Liège,

Presses Universitaires de Liège, 3, 2012, p. 131-160. Disponível em: http://journals.openedition.org. Acesso em: 10 jan. 2021.

______. Saussure e os estudos semióticos. In: BEIVIDAS, Waldir; LOPES, Ivã Carlos; BADIR, Sémir (org.). *Cem anos com Saussure*: textos de Congresso Internacional. São Paulo: Annablume/Fapesp, 2016. t. I. p. 13-27.

BARROSO, Luís R. *Curso de direito constitucional contemporâneo*. 4. ed. São Paulo: Saraiva, 2013.

BARTHES, Roland. *Elementos de semiologia*. Tradução de Izidoro Blikstein. 10. ed. São Paulo: Cultrix, 1997.

______. *L´aventure sémiologique*. Paris: Seuil, 1985.

BAUDRILLARD, Jean. *Pour une critique de l´économie politique du signe*. Paris: Gallimard, 1972.

BEIVIDAS, Waldir, Reflexões sobre o conceito de *imanência* em semiótica: por uma epistemologia discursiva. *CASA – Cadernos de Semiótica Aplicada*, São Paulo, Unesp, v. 6, n. 2, dez. 2008, p. 1-13. Disponível em: http://www.fclar.unesp.br/seer/. Acesso em: 3 out. 2020.

______. A semiótica tensiva: uma teoria imanente do afeto. *CASA – Caderno de Semiótica Aplicada*, São Paulo, Unesp, v. 13, n. 1, 2015, p. 43-86.

______. A Semiologia de Saussure como epistemologia discursiva. In: BEIVIDAS, Waldir; LOPES, Ivã Carlos; BADIR, Sémir (org.). *Cem anos com Saussure*: textos de Congresso Internacional. São Paulo: Annablume/Fapesp, 2016. t. I. p. 29-43.

BERGEL, Jean-Louis. *Théorie générale du droit*. 2. ed. Paris: Dalloz, 1989.

BERTRAND, Denis. Narrativité et discursivité: points de repère et problématique. *Actes Sémiotiques*, Paris: CNRS/EHESS, VI, 59, 1984, p. 5-38.

BITTAR, Carlos Alberto. *Reparação civil por danos morais*. 3. ed. rev. aum. atual. Eduardo C. B. Bittar. São Paulo: Revista dos Tribunais, 1999.

BITTAR, Eduardo C. B. Manifesto contra o direito natural: apontamentos para uma crítica do jusnaturalismo racional a partir das tópicas culturalista e semiótica. *Direito e perspectivas jurídicas*: *Revista dos Anais do I Congresso de Iniciação Científica da Faculdade de Direito da Universidade de São Paulo*, São Paulo: Fapesp/Saraiva, n. 1, dez. 1996, p. 101-113.

_______. O discurso da exclusão. *Anais do 13º Colóquio Internacional da "International Association for Semiotics of Law", Direito Oficial, Contracultura e Semiótica do Direito*, São Paulo: Faculdade de Direito da Universidade de São Paulo, 1997, p. 336-40.

_______. O discurso do legislador de trânsito: uma análise semiótica da linguagem não verbal normativa. *Revista de Informação Legislativa*, Brasília, ano 37, n. 145, jan./mar., 2000, p. 157-169.

_______. *Teorias sobre a justiça*: apontamentos para a história da filosofia do direito. São Paulo: Juarez de Oliveira, 2000.

_______. *Metodologia da pesquisa jurídica*: teoria e prática da monografia no curso de Direito. São Paulo: Saraiva, 2001.

_______. *Democracia, justiça e emancipação*: reflexões jusfilosóficas a partir do pensamento de Jürgen Habermas. São Paulo: Quartier Latin, 2013.

_______. *Semiótica, Direito & Arte*: entre Teoria da Justiça e Teoria do Direito. São Paulo: Almedina, 2020.

_______. *Semiotics, law & art*: between theory of justice and theory of law. Switzerland: Springer, 2021.

_______. O conceito de direito e o conceito de sistema jurídico. *Boletim da Faculdade de Direito da Universidade de Coimbra*, Coimbra, v. XCIV, 2018, p. 423-455.

_______. *Semiotics of Law, Juridicity and Legal System*: some observations and clarifications of a theoretical concept. *International Journal for the Semiotics of Law*, Special Issue, 35 (1), Springer, 2022, p. 93-116.

_______. Semiotics, Symbols and Politics: Between Flags, Crises and Disputes in National States. In: WAGNER, Anne; MARUSEK, Sarah (ed.). *Flags, Color, and the Legal Narrative*: public memory, identity, and Critique. Switzerland: Springer Nature, 2021. v. 1. p. 65-84. (Law and Visual Jurisprudence)

_______. Theory of Law, Jurilinguistics and Legal Language: a common task. *International Journal of Legal Discourse* (Le CHENG, Editor), De Gruyter, Germany, v. 5, Issue 2, set. 2020, p. 131-150.

_______. Semiótica, poder e intolerância: populismo, direitos humanos e a crise do Estado Democrático de Direito. *Estudos Semióticos*, Faculdade de Filosofia, Letras e Ciências Humanas, USP, São Paulo, n. 17, v. 1, 2021, p. 59-81.

______. *Introdução ao estudo do Direito*: humanismo, democracia e justiça. 2. ed. São Paulo: Saraiva, 2019.

______. Sémiotique du Code Civil français: entre sémiotique de l´objet et sémiotique du droit. *Actes Sémiotiques*, Faculté de Lettres et Sciences Humaines, Université de Limoges, França, 2021, p. 1-18.

BLEICHER, Josef. *Hermenêutica contemporânea.* Tradução de Maria Georgina Segurado. Rio de Janeiro: Edições 70, 1992.

BOITEUX, Elza Antônia Pereira Cunha. *O discurso jurídico e a ideologia do interesse geral.* Tese de mestrado para a Universidade Federal de Santa Catarina. Florianópolis, 1984.

BRANDI, Cesare. *Segno e immagine.* Palermo: Aesthetica Edizioni, 1986.

BROEKMAN, Jan M.; BACKER, Larry Catà. *Lawyers making meaning*: the Semiotics of Law in Legal Education II. New York: Springer, 2013.

BURGELIN, Pierre. L'oeuvre du philosophe. *L'Homme et ses Oeuvres*: *Actes du IX Congrès des Sociétés de Philosophie de Langue Française, Revue des Études Philosophiques*, n. 3, 2-5 septembre 1957.

BUYSSENS, Eric. *Semiologia e comunicação linguística.* 3. ed. Tradução de Izidoro Blikstein. São Paulo: Cultrix, s. d.

CALABRESE, Omar. *Como se lê uma obra de arte.* Lisboa: Edições 70, 2015.

CAMARGO, Antonio Luis Chaves de. *Tipo penal e linguagem.* Rio de Janeiro: Forense, 1982.

CAMPOS, José de Queiroz. *Como elaborar a lei*: técnica de redação e linguagem. Rio de Janeiro: Verbete, 1972.

CANANZI, Daniele M. *Formatività e norma:* elementi di Teoria Estetica dell´interpretazione giuridica. Torino: G. Giappichelli Editore, 2013.

CANEVACCI, Massimo. *Antropologia da comunicação visual.* Tradução de Julia M. Polinésio e Vilma de Katinsky B. de Souza. São Paulo: Brasiliense, 1990.

CAPELLA, Juan-Ramon. *El derecho como lenguaje*: un análisis lógico. Barcelona: Ariel, 1968.

CARNEIRO, Maria Francisca. *Estética do direito e do conhecimento.* Porto Alegre: Sergio Antonio Fabris Editor, 2002.

CARONTINI, Enrico; PERAYA, D. *O projeto semiótico*: elementos de semiótica geral. Tradução de Alceu Dias Lima. São Paulo: Cultrix/ Edusp, 1979.

CARRIÓ, Genaro R. *Notas sobre derecho y lenguaje.* 2. ed. Buenos Aires: Abeledo-Perrot, 1976.

CARRIÓN-WAM, Roque. Interpretar y argumentar: hacia una pragmática del conflito em el derecho. *Interpretar y argumentar*: nuevas perspectivas para el derecho, Colómbia, Librería Jurídica Sanchez R., 2006, p. 63-80.

______. De la specificité de la sémiotique juridique. *Droit Prospectif, Revue de Recherche Juridique: Colloque International de Sémiotique Juridique*, Aix-en-Provence: Presses Universitaires de Aix-en-Provence, 11-13 mars 1986-2, p. 71-75.

CARVALHO, Paulo de Barros. *Curso de direito tributário.* 12. ed. rev. São Paulo: Saraiva, 1999.

CARZO, Domenico. Considérations sur la sémiotique juridique: le point de vue sociologique. *Droit Prospectif, Revue de Recherche Juridique*: *Colloque International de Sémiotique Juridique*, Aix-en-Provence: Presses Universitaires de Aix-en-Provence, 11-13 mars 1986-2, p. 357-363.

CASCARDI, A.; HINTIKKA, J.; PORCHAT, O.; MEYER, M.; TOULMIN, S. *Retórica e comunicação.* Tradução de Fernando Martinho. Portugal: Edições ASA, 1994.

CASTRO, Fernando Souto de. *Para uma análise sociossemiótica e semiolinguística de aspectos do discurso jurídico brasileiro*: a liberdade e o Estatuto da Criança e do Adolescente. Tese de Doutorado apresentada ao Curso de Pós-Graduação em Linguística do Departamento de Linguística da Faculdade de Filosofia, Letras e Ciências Humanas da Universidade de São Paulo. São Paulo, 1997. v. 1 e 2.

CHALITA, Gabriel Benedito Issaac. *A sedução no discurso em tribunais de júri.* 1997. Tese (Doutorado) – Pontifícia Universidade Católica de São Paulo. São Paulo.

CHEVALIER, Jean; GHEERBRANT, Alain. *Dictionnaire des symboles*: mythes, rêves, coutumes, gestes, formes, figures, couleurs, nombres. Paris: Robert Laffont/Jupiter, 1982.

COELHO, Fábio Ulhoa. *Lógica jurídica*: uma introdução. São Paulo: EDUC, 1992.

COELHO, Nuno Manuel Morgadinho dos Santos. Direito, arte e formação do jurista. In: TROGO, Sebastião; COELHO, Nuno Manuel Morgadinho dos Santos (org.). *Direito, Filosofia e Arte*: ensaios de fenomenologia do conflito. São Paulo: Rideel, 2012.

COELHO NETTO, J. Teixeira. *Semiótica, informação e comunicação*: diagrama da teoria do signo. São Paulo: Perspectiva, 1980.

COMPARATO, Fábio Konder. *O poder de controle na sociedade anônima.* 3. ed. São Paulo: Forense Universitária, 1983.

COQUET, Jean-Claude. *Sémiotique*: *l'École de Paris.* Paris: Hachette, 1982.

_______. *Le discours et son sujet.* Paris: Klincksieck, 1984.

_______. *La quête du sens*: le langage en question. Paris: PUF, 1997.

_______. *A busca do sentido*: a linguagem em questão. Tradução de Dilson Ferreira Cruz. São Paulo: Martins Fontes, 2013.

CORNU, Gérard. Rapport de synthèse. *La Découverte du Sens en Droit*, édité par François Paychère, Association Française de Philosophie du Droit, Rencontre Annuelle, 05 avril 1991, Archives de Philosophie du Droit et de Philosophie Sociale, Stuttgart: Franz Steiner, n. 48, 1992.

_______. *Linguistique juridique.* Paris: Montchrestien, 1990.

CÔTÉ, Pierre-André. L'interpretation de la loi: une création sujette à des contraintes. In: *Lire le droit*: langue, texte, cognition, sous la direction de Danièle Bourcier et Pierre Mackay. Paris: LGDJ/CNRS, 1992, p. 133-154.

COURTÉS, Joseph. *Introdução à semiótica narrativa e discursiva.* Tradução de Norma Backes Tasca. Coimbra: Almedina, 1979.

_______. *Du lisible au visible*: introduction à la sémiotique du texte et de l'image. Bruxelles: De Boeck Université, 1995.

CUNHA, Paulo Ferreira da. Direito, poder e pró-vocação artística. *Boletim da Faculdade de Direito da Universidade de Coimbra,* Coimbra Editora, Portugal, v. 101, p. 209-239, 2010.

_______. *O tímpano das virtudes*: arte, ética e direito. Coimbra: Almedina, 2004.

_______. *Filosofia do Direito*: fundamentos, metodologia e teoria geral do Direito. 2. ed. Coimbra: Almedina, 2013.

DAMIÃO, Regina Toledo; HENRIQUES, Antonio. *Curso de português jurídico.* 8. ed. São Paulo: Atlas, 2000.

DEELY, John. *Semiótica básica.* Tradução de Júlio C. M. Pinto. São Paulo: Ática, 1990.

DELACROIX, Henri. *Le langage et la pensée.* Paris: Librairie Félix Alcan, 1924.

DELMAS-MARTY, Mireille. *Por um direito comum.* Tradução de Maria Ermantina de Almeida Prado Galvão. São Paulo: Martins Fontes, 2004.

DEMO, Pedro. *Introdução à metodologia da ciência.* São Paulo: Atlas, 1985.

DICKERSON, Reed. *A arte de redigir leis.* Rio de Janeiro: Forense Universitária, 1965.

DINIZ, Maria Helena. *Norma constitucional e seus efeitos.* São Paulo: Saraiva, 1989.

_______. *A ciência jurídica.* 3. ed. São Paulo: Saraiva, 1995.

_______. *Curso de direito civil brasileiro.* 10. ed. São Paulo: Saraiva, 1994, v. 1.

DINIZ, Silvia. *Linguagem jurídica e interpretação dogmática.* 1983. Tese (Mestrado) – Pontifícia Universidade Católica de São Paulo, São Paulo.

DISCINI, Norma. Claude Zilberberg: a semiótica estetizada. *Estudos Semióticos*, São Paulo, Universidade de São Paulo, v. 15, abr. 2019, p. 88-103.

_______. O semioticista: um herdeiro de Saussure. In: BEIVIDAS, Waldir; LOPES, Ivã Carlos; BADIR, Sémir (org.). *Cem anos com Saussure*: textos de Congresso Internacional. São Paulo: Annablume/Fapesp, 2016. t. I. p. 65-106.

DONDIS, Donis A. *Sintaxe da linguagem visual.* Tradução de Jefferson Luiz Camargo. São Paulo: Martins Fontes, 2007.

DOUZINAS, Costa. Prosopon and antiprosopon: prolegomena for a legal iconology. In: DOUZINAS; NEAD (ed.). *Law and the image*: the authority of art and the aesthetics of law. Chicago: The Universtiy of Chicago Press, 1999. p. 36-67.

_______; NEAD, Lynda. Introduction. In: DOUZINAS; NEAD (ed.). *Law and the image*: the authority of art and the aesthetics of law. Chicago: The Universtiy of Chicago Press, 1999. p. 1-15.

DUBOUCHET, Paul. *Recherches pour une sémiotique juridique*: propédeutique à une philosophie des systèmes symboliques du Droit. Thèse pour le Doctorat d'État en Droit soutenu publiquement. Lyon: Université Jean Moulin, Faculté de Droit, 1982. t. 1, 2 e 3.

______. *Sémiotique juridique*: introduction à une science du droit. Paris: PUF, 1990.

______. *La pensée juridique avant et après le Code Civil.* 3. ed. Paris: L'Hermès, 1994.

DUFOUR, Alfred. Le paradigme scientifique dans la pensée juridique moderne. In: *Théorie du droit et science*, dirigé par Paul Amselek. Paris: PUF, 1994. p. 147-167.

DUNKER, Christian et al. *Ética e pós-verdade*. Porto Alegre: Dublinense, 2017.

______. Subjetividade em tempos de pós-verdade. In: DUNKER, Christian et al. *Ética e pós-verdade*. Porto Alegre: Dublinense, 2017. p. 9-41.

DUVOISIN, Aline; LEOBETH, Thaís. Marcas do fascismo nas traduções e tensionamentos da *Semiosfera do Tribunal do Júri*. *Revista Estudos Semióticos,* Faculdade de Filosofia, Letras e Ciências Humanas, Universidade de São Paulo, São Paulo, v. 14, n. 3, dez. 2018, p. 98-111.

ECO, Umberto. *Interpretação e superinterpretação*. Tradução de Martins Fontes. São Paulo: Martins Fontes, 1993.

______. *La struttura assente*. Milano: Bompiani, 1989.

______. *Lector in fabula*. Milano: Bompiani, 1989.

______. *O signo*. 4. ed. Tradução de Maria de Fátima Marinho. Lisboa: Presença, 1990.

______. *Opera aperta*: forma e indeterminazione nelle poetiche contemporanee. Milano: Bompiani, 1993.

______. *Os limites da interpretação*. São Paulo: Perspectiva, 1995.

______. *Semiótica e filosofia da linguagem*. Tradução de Mariarosaria Fabris e José Luiz Fiorin. São Paulo: Ática, 1991.

______. *Tratado geral de semiótica*. 2. ed. São Paulo: Perspectiva, 1991.

EL KHATTAB, Driss, Sémiotique des cultures et sciences de la culture chez François Rastier. *Texto! Textes et Cultures*, v. XXIII, n. 2, 2018. Disponível em: http://www.revue-texto.net/. Acesso em: 11 dez. 2020.

FAGUNDES, Valda Oliveira. *O discurso no júri*: aspectos linguísticos e retóricos. São Paulo: Cortez, 1987.

FARALLI, Carla et al. *Il Diritto tra testo e immagine*. Milano: Mimesis, 2014.

FELMAN, Shoshana. *O inconsciente jurídico*: julgamentos e traumas no século XX. Tradução de Ariani Bueno Sudatti. Prefácio de Márcio Seligmann-Silva. São Paulo: Edipro, 2014.

FERRARA, Francesco. *Interpretação e aplicação das leis*. 3. ed. Tradução de Manuel A. Domingues de Andrade. Coimbra: Arménio Amado, 1978.

FERRARA, Lucrécia D'Aléssio. *A estratégia dos signos*. São Paulo: Perspectiva, 1986.

FERRAZ JUNIOR, Tercio Sampaio. *Direito, retórica e comunicação*: subsídios para uma pragmática do discurso jurídico. 1973. Tese (Livre-Docência) – Faculdade de Direito da Universidade de São Paulo, São Paulo.

_______. *Conceito de sistema no direito*: uma investigação histórica a partir da obra jusfilosófica de Emil Lask. São Paulo: Revista dos Tribunais/EDUSP, 1976.

_______. *Teoria da norma jurídica*: ensaio de pragmática da comunicação normativa. Rio de Janeiro: Forense Universitária, 1978.

_______. *Função social da dogmática jurídica*. Tese. São Paulo, 1978.

_______. *A ciência do direito*. 2. ed. São Paulo: Atlas, 1980.

_______. O oficial e o inoficial: ensaio sobre a diversidade de universos jurídicos temporal e espacialmente concomitantes. In: *Direito de propriedade* (org. Joaquim Arruda Falcão). Rio de Janeiro: Forense, 1984. p. 103-23.

_______. *Introdução ao estudo do direito*: técnica, decisão, dominação. São Paulo: Atlas, 1988.

_______; PEREIRA, Oswaldo Porchat; PRADO JR., Bento. *A filosofia e a visão do mundo*. São Paulo: Brasiliense, 1981.

FIORIN, José Luiz. Para uma definição das linguagens sincrética. In: OLIVEIRA, Ana Claudia de; TEIXEIRA, Lucia (org.). *Linguagens na comunicação*: desenvolvimentos de semiótica sincrética. São Paulo: Estação das Letras e das Cores, 2009. p. 15-40.

______. Esboço da história do desenvolvimento da semiótica francesa. *Cadernos de Estudos Linguísticos,* Campinas, jan./jun. 2020, (42), p. 131-146.

______. *Elementos de análise do discurso*. 15. ed. São Paulo: Contexto, 2018.

______. *As astúcias da enunciação*. São Paulo: Contexto, 2016.

______. *Argumentação*. São Paulo: Contexto, 2018.

______. *Figuras de retórica*. São Paulo: Contexto, 2019.

______. Semântica estrutural. In: BEIVIDAS, Waldir; LOPES, Ivã Carlos; BADIR, Sémir (org.). *Cem anos com Saussure*: textos de Congresso Internacional. São Paulo: Annablume/Fapesp, 2016. t. I. p. 209-226.

FLOCH, Jean-Marie. *Petites mythologies de l'oueil et de l'esprit*: pour une sémiotique plastique. Paris-Amsterdam: Hadès/Benjamin, 1985.

FLÜCKIGER, Alexandre. L´acteur et le droit: du comédien au stratège. *Revue Européenne des Sciences Sociales,* XXXIX, 121, 2001. Disponível em: http://ress.revues.org/645. Acesso em: 26 jun. 2017. p. 1-13.

FONTANILLE, Jacques. *Semiótica do Discurso*. Tradução de Jean Cristus Portela. 2. ed. São Paulo: Contexto, 2015.

______. *Corpo e sentido*. Tradução de Fernanda Massi e Adail Sobral. Londrina: EDUEL, 2016.

______; ZILBERBERG, Claude. *Tensão e significação*. Tradução de Ivã Lopes, Luiz Tatit e Waldir Beividas. São Paulo: Discurso Editorial/ Humanitas/FFLCH-USP, 2001.

FORNS, M.; TRIADÓ, C. *La evaluación del lenguaje*: una aproximación evolutiva. Barcelona: Anthropos, 1989.

FRANCA FILHO, Marcílio Toscano. *A cegueira da justiça*: diálogo iconográfico entre Arte e Direito. Porto Alegre: Sergio Antonio Fabris Editor, 2011.

______; LEITE, Geilson Salomão; FILHO, Rodolfo Pamplona (coord.). *Antimanual de Direito & Arte*. São Paulo: Saraiva, 2016.

FROSINI, Vittorio. La parola del diritto e le sue trasformazione linguistiche. *Rivista di Diritto e Procedura Civile, 47(2)*:423-38, giug. 1993. Milano: Giuffrè, 1993.

GALAY, Jean-Louis. *Philosophie et invention textuelle*: essai sur la poétique d'un texte kantien. Paris: Éditions Klincksieck, 1977.

GARRONI, Emilio. *Projecto de semiótica*. Tradução de A. J. Pinto Ribeiro. Lisboa: Edições 70, 1980.

GNERRE, Maurizio. *Linguagem, escrita e poder*. 3. ed. São Paulo: Martins Fontes, 1994.

GOEDERT, Nathalie; MAILLARD, Ninon. *Le Droit en représentation*. Paris: Éditions Mare & Martins, 2015.

GOODRICH, Peter. The iconography of nothing: blank spaces and the representation of law in Edward VI and The Pope. In: DOUZINAS;

NEAD (ed.). *Law and the image*: the authority of art and the aesthetics of law. Chicago: The Universtiy of Chicago Press, 1999. p. 89-114.

GRANDGUILLAUME, Nicolas. *Théorie générale de la bureaucratie.* Paris: Economica, 1996.

GRANGER, Gilles-Gaston. *Pensée formelle et sciences de l'homme.* Paris: Aubier-Montaigne, 1967.

GRAU, Eros Roberto. *A ordem econômica na Constituição de 1988*: interpretação e crítica. São Paulo: Revista dos Tribunais, 1991.

_______. *Direito, conceitos e normas jurídicas.* São Paulo: Revista dos Tribunais, 1988.

GREIMAS, Algirdas Julien. Sémantique, sémiotique et sémiologies. In: *Sign, language, culture*, dirigé par R. Jakobson et A. J. Greimas. Paris: The Hague/Mouton, 1970. p. 13-27.

_______. *Sémantique structurale.* Paris: Librairie Larousse, 1966.

_______. *Du sens:* essais sémiotiques. Paris: Du Seuil, 1970.

_______. *Sobre o sentido II*: ensaios semióticos. Tradução de Dilson Ferreira da Cruz. São Paulo: Edusp, 2014.

_______ (coord.). *Analyse Sémiotique d'un Discours Juridique,* Italia: Centro Internazionale di Semiotica i Linguistica, Università di Urbino, n. 7, agosto 1971.

_______. Un problème de sémiotique narrative: les objets de valeur. *Langages*: Sémiotiques Textuelles (org. Michel Arrivé et J. C. Coquet), Paris: Didier/Larousse, n. 31, septembre 1973, p. 11-35.

_______. *Semiótica e ciências sociais.* Tradução de Álvaro Lorencini e Sandra Nitrine. São Paulo: Cultrix, 1976.

_______. *Análise do discurso em ciências sociais.* São Paulo: Global, 1986.

_______. *Sémantique structurale*: recherche de méthode. Paris: Librairie Larousse, 1966.

_______. *De l´imperfection.* Périgeux: Pierre Fanlac, 1987.

_______. Sémiotique figurative et sémiotique plastique. *Actes Sémiotiques – Documents,* Paris, Institut National de la Langue Française, v. 60, 1984, p. 1-24.

______. As aquisições e os projectos: prefácio. In: COURTÉS, Joseph. *Introdução à semiótica narrativa e discursiva*. Tradução de Norma Backes Tasca. Coimbra: Almedina, 1979. p. 7-34.

______; COURTÉS, Joseph. *Sémiotique*: dictionnaire raisonné de la théorie du langage. Paris: Hachette, 1993.

GROUPE D'ENTREVERNES (GIROUD, Jean-Claude; PANIER, Louis). *Analyse sémiotique des textes*: introduction, théorie, pratique. Lyon: Presses Universitaires de Lyon, 1979.

GRZEGORCZYK, Christophe. Le rôle du performatif dans le langage du droit. *Archives de Philosophie du Droit*, XIX, Le Langage du Droit, Paris: Sirey, 1974, p. 229-241.

GRZEGORCZYK, Christophe; MICHAUT, Françoise; TROPER, Michel. *Le positivisme juridique*. Bruxelles: Librairie Générale de Droit et de Jurisprudence, 1992.

GUERREIRO, Mario A. L. *O dizível e o indizível*. São Paulo: Papirus, 1989.

GUIBOURG, Ricardo A. *Derecho, sistema y realidad*. Buenos Aires: Astrea, 1986.

GUIGUER, Milton Souza. *Semiótica, narrativa e direito*: do modelo semionarrativo ao estudo de caso da reforma trabalhista de 2017. Dissertação de Mestrado. São Paulo: Faculdade de Filosofia, Letras e Ciências Humans, Programa de Pós-Graduação em Semiótica e Linguística. São Paulo: USP, 2021.

GUIRAUD, Pierre. *A semântica*. 5. ed. Tradução de Maria Elisa Mascarenhas. Bertrand Brasil, 1989.

HABA, Enrique P. Sciences du droit: quelle science? Le droit en tant que science: une question de méthode. *Droit et Science*: *Archives de Philosophie du Droit*, Sirey/CNRS, n. 36, 1991, p. 165-175.

HÄBERLE, Peter. *Hermenêutica constitucional*: a sociedade aberta dos intérpretes da Constituição: contribuição para a interpretação pluralista e procedimental da Constituição. Tradução de Gilmar Ferreira Mendes. Porto Alegre: Sergio Antonio Fabris, 2002.

HABERMAS, Jürgen. *Mudança estrutural da esfera pública*: investigações quanto a uma categoria da sociedade burguesa. Tradução de Flávio R. Kothe. Rio de Janeiro: Tempo Brasileiro, 1984.

______. *Teoria de la acción comunicativa*: racionalidad de la acción y racionalización social. Tradução de Manuel Jiménez Redondo. Madrid: Taurus, 1988. t. I.

______. *Teoria de la acción comunicativa*: crítica de la razón funcionalista. Tradução de Manuel Jiménez Redondo. Madrid: Taurus, 1988. t. II.

______. Para o uso pragmático, ético e moral da razão prática. Tradução de Márcio Suzuki. In *Estudos Avançados*, São Paulo: Universidade de São Paulo, v. 3, n. 7, 4-19, set./dez. 1989.

______. *Consciência moral e agir comunicativo*. Tradução de Guido A. de Almeida. Rio de Janeiro: Tempo Brasileiro, 1989.

______. *Comentários à ética do discurso*. Tradução de Gilda Lopes Encarnação. Lisboa: Instituto Piaget, 1999.

______. Ações, atos de fala, interações linguisticamente mediadas e o mundo vivo. In *Racionalidade e comunicação*. Tradução de Paulo Rodrigues. Lisboa: Edições 70, 2002, p. 103-148.

______. *Agir comunicativo e razão destranscendentalizada*. Tradução de Lúcia Aragão. Rio de Janeiro: Tempo Brasileiro, 2002.

______. *Direito e democracia*: entre facticidade e validade. 2. ed. Tradução de Flávio Beno Siebeneichler. Rio de Janeiro: Tempo Brasileiro, 2003. v. I.

______. *Direito e democracia*: entre facticidade e validade. 2. ed. Tradução de Flávio Beno Siebeneichler. Rio de Janeiro: Tempo Brasileiro, 2003. v. II.

______. *Verdade e justificação*: ensaios filosóficos. Tradução de Milton Camargo Mota. São Paulo: Loyola, 2004.

______. A virada pragmática de Richard Rorty. In SOUZA, José Crisóstomo (org.). *Filosofia, racionalidade e democracia*: os debates Rorty e Habermas. São Paulo: Unesp, 2005, p. 163-212.

______. Alguns esclarecimentos suplementares sobre o conceito de racionalidade comunicativa. In *Racionalidade e comunicação*. Tradução de Paulo Rodrigues. Lisboa: Edições 70, 2002, p. 183-221.

______. *Teoria de la acción comunicativa*: racionalidad de la acción y racionalización social. Tradução de Manuel Jiménez Redondo. Madrid: Taurus, 1988. t. I.

_______. *Direito e democracia*: entre facticidade e validade. 2. ed. Tradução de Flávio Beno Siebeneichler. Rio de Janeiro: Tempo Brasileiro, 2003. v. I e II.

HART, H. L. A. *O conceito de direito*. Tradução de A. Ribeiro Mendes. Lisboa: Calouste Gulbenkian, 1986.

HARTSHORNE & WEISS, Paul (ed.). *Collected papers of Charles Sanders Peirce*. Cambridge, Massachusetts: Harvard University Press, 1965.

HÉNAULT, Anne. *História concisa da semiótica*. Tradução de Marcos Marcionilo. São Paulo: Parábola, 2006.

_______. L'héritage de Greimas entre mission et projet: entretien avec Maria Giulia Dondero. *Signata – annales des sémiotiques* [En ligne], Liège, Presses Universitaires de Liège, 3, 2012. Disponível em: http://journals.openedition.org. Acesso em: 10 jan. 2021.

HERVADA, Javier; MUÑOZ, Juan Andres. *Derecho*. Pamplona: Ediciones Universidad de Navarra, 1984.

HJELMSLEV, Louis Trolle. *Ensaios linguísticos*. Tradução de Antônio de Pádua Danesi. São Paulo: Cultrix, 1991.

_______. *Prolegômenos a uma teoria da linguagem*. Tradução de José Teixeira Coelho Netto. São Paulo: Abril, 1975.

_______. A estratificação da linguagem. *Os pensadores,* São Paulo, Abril Cultural, v. XLIX, 1975, p. 157-182.

HOECKE, Mark Van. Définitions légales et intérpretation de la loi. *Le Discours Juridique: Langage, Signification et Valeurs, Droit et Société: Revue Internationale de Théorie du Droit et de Sociologie Juridique*, n. 8, 1988, p. 93-101.

IBRI, Ivo Assad. *Kósmos noetós*: a arquitetura metafísica de Charles Sanders Peirce. São Paulo: Perspectiva/Holón, 1992.

JACKSON, Bernard S. *Semiotics and legal theory*. London-New York: Routledge/Kegan Paul, 1987.

_______. *Semiotics and legal theory*. London: Routledge & Kegan Paul, 1985.

_______. *Law, fact and narrative coherence*. Liverpool: Deborah Charles Publications, 1991.

_______. Sémiotique et études critiques du droit. *Droit et Société*, v. 8, n. 1, 1988, p. 61-71.

_______. A journey into Legal Semiotics. *Actes Sémiotiques,* n. 120, 2017. Disponível em: https://epublications.unilim.fr. Acesso em: 27 jun. 2017. p. 1-25.

_______. Le périple sémiotique d'un théoricien du droit. *Actes Sémiotiques*, Université de Manchester, n. 120, 2017, p. 6-45.

_______. Sémiotique et études critiques du droit. *Le Discours Juridique: Langage, Signification et Valeurs, Droit et Société: Revue Internationale de Théorie du Droit et de Sociologie Juridique*, n. 8, 1988, p. 61-71.

_______. Truth or proof: the criminal verdict. *International Journal for the Semiotics of Law/Revue Internationale de Sémiotique Juridique*, v. 11, n. 33, 1998, p. 227-273.

_______. Legislation in the semiotics of law. In: *Semiotics and legislation: jurisprudential, institutional and sociological perspectives*. Edited by Hanneke van Schooten. Liverpool: Deborah Charles Publications, 1999.

JACOB, André. *Introdução à filosofia da linguagem.* Tradução de Lígia de Castro Simon. Portugal: Rés, 1984.

JACOB, Robert. *Images de la Justice*. Paris: Éditions Léopard d´Or, 1994.

JAKOBSON, Roman. *Linguística e comunicação.* Tradução de Izidoro Blikstein e José Paulo Paes. São Paulo: Cultrix, 1995.

KALINOWSKI, Georges. Sur les langages respectifs du législateur, du juge et de la loi. *Archives de Philosophie du Droit*, XIX, Le Langage du Droit, Paris: Sirey, 1974, p. 63-74.

_______. *La logique des normes.* Paris: PUF, 1972.

_______. *Lógica del discurso normativo.* Tradução de Juan Ramon Capella. Madrid: Tecnos, 1975.

_______. Carré sémiotique et carré logique: les remarques d'un logicien sur le carré sémiotique. *Le Bulletin du Groupe de Recherches Sémio--linguistiques: le carré sémiotique*, dirigé par Eric Landowski, Paris: EHESS/CNRS, n. 17, mars 1981, p. 5-9.

_______. La sémiotique juridique. *Droit Prospectif, Revue de Recherche Juridique: Colloque International de Sémiotique Juridique*, Aix-en-Provence: Presses Universitaires de Aix-en-Provence, 11-13 mars 1986-2, p. 111-165.

KAUFMANN, Arthur; HASSEMER, Winfried. *El pensamiento jurídico contemporáneo.* Tradução de Gregório Robles. Editorial Debate, s. d.

KELSEN, Hans. *Teoria pura do direito.* 4. ed. Tradução de João Baptista Machado. Coimbra: Arménio Amado, 1976.

KEVELSON, Roberta. *The law as a system of signs.* New York-London: Plenum Press, 1988.

_______. Dissent and the anarchic in legal counter culture: a peircean viewpoint. *Anais do 13º Colóquio Internacional da "International Association for Semiotics of Law"*, Direito Oficial, Contracultura e Semiótica do Direito, São Paulo: Faculdade de Direito da Universidade de São Paulo, 1997.

_______. Discussion on J. Toucie's response to B. Jackson's MacCormick on logical justification in easy cases: a semiotic critique. *International Journal for the Semiotics of Law/Revue Internationale de Sémiotique Juridique*, v. 11, n. 31, 1998, p. 67-71.

_______. Semiotics and methods of legal inquiry: interpretation and Discovery in law from the perspective of Peirce´s speculative rhetoric. *Indiana Law Journal*, v. 61 (3), p. 355-371.

KOCH, Ingedore Villaça; TRAVAGLIA, Luiz Carlos. *A coerência textual.* 9. ed. São Paulo: Contexto, 1999.

KRISTEVA, Julia. *Semiotica 1.* 2. ed. Tradução de José Martin Arancibia. Madrid: Fundamentos, 1981.

_______. *Semiotica* 2. 2. ed. Tradução de José Martin Arancibia. Madrid: Fundamentos, 1981.

LABOV, W. *Sociolinguistique.* Paris: Minuit, 1976.

LACERDA, Bruno Amaro. Balança, espada e venda: a justiça e a imparcialidade do juiz. In: TROGO, Sebastião; COELHO, Nuno Manuel Morgadinho dos Santos (org.). *Direito, Filosofia e Arte*: ensaios de fenomenologia do conflito. São Paulo: Rideel, 2012.

LAJOIE, Andrée; ROBIN, Régine; CHITRIT, Armelle. L'apport de la réthorique et de la linguistique à l'interprétation des concepts flous. In: *Lire le droit*: *langue, texte, cognition*. Sous la direction de Danièle Bourcier et Pierre Mackay. Paris: LGDJ/CNRS, 1992. p. 155-163.

LANDOWSKI, Eric (org.). Bibliographie sémiotique. *Actes Sémiotiques*: *Bulletin du Groupe d'Études Sémio-linguistiques*, Paris: CNRS/EHESS, V, n. 22, juin 1982, p. 4-60.

_______. Pour une approche sémiotique et narrative du droit. *Droit Prospectif, Revue de Recherche Juridique: Colloque International de Sémiotique Juridique*, Aix-en-Provence: Presses Universitaires de Aix-en--Provence, 11-13 mars 1986-2, p. 39-70.

_______. Vérité et véridiction en droit. *Le Discours Juridique: Langage, Signification et Valeurs, Droit et Société: Revue Internationale de Théorie du Droit et de Sociologie Juridique*, n. 8, 1988, p. 45-59.

_______. La découverte du sens en droit: un point de vue sémiotique. *La Découverte du Sens en Droit*, édité par François Paychère, Association Française de Philosophie du Droit, Rencontre Annuelle, 05 avril 1991, Archives de Philosophie du Droit et de Philosophie Sociale, n. 48, Stuttgart: Franz Steiner, 1992, p. 47-49.

_______. Statut et pratiques du texte juridique. In: *Lire le droit*: langue, texte, cognition. Sous la direction de Danièle Bourcier et Pierre Mackay. Paris: LGDJ/CNRS, 1992. p. 441-455.

_______. *La sociedad figurada*: ensayos de sociosemiótica. Tradução de Gabriel Hernández Aguilar, Ana Maria del Gesso Cabrera, Raquel Gutiérrez E., Sergio Lira Coronado, Óscar Moraña, Luisa Ruiz Moreno. México: Universidad Autónoma de Puebla/Fondo de Cultura Económica, 1993.

_______ (org.). *Lire Greimas*. Limoges: Presses Universitaires de Limoges, 1997.

_______. Para uma semiótica sensível. *Educação & Realidade,* Rio Grande do Sul, UFRGS, v. 30, n. 2, jul./dez. 2005, p. 93-106.

_______. Interactions (socio) sémiotiques. *Actes Sémiotiques,* n. 120, 2017, p. 1-20. Disponível em: https://epublications.unilim.fr. Acesso em: 6 jun. 2017.

_______. *Interações arriscadas*. São Paulo: Estação das Letras e Cores, 2014.

_______. *Com Greimas*: interações semióticas. Tradução de Ana Claudia de Oliveira. São Paulo: Estação das Letras e Cores/Centro de Pesquisas Sociossemióticas, 2017.

LARENZ, Karl. *Metodologia da ciência do direito*. 2. ed. Tradução de José Lamego. Lisboa: Calouste Gulbenkian, 1989.

LE DOCTE, Edgard. *Dictionnaire des termes juridiques en quatre langues.* Bruxelles: Oyez, 1978.

LEFORT, Claude. *Élements d'une critique de la bureaucratie.* Paris: Gallimard, 1979.

LEMOS, Carolina Lindenberg, PORTELA, Jean Cristtus, BARROS, Mariana Luz Pessoa de. Le soin de la formation: l'institutionnalisation de la sémiotique au Brésil. *Signata – annales des sémiotiques* [En ligne]. Liège, Presses Universitaires de Liège, 3, 2012, p. 47-89. Disponível em: http://journals.openedition.org/signata/806. Acesso em: 26 jan. 2021.

LENOBLE, Jacques. *Droit et communication*: la transformation du droit contemporain. Paris: Les Éditions du Cerf, 1994.

______; BERTEN, André. *Dire la norme*: droit, politique et énonciation. Bruxelles-Paris: Story-Scientia/LGDJ, 1990.

LEONARDI FILHO, Luiz Sérgio. *Descrição semiótica do direito* – o jurídico para além da história e da antropologia. São Paulo: Scortecci, 2006.

LEPSCHY, Giulio C. *A linguística estrutural.* Tradução de Nites Therezinha Feres. 2. ed. São Paulo: Perspectiva, 1975.

LEROI-GOURHAN, André. *O gesto e a palavra*: técnica e linguagem. Tradução de Vítor Gonçalves. Rio de Janeiro: Edições 70, 1990.

LOPES, Ivã Carlos; BEIVIDAS, Waldir. Veridicção, persuasão, argumentação: notas numa perspectiva semiótica. *Todas as Letras – Revista de Língua e Literatura*, 9, 2007, p. 32-41.

MACEDO, Silvio de. A linguagem e sua estrutura motivacional. *Revista Brasileira de Filosofia*, São Paulo: Instituto Brasileiro de Filosofia, XLII, fac. 178, abril-maio-junho 1995.

MACKAAY, Ejan. Les notions floues en droit ou l'économie de l'imprécision. *Langages, Le Discours Juridique*: *Analyses et Méthodes*, Paris: Didier Larousse, n. 53, mars 1979.

MAINGUENEAU, Dominique. *Genèses du discours.* 2. ed. Bruxelles: Éditeur Pierre Mardaga, 1984.

MANGIAMELI, Agata C. Amato; FARALLI, Carla; MITTICA, Maria Paola. *Arte e limiti. La misura del diritto.* Roma: Aracneeditrice, 2012.

MARTINET, André. *Elementos de linguística geral.* 8. ed. Tradução de Jorge Morais Barbosa. São Paulo: Martins Fontes, 1978.

MAXIMILIANO, Carlos. *Hermenêutica e aplicação do direito.* 11. ed. Rio de Janeiro: Forense Universitária, 1990.

MÁYNEZ, Eduardo García. *Algunos aspectos de la doctrina kelseniana*: exposición y crítica. México: Porrúa, 1978.

MAZZUCCO, Erminio. *Il crimine e l'arte.* Nell'arte e nel diritto penale. Roma: Tippi Edizioni, 2017.

MEHL, Lucien. Essai de synthèse: une science du droit pour penser les pratiques du texte. In: *Lire le droit*: langue, texte, cognition. Sous la direction de Danièle Bourcier et Pierre Mackay. Paris: LGDJ/CNRS, 1992. p. 465-476.

MELO, Eliana Meneses de. Discurso jornalístico e discurso jurídico: sujeito e poder e sujeito do poder. *Acta Semiotica et Linguistica*, São Paulo: Plêiade/SBPL, v. 7, 1998, p. 163-168.

METZ, Christian. *Essais sémiotiques.* Paris: Klincksieck, 1977.

MONTEIRO, Cláudia Sevilha. Direito argumentativo e direito discursivo: a contribuição de Perelman e o desafio de Habermas para a Teoria da argumentação jurídica. *Sequência, Revista do Curso de Pós-Graduação em Direito da UFSC*, ano 21, p. 87-107, jul. 2000.

MOOR, Pierre. *Dynamique du système juridique*: une théorie générale du droit. Genève/Bruxelles/Paris: Schulthess/Bruylant/LGDJ, 2010.

MORA, José Ferrater. *Diccionário de filosofía.* 4. ed. Buenos Aires: Sudamericana, 1958.

MORENTE, Manuel García. *Fundamentos de filosofia.* 8. ed. Tradução de Guilhermo de la Cruz Coronado. São Paulo: Mestre Jou, 1980.

MOSCA, Lineide Salvador. Novos tempos, novos paradigmas: os desafios dos estudos retóricos na modernidade. In: HUBERT, Elizabete Enz; BENTO, Emilson José (org.). *Retórica e discurso*: fronteiras e interfaces: das origens aos desdobramentos atuais. Homenagem à Professora Lineide do Lado Salvador Mosca. Campinas: Pontes Editores, 2019. p. 213-225.

MOUNIN, Georges. *Introduction à la sémiologie.* Paris: Les Éditions de Minuit, 1986.

MULLER, Friedrich. *Discours de la méthode juridique.* Tradução de Olivier Jouanjan. Paris: PUF, 1996.

NATTIEZ, J. J. (org.). *Problemas e métodos de semiologia.* Tradução de Luísa Azuaga Rebelo. Lisboa: Edições 70, s. d.

NEVES, Marcelo. *A constitucionalização simbólica.* São Paulo: Martins Fontes, 2007.

NEVES, Marcelo da Costa Pinto. Crise do Estado: da modernidade central à modernidade periférica – anotações a partir do pensamento filosófico e sociológico alemão. *Revista Trimestral de Direito Público,* São Paulo: Malheiros, n. 5, 1994. p. 49-57.

______. *Entre Têmis e Leviatã*: uma relação difícil. O Estado Democrático de Direito a partir e além de Luhmann e Habermas. Tradução de Marcelo Neves. São Paulo: Martins Fontes, 2006.

______. *A constitucionalização simbólica.* 2. ed. São Paulo: Martins Fontes, 2007.

______. The symbolic force of human rights. *Philosophy and Social Criticism,* Boston: SAGE, v. 33, n. 4, 2007. p. 411-444.

______. E se faltar o décimo segundo camelo? Do direito expropriador ao direito invadido, in *Niklas Luhmann: do sistema social à sociologia jurídica* (orgs. André-Jean Arnaud; Dalmir Lopes Jr.). Tradução de Dalmir Lopes Jr., Daniele Andréa da Silva Manão, Flávio Elias Riche, Rio de Janeiro: Lumen Juris, 2004. p. 145-173.

NOGUEIRA, Alécio Silveira. *Direito e linguagem*: o processo interpretativo jurídico sob uma perspectiva semiótica. Curitiba: Juruá, 2013.

NÖTH, Winfried. Fundamentos semióticos do estudo das imagens. *Tabuleiro das Letras – Revista do Program de Pós-Graduação em Estudo de Linguagens*, Universidade do Estado da Bahia, n. 5, dez. 2012, p. 1-19.

______. *A semiótica no século XX.* 3. ed. São Paulo: Annablume, 2005.

OCANDO, José Manuel Delgado. El giro ontosemiótico en la filosofía del derecho actual. *Anais do 13º Colóquio Internacional da "International Association for Semiotics of Law",* Direito Oficial, Contracultura e Semiótica do Direito, São Paulo: Faculdade de Direito da Universidade de São Paulo, 1997, p. 201-219.

OLIVECRONA, Karl. *Lenguaje jurídico y realidad.* Tradução de Ernesto Garzón Valdés. Buenos Aires: Centro Editor de América Latina, 1968.

OLIVEIRA, Ana Claudia de; TEIXEIRA, Lucia (org.). *Linguagens na comunicação*: desenvolvimentos de semiótica sincrética. São Paulo: Estação das Letras e das Cores, 2009.

OLIVEIRA, Alexandre Simão Cardoso de. *Semiótica Jurídica, Processo e Decisão Judicial*: uma análise do discurso jurídico. Dissertação de

Mestrado. Departamento de Filosofia e Teoria Geral do Direito da Faculdade de Direito. São Paulo: USP, 2020.

OLIVEIRA, Manfredo Araújo de. *Reviravolta linguístico-pragmática na filosofia contemporânea.* São Paulo: Loyola, 1996.

OPPETIT, Bruno. La découverte du sens en droit positif par l'ésprit ou la lettre. *La Découverte du Sens en Droit*, édité par François Paychère, Association Française de Philosophie du Droit, Rencontre Annuelle, 05 avril 1991, Archives de Philosophie du Droit et de Philosophie Sociale, Stuttgart: Franz Steiner, n. 48, 1992, p. 61-66.

PAGLIARO, Antonio. *A vida do sinal*: ensaios sobre a língua e outros símbolos. Tradução de Aníbal Pinto de Castro. 2. ed. Lisboa: Calouste Gulbenkian, 1983.

PAIS, Cidmar Teodoro. Conceptualisation, information, signification, production du sujet. *Acta Semiotica et Linguistica*, SBPL, v. 5, p. 41-60.

_______. *Conditions sémantico-syntaxiques et sémiotiques de la productivité systémique, léxicale et discursive.* Paris: Université de Paris-Sorbonne/Atélier National de Reproduction des Thèses, 1993.

_______. Semiose, informação e transcodificação. *Língua e Literatura*, RDLFFLCHUSP, São Paulo, ano 8, v. 8, 1979, p. 57-68.

_______. Semiótica do Direito e Semiótica das Culturas. *Anais do 13º Colóquio Internacional da Associação Internacional de Semiótica Jurídica*, Departamento de Filosofia e Teoria Geral do Direito da Faculdade de Direito da Universidade de São Paulo, São Paulo, 1997, p. 325-335.

_______. Texto, discurso e universo de discurso. *Revista Brasileira de Linguística*, São Paulo, v. 8, 1995, p. 135-164.

_______. O percurso gerativo da enunciação: produtividade léxica e discursiva. *Confluência (Revista do Departamento de Linguística da Unesp-Assis)*, Assis, Unesp, v. 3, p. 162-181.

_______. Elementos para uma tipologia dos sistemas semióticos. *Revista Brasileira de Linguística*, São Paulo: Duas Cidades, v. 6, 1982, p. 45-60.

_______. Aspectos de uma tipologia dos universos de discurso. *Revista Brasileira de Linguística*, v. 7, n. 1, 1984, p. 43-65.

PAUL, Hermann. *Princípios fundamentais de história da língua*. 2. ed. Tradução de Maria Luisa Schemann. Lisboa: Calouste Gulbenkian, 1983.

PAVIANI, Jayme. *Escrita e linguagem em Platão*. Porto Alegre: EDIPUCRS, 1993 (Coleção Filosofia-5).

PAYCHÈRE, François. *Théorie du discours juridique*: essai sur les apports des sciences du langage à la théorie générale du droit. Thèse de Doctorat soutenue publiquement à l'Université Paris-II. Paris, 1990.

_______. La découverte du sens en droit par la logique formelle. *La Découverte du Sens en Droit*, édité par François Paychère, Association Française de Philosophie du Droit, Rencontre Annuelle, 05 avril 1991, Archives de Philosophie du Droit et de Philosophie Sociale, Stuttgart: Franz Steiner, n. 48, 1992, p. 31-46.

_______. *Actes de langage et droit.* Mémoire pour le Diplôme d'Études Avancés de Philosophie du Droit. Université de Droit, Économie et Sciences Sociales de Paris-Sorbonne, 1993.

PÊCHEUX, Michel. *Semântica e discurso*: uma crítica à afirmação do óbvio. Tradução de Pulcinelli Orlandi, Lourenço Chacon Jurado Filho, Manoel Luiz Gonçalves Corrêa, Silvana Mabel Serrani. Campinas: Editora da Unicamp, 1988.

_______; FUCHS, C. Mises au point et perspectives à propos de l'analyse automatique du discours. *Langages*: *Analyse du Discours – Langue et Idéologies*, Paris: Didier/Larousse, n. 37, mars 1975, p. 7-80.

PEIRCE, Charles Sanders. *Écrits sur le signe.* Rassemblés, traduits et commentés par Gérard Deledalle. Paris: Éditions du Seuil, 1978.

_______. *Semiótica.* 2. ed. São Paulo: Perspectiva,1995.

_______. *Semiótica e filosofia.* 2. ed. Tradução de Octanny Silveira da Mota e Leonida Hegemberg. São Paulo: Cultrix, 1975.

_______. *Textes fondamentaux de sémiotique.* Traduction et notes par Berthe Fouchier-Axelsen et Clara Foz. Paris: Librairie Méridiens Klinchsieck, 1987.

PERELMAN, Chaïm. *Cours de logique*: logique formelle et théorie de l'argumentation. 9. ed. Bruxelles: Presses Universitaires de Bruxelles, 1966.

_______. *Lógica jurídica.* Tradução de Vergínia K. Pupi. São Paulo: Martins Fontes, 1999.

_______. *La champ de l'argumentation.* Bruxelles: Presses Universitaires de Bruxelles, 1970.

_______. *L'empire rhétorique*: rhétorique et argumentation. Paris: J. Vrin, 1977.

______. *El imperio retórico*: retórica y argumentación. Tradução de Adolfo León Gómez Giraldo. Bogotá: Grupo Editorial Norma, 1997.

______. *Ética e direito*. Tradução de Maria Ermantina Galvão G. Pereira. São Paulo: Martins Fontes, 1996.

______. *Droit, morale et philosophie*. 2. ed. Paris: R. Pichon et R. Durand-Auzias,1976.

______; TYTECA, L. Olbrechts. *Traité de l'argumentation*: la nouvelle rhétorique. 3. ed. Bruxelles: Institut de Sociologie, Éditions de l'Université de Bruxelles, 1976.

PETEV, Valentin. Hans Kelsen et le Cercle de Vienne: a quel point la théorie du droit est-elle scientifique?. In: *Théorie du droit et science*. Dirigé par Paul Amselek, Paris. Paris: PUF, 1994. p. 233-247.

PETRI, Maria José Constantino. *Argumentação linguística e discurso jurídico*. São Paulo: Selinunte, 1994.

______. *Linguagem jurídica*. 2. ed. São Paulo: Plêiade, 1999.

PINHEIRO, Hésio Fernandes. *Técnica legislativa*: Constituições e atos constitucionais do Brasil. Rio de Janeiro-São Paulo: Freitas Bastos, 1962.

PISTORI, Maria Helena Cruz. Modos de ser, modos de dizer num processo judicial: o éthos da acusação. In: MOSCA, Lineide do Lago Salvador (org.). *Retórica e argumentação em práticas sociais discursivas*. Coimbra: Grácio Editor, 2016. p. 61-79.

PLAZA, Julio. *Tradução intersemiótica*. São Paulo: Perspectiva, 2010.

PLEBE, Armando; EMANUELE, Pietro. *Manual de retórica*. São Paulo: Martins Fontes, 1992.

POINSOT, John. *Tractatus De Signis*: the semiotic of John Poinsot. Interpretative arrangement by John N. Deely, in consultation with Ralph Austin Powell. First published at Alcalá De Hanares (Complutum), Iberia, 1632. In bilingual format. Berkeley, Los Angeles, London: University of California Press, 1985.

POPPER, Karl. *A lógica da pesquisa científica*. Tradução de Leonidas Regenberg e Octanny Silveira da Mota. São Paulo: Cultrix-EDUSP, 1993.

POTTIER, Bernard. *Théorie et analyse en linguistique*. 2. ed. Paris: Hachette, 1992.

PROPP, Vladimir I. *Morfologia do conto maravilhoso.* Tradução de Jasna Paravish. Rio de Janeiro: Forense Universitária, 2001.

QUEIROZ, João. Dez classes de signos de Charles Sanders Peirce, duas visões controversas. *Primeira Jornada do Centro de Estudos Peirceanos* (org. S. Laurentiz), CEPE-PUC/SP, 30 out. 1997, p. 61-66.

QUESADA C., Francisco Miró. Contracultura, anticultura, racionalidad. *Anais do 13º Colóquio Internacional da "International Association for Semiotics of Law"*, Direito Oficial, Contracultura e Semiótica do Direito, São Paulo: Faculdade de Direito da Universidade de São Paulo, 1997, p. 169-176.

RASTIER, François. Sur les structures de la signification: note sur la théorie sémiotique de A. J. Greimas. *Le Bulletin du Groupe de Recherches Sémio-linguistiques: le carré sémiotique*, dirigé par Eric Landowski, Paris: EHESS/CNRS, n. 17, mars 1981, p. 24-27.

_______. *Sens et textualité.* Paris: Hachette,1989.

_______. Sémiotique et Sciences de la Culture. *Revista Texto!*, 2001, p. 1-11. Disponível em: hhtp://www.revue-texto.net. Acesso em: 15 dez. 2020.

_______. La vérité sans guillemets. *Revista Texto!*, v. XXV, n. 1-2, 2020, p. 1-9. Disponível em: http://www.revue-texto.net. Acesso em: 15 dez. 2020.

_______. De la sémantique structurale à la sémiotique des cultures. *Actes Sémiotiques*, n. 120, 2017, p. 1-13. Disponível em: https://epublications.unilim.fr. Acesso em: 6 jun. 2017.

_______. *Textes et sens.* Paris: Didier, 1996.

REALE, Miguel. *Lições preliminares de direito.* 22. ed. São Paulo: Perspectiva, 1995.

_______. *O direito como experiência*: introdução à epistemologia jurídica. São Paulo: Saraiva, 1968.

RESNIK, Judith; CURTIS, Dennis E. *Images of Justice.* Faculty Scholarship Series, Paper 917, 1987. Disponível em: http://digitalcommons.law.yale.edu/fss_papers/917. Acesso em: 7 abr. 2017.

REY, Alan. *Théories du signe et du sens.* Paris: Klincksieck, 1973.

RICOEUR, Paul. La grammaire narrative de Greimas. *Documents de Recherche du Groupe de Recherches Sémio-linguistiques de l'Institut de Langue Française*, dirigé par A. J. Greimas, Paris: EHESS/CNRS, n. 15, 1980, p. 5-35.

______. Entre herméneutique et sémiotique. *Nouveaux Actes Sémiotiques*, dirigé par A. J. Greimas, Limoges: Presses Universitaires de l'Université de Limoges, n. 7, 1990, p. 3-19.

______. La métaphore et le problème central de l'herméneutique. *Revue Philosophique de Louvain*, n. 5, t. 70, février 1972, p. 93-112.

______. *Do texto à ação*: ensaios de hermenêutica II. Tradução de Alcino Cartaxo e Maria José Sarabando. Porto: Rés, s. d.

______. *Interpretação e ideologias*. Tradução de Hilton Japiassu. 4. ed. Rio de Janeiro: Francisco Alves, 1990.

______. *O conflito das interpretações*: ensaios de hermenêutica. Tradução de Hilton Japiassu. Rio de Janeiro: Imago, 1978.

______. *Teoria da interpretação*: o discurso e o excesso de significação. Lisboa: Edições 70, s. d.

ROCHA, Leonel Severo. La sémiologie juridique au Brésil. *Droit Prospectif, Revue de Recherche Juridique*: Colloque International de Sémiotique Juridique, Aix-en-Provence: Presses Universitaires de Aix-en-Provence, 11-13 mars 1986-2, p. 323-334.

ROCHLITZ, Rainer (coord.). *Habermas*: o uso público da razão. Tradução de Lea Novaes. Rio de Janeiro: Tempo Brasileiro, 2005.

RODRIGUES, Adriano Duarte. *As dimensões da pragmática na comunicação*. Rio de Janeiro: Diadorim, 1995.

RODRIGUES, Eduardo Silveira Melo. A linguagem do Direito Penal. *Justitia*, São Paulo, ano 58, v. 173, jan./mar. 1996, p. 9-17.

RODRÍGUEZ, Vicente Muñiz. *Introducción a la filosofía del lenguaje*: problemas ontológicos. Barcelona: Anthropos, 1989.

RODRÍGUEZ-AGUILUA, Cesáreo. *El lenguaje jurídico*. Barcelona: Bosch, 1969.

ROMANO, Bruno. *Giudizio giuridico e giudizio estetico da Kant verso Schiller*. Torino: G. Giappichelli Editore, 2013.

ROSS, Alf. *Sobre el derecho y la justicia*. 2. ed. Tradução de Genaro R. Carrió. Buenos Aires: Universitaria de Buenos Aires,1997.

ROUSSEAU. *Essai sur l'origine des langues*. Introduction de Catherine Kintzler. Paris: Flammarion, 1993.

SALDANHA, Nelson. A difusão da escrita e a origem do direito: a hipótese da origem gráfica do direito. *Revista Trimestral de Jurisprudência dos Estados*, São Paulo, *14(78)*:9-14, jul. 1990.

SALMON, J. L'état, realité et fiction. *Realités du Droit International Contemporain: Discours Juridique et Pouvoir dans les Relations Internationales: l'Exemple des Sujets de Droit, Actes de la Cinquième Rencontre de Reims*, Centre d'Études des Relations Internationales, Faculté de Droit de Reims, n. 3, 28/29 juin, 1980, p. 34-38.

SANTAELLA, Lucia. *A assinatura das coisas*: Peirce e a literatura. Rio de Janeiro: Imago, 1992.

_______. *Metodologia semiótica*: fundamentos. 1993. Tese (Livre-Docência) – Pontifícia Universidade Católica de São Paulo, São Paulo.

_______. Memória e perspectivas da semiótica no Brasil. *Intexto*, Porto Alegre, UFRGS, n. 37, set./dez. 2016, p. 22-33.

_______. *Temas e dilemas do pós-digital*: a voz da política. São Paulo: Paulus, 2016.

_______. *Linguagens líquidas na era da mobilidade.* São Paulo: Paulus, 2007.

_______; NÖTH, Winfried. *Imagem*: cognição, semiótica, mídia. São Paulo: Iluminuras, 1998.

SANTOS, Boaventura de Souza. *Introdução a uma ciência pós-moderna.* Rio de Janeiro: Graal, 1989.

SAPIR, Edward. *A linguagem*: introdução ao estudo da fala. Tradução de J. Mattoso Camara Jr. São Paulo: Perspectiva, 1980.

SARAIVA, José América Bezerra. Saussure e Peirce: dois conceitos de signo complementares. In: BEIVIDAS, Waldir; LOPES, Ivã Carlos; BADIR, Sémir (org.). *Cem anos com Saussure*: textos de Congresso Internacional. São Paulo: Annablume/Fapesp, 2016. t. I. p. 123-140.

SARLET, Ingo Wolfgang. *Dignidade da pessoa humana e direitos fundamentais na Constituição de 1988*. 9. ed. Porto Alegre: Livraria do Advogado, 2011.

SAUSSURE, Ferdinand de. *Cours de linguistique générale*. Édition critique préparée par Tullio Mauro. Paris: Payot, 1994.

SAYEG-SIQUEIRA, João Hilton. *O texto*: movimentos de leitura, táticas de produção, critérios de avaliação. 7. ed. São Paulo: Selinunte, 1999.

SEARLE, John R. *Expressão e significado*: estudos da teoria dos atos da fala. Tradução de Ana Cecília G. A. de Camargo e Ana Luiza Marcondes Garcia. São Paulo: Martins Fontes, 1995.

SEBEOK, Thomas A.; ECO, Umberto. *Il segno dei tre*: Holmes, Dupin, Peirce. Milano: Bompiani, 1983.

SELIGMAN-SILVA, Márcio. Imagens do trauma e sobrevivência das imagens: sobre as hiperimagens. In: CORNELSEN, Elcio Loureiro; VIEIRA, Elisa Amorim; SELIGMAN-SILVA, Márcio (org.). *Imagem e memória*. Belo Horizonte: Rona/FALE-UFMG, 2012. p. 63-79.

______; CORNELSEN, Elcio Loureiro; VIEIRA, Elisa Amorim (org.). *Imagem e memória*. Belo Horizonte: Rona/FALE-UFMG, 2012.

SÉRIAUX, Alain. La notion de doctrine juridique. *Droits*: *Revue Française de Théorie Juridique*: *Doctrine et Recherche en Droit*, Paris, n. 20, PUF, 1995, p. 65-74.

SICHES, Luis Recaséns. *Nueva filosofía de la interpretación del derecho*. 2. ed. México: Porrúa, 1973.

______. *Tratado general de filosofía del derecho*. 5. ed. México: Porrúa, 1975.

SILVA, De Plácido e. *Vocabulário jurídico*. 2. ed. São Paulo: Forense Universitária, 1967.

SOLON, Ari Marcelo, Law, Magic and Der Römische Obligationsbegriff from Axel Hagerström. *14º Colóquio Internacional de Semiótica Jurídica*, São Paulo, 1998.

SOURIOUX, Jean-Louis; LERAT, Pierre. *Le langage du droit*. Paris: PUF, 1975.

______. *L'analyse de texte*: méthode générale et applications au droit. 3. ed. Paris: Dalloz/Sirey, 1992.

STRECK, Lenio Luiz. *Tribunal do júri*: símbolos e rituais. 2. ed. Porto Alegre: Livraria do Advogado, 1994.

TATIT, Luiz. *Passos da semiótica tensiva*. São Paulo: Ateliê, 2019.

TERRÉ, François. La découverte du sens par la rhétorique. *La Découverte du Sens en Droit*, édité par François Paychère, Association Française de Philosophie du Droit, Rencontre Annuelle, 5 avril 1991, Archives de Philosophie du Droit et de Philosophie Sociale, Stuttgart: Franz Steiner, n. 48, 1992, p. 17-30.

TEUBNER, Gunther. *Dilemmes of law in the Welfare State* (European University Institute, Ser. A, Law; 3). Berlin-New York: De Gruyter, 1986.

_______. *Direito, sistema e policontexturalidade.* Tradução de Brunela Vieira de Vincenzi, Dorothee Susanne Rüdiger, Jürgen Volker Dittberner, Patrícia Stanzione Galizia, Rodrigo Octávio Broglia Mendes. São Paulo: UNIMEP, 2005.

_______. *How the law thinks*: toward a construtivist epistemology of law. Italy: European University Institute, 1989.

TIBURI, Marcia. Pós-verdade, pós-ética: uma reflexão sobre delírios, atos digitais e inveja. In: DUNKER, Christian et al. *Ética e pós-verdade.* Porto Alegre: Dublinense, 2017. p. 95-123.

TIERCELIN, Claudine. *La pensée-signe*: études sur C. S. Peirce. Nîmes: Éditions Jaqueline Chambon, 1993.

TIMSIT, Gérard. La science juridique, science du texte. In: *Lire le droit*: langue, texte, cognition. Sous la direction de Danièle Bourcier et Pierre Mackay. Paris: LGDJ/CNRS, 1992. p. 457-464.

_______. *Les noms de la loi.* Paris: PUF, 1991.

TODOROV, Tzvetan. Les anomalies sémantiques. *Langages*: *Recherches Sémantiques*, Paris: Didier/Larousse, mars 1966, p. 100-123.

_______. *Os gêneros do discurso.* Tradução de Elisa Angotti Kossovitch. São Paulo: Martins Fontes, 1980.

_______. *Simbolismo e interpretação.* Tradução de Maria de Santa Cruz. Lisboa: Edições 70, 1980.

TOLEDO, Maria Ângela R. A. Interpretação, linguagem e semiótica jurídica: teoria geral do direito integrativa e as tendências contemporâneas da semiótica. *Direito e Perspectivas Jurídicas: Revista dos Anais do I Congresso de Iniciação Científica da Faculdade de Direito da Universidade de São Paulo*, São Paulo, n. 1, dez. 1996, p. 89-99.

TOULMIN, Stephen E. *Os usos do argumento.* Tradução de Reinaldo Guarany. São Paulo: Martins Fontes, 2006.

TROPER, Michel. La notion de personne juridique. *Realités du Droit International Contemporain: Discours Juridique et Pouvoir dans les Relations Internationales*: *l'Exemple des Sujets de Droit*, Actes de la Cinquième Rencontre de Reims, Centre d'Études des Relations

Internationales, Faculté de Droit de Reims, n. 3, 28/29 juin 1980, p. 3-13.

_______. Entre science et dogmatique, la voie étroite de la neutralité. In: *Théorie du droit et science*. Dirigé par Paul Amselek. Paris: PUF, 1994. p. 310-325.

TUZET, Giovanni, Contro le immagini: Semiotica giuridica e demenza collettiva. In: FARALLI, Carla; GIGLIOTTI, V.; HERITIER, P.; MITTICA, M.P. *Il Diritto tra testo e immagine*. Milano: Mimesis, 2014. p. 175-188.

ULLMANN, Stephen. *Semântica*: uma introdução à ciência do significado. Tradução de J. A. de Osório Mateus. 5. ed. Lisboa: Calouste Gulbenkian, 1987.

VAN DEN HOVEN, Paul. Can countercultures communicate?. *Anais do 13º Colóquio Internacional da "International Association for Semiotics of Law"*, Direito Oficial, Contracultura e Semiótica do Direito, São Paulo: Faculdade de Direito da Universidade de São Paulo, 1997, p. 248-250.

VÁZQUEZ, Juan. *Lenguaje, verdad y mundo*: modelo fenomenológico de análisis semántico. Barcelona: Anthropos, 1986.

VERNENGO, R. J. *La interpretación jurídica*. México: UNAM, 1977.

VESPAZIANI, Alberto. Costituzionalità e narratività. In: FARALLI, Carla; MITTICA, Maria Paola (org.). *Diritto e Letteratura*: prospettive di ricerca. Roma: Aracne Editrice, 2010. p. 123-137.

VIEHWEG, Theodor. *Tópica y filosofía del derecho*. 2. ed. Tradução de Jorge M. Seña. Barcelona: Gedisa,1997.

VIGNAUX, G. Argumentation et discours de la norme. *Langages, Le Discours Juridique: Analyses et Méthodes*, Paris: Didier/Larousse, n. 53, mars 1979, p. 67-85.

VILLA, Vittorio. La science juridique: entre descriptivisme et constructivisme. In: *Théorie du droit et science*. Dirigé par Paul Amselek. Paris: PUF, 1994. p. 281-91.

VILLEY, Michel. *Philosophie du droit*. Paris: Dalloz, 1979.

VOLLI, Ugo. *Manual de Semiótica*. Tradução de Silva Debetto C. Reis. 3. ed. São Paulo: Loyola, 2015.

WARAT, Luis Alberto. Semiótica y derecho. Buenos Aires: Eikón, s. d.

______; MARTINO, Antonio Anselmo. Lenguaje y definición jurídica. Buenos Aires: Cooperadora de Derecho y Ciencias Sociales, 1973.

WOLKMER, Antônio Carlos. Introdução aos fundamentos de uma Teoria Geral dos Novos Direitos. In: WOLKMER, Antonio Carlos; LEITE, José Rubens Morato. *Os novos direitos no Brasil*. São Paulo: Saraiva, 2016. p. 17-50.

ZILBERBERG, Claude. *Elementos de semiótica tensiva*. Tradução de Ivã Carlos Lopes, Luiz Tatit e Waldir Beividas. São Paulo: Ateliê Editorial, 2011.